Pflichten und Haftung des Geschäftsführers einer GmbH bei Sanierungsmaßnahmen im Vorfeld der Insolvenz

Forum Unternehmens-, Steuer- und Bilanzrecht

Deutsche, europäische und internationale Rechtsfragen

Herausgegeben von Oliver Fehrenbacher / Michael Stöber

Band 11

PETER LANG

Justus Jürgensen

Pflichten und Haftung des Geschäftsführers einer GmbH bei Sanierungsmaßnahmen im Vorfeld der Insolvenz

PETER LANG

Bibliografische Information der Deutschen Nationalbibliothek
Die Deutsche Nationalbibliothek verzeichnet diese Publikation in der Deutschen Nationalbibliografie; detaillierte bibliografische Daten sind im Internet über http://dnb.d-nb.de abrufbar.

Zugl.: Kiel, Univ., Diss., 2018

D 8
ISSN 2366-293X
ISBN 978-3-631-77698-8 (Print)
E-ISBN 978-3-631-78406-8 (E-PDF)
E-ISBN 978-3-631-78407-5 (EPUB)
E-ISBN 978-3-631-78408-2 (MOBI)
DOI 10.3726/b15377

Peter Lang – Berlin · Bern · Bruxelles · New York · Oxford · Warszawa · Wien

Diese Publikation wurde begutachtet.

www.peterlang.com

Vorwort

Die vorliegende Arbeit wurde im Oktober 2018 von der Rechtswissenschaftlichen Fakultät der Christian-Albrechts-Universität zu Kiel als Dissertation angenommen.

Mein besonderer Dank gilt Herrn Prof. Dr. Michael Stöber für die Betreuung der Arbeit sowie für die Aufnahme dieser Dissertation in die gemeinsam mit Herrn Prof. Dr. Oliver Fehrenbacher herausgegebene Schriftenreihe. Bei Herrn Prof. Dr. Dr. h.c. Alexander Trunk bedanke ich mich für die zeitnahe Anfertigung des Zweitgutachtens.

Mein Bruder Benedict hat durch die mühsame sowie zeitraubende Korrektur des Manuskripts wesentlich zum Gelingen der Arbeit beigetragen. Mein größter Dank richtet sich an meine Eltern Susanne und Wilhelm Jürgensen, die nicht nur die Rahmenbedingungen für meine Promotionszeit geschaffen, sondern mich auf allen meinen Wegen mit ihrem Vertrauen und ihrer Zuversicht unterstützt haben.

Kiel, Oktober 2018

Justus Jürgensen

Inhaltsverzeichnis

1. Kapitel: Einleitung

§ 1 Einführung

Die Haftung von Vorständen und Geschäftsführern[1] (Geschäftsleitung[2]) erfährt in der Rechtswissenschaft eine fortwährende Diskussion mit teilweise weitreichenden Reformvorschlägen.[3] Zugleich wird allgemeinen Haftungsprozessen von Managern[4] sowie Sanierungsvorhaben[5] eine hohe mediale Aufmerksamkeit zugesprochen. Die Berichterstattung konzentriert sich zwar in der Regel auf Millionenforderungen gegen Vorstände oder Aufsichtsräte börsennotierter Aktiengesellschaften.[6] Die Bedeutsamkeit allgemeiner Haftungsfragen ist jedoch nicht von der Höhe des in Aussicht genommenen Schadensersatzanspruchs abhängig, sodass es sich nicht um ein auf wenige Haftungsfälle beschränktes „Modethema" handelt.[7]

Die laufende Geschäftsführung lässt sich anhand von rechtlichen und wirtschaftlichen Punkten von derjenigen in der Krise unterscheiden.[8] Im Falle von

---

1 Aufgrund des besseren Leseflusses wird nur die männliche Form verwandt. Die weibliche Geschäftsführerin ist selbstverständlich mit eingeschlossen.

2 Sofern im Folgenden von der Geschäftsleitung gesprochen wird, sind der Vorstand einer Aktiengesellschaft und die Geschäftsführung einer GmbH gemeint.

3 U. a. *Bachmann,* Gutachten E zum 70. DJT, Bd. I, 2014; *Haas,* Gutachten E zum 66. DJT, Bd. I, 2006; *Bayer,* GmbHR 2014, 897; *Fleischer,* ZIP 2014, 1305; *ders.,* DB 2014, 1971; *Gehrlein,* ZHR 2017, 482; *Müller,* DB 2014, 1301; *Poertzgen,* ZInsO 2017, 2056.

4 U. a. *Bubrowski,* Steiler Aufstieg – Tiefer Fall, FAZ v. 12.10.2015; dpa, Ex-Manager müssen keinen Schadenersatz zahlen, Handelsblatt v. 28.09.2016; *Kanning/Germis/Jung/Köhn,* Die Manager kommen davon, FAZ v. 19.10.2016; *Votsmeier/Drost,* Freispruch von Nonnenmacher & Co. aufgehoben, Handelsblatt v. 12.10.2016.

5 U. a. *Koch,* Kaufhof-Mitarbeiter sollen auf Gehalt verzichten, FAZ v. 10.10.2017; *Redaktion Handelsblatt,* Rickmers soll in Eigenverwaltung saniert werden, Handelsblatt v. 02.06.2017; *Reuters,* Air-Berlin Gläubiger gehen wohl leer aus, FAZ v. 02.11.2017.

6 *Sutorius,* Aufsichtsräte im Visier der Insolvenzverwalter (abrufbar unter https://www.welt.de/wirtschaft/bilanz/article165951369/Aufsichtsraete-im-Visier-der-Insolvenzverwalter.html; letzter Abruf: 01.11.2017); allgemein *Tatje,* Schon wieder trifft es ihn, Die Zeit v. 16.08.2017; dpa, Millionenklage gegen Ex-Manager muss erneut verhandelt werden, Handelsblatt v. 29.06.2017.

7 *Bachmann,* BB 2015, 771 mit Verweis auf BGH, Urt. v. 20.11.2014 – II ZR 509/13, ZIP 2015, 166; OLG Köln, Urt. v. 28.02.2013 – I-18 U 298/11, ZIP 2013, 644.

8 *Freund,* GmbHR 2009, 1185, 1188; *U. Schneider,* GmbHR 2010, 57: Unterteilung der Pflichten in jene der laufenden Geschäftsführung und diejenigen im Zeitfenster der Krise.

vorinsolvenzlichen Sanierungsmaßnahmen steht der Geschäftsführer aufgrund der innergesellschaftlichen Kompetenzverteilung als operatives Organ im Mittelpunkt.[9] Aus der Organstellung folgt hierbei ein umfassendes Pflichten- und Haftungsprogramm.[10] Im Rahmen von vorinsolvenzlichen Sanierungsmaßnahmen steht der Geschäftsführer dabei nicht nur aufgrund der innergesellschaftlichen Kompetenzverteilung als operatives Organ im Mittelpunkt,[11] sondern auch, weil die Geschäftsleitung im Regelfall ein Mitverschulden an der Sanierungsbedürftigkeit des Unternehmens trifft.[12] Wird im Rahmen der Krisenanalyse festgestellt, dass der Fortführungswert den Liquidationswert übersteigt, versuchen die Unternehmensinhaber regelmäßig, den sog. Turnaround zu schaffen, um das den Bestand des Unternehmens gefährdende Risiko zu beseitigen und zugleich die Grundlage für einen nachhaltigen wirtschaftlichen Erfolg zu legen. Die Tätigkeit des Geschäftsführers erfolgt hierbei in einem mehrpoligen Interessengeflecht. Einzubeziehen sind insofern die Interessen der Gesellschafter, des Geschäftsführers, der Gläubiger und des Rechtsverkehrs bzw. der Allgemeinheit. Entscheidend hierfür ist neben der Organhaftung insbesondere die Ausrichtung der Geschäftsführungsbefugnis.[13] Der Organhaftung ist außerdem die Frage eines angemessenen Gläubigerschutzes immanent. Vorinsolvenzliche Sanierungsmaßnahmen bewegen sich weiterhin im Anwendungsbereich verschiedener Rechtsgebiete, sodass es zu Schnittmengen kommt und die Abstimmung der jeweiligen normativen Zielausrichtungen erforderlich ist.[14] Immer wieder ist insofern der Frage nachzugehen, ob insolvenzrechtliche Wertungen bereits vor formeller Eröffnung eines Insolvenzverfahrens Einfluss auf die Pflichten des Geschäftsführers nehmen.

Veil hat 2006 den Stand der Ausarbeitung der Pflichten des Geschäftsführers in der Krise als nur „rudimentär" bezeichnet.[15] Nach *Bork* stand 2011 weiterhin

---

9 Allgemein *U. Schneider/S. Schneider*, in: Scholz, GmbHG, § 37 Rn. 11 ff.; *Stephan/Tieves*, in: MüKo, GmbHG, § 37 Rn. 4 ff.

10 Überblick bei *Bellen/Stehl*, BB 2010, 2579; *Bork*, ZIP 2011, 101; *Geißler*, DZWiR 2011, 309.

11 Allgemein *U. Schneider/S. Schneider*, in: Scholz, GmbHG, § 37 Rn. 11 ff.; *Stephan/Tieves*, in: MüKo, GmbHG, § 37 Rn. 4 ff.

12 *Bitter/Falk*, Ursachen von Insolvenzen – Gründe für Unternehmensinsolvenzen aus Sicht von Insolvenzverwaltern, Wirtschaft Konkret Nr. 414, S. 17 f.; zu den Auswirkungen von Manage-ment-Fehlern *Kemper*, in: Buth/Hermanns, Restrukturierung, Sanierung, Insolvenz, § 3 Rn. 56; Indat-Report 2/2006, S. 8 ff.

13 3. Kap. § 2 B.

14 *Kebekus/Zenker*, FS Maier-Reimer, S. 319.

15 *Veil*, ZGR 2006, 374, 376.

die Insolvenzantragspflicht bei kriselnden Unternehmen im Vordergrund der wissenschaftlichen Auseinandersetzung.[16] *Fischer* hat konstatiert, es sei weiterhin umstritten und ungeklärt, welche Folgen sich ergeben, wenn eine Sanierung als notwendig erachtet wird.[17] Die aktuelle Diskussion ist zwar erheblich weiter aufgefächert[18], sodass die Feststellungen *Veils, Borks* und *Fischers* nicht ungefiltert übernommen werden können; gleichwohl kommt es unter anderem aufgrund verschiedener Entscheidungen des Bundesgerichtshofs (BGH)[19] und eines Beschlusses des Großen Senats des Bundesfinanzhofs (BFH)[20] zu einer erhöhten Aktualität der angesprochenen Thematik. Gesteigerte rechtspolitische Aktualität erfährt die Thematik der Sanierungspflicht des Geschäftsführers des Weiteren durch den Richtlinienvorschlag der Europäischen Kommission vom 22.11.2016,[21] welcher neben der Implementierung eines vorinsolvenzlichen Sanierungsverfahrens[22] auch eine Regelung der Sorgfaltspflicht der Führungskräfte im Falle einer drohenden Insolvenz vorsieht.[23] Auch wenn der genannte Richtlinienvorschlag der Kommission im weiteren Gesetzgebungsverfahren vermutlich noch Änderungen erfahren wird, ist bereits erkennbar, dass der deutsche Gesetzgeber verpflichtet sein wird, diejenigen Regelungsbereiche anzupassen,

16 *Bork*, ZIP 2011, 101.

17 *Fischer*, NZI 2011, 665, 668; zugleich *Freitag*, NZG 2014, 447: Parallel zu der Außenhaftung des § 823 II BGB i.V.m. § 15a InsO besteht eine kaum thematisierte oder gar in der Praxis geltend gemachte Innenhaftung des Organs gegenüber der Gesellschaft.

18 U. a. *Drenckhan*, Gläubigerschutz in der Krise der GmbH, 2006; *Litzenberger*, Sanierungspflichten in der Krise von AG und GmbH, 2014; *Mohaupt*, Geschäftsleiterpflichten in der Unternehmenskrise, 2017; *Roßkothen*, Die Haftung des GmbH-Geschäftsführers im Spannungsfeld zwischen Sanierungspflicht und Insolvenzantragspflicht, 2015; *Wanner*, Die GmbH in der Krise, 2015.

19 BGH, Urt. v. 12.04.2016 – XI ZR 305/14, NJW 2016, 2662; BGH, Urt. v. 12.05.2016 – IX ZR 65/14, NJW-RR 2016, 1518; BGH, Urt. v. 16.03.2017 – IX ZR 253/15, NJW 2017, 1749.

20 BFH, Beschl. v. 28.11.2016 – GrS 1/15, DStR 2017, 305.

21 Richtlinienvorschlag (RLV) der Europäischen Kommission v. 22.11.2016 zu einem präventiven Restrukturierungsrahmen, zur zweiten Chance und zu Maßnahmen zur Steigerung der Effizienz von Restrukturierungs-, Insolvenz- und Entschuldungsverfahren und zur Änderung der Richtlinie 2012/30/EU, COM (2016) 723 final (abrufbar unter https://ec.europa.eu/transparency/regdoc/rep/1/2016/DE/COM-2016-723-F1-DE-MAIN-PART-1.PDF; letzter Abruf: 31.10.2017).

22 RLV, S. 3.

23 RLV, S. 6.

die von den Vorgaben des Richtlinienvorschlag adressiert werden.[24] Hiermit könnte eine grundlegende Änderung der deutschen Restrukturierungskultur verbunden sein. Schließlich hat das Institut der Wirtschaftsprüfer (IDW) am 08.09.2017 einen Entwurf zur Neufassung des IDW-Standards zu den Anforderungen an Sanierungskonzepte beschlossen,[25] welcher auf Beiträge aus der Fachwelt zurückzuführen ist.

Die nachfolgende Arbeit strebt keine Entwicklung eines formalisierten Krisenbewältigungsprogramms an. Ein derartiger Ansatz würde an den regelmäßig vorliegenden Besonderheiten des Einzelfalls (Größe des Unternehmens, Krisenlage, Spezifika der Gläubiger) scheitern. Vielmehr zielt die Arbeit insbesondere auf eine Konturierung der den Geschäftsführer treffenden krisenbezogenen Sorgfaltspflicht im vorinsolvenzlichen Zeitraum ab. Die Untersuchung der Pflichten erfolgt für den Fall, dass eine Sanierung in Aussicht genommen wird und diese nicht offensichtlich aussichtslos ist. Problematiken, die typischerweise im Falle eines Scheiterns auftreten,[26] werden nicht miteinbezogen.[27] Die aktuelle Rechtsprechung ist an den maßgeblichen Stellen einzuordnen. Soweit die Vorgaben des Richtlinienvorschlags die hiesige Thematik direkt betreffen, ist vereinzelt zu untersuchen, inwiefern das bisherige Pflichten- und Haftungssystem (*de lege lata*) mit den Vorgaben des Richtlinienvorschlags übereinstimmt und die rechtspolitischen Ziele umgesetzt werden können.

§ 2 Abgrenzung zu bisherigen Arbeiten

Der Untersuchungsgegenstand dieser Arbeit ist von anderen Dissertationen abzugrenzen, die eine ähnliche Thematik behandeln. Die Arbeit von *Wanner* schafft einen Gesamtüberblick über die Pflichten und die Haftung des Geschäftsführers in der Krise und geht in einem besonderen Schwerpunkt auf die Kapitalerhaltung nach § 30 I GmbHG ein.[28] *Roßkothen* untersucht in ihrer Dissertation

---

24 Allgemein zu dem Erfordernis der Umsetzung von Richtlinien *Nettesheim*, in: Grabitz/ Hilf/ Nettesheim, Das Recht der Europäischen Union, AEUV Art. 192 Rn. 111 ff.; EuGH, Urt. v. 15.03.1990 – 339/87, Slg. 1990, I-851; *Flöther*, NZI-Beilage 2017, 4.

25 Entwurf einer Neufassung des IDW-Standards: Anforderungen an Sanierungskonzepte (IDW ES 6 n.F., Stand vom 08.09.2017; abrufbar unter https://www.idw.de/blob/103770/63e0d99 0f527a23b930d6ca7f51563ec/idw-es-6-nf-data.pdf; letzter Abruf: 12.11.2017).

26 Zu den Vor- und Nachteilen einer insolvenzrechtlichen Sanierung: 2. Kap. § 2 C.

27 Zu den Rechtsfolgen einer gescheiterten außergerichtlichen Sanierung *Uhlenbruck*, in: K. Schmidt/Uhlenbruck, Die GmbH in Krise, Sanierung und Insolvenz, Rn. 2.8 ff.

28 *Wanner*, GmbH in der Krise, S. 131-197.

die Haftung des Geschäftsführers im Spannungsfeld zwischen Sanierungs- und Insolvenzantragspflicht.[29] Dieses Spannungsfeld besteht auf der einen Seite aus einer möglichen Strafbarkeit nach § 15a IV InsO, einer Haftung gegenüber den Gläubigern nach § 823 II BGB i.V.m. § 15a I InsO und gegenüber der Gesellschaft nach § 64 S. 1 GmbHG sowie auf der anderen Seite aus einer Haftung nach § 43 II GmbHG wegen verfrühter Antragsstellung gegenüber der Gesellschaft.[30] Die monografische Arbeit versucht dabei insbesondere, den maßgeblichen Zeitpunkt für die „richtige" Antragsstellung und den Inhalt einer Haftung nach verfrühter Antragsstellung auf Insolvenzeröffnung herzuleiten.[31]

Zu nennen ist weiterhin die Arbeit von *Litzenberger*.[32] *Litzenberger* legt seinen Ausführungen die Problematik zugrunde, dass eine Sanierungsentscheidung aufgrund einer fehlenden erforderlichen Mehrheit der Gesellschafter nicht getroffen werden kann.[33] Anhand dieser Ausgangssituation werden die Stimmpflichten der Gesellschafter umfangreich untersucht.[34] *Hollinderbäumer* geht in seiner Dissertation „Die GmbH im Wettbewerb der Rechtsformen" der Konzeption des GmbH-Rechts in Bezug auf das Spannungsverhältnis zwischen einer leicht verständlichen Handhabung und einem effektiven Gläubigerschutzsystem nach.[35] Eingegangen wird dabei insbesondere auf Möglichkeiten zur Verbesserung der Konkurrenzfähigkeit im Verhältnis zu anderen europäischen Regelungsmodellen.[36] Die Arbeit von *Mohaupt* zielt auf die Entwicklung systematischer Grundlagen für die Pflichtenorientierung der Geschäftsleitung in der Unternehmenskrise ab, um Gesellschafter- und Gläubigerinteressen hinreichend Rechnung zu tragen.[37] *Mohaupt* entwickelt hierzu ein dreistufiges Modell zur Interessensaustarierung in den verschiedenen Phasen der Unternehmenskrise, aus welchem konkrete Handlungsvorgaben für den Geschäftsführer abzuleiten seien.[38]

---

29 *Roßkothen*, Die Haftung des GmbH-Geschäftsführers im Spannungsfeld zwischen Sanierungspflicht und Insolvenzantragspflicht, 2015.

30 *Roßkothen*, Die Haftung des GmbH-Geschäftsführers im Spannungsfeld zwischen Sanierungspflicht und Insolvenzantragspflicht, S. 2, 236 ff., 360 ff.

31 *Roßkothen*, Die Haftung des GmbH-Geschäftsführers im Spannungsfeld zwischen Sanierungspflicht und Insolvenzantragspflicht, S. 377 ff.

32 *Litzenberger*, Sanierungspflichten in der Krise von AG und GmbH, 2013.

33 *Litzenberger*, Sanierungspflichten in der Krise von AG und GmbH, S. 3.

34 *Litzenberger*, Sanierungspflichten in der Krise von AG und GmbH, S. 75 ff., 133 ff.

35 *Hollinderbäumer*, Die GmbH im Wettbewerb der Rechtsformen, 2011.

36 *Hollinderbäumer*, Die GmbH im Wettbewerb der Rechtsformen, S. 113 ff.

37 *Mohaupt*, Geschäftsleiterpflichten in der Unternehmenskrise, S. 38.

38 *Mohaupt*, Geschäftsleiterpflichten in der Unternehmenskrise, S. 38.

Einzelne Überschneidungen mit den jeweiligen Grundansätzen der Dissertationen sind insbesondere im Bereich des darstellenden Teils (Grundlagen) unumgänglich. Gleichwohl bieten die aufgeführten (höchst) aktuellen Punkte hinreichend Spielraum für eine eigene Untersuchung der jeweils kritischen Aspekte. Zugleich wird erhofft, durch die vorliegende Dissertation einen Beitrag zu der sich im Fluss befindlichen Diskussion der Krisenbewältigung zu leisten, indem – ausgehend von den Verhaltensanreizen der Insolvenzantragspflicht (§ 15a I InsO) und der damit korrespondierenden Fortführungsprognose (§ 19 II 1 HS. 2 InsO) – auch das Sanierungsprivileg des § 133 I 2 InsO analysiert wird.[39] Hierbei steht nicht der allgemeine Gläubigerschutz im Vordergrund, sondern vielmehr diejenigen Elemente, die spezifisch bei der Durchführung vorinsolvenzlicher Sanierungsmaßnahmen Schutzwirkung entfalten. Namentlich im Unterschied zu der Arbeit *Mohaupts* wird nachfolgend kein unmittelbarer Beitrag zu der Problematik der massearmen bzw. -losen Insolvenzen geleistet.[40] Insbesondere aus dem Problemaufriss der massenlosen Insolvenzen leitet *Mohaupt* ab, dass die Interessen der Gläubiger in der Unternehmenskrise nicht hinreichend effizient berücksichtigt würden und das bestehende System insofern Schutzlücken aufweise.[41] Die vorliegende Arbeit geht zwar gleichermaßen auf die Ausrichtung der Geschäftsführung ein und fragt, ob für diese in Insolvenznähe eine Änderung herzuleiten sei.[42] Weitere Überlegungen orientieren sich jedoch im Unterschied zu der Arbeit *Mohaupts* gerade an den herauszuarbeitenden Wertungen der übereinstimmenden Interessen der Gesellschafter und Gläubiger am Überwinden der Krise.[43]

Der spezifische Unterschied zu der Dissertation *Wanners* dürfte darin liegen, dass im Folgenden keine systematische Erfassung und Darstellung der krisenbezogenen Pflichten angestrebt werden, sondern die Untersuchung auf die Sanierungspflicht des Geschäftsführers verengt wird, der die Krise zu erkennen,[44] zu kommunizieren[45] und im Rahmen seiner Organstellung zu bewältigen hat,[46] um einen erfolgreichen Turnaround zu schaffen.

---

39 3. Kap. § 2 B. II. 3.
40 *Mohaupt,* Geschäftsleiterpflichten in der Unternehmenskrise, S. 38.
41 *Mohaupt,* Geschäftsleiterpflichten in der Unternehmenskrise, S. 289 ff.
42 3. Kap. § 2 B.
43 2. Kap. § 4 C. VII.; 3. Kap. § 2 B. II. 3.
44 3. Kap. § 3 B. II.
45 3. Kap. § 3 B. III.
46 3. Kap. § 3 B. IV.

§ 3 Gang der Untersuchung

Für den weiteren Verlauf der Arbeit ist einleitend die Darstellung der Merkmale einer Unternehmenskrise[47] und derjenigen einer vorinsolvenzlichen Sanierung vorzunehmen.[48] Hieran schließt sich neben der verhaltensökonomischen Analyse des vorinsolvenzlichen Zeitraums die rechtliche Bewertung des Höhepunkts der Krise an.[49] Die Insolvenzantragspflicht (§ 15a I InsO) bildet als „dogmatisches Zentrum der Organhaftung im Stadium der eingetretenen Insolvenzreife"[50] einen „Eckpfeiler des Gläubigerschutzes"[51] und erfordert damit eine nähere Betrachtung.[52] Zugleich schafft die Insolvenzantragspflicht einen zeitlichen und rechtlichen Rahmen für Sanierungsbemühungen. Neben der Offenlegung dieser Rahmenbedingungen ist von einer Analyse des § 15a I InsO zu erhoffen, dass die normativen Vorgaben des § 15a I InsO für eine Strukturierung des vorinsolvenzlichen Zeitraums herangezogen werden können.[53]

Hieran schließt sich als zweiter Schwerpunkt die Untersuchung der Interessenausrichtung der allgemeinen Geschäftsführungsbefugnis an.[54] Die Analyse der Interessenausrichtung wird in die Phasen des wirtschaftlich erfolgreichen und des krisenbehafteten Unternehmens unterteilt.[55] Hierbei wird inhaltlich der Frage nachgegangen, ob es durch die normativen Wertungen und das Regelungsmodell der Insolvenzanfechtung (insb. § 133 I InsO) zu einer Vorverlagerung des insolvenzrechtlichen Gläubigergleichbehandlungsgebots (§ 1 InsO) und einer hiermit verbundenen Aufweichung des interessenmonistischen Modells der Geschäftsführungsbefugnis kommt.[56] Bevor auf die konkrete Ausformung der krisenbezogenen Pflichten des Geschäftsführers eingegangen wird, ist die Organhaftung des Geschäftsführers in das Gläubigerschutzsystem einzuordnen.[57] Die Sanierungspflicht des Geschäftsführers ist im weiteren Verlauf in die Krisenfrüherkennung, die Krisenkommunikation, die Ausarbeitung

---

47 2. Kap. § 1.

48 2. Kap. § 2.

49 2. Kap. § 4.

50 *Poertzgen*, Organhaftung wegen Insolvenzverschleppung, S. 151, 368 f.

51 *Klöhn*, in: MüKo, InsO, § 15a Rn. 3; *Preuß*, in: Kübler/Prütting/Bork, InsO, § 15a Rn. 8, 9.

52 2. Kap. § 4.

53 2. Kap. § 4 C. VII.

54 3. Kap. § 2.

55 3. Kap. § 2 B.

56 3. Kap. § 2 B. II.

57 3. Kap. § 3 A. II.

und Erstellung eines Sanierungskonzepts und dessen Umsetzung aufzugliedern. Neben der schwerpunktmäßigen Untersuchung der Anforderungen der Rechtsprechung und des IDW ES 6 n.F. an Sanierungskonzepte wird auf Einzelproblematiken einzugehen sein. Zusätzlich zu der feingliedrigen Unterteilung der Elemente der Sanierungspflicht sind weitere Punkte – besonders solche der Kompetenzordnung – heranzuziehen, um eine Aussage über die Weite oder Enge des Begriffs der Sanierungspflicht treffen zu können.

Je strenger die Anforderungen an organschaftliches Verhalten sind, desto größere Bedeutung gewinnt die Rechtsfigur des Geschäftsleiterermessens, um denjenigen Freiraum zu schaffen, der für ein erfolgreiches Wirtschaften in Insolvenznähe erforderlich ist.[58] Den letzten Schwerpunkt bildet demnach die Untersuchung, ob die *Business Judgement Rule* den spezifischen Besonderheiten des vorinsolvenzlichen Zeitraums hinreichend Rechnung trägt oder ob eine Haftungsprivilegierung im Sinne einer eigenständigen *Reconstruction Judgement Rule* erforderlich ist.[59] An die Untersuchung schließt sich eine Zusammenfassung der wesentlichen Ergebnisse mit einem Ausblick auf künftige gesetzgeberische Aktivitäten an.[60]

58 *Fleischer*, NJW 2009, 2237, 2238; *Graumann*, ZGR 2011, 293, 294.

59 3. Kap. § 4.

60 4. Kap.

2. Kapitel: Grundlagen der Rahmenbedingungen vorinsolvenzlicher Sanierungsmaßnahmen

§ 1 Unternehmenskrise

Für das Verständnis dieser Arbeit ist eine Bestimmung des Begriffs der Unternehmenskrise unumgänglich. Sowohl die Ausformung der krisenbezogenen Pflichten des Geschäftsführers als auch die verhaltensökonomische Analyse des vorinsolvenzlichen Zeitraums setzen dies voraus. Eine Sanierungspflicht des Geschäftsführers[61] hat von einer defizitären Entwicklung der Gesellschaft in Form einer Unternehmenskrise auszugehen. Abhängig von dem definitorischen Beginn der Unternehmenskrise können den Geschäftsführer hieran anknüpfend bestimmte Verhaltenspflichten treffen. Hinzu kommt, dass den inhaltlichen Aspekten der Sanierungspflicht durch die Spezifika der Krise Grenzen gesetzt werden. Die Parameter einer Krise sind zugleich maßgeblich für den wirtschaftlichen und juristischen Handlungsspielraum des Geschäftsführers im Rahmen von Sanierungsmaßnahmen.[62] Nachfolgend sind damit die bestehenden Ansätze zur Begriffsbildung darzustellen. Möglicherweise kann der vorinsolvenzliche Zeitraum zudem in wirtschaftliche Abschnitte unterteilt werden.

Unabhängig von einer konkreten Definition der Unternehmenskrise vollzieht sich die Unternehmenskrise in zeitlicher Hinsicht regelmäßig über einen längeren Zeitraum von Monaten, wenn nicht Jahren.[63] Rechtstatsächlich ist hinzuzufügen, dass der nach § 15a I InsO erforderliche Insolvenzantrag trotz Vorliegens eines zwingenden Insolvenzeröffnungsgrunds (§§ 17, 19 InsO) durchschnittlich zehn bis elf Monate verspätet gestellt wird.[64] Im Übrigen erfährt die Begriffsbildung dadurch erhöhte Aufmerksamkeit, dass der Richtlinienvorschlag der Europäischen Kommission ein vorinsolvenzliches Sanierungsverfahren mit dem Eröffnungsgrund der „drohenden Insolvenz“[65] vorsieht (Art. 4

---

61 3. Kap. § 3 A.

62 3. Kap. § 3 B. II. 3.

63 Dies ließe sich nach einer von *Ehlers* betreuten Diplomarbeit von *Engel* auch empirisch feststellen, hierzu *Engel*, BB 2013, 1539, 1540.

64 *Kirstein*, ZInsO 2006, 966, 967; *Knief*, DB 2012, 2353, 2355; *Luttermann/Geißler*, ZInsO 2013, 1381, 1382.

65 RLV, S. 46.

RLV).[66] Der Zeitpunkt der „drohenden Insolvenz“[67] ist dabei *de lege lata* nicht definiert, bedarf damit vielmehr einer gesonderten Herleitung.

Der Begriff „Krise“ leitet sich aus dem Altgriechischen („krísis“) ab und beschreibt eine Gefahr bringende Entwicklungsphase einer Krankheit und die bedrohliche Zuspitzung einer Handlungssituation im antiken Drama.[68] Gleichwohl bezeichnet die „krísis“ nicht die hoffnungslose Situation des sicheren Scheiterns, sondern vielfach den Wendepunkt einer gefährlichen Lage. Dieser abstrakte Aspekt des Begriffs ist insofern auf die Unternehmenskrise übertragbar, als auch der Unternehmenskrise eine Chance auf einen erfolgreichen Turnaround zugesprochen wird.[69]

Im Folgenden ist zwischen einer juristischen und einer betriebswirtschaftlichen Begriffsbildung zu differenzieren. Die juristische Begriffsbildung ist weiter in die Vorgaben gesetzlicher Vorschriften, die Rechtsprechung des BGH und Stimmen aus der Fachliteratur aufzugliedern.

A. Juristische Begriffsbildung

I. Gesetzliche Vorschriften

§ 32a I 1 GmbHG a.F.[70] hat den Begriff der „Krise der Gesellschaft“ bis zum Inkrafttreten des MoMiG[71] 2008 im Rahmen der Regelung über eigenkapitalersetzende Gesellschafterdarlehen dahingehend gesetzlich definiert, dass es sich um denjenigen Zeitpunkt handelt, in dem die Gesellschafter der Gesellschaft als ordentliche Kaufleute Eigenkapital zugeführt hätten. Die Norm stand im Spannungsfeld zwischen grundsätzlicher Finanzierungsfreiheit,[72] dem Bedürfnis

---

66 Zu der Problematik der Begriffsbildung *Jacobi,* ZInsO 2017, 1, 6; *Rauscher/Leichtle/Mucha/ Schäffler,* ZInsO 2016, 2420, 2422; *Siemon,* NZI 2016, 57, 59 f.; *Zipperer,* ZInsO 2016, 831, 834.

67 RLV, S. 46.

68 *Sinz,* in: K. Schmidt/Uhlenbruck, GmbH in Krise, Sanierung und Insolvenz, Rn. 1.1; *Witte,* in: Bratschitsch/Schnellinger, Unternehmenskrisen – Ursachen, Frühwarnung, Bewältigung, S. 9 ff.; *Wanner,* Die GmbH in der Krise, S. 7.

69 *Bickhoff/Blatz/Eilenberger/Haghani/Kraus,* Die Unternehmenskrise als Chance, S. 4; *Krystek,* Unternehmenskrisen: Schicksal oder Kunstfehler des Managements, S. 2.

70 BT-Drucks. 16/6140, S. 42 (Aufhebung der Vorschrift).

71 Gesetz zur Modernisierung des GmbH-Rechts und zur Bekämpfung von Missbräuchen (MoMiG) v. 23.10.2008, BGBl. I 2008, S. 2026.

72 BT-Drucks. 8/1347, S. 38 ff.; hierzu BGH, Urt. v. 26.11.1979 – II ZR 104/77, BGHZ 75, 334, 336 f. = NJW 1980, 592.

nach Gläubigerschutz[73] und der Finanzierungsverantwortung der Gesellschafter[74]. Die Aufhebung des § 32a GmbHG a.F. sollte insbesondere der vereinfachten Handhabung der Gesellschaftsform dienen, zumal in § 39 InsO a.F. nach Ansicht des Gesetzgebers eine gleichwertige Vorschrift bereits bestand.[75] Die Abschaffung der Vorschrift lässt sich dahingehend deuten, dass an dem Krisenbegriff des § 32a GmbHG a.F. nicht mehr festgehalten werden soll. Im Übrigen verwendet das Gesetz keine einheitliche Terminologie in Bezug auf den Begriff der „Krise". Die §§ 289 I, 315 I, 317 II HGB stellen lediglich auf Risiken ab. Ein Risiko kennzeichnet sich dabei im Unterschied zu der Krise dadurch, dass lediglich die Möglichkeit der ungünstigen künftigen Entwicklung besteht, wobei das tatsächliche Ergebnis von dem ursprünglich erwarteten Ergebnis abweicht.[76] Zudem wird angenommen, dass einer Krise im Unterschied zu dem Risiko eine Existenzbedrohung der jeweiligen Unternehmenseinheit immanent ist.[77]

Aufzugreifen ist des Weiteren die Vorschrift des § 91 II AktG. Diese erfordert dem Wortlaut nach „Entwicklungen, die den Fortbestand der Gesellschaft gefährden". Damit wird jedoch keine Definition der Krise selbst getroffen. Dem § 91 II AktG lässt sich lediglich entnehmen, dass es sich um ein der materiellen Insolvenz vorgelagertes Risiko handelt.[78] Als problematisch wird in diesem Zusammenhang insbesondere die Unbestimmtheit des § 91 II AktG gesehen.[79] Der Verlust des hälftigen Stammkapitals als Tatbestandsvoraussetzung des § 49 III GmbHG wird ferner als typisches Krisenzeichen betrachtet.[80] Der Schwellenwert des § 49 III GmbHG greift in der krisenhaften Entwicklung jedoch regelmäßig zu spät[81] und kann damit nur zu einer zufälligen Strukturierung der Unternehmenskrise herangezogen werden. Die anfechtungsrechtlichen Vorschriften der §§ 129 ff. InsO setzen den Eintritt eines Insolvenzeröffnungsgrunds

73 vgl. BT-Drucks. 8/1347, S. 39 f.; hierzu BGH, Urt. v. 16.10.1989 – II ZR 207/88, BGHZ 109, 55 = NJW 1990, 516.

74 BGH, Urt. v. 19.09.1988 – II ZR 255/87, BGHZ 105, 168, 175 = NJW 1988, 3143; BGH, Urt. v. 07.11.1994 – II ZR 270/93, BGHZ 127, 336, 344 f. = NJW 1995, 326.

75 BT-Drucks. 16/6140, S. 42.

76 *Sinz,* in: K. Schmidt/Uhlenbruck, GmbH in Krise, Sanierung und Insolvenz, Rn. 1.11 mit Verweis auf IDW PS 340, Tz. 3.

77 *Sinz,* in: K. Schmidt/Uhlenbruck, GmbH in Krise, Sanierung und Insolvenz, Rn. 1.11.

78 *Hauschildt,* Anmerkungen zum Umgang der Betriebswirtschaftslehre mit Unternehmenskrisen, Nr. 572, These 2, S. 2; ausführlich 3. Kap. § 3 B. II. 2.

79 *Mohaupt,* Geschäftsleiterpflichten in der Unternehmenskrise, S. 99 ff.

80 *Liebscher,* in: MüKo, GmbHG, § 49 Rn. 55.

81 *Axhauser/Rieser,* in: Beck'sches HB der GmbH, § 15 Rn. 39.

voraus und sehen im Übrigen eigene Regeln und Fristen für eine Rückabwicklung (§ 143 I InsO) vor,[82] ohne selbst eine Definition der Krise vorzugeben. Die Insolvenzeröffnungsgründe der §§ 17, 19 InsO bilden nach allgemeiner Auffassung den Höhepunkt bzw. den Schlussakt der Krise, beinhalten jedoch keine Aussagen über den Krisenverlauf.[83]

In Bezug auf die Definition der Unternehmenskrise sind verschiedene Ableitungen aus den jeweiligen Ansätzen der Normen möglich. Erstens ist erkennbar, dass die jeweiligen Vorschriften an besondere Punkte des Krisenverlaufs anknüpfen und keinen umfassenden Ansatz für die Krise vorgeben.[84] Bereits an dieser Stelle kann abgeleitet werden, dass es kein eigenständiges Krisengeschäftsführungsrecht gibt.[85] Den Geschäftsführer treffen vielmehr einzelne, größtenteils situationsbezogene Pflichten. Damit ist jedoch noch kein Ergebnis für die Fragestellung gefunden, ob ein solches System im Wege der Auslegung geschaffen werden kann.[86] Zweitens dürfte § 91 II AktG ein erhöhter Stellenwert zukommen, weil der Normzweck explizit in der Früherkennung einer Krise liegt und sich nicht auf den Schlussakt einer Krise konzentriert.[87] Im Ergebnis ist festzuhalten, dass kein gesetzgeberischer Ansatz zur Definition einer Unternehmenskrise zu verzeichnen ist.

II. Rechtsprechung des BGH

Die Rechtsprechung differenziert für die hiesige Thematik zwischen der „gesetzlichen Krise"[88] für den Zeitraum der Insolvenzanfechtung (§§ 129 ff. InsO) und der Unternehmenskrise als Vorstadium der Insolvenz.[89] Der Blickwinkel soll sich an dieser Stelle insbesondere auf den zweiten Aspekt beziehen. Das Vorstadium der Insolvenz wird dem BGH zufolge durch die Frage bestimmt, ob die Gesellschaft den zur Fortsetzung ihres Betriebs erforderlichen Kredit noch zu marktüblichen Bedingungen aus eigener Kraft erhalten kann und ob die Gesellschaft ohne die Kapitalzufuhr liquidiert werden müsste.[90] Übergeordnete

---

82 *Reuter*, BB 2003, 1797.
83 *Uhlenbruck*, Gläubigerberatung in der Insolvenz, S. 23; hierzu 2. Kap. § 4.
84 *Reuter*, BB 2003, 1797.
85 *Reuter*, BB 2003, 1797.
86 *Reuter*, BB 2003, 1797; 3. Kap. § 3 B.
87 Zu dem Normzweck *Spindler*, in: MüKo, AktG, § 91 Rn. 1; *Brebeck/Herrmann*, WPg 1997, 385, 387; *Holst/Holtenkamp*, BB 2000, 851; *Lück*, DB 1998, 11, 13.
88 BGH, Urt. v. 25.10.2012 – IX ZR 117/11, NJW-RR 2013, 161.
89 BGH, Urt. v. 18.07.2013 – IX ZR 219/11, NJW 2013, 3035, Rn. 28.
90 BGH, Urt. v. 07.11.1994 – II ZR 270/93, BGHZ 127, 336, 344 f. = NJW 1995, 326; BGH, Urt. v. 24.09.2013 – II ZR 39/12, ZIP 2013, 2400; hierzu *Haas*, NZI 2001, 1.

Voraussetzung ist, dass ein konkreter Kreditbedarf der Gesellschaft besteht.[91] Aus eigener Kraft kann der Kreditbedarf bestritten werden, wenn die Gesellschaft über Vermögensgegenstände verfügt, die als Sicherheiten ausreichend sind.[92] Dies wird nicht mehr angenommen, sofern außenstehende Personen Sicherheiten abgeben müssen.[93] In die vorzunehmende Gesamtabwägung sind ferner insolvenzbezogene Krisenmerkmale wie die Zwangsvollstreckung einzelner Gläubiger und eine bilanzielle Überschuldung einzubeziehen.[94]

Trotz weitreichenden Spielraums in der Gesamtabwägung wird die Rechtsprechung kritisch gesehen, weil eine trennscharfe Abgrenzung anhand des Merkmals der Kreditunwürdigkeit nicht möglich sei[95] und infolgedessen eine erhebliche Rechtsunsicherheit verbleibe.[96]

III. Weitere Ansichten in der Literatur

In der Literatur ist eine Vielzahl von Ansätzen zu verzeichnen, die hier nur exemplarisch dargestellt werden sollen. *Schweiger* knüpft an die gesellschaftsrechtlichen Vorschriften zu Gunsten der Gläubiger (§§ 30, 31, 43 III, 5a IV GmbHG, § 268 III HGB) an und ordnet den Normen jeweils eine Krisenphase zu.[97] Einschränkend stellen *Axhausen/Rieder* auf das Sanierungsprivileg des § 39 I Nr. 5, IV S. 2 InsO und die Einberufungspflicht des § 49 III GmbHG ab und gehen von einer Unternehmenskrise ab deren jeweiliger tatbestandlicher Anwendbarkeit aus.[98]

Weiterhin bestehen Ansichten in der Literatur, die eine rechtliche Unternehmenskrise unabhängig von den gesetzlichen Vorschriften definieren.[99] Nach *Ehlers* tritt das Krisenstadium in der Unternehmensgeschichte ein, wenn die Existenz des Unternehmens und der Beteiligten gefährdet ist und haftungs- und sogar strafrechtliche Konsequenzen drohen.[100] *Drukraczyk/Schöntag* sehen den

---

91 BGH, Urt. v. 13.07.1992 – II ZR 269/91, BGHZ 119, 201, 206 = NJW 1992, 2891.

92 BGH Urt. v. 28.09.1987 – II ZR 28/87, NJW 1988, 824.

93 BGH, Urt. v. 02.12.1996 – II ZR 243/95, NJW-RR 1997, 606, 609.

94 BGH, Urt. v. 18.07.2013 – IX ZR 219/11, NJW 2013, 3035, Rn. 28; dazu *K. Schmidt*, in: Scholz, GmbHG, 10. Aufl., 2006, §§ 32a, b Rn. 41: Die rechnerische Überschuldung ist im Rahmen des § 19 I InsO unbeachtlich, sofern eine positive Fortführungsprognose besteht.

95 *Goette*, ZInsO 2001, 529.

96 *K. Schmidt*, GmbHR 2005, 797, 800.

97 *Schweiger*, Aktive Krisenpflichten, S. 23.

98 *Axhausen/Rieder*, in: Beck'sches HB der GmbH, § 15 Rn. 6.

99 Ansatz nach *Mohaupt*, Geschäftsleiterpflichten in der Unternehmenskrise, S. 90 f.

100 *Ehlers*, BB 2013, 1539.

Beginn der Unternehmenskrise in dem Zeitpunkt, in dem der Unternehmensgesamtwert durch geeignete Entscheidungen im Investitions- und Finanzbereich nicht gesteigert oder jedenfalls nicht auf dem gleichen Niveau gehalten werden könne.[101] Ab diesem Zeitpunkt seien ungeplante Anpassungsentscheidungen erforderlich, die so nicht getroffen würden, wenn keine Krise vorliege.[102]

Aufzugreifen ist des Weiteren der vor kurzem veröffentlichte Ansatz *Mohaupts*, welcher eine dreistufige Unterteilung der Unternehmenskrise beinhaltet.[103] Die Unternehmenskrise sei insofern in eine drohende (1.), präsente (2.) und akute (3.) Phase zu unterteilen.[104] Der Krisengrad der jeweiligen Stufe stehe dabei in Abhängigkeit von dem Wahrscheinlichkeitsgrad des Eintritts einer materiellen Insolvenz und einer zeitlichen Komponente.[105] Für die Bestimmung des Wahrscheinlichkeitsgrads seien das Unterschreiten einer bestimmten Eigenkapitalquote sowie das Überschreiten einer fiktiven Schuldentilgungsdauer als Indikatoren heranzuziehen.[106]

B. Betriebswirtschaftlicher Begriff

Die Betriebswirtschaftslehre definiert den Begriff der Unternehmenskrise allgemein dahingehend, dass dies derjenige wirtschaftliche Zustand des Schuldners bzw. des schuldnerischen Unternehmens sei, der seine wirtschaftliche Überlebensfähigkeit in Frage stelle.[107] Für den Beginn der Unternehmenskrise ist der Ansatz *Krysteks* hervorzuheben, wonach bereits eine nachteilige Abweichung von dem geplanten Entwicklungsweg ausreichend sei.[108] Dieses Abweichen hätte zur Folge, dass die wesentlichen Erfolgspotentiale zu erodieren beginnen.[109]

---

101 *Drukraczyk/Schöntag*, in: Gottwald, InsolvenzR-HB, § 2 Rn. 2.

102 *Drukraczyk/Schöntag*, in: Gottwald, InsolvenzR-HB, § 2 Rn. 2.

103 *Mohaupt*, Geschäftsleiterpflichten in der Unternehmenskrise, S. 107.

104 *Mohaupt*, Geschäftsleiterpflichten in der Unternehmenskrise, S. 107.

105 *Mohaupt*, Geschäftsleiterpflichten in der Unternehmenskrise, S. 107: Als Konsequenz dieses Ansatzes sei ein abgestufter Pflichtenkatalog der Geschäftsleitung zur Berücksichtigung von Gläubigerinteressen je nach Intensität der Krise zu entwickeln.

106 *Mohaupt*, Geschäftsleiterpflichten in der Unternehmenskrise, S. 100.

107 *Uhlenbruck*, Gläubigerberatung in der Krise, S. 1 m.w.N.; *Witte*, in: Bratschitsch/Schnel-linger, Unternehmenskrisen – Ursachen, Frühwarnung, Bewältigung, S. 11.

108 *Krystek*, Unternehmenskrisen, S. 6; *Krystek/Evertz*, Restrukturierung und Sanierung von Unternehmen, S. 21 f.; *Krystek/Moldenhauer*, HB Krisen- und Restrukturierungsmanagement, S. 26.

109 *Krystek*, Unternehmenskrisen, S. 6; *Krystek/Evertz*, Restrukturierung und Sanierung von Unternehmen, S. 21 f.; *Krystek/Moldenhauer*, HB Krisen- und Restrukturierungsmanagement, S. 26.

Das bestandsgefährdende Risiko bildet damit den Kernpunkt der allgemeinen Definition.[110] Zur weiteren Spezifizierung wird vorgeschlagen, zwischen einer latenten und einer manifesten Krise zu differenzieren.[111] Latent sei die Krise demnach, wenn sie nur unternehmensintern erkennbar ist.[112] Die Krise sei hingegen manifest, wenn sie sowohl von internen als auch von externen Personen erkannt wird[113] und diese externen Personen mit restriktivem Verhalten reagieren.[114]

Sanierungsgutachten orientieren sich in der Praxis weitestgehend an den Standards, die von dem Institut für Wirtschaftsprüfer herausgearbeitet wurden.[115] Die bisherigen Vorgaben des IDW S 6 a.F.[116] differenzieren zwischen sechs Krisenstadien, die durch bestimmte Faktoren und Abhängigkeiten gekennzeichnet sind: Stakeholderkrise, Strategiekrise, Produkt- und Absatzkrise, Erfolgskrise, Liquiditätskrise und Insolvenz.[117] Die Stakeholderkrise beruht regelmäßig auf Konflikten zwischen den Gruppen der Geschäftsleitung, Gesellschafter, Überwachungsorgane, Arbeitnehmer, Banken und der anderen Gläubiger sowie zwischen ihren jeweiligen Mitgliedern.[118] Blockaden oder Polarisierungen zwischen den Gruppen haben in der Regel zur Folge, dass die Leistungsbereitschaft insgesamt sinkt.[119] Darauf aufbauend kennzeichnet sich die Strategiekrise durch strategische Lücken und strukturelle Defizite, durch die Marktanteile eingebüßt werden können und die Wettbewerbsfähigkeit auf Dauer geschädigt werden kann.[120] An die Strategiekrise schließt sich nach den Vorgaben des IDW S

110 *Hauschildt*, Anmerkungen zum Umgang der Betriebswirtschaftslehre mit Unternehmenskrisen, Nr. 572, These 2, S. 2.

111 *Hauschildt*, Anmerkungen zum Umgang der Betriebswirtschaftslehre mit Unternehmenskrisen, Nr. 572, These 2, S. 3.

112 *Hauschildt*, Anmerkungen zum Umgang der Betriebswirtschaftslehre mit Unternehmenskrisen, Nr. 572, These 2, S. 3.

113 Auflistung etwaiger Krisensymptome bei *Sinz,* in: K. Schmidt/Uhlenbruck, Die GmbH in Krise, Sanierung und Insolvenz, Rn. 1.20 ff.

114 *Hauschildt*, Anmerkungen zum Umgang der Betriebswirtschaftslehre mit Unternehmenskrisen, Nr. 572, These 2, S. 3.

115 BGH, Urt. v. 12.05.2016 – IX ZR 65/14, LS. 5, NJW-RR 2016, 1518: Ein Sanierungsplan muss nicht den formalen Erfordernissen des IDW S 6 a.F. entsprechen.

116 IDW Standard: Anforderungen an die Erstellung von Sanierungskonzepten (IDW S 6 a.F.), Stand: 20.08.2012.

117 IDW S 6 a.F., Tz. 62 ff.

118 IDW S 6 a.F., Tz. 65.

119 IDW S 6 a.F., Tz. 66.

120 IDW S 6 a.F., Tz. 67, 68.

6 a.F. eine Produkt- und Absatzkrise an, die dadurch gekennzeichnet ist, dass die Nachfrage nach den Hauptumsatz- und -erfolgsträgern nicht nur vorübergehend stark zurückgeht.[121] Als Folge der Produkt- und Absatzkrise kann im weiteren Verlauf eine Erfolgskrise entstehen.[122] Inhalt der Erfolgskrise ist, dass die Eigenkapitalkosten nicht mehr erwirtschaftet werden.[123] Auf die Liquiditätskrise sei insofern näher eingegangen, als sie die unmittelbare Vorstufe zur materiellen Insolvenz (§§ 17, 19 InsO) bildet und damit akuter Handlungsbedarf besteht.[124]

Die Krisenstadien spielen in der Gesamtheit derart zusammen, dass mit fortlaufender Entwicklung der Krisenstadien der Handlungsdruck zunimmt und der Handlungsspielraum für Sanierungsmaßnahmen reduziert wird.[125] Die Wahrscheinlichkeit einer erfolgreichen und nachhaltigen Sanierung verhält sich antiproportional zur Zeitentwicklung.[126] Gleichzeitig werden die Anzeichen der Krise im Laufe der Zeit stärker. Ferner bauen die Krisenstadien regelmäßig aufeinander auf, können jedoch auch parallel verlaufen oder sich überschneiden.[127]

C. Fazit

Einleitend ist zu erkennen, dass der betriebswirtschaftliche Krisenbegriff erheblich früher als die juristischen Ansätze in der zeitlichen Entwicklung der Unternehmenskrise eingreift.[128] Insofern kann sich die Gesellschaft seit längerer Zeit in einem defizitären Zustand befinden, bevor gesellschafts- oder insolvenzrechtliche Handlungspflichten Anwendung finden.[129] Hier zeichnet sich ein allgemeines Spannungsverhältnis in der Form ab, dass zwischen betriebswirtschaftlichen Optimalanforderungen und rechtlich relevanten Standards zu differenzieren ist. Grundsätzlich ist dabei fraglich, anhand welcher Parameter zu bestimmen ist, ob etwaige betriebswirtschaftliche Optimalanforderungen in juristische Standards übertragen werden können. Bereits an dieser Stelle sei darauf hingewiesen, dass teilweise vertreten wird, die rechtlichen Pflichten zur Krisenbeseitigung hätten an den betriebswirtschaftlichen Krisenbegriff anzuknüpfen.[130] Eine

---

121 IDW S 6 a.F., Tz. 71.
122 IDW S 6 a.F., Tz. 71.
123 IDW S 6 a.F., Tz. 72.
124 IDW S 6 a.F., Tz. 77.
125 IDW S 6 a.F., Tz. 62.
126 IDW S 6 a.F., Tz. 64.
127 IDW S 6 a.F., Tz. 20, 62.
128 *Prütting*, ZIP 2013, 203, 205.
129 Insbesondere *Mohaupt*, Geschäftsleiterpflichten in der Unternehmenskrise, S. 96.
130 *Schweiger*, Aktive Krisenpflichten, S. 25.

Entscheidung für eine der aufgeführten Krisendefinitionen kann hier noch nicht erfolgen. Vielmehr ergibt sich die Definition nach hier vertretener Auffassung aus den Elementen des Pflichtenkreises des Geschäftsführers zur Krisenfrüherkennung.[131] Diese und die damit einhergehenden rechtlichen Rahmenbedingungen der Krisenabwendungspflicht sind gesondert zu untersuchen.[132]

Für die rechtliche Pflicht der Krisenfrüherkennung ist folgendes Spannungsverhältnis maßgeblich: Auf der einen Seite gestaltet sich die haftungsrechtliche Präzision der Pflichten umso schwieriger, je enger sich die Krisenfrüherkennungspflicht an der betriebswirtschaftlichen Sichtweise orientiert. Auf der anderen Seite ist nicht zu verkennen, dass die Wahrscheinlichkeit einer Krisenvermeidung erhöht wird, je früher die Unternehmenskrise erkannt wird. Eine Orientierung an der betriebswirtschaftlichen Sichtweise erscheint damit zumindest unter dieser Prämisse erstrebenswert

§ 2 Vorinsolvenzliche Sanierung

Die rechtlichen und wirtschaftlichen Rahmenbedingungen sind essentiell für die Häufigkeit und die Formen des jeweiligen Sanierungsvorhabens.[133] Nach einer Begriffsbildung der Sanierung sind insofern die Rahmenbedingungen einer außergerichtlichen und einer insolvenzrechtlichen Sanierung darzustellen. Dies ist sowohl aus Sicht der Gesellschafter erforderlich, um sich anhand spezifischer Abwägungsgesichtspunkte für oder gegen eine außergerichtliche Sanierung zu entscheiden, als auch aus Sicht des Geschäftsführers, dessen Pflichtenbindung gegenüber der Gesellschaft hierdurch geprägt wird.[134]

A. Begriffsbildung

Der Begriff „Sanierung“ ist abzuleiten von dem lateinischen Begriff „sanare“, welcher „heilen“ oder „verbessern“ bedeutet. Für die vorliegende Thematik ist zwischen einem insolvenzrechtlichen und einem außergerichtlichen Sanierungsbegriff zu differenzieren. Der Gesetzgeber verwendet den Begriff der „Sanierung“ in der Insolvenzordnung nur an zwei Stellen: im Rahmen des § 39 IV 2 InsO und des § 270b I 1 InsO. Nach der Gesetzesbegründung zu § 270b InsO zielt die Sanierung darauf ab, die im Unternehmen gebundenen Ressourcen der

---

131 3. Kap. § 3 B. II. 3.

132 3. Kap. § 3 B. II. 3.

133 Zu den Aspekten einer strategischen Insolvenz *Eidenmüller*, ZIP 2014, 1197, 1199.

134 vgl. 3. Kap. § 3 A. I. 3.

wirtschaftlich produktivsten Verwendung im Sinne der Gläubiger zuzuführen.[135] Als Mindestvoraussetzung des Sanierungsbegriffs des § 270b I 1 InsO wird gefordert, dass die Gläubiger durch die Fortführung besser gestellt werden als durch eine sofortige Liquidation.[136] Dabei ist umstritten, ob darüber hinaus eine Wiederherstellung der Wettbewerbs- und Renditefähigkeit im Sinne einer nachhaltigen Sanierung erforderlich ist.[137] Einen ergebnisoffenen Begriff vertritt insofern *Zipperer*, nach dessen Ansicht die im Unternehmen gebundenen Ressourcen der wirtschaftlichsten Verwendung im Sinne der Gläubiger zuzuführen sind.[138] Für einen engen Begriff votiert *Siemons.*[139] Das Ziel der Fortführung des Unternehmens sei zugleich die Vermeidung erheblicher Vermögensminderungen, um mittels eines Insolvenzplans das Unternehmen zu erhalten und die Gläubiger besser zu stellen, als sie bei einer Liquidation des Unternehmens stünden.[140]

Im Rahmen des § 39 IV 2 InsO wird eine Ausnahme von dem Schutz der Masse und der einfachen Insolvenzgläubiger (§ 39 I Nr. 5 InsO) durch ein Sanierungsprivileg für den Fall gewährt,[141] dass ein Gläubiger ab dem Zeitpunkt der drohenden Zahlungsunfähigkeit (§ 18 InsO) einen Unternehmensanteil zum Zweck der Sanierung erwirbt.[142] Im Unterschied zu § 270b I 1 InsO sieht der Gesetzgeber im Rahmen des § 39 IV 2 InsO gerade eine nachhaltige Sanierung als erforderlich an, wohingegen die Sanierung im Rahmen des § 270b I 1 InsO lediglich nicht offensichtlich aussichtslos zu sein hat. Zudem geht die Rechtsprechung für § 39 IV 2 InsO davon aus, dass eine objektive Sanierungsfähigkeit des Unternehmens vorliegen müsse.[143] Dieses Erfordernis ergebe sich insbesondere

135 BT-Drucks. 12/2443, S. 77.

136 *Kern,* in: MüKo, InsO, § 270b Rn. 34.

137 *Kirchhof,* in: HK, InsO, § 1 Rn. 3 hält weiter fest, dass die Sanierung gerade keinem Selbstzweck dient, sondern ausschließlich Mittel zum Zweck der bestmöglichen Gläubigerbefriedigung ist; für einen engen Begriff *Siemons*, ZInsO 2012, 1045, 1046; für einen ergebnisoffenen Begriff *Zipperer,* in: Uhlenbruck, InsO, § 270b Rn. 13.

138 *Zipperer,* in: Uhlenbruck, InsO, § 270b Rn. 13.

139 *Siemons*, ZInsO 2012, 1045, 1046.

140 *Siemons*, ZInsO 2012, 1045, 1046.

141 *Ehricke,* in: MüKo, InsO, § 39 Rn. 1; *Hirte,* in: Uhlenbruck, InsO, § 39 Rn. 1.

142 Hierzu *Haas/Kolmann/Pauw,* in: Gottwald, InsolvenzR-HB, § 92 Rn. 434; *Gehrlein,* BB 2008, 846, 851; *Haas,* ZinsO 2007, 617, 624 f.

143 BGH, Urt. 21.11.2005 – II ZR 207/33, BGHZ 165, 106 = NJW 2006, 1283; Besprechung u. a. bei *Goette,* DStR 2006, 387.

aus der gläubigerschützenden Funktion des Eigenkapitalersatzrechts, welches anderenfalls erheblich an Durchschlagskraft verlieren würde.[144]

Für die Phase des freien und selbstverantwortlichen Wirtschaftens im Vorfeld der Insolvenz erfolgt eine Sanierung infolge eines wirtschaftlichen Interesses der Unternehmensinhaber und damit regelmäßig aus Eigenantrieb.[145] Demzufolge werden die Unternehmensinhaber proaktiv und nicht reaktiv zur Krisenbewältigung tätig. Zugleich erfolgt ein Sanierungsvorhaben dabei nicht unter primärer Orientierung an den Gläubigerinteressen. Je nach Art und Fortschritt der Krise hat die Sanierung verschiedene Ziele. So kann es sowohl um die Vermeidung der Insolvenzantragspflicht gehen als auch um die langfristige erfolgreiche Teilnahme am Markt.[146] Gläubigerinteressen werden hierbei nur mittelbar geschützt, indem ein erfolgreiches Unternehmen regelmäßig auch die vollständige Forderungserfüllung gewährleisten kann.[147]

Gemein ist den Sanierungsmaßnahmen nach der Definition von *Undritz*, dass es um Prozessoptimierung bei einer in Schieflage geratenen Wirtschaftseinheit geht, deren Effizienz verbessert bzw. wiederhergestellt werden soll.[148] Dieser Sanierungsbegriff umfasst sowohl die insolvenzrechtlichen Aspekte als auch diejenigen der freien Sanierung und kann damit der Arbeit zugrunde gelegt werden. Auf die inhaltlichen Anforderungen der Sanierung bzw. Sanierungsfähigkeit ist an anderer Stelle einzugehen.[149]

B. Rechtliche Rahmenbedingungen

Sanierungskonzepte weisen regelmäßig sowohl intern wirkende als auch extern wirkende Sanierungsmaßnahmen auf, die betriebswirtschaftlich und rechtlich geprägt sein können.[150] Darzustellen sind im Folgenden die rechtlichen Rahmenbedingungen etwaiger Sanierungsmaßnahmen.

Mit Inkrafttreten des ESUG am 01.03.2012 sollten der Sanierungsstandort Deutschland gestärkt und die Sanierungsinstrumente der InsO angepasst

---

144 *K. Schmidt*, in: Scholz, GmbHG, 10. Aufl., 2006, § 32a Rn. 217; *Altmeppen*, ZGR 1999, 291, 298, der insofern von dem Erfordernis einer „Sanierungskreditwürdigkeit" ausgeht; *Dörrie*, ZIP 1999, 14; *Pentz*, GmbHR 1999, 449.

145 Hierzu *K. Schmidt*, BB 2011, 1603, 1604.

146 Zu den Differenzierungen anhand des IDW ES 6 n.F.: 2. Kap. § 1 B.

147 3. Kap. § 3 A. II. 1.

148 *Undritz*, ZGR 2010, 201, 202.

149 3. Kap. § 3 B. IV. 4.

150 IDW S 6 a.F., Tz. 93 ff.

werden.[151] So wurden die Eigenverwaltung und das Insolvenzplanverfahren optimiert und ein Schutzschirmverfahren eingeführt.[152] Zu beachten ist jedoch, dass sich die Instrumentarien der InsO weiterhin zuvörderst an der bestmöglichen Befriedigung der Gläubiger ausrichten.[153] Für die Anwendbarkeit der jeweiligen Sanierungsinstrumente hat zumindest der Insolvenzeröffnungsgrund des § 18 InsO (drohende Zahlungsunfähigkeit) vorzuliegen. Der fakultative Antragsgrund des § 18 InsO eröffnet insofern die Möglichkeit einer Sanierung durch eine sog. strategische Insolvenz. Eine strategische Insolvenz ist als freiwilliger Insolvenzantrag zu verstehen, der planvoll zur Erreichung eines wirtschaftlichen Ziels gestellt wird.[154]

Ein vorinsolvenzliches Sanierungsverfahren wurde insbesondere aus der Praxis verschiedentlich gefordert.[155] Der Gesetzgeber hat jedoch im Rahmen des ESUG von der Einführung eines solchen Verfahrens Abstand genommen.[156] Aufzugreifen ist weiterhin der Richtlinienvorschlag der Europäischen Kommission zur Schaffung eines vorinsolvenzlichen Sanierungsverfahrens, welcher unter anderem eine rechtsformunabhängige Kodifizierung der Sanierungspflicht der Geschäftsleitung vorsieht.[157] Auch wenn der genannte Richtlinienvorschlag der Kommission im weiteren Gesetzgebungsverfahren vermutlich noch Änderungen erfahren wird, ist bereits erkennbar, dass der deutsche Gesetzgeber verpflichtet sein wird, diejenigen Regelungsbereiche anzupassen, die von den Vorgaben des Richtlinienvorschlag adressiert werden.[158] Durch die Vorgaben des Richtlinienvorschlags wird der Sanierungsansatz der InsO in seiner Bedeutsamkeit möglicherweise weitreichend zurückgedrängt.[159]

Ohne einschlägige Spezialregelung im geltenden Recht richtet sich der Rechtsrahmen damit nach den allgemeinen bürgerlich-rechtlichen und

---

151 BT-Drucks. 17/5712, S. 1.

152 BT-Drucks. 17/5712, S. 17.

153 BT-Drucks. 17/5712, S. 17; dazu *Buchalik*, ZInsO 2015, 484 ff.

154 *Undritz,* in: Vallender/Undritz, Praxis des Insolvenzrechts, Kap. 10 Rn. 15.

155 *K. Schmidt*, Verhandlungen des 54. DJT, Bd. I, D 97 ff.; *ders*., BB 2011, 1603, 1604; *Beissenhirtz*, ZInsO 2011, 57, 66; *Bork*, ZIP 2010, 397, 401; *Geldmacher*, ZInsO 2011, 353 ff.; ablehnend u. a. *Eidenmüller*, ZIP 2010, 649; *Siemon*, NZI 2016, 57, 63.

156 Hierzu *Eidemüller,* WM 2010, 1337, 1343 f.

157 RLV, S. 22.

158 Allgemein zu dem Erfordernis der Umsetzung von Richtlinien EuGH, Urt. v. 15.03.1990 – 339/87, Slg. 1990, I-851; *Nettesheim,* in: Grabitz/Hilf/Nettesheim, Das Recht der Europäischen Union, AEUV Art. 192 Rn. 111 ff.; *Flöther,* NZI-Beilage 2017, 4.

159 *Paulus,* NZI-Beilage 2017, 5.

gesellschaftsrechtlichen Vorschriften. Es existiert *de lege lata* gerade kein gesondertes Sanierungsverfahren.[160] Hierzu ist aus Sicht der Gläubiger festzuhalten, dass sie nach der Rechtsprechung nicht verpflichtet sind, an einem Sanierungskonzept mitzuwirken, sondern vielmehr ihre Forderungen weiterhin voll geltend machen können.[161] Typische Elemente eines Sanierungskonzepts sind Stundungen, Vergleiche und Rangrücktritte, die auf Gläubigerzugeständnissen aufbauen.[162] Den Sanierungsbemühungen wird dabei lediglich durch die indisponible Eröffnung eines Insolvenzverfahrens ab dem Eintritt eines zwingenden Insolvenzeröffnungsgrunds (§§ 17, 19 InsO) eine Grenze gezogen.[163]

C. Erfolgsmodell freie Sanierung?

Wie bereits beschrieben, hängt die Entscheidung für eine bestimmte Verfahrensart davon ab, wie sich die spezifischen rechtlichen und wirtschaftlichen Rahmenbedingungen darstellen.[164] Grundsätzlich steht die freie Sanierung dabei in einem echten Wettbewerb zu der insolvenzrechtlichen Sanierung.[165] Um zu prüfen, ob eine vorinsolvenzliche Sanierung das richtige Verfahren ist, bedarf es folglich einer Gegenüberstellung der jeweiligen Vor- und Nachteile bzw. ihrer Risiken und Hindernisse.

I. Vor- und Nachteile eines Insolvenzverfahrens

Über die Darstellung der typischen Vor- und Nachteile eines Insolvenzverfahrens[166] hinaus sollen die besonderen Vorteile einer möglichen strategischen Insolvenz miteinbezogen werden. Ein Insolvenzverfahren steht unter gerichtlicher Aufsicht und weist gewisse Verfahrensschritte auf.[167]

---

160 *Bork*, ZIP 2010, 397 ff.; *Paulus*, WM 2010, 1337, 1344.

161 BGH, Urt. v. 12.12.1991 – IX ZR 178/91, BGHZ 116, 319 = NJW 1992, 967; dazu *Häuser*, in: Schimansky/Bunte/Lwowski, BankR-HB, § 85 Rn. 20, 20a; ablehnend *Eidenmüller*, Unternehmenssanierung zwischen Markt und Gesetz, S. 557 ff.

162 Hierzu *K. Schmidt*, in: K. Schmidt/Uhlenbruck, Die GmbH in Krise, Sanierung und Insolvenz, Rn. 2.351 ff.

163 2. Kap. § 4.

164 vgl. zu der strategischen Insolvenz *Eidenmüller*, ZIP 2014, 1197, 1199.

165 *Undritz*, in: Vallender/Undritz, Praxis des Insolvenzrechts, Kap. 10 Rz. 15; Auflistung nach *Madaus*, NZI 2011, 622, 628 f.

166 *Vuia*, in: Gottwald, InsolvenzR-HB, § 4 Rn. 3 ff.

167 *Uhlenbruck*, in: K. Schmidt/Uhlenbruck, Die GmbH in Krise, Sanierung und Insolvenz, Rn. 4.11.

Dies lässt Planungssicherheit zugunsten der Gläubiger und des Schuldners entstehen.[168]

Vorteile einer strategischen Insolvenz liegen insbesondere in der Möglichkeit, Konflikte durch die Regelungen der InsO zu lösen, die ohne diese Instrumente nicht rechtlich erzwungen werden könnten und die häufig mit wirtschaftlichen Einbußen auf Seiten der Gläubiger verbunden sind.[169] Zu Lasten einzelner Gläubigergruppen wird das Insolvenzverfahren insofern genutzt, um das jeweilige Unternehmen zukunftsfähig aufzustellen.[170] Hervorzuheben sind aus Sicht des Schuldners hierbei die mit dem fakultativen Antragsrecht des § 18 InsO verbundenen Vorteile: Einstellung von Zwangsvollstreckungen im Rahmen des Erlasses von Sicherungsmaßnahmen (§ 21 II, III InsO), Herausgabesperre im eröffneten Verfahren (§§ 165, 166, 30d I ZVG), Recht zur Vorlage eines Insolvenzplans bei Antragsstellung (§ 218 I InsO), Chance der Restschuldbefreiung (§§ 286 ff. InsO) und Offenhaltung aller Verwertungsarten auch nach Verfahrenseröffnung.[171] Weiterhin vermeidet der Geschäftsführer als Adressat der Insolvenzantragspflicht durch rechtzeitige Antragsstellung mögliche Haftungs- und Strafbarkeitsrisiken.[172]

Als grundlegender Nachteil eines Insolvenzverfahrens sind die direkten und indirekten Kosten zu nennen.[173] Nach herkömmlicher Auffassung tritt als Folge der Veröffentlichung des Eröffnungsbeschlusses (§§ 27 I, 30 I InsO) eine durchschnittliche Wertminderung des Unternehmens von 10–20 % ein.[174] Dies beruht insbesondere auf der Auffassung des Rechtsverkehrs, das Insolvenzverfahren sei ein Werte verschlingendes Verfahren, verbunden mit persönlichem Scheitern

---

168 Diese Planungssicherheit sollte für das Insolvenzplanverfahren durch das ESUG gestärkt werden, vgl. BT-Drucks. 17/5712, S. 2.

169 *Hölzle*, FS Derleder, S. 223, 230.

170 In Bezug auf das Pfleiderer-Verfahren *K. Schmidt*, ZIP 2012, 2085.

171 Auflistung nach *Drukarczyk*, in: MüKo, InsO, § 18 Rn. 3.

172 *Uhlenbruck*, in: K. Schmidt/Uhlenbruck, Die GmbH in Krise, Sanierung und Insolvenz, Rn. 4.13.

173 *Eidenmüller*, Unternehmenssanierung zwischen Markt und Gesetz, S. 74 ff.: Direkte Verfahrenskosten sind die durch das Verfahren unmittelbar ausgelösten Kosten wie etwa Gerichtsgebühren, Verwalter- oder Anwaltshonorare. Indirekte Verfahrenskosten sind die mittelbar ausgelösten Kosten, insbesondere die Schmälerung des Unternehmenswerts durch die Veröffentlichung des Insolvenzeröffnungsbeschlusses.

174 *Sautner/Vladimirov*, Indirect Costs of Financial Distress and Bankruptcy Law, S. 2 (abrufbar unter https://editorialexpress.com/cgi-bin/conference/download.cgi?db_name = AFA2014&paper_id = 107; letzter Abruf am: 06.09.2017).

und Verschulden.[175] Für die strategische Insolvenz beruft *Hölze* sich hingegen auf empirische Untersuchungen zu amerikanischen Insolvenzplanverfahren, wonach ein etwaiger Börsenwert nach planvoll vorbereiteter und durchgeführter Antragsstellung um durchschnittlich 29 % steigt.[176] Es erscheint jedoch aufgrund erheblicher systematischer Unterschiede der Rechtssysteme zumindest fraglich, ob die empirischen Daten zu Chapter-Eleven-Verfahren nach US-amerikanischem Recht eins zu eins übernommen werden können.

Weitere Nachteile können sich daraus ergeben, dass das Insolvenzverfahren Fristen aufweist, die der Schnelllebigkeit des Wirtschaftsverkehrs möglicherweise nicht Rechnung tragen. Im Übrigen kann es zu Abstimmungsschwierigkeiten zwischen Gläubigern, Gericht und Insolvenzverwalter kommen.[177] Zudem sind wirtschaftliche Daten im Insolvenzverfahren anteilig offen zu legen, sodass Wettbewerber Einsicht erhalten können.[178]

II. Vor- und Nachteile eines außergerichtlichen Verfahrens

Wie bereits dargestellt, besteht für eine außergerichtliche Sanierung kein besonderer gesetzlicher Rahmen. Sowohl für die Auswahl der Sanierungsinstrumente als auch der Verfahrensgestaltung liegt folglich ein erhöhtes Maß an Flexibilität vor.[179] Zudem sind weder insolvenzrechtliche Fristen einzuhalten noch ist eine sklavische Ausrichtung anhand der Gläubigergleichbehandlung erforderlich.[180] Ein weiterer Vorteil der freien Sanierung folgt aus der grundsätzlichen negativen Publizität des Verfahrens, wodurch direkte und indirekte Insolvenzkosten vermieden werden können.[181] Aufgrund der oben dargestellten

175 *Eidenmüller*, ZIP 2014, 1197 mit Verweis auf *Bitter/Falk*, Wirtschaft Konkret, Nr. 414, November 2006.

176 *Hölzle*, FS Derleder, S. 223, 232 mit Verweis auf *Coelho/John/Taffler*, Does the Market Know Better? The Case of Strategic vs. Non-Strategic Bankruptcies (abrufbar unter https://papers.ssrn.com/sol3/papers.cfm?abstract_id = 1787197; letzter Abruf am: 10.10.2017).

177 *Gogger*, in: Gogger, Insolvenzgläubiger-HB, Rn. 279.

178 *Spliedt*, InsVZ, 2010, 27, 28.

179 *Eidenmüller*, Unternehmenssanierung zwischen Markt und Gesetz, S. 339, 342: „Ein Zugewinn an Regelhaftigkeit und Rechtssicherheit wird immer mit einem Verlust an Flexibilität erkauft."

180 *Eidenmüller*, Unternehmenssanierung zwischen Markt und Gesetz, S. 340.

181 *Eidenmüller*, Unternehmenssanierung zwischen Markt und Gesetz, S. 338 ff.; *Haarmeyer/ Buchalik*, Sanieren statt liquidieren. Neue Möglichkeiten der Sanierung durch Insolvenz nach dem ESUG, S. 20 f.; *Uhlenbruck*, in: K. Schmidt/Uhlenbruck, Die

Flexibilität kann zudem unter Umständen eine kürzere Verfahrensdauer erzielt werden.[182]

Es kommt hinzu, dass eine Einigung auf erster Ebene nicht durch ein staatliches Einschreiten zustande kommt, sondern vielmehr das jeweilige Einverständnis der Partei voraussetzt und damit unmittelbar auf der Privatautonomie beruht.[183] Gelingt eine einvernehmliche Lösung, ist auf zweiter Ebene mit höherer Wahrscheinlichkeit von einer nachhaltigen Lösung auszugehen. Als Kehrseite der Privatautonomie besteht für eine freie Sanierung keine Möglichkeit für den Schuldner, die Gläubiger zu einer Lösung zu zwingen. Vielmehr sind die Gläubiger in ihrem Verhalten insofern frei, als keine Kooperations- oder Zustimmungspflichten bestehen.[184]

Eidenmüller sieht hierbei im Rahmen der Motive und Interessen eine erhebliche Verunsicherung über ein Sanierungsvorhaben auf Seiten der Gläubiger.[185] Diese Verunsicherung beruhe insbesondere auf einer fehlenden Vergleichskultur in Deutschland, einem übertriebenen Gerechtigkeitsstreben und einer erhöhten Verlustaversion.[186] Dies habe zur Folge, dass ein maßloser Optimismus dahingehend entstehe, die Forderung im Ergebnis noch voll einklagen zu können, und Verhandlungen boykottiert würden.[187] Zudem ist aufgrund bestehender Informationsasymmetrien[188] in Bezug auf die notwendigen unternehmerischen Kennzahlen davon auszugehen, dass die Gläubiger befürchten, der Schuldner könne sich auf ihre Kosten bereichern.[189] Selbst ernsthafte und professionelle Konzepte schließen Misstrauen der Gläubiger nicht aus.[190] Dem Verhalten der Gläubiger ist nach Erfahrungen aus der Praxis lediglich dadurch zu begegnen, dass die hergebrachte Vorstellung der Insolvenz als Werte verschlingendes Liquidationsverfahren fruchtbar gemacht und ein Insolvenzszenario aufgezeigt

---

GmbH in Krise, Sanierung und Insolvenz, Rn. 2.2, insb. Fn. 1; *Bitter/Laspeyres*, ZIP 2010, 1157 f.; *Bork*, ZIP 2010, 397; *Ehlers*, ZInsO 2013, 105, 110; *Liebig/Witt*, DB 2011, 1929; *Stapper*, ZInsO 2009, 2361, 2364.

182 *Eidenmüller*, Unternehmenssanierung zwischen Markt und Gesetz, S. 339, 342.

183 *Eidenmüller*, Unternehmenssanierung zwischen Markt und Gesetz, S. 340 f.

184 BGH, Urt. v. 12.12.1991 - IX ZR 178/91, BGHZ 116, 319 = NJW 1992, 967.

185 *Eidenmüller*, Unternehmenssanierung zwischen Markt und Gesetz, S. 360 ff.

186 *Eidenmüller*, Unternehmenssanierung zwischen Markt und Gesetz, S. 360 ff.

187 *Eidenmüller*, Unternehmenssanierung zwischen Markt und Gesetz, S. 360 ff.

188 *Wilden*, in: Buth/Hermanns, Restrukturierung, Sanierung, Insolvenz, § 2 Rn. 6: Umfang und Wertigkeit von Unternehmensinformationen sind ungleich zwischen den Parteien verteilt.

189 *Hölzle*, NZI 2010, 207, 208.

190 *Hölzle*, NZI 2010, 207, 208.

wird.[191] Damit werden die Verhandlungen über die erforderliche Gläubigereinbeziehung in Vergleich zu den Ergebnissen gesetzt, die durch die Instrumentarien der Insolvenzordnung erzielt werden können.[192] Die Verhandlungen werden damit rechtstatsächlich im „Schatten der Insolvenz" geführt.[193]

III. Abwägung

Es kann festgehalten werden, dass eine freie Sanierung aufgrund der spezifischen insolvenzrechtlichen Regelungsinstrumente nicht in jedem Fall vorteilhaft sein muss. Aus ökonomischer Sicht hält *Eidenmüller* hierzu fest, dass die freie Sanierung wirtschaftlich sinnvoller sei, sofern Effizienzgewinne erzielt werden könnten.[194] Solche Effizienzgewinne seien mit wirtschaftlichen Gewinnen gleichzusetzen und könnten sich aus einer frühzeitigen Einleitung, einer schnellen Durchführung, einer hohen Vertraulichkeit und damit einem geringen Imageverlust ergeben.[195] Letztlich kann die außergerichtliche Sanierung hinsichtlich der Diskretion, Flexibilität, Effizienz, Kosten und Verfahrensdauer Vorteile aufweisen.[196] Auf eine Abwägung der dargestellten Vor- und Nachteile der vorinsolvenzlichen als auch der insolvenzrechtlichen Sanierung ist im Rahmen der Sanierungspflicht des Geschäftsführers zurückzukommen.[197]

§ 3 Verhaltensökonomische Analyse des vorinsolvenzlichen Zeitraums

Das nachfolgende Unterkapitel zielt im Ergebnis auf die Offenlegung und Analyse derjenigen Umstände bzw. Anreize ab, unter denen der Geschäftsführer bei der Durchführung von Sanierungsmaßnahmen im Vorfeld der Insolvenz tätig wird. An die Darstellung der Grundannahmen der ökonomischen Analyse des Rechts schließt die grundlegende Kritik im Sinne der Verhaltensökonomik an

---

191 *Hölzle*, NZI 2010, 207, 208.

192 *Paulus*, WRP 2016, 1070, 1073.

193 *Paulus*, WRP 2016, 1070, 1073.

194 *Eidenmüller*, Unternehmenssanierung zwischen Markt und Gesetz, S. 405.

195 *Eidenmüller*, Unternehmenssanierung zwischen Markt und Gesetz, S. 411.

196 *Haarmeyer/Buchalik*, Sanierung statt liquidieren. Neue Möglichkeiten durch Insolvenz nach dem ESUG, S. 20 f.; *Leithaus/Kreplin*, in: Nerlich/Kreplin, Münchener Anwalts-HB Insolvenz und Sanierung, § 9 Rn. 82 ff.; *Uhlenbruck*, in: K. Schmidt/Uhlenbruck, Die GmbH in Krise, Sanierung und Insolvenz, Rn. 2.1; *Bitter/Rauhut*, KSI 2007, 258, 259 f.; *Kluth*, NZI 2012, 1; *Liebig/Witt*, DB 2011, 1929 f.

197 3. Kap. § 3 B. I. 2.

dem Grundmodell des *homo oeconomicus* an, welche von der Kritik an der Überführung der Ergebnisse der (verhaltens-)ökonomischen Analyse des Rechts in die normative Ebene der Rechtsdogmatik zu trennen ist.

A. Ansatz der (verhaltens-)ökonomischen Analyse des Rechts

Die Lehre von der ökonomischen Analyse des Rechts[198] zielt in einem ersten Schritt auf die Untersuchung bestehender Anreize in rechtlich geregelten Lebensbereichen der Gesellschaft ab, um in einem zweiten Schritt bewerten zu können, ob der gesetzgeberische Regelungsrahmen „effizient" ist.[199] Angestrebt wird insofern eine Analyse der Auswirkungen rechtlicher Normen auf das Verhalten der Rechtsadressaten (1. Ebene).[200] Aufgrund der interdisziplinären Vorgehensweise tritt die Problematik der Überführung der analytischen Ergebnisse in die Rechtsdogmatik (2. Ebene) hinzu.[201]

I. Das Grundmodell des homo oeconomicus

Zur Betrachtung der spezifisch ökonomischen Problembereiche legt die ursprüngliche ökonomische Theorie das Verhaltensmodell des *homo oeconomicus* zugrunde.[202] Die Modellannahme des *homo oeconomicus* geht davon aus, dass Menschen bei der Auswahl von Handlungsmöglichkeiten rational vorgehen (Rationalitätsaxiom) und diejenige Option wählen, die den höchsten Nutzen für

---

198 Begründet durch *Calabresi*, Some Thoughts on Risk Distritibution and the Law of Torts, 70. Yale L. J., 499; *Coase*, The Problem of Social Cost, 3 J. Law & Econ. 1.

199 *Katzenmeier*, in: Dauner-Lieb/Langen, SchuldR 2/2, Vorb. §§ 823 ff. Rn. 60; *Bitter*, Konzernrechtliche Durchgriffshaftung, S. 181; *Engel*, in: Engel/Englerth/Lüdemann/Spiecker gen. Döhrmann, Recht und Verhalten, S. 363, 364; *Schäfer/Ott*, Ökonomische Analyse des Zivilrechts, S. 30 ff.; zu der Ausrichtung anhand des Kriteriums der Effizienz *Fleischer/Zimmer*, in: Fleischer/Zimmer, Effizienz als Regelungsziel im Handels- und Wirtschaftsrecht, ZHR-Beiheft Nr. 74, 2008, S. 9, 13 ff.

200 *Schäfer/Ott*, Ökonomische Analyse des Zivilrechts, S. 1 ff.

201 *Fleischer*, ZGR 2007, 500, 501; *Fleischer/Schmolke/Zimmer*, in: Fleischer/Zimmer, Beitrag der Verhaltensökonomie (Behavioral Economics) zum Handels- und Wirtschaftsrecht, ZHR-Beiheft Nr. 75, 2011, S. 9, 12; *Lüdemann*, in: Engel/Englerth/Lüdemann/Spiecker gen. Döhrmann, Recht und Verhalten, S. 7, 12.

202 *Mathis*, Effizienz statt Gerechtigkeit, S. 28 f.: „Entsprechend steht der *homo oeconomicus* nicht für ein umfassendes Menschenbild im Sinne der Philosophie oder Theologie, sondern stellt ein rein theoretisches Konstrukt dar, das auf ökonomische Problemstellungen zugeschnitten ist."

die eigene Position verspricht (Eigennutzaxiom).[203] Eine Entscheidung für eine der Handlungsvarianten sei aufgrund allgemeiner Ressourcenknappheit in allen Lebensbereichen erforderlich.[204] Die Bestimmung des höchsten zu erwartenden Nutzens wird unter der Sichtweise des Eigennutzes vorgenommen.[205] Der ökonomischen Analyse des Rechts nach haben Rechtsnormen insofern Einfluss auf die jeweilige Entscheidung, als Preise oder Subventionen implementiert werden.[206] Wird der *homo oeconomicus* mit dem Appellcharakter einer Norm konfrontiert, betrachtet er die Verhaltenserwartung ebenfalls rational und nutzenmaximierend.[207] Für den *homo oeconomicus* ist der Grad der Verbindlichkeit der jeweils einschlägigen Rechtsnorm an die Existenz und Höhe einer Sanktion geknüpft.[208] Mit anderen Worten wird der normative Anspruch der jeweiligen Regelung ignoriert und die Rechtsnorm nur als eine solche Restriktion betrachtet, die Kosten und Nutzen von Handlungsvarianten verändert.[209] Dieses spezifische Normverständnis ist dabei Ausgangspunkt für die Ausformung einer verhaltenssteuernden Wirkung der jeweiligen Norm.[210]

---

203 *Fleischer/Schmolke/Zimmer,* in: Fleischer/Zimmer, Beitrag der Verhaltensökonomie (Behavioral Economics) zum Handels- und Wirtschaftsrecht, ZHR-Beiheft Nr. 75, 2011, S. 9, 12; *Kirchgässner,* Homo Oeconomicus, S. 12; *Lieth,* Die ökonomische Analyse des Rechts im Spiegelbild klassischer Argumentationsrestriktionen des Rechts und seiner Methodenlehre, S. 63; *Mathis,* Effizienz statt Gerechtigkeit, S. 20; *Schäfer/Ott,* Ökonomische Analyse des Zivilrechts, S. 58 ff.

204 *Kirchgässner,* Homo Oeconomicus, S. 12; *Schäfer/Ott,* Ökonomische Analyse des Zivilrechts, S. 57 f.

205 *Schäfer/Ott,* Ökonomische Analyse des Zivilrechts, S. 61 f.

206 *Kirchgässner,* Homo Oeconomicus, S. 17; *Lüdemann,* in: Engel/Englerth/Lüdemann/Spie- cker gen. Döhrmann, Recht und Verhalten, S. 8, 33.

207 *Eidenmüller,* Effizienz als Rechtsprinzip, S. 35.

208 *Becker,* The Economic Approach to Human Behavior, S. 6 (Strafe als Steuer auf Verbrechen); *Eidenmüller,* Effizienz als Rechtsprinzip, S. 35.

209 *Cooter/Ullen,* Law and Economics, S. 3; *Magen,* in: Engel/Englerth/Lüdemann/Spiecker gen. Döhrmann, Recht und Verhalten, S. 261, 263.

210 *Bechtold,* Die Grenzen zwingenden Vertragsrechts, S. 332 ff.; *Fleischer/Zimmer,* in: Fleischer/Zimmer, Beitrag der Verhaltensökonomie (Behavioral Economics) zum Handels- und Wirtschaftsrecht, ZHR-Beiheft Nr. 75, 2011, S. 9, 43; *Towfigh/Petersen,* in: Towfigh/Petersen, Ökonomische Methoden im Recht, S. 3 ff.

II. Kritik im Sinne der Verhaltensökonomik

Das Modell des *homo oeconomicus* hat zunächst durch das Konzept der „*Bounded Rationality*"[211] von *Simon* und hierauf aufbauend durch die Ansätze der Verhaltensökonomik erhebliche Kritik und Einschränkungen erfahren.[212] Das Konzept der „*Bounded Rationality*" führt auf, dass die im Rahmen des *homo oeconomicus*-Modells postulierten Rationalitäts- und Eigennutzannahmen verschiedene immanente Grenzen aufweisen.[213] Zunächst seien sowohl der zur Verfügung stehende Zeitraum als auch die geistige Befähigung zur Informationsverarbeitung begrenzt.[214] Diese Problematik werde dadurch verstärkt, dass die zu lösenden Probleme teilweise (hoch-)komplex seien, die Informationsgrundlage jedoch unvollständig, wenn nicht sogar fehlerhaft.[215] Schließlich seien die Entscheider regelmäßig derartig in Organisationen eingebunden, dass sie externe Ziele zu berücksichtigen hätten, und insofern nicht von einer isolierten Entscheidungssituation ausgegangen werden könne.[216] Entscheidendes Element der „*Bounded Rationality*" ist der Punkt, dass der Mensch überfordert sei, konfligierende Präferenzen in einem einzigen Nutzenkalkül zusammenzufassen.[217] Die dargestellten Aspekte sind dabei auf eine Wechselwirkung der betrachteten

---

211 *Simon*, Models of Man, S. 241 ff., S. 261 ff.; *ders.*, Quaterly Journal of Economics, 1955, S. 69 ff.

212 Grundlegend aus den USA *Sunstein*, University of Chicago Law Review 64 (1997), S. 1175 ff.; *Jolls/Sunstein/Thaler*, Standorf Law Review 50 (1998), S. 1471 ff.; in Bezug auf interdisziplinäre Forschungsansätze *Eidenmüller*, JZ 2005, 216 ff.; *Fleischer*, FS Immenga, S. 575 ff.; *Fleischer/Schmolke/Zimmer*, in: Fleischer/Zimmer, Beitrag der Verhaltensökonomie (Behavioral Economics) zum Handels- und Wirtschaftsrecht, ZHR-Beiheft Nr. 75, 2011, S. 9 m.w.N.; *Lüdemann*, in: Engel/Englerth/Lüdemann/Spiecker gen. Döhrmann, Recht und Verhalten, S. 7, 20.

213 *Simon*, Models of Man, S. 241 ff., S. 261 ff.; *ders.*, Quaterly Journal of Economics, 1955, S. 69 ff.

214 *Leistner*, in: Fleischer/Zimmer, Beitrag der Verhaltensökonomie (Behavioral Economics) zum Handels- und Wirtschaftsrecht, ZHR-Beiheft Nr. 75, 2011, S. 122, 129 f.: Theoretische Anerkennung kognitiver Grenzen der Informationsverarbeitung und -bewertung im Entscheidungsverfahren; *Schäfer/Ott*, Ökonomische Analyse des Zivilrechts, S. 65 f.

215 *Leistner*, in: Fleischer/Zimmer, Beitrag der Verhaltensökonomie (Behavioral Economics) zum Handels- und Wirtschaftsrecht, ZHR-Beiheft Nr. 75, 2011, S. 122, 129 f.

216 *Leistner*, in: Fleischer/Zimmer, Beitrag der Verhaltensökonomie (Behavioral Economics) zum Handels- und Wirtschaftsrecht, ZHR-Beiheft Nr. 75, 2011, S. 122, 129 f.

217 *Leistner*, in: Fleischer/Zimmer, Beitrag der Verhaltensökonomie (Behavioral Economics) zum Handels- und Wirtschaftsrecht, ZHR-Beiheft Nr. 75, 2011, S. 122, 129.

Organismen mit den realen Umweltbedingungen zurückzuführen.[218] Im Ergebnis kann insofern festgehalten werden, dass das Modell des *homo oeconomicus* nach den obigen Ausführungen immanenten Grenzen unterliegt,[219] damit kein reales Abbild eines wirtschaftenden Menschen schafft und folglich nur begrenzt zweckmäßig für eine ökonomische Analyse des Rechts herangezogen werden kann.[220] Bereits auf analytischer Ebene weist das Modell des *homo oeconomicus* damit erhebliche Defizite auf.[221]

Hierauf aufbauend hat die Verhaltensökonomie in empirisch-psychologischen Studien Verhaltensanomalien herausgearbeitet, die im Rahmen der Eigennutzannahme und der Annahme der vollständigen Rationalität auftreten.[222] Die Ergebnisse dieser Forschung liegen nicht darin, dass ein in jeder Hinsicht irrationales Handeln anzunehmen ist, sondern vielmehr Abweichungen von einem rationalen und eigennützigen Verhalten systematisiert werden können.[223] Menschliche Entscheidungen richten sich hiernach nicht ausschließlich nach einer Nutzenmaximierung, sondern zugleich nach Fairnessmotiven und sog. Reziprozitätsvorstellungen.[224] Unfaires Verhalten von Mitmenschen wird unter Aufgabe eines eigenen Vorteils regelmäßig sanktioniert.[225] Die bereits angeführte

---

218 *Simon*, Models of Man, S. 241 ff., S. 261 ff.; *ders.*, Quaterly Journal of Economics, 1955, S. 69 ff.

219 *Fleischer/Schmolke/Zimmer*, in: Fleischer/Zimmer, Beitrag der Verhaltensökonomie (Behavioral Economics) zum Handels- und Wirtschaftsrecht, ZHR-Beiheft Nr. 75, 2011, S. 9, 41: „Erschütterung des universalen Geltungsanspruchs des *homo oeconomicus*".

220 *Fleischer/Schmolke/Zimmer*, in: Fleischer/Zimmer, Beitrag der Verhaltensökonomie (Behavioral Economics) zum Handels- und Wirtschaftsrecht, ZHR-Beiheft Nr. 75, 2011, S. 9, 11; Unterteilung in zweckmäßig und unzweckmäßig u. a. *Eidenmüller*, Effizienz als Rechtsprinzip, S. 40; *Lüdemann*, in: Engel/Englerth/Lüdemann/Spiecker gen. Döhrmann, Recht und Verhalten, S. 7, 12.

221 Unterteilung in analytische Frage und normative Aussage *Lüdemann*, in: Engel/Englerth/ Lüdemann/Spiecker gen. Döhrmann, Recht und Verhalten, S. 7, 12.

222 *Lüdemann*, in: Engel/Englerth/Lüdemann/Spiecker gen. Döhrmann, Recht und Verhalten, S. 7, 20.

223 *Kahneman/Tversky*, Choices, American Psychologist, Bd. 39 (1984), S. 341 ff.

224 *Falk*, Working Paper: Homo Oeconomicus versus Homo Reciprocans, S. 3 ff. (abrufbar unter https://www.researchcollection.ethz.ch/bitstream/handle/20.500.11850/146620/eth2558201. pdf?sequence = 1&isAllowed = y; letzter Abruf: 24.10.2017); *Magen*, in: Engel/Englerth/Lüde-mann/Spiecker gen. Döhrmann, Recht und Verhalten, S. 261, 285 ff.: Prinzip der Gegenseitigkeit.

225 Ursprünglich *Abbink/Irlenbusch/Renner*, Journal of Economic Behavior & Organization, 2000, S. 265 ff. (abrufbar unter http://www.sciencedirect.com/science/

defizitäre Informationsverarbeitung ist nach der Verhaltensökonomie weiter in Defizite bei der Informationsaufnahme, der Informationsverarbeitung und der Entscheidungsfindung zu untergliedern.[226] Spezifisch können die Defizite in die Verfügbarkeitsheuristik (*availability bias*)[227], die Überschätzung eigener Fähigkeiten (*overconfidence bias*)[228], die Überbewertung vergangener Kosten (*sunk cost fallacy*)[229] und die Problematik der jeweiligen Einkleidung der Entscheidung (*framing*-Effekt)[230] unterteilt werden.[231]

Im Ergebnis treten die jeweiligen Anomalien nicht nur im Falle einer individuellen Entscheidung, sondern vielmehr systematisch in größeren Gruppen auf.[232] Die Verhaltensökonomie hat insofern das Modell des *homo oeconomicus* als Abbild der Wirklichkeit widerlegt.[233] Gleichwohl führt die verhaltensökonomische Analyse des Rechts ihre jeweiligen Ergebnisse – unter größtmöglicher Berücksichtigung der aufgeführten Anomalien – im Kern auf das Modell des *homo oeconomicus* zurück.[234]

---

article/pii/S0167268100000895; letzter Abruf: 23.10.2017); zugleich *Falk,* Working Paper: Homo Oeconomicus versus Homo Reciprocans, S. 3 ff. (abrufbar unter https://www.research-collection.ethz.ch/bit stream/handle/20.500.11850/146620/eth-25582-01.pdf?sequende = 1&isAllowed = y; letzter Abruf: 24.10.2017).

226 *Lüdemann,* in: Engel/Englerth/Lüdemann/Spiecker gen. Döhrmann, Recht und Verhalten, S. 7, 20; *Schäfer/Ott,* Ökonomische Analyse des Zivilrechts, S. 66 ff.

227 *Kahneman/Tversky,* Choices, American Psychologist, Bd. 39 (1984), S. 341 ff.

228 *Eichenberger,* Verhaltensanomalien und Wirtschaftswissenschaft: Herausforderung, Reaktionen, Perspektiven, S. 27.

229 *Arkes/Blumer,* Organizational Behavoir and Human Decision Processes, S. 124 ff.

230 *Kahneman/Tversky,* Choices, American Psychologist, Bd. 39 (1984), S. 341 ff.

231 Unterteilung nach *Lüdemann,* in: Engel/Englerth/Lüdemann/Spiecker gen. Döhrmann, Recht und Verhalten, S. 7, 22; weitere Auflistung von Verhaltensanomalien bei *Schäfer/Ott,* Ökonomische Analyse des Zivilrechts, S. 66 ff.

232 *Fleischer/Schmolke/Zimmer,* in: Fleischer/Zimmer, Beitrag der Verhaltensökonomie (Behavioral Economics) zum Handels- und Wirtschaftsrecht, ZHR-Beiheft Nr. 75, 2011, S. 9, 17, 38: „Beharrlichkeit der Ausnahmen im Aggregat".

233 *Fleischer/Zimmer,* in: Fleischer/Zimmer, Beitrag der Verhaltensökonomie (Behavioral Economics) zum Handels- und Wirtschaftsrecht, ZHR-Beiheft Nr. 75, 2011, S. 9, 41.

234 *Fleischer/Schmolke/Zimmer,* in: Fleischer/Zimmer, Beitrag der Verhaltensökonomie (Behavioral Economics) zum Handels- und Wirtschaftsrecht, ZHR-Beiheft Nr. 75, 2011, S. 9, 41; *Lüdemann,* in: Engel/Englerth/Lüdemann/Spiecker gen. Döhrmann, Recht und Verhalten, S. 7, 29, 33 ff.: *Lüdemann* geht hierbei insbesondere auf eine Implementierung weiterer sozialwissenschaftlicher Theorien ein.

III. Implementierung der Ergebnisse einer verhaltensökonomischen Analyse des Rechts auf normativer Ebene

1. Grundlegende Kritik

Von der grundlegenden Kritik an dem ursprünglichen Modell des *homo oeconomicus* ist die Auseinandersetzung mit der Frage zu trennen, ob und inwiefern Ergebnisse bzw. Befunde einer verhaltensökonomischen Analyse des Rechts in die Rechtsdogmatik überführt werden können.[235] Im Mittelpunkt der weiteren Ausführungen steht damit die Frage des normativen Anspruchs der ökonomischen Analyse des Rechts.[236]

Gegen eine normative Implementierung der analytischen Ergebnisse werden verschiedene grundsätzliche Kritikpunkte angeführt. Zunächst führe eine Implementierung der nach dem Kosten-Nutzen-Kalkül gefundenen Ergebnisse zu einer Missachtung der „Eigenständigkeit der Jurisprudenz“[237]. Gerade der Blick auf die weiteren rechtspolitischen Regelungsziele der Rechtssicherheit, der ausgleichenden Gerechtigkeit, des Schutzes der Schwächeren, der Verteilungsgerechtigkeit und des Rechtsgüterschutzes lasse erkennen, dass das ökonomische Effizienzziel kein ausschließliches Regelungsziel darstellen könne.[238] Zudem seien die Ergebnisse nicht hinreichend präzise und ließen keine zahlenmäßige Quantifizierung der maßgeblichen Parameter – Wahrscheinlichkeit einer Normverletzung und Höhe des Vermeidungsaufwands – zu.[239] Es fehle insofern auf erster Ebene an einer hinreichenden mathematischen Genauigkeit der Ergebnisse, um auf zweiter Ebene Effizienzbewertungen vornehmen zu können.[240] Weiterhin sei das Menschenbild der ökonomischen Analyse nicht mit demjenigen

---

235 *Lüdemann,* in: Engel/Englerth/Lüdemann/Spiecker gen. Döhrmann, Recht und Verhalten, S. 7, 12.

236 *Lüdemann,* in: Engel/Englerth/Lüdemann/Spiecker gen. Döhrmann, Recht und Verhalten, S. 7, 12; *Taupitz,* AcP 196 (1996), 114, 155 ff.

237 *Fezer,* JZ 1986, 817 ff.; zugleich *Eidenmüller,* Effizienz als Rechtsprinzip, S. 170; *Rittner,* AcP 188 (1988), 101, 118: „Gefährdung der Rechtskultur“.

238 *Eidenmüller,* Effizienz als Rechtsprinzip, S. 170 f.

239 Aus Sicht des Deliktsrechts *Larenz/Canaris,* SchuldR Bd. II/2, § 76, III h); zudem *Eidenmüller,* Effizienz als Rechtsprinzip, S. 167: Fehlende Operationalisierung der Transaktionskosten als konzeptionelle Schwäche.

240 *Eidenmüller,* Effizienz als Rechtsprinzip, S. 455; *Larenz/Canaris,* SchuldR Bd. II/2, § 76, III h); *Taupitz,* AcP 196 (1996), 114, 158 ff. in Bezug auf den Fahrlässigkeitsmaßstab des § 276 II BGB.

des Grundgesetzes vereinbar, sodass ein normativer Anspruch auszuscheiden habe.[241] Neben der fehlenden präzisen Fassung der Ergebnisse wird vielfach angeführt, dass die Modellannahmen sich infolge der einschränkenden Prämissen auf einer zu hohen Abstraktionsebene bewegten und insofern nicht zur Lösung komplexer Rechtsfragen herangezogen werden könnten.[242] Im Rahmen der Falsifikation der Modellannahmen trete vielfach hinzu, dass die empirisch relevanten Daten nicht erfasst und die angenommenen Rahmenbedingungen nicht dahingehend hinterfragt werden, ob diese überhaupt beachtlich sind.[243] Weiterhin wiesen die Ergebnisse trotz Berücksichtigung der aufgeführten Entscheidungsanomalien keine Homogenität auf, weil die Entscheidungsfehler gerade nicht gleichmäßig aufträten.[244] Eine Überführung der Ergebnisse in die normative Ebene weist nach diesen Punkten insofern erhebliche Ungenauigkeiten auf.

Schließlich kennzeichne sich das deutsche Rechtssystem im Unterschied zu den Ansätzen in den USA nicht durch eine Erörterung der Konsequenzen einer Rechtsnorm.[245] Bei normativen Zweifelsfragen sei eine Heranziehung der Ergebnisse der verhaltensökonomischen Analyse insofern systemfremd.[246]

2. *Ansatz dieser Arbeit*

Werden die oben aufgeführten Aspekte zusammengeführt, sind erhebliche Schwächen des Ansatzes der verhaltensökonomischen Analyse des Rechts erkennbar. Für den konkreten Ansatz dieser Arbeit soll einzelnen gewichtigen Bedenken weiter nachgegangen werden. Hervorzuheben ist erstens der systembedingt unterschiedliche Ansatz in den USA. Die ökonomische Analyse des Rechts wird aufgrund des föderalistischen Systems in den USA als Überbau des Gesellschaftsrechts gelehrt.[247] Gegen eine Übertragung des ursprünglich

---

241 *Lepsius,* Steuererungsdiskussion, Systemtheorie, Parlamentarismuskritik, S. 52 ff.; bezüglich der Realitätsferne des ökonomischen Modells *Fezer,* JZ 1985, 814, 819; *ders.*, JZ 1991, 889 f.; *Rittner,* JZ 2005, 668 ff.

242 *Taupitz,* AcP 196 (1996), 114, 165 f.

243 *Hager,* in: Staudinger, BGB, Vorb. § 823 Rn. 16; *Spickhoff,* in: Soergel, BGB, Vorb. § 823 Rn. 32; hierzu *Schäfer/Ott,* Ökonomische Analyse des Zivilrechts, S. 66 ff.

244 *Fleischer/Zimmer,* in: Fleischer/Zimmer, Beitrag der Verhaltensökonomie (Behavioral Economics) zum Handels- und Wirtschaftsrecht, ZHR-Beiheft Nr. 75, 2011, S. 9, 47: Problem der Heterogenität.

245 *Röhl/Röhl,* Allgemeine Rechtslehre, § 26, S. 223.

246 *Röhl/Röhl,* Allgemeine Rechtslehre, § 26, S. 223.

247 Hierzu *Ott,* in: Schäfer/Ott, Ökonomische Probleme des Zivilrechts, S. 142, 148: „Ferner ist in Amerika bekanntermaßen die Gesellschaftsrechtsgesetzgebung

US-amerikanischen Ansatzes streiten damit sowohl der Aspekt eines grundlegend anderen Rechtssystems als auch derjenige einer grundlegend verschiedenen systematischen Einkleidung. Zweitens betreffen die Studien der Verhaltensökonomie in der Regel einfach gelagerte Sachverhalte. Insofern können mit *Lüdemann* die Grenzen des Modells des verhaltensökonomischen Ansatzes ausgeformt werden.[248] Die idealisierenden, abstrahierenden und isolierenden Prämissen führten zu einer derartig hohen Abstraktionsebene, dass es nur zu einer äußerst verkürzten Abbildung der Rechtswirklichkeit komme.[249] Insbesondere die Präferenzstabilität grenze vielfältige Probleme aus, die in der Rechtswissenschaft jedoch zu berücksichtigen seien.[250]

Für den konkreten Ansatz dieser Arbeit ergibt sich Folgendes: Offensichtlich ineffiziente Entscheidungen bzw. Regelungen[251] können im Rahmen staatlicher Verhaltenserwartungen[252] zwar nicht gewollt sein, der Bestimmung der Effizienz anhand der verhaltensökonomischen Analyse stehen nach obigen Ausführungen jedoch gewichtige Bedenken entgegen. Die angestrebte Versachlichung[253] einer rechtlich-normativen Debatte kann damit nur unter erheblichen Einschränkungen angenommen werden. Insbesondere schlägt die Schwäche der Rechtsökonomik – nur mit erheblich eingeschränkten Annahmen zu arbeiten[254] – auf die Ebene der Analyse des Rechts durch.[255] Wenn bereits auf erster Ebene nur ungenaue Ergebnisse erzielt werden können, dann dürften der Überzeugungskraft

---

und -jurisdiktion einzelstaatlich zersplittert, so daß es bereits unabhängig von der Frage nach mehr oder weniger Vertragsfreiheit einen „market for institutions" gibt."

248 *Lüdemann,* in: Engel/Englerth/Lüdemann/Spiecker gen. Döhrmann, Recht und Verhalten, S. 7, 23 ff. mit Verweis auf *Englerth,* in: Engel/Englerth/Lüdemann/Spiecker gen. Döhrmann, Recht und Verhalten, S. 60, 102 ff.

249 *Taupitz,* AcP 196 (1996), 114, 165 f.

250 *Lüdemann,* in: Engel/Englerth/Lüdemann/Spiecker gen. Döhrmann, Recht und Verhalten, Recht und Verhalten, S. 7, 24.

251 *Spickhoff,* in: Soergel, BGB, Vorb. § 823 Rn. 32.

252 *Eidemüller,* JZ 1999, 56; *Herdegen,* Gewissensfreiheit und Normativität, S. 1 ff.; *Lüdemann,* in: Engel/Englerth/Lüdemann/Spiecker gen. Döhrmann, Recht und Verhalten, S. 7, 24.

253 *Behrens,* JNPÖ 1988 (7.Band), S. 207.

254 2. Kap. § 3 A. II.

255 A. A. *Magen,* in: Engel/Englerth/Lüdemann/Spiecker gen. Döhrmann, Recht und Verhalten, S. 261, 263: Die Rechtsökonomik beabsichtige nur, im Sinne einer positiven Theorie Aussagen über die Verhaltenswirkung von Normen zu machen. Hierfür sei eine absichtlich vereinfachende Modellannahme ausreichend.

auf zweiter Ebene umso schwerwiegendere Gründe entgegenstehen.[256] Würden die Ergebnisse der verhaltensökonomischen Analyse insofern verabsolutiert werden, könnten hieraus unter Umständen auch kontraproduktive Ergebnisse abgeleitet werden.[257] In Bezug auf die verhaltensökonomische Analyse des Rechts sind demnach die erheblichen Schwächen des Ansatzes fortlaufend zu berücksichtigen.

Unter Beachtung der hochselektiven Problemstellung[258] und der vorgetragenen grundlegenden Bedenken sollen im Folgenden diejenigen Anreize herausgearbeitet und analysiert werden, unter denen der Geschäftsführer bei der Durchführung von Sanierungsmaßnahmen im Vorfeld der Insolvenz tätig wird. Ziel der folgenden Ausführungen ist die Entwicklung eines Grundverständnisses[259] der Wirkungen der bestehenden Regelungsanreize. Es wird hierbei angenommen, ein Mehrwert entstehe bereits durch die Offenlegung prinzipiell bestehender Anreizwirkungen unabhängig davon, ob die Rechtsadressaten – möglicherweise entgegen einer Modellbetrachtung – tatsächlich auf die Anreize reagieren. Eine Effizienzbewertung der gefundenen Ergebnisse müsste zugleich erheblich tiefer gründen. Unterschieden werden soll im Folgenden zwischen natürlichen und juristischen Personen, um zu prüfen, ob Gemeinsamkeiten und Unterschiede in den jeweiligen Regelungszusammenhängen bestehen.[260]

---

256 In die gleiche Richtung *Fleischer/Schmolke/Zimmer,* in: Fleischer/Zimmer, Beitrag der Verhaltensökonomie (Behavioral Economics) zum Handels- und Wirtschaftsrecht, ZHR-Beiheft Nr. 75, 2011, S. 9, 46: Im Ergebnis sei die Verhaltensökonomie als eine deskriptive Theorie einzuordnen, die menschliches Verhalten ohne rechtsdogmatischen Anspruch untersucht.

257 *Lüdemann,* in: Engel/Englerth/Lüdemann/Spiecker gen. Döhrmann, Recht und Verhalten, S. 7, 25.

258 *Lüdemann,* in: Engel/Englerth/Lüdemann/Spiecker gen. Döhrmann, Recht und Verhalten, S. 7, 17.

259 *Lüdemann,* in: Engel/Englerth/Lüdemann/Spiecker gen. Döhrmann, Recht und Verhalten, S. 7, 42 ff.: Gegen eine Übertragung der methodischen Anforderungen der Sozialwissenschaft auf den Bereich der Rechtswissenschaft stritten maßgebliche Gründe, obgleich hierdurch eine Trivialisierung sozialwissenschaftlicher Theorie im Rezeptionsprozess entstehen könne; zugleich *Homann/Suchanek,* Ökonomik, S. 394 f.

260 Zu diesem Ansatz *Hirte,* FS Goette, S. 151, 152.

B. Grundsatz der vollen persönlichen Haftung

I. Risikoparität als Grundsatz

Wird von einer vollen persönlichen Haftung eines Unternehmers als Grundsatz im Rahmen des Wirtschaftsverkehrs ausgegangen,[261] sind folgende Grundelemente zu beachten. Auf der einen Seite dient die persönliche Haftung dem Schutz der Gläubiger, weil diesen keine Mindesthaftungsmasse zur Verfügung gestellt wird.[262] Auf der anderen Seite lässt die persönliche Haftung im Rechtsverkehr regelmäßig den Schluss auf eine besondere Kreditwürdigkeit und Glaubwürdigkeit des Unternehmens zu.[263] Wirtschaftliche Entwicklungen, die für den Schuldner nachteilig sind, hat dieser selbst zu tragen.[264] Nach dem Verhaltensmodell des *homo oeconomicus* richtet der Unternehmer seine Entscheidungen danach aus, im Ergebnis sein Vermögen zu mehren und dabei keine inadäquaten Risiken einzugehen. Geschehnisse, die für die Vermögenssphäre des Schuldners nachteilig oder gefährlich sind, sind gleichermaßen für den Gläubiger von Nachteil, weil dadurch die Erfüllung der bestehenden Verbindlichkeiten gefährdet werden kann.[265] Diese gleichlaufenden Interessen der Gläubiger und des Unternehmers können als Risikoparität bezeichnet werden.[266] Rechtstatsächlich entsteht aus diesen Umständen ein Mechanismus zum Schutz der Interessen der Gläubiger. Dieser Gläubigerschutzmechanismus wird weiterhin durch die anzunehmende Risikoaversität natürlicher Personen verstärkt, aufgrund derer davon auszugehen ist, dass die Gefahr eines Totalverlusts von einer natürlichen Person höher eingeschätzt wird als eine betragsmäßig gleiche Gewinnchance.[267]

---

261 BGH, Urt. v. 27.09.1999 – II ZR 278/91, BGHZ 142, 315, 322 = NJW 1999, 3483; *Bitter*, in: Scholz, GmbHG, § 13 Rn. 55.

262 Aus Sicht des Ordoliberalismus *Eucken*, Grundlagen der Nationalökonomie, S. 242: „Die unbeschränkte Haftung der Unternehmer hat den Zweck, daß die Unternehmer unter dem Druck der unbeschränkten Haftung vorsichtig disponieren, genau prüfen, ob und wie sie Kapital investieren und was sie produzieren, und daß sie bei Mißerfolgen automatisch ausscheiden."

263 *Steitz*, in: Henssler/Strohn, GesR, § 128 HGB Rn. 1, 2.

264 *Roth*, NZG 2003, 1081, 1083.

265 *Roth*, NZG 2003, 1081, 1083,

266 *Spindler*, in: Eidenmüller/Schön, The Law and Economics of Creditor Protection, S. 341, 342.

267 *Schäfer/Ott*, Ökonomische Analyse des Zivilrechts, S. 135 ff.: Die grundlegende Risikoaversität natürlicher Personen ist auf die Theorie des abnehmenden Grenznutzens des Eigentums zurückzuführen; mit Einschränkungen *Meyer*, Haftungsbeschränkung im Recht der Handelsgesellschaften, S. 1042, 1043.

II. *Risikodisparität als Ausnahme*

Im Unterschied zu den von § 15a I InsO adressierten juristischen Personen besteht für natürliche Personen im Falle der materiellen Insolvenz keine Insolvenzantragspflicht. Nach § 287 I 1 InsO trifft den Schuldner lediglich eine Obliegenheit, den Antrag möglichst früh zu stellen.[268] Es wird im Unterschied zu der Strafbarkeitsandrohung des § 15a IV, V InsO dadurch ein positiver Anreiz geschaffen, dass eine Restschuldbefreiung (§ 301 InsO) in Aussicht gestellt bzw. ermöglicht wird.[269] Im Gegensatz zu der früheren Regelung des § 164 I KO a.F.[270] sieht das geltende Recht nach erteilter Restschuldbefreiung (§ 301 I InsO) gerade kein unbeschränktes Nachforderungsrecht der Gläubiger mehr vor.[271] Bei einer Modellbetrachtung entstehen für den Schuldner, der eine Restschuldbefreiung in den Blick genommen hat (§ 286 I InsO), Verhaltensanreize dahingehend, weitere Schulden anzuhäufen, die nach Erteilung der Restschuldbefreiung nicht mehr erfüllt werden müssen.[272] Dieser Verhaltensanreiz wird lediglich durch die Versagungsgründe der § 290 I Nr. 1–7 InsO durchbrochen.[273] Im Rahmen einer Modellbetrachtung ist anzunehmen, dass der Schuldner diese Gründe vermeiden wird, um keinem unbeschränkten Nachforderungsrecht ausgesetzt zu sein. Im Übrigen folgt für den Schuldner aus § 300 I Nr. 2 InsO ein Verhaltensanreiz, sein Vermögen nicht weiter zu verringern, um die für eine verkürzte

---

268 *Ahrens*, in: FK, InsO, § 287 Rn. 2.

269 BGH, Urt. v. 25.06.2015 – IX ZR 199/14, NJW 2015, 3029, 3030; BT-Drucks. 17/11268, S. 13: Die Restschuldbefreiung ist im Hinblick auf eine mögliche Ungleichbehandlung deshalb erforderlich, weil nur bei juristischen Personen die Möglichkeit einer Auflösung (§ 42 I 1 BGB, § 262 I Nr. 3 AktG, § 60 I Nr. 4 GmbHG, § 101 GenG) besteht. Zudem werden allgemeinwirtschaftliche und sozialpolitische Ziele durch die erneute Integration des Schuldners in den Markt verfolgt.

270 Wortlaut des § 164 I KO a.F.: „Nach der Aufhebung des Konkursverfahrens können die nicht befriedigten Konkursgläubiger ihre Forderungen gegen den Schuldner unbeschränkt geltend machen."

271 Aufgehoben durch das Inkrafttreten der Insolvenzordnung am 01.01.1999; erlassen am 05.10.1994 (BGBl. I, 1994, S. 2866).

272 *Wenzel*, in: Kübler/Prütting/Bork/Pape, § 286 Rn. 34; grundlegende Kritik bei *Lösch*, JA 1994, 44 ff.; *Uhlenbruck*, MDR 1990, 4, 6, 9; *Wenzel*, ZRP 1993, 161, 163: „Freifahrschein zum Schuldenmachen"; für das amerikanische Recht *Ackmann*, Schuldbefreiung durch Konkurs, S. 126.

273 *Ehlers*, DStR 2010, 170, 174: Der Katalog des § 290 I InsO beinhaltet typische Verhaltensweisen, die ein unredlicher Schuldner verwirklicht. Diesem ist nach dem Normzweck des § 290 InsO die Restschuldbefreiung zu versagen.

Restschuldbefreiungsdauer erforderliche Deckungsquote erreichen zu können[274].

C. Besonderheiten der GmbH als Kapitalgesellschaft

Möglicherweise ergeben sich für den Blickwinkel der Verhaltensanreize Besonderheiten daraus, dass gerade keine natürliche Person vollumfänglich haftet, sondern dem Gläubiger eine eigenständige Haftungsmasse (§ 13 II GmbHG) zugeordnet wird.

I. Risikoparität als Grundsatz

Durch das zu erbringende Mindeststammkapital von 25.000 Euro (§ 5 I GmbHG) übernehmen die Gesellschafter zu Beginn der Geschäftstätigkeit ein Mindestrisiko des Gelingens der unternehmerischen Tätigkeit.[275] Infolge der Begründung einer vertraglichen Forderung gegen das schuldnerische Unternehmen treten die Gläubiger dem wirtschaftlichen Risiko der Unternehmung bei. Das Risiko der Gläubiger ist durch die Höhe der jeweiligen Verbindlichkeit beschränkt und im Generellen von dem Wirtschaftsabschnitt und der damit einhergehenden Insolvenzanfälligkeit[276] des schuldnerischen Unternehmens abhängig.[277]

Neben der weiteren positiven Entwicklung des Unternehmenswerts ist regelmäßig das Gewinnbezugsrecht (§ 27 I GmbHG) für die Gesellschafter von entscheidender wirtschaftlicher Bedeutung. Entwickelt sich die Gesellschaft positiv, würden die Gesellschafter bei Eingehung von übermäßigen Risiken im operativen Geschäft den Verlust ihrer vollen wirtschaftlichen Beteiligung riskieren.[278] Für das Zeitfenster des wirtschaftlichen Erfolgs bestehen damit keine

274 BT-Drucks. 17/13535, S. 39: Der Schwerpunkt der Gesetzesbegründung liegt in der Motivation des Schuldners, im Insolvenzverfahren erhebliche Anstrengung zu zeigen.

275 Die gläubigerschützende Wirksamkeit ist umstritten, hierzu *K. Schmidt*, GesR, § 18 II 4a: „Seriositätsschwelle“; *Bachmann*, ZGR 2001, 351; *Engert*, GmbHR 2007, 337.

276 Zu Unternehmensinsolvenzen nach ausgewählten Wirtschaftsbereichen s. destatis (abrufbar unter https://www.destatis.de/DE/ZahlenFakten/GesamtwirtschaftUmwelt/UnternehmenHandwerk/Insolvenzen/Tabellen/WirtschaftszweigeWZ2008.html; jsessionid = 622C76AECD3EC71819AF63611CB019A7.InternetLive2; letzter Abruf am: 11.10.2017).

277 *Adams*, Eigentum, Kontrolle und beschränkte Haftung, S. 37; *Baums*, Recht der Unternehmensfinanzierung, § 3, S. 14; *T. Bezzenberger*, Das Kapital der Aktiengesellschaft, S. 102 ff.; *Fleischer*, ZGR 2004, 437, 446 f.

278 Volle wirtschaftliche Beteiligung meint den Anteil am Gesamtwert des Unternehmens, insbesondere das Gewinnbezugsrecht der Gesellschafter (§ 29 I GmbHG).

Verhaltensanreize, die zum Nachteil der Gesellschaftsgläubiger wirken können. Vielmehr ist davon auszugehen, dass die Gesellschafter aufgrund der Haftungsbeschränkung (§ 13 II GmbHG) die Stufe des Gewinnbezugsrechts nicht unterschreiten wollen. Eine weitere Differenzierung anhand des Unterschieds zwischen dem Risiko und dem möglichen Profit für die Gesellschafter nach *Klöhn* ist für den hier verfolgten Zweck nicht erforderlich.[279] Für die GmbH als Kapitalgesellschaft ist damit gleichermaßen – wie bei dem vollumfänglich haftenden Unternehmer – von gleichlaufenden Interessen der Gläubiger und der Gesellschafter und dem daraus folgenden Grundsatz der Risikoparität auszugehen. Hinzu kommt, dass die Gesellschafter aufgrund persönlicher Sicherheiten regelmäßig an dem Fortbestand des Unternehmens ein besonderes Interesse haben.[280] *Spindler* sieht aus Sicht der Gläubiger eines erfolgreichen Unternehmens insofern keine besondere Schutzbedürftigkeit.[281]

II. Risikodisparität als Ausnahme

1. Konkrete Insolvenzgefahr

Besteht für die Gesellschaft eine konkrete Insolvenzgefahr, ist in aller Regel das Eigenkapital durch Verluste gemindert oder bereits komplett verwirtschaftet.[282] Das Gewinnbezugsrecht (§ 29 I GmbHG) läuft infolgedessen ins Leere. Die Gesellschafter haben erst ein vermögensrechtliches Interesse, sofern es zu einer tatsächlichen Gewinnauszahlung (§ 29 I GmbHG) kommt.[283] Wird nun das Modell des *homo oeconomicus* zugrunde gelegt, ist für die Gesellschafter davon auszugehen, dass die Sanierungsmaßnahmen so ausgestaltet werden, dass der aus § 29 I GmbHG abzuleitende wirtschaftliche Schwellenwert erreicht werden kann.[284] Weil den Gesellschaftern in dieser Situation etwaige Gewinne trotz Vornahme (äußerst) risikoreicher Geschäfte voll zustehen, obwohl kein weiteres Eigenkapital einzuzahlen ist, wird die grundsätzlich vorzufindende Risikoaversität von einem durch die Haftungsbeschränkung vermittelten Risikoanreiz

---

279 *Klöhn*, ZGR 2008, 110, 136 ff.

280 *Bachmann/Eidenmüller/Engert/Fleischer/Schön*, Rechtsregeln der geschlossenen Kapitalgesellschaft, S. 10.

281 *Spindler*, in: Eidenmüller/Schön, The Law and Economics of Creditor Protection, S. 341, 342.

282 *Roth*, in: Roth/Altmeppen, GmbHG, Einl. Rn. 30; pointiert *Albach*, in: Christians, Finanzierungshandbuch, S. 599, 624.

283 *Engert*, ZGR 2004, 813, 822.

284 *Engert*, ZGR 2004, 813, 822.

überlagert.[285] Im Falle einer Modellbetrachtung ist anzunehmen, dass die Gesellschafter diesen Risikoanreiz zur eigenen Nutzenmaximierung verwerten werden. *Hollinderbäumer* hält dazu fest, dass die Risikoneigung umso höher sein wird, je schlechter die finanzielle Lage und je höher die Wahrscheinlichkeit eines Scheiterns ist.[286] Aus Sicht der Gläubiger wird hierdurch ein Spekulieren auf Kosten der Gläubiger gefördert.[287] Die hieraus folgenden Anreize werden auch als *moral hazard* bezeichnet.[288] Unter dieser Begrifflichkeit wird in der Betriebswirtschaftslehre das moralische Wagnis verstanden, das besteht, wenn eine Person sich auf Kosten einer anderen Person unachtsam verhalten kann.[289]

In dem innergesellschaftlichen Gefüge können die mögliche persönliche Haftung (§ 823 II BGB i.V.m. § 15a I InsO) und Strafbarkeit (§ 15a IV, V InsO) des Geschäftsführers als Puffer gegen das Opportunismusrisiko der Gesellschafter betrachtet werden. Aus Sicht des Geschäftsführers kann nicht angenommen werden, dass eine Durchbrechung der angeführten – auch strafrechtlichen – Normen zu einer Gewinnmaximierung führt. Gleichwohl ist zu berücksichtigen, dass ein Insolvenzverfahren nach § 26 I InsO dann abgewiesen wird, wenn das schuldnerische Vermögen die Kosten des Verfahrens voraussichtlich nicht decken wird. Hierdurch besteht unter anderem die Möglichkeit der Verschleierung etwaiger Ansprüche gegen die Geschäftsführer und die Gesellschafter.[290] Hinzu kommt, dass die Funktionalität der Sanktionsregelung des § 26 IV InsO überwiegend kritisch gesehen wird.[291]

Im Ergebnis ist folglich ein aus § 13 II GmbHG folgender Verhaltensanreiz zu konstatieren, der im Falle einer Modellbetrachtung ein Spekulieren zu Lasten der Gläubiger zur Folge hat. Damit ändert sich die ursprüngliche Parität in

---

285 *Easterbrook/Fischel*, 52 u. Chi. L. Rev. (1985), S. 103 f.; *Eidenmüller/Engert*, GmbHR 2005, 435; dazu *Fleischer*, ZGR 2004, 437, 446 f.; *Hollinderbäumer*, BB 2013, 1223.

286 *Hollinderbäumer*, BB 2013, 1223, 1224.

287 *Lutter/Banerjea*, ZGR 2003, 402 ff.; *Roth*, NZG 2003, 1081, 1083.

288 *T. Bezzenberger*, Das Kapital der Aktiengesellschaft, S. 90 f.; *Easterbrook/Fischel*, 52 u. Chi. L. Rev. (1985), S. 103 f.; *Eidenmüller/Engert*, GmbHR 2005, 435 ff.; *Spremann*, Investition und Finanzierung, S. 621 ff.

289 *Spremann*, Investition und Finanzierung, S. 621 ff.

290 *Haarmeyer*, in: MüKo, InsO, § 26 Rn. 56 b; *Hollinderbäumer*, BB 2013, 1223, 1224; *K. Schmidt*, NJW 2011, 1255, 1256; *Zipperer*, NZI 2003, 590, 591.

291 *Altmeppen*, in: Roth/Altmeppen, GmbHG, Vor § 64 Rn. 4; *Burghard/Gundlach*, ZIP 2006, 1568, 1569; *Foerste*, ZInsO 2012, 532, 533; *Hollinderbäumer*, BB 2013, 1223, 1224; *Marotzke*, ZinsO 2013, 1940, 1942; *Teichmann*, NJW 2006, 2444, 2447.

Bezug auf einzugehende Risiken in eine Disparität im Zeitraum der konkreten Insolvenzgefahr.[292]

2. *Formelle Insolvenz*

Die beschriebene Situation im Vorfeld der Insolvenz ändert sich durch die formelle Eröffnung des Insolvenzverfahrens (§ 27 I InsO). Maßgeblich für die Ausrichtung des Insolvenzverfahrens ist § 1 I InsO, wonach das schuldnerische Vermögen der bestmöglichen Befriedigung der Gläubiger dient.[293] Durch die Übertragung der Verwaltungs- und Verfügungsbefugnisse auf den Insolvenzverwalter (§ 27 I i.V.m. § 80 I InsO) werden die Gesellschafter weitreichend in ihren rechtlichen Handlungsmöglichkeiten eingeschränkt.[294] Zugleich ändert sich das Gewinnbezugsrecht (§ 27 I GmbHG) der Gesellschafter dahingehend, dass den Gesellschaftern ein vermögensrechtlicher Anspruch lediglich im Falle der vollen Befriedigung der Insolvenzgläubiger auf Auszahlung des Überschusses (§ 199 S. 2 InsO) zusteht.[295] Im Ergebnis wird durch das Insolvenzverfahren – unabhängig von der konkreten Verfahrensgestaltung – die bestehende Risikodisparität im Vorfeld der Insolvenz dahingehend abgeändert, dass die bestehenden Verhaltensanreize in Insolvenznähe aufgelöst werden und die vermögensrechtlichen Interessen der Gläubiger als Verfahrenszweck festgelegt werden.

D. Konklusion

Sowohl für die Beziehung des persönlich haftenden Unternehmers als auch für die Beziehung der GmbH als Kapitalgesellschaft zu den jeweiligen Gläubigern ist für das Zeitfenster des wirtschaftlichen Erfolgs von einer Risikoparität auszugehen. Für die Gesellschafter einer GmbH bestehen jedoch in konkreter Insolvenznähe

---

292 A. A. *Schober*, Die Haftung des GmbH-Gesellschafters für die Verursachung der Unternehmensinsolvenz, S. 23: „Die Vorstellung der Gesetzverfasser, dass eine natürliche Korrespondenz zwischen dem Gesellschafterinteresse an haftungsminimierter Marktteilnahme und dem Interesse der Gläubiger an einer risikominimierten Vertragsabwicklung bestehe, ist größtenteils durch die gesellschaftsrechtliche Realität die Grundlage entzogen worden."

293 BT-Drucks. 12/2443, S. 108; hierzu BVerfG, Beschl. v. 23.05.2006 – 1 BvR 2530/04, NJW 2006, 2613; BGH, Urt. v. 21.04.2005 – IX ZR 298/03, BGHZ 163, 32, 35 = NJW 2005, 2015.

294 *Riggert*, in: Braun, InsO, § 270 Rn. 2: Das Gestaltungsziel des ESUG, den Zugang zu der Eigenverwaltung (§§ 270 ff. InsO) zu erleichtern (BT-Drucks. 17/5712, S. 2), findet in der Praxis zunehmend Umsetzungsbereitschaft.

295 Hierzu *Jungmann*, in: K. Schmidt, InsO, § 199 Rn. 1-5.

Verhaltensanreize, die zu einer Risikodisparität führen. Im Unterschied zu einem persönlich haftenden Unternehmer erfolgt ein anteiliger Ausgleich im Rahmen der Überführung in ein Insolvenzverfahren nicht anhand von Obliegenheiten, sondern vor allem aus strafrechtlich zwingenden Verhaltenserwartungen an den Geschäftsführer. Die Risikodisparität zwischen Gesellschaft und Gläubiger wird erst durch die formelle Insolvenz aufgelöst. Für das wirtschaftliche Zeitfenster der Risikodisparität wird vielfach ein besonderes Schutzbedürfnis der Gläubiger hergeleitet, welchem durch eine Erweiterung des Pflichtenkreises des Geschäftsführers Rechnung zu tragen sei.[296]

Zunächst kann das gezeichnete Bild der Risikodisparität in Bezug auf die Gläubigergefährdung durch verschiedene Aspekte relativiert werden. Die Existenzvernichtungshaftung der Rechtsprechung und der Literatur wurde für den Fall geschaffen, dass die Gesellschafter die Zweckbindung des Gesellschaftsvermögens zur Befriedigung der Gläubiger nicht angemessen beachten.[297] Das Haftungsvermögen der Gesellschaft wird also zumindest gegen solche Eingriffe geschützt, die von den Regelungen der §§ 30, 31 GmbHG nicht erfasst werden und die die Zweckbindung des Gesellschaftsvermögens missachten.[298] Zudem ist die Positivierung der *Business Judgement Rule* auf die Erkenntnis zurückzuführen, dass unternehmerischen Entscheidungen die Gefahr von Fehlern oder Fehleinschätzungen immanent ist.[299] Gewisse unternehmerische Risiken sind damit

296 In Betrachtung der Zahlungsunfähigkeit als zu spät einsetzendem Insolvenzeröffnungsgrund: *K. Schmidt*, Das Kapital der Aktiengesellschaft in Europa, S. 188, 196; zudem *Grigoleit*, Gesellschafterhaftung für interne Einflussnahme im Recht der GmbH, S. 272 ff.; *Roth*, NZG 2003, 1081, 1083; *Spindler*, in: Eidenmüller/Schön, The Law and Economics of Creditor Protection, S. 342, 344.

297 BGH, Urt. v. 16.07.2007 – II ZR 3/04, BGHZ 173, 246 = NJW 2007, 2689; BGH, Urt. v. 28.04.2008 – II ZR 264/06, BGHZ 176, 204 = NJW 2008, 2437; BGH, Urt. v. 09.02.2009 – II ZR 292/07, BGHZ 179, 344 = NJW 2009, 2127; BGH, Urt. v. 15.09.2014 – II ZR 442/13, ZInsO 2015, 1216; dazu aus der Literatur *Altmeppen*, NJW 2007, 2657, 2659; *Dauner-Lieb*, ZGR 2008, 34; *Habersack*, ZGR 2008, 533.

298 BGH, Urt. v. 16.07.2007 – II ZR 3/04, BGHZ 173, 246 = NJW 2007, 2689; *Zöllner*, FS Konzen, S. 1021.

299 BGH, Urt. 21.04.1997 – II ZR 175/95, BGHZ 135, 244 = NJW 1997, 1926: „Darüber hinaus soll dem Aufsichtsrat bei der Erfüllung seiner Aufgaben ein weiter Ermessensspielraum zustehen, der die gerichtliche Nachprüfbarkeit seiner allein dem Gesellschaftsinteresse verpflichteten Entscheidungen und damit auch derjenigen über die Inanspruchnahme eines Vorstandsmitglieds auf Ersatz eines der Gesellschaft zugefügten Schadens in ähnlicher Weise einschränkt wie die Regelung des § 114 VwGO im verwaltungsgerichtlichen Verfahren.“; BGH, Urt. v. 16.03.2009 – II ZR 280/07, NJW

sowohl aus Sicht des Schuldners als auch aus Sicht der Gläubiger erforderlich.[300] Im Falle einer auszuformenden Haftung, die auf überzogene Risiken eingeht, dürfte sich die Schwierigkeit einer passgenauen Abgrenzung zwischen berechtigten und zu weitreichenden unternehmerischen Risiken stellen.

Weiterhin ist zu beachten, dass sich das ursprüngliche wirtschaftliche Risiko der zu verwirklichenden Geschäftsidee bereits auf eine mögliche Insolvenzquote auswirkt, weil prinzipiell auch solche Geschäfte getätigt werden können, die bei Misslingen das bestehende Mindestkapital komplett aufzehren.[301] Aus Sicht der Gläubiger kann damit kein genereller Schutz vor einer geringen Insolvenzquote bestehen. Die beiden letztgenannten Punkte können dahingehend zusammengeführt werden, dass die Verhaltensanreize lediglich eine Verringerung der vor diesem Zeitfenster fiktiv zu errechnenden Insolvenzquote zur Folge haben. Neben der Ausformung der unternehmerischen Grundidee ist für die fiktive Grundquote zudem entscheidend, dass durch ein Umschlagen von Fortführungs- in Liquidationswerte regelmäßig ein erheblicher Wertverlust eintritt.[302]

In Bezug auf ein besonderes Schutzbedürfnis der Gläubiger ist des Weiteren anzuführen, dass es sich bei der GmbH um ein künstliches juristisches Gebilde handelt und sich ein Gläubigerschutzniveau im Ergebnis nur an demjenigen Gläubigerschutz orientieren kann, der auch bei einer unternehmerisch tätigen natürlichen Person umgesetzt wird.[303] Hierzu kann an die herausgearbeiteten Punkte angeknüpft werden. Es gehen sowohl von der Restschuldbefreiung (natürliche Person) als auch von der Haftungsbeschränkung (juristische Person) Verhaltensanreize aus, die zu Lasten der Gläubiger in dem Zeitraum der konkreten Insolvenzgefahr wirken. Für die natürliche Person wird ein System von

---

2009, 2454; dazu aus der Literatur *Heermann*, ZIP 1998, 761; *Koch*, NZG 2014, 934; hierzu 3. Kap. § 4.

300 BGH, Beschl. v. 24.02.1997 – II ZB 11/96, BGHZ 134, 392, 398 = NJW 1997, 1923; *Engert*, ZGR 2004, 813, 822, Fn. 39; *Koch*, ZGR 2006, 769, 782: Es sei davon auszugehen, dass die Gläubiger zumindest ein Interesse an solchen Risiken haben, die den Unternehmenswert in Höhe aller Verbindlichkeiten halten.

301 *Röhricht*, FS 50 Jahre BGH, S. 83, 95: Zudem kann der Aspekt des Umschlagens von Fortführungs- in Liquidationswerte herangezogen werden; *Grunewald/Noack*, GmbHR 2005, 189, 190; *Triebel/Otte*, ZIP 2006, 311, 312.

302 *Grunewald/Noack*, GmbHR 2005, 189, 190; *Triebel/Otte*, ZIP 2006, 311, 312.

303 *Roth*, ZGR 1986, 371, 378: „Bei Kapitalgesellschaften kann man von den Regelungsmechanismen – sei es des Marktes, sei es der Rechtsordnung – füglicherweise auch nicht mehr erwarten, als daß sie für eine vergleichbare Bandbreite von Kreditwürdigkeit und Insolvenzrisiko Sorge tragen, die juristische Personen also insoweit mit dem durchschnittlich persönlich haftenden Unternehmer in etwa auf eine Stufe stellen.“

positiven sowie negativen Anreizen durch § 300 I Nr. 1 und 2 InsO sowie durch die Versagungsgründe der § 290 I Nr. 1–7 InsO geschaffen. Diese Art, zwischen redlichen und unredlichen Schuldnern zu differenzieren, hat der Gesetzgeber für die Kapitalgesellschaften gerade nicht übernommen. Insbesondere anhand des § 290 I Nr. 4 InsO lässt sich ablesen, dass es sich nur um eine bewusste gesetzgeberische Entscheidung gegen einen solchen Verhaltenskatalog handelt.[304] Für juristische Personen kennzeichnet sich die Systematik dadurch, dass neben den dargestellten negativen Anreizen auch an den Eröffnungsgrund des § 18 InsO (Drohende Zahlungsunfähigkeit) geknüpfte Verfahrenserleichterungen gewährt werden.[305]

Im Ergebnis sind an dieser Stelle systembedingte Verhaltensanreize im vorinsolvenzlichen Zeitraum festzustellen, die durch die aufgeführten weiteren Aspekte jedoch relativiert werden. Der verhaltensökonomischen Analyse nach verhalten sich die Interessen der Gläubiger in Insolvenznähe indifferent zu denjenigen der Gesellschafter.

§ 4 Rechtliche Bewertung des Höhepunkts der Krise

Sanierungsmaßnahmen erfolgen regelmäßig in einem mehrpoligen Interessengeflecht, wobei die Interessen der Gesellschafter, Geschäftsführer, Gläubiger und auch der Allgemeinheit bzw. des Rechtsverkehrs zu berücksichtigen sind. Aus der Insolvenzantragspflicht lassen sich zeitliche, wirtschaftliche und rechtliche Konturierungen ableiten. Die Insolvenzantragspflicht wird nach diesen Vorüberlegungen auch als „dogmatisches Zentrum der Organhaftung im Stadium der eingetretenen Insolvenzreife“[306] bezeichnet. § 15a I InsO steht in unmittelbarer Verbindung zu den zwingenden Insolvenzeröffnungstatbeständen der Zahlungsunfähigkeit und der Überschuldung (§§ 17 I, 19 InsO). Durch die Zahlungsunfähigkeit und Überschuldung (§§ 17 I, 19 InsO) wird festgelegt, ab welchem Zeitpunkt die formellen und materiellen Regelungen des Insolvenzrechts Anwendung finden. Die Insolvenzantragspflicht wird dabei durch eine Strafbewehrung nach § 15a IV, V InsO und eine persönliche Schadensersatzhaftung

---

304 BR-Drucks. 1/92, S. 190, 191: Schuldner und Gläubiger sollen im Vorhinein wissen, unter welchen Bedingungen eine Versagung der Restschuldbefreiung in Betracht kommt.

305 *Riggert*, in: Braun, InsO, § 270 Rn. 2.: Das Gestaltungsziel des ESUG, den Zugang zu der Eigenverwaltung (§§ 270 ff. InsO) zu erleichtern (BT-Drucks. 17/5712, S. 2), findet in der Praxis zunehmend Umsetzungsbereitschaft.

306 *Poertzgen*, Organhaftung wegen Insolvenzverschleppung, S. 151, 368 f.

des Geschäftsführers nach § 823 II BGB i.V.m. § 15a I InsO zur Durchsetzung gebracht.

Weiterhin bildet die Antragspflicht nach herrschender Auffassung einen „Eckpfeiler des Gläubigerschutzes"[307] und lässt damit Rückschlüsse auf die Gesamtkonzeption des Gläubigerschutzes auch für den vorinsolvenzlichen Zeitraum zu. Aufgrund dieser Bedeutung der Antragspflicht für die rechtliche Bewertung des Höhepunkts der Krise bedarf es einer vertieften Normanalyse des § 15a InsO. Zugleich gehört die Antragspflicht zu dem Pflichtenprogramm des Geschäftsführers im Vorfeld der Insolvenz. In der konkreten Anwendung der Antragspflicht ergibt sich unter anderem die Frage, ob sich aus der Antragspflicht bereits eine fortdauernde Pflicht zur guten und nachhaltigen Unternehmensführung ableiten lässt[308] oder ob die Antragspflicht lediglich im Schlussakt der Krise Anwendung findet. Aufgrund des engen Untersuchungsgegenstands der folgenden Ausführungen kann die Änderung des § 15a InsO durch das Gesetz zur Durchführung der Verordnung (EU) 2015/848 über Insolvenzverfahren unbeachtet bleiben.[309]

A. Grundlegendes

Umstritten ist, ob die Norm in das Gesellschaftsrecht, das Insolvenzrecht oder das Deliktsrecht einzuordnen ist.[310] Zu fragen ist im weiteren Verlauf ebenfalls, inwiefern § 15a I InsO primär der marktwirtschaftlichen Filterfunktion Rechnung trägt oder eher der Sanierungsoption zuzurechnen ist.[311] Insofern ist neben der systematischen Einordnung insbesondere der teleologischen Auslegung nachzugehen.

B. Systematik

Die systematische Einordnung der Norm in den rechtlichen Kontext der Gesamtrechtsordnung soll eine sinnvolle Rechtsanwendung auf Grundlage der

307 *Klöhn*, in: MüKo, InsO, § 15a Rn. 33; *Preuß*, in: Kübler/Prütting/Bork, InsO, § 15a Rn. 8, 9.

308 *K. Schmidt*, in: Lutter, Das Kapital der Aktiengesellschaft in Europa, S. 188, 206; *ders.*, in: Scholz, GmbHG, Anh. § 64 Rn. 3, 4, 166; *ders.*, in: K. Schmidt/Uhlenbruck, Die GmbH in Krise, Sanierung und Insolvenz, Rn. 11.1.

309 Gesetz zur Durchführung der Verordnung (EU) 2015/848 v. 05.06.2017, BGBl. I 2017, S. 1476.

310 *Mönning*, in: Nerlich/Römermann, InsO, § 15a Rn. 6; *Ulmer*, KTS 2004, 291, 301.

311 Hierzu *Häsemeyer*, InsolvenzR, Rn. 5.03; *Thole*, JZ 2011, 765, 771.

harmonisierenden Interpretation von Einzelvorschriften ermöglichen.[312] Je nach Klassifizierung als insolvenzrechtliche oder gesellschaftsrechtliche Norm können die zugrunde liegenden Prinzipien des Rechtsgebiets einen anderen Auslegungsansatz begründen bzw. eine anderweitige Akzentuierung ausschließen. Die Einordnung erfolgt dabei anhand der Prinzipien, die durch die Norm verwirklicht werden. Die Zuordnung zu einem Rechtsgebiet ergibt sich infolge eines Reflexes. Liegen der Antragspflicht insolvenzrechtliche Prinzipien zugrunde, erfolgt eine primäre Ausrichtung anhand der Gläubigerinteressen im Sinne des § 1 InsO.[313] Kommt es hingegen zu einer gesellschaftsrechtlichen Einordnung, ist der Vereinigungsfreiheit im Sinne des Art. 9 I GG Rechnung zu tragen, die Bestandteil der Privatautonomie ist und – mit den Grenzen des *numerus clausus* des Gesellschaftsrechts – eine größtmögliche Gestaltungsfreiheit gewährleisten soll.[314]

Die Frage nach der Einordnung in ein Rechtsgebiet wird zugleich dann relevant, wenn eine ausländische Gesellschaft ihren Hauptsitz in Deutschland hat und sich im Rahmen der Art. 4 I EuInsVO, § 335 InsO die Frage stellt, ob die Insolvenzantragspflicht dem Insolvenzstatut im Sinne des Art. 4 I EuInsVO, § 335 InsO zuzuordnen ist und damit Anwendung findet. Entscheidend für Art. 4 I EuInsVO, § 335 InsO ist die kollisionsrechtliche Zuordnung der Norm.[315] Vorliegend soll es jedoch um die materiell-rechtliche Einordnung der Sachnorm des § 15a InsO gehen, wobei davon auszugehen ist, dass eine Sachnorm gleichzeitig eine Kollisionsnorm enthalten kann.[316]

I. Insolvenzrechtliche Einordnung

Nach der Gesetzesbegründung des MoMiG erfolgte die rechtsformneutrale Einfügung der Insolvenzantragspflicht in die Insolvenzordnung mit dem Ziel, die Anwendbarkeit auf Auslandsgesellschaften mit tatsächlichem Sitz in Deutschland sicherzustellen.[317] Die Zuordnung zu dem insolvenzrechtlichen Statut stand hierbei im Vordergrund.[318]

---

312 *Rüthers/Fischer/Birk*, Rechtstheorie, Rn. 144, 744.

313 Zu den Grundlinien des Insolvenzrechts *Häsemeyer*, InsolvenzR, Rn. 2.00.

314 Hierzu *Wiedemann*, GesellschaftsR I, § 1 I 1.

315 Zu der Problematik von Scheinauslandsgesellschaften *Vallender*, ZGR 2006, 425, 426.

316 Zu den Begriffen der Kollisionsnorm und Sachnorm *Junker*, Internationales Privatrecht, Rn. 116-118.

317 BT-Drucks. 16/6140, S. 55.

318 BT-Drucks. 16/6140, S. 55: Schutzlücken sollen für Auslandsgesellschaften vermieden werden.

Zusätzlich sei jedoch auf eine Grundausrichtung der Zweckbestimmung des § 15a InsO vorgegriffen, die darin liegt, durch den Antrag die sofortige Eröffnung unter insolvenzrechtlichen (Schutz-)Bestimmungen zu ermöglichen und Gläubiger vor spezifischen Schäden zu bewahren, die durch rechtsgeschäftlichen Kontakt mit einem materiell insolventen Schuldner verursacht werden können.[319] Damit wird insbesondere ein insolvenzrechtlicher Schutz verfolgt.[320] Hinzu kommt, dass das Insolvenzrecht in §§ 13, 14 InsO die Antragsberechtigten abschließend regelt, sodass auch nur diesen Personengruppen eine Antragspflicht (§ 15a InsO) obliegen kann.[321] Die Insolvenzantragspflicht dient auch als Ausgleich dafür, dass an die Fremdanträge im Sinne des § 13 InsO vergleichsweise hohe Anforderungen gestellt werden.[322] Es kann insofern ein insolvenzrechtlicher Regelungszusammenhang festgestellt werden.

II. Gesellschaftsrechtliche Einordnung

Die Insolvenzantragspflicht gilt nach ihrem Wortlaut (§ 15a I InsO) nur für juristische Personen und Personengesellschaften, die über keine vollumfänglich, akzessorisch haftende natürliche Person verfügen. Damit wird an die gesellschaftsrechtliche Konzeption des Antragssubjekts angeknüpft. Die Insolvenzantragspflicht kann zudem im spezifischen Zusammenhang mit der Haftungsverfassung der Kapitalgesellschaft gesehen werden,[323] sodass jeweils gesellschaftsrechtliche Bezüge geltend gemacht werden können. Im Rahmen der Haftungsverfassung bietet die Antragspflicht Ausgleich ab dem Zeitpunkt, ab dem die Geschäfte nur noch zu Lasten der Gläubiger gehen.[324] Die Pflicht des § 15a I InsO wird damit als Ausdruck der gesellschaftsrechtlichen Wertung in Bezug auf die Risikoverteilung aufgefasst.[325] Ferner kann die Antragspflicht als Ergänzung der gesellschaftsrechtlichen Kapitalaufbringungs- und

---

319 *Klöhn,* in: MüKo, InsO, § 15a Rn. 32; *Eidenmüller,* in: Eidenmüller, Ausländische Kapitalgesellschaften im Deutschen Recht, § 9 Rn. 26; *Mock/Schildt,* ZInsO 2003, 396, 400.

320 *Borges,* ZIP 2004, 733, 739.

321 *Borges,* ZIP 2004, 733, 739.

322 *Hirte/Mock,* ZIP 2005, 474, 477; *Meyer-Löwy/Poertzgen/de Vries,* ZInsO 2005, 293, 295.

323 *Mock/Schildt,* ZInsO 2003, 396, 399.

324 *Poertzgen,* Organhaftung wegen Insolvenzverschleppung, S. 205 stellt dabei auf eine Modifikation der allgemeinen Insolvenzrisikoverteilung ab; *Hirte/Mock,* ZIP 2005, 474, 475.

325 *Mock/Schildt,* ZInsO 2003, 396, 399; *Ulmer,* NJW 2004, 1201, 1207 bezeichnet diesen Gedanken als „spezifisches Organisationsrecht".

erhaltungsvorschriften eingeordnet werden.[326] Darüber hinaus beinhaltet die Antragspflicht eine Durchbrechung der Dispositionsmaxime, die darauf zurückzuführen ist, dass weder unmittelbar noch mittelbar wenigstens eine natürliche Person unbeschränkt persönlich für die Verbindlichkeiten der Gesellschaft haftet.[327] Sowohl der Regelungszusammenhang der Kapitalvorschriften als auch derjenige der Dispositionsmaxime ist jeweils primär auf einen gesellschaftsrechtlichen Anknüpfungspunkt zurückzuführen.[328]

Für eine gesellschaftsrechtliche Einordnung wird weiter die Einordnung der Insolvenzantragspflicht als eine Organpflicht des Geschäftsführers in einer bestimmten wirtschaftlichen Situation genannt.[329] Letztlich kann die Insolvenzantragspflicht auch in Bezug zu der Fremdorganschaft einer Kapitalgesellschaft[330] gesehen werden.[331] Anknüpfungspunkt ist das Auseinanderfallen von Rechtsträgerschaft und Verfügungsbefugnis.[332] Das abstrakte Spannungsverhältnis zwischen den Interessen der Unternehmensinhaber, denjenigen der Geschäftsführer und denjenigen der Gläubiger im Insolvenzfall soll durch gesetzliche Pflichten des Geschäftsführers aufgelöst oder zumindest abgemildert werden. Dieser Aspekt spricht für eine gesellschaftsrechtliche Prägung der Norm.[333]

III. Stellungnahme

Festzuhalten ist zunächst, dass der Gesetzesbegründung des MoMiG eine erhöhte Argumentationsstärke für die Zuordnung zum insolvenzrechtlichen Statut im Sinne der Art. 4 I EuInsVO, § 335 InsO zukommt.[334] Da die kollisionsrechtliche

---

326 *Stapelfeld*, Die Haftung des GmbH-Geschäftsführers für Fehlverhalten in der Gesellschaftskrise, S. 171; *K. Schmidt*, ZIP 1988, 1497; *ders.*, NJW 1993, 2934.

327 *Poertzgen*, ZInsO 2007, 574, 576.

328 BGH, Urt. v. 06.06.1994 – II ZR 292/91, BGHZ 126, 181, 197 = NJW 1994, 2220; beruhend auf *K. Schmidt*, ZIP 1988, 1497.

329 *Schumann*, DB 2004, 743, 746.

330 *Altmeppen*, in: Roth/Altmeppen, GmbHG, § 6 Rn. 1: § 6 GmbHG sei als „Grundnorm zur Organfunktion" des Geschäftsführers zu verstehen.

331 *Poertzgen*, Organhaftung wegen Insolvenzverschleppung, S. 181 f.; *ders.*, ZInsO 2010, 165, 168.

332 *Poertzgen*, Organhaftung wegen Insolvenzverschleppung, S. 181 f.; *ders.*, ZInsO 2010, 785, 788.

333 *Poertzgen*, ZInsO 2007, 574, 576.

334 *Rüthers/Fischer/Birk*, Rechtstheorie, Rn. 952: Ein gewandelter Normzweck aufgrund erheblicher wirtschaftlicher, gesellschaftlicher und politischer Veränderungen kann erst erkannt werden, wenn der gesetzgeberische Normzweck bestimmt wurde; BT-Drucks. 16/6140, S. 55.

Einordnung nicht mit der materiell-rechtlichen Einordnung übereinstimmen muss,[335] kommt der Gesetzesbegründung hingegen geringere Begründungskraft für die materiell-rechtliche Einordnung zu. Ließe sich maßgeblich auf die Stellung in der InsO abstellen, würde obendrein keine inhaltliche Auseinandersetzung mit der Thematik erfolgen, sodass die Stellung in der InsO eine materiell-rechtliche Einordnung nicht vorgeben kann.[336]

Die rechtsformneutrale Ausgestaltung könnte darauf hinweisen, dass eine explizite Abkehr von einer gesellschaftsrechtlichen Tendenz der Norm erfolgen sollte.[337] Diese Betrachtung lässt hingegen den eindeutigen Wortlaut des § 15a I InsO außer Betracht – der, wie dargestellt, an die gesellschaftsrechtliche Organisationsverfassung anknüpft – und kann folglich nur eingeschränkt überzeugen.[338] Zudem ist zu erkennen, dass die Antragspflicht ihrem Wortlaut nach in dem Vorgründungsstadium der Gesellschaft keine Anwendung findet.

Der Begründungsansatz der Fremdorganschaft bezieht sich auf die Organstellung und deren Konzeption. Vermieden werden soll insofern eine potentielle Interessenkollision zwischen der Geschäftsführung und der Gesellschafterversammlung zu Lasten der Gläubiger. Diese Interessenkollision wird allerdings erst im Moment der unmittelbar bevorstehenden oder bereits eingetretenen Insolvenz relevant.[339] Damit wird vor allem insolvenzrechtlicher Gläubigerschutz bezweckt. Entkräftet wird dieser Aspekt auch nicht dadurch, dass ein Großteil der GmbH als Ein-Personen-Gesellschaften ausgestaltet sind,[340] weil dadurch das Spannungsverhältnis zwischen Unternehmensinhaber und Gläubigern nicht aufgelöst wird. Dieser Begründunganstaz verwirklicht gesellschaftsrechtliche und insolvenzrechtliche Prinzipien und kann mithin nicht zu einer

---

335 Zu den Begriffen der Kollisions- und Sachnorm *Junker*, Internationales Privatrecht, Rn. 116 ff.

336 *Hirte*, ZInsO 2010, 1986, 1991. Eine gesellschaftsrechtliche Prägung wurde auch nicht für die Vorgängervorschriften der § 64 I GmbHG a.F., § 92 II AktG a.F., § 130a HGB aufgrund des jeweiligen Standorts vorgenommen, hierzu *Trunk*, Internationales InsolvenzR, S. 103; *Müller*, NZG 2003, 414, 416; zu der Vorschrift des § 15a InsO *Poertzgen*, ZInsO 2007, 574, 575; *ders.*, ZInsO 2010, 785 ff.

337 BT-Drucks. 16/6140, S. 55: „rechtsformneutrale Ausgestaltung".

338 *Hirte*, ZInsO 2010, 1986, 1991.

339 Die gesetzlichen Pflichten des zwingenden Organs des Geschäftsführers dienen insbesondere dem Schutz der Gläubiger, hierzu *K. Schmidt/Herchen*, in: K. Schmidt, InsO, § 15a Rn. 1.

340 *J. Schmidt*, in: Michalski, GmbHG, System. Dars. Nr. 1 Rn. 31: Der Anteil der Ein-Personen-GmbH soll zwischen 30 und 40 Prozent der Kapitalgesellschaften liegen; *Kornblum/ Hampf/Naß*, GmbHR 2000, 1240, 1245; *Meyer*, GmbHR 2002, 177, 179.

eindeutigen Einordnung führen. Zusätzlich wird die Thematik des Gläubigerschutzes im deutschen Recht rechtsgebietsübergreifend aufgefasst.[341] Betrachtet man die Antragspflicht des § 15a I InsO dabei als „Eckpfeiler des Gläubigerschutzes“[342], ist es zumindest nicht zwingend, diese unter dem Gesichtspunkt des Gläubigerschutzes als ausschließlich insolvenzrechtlich einzuordnen.

Die Antragspflicht verkörpert damit sowohl Prinzipien des gesellschaftsrechtlichen als auch des insolvenzrechtlichen Haftungssystems. Diese beiden Systeme bedingen und überschneiden sich im Rahmen der Antragspflicht.[343] Eine Festlegung auf die einem Rechtsgebiet zugrunde liegenden Prinzipien würde diejenigen des anderen Rechtsgebiets außer Acht lassen. Die Antragspflicht ist folglich methodisch im Zusammenhang mit insolvenzrechtlichen und gesellschaftsrechtlichen Vorschriften zu interpretieren. Entgegen der herrschenden Auffassung[344] handelt es sich damit nicht um eine rein insolvenzrechtliche Norm.

IV. Konklusion

Die insolvenz- und gesellschaftsrechtliche Einordnung der Insolvenzantragspflicht hat zur Folge, dass diese auch im Zusammenhang mit der Konzeption der GmbH zu betrachten ist. Hierbei ist die Verbindung zur Haftungsbeschränkung der GmbH (§ 13 II GmbHG) dahingehend maßgeblich, dass diese auch der Außenhaftung der Organe Grenzen setzt. Für den vorinsolvenzlichen Zeitraum kommt eine Außenhaftung dabei nur dann in Betracht, wenn die durch die §§ 13 II, 43 II GmbHG angedeutete Haftungskonzentration auf die Gesellschaft eine Ausnahme erforderlich macht.[345] Die durch § 823 II BGB i.V.m. § 15a I InsO vermittelte Außenhaftung ergibt sich dabei erst bei Vorliegen der Insolvenzeröffnungstatbestände.

Zudem führt die insolvenzrechtliche Einordnung dazu, dass die Dogmatik des Insolvenzrechts Berücksichtigung findet. Die formelle Eröffnung eines Insolvenzverfahrens durch Beschluss nach § 27 InsO lässt nicht nur eine zeitliche,

---

341 *Fleischer*, in: Eidenmüller/Schön, The Law and Economics of Creditor Protection, S. 29, 30.

342 *Klöhn*, in: MüKo, InsO, § 15a Rn. 3; *Preuß*, in: Kübler/Prütting/Bork, InsO, § 15a Rn. 8, 9.

343 In diese Richtung *Krüger*, ZInsO 2007, 861, 865.

344 LG Kiel, Urt. v. 20.04.2006 – 10 S 44/05, NZG 2006, 672; *Klöhn*, in: MüKo, InsO, § 15a Rn. 19; *Altmeppen*, NJW 2004, 97, 100 f.; *Borges*, ZIP 2004, 737; *Kuntz*, NZI 2005, 424, 426; *Riedemann*, GmbHR 2004, 345, 348.

345 Hierzu *Haas*, Geschäftsführerhaftung und Gläubigerschutz, S. 127; *Medicus*, ZGR 1998, 570, 585; *Lutter*, GmbHR 1997, 329, 335; 2. Kap. § 3.

sondern auch eine normative Zäsur in der Gestaltung der Unternehmenskrise entstehen. Auf der einen Seite ist bis zur Verfahrenseröffnung die Privatautonomie vorherrschend und wird durch das Prioritäts- und Präventivprinzip der Einzelzwangsvollstreckung abgesichert. Auf der anderen Seite führt die Insolvenzeröffnung im Falle der § 27 I i.V.m. § 80 I InsO zu einer wesentlichen Einschränkung der Privatautonomie. Durch die Zäsur der Verfahrenseröffnung wird nach *Häsemeyer* das Insolvenzrecht mit drei Grundlinien eingeführt.[346] Als Ziele bestehen die Sicherung des sozialen Friedens, eine amtliche Abwicklung anhand möglichst gleicher Bedingungen zu Gunsten aller Gläubiger und, soweit möglich, die Erhaltung der wirtschaftlichen Existenz des Schuldners.[347] Das Insolvenzrecht dient dann durch materiell-rechtliche und verfahrens-rechtliche Vorschriften der Durchsetzung der Ansprüche von Gläubigern im Rahmen der Zivilrechtspflege.[348]

Ohne gesetzliche Haftungsordnung könnte eine Situation der rechtsstaatlich untragbaren Selbsthilfe der Gläubiger entstehen.[349] So würden die Gläubiger dem Prioritätsprinzip folgend in einen Wettlauf geraten.[350] Die Insolvenzanfechtung (§§ 129 ff. InsO) als Vorwirkung des insolvenzrechtlichen Prinzips der Gleichbehandlung folgt insofern aus dem Verlust der Legitimation der Privatautonomie nebst der Einzelzwangsvollstreckung als korrespondierendem Prinzip mit zunehmender Nähe zum Insolvenzantrag.[351] Das Insolvenzrecht schützt damit im Ergebnis nicht nur die Gläubiger, um eine gleichberechtigte Befriedigung zu gewährleisten, sondern auch den Schuldner und die Allgemeinheit.[352] Für die Antragspflicht lässt sich weiterhin konstatieren, dass auch einer Vorverlagerung der Insolvenzeröffnungsgründe aus verfassungsrechtlichen Erwägungen Grenzen gesetzt sind.[353]

346 *Häsemeyer*, InsolvenzR, Rn. 2.00; *ders.*, KTS 1982, 507, 511-514.

347 *Häsemeyer*, InsolvenzR, Rn. 2.00.

348 BVerfG, Urt. v. 23.05.2006 – 1 BvR 2539/04, DZWIR 2006, 362.

349 *Uhlenbruck*, Das neue Insolvenzrecht, S. 40, insb. Fn. 51.

350 Anschaulich *Smid*, Praxishandbuch InsolvenzR, 1. Teil, § 1 Rn. 20.

351 *Häsemeyer*, InsolvenzR, Rn. 21.05; dazu *Hölzle*, ZIP 2015, 662, 665; ausführlich 3. Kap. § 2 B. II. 3.

352 *Häsemeyer*, InsolvenzR, Rn. 2.03; *Smid*, Praxishandbuch InsolvenzR, 1. Teil, § 1 Rn. 20 f.

353 *Häsemeyer*, InsolvenzR, Rn. 21.05; zur Verhältnismäßigkeit etwaiger Sicherungsmaßnahmen BGH, Beschl. v. 20.03.1986 – III ZR 55/85, NJW-RR 1986, 1188.

C. Telos

Die teleologische Auslegung stellt die Ermittlung des Gegenwartszwecks der Norm dar.[354] Darauf basierend ist herauszuarbeiten, worin der Gestaltungswille der normsetzenden Instanz besteht.[355] Die Zweckanalyse kann fruchtbar gemacht werden, um die vom Gesetzgeber abstrakt-generell getroffene Interessenbewertung im Rahmen der einzelfallbezogenen Rechtsanwendung nachvollziehbar und kontrollierbar durchführen zu können.[356] Außerdem kann dem Normzweck eine erhebliche soziale Steuerung und Kontrolle entnommen werden, indem Handlungsanleitungen (präskriptive Funktion) gegeben werden.[357] Auf der präskriptiven Funktion aufbauend ließe sich rechtssoziologisch zudem die Frage stellen, welche faktischen Auswirkungen innerhalb der Bevölkerung auftreten, weil der Geschäftsführer die Antragspflicht als subjektiv geltend erachtet und sein eigenes Handeln an dem normativen Gehalt ausrichtet.[358]

Durch die Bestimmung des Telos kann des Weiteren eine Regelungslücke ermittelt und darauf aufbauendes Richterrecht als solches gekennzeichnet werden.[359] Im Übrigen ermöglicht erst eine Bestimmung der gesetzgeberischen Interessenbewertung eine möglichst gesetzesnahe Rechtsfortbildung.[360] Konsequenz der parlamentarischen Normsetzungsprärogative (Art. 20 III, Art. 97 I GG) ist, dass die Sollensanordnungen in Form von Gesetzen sowohl für die Bürger als auch für die staatlichen Organe verbindliche Bewertungsmaßstäbe darstellen.[361] Liegt kein ausdrücklich angeordneter Normzweck vor, kann der immanente Zweck der einzelnen Gesetze herausgearbeitet werden.[362]

354 *Treder*, Methoden und Technik der Rechtsanwendung, S. 57.

355 *Fischer*, Topoi verdeckter Rechtsfortbildungen im Zivilrecht, S. 486; *Rüthers/Fischer/Birk*, Rechtstheorie, Rn. 718.

356 *Rüthers/Fischer/Birk*, Rechtstheorie, Rn. 656, 719.

357 *Rüthers/Fischer/Birk*, Rechtstheorie, Rn. 137.

358 *Rehbinder*, Rechtssoziologie, Rn. 20.

359 Hierzu *Esser*, Grundsatz und Norm in der richterlichen Fortbildung des Privatrechts, S. 201, 235 ff.

360 Zu dem Erfordernis einer möglichst gesetzesnahen Rechtsfortbildung *Fischer*, Topoi verdeckter Rechtsfortbildungen, S. 493.

361 *Fischer*, Topoi verdeckter Rechtsfortbildungen im Zivilrecht, S. 486; Die Bewertungsmaßstäbe sind insofern maßgeblich, als eine Bindung an den Sinn des Gesetzes besteht und nicht an den Text als Zeichenabfolge, hierzu *Ebsen*, Gesetzesbindung und „Richtigkeit“ der Entscheidung, S. 31 ff.

362 *Fischer*, Topoi verdeckter Rechtsfortbildungen im Zivilrecht, S. 486.

I. Gesetzesbegründung

Nach den obigen Ausführungen ist die historische Gesetzesbegründung zunächst dahingehend zu untersuchen, ob ein ausdrückliches Gesetzesziel formuliert wurde.[363] Sollte dies der Fall sein, wären weitere Ausführungen zur Zweckbestimmung aufgrund der Gesetzesbindung (Art. 20 III GG) hinfällig.[364]

Durch das MoMiG wurde die Vorschrift des § 15a InsO eingeführt und die des § 64 I GmbHG a.F abgelöst.[365] Diese wurde wiederum anhand der Vorschriften der Art. 240 II ADHGB und des § 92 II GenG konzipiert.[366] Zu den Vorschriften der Art. 240 II ADHGB, § 64 I GmbHG a.F. hat der Gesetzgeber keine ausdrückliche Interessenbewertung in die jeweilige Begründung aufgenommen.[367] Ausschlaggebend kann insofern nur die Gesetzesbegründung des MoMiG sein. Die Begründung stellt zunächst auf den Sinn und Zweck der Vorschrift ab und sieht diesen in der rechtzeitigen Einleitung des Insolvenzverfahrens zum Schutz der Alt- und Neugläubiger vor spezifischen Schäden.[368] Diese Ausführungen erfolgen jedoch nur, um eine dogmatische Zuordnung zu dem insolvenzrechtlichen Statut der Art. 4 I EuInsVO, § 335 InsO begründen zu können.[369]

---

363 *Fischer*, Topoi verdeckter Rechtsfortbildungen im Zivilrecht, S. 486; *Rüthers/Fischer/Birk*, Rechtstheorie, Rn. 718.

364 *Rüthers/Fischer/Birk*, Rechtstheorie, Rn. 720; dazu *Fischer*, ZfA 2002, 215, 232: „Die Auslegung muss damit das Ziel haben, den Normzweck, also die Bewertung der berücksichtigten Interessen durch den Gesetzgeber, zu ermitteln und dann im Hinblick auf den zu beurteilenden Sachverhalt zu konkretisieren."

365 BT-Drucks. 16/6140, S. 55: „Anlässlich der Reform des GmbH-Rechts ist es geboten, auf den Sinn und Zweck der Insolvenzantragspflicht abzustellen. Dieser ist ein insolvenzrechtlicher. Bezweckt wird durch die Antragspflicht die rechtzeitige Einleitung des Insolvenzverfahrens und damit der Schutz sowohl der Altgläubiger vor weiterer Verringerung der Haftungsmasse als auch der Neugläubiger vor Vertragsabschluss mit notleidenden Gesellschaften. Dieser Regelungszweck ist von jeher Anliegen des Insolvenzrechts. Die Gesellschaftsgläubiger sollen letztlich davor geschützt werden, dass das Gesellschaftsvermögen weggegeben und die den Gläubigern zur Verfügung stehende Masse so geschmälert wird. Zudem besteht eine enge Verbindung zwischen dem Insolvenzantragsrecht, welches bereits in der Insolvenzordnung geregelt ist, und der Insolvenzantragspflicht."

366 Amtl. Begr. des GmbHG, 1891, S. 110.

367 Abdruck der Gesetzesbegründung bei *Schubert/Hommelhoff*, 100 Jahre modernes Aktienrecht, S. 508 f.

368 BT-Drucks. 16/6140, S. 55; 2. Kap. § 4 C. VII.

369 *Klöhn*, KTS 2012, 133, 150.

Die Gesetzesbegründung zu dem dritten Absatz der neu konzipierten Vorschrift des § 15a InsO beinhaltet explizite Ausführungen zu der Stärkung des Gläubigerschutzes, der durch die insolvenzrechtlichen Regelungen verwirklicht wird.[370] Daran fehlt es in Bezug auf die reine Antragspflicht des § 15a I InsO. Aus einem *argumentum e contrario* der Begründung des ersten Absatzes zu derjenigen des dritten Absatzes lässt sich folgern, dass gerade keine inhaltliche Auseinandersetzung mit dem Schutzzweck erfolgen sollte. Die Ausführungen der Gesetzesbegründung referieren den Grundkonsens der herrschenden Meinung im Jahr 2008.[371] Eine über diesen Grundkonsens hinausgehende Auseinandersetzung und Festlegung des Zwecks erfolgte gerade nicht. Damit liegt keine abschließende Telos-Bestimmung durch den Gesetzgeber vor, sodass auf die der Norm innewohnende Ausrichtung abgestellt werden kann.

II. Rechtsprechung

Die Insolvenzantragspflicht hat durch die Rechtsprechung im Laufe der Zeit unterschiedliche Konturierungen erhalten. Der Analyse sind die Entscheidungen zu der Insolvenzverschleppungshaftung nach § 823 II BGB i.V.m. § 15a InsO (bzw. § 64 I GmbHG a.F.) zugrunde zu legen. Die Verbindungslinie zwischen dem Telos der Antragspflicht und dem Schadensersatzanspruch liegt darin, dass die Lehre vom Schutzzweck der Norm von der jeweiligen Telos-Bestimmung abhängig ist.[372] Die Lehre vom Schutzzweck der Norm baut gerade auf der Telos-Bestimmung der jeweiligen Norm auf.[373] Es sollen nach der Lehre vom

---

370 vgl. BT-Drucks. 16/6140, S. 55: „Durch den Absatz 3 wird eine Stärkung des Gläubigerschutzes erzielt, indem die Gesellschafter im Wege einer Ersatzzuständigkeit selbst in die Pflicht genommen werden, bei Zahlungsunfähigkeit bzw. Überschuldung einen Insolvenzantrag zu stellen. Diese Pflicht trifft die Gesellschafter bei Führungslosigkeit der Gesellschaft. Die Antragspflicht schon im Vorfeld der Vertreterlosigkeit, wenn der Aufenthalt der Geschäftsführer für die Gesellschafter unbekannt ist, war im Referentenentwurf noch vorgesehen, ist aber wegen zu vieler Zweifelsfragen fallengelassen worden."

371 vgl. BGH, Urt. v. 06.06.1994 – II ZR 292/91, BGHZ 126, 181, 197 = NJW 1994, 2220; BGH, Urt. v. 08.11.2005 – XI ZR 34/05, BGHZ 165, 50, 60 = NJW 2005, 3137.

372 BGH, Urt. v. 22.04.1958 – VI ZR 65/57, BGHZ 27, 137, 140 = NJW 1958, 1041; BGH, Urt. v. 16.12.1958 – VI ZR 245/57, BGHZ 29, 100, 104 f. = NJW 1959, 623; *Medicus/Lorenz*, SchuldR I, Rn. 682.

373 BGH, Urt. v. 22.04.1958 – VI ZR 65/57, BGHZ 27, 137, 140 = NJW 1958, 1041; BGH, Urt. v. 16.12.1958 – VI ZR 245/57, BGHZ 29, 100, 104 f. = NJW 1959, 623; *Medicus/Lorenz*, SchuldR I, Rn. 682.

Schutzzweck der Norm gerade nicht beliebige und undifferenzierte Schäden ersetzt werden, sondern nur diejenigen, vor denen die jeweilige Norm schützen will.[374]

1. BGHZ 29, 100

Die Rechtsprechung geht mit dem Urteil vom 16.12.1958[375] zunächst davon aus, die Antragspflicht solle Gläubiger vor einer Verringerung des Gesellschaftsvermögens schützen, das ihnen insolvenzrechtlich zur Gesamtbefriedigung zugeordnet wird.[376] Die Gläubiger seien nicht vor allen Gefahren zu bewahren, die der Kontakt mit einer materiell insolventen Gesellschaft mit sich bringe.[377] Infolgedessen könnten diejenigen Gläubiger, die ihre Stellung erst nach Insolvenzreife erwerben (sog. Neugläubiger), nur den Quotenverringerungsschaden (sog. Quotenschaden) geltend machen, welche in der Differenz zwischen Ist- und Soll-Quote bestehe.[378] Dies sei deshalb überzeugend, weil der Gesetzgeber sich darauf beschränkt habe, den Schutz der Gläubiger einer Kapitalgesellschaft auf den Eröffnungstatbestand der Überschuldung zu begrenzen.[379] Ein Schadensersatzanspruch nach § 823 II BGB i.V.m. § 64 S. 1 GmbHG a.F. habe demzufolge an die Stellung als Konkursgläubiger und den Erhalt einer Konkursquote anzuknüpfen.[380]

2. BGHZ 126, 181

Diese Rechtsprechungslinie hat der BGH durch Urteil vom 06.06.1994 (II ZR 292/91) zu Gunsten der Neugläubiger aufgelöst.[381] Ausgangspunkt der Ausführungen des BGH ist die These, dass das Gebot der Antragspflicht schadensersatzrechtlich und strafrechtlich so auszugestalten sei, dass der Schutz der zugrunde

---

374 BGH, Urt. v. 14.05.2014 – VIII ZR 266/13, BGHZ 201, 263 = NJW 2014, 2190; *Oetker*, in: MüKo, BGB, § 249 Rn. 120.

375 BGH, Urt. v. 16.12.1958 – VI ZR 245/57, BGHZ 29, 100, 104 f. = NJW 1959, 623.

376 BGH, Urt. v. 16.12.1958 – VI ZR 245/57, BGHZ 29, 100, LS. 2 = NJW 1959, 623.

377 BGH, Urt. v. 16.12.1958 – VI ZR 245/57, BGHZ 29, 100, LS. 2 = NJW 1959, 623.

378 BGH, Urt. v. 16.12.1958 – VI ZR 245/57, BGHZ 29, 100, LS. 2 = NJW 1959, 623.

379 BGH, Urt. v. 16.12.1958 – VI ZR 245/57, BGHZ 29, 100, 106 = NJW 1959, 623 mit Verweis auf stenographische Berichte über die Verhandlungen des Reichstags, 8. Legislaturperiode I. Session 1890/92, Aktenstück Nr. 66, Begründung zu §§ 63, 64 GmbHG.

380 BGH, Urt. v. 16.12.1958 – VI ZR 245/57, BGHZ 29, 100, 104 f. = NJW 1959, 623.

381 BGH, Urt. v. 06.06.1994 – II ZR 292/91, BGHZ 126, 181 = NJW 1994, 2220; Kritik in der Lit. *Wagner*, FS K. Schmidt, S. 1665, 1683; *Altmeppen*, ZIP 2001, 2201, 2203; *Bauder*, BB 1993, 2472, 2473; *Bork*, ZGR 1995, 505, 516; *Goette*, DStR 1994, 1048, 1051.

liegenden Norm (§ 64 I GmbHG a.F.) wirksam durchgesetzt wird.[382] Die Antragspflicht sei dabei in den Gesamtkontext der Konzeption einer juristischen Person mit beschränkter Haftungsmasse einzuordnen.[383] Maßgeblich seien für die Haftungsbeschränkung der juristischen Person neben der Antragspflicht nicht nur der zwingende Eröffnungstatbestand der Überschuldung, sondern auch die Kapitalaufbringungs und -erhaltungsvorschriften.[384] Die Antragspflicht als Organpflicht widerspreche damit nicht der Haftungsprivilegierung der Gesellschafter, sondern stelle vielmehr einen Ausgleich dar.[385] Durch die Antragspflicht sei die Beseitigung der Gesellschaft aus dem Rechtsverkehr bezweckt, sodass es zu keinem rechtsgeschäftlichen Kontakt mehr kommen könne.[386] Für die Position der Neugläubiger wird davon ausgegangen, dass sie der materiell insolventen Gesellschaft keinen Kredit mehr gewährt hätten, ohne dafür einen werthaltigen Gegenleistungsanspruch zu erhalten.[387] Diese Argumentationslinie habe damit zur Folge, dass die Neugläubiger den Vertrauensschaden geltend machen können, der ihnen durch den Kontakt mit der insolventen Gesellschaft entstanden ist.[388]

3. *BGHZ 164, 50*

Der BGH präzisiert in seinem Urteil vom 25.07.2005 (II ZR 390/03)[389] die teleologische Ausrichtung der Antragspflicht und formt die Rechtsprechungslinie seit BGHZ 126, 181 aus. Nach den Ausführungen des BGH sollen nur solche Schäden beachtlich sein, die einen inneren Zusammenhang zu der insolvenzreifen Gesellschaft aufweisen.[390] Es gehe damit um den spezifischen Kontakt zu einer insolvenzreifen Gesellschaft.[391] Damit schieden Neugläubiger-Schäden aus, die auf einem Vertrauen in die Ehrlichkeit des Schuldners und nicht in die Solvenz

382 BGH, Urt. v. 06.06.1994 – II ZR 292/91, BGHZ 126, 181 = NJW 1994, 2220.
383 BGH, Urt. v. 06.06.1994 – II ZR 292/91, BGHZ 126, 181 = NJW 1994, 2220.
384 BGH, Urt. v. 06.06.1994 – II ZR 292/91, BGHZ 126, 181 = NJW 1994, 2220; *Stapelfeld*, Die Haftung des GmbH-Geschäftsführers für Fehlverhalten in der Gesellschaftskrise, S. 171; *K. Schmidt*, ZIP 1988, 1497; *ders.*, NJW 1993, 2931, 2934.
385 BGH, Urt. v. 06.06.1994 – II ZR 292/91, BGHZ 126, 181 = NJW 1994, 2220.
386 BGH, Urt. v. 06.06.1994 – II ZR 292/91, BGHZ 126, 181 = NJW 1994, 2220.
387 Vertiefend *Wagner*, FS K. Schmidt, S. 1665, 1683.
388 BGH, Urt. v. 06.06.1994 – II ZR 292/91, BGHZ 126, 181, 190 = NJW 1994, 2220 (Aufgabe der bisherigen Rspr.).
389 BGH, Urt. v. 15.07.2005 – II ZR 390/03, BGHZ 164, 50 = NJW 2005, 3137.
390 BGH, Urt. v. 15.07.2005 – II ZR 390/03, BGHZ 164, 50, 63 = NJW 2005, 3137.
391 BGH, Urt. v. 15.07.2005 – II ZR 390/03, BGHZ 164, 50, 63 = NJW 2005, 3137.

beruhten.[392] Daraus folge zudem, dass die Antragspflicht nicht auf den Schutz potentieller Deliktsgläubiger während der Insolvenz ziele.[393] Systematisch seien für die Fälle vielmehr die §§ 823, 826 BGB, § 263 StGB einschlägig.[394]

4. Konklusion

Die verschiedenen Ansätze der Rechtsprechung lassen sich im Ergebnis dahingehend zusammenführen, dass Altgläubiger zum einen vor einer weiteren Aushöhlung der Haftungsmasse geschützt werden sollen. Zum anderen bietet das öffentliche und allgemeine Interesse des Rechtsverkehrs den Anknüpfungspunkt für den Schutz der Neugläubiger. Nach den Ausführungen der Urteile besteht das öffentliche und allgemeine Interesse darin, einen geschäftlichen Kontakt ab dem Zeitpunkt der materiellen Insolvenz zu verhindern.[395] Zugrunde gelegt wird damit das Ziel der Entfernung des schuldnerischen Unternehmens aus dem Rechtsverkehr. Dies ist insofern kritisch zu hinterfragen, als zumindest seit dem ESUG die Sanierung des Unternehmens (§ 1 S. 1 InsO) als gleichberechtigtes Mittel zur bestmöglichen Gläubigerbefriedigung in der InsO gestärkt wurde.[396] Zudem ist zu erkennen, dass der bloße Insolvenzeröffnungsbeschluss nicht zur Beseitigung der Gesellschaft aus dem Rechtsverkehr führt.[397]

III. Mönning

1. Darstellung

Nach *Mönning* bedarf es im Ergebnis von vornherein keiner gesetzlichen Pflicht zur Insolvenzantragsstellung.[398] Es bestehe keine Schutzbedürftigkeit der Gläubiger, der durch eine zwingende Überführung in das Insolvenzrecht Rechnung zu tragen wäre; vielmehr könnten die Gläubiger trotz wirtschaftlicher und finanzieller Risiken durchaus Interesse an einer fortlaufenden vertraglichen Beziehung zu dem schuldnerischen Unternehmen haben.[399] Demzufolge liege bereits keine Sachverhaltskonstellation vor, die eine gesetzliche Regelung erfordere.[400]

---

392 BGH, Urt. v. 15.07.2005 – II ZR 390/03, BGHZ 164, 50, 64 = NJW 2005, 3137.
393 BGH, Urt. v. 15.07.2005 – II ZR 390/03, BGHZ 164, 50, 65 = NJW 2005, 3137.
394 BGH, Urt. v. 15.07.2005 – II ZR 390/03, BGHZ 164, 50, 65 = NJW 2005, 3137.
395 RG, Urt. v. 14.12.1909 – Rep. II. 528/09, RGZ 72, 285; BGH, Urt. v. 06.06.1994 – II ZR 292/91, BGHZ 126, 181, 190 = NJW 1994, 2220.
396 BT-Drucks. 17/5712, S. 17.
397 *Dellinger,* WBL 1996, 173, 180.
398 *Mönning,* in: Nerlich/Römermann, InsO, § 15a Rn. 8c.
399 *Mönning,* in: Nerlich/Römermann, InsO, § 15a Rn. 8c.
400 *Mönning,* in: Nerlich/Römermann, InsO, § 15a Rn. 8c.

2. *Kritik*

Die Ansicht *Mönnings* verkennt, dass die Antragspflicht eine rechtzeitige Eröffnung des Insolvenzverfahrens ermöglicht und hierdurch der soziale Frieden, gleiche Haftungsbedingungen und eine mögliche Sanierung abgesichert werden.[401] Rechtstatsächliche Untersuchungen für Unternehmensinsolvenzen, die im Jahr 2010 eröffnet und bis 2014 beendet wurden, haben zudem gezeigt, dass die Gläubiger lediglich eine Deckungsquote von fünf Prozent erhalten haben.[402] Anteilig mögen Gläubiger zwar ein Interesse an einer weiteren Vertragsbeziehung haben, in der Gesamtheit ist jedoch von einer Schutzbedürftigkeit auszugehen, die durch die Antragspflicht abgesichert ist. Der Ansatz von *Mönning* vermag damit nicht zu überzeugen.

IV. Haas

1. *Darstellung*

Haas geht von zwei verschiedenen Schutzaspekten der Antragspflicht aus.[403] Zum einen knüpft *Haas* im Anschluss an den BGH[404] an dem Erhalt der Insolvenzmasse zum Zeitpunkt der materiellen Insolvenz an, wonach insbesondere die sog. Altgläubiger zu schützen seien.[405] Zum anderen diene die Antragspflicht der Information des Geschäftsverkehrs über die materielle Insolvenz des Schuldners.[406] Die mit der Eröffnung des Insolvenzverfahrens verbundenen Bekanntmachungspflichten der §§ 23 I, II, III, 27, 30 InsO zielten gerade auf eine hinreichende Information der Gläubiger über die Solvenz des Schuldners ab.[407]

---

401 Zu den Grundlinien des Insolvenzrechts *Häsemeyer*, Insolvenzrecht, Rn. 2.00 ff.; BT-Drucks. 12/2443, S. 75.

402 Destatis, Pressemitteilung Nr. 427 v. 30.11.2016, (abrufbar unter https://www.destatis.de/DE/PresseService/Presse/Pressemitteilungen/2016/11/PD16_427_52431pdf.pdf?__blob = publicationFile; letzter Abruf: 06.11.2017).

403 *Haas,* in: Baumbach/Hueck, GmbHG, § 64 Rn. 169 und 146; *ders.*, Geschäftsführerhaftung und Gläubigerschutz, S. 22, 95 ff.; *ders.*, in: *Haas/Kolmann/Pauw* in: Gottwald, InsolvenzR-HB, § 92 Rn. 97.

404 BGH, Urt. v. 06.06.1994 – II ZR 292/91, BGHZ 126, 181 = NJW 1994, 2220.

405 *Haas,* in: Gottwald, InsolvenzR-HB, § 92 Rn. 97 im Anschluss an: BGH, Urt. 16.12.1959 – VI ZR 245/57, BGHZ 29, 100, 102 = NJW 1959, 623 und BGH, Urt. v. 09.10.1985 – VIII ZR 217/84, BGHZ 96, 103, 106 = NJW 1986, 179.

406 *Haas,* in: Baumbach/Hueck, GmbHG, § 64 Rn. 169 und 146; *ders.*, Geschäftsführerhaftung und Gläubigerschutz, S. 22, 95 ff.; *ders.*, in: *Haas/Kolmann/Pauw,* in: Gottwald, InsolvenzR-HB, § 92 Rn. 97.

407 *Haas*, Geschäftsführerhaftung und Gläubigerschutz, S. 95.

Das ursprüngliche Vertrauen in die bestehende Solvenz des Schuldners beruhe auf der Kenntnis über die zumindest nicht desolate wirtschaftliche Situation.[408] Nach *Haas* wäre dem Gläubiger bei rechtzeitiger Einleitung des Verfahrens die Insolvenz des Schuldners in keinem Fall verborgen geblieben.[409] Der Informationspflicht komme demzufolge gleichzeitig eine Warnfunktion zu, die nicht nur diejenigen Gläubiger schütze, die an dem Verfahren beteiligt sind, sondern auch diejenigen potentiellen Neugläubiger, die anderenfalls keinen Kredit mehr an die Gesellschaft vergeben hätten.[410] Die gesetzlichen Informationspflichten stellten im Übrigen ein Äquivalent der Haftungsbeschränkung (§ 13 II GmbHG) zugunsten der Vertragspartner dar, um einen Ausgleich in Bezug auf die Interessenlage in der Person des Geschäftsführers herbeizuführen.[411]

2. Kritik

Haas geht von einem abgestuften System der Verhaltenspflichten im Umgang mit dem Gesellschaftsvermögen aus, welches die Interessen der außenstehenden Gläubiger unterschiedlich stark berücksichtigt.[412] Im Unterschied zu der von dem BGH angenommenen Bereinigungsfunktion,[413] wonach die Gesellschaft aus dem Rechtsverkehr entfernt werde und die Gläubiger vor jeglichem Kontakt mit der insolventen Gesellschaft geschützt werden, ist die Konsequenz der Auffassung von *Haas*, dass ein optionaler Selbstschutz der Gläubiger im Vordergrund steht. Maßgeblich ist damit eine hinreichende Informationsgrundlage des (potentiellen) Gläubigers. Durch die Antragspflicht wird hiernach lediglich ein Informationsdefizit ausgeglichen.

Es erscheint allerdings fraglich, ob dieser Schutz den Gläubigerinteressen hinreichend Rechnung trägt. Anhaltspunkt der zu berücksichtigenden Interessen der Gläubiger kann ab dem Zeitpunkt der materiellen Insolvenz nur § 1 InsO sein. So ließe sich dahingehend argumentieren, dass nicht nur die Information der Gläubiger Ziel des Eröffnungsbeschlusses sei, sondern vielmehr die Liquidation oder Fortführung des Unternehmens unter Beachtung der Gläubigerinteressen (§ 1 InsO) und damit die Befriedigung der Gläubiger. Weiterhin ist im Rahmen des § 82 InsO (Leistungen an den Schuldner nach Eröffnung des

408 *Haas*, Geschäftsführerhaftung und Gläubigerschutz, S. 96; *Dellinger*, WBL 1996, 173, 181.

409 *Haas*, NZG 1999, 373, 376.

410 *Haas*, Geschäftsführerhaftung und Gläubigerschutz, S. 96.

411 *Haas*, Geschäftsführerhaftung und Gläubigerschutz, S. 122.

412 *Haas*, Geschäftsführerhaftung und Gläubigerschutz, S. 17.

413 BGH, Urt. v. 14.05.2012 – II ZR 130/10, NJW 2012, 3510, Rn. 24.

Insolvenzverfahrens) anerkannt, dass eine flächendeckende Beobachtung aller Veröffentlichungsblätter unzumutbar ist.[414] Hieraus könnte abzuleiten sein, dass der bezweckte Schutz durch Information rechtstatsächlich nicht jedem Gläubiger zukommt und damit nicht ausreichend intensiv ist.

Überdies ist die nach den Ausführungen von *Haas* bestehende Warnfunktion zu Gunsten des Rechtsverkehrs dahingehend zu kritisieren, dass sich die Bekanntmachungen zwar an eine unbestimmte Anzahl von Personen richten, aber die Rechtsfolgen nur einzelne Gläubiger schützen. Dies gilt insbesondere im Hinblick auf eine Leistung an den Schuldner (§ 82 InsO) oder eine mögliche Gutgläubigkeit (§ 892 BGB i.V.m. §§ 81 I 2, 91 II InsO bzw. § 407 BGB i.V.m. § 82 S. 2 InsO).[415] Hierdurch entsteht ein abgrenzbarer Personenkreis, welcher explizit von der Warnfunktion adressiert ist. Im Ergebnis kann damit festgehalten werden, dass die Information des Rechtsverkehrs nicht ausschließlich bezweckt ist.

V. Klöhn

1. Darstellung

Klöhn geht zunächst von der Prämisse der insolvenzrechtlichen Einordnung der Antragspflicht des § 15a InsO aus, woraus sich eine insolvenzrechtliche Interpretation der Antragspflicht anhand des § 1 S. 1 InsO ergebe.[416] Ein rechtzeitiger Antrag ziele darauf ab, dass eine materiell insolvente Gesellschaft nicht ohne insolvenzrechtlichen Schutz fortgeführt werden könne.[417] Die Durchsetzung der Insolvenzeröffnungsgründe durch die Antragspflicht bezwecke demzufolge die Überführung in den insolvenzrechtlichen Schutzbereich.[418] Die Antragspflicht ziele infolgedessen auf den Schutz der Gläubiger vor „allen" Gefahren ab, die durch die insolvenzrechtlichen Vorschriften abgewendet werden würden.[419]

Drei Arten von Gläubigerpositionen seien dabei zu unterscheiden.[420] Die erste Gläubigergruppe sei aus denjenigen Gläubigern zu errichten, die auf die Verteilungsmasse angewiesen seien und deshalb durch insbesondere die §§ 80 ff., §§ 103 ff., §§ 129 ff. InsO vor einer Verkürzung der Insolvenzquote zu

---

414 BGH, Urt. v. 15.12.2005 – IX ZR 227/04, NJW-RR 2006, 771.
415 Hierzu *Frege/Keller/Riegel*, InsolvenzR, Kap. 2 Rn. 62-62b.
416 *Klöhn*, in: MüKo, InsO, § 15a Rn. 19 ff.; *ders.*, KTS 2012, 133, 150.
417 *Klöhn*, in: MüKo, InsO, § 15a Rn. 19 ff.; *ders.*, KTS 2012, 133, 150.
418 *Klöhn*, in: MüKo, InsO, § 15a Rn. 19 ff.; *ders.*, KTS 2012, 133, 150.
419 *Klöhn*, in: MüKo, InsO, § 15a Rn. 19.
420 *Klöhn*, in: MüKo, InsO, § 15a Rn. 19 ff.; *ders.*, KTS 2012, 133, 150.

schützen seien.[421] Die zweite Gruppe bilden die Gläubiger, die nach Entstehen der Insolvenzantragspflicht einen Anspruch gegen die Gesellschaft erwerben.[422] Je nach Finanzlage sei im Zeitpunkt der Insolvenzantragpflicht zwischen einer Fortführung und einer Liquidation zu unterscheiden.[423] Wird der Antrag trotz einer erforderlichen Liquidation nicht gestellt, seien die Gläubiger vor jeglichem Kontakt mit der Gesellschaft zu schützen.[424] Komme eine zumindest vorübergehende Fortführung in Betracht, sei auf die Vorschriften der § 21, §§ 30 ff., § 55, §§ 60 ff. InsO abzustellen.[425] Besondere Vorschriften der Insolvenzordnung (§ 30, §§ 47 ff., § 55, §§ 103 ff. InsO) ließen eine dritte Gruppe entstehen, die sich durch eine spezifisch gesicherte Rechtsposition kennzeichne.[426]

Darüber hinaus arbeitet *Klöhn* heraus, dass die Antragspflicht nicht auf den Schutz der Allgemeinheit abziele.[427] Dies sei Folge der insolvenzrechtlichen Einordnung der Norm, die gerade die bestmögliche Gläubigerbefriedigung in den Mittelpunkt stelle.[428] Demzufolge könne ein Vertretenmüssen im Rahmen des § 15a I InsO auch nicht dadurch entfallen, dass ein unterlassener Antrag auf die Berücksichtigung von Allgemeininteressen gestützt wird.[429]

2. *Kritik*

Die Einordnung als insolvenzrechtliche Vorschrift ist nach den obigen Ausführungen zunächst zumindest nicht zwingend, sodass der Gläubigerschutz damit nicht ausschließliches Primäranliegen der Vorschrift sein muss.[430] Darüber hinaus ist mit der herrschenden Meinung davon auszugehen, dass das Insolvenzrecht zwar primär auf die bestmögliche Gläubigerbefriedigung,[431] jedoch

---

421 *Klöhn*, KTS 2012, 133, 150, 151: „Entscheidend ist, ob die Gläubiger zu diesem Zeitpunkt eine im Insolvenzverfahren nicht spezifisch geschützte Rechtsposition innehaben und somit auf die Verteilung der Insolvenzmasse angewiesen sind."; *ders.*, in: MüKo, InsO, § 15a Rn. 19 ff.

422 *Klöhn*, in: MüKo, InsO, § 15a Rn. 19 ff.; *ders.*, KTS 2012, 133, 151 f.

423 Die Sanierung wurde in § 1 S. 1 HS. 2 InsO ausdrücklich als gleichberechtigtes Ziel aufgenommen.

424 *Klöhn*, in: MüKo, InsO, § 15a Rn. 19 ff.; *ders.*, KTS 2012, 133, 151 f.

425 *Klöhn*, in: MüKo, InsO, § 15a Rn. 19 ff.; *ders.*, KTS 2012, 133, 152 f.

426 *Klöhn*, in: MüKo, InsO, § 15a Rn. 19 ff.; *ders.*, KTS 2012, 133, 152.

427 *Klöhn*, in: MüKo, InsO, § 15a Rn. 9.

428 *Klöhn*, in: MüKo, InsO, § 15a Rn. 9.

429 *Klöhn*, in: MüKo, InsO, § 15a Rn. 9.

430 2. Kap. § 4 B. II.

431 *Klöhn*, in: MüKo, InsO, § 15a Rn. 19.

gleichzeitig auch auf den Erhalt des sozialen Friedens gerichtet ist.[432] Hierin kann ein Anknüpfungspunkt für die Berücksichtigung von Interessen gesehen werden, die über diejenigen der Gläubiger hinausgehen. Dieser Gedanke würde dann auch der Auffassung *Klöhns* widersprechen, dass keine Interessen der Allgemeinheit zu berücksichtigen seien.[433] Nach der Formulierung des Reichsgerichts handele es sich bei der Antragspflicht gerade um keine bloß „innere Angelegenheit zwischen Konkursgläubigern und Liquidatoren".[434]

Möglicherweise steht der Ansicht *Klöhns* zudem der Wortlaut des § 15a I InsO („einen Eröffnungsantrag zu stellen") entgegen. Dies könnte insofern der Fall sein, als dass das Insolvenzgericht zunächst im Rahmen des Amtsermittlungsgrundsatzes (§ 5 I InsO) zu prüfen hat, ob die Eröffnungsvoraussetzungen tatsächlich vorliegen. Für den Zeitraum dieser Prüfung hat das Insolvenzgericht ggf. vorläufige Sicherungsmaßnahmen anzuordnen. Die übliche Anordnung der vorläufigen Insolvenzverwaltung (§ 21 II Nr. 1 InsO) bezweckt nach herrschender Auffassung hierbei primär die Sicherung der Insolvenzmasse.[435] Hierfür spricht auch, dass die Antragspflicht nicht während des Insolvenzverfahrens fortbesteht und etwaige Gläubiger während des Insolvenzverfahrens nur nach den allgemeinen Vorschriften der §§ 823 I, II, 826 BGB, § 263 StGB zu schützen sind.[436] Damit steht die Einbeziehung der gesamten insolvenzrechtlichen Schutzpositionen im Widerspruch zu dem Wortlaut.

Rechtstatsächlich wird es aufgrund verspäteter Antragsstellung regelmäßig dazu kommen, dass eine Sanierung durch ein Insolvenzverfahren aussichtslos ist, weil die Insolvenzmasse bereits weitestgehend verwirtschaftet wurde.[437] Für die zweite Gläubigergruppe stellt sich dann die Frage, ob im Zeitpunkt der materiellen Insolvenz eine Liquidation oder eine Sanierung einschlägig gewesen wäre. Es wird sich möglicherweise noch vergleichsweise exakt feststellen

432 Zu den Grundlinien des Insolvenzrechts *Häsemeyer*, InsolvenzR, Rn. 2.00.

433 *Klöhn,* in: MüKo, InsO, § 15a Rn. 9.

434 RG, Urt. v. 14.12.1909 – Rep. II. 528/09, RGZ 72, 285, 289; zugleich *Goette*, FS Kreft, S. 53, 55; bejahend *Altmeppen,* in: Roth/Alt-meppen, GmbHG, Vorb. § 64 Rn. 51; *K. Schmidt,* in: Scholz, GmbHG, § 64 Rn. 168.

435 *Vallender,* in: Uhlenbruck, InsO, § 22 Rn. 2; *ders.*, DZWiR 1999, 265 ff.

436 Hierzu BGH, Urt. v. 25.07.2005 – II ZR 390/03, BGHZ 164, 50, 63 = NJW 2005, 3137.

437 Der Anteil der mangels Masse abgewiesen Insolvenzverfahren betrug Jahr 2015 im Rahmen von Unternehmensinsolvenzen 27 Prozent: destatis, Finanzielle Ergebnisse der Deckungsquoten nach Art des Schuldners (abrufbar unter https://www.destatis.de/DE/ZahlenFakten/GesamtwirtschaftUmwelt/UnternehmenHandwerk/Insolvenzen/Tabllen/FinanzielleErgebnisseundDeckungsquoten.html; letzter Abruf: 12.11.2017).

lassen, wann die materielle Insolvenz eingetreten ist. Im Hinblick auf § 823 II BGB i.V.m. § 15a I InsO dürfte es jedoch zu erheblichen Schwierigkeiten in der Berechnung des Schadens kommen.

VI. K. Schmidt

1. Darstellung

K. Schmidt legt für die Herleitung des Normzwecks der Insolvenzantragspflicht die Prämisse zugrunde, die Antragspflicht stehe der *wrongful trading*-Haftung nach dem englischen Recht rechtspolitisch nahe.[438] Rechtspolitisches Ziel sei nicht die Herbeiführung von Insolvenzverfahren, sondern die „Verhinderung eines Fortlebens von Gesellschaften und juristischen Personen ohne Sanierung".[439] In Verbindung mit der unternehmerischen Selbstprüfungspflicht des Geschäftsführers und der Pflicht zur Vermeidung von Krisen ergebe sich hieraus ein Schutz der Gläubiger über den Zeitpunkt der materiellen Insolvenz hinaus.[440] Die Antragspflicht ziele zugleich auf eine Verhaltenssteuerung zu Gunsten der Gläubiger im vorinsolvenzlichen Zeitraum ab.[441] Damit sei der Normzweck entgegen dem Wortlaut nicht auf die bloße Antragstellung gerichtet, sondern auf ständige Solvenzprüfung durch die Unternehmensleitung.[442] Zum Zeitpunkt der materiellen Insolvenz kulminierten diese Pflichten in der zwingenden Antragsstellung.[443]

Herzuleiten sei diese Sichtweise aus den Tatbestandsmerkmalen der Insolvenzeröffnungstatbestände.[444] Der Tatbestand der Zahlungsfähigkeit sei zwar notwendig, verschaffe jedoch keinen wirksamen ex-ante-Schutz der Gesellschaftsgläubiger und ziele zudem nicht auf präventiven Gläubigerschutz.[445] Indes sei es offensichtlich, dass der Tatbestand der Zahlungsunfähigkeit eine Ergänzung durch einen präventiven Gläubigerschutz erfordere.[446] Über den

---

438 *K. Schmidt/Herchen,* in: K. Schmidt, InsO, § 15a Rn. 2.

439 *K. Schmidt/Herchen,* in: K. Schmidt, InsO, § 15a Rn. 2.

440 *K. Schmidt/Herchen,* in: K. Schmidt, InsO, § 15a Rn. 1.

441 *K. Schmidt,* in: Scholz, GmbHG, Anh. § 64 Rn. 3, 4; *ders.,* in: K. Schmidt/Uhlenbruck, Die GmbH in Krise, Sanierung und Insolvenz, Rn. 11.1; *ders.,* in: Lutter, Das Kapital der Aktiengesellschaft in Europa, S. 188, 198.

442 *K. Schmidt,* in: Scholz, GmbHG, Anh. § 64 Rn. 3, 4; *ders.,* in: K. Schmidt/Uhlenbruck, Die GmbH in Krise, Sanierung und Insolvenz, Rn. 11.1; *ders.,* in: Lutter, Das Kapital der Aktiengesellschaft in Europa, S. 188, 198.

443 *K. Schmidt,* in: Lutter, Das Kapital der Aktiengesellschaft in Europa, S. 188, 198.

444 *K. Schmidt,* in: Lutter, Das Kapital der Aktiengesellschaft in Europa, S. 188, 196.

445 *K. Schmidt,* in: Lutter, Das Kapital der Aktiengesellschaft in Europa, S. 188, 196.

446 *K. Schmidt,* in: Lutter, Das Kapital der Aktiengesellschaft in Europa, S. 188, 196.

Eröffnungstatbestand der Überschuldung (§ 19 InsO) werde im Übrigen die Prognose des § 19 II 1 HS. 2 InsO Teil der Antragspflicht.[447] Der Gedanke der Fortführungsprognose ist nach *K. Schmidt* im Hinblick auf die Prognose zu abstrahieren und dahingehend zu verstehen, dass die Prognose nicht nur nach betriebswirtschaftlicher Betrachtung Grundlage jeder wirtschaftlichen Entscheidung sei, sondern auch juristisch.[448] Mit anderen Worten sei die Prognose einer Selbstprüfungspflicht gleichzustellen, wodurch wiederum präventiver Gläubigerschutz vermittelt werde.[449] Hierfür spreche zudem, dass der Überschuldungstatbestand nicht statisch, sondern dynamisch verstanden werde.[450]

2. *Kritik*

Die Auffassung *K. Schmidts* unterscheidet sich von den vorgenannten dahingehend, dass die Antragspflicht insbesondere präventiven Gläubigerschutz für den vorinsolvenzlichen Zeitraum verwirklicht. Die hier unterstellte rechtspolitische Nähe der deutschen Insolvenzantragspflicht zu dem englischen Haftungsinstitut des *wrongful trading* wird von der herrschenden Meinung nicht angenommen.[451] Die Beantwortung dieser Frage würde eine erhöhte Untersuchungstiefe erfordern,[452] weshalb dieser Frage hier nicht nachgegangen werden soll. Es lässt sich jedoch vorsichtig dahin argumentieren, dass die *wrongful trading*-Haftung wesensverschieden zu der deutschen Insolvenzantragspflicht ist.[453] Das englische Recht sieht keine Handlungspflichten ab dem Eintritt der materiellen Insolvenz vor, sondern stellt auf den Zeitpunkt ab, in dem eine Fortbestehensprognose eine nicht mehr vermeidbare Liquidation ergibt.[454] Die ständige Selbstprüfung und die darauf aufbauende Prognoseentscheidung bilden damit das Kernstück der englischen Haftung. Im Unterschied zu dem deutschen System besteht gerade keine Pflicht und keine Frist zur Antragsstellung mit zwingenden

---

447 *K. Schmidt,* in: Lutter, Das Kapital der Aktiengesellschaft in Europa, S. 188, 196.

448 *K. Schmidt,* in: Lutter, Das Kapital der Aktiengesellschaft in Europa, S. 188, 196.

449 *K. Schmidt,* in: Lutter, Das Kapital der Aktiengesellschaft in Europa, S. 188, 200.

450 *K. Schmidt,* in: Lutter, Das Kapital der Aktiengesellschaft in Europa, S. 188, 200.

451 *Habersack/Verse,* ZHR 168 (2004), 174 ff.; *Maul,* DB 2003, 27, 29; *Schmittmann/Bischoff,* ZInsO 2009, 1561; *Stöber,* ZHR 176 (2012), 326, 338 ff.

452 Ausführlich zu der Haftung nach dem englischen Modell *Habersack/Verse,* ZHR 168 (2004), 174 ff.; *Schmittmann/Bischoff,* ZInsO 2009, 1561; *Stöber,* ZHR 176 (2012), 326, 338 ff.

453 *Stöber,* ZHR 176 (2012), 326, 338 ff.: Einordnung der Insolvenzverschleppungshaftung des *wrongful trading* „eher" als Innenhaftung.

454 Section 214 Insolvency Act 1986; hierzu *Steffek,* NZI 2010, 589.

Insolvenzeröffnungstatbeständen.[455] Den *director* einer Limited trifft stattdessen eine materielle Pflicht, im Rahmen von Rechtshandlungen Gläubigerinteressen zu berücksichtigen.[456] Damit weisen die Systeme verschiedene Grundstrukturen auf, sodass diese bereits gegen eine rechtspolitische Vergleichbarkeit der jeweiligen Haftungssysteme streiten.[457]

Die insolvenzrechtliche Auslegung der Vorschrift des § 15a I InsO anhand von § 1 S. 1 InsO würde im Weiteren auch für den vorinsolvenzlichen Zeitraum zu einer Orientierung an den Gläubigerinteressen führen.[458] Der Prognoseentscheidung des § 19 II InsO mag dabei zwar eine Selbstprüfungspflicht zugrunde gelegt werden, im Gesamtüberblick dienen die §§ 17, 19 InsO jedoch dem Schutz vor vertraglichem Kontakt mit materiell insolventen Gesellschaften[459] und nicht dem Schutz vor kaufmännisch unsorgfältig getroffenen Entscheidungen durch die Geschäftsleitung. Zu dem Aspekt der wirtschaftlichen Selbstprüfung tritt im Übrigen hinzu, dass der einer Prognose innewohnende Beurteilungsspielraum als Ausgleich dafür fungiert, dass erhebliche tatsächliche Schwierigkeiten bei der Bestimmung der Wahrscheinlichkeit einer Fortführung bestehen.[460]

Weiterhin dürfte gerade mit Blick auf die fakultative Antragstellung nach § 18 InsO davon auszugehen sein, dass die insolvenzrechtlichen Interessen vor den wirtschaftlichen Zeiträumen der §§ 17, 19 InsO nicht weiter zu berücksichtigen sind. Überdies ist bei einer insolvenzrechtlichen Zielargumentation anhand von § 1 InsO zu beachten, dass die Verfahrenseröffnung in ihrer Eingriffsintensität als hoch zu bewerten ist. Dies rechtfertigt sich im Hinblick auf die Privatautonomie und die damit einhergehende Einzelzwangsvollstreckung nur, wenn die zwingenden Insolvenzeröffnungstatbestände tatsächlich vorliegen.[461] Die

455 In diese Richtung auch *Heinz/Hartung*, Die englische Limited, § 7 Rn. 56.

456 *Schall*, ZIP 2005, 965, 971.

457 In Bezug auf die Einordnung als Unterlassungsdelikt BGH, Urt. v. 06.051960 – 2 STR 65/60, BGHSt 14, 280, NJW 1960, 1677; BGH, Urt. v. 04.04.1979 – 3 StR 488/78, BGHSt 28, 371, NJW 1980, 406; allg. *Bork*, in: Bork/Schäfer, GmbHG, § 64 Rn. 68; *H.-F. Müller*, in: MüKo, GmbHG, § 64 Rn. 180; *Klöhn*, in: MüKo, InsO, § 15a Rn. 146 ff.; *Maul*, DB 2003, 3, 9; *Schall*, ZIP 2005, 965 ff.

458 *K. Schmidt*, in: Lutter, Das Kapital der Aktiengesellschaft in Europa, S. 188, 200.

459 BGH, Urt. v. 06.06.1994 – II ZR 292/91, BGHZ 126, 181, 192 f. = NJW 1994, 2220; *Klöhn*, in: MüKo, InsO, § 15a Rn. 6 ff.; *Haas/ Kolmann/Pauw* in: Gottwald, InsolvenzR-HB, § 92 Rn. 100.

460 BGH, Urt. v. 21.03.1994 – II ZR 260/92, NJW-RR 1994, 806 f.; hierzu *Haas*, DStR 2003, 423 ff.

461 Zu der Dogmatik des Insolvenzrechts *Häsemeyer*, InsolvenzR, Rn. 2.00; *Smid*, Praxishandbuch InsolvenzR, 1. Teil, § 1 Rn. 20 ff.

insolvenzrechtliche Vorwirkung der Insolvenzeröffnungstatbestände nach *K. Schmidt* würde diese Systematik durchbrechen.

Letztlich ist festzuhalten, dass der Antragspflicht keine Pflicht zur guten und nachhaltigen Unternehmensführung im Wege der Auslegung entnommen werden kann. Nach der hier für überzeugend gehaltenen Argumentation kann der Auffassung *K. Schmidts* nicht gefolgt werden.

VII. Konklusion

Die Normanalyse der Antragspflicht führt zu dem Ergebnis, dass eine dreigliedrige Schutzrichtung durch die Insolvenzantragspflicht bezweckt ist. Die zugrunde liegenden Sachverhaltskonstellationen werden durch die Antragspflicht dahingehend aufgeteilt, dass (1.) die Altgläubiger vor einer Verringerung der Insolvenzmasse und (2.) die Neugläubiger vor einem Vertragsschluss mit einer materiell insolventen Gesellschaft geschützt werden.[462] Dies ist in den Grundlagen unstreitig. Eng verbunden mit dem Schutz der Neugläubiger ist (3.) der Schutz des Rechtsverkehrs durch die Präventiv- bzw. Beseitigungsfunktion der Antragspflicht. Die Präventivfunktion des § 15a I InsO implementiert den Geschäftsführer dabei nicht nach dem Vorbild der englischen *wrongful trading* Haftung als Sachwalter für die Interessen der Gläubiger ab einem gewissen Zeitpunkt.[463] Vielmehr besteht lediglich ein abstrakter Schutz des Rechtsverkehrs dahingehend, dass die Gläubiger aufgrund fehlender Veröffentlichung der Verfahrenseröffnung davon ausgehen können, die schuldnerische Gesellschaft sei zumindest nicht materiell insolvent.[464] Hierdurch wird nur ein Mindestschutz für die Gläubiger verwirklicht. Das Risiko der sich (erheblich) verschlechternden Solvenz des Vertragspartners besteht aus Sicht der Gläubiger weiterhin. Die Präventivfunktion besteht nicht in einem Schutz des Vertrauens auf die Werthaltigkeit der Forderung.

Das Ergebnis der rechtsökonomischen Analyse des vorinsolvenzlichen Zeitraums[465] und das gesetzliche Leitbild der Antragspflicht widersprechen sich

---

462 BGH, Urt. v. 06.06.1994 – II ZR 292/91, BGHZ 126, 181, 197 = NJW 1994, 2220; BGH, Urt. v. 25.07.2005 – II ZR 390/03, BGHZ 164, 50 = NJW 2005, 3137.

463 Entscheidend ist hiernach im englischen Recht der sog. *moment of truth*: sec. 214 (6) IA.

464 *Haas*, in: Baumbach/Hueck, GmbHG, § 64 Rn. 146, 169; *ders.*, Geschäftsführerhaftung und Gläubigerschutz, S. 22, 95 ff.; *Haas/Kolmann/Pauw*, in: Gottwald, InsolvenzR-HB, § 92 Rn. 97.

465 2. Kap. § 3.

in Bezug auf die der Drei-Wochen-Frist zugrunde liegenden Wertungen. Das gesetzliche Leitbild charakterisiert sich dadurch, dass sich die Interessen der Gesellschafter und Gläubiger im Zeitraum der Krise in der Überwindung einer Schwächephase bündeln.[466] Es wird davon ausgegangen, dass eine unternehmerische Tätigkeit auch mit Phasen von Rückschlägen verbunden ist und diese regelmäßig durch kurzfristige bzw. mittelfristige Maßnahmen überwunden werden können.[467] Gelingt die Sanierung, ist von einer vollen Erfüllung der Verbindlichkeiten auszugehen, sodass durch die Höchstfrist und die erforderliche Prognose mittelbarer Gläubigerschutz nach dem Modell der Haftungskonzentration verwirklicht wird. Das Element der Fortführungsprognose (§ 19 II 1 HS. 2 InsO) bringt zugleich zum Ausdruck, dass freie Verfügungen des Schuldners für den Zeitraum des § 15a I InsO gerade insolvenzrechtlich erwünscht sind.[468] Die auch gesellschaftsrechtliche Konzeption der Antragspflicht führt dazu, dass der Geschäftsführer ab Eintritt der materiellen Insolvenz durch eine formale Pflicht (§ 15a I InsO) die Interessen der Gläubiger zu wahren hat.[469] Die für die Sanierung erforderlichen Risiken werden mittelbar hingenommen, um sowohl im Sinne der Gläubiger als auch des Schuldners eine nachhaltige Gesundung des Unternehmens zu unterstützen. Die Implementierung eines an dem Kriterium der Effizienz gemessenen Arguments auf Grundlage der verhaltensökonomischen Analyse, die gerade von indifferenten Interessen der Gesellschafter und Gläubiger ausgeht, in den untersuchten Bereich hat damit an den dargestellten rechtsdogmatischen Grundlagen zu scheitern.

Nach den gesetzlichen Wertungen der Drei-Wochen-Frist und des Elements der Fortführungsprognose kennzeichnet sich die rechtliche Bewertung des Höhepunkts der Krise durch einen Regelungsrahmen, der freie Verfügungen

---

466 BGH, Urt. v. 24.05.2005 – IX ZR 123/04, BGHZ 163, 134, 145 = NJW 2005, 3062; *Haarmann/Vorwerk,* BB 2015, 1603, 1605; aus dem Blickwinkel der Insolvenzanfechtung BGH, Urt. v. 12.11.1992 – IX ZR 237/91, NJW-RR 1993, 238; *Thole,* ZIP 2013, 2081, 2082.

467 BGH, Urt. v. 24.05.2005 – IX ZR 123/04, BGHZ 163, 134, 145 = NJW 2005, 3062; *Haarmann/Vorwerk,* BB 2015, 1603, 1605; aus dem Blickwinkel der Insolvenzanfechtung BGH, Urt. v. 12.11.1992 – IX ZR 237/91, NJW-RR 1993, 238; *Thole,* ZIP 2013, 2081, 2082.

468 BGH, Urt. v. 24.05.2005 – IX ZR 123/04, BGHZ 163, 134, 145 = NJW 2005, 3062; *Haarmann/Vorwerk,* BB 2015, 1603, 1605; aus dem Blickwinkel der Insolvenzanfechtung BGH, Urt. v. 12.11.1992 – IX ZR 237/91, NJW-RR 1993, 238; *Thole,* ZIP 2013, 2081, 2082.

469 So auch *Ulmer,* ZHR 148 (1984), 391, 401.

des Schuldners fördert. Wird davon ausgegangen, dass eine freie unternehmerische Entfaltung sowohl für den Schuldner als auch den Gläubiger positiv ist, wird durch die Vorverlagerung der Beachtung der Interessen der Gläubiger wenig für die Gläubiger gewonnen. Vielmehr wird der von *Mönning* hervorgehobene Aspekt der freien Vertragsgestaltung dahingehend gewährleistet, dass die Vertragspartner die Vertragsverhältnisse jederzeit an die neue Risikosituation anpassen können und so einem etwaigen Interesse der Gläubiger an einer fortwährenden vertraglichen Beziehung zu der schuldnerischen Gesellschaft Rechnung getragen wird.[470]

Weiterhin ist zu konstatieren, dass keine rechtlichen Anhaltspunkte für einen Anspruch der Gläubiger auf einen Finanzzustand des schuldnerischen Unternehmens bestehen, der über die bloße Zahlungsfähigkeit hinausgeht.[471] Auch sind die Insolvenzeröffnungsgründe aufgrund erheblicher Eingriffe in die Schuldner- und Gläubigerpositionen Ergebnis einer verfassungsrechtlichen Abwägung der Rechte des Schuldners bzw. der Gesellschafter des schuldnerischen Unternehmens (Art. 2 I, 12 I, 14 I GG) mit denjenigen der Gläubiger.[472] Ein insolvenzrechtlicher Eingriff ist erst dann möglich, wenn das Vermögen der Gesellschaft die Verbindlichkeiten nicht mehr decken kann.[473] Einer beliebigen Vorverlagerung der zwingenden Insolvenzeröffnungsgründe sind damit Grenzen gesetzt.[474]

D. Tatbestandliche Voraussetzungen der Insolvenzantragspflicht des § 15a I InsO

Die zwingenden Insolvenzeröffnungsgründe der Zahlungsunfähigkeit (§ 17 I InsO) und der Überschuldung (§ 19 I InsO) schaffen den gesetzlichen Rahmen, ab welchem wirtschaftlichen Zeitpunkt die Insolvenzantragspflicht des § 15a I InsO Anwendung findet. Insofern sind die Insolvenzeröffnungsgründe für die rechtliche Bewertung des Höhepunkts der Unternehmenskrise von maßgeblicher Bedeutung. Dabei soll neben der Zahlungsunfähigkeit insbesondere

470 *Mönning*, in: Nerlich/Römermann, InsO, § 15a Rn. 8c.

471 *Goette*, DStR 2016, 1684, 1691.

472 *Häsemeyer*, InsolvenzR, Rn. 2.23; zur Verhältnismäßigkeit eventueller Sicherungsmaßnahmen BGH, Beschl. v. 20.03.1986 – III ZR 55/85, NJW-RR 1986, 1188.

473 *Häsemeyer*, InsolvenzR, Rn. 2.23; zur Verhältnismäßigkeit eventueller Sicherungsmaßnahmen BGH, Beschl. v. 20.03.1986 – III ZR 55/85, NJW-RR 1986, 1188.

474 *Haas*, Beilage zu NJW-Heft 22/2006, 21; *ders.*, Gutachten zum 66. DJT, Bd. I, E 22.

auf die Fortführungsprognose (§ 19 II 1 HS. 2 InsO) eingegangen werden, die im Falle von Sanierungsbemühungen regelmäßig im Vordergrund steht.

I. Zahlungsunfähigkeit, § 17 I InsO

Zahlungsunfähigkeit liegt nach § 17 II 1 InsO vor, wenn der Schuldner nicht in der Lage ist, die fälligen Zahlungspflichten zu erfüllen. Nach der Regelvermutung des § 17 II 2 InsO ist dies dann der Fall, wenn der Schuldner seine Zahlungen eingestellt hat. Die Zahlungsunfähigkeit schließt nach fehlgeschlagener Sanierung an die sechste Krisenstufe nach den Vorgaben des IDW S 6 a.F. an.[475] Eine Liquiditätskrise geht dann in eine Illiquidität über.[476] Die finanziellen Mittel stehen nicht fristgerecht zur Verfügung, um die Verbindlichkeiten zu erfüllen.[477] Abzugrenzen ist die Zahlungsunfähigkeit von der Zahlungsstockung, die vorliegt, wenn die innerhalb von drei Wochen nicht zu beseitigende Liquiditätslücke des Schuldners weniger als 10 % der Gesamtverbindlichkeiten beträgt.[478]

Die Beurteilung der Zahlungsunfähigkeit erfolgt anhand einer Liquiditätsbilanz. Die Liquiditätsbilanz ist eine Gegenüberstellung der zum Stichtag verfügbaren, innerhalb von drei Wochen liquide zu machenden Zahlungsmittel auf der einen Seite und den am Stichtag fälligen Verbindlichkeiten auf der anderen Seite.[479] § 17 II 1 InsO legt fest, dass in der objektiv zu erstellenden Liquiditätsbilanz nur fällige Forderungen zu berücksichtigen, andere Verbindlichkeiten hingegen unbeachtlich sind.[480] Die Anforderungen der Rechtsprechung werden teilweise dahingehend kritisiert, dass durch die Nichtberücksichtigung der voraussichtlich fälligen Forderungen innerhalb des Drei-Wochen-Zeitraums eine ungerechtfertigte Bevorteilung entstehe.[481] *Bitter* bemängelt insofern, dass eine gesetzgeberisch nicht gewollte Verzögerung der Verfahrenseröffnung entstehe, wenn objektiv unwahrscheinliche oder nicht ausgeschlossene Forderungen keine Berücksichtigung fänden.[482]

---

475 IDW S 6 a.F., Tz. 77 f.

476 vgl. *Brinkmann,* in: K. Schmidt/Uhlenbruck, Die GmbH in der Krise, Sanierung und Insolvenz, Rn. 5.7.

477 *Wöhe/Bilstein/Ernst/Häcker*, Grundzüge der Unternehmensfinanzierung, S. 24.

478 BGH, Urt. v. 24.05.2005 – IX ZR 123/04, NJW 2005, 3062.

479 BGH, Urt. v. 12.10.2006 – IX ZR 228/03, NZI 2006, 36, Rn. 28; BGH, Urt. v. 14.05.2009 – IX ZR 63/08, NJW 2009, 2600, Rn. 37.

480 vgl. auch *Mock,* in: Uhlenbruck, InsO, § 17 Rn. 75.

481 Zur Berücksichtigung sog. Passiva II *Bork*, ZIP 2008, 1749, 1751 f.

482 *Bitter,* in: Scholz, GmbHG, Vor 64 Rn. 15 mit Verweis auf BGH, Urt. v. 27.04.1995 – IX ZR 147/94, NJW 1995, 2103, 2104.

Fraglich ist darüber hinaus, ob der „Fälligkeit" im Sinne des § 17 II 1 InsO ein zivilrechtlicher oder ein insolvenzrechtlicher Begriff zugrunde zu legen ist.[483] Zivilrechtlich liegt Fälligkeit in dem Zeitpunkt vor, in dem der Gläubiger die Leistung fordern kann, insbesondere Leistungsklage erheben kann.[484] Es ist davon auszugehen, dass die Parteien im Wirtschaftsverkehr eine vertragliche Vereinbarung über das Zahlungsziel treffen, sodass die subsidiäre[485] Regelung des § 271 I BGB keine Anwendung findet. Maßgeblich ist dann das vereinbarte Zahlungsziel. Der zivilrechtliche Fälligkeitsbegriff könnte weiter einen insolvenzrechtlichen Einschlag erfahren, der sich aus der Auslegung des § 17 InsO ergeben könnte. Hierzu werden in der Rechtsprechung und der Literatur unterschiedliche Auffassungen vertreten.

1. Rechtsprechung

Die Rechtsprechung hält den zivilrechtlichen Begriff deshalb für nicht ausreichend, weil von einer bloßen Fälligkeit der Forderung nicht schematisch auf die Zahlungsunfähigkeit geschlossen werden könne.[486] Vielmehr sei im Einzelfall zu prüfen, ob eine nach § 271 I BGB fällige Forderung, die der Schuldner nicht erfüllt, den Schluss auf die Zahlungsunfähigkeit zulasse.[487] Teleologisch zielt § 17 I InsO auf die Einführung der Gesamtvollstreckung ab. Die zivilrechtliche Fälligkeit ist jedoch lediglich Voraussetzung für den Schuldnerverzug, Verjährungsbeginn und die Erhebung der Leistungsklage.[488] Für die Eröffnung eines Insolvenzverfahrens seien mit Blick auf § 17 InsO strengere Voraussetzungen zu bilden.[489] Für den Übergang der Einzel- in die Gesamthandvollstreckung sieht der BGH den zivilrechtlichen Fälligkeitsbegriff nicht als ausreichend an,

---

483 *Schmerbach,* in: FK, InsO, § 17 Rn. 10 ff.; *Schröder,* in: HamK, InsO, § 17 Rn. 7 ff.

484 *Grüneberg,* in: Palandt, § 271 Rn. 1; *Krüger,* MüKo, BGB, § 271 Rn. 2; *Schulze,* in: Schulze, BGB, § 271 Rn. 2; *Stadler,* in: Jauernig, BGB, § 271 Rn. 2.

485 *Krüger,* in: MüKo, BGB, § 271 Rn. 5.

486 BGH, Beschl. v. 19.07.2007 – IX ZB 36/07, ZInsO 2007, 939, 940; BGH, Beschl. v. 19.07.2007 – IX ZB 37/07, BGHZ 173, 286 = ZIP 2007, 1666; sich dem anschließend *K. Schmidt,* in: K. Schmidt, InsO, § 17 Rn. 13, *Kirchhof,* in: HK, InsO, § 17 Rn. 10; *Fischer,* FS Ganter 2010, S. 153, 156 f.

487 BGH, Beschl. v. 19.07.2007 – IX ZB 36/07, ZInsO 2007, 939, 940.

488 BGH, Beschl. v. 19.07.2007 – IX ZB 36/07, ZInsO 2007, 939 mit Verweis auf *Grüneberg,* in: Bamberger/Roth, BGB, § 271 Rn. 2.

489 BGH, Beschl. v. 19.07.2007 – IX ZB 36/07, ZInsO 2007, 939.

sondern legt zusätzlich das Element des ernsthaften Einforderns zugrunde.[490] Damit ist der Rechtsprechung nach eine Gläubigerhandlung erforderlich, die den Willen erkennen lässt, die Forderung einzuziehen.[491]

2. *Literatur*

Die Gegenansicht in der Literatur sieht den Begriff des „ernsthaften Einforderns“ als verfehlt an.[492] Es gehe der Rechtsprechung vielmehr darum, die Fälle der sog. tatsächlichen Stundung von der Liquiditätsbilanz auszunehmen, um Einzelfallgerechtigkeit schaffen zu können.[493] Zudem wird kritisiert, dass die Zahlungsunfähigkeit nach den Vorgaben des BGH aus der Gläubigerperspektive statt aus der Schuldnerperspektive gewürdigt wird.[494]

Mit der Ablehnung der Vorgaben des BGH sind verschiedene, weitere Vorschläge verbunden worden. *K. Schmidt* sieht die Rechtsprechung insofern als maßgeblich an, als sie festhält, dass eine Forderung keine Berücksichtigung findet, soweit sich der Gläubiger mit einer späteren oder nachrangigen Befriedigung einverstanden erklärt hat.[495] *Schröder* schlägt die Begrifflichkeit der „tatsächlichen Stundung“ vor.[496] *Mock* stellt zusätzlich auf ein Regel-Ausnahme-Verhältnis ab, wonach ein ernsthaftes Einfordern grundsätzlich nicht notwendig ist.[497]

3. *Stellungnahme*

Über die Kritik der Literatur hinaus ist festzuhalten, dass mit der Formulierung des „ernsthaften Einforderns“ eine erhebliche Rechtsunsicherheit für die Betroffenen eintritt. Je nachdem, ob die Forderung zu Recht oder zu Unrecht als fällig gewertet wird, ist sie in die Liquiditätsbilanz aufzunehmen und kann damit einen Insolvenzeröffnungsgrund begründen. Damit wird der Geschäftsführer in dem Spannungsfeld zwischen Insolvenzantragspflicht und Sanierungspflicht mit

---

490 BGH, Beschl. v. 19.07.2007 – IX ZB 36/07, ZInsO 2007, 939; stetige Rechtsprechung zur Konkursordnung BGH, Urt. v. 30.04.1992 – IX ZR 176/91, BGHZ 118, 171, 174 = NJW 1992, 1960.

491 BGH, Beschl. v. 19.07.2007 – IX ZB 36/07, ZInsO 2007, 939, 940.

492 *Kirchhof*, in: HK, InsO, § 17 Rn. 10; *Schröder*, in HamK, InsO, § 17 Rn. 13 b; *Tetzlaff*, ZInsO 2007, 1134, 1137.

493 *Schröder*, in: HamK, InsO, § 17 Rn. 13 b.

494 *K. Schmidt*, in: K. Schmidt, InsO, § 17 Rn. 13.

495 *K. Schmidt*, in: K. Schmidt, InsO, § 17 Rn. 13 mit Verweis auf BGH, Beschl. v. 19.07.2007 – IX ZB 37/07, BGHZ 173, 286 = NJW-Spezial 2007, 453.

496 *Schröder*, in: HamK, InsO, § 17 Rn. 13b.

497 *Mock*, in: Uhlenbruck, InsO, § 17 Rn. 117.

einer ausgeformten Regelung konfrontiert, die für ihn unklar und unsicher in der Handhabung ist.

Die teleologische Auslegung des § 17 I InsO anhand des Gesichtspunkts des „richtigen" Zeitpunkts der Verfahrenseröffnung aus Sicht des Gläubigerschutzes bzw. der dann eintretenden Gläubigergleichbehandlung ist zwar überzeugend, hat jedoch gleichermaßen die Interessen und die Position des Adressatenkreises zu berücksichtigen. Maßnahmen zum Gläubigerschutz bedürfen zugleich einer Abwägung zwischen dem Ertrag auf Seiten des Gläubigerschutzes und der Beeinträchtigung des Adressatenkreises.[498] Die Effektivität der gläubigerschützenden Norm (§ 17 I InsO) wird dadurch erheblich beeinträchtigt, dass der Begriff des „ernsthaften Einforderns" trotz Konkretisierung durch die Rechtsprechung so unscharf bleibt, dass nicht in jedem Fall eindeutig zu bestimmen ist, ob ein faktisches Stillhalteabkommen das „ernsthafte Einfordern" begründet oder ausschließt.[499] Der Rechtsklarheit wird Rechnung getragen, wenn ein striktes Regel-Ausnahme-Verhältnis im Sinne von *Schröder* postuliert wird.[500] Dafür würde sich folgende Formulierung anbieten: „Über die zivilrechtlichen Voraussetzungen der Fälligkeit nach § 271 BGB hinaus bedarf es für die Berücksichtigung einer Forderung grundsätzlich keines weiteren Gläubigerhandelns. Etwas Anderes gilt nur, wenn der Schuldner nicht mit einer Inanspruchnahme zu rechnen braucht." Der zweite Satz soll insofern zum Ausdruck bringen, dass den Schuldner die Darlegungs- und Beweislast für den Ausnahmefall trifft und die Schuldnerperspektive bei der Betrachtung maßgeblich ist.

II. Überschuldung, § 19 InsO

1. Allgemeines

Für juristische Personen tritt neben den Insolvenzeröffnungsgrund der Zahlungsunfähigkeit (§ 17 InsO) derjenige der Überschuldung (§ 19 InsO). Der historischen Entwicklung der Norm sei lediglich insofern nachgegangen, als die Befristung der Neufassung[501] des § 19 II InsO durch das Gesetz zur Einführung einer Rechtsbehelfsbelehrung im Zivilprozess und zur Änderung anderer Vorschriften im Jahr 2012 aufgehoben wurde.[502] Durch die Neufassung des § 19 II

498 Abwägungsgesichtspunkte nach den Erwägungen von *Fastrich*, DStR 2006, 656.

499 vgl. *Mock*, in: Uhlenbruck, InsO, § 17 Rn. 118-120.

500 *Schröder*, in: HamK, InsO, § 17 Rn. 13b.

501 Finanzmarktstabilisierungsgesetz (FMStG) v. 17.10.2008, BGBl. I 2008, S. 1982.

502 Gesetz zur Einführung einer Rechtsbehelfsbelehrung im Zivilprozess und zur Änderung anderer Vorschriften v. 05.12.2012, BGBl. I 2012, S. 2418.

InsO sollte insbesondere ein möglicher enormer Anstieg an Insolvenzverfahren als Folge der Finanzmarktkrise 2007/2008 vermieden werden.[503] Gleichzeitig bringt die Fortbestehensprognose nicht zum Ausdruck, dass geringe Anforderungen an die erforderliche Prognose zu stellen sind, um dauerhaft überlebensunfähige Unternehmen noch im Markt halten zu können.[504]

2. *Tatbestandliche Voraussetzungen*

Überschuldung liegt nach § 19 II 1 InsO vor, wenn das Vermögen des Schuldners die bestehenden Verbindlichkeiten nicht mehr deckt, es sei denn, die Fortführung ist nach den Umständen überwiegend wahrscheinlich. Die Feststellung der Überschuldung gehört zu den am meisten diskutierten Themen des Insolvenzrechts.[505] Eine breit gefasste Darstellung würde demzufolge den Rahmen dieser Arbeit sprengen, sodass nur die Grundzüge der Feststellung der Überschuldung nachvollzogen werden sollen.[506]

Die Überschuldung im Sinne des § 19 II InsO ist zweistufig aufgebaut. Sie besteht aus der Prüfung der rechnerischen Überschuldung (§ 19 II 1 HS. 1 InsO) und der Fortbestehensprognose (§ 19 II 1 HS. 2 InsO). Damit beinhaltet § 19 II InsO ein exekutorisches und ein prognostisches Element.[507] Das exekutorische Element erfordert die Gegenüberstellung der bestehenden Aktiva und Passiva, wobei zu prüfen ist, ob die Aktiva im Verwertungsfall die Passiva decken können.[508] Mit dem Verwertungsfall ist die Konstellation gemeint, dass jeder einzelne Gegenstand des Schuldnervermögens veräußert und dadurch ein Verwertungserlös erzielt wird.[509] Es kommt jedoch nicht auf die rechnerische Überschuldung an, sofern eine positive Fortführungsprognose begründet werden kann.[510] Neben

503 *Mock,* in: Uhlenbruck, InsO, § 19 Rn. 4 m.w.N.

504 *Kleindiek,* FS U. Schneider, S. 617, 629.

505 S. nur BGH, Urt. v. 22.03.2010 – II ZR 12/08, BGHZ 185, 44 = NJW 2010, 1948; BGH, Urt. v. 13.07.1992 – II ZR 269/91, BGHZ 119, 201 = NJW 1992, 2891; BGH, Beschl. v. 09.10.2006 – II ZR 193/05, ZInsO 2007, 35; *K. Schmidt,* in: K. Schmidt, InsO, § 19 Rn. 20-53; *Mock,* in: Uhlenbruck, InsO, § 19 Rn. 38-43; *Schröder,* in: HamK, InsO, § 19 Rn. 12-40; *Bitter,* ZInsO 2008, 1097; *Ganter,* NZI 2014, 673 ff.

506 Dezidierte Darstellung bei *Mock,* in: Uhlenbruck, InsO, § 19 Rn. 38 ff.

507 *Mock,* in: Uhlenbruck, InsO, § 19 Rn. 38; IDW S 11, Tz. 53.

508 *K. Schmidt,* in: K. Schmidt, InsO, § 19 Rn. 21.

509 *Haas,* in: Baumbach/Hueck, GmbHG, § 64 Rn. 56; *H.F. Müller,* in: MüKo, GmbHG, § 64 Rn. 27: Liquidationsprämisse.

510 Hierzu *Arnold,* in: Henssler/Strohn, GesR, § 19 InsO Rn. 2 ff.; *K. Schmidt,* in: K. Schmidt, InsO, § 19 Rn. 12 ff.

dem Fortführungswillen setzt eine positive Fortführungsprognose (§ 19 II 1 HS. 2 InsO) eine objektive, aus einem aussagekräftigen Unternehmens- bzw. Sanierungskonzept abgeleitete Überlebensfähigkeit des Unternehmens voraus.[511] Der objektive Teil der Überlebensfähigkeit ist zu bejahen, wenn eine Planung der künftigen Liquidität zu dem Ergebnis kommt, dass der Gesellschaft innerhalb des Planungszeitraums von 12 bis 24 Monaten die zur Bedienung der fälligen Verbindlichkeiten notwendigen Mittel zur Verfügung stehen.[512] Eine Ertragsfähigkeit des Unternehmens als Prognoseinhalt folgt dabei nicht aus dem Aspekt eines zwingenden Gläubigerschutzes.[513] Vielmehr ist aus Sicht der Gläubiger eine Befriedigung der jeweiligen Forderung ausreichend.[514] Die Beurteilung dieses Planungszeitraums kann nur auf Grundlage einer integrierten Finanzplanung erfolgen, die eine Planbilanz, eine Plan-, Gewinn- und Verlustrechnung und eine Plan-Cashflow-Rechnung in sich vereint.[515]

Die aus dem Unternehmens- bzw. Sanierungskonzept prognostizierte Überlebensfähigkeit des Unternehmens erfordert zudem eine gewisse Wahrscheinlichkeit des tatsächlichen Eintritts. Abzustellen ist hierbei auf die Eintrittswahrscheinlichkeit der Maßnahmenprogramme in ihrer Gesamtheit und nicht der jeweiligen Einzelwahrscheinlichkeiten.[516] Nach § 19 II 1 HS. 2 InsO hat die Fortführung des Unternehmens nach den Umständen überwiegend wahrscheinlich zu sein. Nach den Umständen überwiegend wahrscheinlich ist die Fortführung dann, wenn das endgültige Prognoseurteil eine Wahrscheinlichkeit

---

511 BGH, Beschl. v. 09.10.2006 – II ZR 303/05, NZI 2007, 44; BGH, Urt. v. 08.10.2010 – II ZR 151/09, ZIP 2010, 2400; *Aleth/Harlfinger*, NZI 2011, 166, 168.

512 BGH, Beschl. v. 09.10.2006 – II ZR 303/05, NZI 2007, 44; OLG Schleswig, Urt. v. 11.02.2010 – 5 U 60/09, NZI 2009, 492, 493; LG Göttingen, Beschl. v. 03.11.2008 – 10 T 119/08, NZI 2008, 751, 752; *K. Schmidt*, in: K. Schmidt, InsO, § 19 Rn. 46; *ders.*, ZIP 2013, 485, 491; *Bitter/Kresser*, ZIP 2012, 1733 ff.; *Bork*, ZIP 2000, 1709, 1710; Ertragsfähigkeit ist für § 19 InsO und damit das Insolvenzrecht nicht entscheidend, vielmehr geht es um die Bereitstellung von ausreichender Liquidität.

513 *Schmerbach*, in: FK, InsO, § 19 Rn. 36; *Spindler*, in: MüKo, AktG, § 92 Rn. 59; *Bork*, ZIP 2000, 1709, 1710; a. A. *Kirchhof*, in: HK, InsO, § 19 Rn. 11; *Bähner*, KTS 1988, 443, 447.

514 *Schmerbach*, in: FK, InsO, § 19 Rn. 36; *Spindler*, in: MüKo, AktG, § 92 Rn. 59; *Bork*, ZIP 2000, 1709, 1710; a. A. *Kirchhof*, in: HK, InsO, § 19 Rn. 11; *Bähner*, KTS 1988, 443, 447.

515 BGH, Urt. v. 18.10.2010 – II ZR 151/09, ZInsO 2010, 2396, Rn. 13; *Drukarczyk/Schüler*, in: MüKo, InsO, § 19 Rn. 58 ff.; *Wolfer*, in: BeckOK, InsO, § 19 Rn. 14.

516 BGH, Urt. v. 21.11.2005 – II ZR 277/03, BGHZ 165, 106 = NJW 2006, 1283.

von über 50 Prozent ergibt.[517] Es müssen insofern mehr gewichtige Gründe für einen tatsächlichen Eintritt des entwickelten Unternehmenskonzepts und der damit verknüpften integrierten Planung sprechen als dagegen.[518] Das Prognoseurteil ist nicht als „mathematisch fundierte Kennzahl", sondern als juristisches Beweismaß (§§ 286, 294 ZPO) im Sinne einer vergleichenden Hypothesenwahrscheinlichkeit zu verstehen.[519]

Ist für die Überlebensfähigkeit des Unternehmens ein Sanierungskonzept erforderlich,[520] geht die Rechtsprechung davon aus, dass aus Sicht des Gläubigers nur dann eine ernsthafte und begründete Aussicht auf Erfolg besteht, wenn als Seriositätsschwelle eine anfängliche Umsetzung des Konzepts vorliegt.[521] Die von dem BGH geforderten „nachvollziehbaren Anhaltspunkte"[522] für den Nachweis des Fortführungswillens der Organe sind regelmäßig aus der anfänglichen Umsetzung abzuleiten.[523]

---

517 *Bitter,* in: Scholz, GmbHG, Vor § 64 Rn. 36; *Habersack/Foerster,* in: GroßKomm, AktG, § 92 Rn. 68; *K. Schmidt,* in: K. Schmidt, InsO, § 19 Rn. 49; *Schmerbach,* in: FK, InsO, § 19 Rn. 34.

518 *Steffan*, ZIP 2016, 1712, 1713.

519 *Fischer,* NZI 2016, 665, 666; *Groß,* WPg 2010, 119 m.w.N.

520 BGH, Beschl. v. 09.10.2006 – II ZR 303/05, NZI 2007, 44.

521 BGH, Urt. v. 12.11.1992 – IX ZR 236/91, NJW-RR 1993, 238; BGH, Urt. v. 23.06.1984 – II ZR 171/83, NJW 1984, 1893; dezidiert *Goette,* DStR 2017, 1752, 1756.

522 BGH, Urt. v. 06.06.1994 – II ZR 292/91, NJW 1994, 2220.

523 BGH, Urt. v. 12.11.1992 – IX ZR 236/91, NJW-RR 1993, 238.

3. Kapitel: Rechtliche Bewertung des Entstehens und der Bewältigung der Unternehmenskrise

Das dritte Kapital widmet sich der sog. Sanierungspflicht des Geschäftsführers und untersucht – in Abgrenzung zu der im vorherigen Teil der Arbeit erörterten rechtlichen Bewertung des Höhepunkts der Krise – den Zeitraum ab Entstehen einer Krise und die sich hierbei möglicherweise ergebenden gesellschafts- oder insolvenzrechtlichen Besonderheiten. Der erste Teil dieses Kapitels befasst sich mit der abstrakten Betrachtung der Geschäftsführungsbefugnis und der Ausrichtung der Befugnis anhand verschiedener Interessengruppen. Der zweite Teil zielt auf eine inhaltliche Akzentuierung des vielfach verwendeten Begriffs der Sanierungspflicht ab, wobei insbesondere der Anwendungsbereich bzw. die Weite des Begriffs kritisch hinterfragt werden sollen. Problematisch ist in diesem Zusammenhang vor allem, inwiefern betriebswirtschaftlich erstrebenswerte Sorgfaltsmaßstäbe in den juristischen Regelungszusammenhang implementiert werden können.[524]

§ 1 Herleitung und Inhalt der Geschäftsführungsbefugnis

Verschiedene Einzelvorschriften, die Bezeichnung als „Geschäftsführer" und die Regelung des § 37 I GmbHG führen im Gesamtbild dazu, dass der Geschäftsführer zur Geschäftsführung berechtigt und verpflichtet ist.[525] Die Geschäftsführungsbefugnis beschreibt die aus dem Innenverhältnis folgende Berechtigung, die Gesellschaft zu verpflichten, und betrifft damit einen Aspekt der Unternehmensleitung.[526] Im Unterschied hierzu regelt § 35 I GmbHG die Vertretungsmacht des Geschäftsführers im Außenverhältnis. Die Vorschrift erfasst dabei alle Rechtshandlungen, die im Zusammenhang mit einer möglichen Geschäftstätigkeit der GmbH stehen.[527] Die Grenzen der Vertretungsmacht ergeben sich

---

524 Insbesondere *Fleischer*, in: MüKo, GmbHG, § 43 Rn. 55; *U. Schneider/Crezelius*, in: Scholz, GmbHG, § 43 Rn. 86 ff.; *Prütting*, ZIP 2013, 203, 205.

525 *Oetker*, in: Henssler/Strohn, GesR, § 35 GmbHG Rn. 13; *U. Schneider/S. Schneider*, in: Scholz, GmbHG, § 37 Rn. 1.

526 *Kleindiek*, in: Lutter/Hommelhoff, GmbHG, § 37 Rn. 1; *Lenz*, in: Michalski, GmbHG, § 37 Rn. 4; *Oetker*, in: Henssler/Strohn, GesR, § 37 GmbHG Rn. 1.

527 *Altmeppen*, in: Roth/Altmeppen, GmbHG, § 35 Rn. 17; *Zöllner/Noack*, in: Baumbach/Hueck, GmbHG, § 35 Rn. 80.

im Außenverhältnis erst aus den Grundsätzen des Missbrauchs der Vertretungsmacht.[528]

Der Inhalt der Geschäftsführungsbefugnis folgt aus der internen Kompetenzverteilung innerhalb der Gesellschaft, dem Treuepflichtgedanken und aus etwaigen Sonderregelungen,[529] wobei die interne Kompetenzverteilung von den Gesellschafterbefugnissen abhängig ist.[530] Methodisch lässt sich insbesondere aus einem *argumentum e contrario* zu bestimmten Zuständigkeiten der Gesellschafter eine nicht bestehende Geschäftsführungskompetenz des Geschäftsführers ableiten. Zudem kann die „Doppelfunktion" des § 43 I GmbHG herangezogen werden.[531] § 43 I GmbHG bestimmt nicht nur den Verschuldensmaßstab, sondern ist auch als Pflichtenquelle zu verstehen, sodass weitere nicht kodifizierte Pflichten abgeleitet werden können.[532] Diese Betrachtung des § 43 I GmbHG überzeugt insofern, als dass die gesellschaftsinterne Zuständigkeitsverteilung nur fragmentarisch geregelt ist und so eine flexible, einzelfallbezogene und aktuelle Ausformung der Pflichten gewährleistet wird. § 43 I GmbHG dient damit als Einfallstor für die Ausformung besonderer spezifischer Pflichten.[533]

Die Geschäftsführungsbefugnis umfasst nach weiter Umschreibung die gesamte Leitung der Geschäfte der Gesellschaft, sofern es sich nicht um Grundlagengeschäfte handelt.[534] Nach einer engeren Definition wird von der Geschäftsführungsbefugnis hingegen nur die laufende Geschäftsführung erfasst, sodass die Ausrichtung der Unternehmenspolitik und außergewöhnliche Maßnahmen

---

528 Hierzu *Altmeppen,* in: Roth/Altmeppen, GmbHG, § 35 Rn. 17, 18; *Oetker,* in: Henssler/ Strohn, GesR, § 37 GmbHG Rn. 20 ff.

529 *Koppensteiner/Gruner,* in: Rowedder/Schmidt-Leithoff, GmbHG, § 43 Rn. 8; *Oetker,* in: Henssler/Strohn, GesR, § 43 GmbHG Rn. 14; *Zöllner/Noack,* in: Baumbach/Hueck, GmbHG, § 43 Rn. 8.

530 *Altmeppen,* in: Roth/Altmeppen, GmbHG, § 37 Rn. 21; *U. Schneider/S. Schneider,* in: Scholz, GmbHG, § 37 Rn. 4.

531 *Fleischer,* in: MüKo, GmbHG, § 43 Rn. 10; *Kleindiek,* in: Lutter/Hommelhoff, GmbHG, § 43 Rn. 11; *Klöhn,* in: Bork/Schäfer, GmbHG, § 43 Rn. 1; *Bellen/Stehl,* BB 2010, 2579, 2580.

532 *Fleischer,* in: MüKo, GmbHG, § 43 Rn. 10; *Kleindiek,* in: Lutter/Hommelhoff, GmbHG, § 43 Rn. 11; *Klöhn,* in: Bork/Schäfer, GmbHG, § 43 Rn. 1; *Bellen/Stehl,* BB 2010, 2579, 2580.

533 3. Kap. § 3 B. II.

534 *Altmeppen,* in: Roth/Altmeppen, GmbHG, § 37 Rn. 19; *Kleindiek,* in: Lutter/Hommelhoff, GmbHG, § 37 Rn. 4; *Mertens,* in: Hachenburg, GmbHG, § 37 Rn. 4; *U. Schneider/S. Schneider,* in: Scholz, GmbHG, § 37 Rn. 2; *Zöllner/Noack,* in: Baumbach/Hueck, GmbHG, § 37 Rn. 2.

nicht enthalten sind.[535] Für den hier verfolgten Zweck reicht zunächst die Feststellung, dass die Geschäftsführungsbefugnis zumindest die laufende Geschäftsführung als wichtigsten Aspekt erfasst.[536]

§ 2 Interessenausrichtung der allgemeinen Geschäftsführungsbefugnis

Die verhaltensökonomische Analyse der wirtschaftlichen Interessen der Parteien hat ergeben, dass sich die wirtschaftlichen Interessen der Gläubiger in der Unternehmenskrise indifferent zu denjenigen der Gesellschafter verhalten.[537] Die Interessen der Gläubiger werden durch das gesellschaftsrechtliche Innenhaftungssystem des Geschäftsführers grundsätzlich mittelbar, in Insolvenznähe unmittelbar geschützt.[538] Zusätzlich besteht für die Gläubiger die Möglichkeit, ihre Interessen durch vertragliche Schutzmechanismen durchzusetzen. Möglicherweise kennzeichnet sich das Haftungssystem jedoch bereits dahingehend durch einen Schutzmechanismus, dass eine Verpflichtung des Geschäftsführers zur Berücksichtigung der Gläubigerinteressen besteht.[539] Es handelt sich dabei nicht ausschließlich um ein akademisches Problem.[540] Es kann insofern zu einer praktischen Bedeutung kommen, als Sanierungsmaßnahmen mit unterschiedlicher Intensität und unterschiedlicher Risikostruktur an der jeweiligen Risikosphäre der Gesellschafter und der Gläubiger ausgerichtet werden können.

Aus der Richtschnur der Leitungssorgfalt könnte sich eine Verpflichtung zur Beachtung der Interessen von Gläubigern, Dritten oder der Allgemeinheit ergeben, die möglicherweise in der Krise an Struktur bzw. Bedeutung gewinnt.[541] Drei Aspekte sind hierbei zu unterscheiden: Erstens ist fraglich, ob für die Leitungsaufgabe ein „normativer Verhaltensmaßstab"[542] besteht. Zweitens gilt

---

535 *U. Schneider/S. Schneider,* in: Scholz, GmbHG, § 37 Rn. 2.

536 Zu weiteren Aspekten der Kompetenzverteilung: 3. Kap. § 3 B. VI. 1.

537 2. Kap. § 3 D.

538 *Ziemons,* in: Michalski, GmbHG, § 43 Rn. 368; *Haas,* Geschäftsführerhaftung und Gläubigerschutz, S. 127; *Mertens,* FS Werner, S. 461, 466.

539 In Bezug auf die Aktiengesellschaft *Klöhn,* ZGR 2008, 110, 112.

540 *Hüffer,* in: Bayer/Habersack, Aktienrecht im Wandel, Bd. II., S. 386: „Zukunftsthema"; grundlegende Kritik an dem Mehrwert *Zöllner,* AG 2000, 145, 146; *Fleischer,* AG 2001, 171, 177.

541 *Klöhn,* in: Bork/Schäfer, GmbHG, § 43 Rn. 2: „Funktional geht es um die Frage, inwieweit § 43 als gesellschaftsrechtliche Auffangregel zugunsten von Arbeitnehmer-, Gläubiger- und öffentlichen Interessen dient."; *ders.,* ZGR 2008, 110, 117.

542 *U. Schneider/Crezelius,* in: Scholz, GmbHG, § 43 Rn. 64 f.

es, den etwaig bestehenden normativen Handlungsmaßstab zu präzisieren.[543] Schließlich bildet den dritten Aspekt die Untersuchung etwaiger Besonderheiten in der Krise des Unternehmens.

A. Dogmatischer Anknüpfungspunkt und praktische Relevanz

Die Frage nach der Bestimmung des Unternehmensinteresses nimmt ihren Ausgangspunkt im Rahmen des § 43 I, II GmbHG mit der Frage, in wessen Interesse die zitierte Norm die Aspekte der Prävention und Kompensation verwirklicht.[544] Das Unternehmensinteresse stellt nach allgemeiner Auffassung die Grundlage des normativen Verhaltensmaßstabs des Geschäftsführers dar.[545] Nach dem grundlegenden Beitrag von *Raisch* dient das Unternehmensinteresse in abstrakter Form dazu, die im Umfeld der Gesellschaft widerstreitenden Interessen einer Ordnung und Bewertung zuzuführen.[546] In einem zweiten Schritt kann festgelegt werden, inwieweit welche Interessen im Einzelfall zur Geltung kommen sollen.[547] Im Rahmen des Einzelfalls hat der Geschäftsführer diese Interessenentscheidung aufgrund des normativen Handlungsmaßstabs möglichst präzise nachzubilden.[548]

Nachfolgend soll damit der inhaltlichen Ausformung des „Unternehmensinteresses" nachgegangen werde.[549] Funktional ist hiermit die Frage verbunden, inwiefern § 43 I GmbHG als gesellschaftsrechtliche Auffangregel für die

---

543 Diesen Aspekt betonend *Fleischer,* in: MüKo, GmbHG, § 43 Rn. 13 ff.; *ders.*, GmbHR 2010, 1307 ff.

544 *Klöhn,* in: Bork/Schäfer, GmbHG, § 43 Rn. 2; *Mohaupt,* Geschäftsleiterpflichten in der Unternehmenskrise, S. 245 ff., 276 ff.: Ansatzpunkt für die Entwicklung eines eigenen dreistufigen Modells; *Klöhn,* ZGR 2008, 110, 117.

545 Grundlegend *Fleischer,* in: MüKo, GmbHG, § 43 Rn. 13. ff.; *Kleindiek,* in: Lutter/Hommel-hoff, GmbHG, § 43 Rn. 15, 22, 24; *Klöhn,* in: Bork/Schäfer, GmbHG, § 43 Rn. 2, 3; *U. Schnei-der/Crezelius,* in: Scholz, GmbHG, § 43 Rn. 65; *Raisch*, FS Hefermehl, S. 347, 348 ff.; *Fleischer*, GmbHR 2010, 1307; in Bezug auf die Stellung des Aufsichtsrats einer AG BGH, Urt. v. 05.06.1975 – II ZR 156/73, BGHZ 64, 325 = NJW 1975, 1412; *Meyer-Landrut*, ZGR 1976, 510, 514 f.

546 *Raisch*, FS Hefermehl, S. 347, 357, 363.

547 *Raisch,* FS Hefermehl, S. 347, 357, 363.

548 *Raisch,* FS Hefermehl, S. 347, 357.

549 *Fleischer,* in: MüKo, GmbHG, § 43 Rn. 13; *U. Schneider,* in: Scholz, GmbHG, § 43 Rn. 66; *Ziemons,* in: Michalski, GmbHG, § 43 Rn. 178; *Fleischer,* GmbHR 2010, 1307, 1308: „Wichtiger als die Klärung terminologischer Feinheiten ist die Beantwortung der Folgefrage, was sich hinter der viel strapazierten Vokabel des Unternehmensinteresses verbirgt."

Interessen der Arbeitnehmer, der Gläubiger und der öffentlichen Institute dient.[550] Praktische Relevanz erfährt die hiesige Thematik außer bei sozialen Aktivitäten und nützlichen Aufwendungen[551] auch bei Sanierungsmaßnahmen, die – wie bereits beschrieben – unterschiedlich intensiv an den Gesellschafterinteressen ausgerichtet werden können.

Indes wird bei der AG an der Tauglichkeit des Unternehmensinteresses als Leitungsmaxime grundlegende Kritik geübt. Für die interessenpluralistischen Zielvorgaben an den Vorstand einer AG wird konstatiert, dass die abstrakte Ausformung des Unternehmensinteresses nicht geeignet sei, im Konfliktfall zur konkreten Ableitung herangezogen zu werden.[552] Vielmehr tragen die fehlenden konkreten Leitlinien dazu bei, den Vorstand aus der Verantwortung zu lösen.[553] Ein konkreter Mehrwert könne hiernach nicht festgestellt werden.[554]

Diese grundsätzliche Kritik soll für die AG nicht in Frage gestellt werden. Gleichwohl kann die Frage der Ausformung des Unternehmensinteresses für die GmbH unter anderen Vorzeichen gestellt werden. Erst wenn eine Aufweichung des – sogleich herzuleitenden – interessenmonistischen Modells im Rahmen der GmbH begründet werden kann, würden möglicherweise die beschriebenen Defizite auftreten. Damit ist auf erster Ebene der Frage nachzugehen, ob in der abstrakten Ausformung der Leitungsmaxime verschiedene Gruppen zu berücksichtigen sind.

B. Inhaltliche Ausformung des normativen Handlungsmaßstabs des Unternehmensinteresses

Für eine Präzisierung des Begriffs des Unternehmensinteresses soll zwischen dem Stadium des wirtschaftlichen Erfolgs und der defizitären Entwicklung unterschieden werden.

---

550 *Klöhn,* in: Bork/Schäfer, GmbHG, § 43 Rn. 2.

551 BGH, Urt. v. 06.12.2001 – 1 StR 215/01, BGHSt 47, 187, 194 f., NJW 2002, 1585; *Fleischer,* in: MüKo, GmbHG, § 43 Rn. 103 ff.; *ders.,* FS Meincke, S. 101 ff.

552 *Fleischer,* in: Spindler/Stilz, AktG, § 76 Rn. 27; *Spindler,* in: MüKo, AktG, § 76 Rn. 64; *Kuhner,* ZGR 2004, 244, 252 ff.

553 *Spindler,* in: MüKo, AktG, § 76 Rn. 64.

554 *Zöllner,* AG 2000, 145, 146; *Fleischer,* AG 2001, 171, 177.

I. Wirtschaftlich erfolgreiches Unternehmen

1. Darstellung

Die inhaltliche Ausformung des unbestimmten Rechtsbegriffs des Unternehmensinteresses wird verschiedentlich beurteilt.[555] Nach dem interessenmonistischen Modell[556] richtet sich das Unternehmensinteresse ausschließlich nach den Interessen der Gesellschafter, sodass nur ein Interessenträger maßgeblich ist.[557] Ein interessenpluralistisches Modell zeichnet sich im Unterschied dazu dadurch aus, dass das Exekutivorgan im Konfliktfall die Interessen der verschiedenen Anspruchsgruppen gegeneinander abzuwägen und zu einem Ausgleich zu bringen hat.[558] Möglicherweise stehen einer Übertragung der interessenpluralistischen Zielkonzeption des Unternehmensinteresses der AG auf die GmbH spezifische Besonderheiten der Gesellschaftsformen entgegen.

Die Vorzugswürdigkeit der interessenpluralistischen Zielkonzeption[559] für den Vorstand folgt aus der grundlegend anderen Kompetenzverteilung der AG im Vergleich zu der GmbH.[560] Für den Vorstand einer AG wird dahingehend argumentiert, dass die Wahrung des Unternehmensinteresses das Korrelat zu der Kompetenz des Leitungsorganes bilde, die Gesellschaft eigenverantwortlich (§ 76 AktG) zu leiten.[561] Folge der weitreichenden Leitungskompetenz ist demzufolge, dass der Begriff des Unternehmensinteresses für den Vorstand eine interessenpluralistische Zielausrichtung erfährt.[562] Hiernach sind in der jeweiligen unternehmerischen Entscheidung die Interessen der Aktionäre, der

---

555 Die Präzisierung des Unternehmensinteresses ist die grundlegende Streitigkeit der behandelten Thematik, s. *U. Schneider/Crezelius,* in: Scholz, GmbHG, § 43 Rn. 66; *Ziemons,* in: Michalski, GmbHG, § 43 Rn. 178; *Fleischer,* GmbHR 2010, 1307.

556 Inhaltsgleich ist der Begriff des „Shareholder-Value-Konzepts", auch wenn dieser ökonomischen Kategorien entspringt.

557 Tendenz der Rechtsprechung zu einem interessenmonistischen Modell, s. BGH, Urt. v. 07.04.2003 – II ZR 193/02, NJW-RR 2003, 895; aus der Lit. *Fleischer,* in: MüKo, GmbHG, § 43 Rn. 19; *Klöhn,* in: Bork/Schäfer, GmbHG, § 43 Rn. 4, 5; *Bitter*, ZInsO 2010, 1505, 1508; *Fleischer,* GmbHR 2010, 1307, 1308 f.

558 *Fleischer,* in: Spindler/Stilz, AktG, § 76 Rn. 29.

559 Befürwortend *Altmeppen,* in: Roth/Altmeppen, GmbHG, § 43 Rn. 7; *Ziemons,* in: Michalski, GmbHG, § 43 Rn. 178 m.w.N.

560 *Klöhn,* in: Bork/Schäfer, GmbHG, § 43 Rn. 5; *Fleischer,* in: MüKo, GmbHG, § 43 Rn. 19; *Fleischer,* GmbHR 2010, 1307, 1308 f.

561 *Raisch,* FS Hefermehl, S. 347, 349 f.

562 *Fleischer,* in: Spindler/Stilz, AktG, § 76 Rn. 22 ff.; *Koch,* in: Hüffer, AktG, § 76 Rn. 33; *Mertens/Cahn,* in: Kölner Komm, AktG, § 76 Rn. 15 ff.

Arbeitnehmer und der Öffentlichkeit gegeneinander abzuwägen.[563] Eine zwingende Reihenfolge der Berücksichtigung der Gruppe besteht für den Vorstand nicht.[564]

Der Gedanke der Leitungsverantwortung kann grundsätzlich auch auf die Geschäftsführung der GmbH übertragen werden. Gleichwohl sind die Kompetenzen des Geschäftsführers im Unterschied zu denjenigen des Vorstands enger gesteckt. Dieser ist vielmehr grundsätzlich von den Weisungen der Gesellschafter abhängig und gerade nicht zur eigenverantwortlichen Leitung berechtigt.[565] Die Argumentation des erforderlichen Ausgleichs durch die Bindung an das Unternehmensinteresse knüpft demzufolge an einen deutlich engeren Bereich an. Dennoch stehen dem Geschäftsführer eigenverantwortliche Kompetenzen zu,[566] die einen wertungsmäßigen Ausgleich prinzipiell erforderlich machen. Weiterhin kann angeführt werden, dass den Gesellschaftern einer GmbH das oberhalb der Stammkapitalziffer vorhandene Vermögen zur freien Verfügung steht,[567] sodass die Gesellschaft auch als „Veranstaltung der Gesellschafter" bezeichnet wird.[568] Für das Gläubigerschutzniveau ergibt sich im Übrigen aus einem *argumentum e contrario* zu § 43 III GmbHG und aus den Rechtsgedanken der § 46 Nr. 6 und 8 GmbHG eine Disponibilität der Geschäftsführerhaftung jenseits des § 43 III GmbHG.[569] Die Gesellschafter stellen unter Beachtung der genannten Punkte das oberste Willensbildungsorgan der Gesellschaft dar.[570] Den Dispositionsbefugnissen werden lediglich anhand der zwingenden Gläubigerinteressen äußere Grenzen gesetzt.[571] Letztlich besteht kein eigenes, von dem

563 *Fleischer,* in: Spindler/Stilz, AktG, § 76 Rn. 22 ff.; *Koch,* in: Hüffer, AktG, § 76 Rn. 33; *Mertens/Cahn,* in: Kölner Komm, AktG, § 76 Rn. 15 ff.

564 *Spindler,* in: MüKo, AktG, § 76 Rn. 60.

565 *Klöhn,* in: Bork/Schäfer, GmbHG, § 43 Rn. 5; zur Weisungsabhängigkeit des Geschäftsführers BGH, Urt. v. 14.12.1959 – II ZR 187/57, BGHZ 31, 258, 278 = NJW 1960, 285; *Altmeppen,* in: Roth/Altmeppen, GmbHG, § 37 Rn. 3.

566 Zu etwaigen Mindestkompetenzen des Geschäftsführers: 3. Kap. § 3 B. VI. 1.

567 *Klöhn,* in: Bork/Schäfer, GmbHG, § 43 Rn. 4.

568 *Fleischer,* GmbHR 2010, 1307, 1308 f.

569 *Klöhn,* in: Bork/Schäfer, GmbHG, § 43 Rn. 4.

570 *Bayer,* in: Lutter/Hommelhoff, GmbHG, § 45 Rn. 4; *Roth,* in: Roth/Altmeppen, GmbHG, § 45 Rn. 2; *J. Schmidt,* in: Michalski, GmbHG, Syst. Darst. 1 Rn. 16; *K. Schmidt,* in: Scholz, GmbHG, § 45 Rn. 5.

571 BGH, Urt. v. 07.04.2003 – II ZR 193/02, NJW-RR 2003, 895; zu der Kritik *de lege ferenda*: *K. Schmidt,* ZGR 1978, 425, 427.

Willen der Gesellschafter unabhängiges Existenzrecht der juristischen Person.[572] Damit weist das gesetzgeberische Leitbild der GmbH eine erhebliche Fokussierung der Entscheidungskompetenz auf die Gesellschafter der GmbH auf. Aus Sicht des Geschäftsführers können damit innerhalb der gesetzlichen Grenzen nur die Interessen der Gesellschafter maßgeblich sein. Im Ergebnis lässt sich mit *Fleischer* festhalten, dass gerade das Begründungsmuster für eine interessenpluralistische Ausrichtung des Unternehmensinteresses einer AG nicht auf die GmbH übertragen werden kann.[573] Die angeführten Punkte führen dazu, dass unter anderem die von *Wellhöfer* befürwortete undifferenzierte Übertragung der die AG durchziehenden Wertungen auf die GmbH nicht überzeugen kann und damit eine interessenpluralistische Zielkonzeption für den Geschäftsführer ausscheidet.[574]

Zu konstatieren ist folglich, dass der Begriff des Unternehmensinteresses für die GmbH interessenmonistisch auszulegen ist und insofern ausschließlich die Interessen der Gesellschafter das Unternehmensinteresse ausformen.[575] Konkret hat dies regelmäßig zur Folge, dass der Geschäftsführer sein Handeln ausschließlich an der Bestandserhaltung und Rentabilität des Unternehmens auszurichten hat.[576]

2. *Grundlegende Folgerungen*

Das als vorzugswürdig erachtete interessenmonistische Modell lässt Ableitungen in verschiedene Richtungen zu. Nach *Klöhn* können die Grenzen dieses Modells anhand von vier Aspekten aufgezeigt werden.[577] Erstens schließe das Modell die Förderung fremder Interessen nicht aus, sofern eine derartige Maßnahme

---

572 BGH, Urt. v. 13.12.2004 – II ZR 206/02, NJW-RR 2005, 335: „Ein Gesellschafter ist seinen Gläubigern gegenüber grundsätzlich nicht verpflichtet, das Gesellschaftsunternehmen fortzuführen. Es steht ihm frei, den Geschäftsbetrieb einzustellen oder eine sich ihm bietende Geschäftschance nicht zu ergreifen."; a. A. *Ihrig*, DStR 2007, 1170, 1171; *Wiedemann*, ZGR 2003, 283, 295.

573 *Fleischer*, GmbHR 2010, 1307, 1308, 1312.

574 *Wellhöfer*, in: Wellhöfer/Peltzer/Müller, Die Haftung von Vorstand, Aufsichtsrat, Wirtschaftsprüfer, § 9 Rn. 13.

575 Tendenz der Rechtsprechung zu einem interessenmonistischen Modell BGH, Urt. v. 07.04.2003 – II ZR 193/02, NJW-RR 2003, 895; aus der Literatur *Fleischer*, in: MüKo, GmbHG, § 43 Rn. 19; *Klöhn*, in: Bork/Schäfer, GmbHG, § 43 Rn. 4, 5; *Bitter*, ZInsO 2010, 1505, 1508; *Fleischer*, GmbHR 2010, 1307, 1308 f.

576 *Ziemons*, in: Michalski, GmbHG, § 43 Rn. 178.

577 *Klöhn*, in: Bork/Schäfer, GmbHG, § 43 Rn. 4.

zugleich dem langfristigen Gesellschafterinteresse diene.[578] Zweitens unterliege auch das Gesellschafterinteresse bestimmten Grenzen, die wiederum für den Geschäftsführer Wirkung entfalten würden.[579] Drittens lasse sich aus dem Modell nicht ableiten, ob die Vorschriften des § 43 III GmbHG und des § 15a InsO die Gläubigerbelange abschließend regelten.[580] Die vierte Grenze dieses Modells bestehe für den Fall, dass es zum Eintritt der Insolvenzreife (§ 15a I i.V.m. §§ 17, 19 InsO) komme und ausschließlich die Gläubigerinteressen maßgeblich seien.[581] Dieser vierte Aspekt ist sogleich erneut aufzugreifen und bildet den Ausgangspunkt für eine weitere Analyse etwaiger Besonderheiten, die in der Krise des Unternehmens auftreten.

Aus Sicht des Gläubigerschutzes ergibt sich aus dem Modell die rechtstatsächliche Folge, dass die Interessen der Gläubiger nur geschützt sind, sofern sie mit denjenigen der Gesellschafter übereinstimmen. Der Geschäftsführer ist gerade nicht verpflichtet, im Konfliktfall zwischen den widerstreitenden Interessen zu vermitteln.[582] Die verschiedenen dargestellten Interessen sind nicht anhand einer Reihenfolge zu berücksichtigen.[583] Aus dem Unternehmensinteresse lassen sich damit keine konkreten Handlungspflichten ableiten, die eine Berücksichtigung der Interessen der Gläubiger zur Folge haben.

II. Krise des Unternehmens

Die rechtliche Bewertung des Höhepunkts der Krise lässt durch die Drei-Wochen-Frist des § 15a I InsO und das Element der Fortführungsprognose (§ 19 II 1 HS. 2 InsO) erkennen, dass die insolvenzrechtlichen Schutzinstrumente aus Sicht des Gesellschaftsrechts in ihrer Anwendbarkeit vergleichsweise weit hinausgeschoben wurden.[584] Nachgegangen werden soll insbesondere der Frage, ob für die Bestimmung des Unternehmensinteresses im vorinsolvenzlichen Zeitraum bereits insolvenzrechtliche Wertungen zu berücksichtigen sind. Möglich erscheint insofern, dass (1.) ein vorinsolvenzliches Kompetenzgefälle vorliegt und dieses Kompetenzgefälle (2.) die Berücksichtigung von Gläubigerinteressen rechtfertigt. Gelingt diese Begründung, käme es zu einer Aufweichung des

---

578 *Klöhn*, in: Bork/Schäfer, GmbHG, § 43 Rn. 4.
579 *Klöhn*, in: Bork/Schäfer, GmbHG, § 43 Rn. 4.
580 *Klöhn*, in: Bork/Schäfer, GmbHG, § 43 Rn. 4.
581 *Klöhn*, in: Bork/Schäfer, GmbHG, § 43 Rn. 4.
582 Für die Aktiengesellschaft *Raiser/Veil*, KapitalgesellschaftsR, § 14 Rz. 14.
583 Für die Aktiengesellschaft *Raiser/Veil*, KapitalgesellschaftsR, § 14 Rz. 14.
584 vgl. 2. Kap. § 4.

interessenmonistischen Modells und einer Ergänzung der gläubigerschützenden Funktion der formalen Pflicht des § 15a I InsO im Rahmen der Unternehmenskrise.

1. *Hölzle*

Für die Entwicklung eines eigenen Ansatzes geht *Hölzle* von dem Vorrang der insolvenzrechtlichen Wertungen ab dem Eintritt der materiellen Insolvenz (§§ 17, 19 i.V.m. § 15a I InsO) aus.[585] Dies führe auf Grundlage des Perspektivenwechsels nach § 199 S. 2 i.V.m. § 1 InsO dazu, dass der Geschäftsführer ab diesem Zeitpunkt als Treuhänder der Gläubigerinteressen funktioniere.[586] Gleichzeitig ergebe sich jedoch die Frage, ob nicht bereits vor der materiellen Insolvenz die Treuebindung an das Unternehmensinteresse durch die Berücksichtigung von Gläubigerinteressen aufzuweichen sei.[587] Inhaltlich nehme insbesondere § 64 S. 3 GmbHG zwar Zahlungen in den Blick, die bereits im Vorfeld der materiellen Insolvenz geleistet werden und die materielle Insolvenz erst entstehen ließen.[588] Gleichzeitig stelle die Norm jedoch tatbestandlich auf den unvermeidbaren Eintritt der Insolvenz ab, sodass die Intensität der Vorwirkung dieser Norm gering sei.[589] Allerdings genieße der Gläubigerschutz nach *Hölzle* mit Verweis auf den BGH immer dann Vorrang, wenn und soweit dies erforderlich sei, um auch künftigen Gläubigern zur Befriedigung zu verhelfen.[590]

Die für eine Vorwirkung entscheidende These bildet *Hölzle* aus einer Anknüpfung an die insolvenzanfechtungsrechtlichen Vorschriften der §§ 129 ff.

---

585 *Hölzle*, ZIP 2013, 1846, 1848 mit Verweis auf *Haas,* in: Baumbach/Hueck, GmbHG, § 64 Rn. 2; *Kolmann,* in: Saenger/Inhester, GmbHG, § 64 Rn. 71.

586 *Hölzle*, ZIP 2013, 1846, 1848 mit Verweis auf *Haas,* in: Baumbach/Hueck, GmbHG, § 64 Rn. 2; *Kolmann,* in: Saenger/Inhester, GmbHG, § 64 Rn. 71.

587 *Hölzle*, ZIP 2013, 1846, 1848.

588 *Hölzle*, ZIP 2013, 1846, 1848.

589 *Hölzle*, ZIP 2013, 1846, 1848.

590 *Hölzle*, ZIP 2013, 1846, 1848 mit Verweis auf BGH, Urt. v. 16.07.2007 – II ZR 3/04, BGHZ 173, 246, 248 = NJW 2007, 2689: „Bei kritischer Analyse und Bewertung des derzeit erreichten Entwicklungsstandes dieses Rechtsprechungsmodells ist festzustellen, dass zum Schutze des zur Befriedigung der Gesellschaftsgläubiger erforderlichen Gesellschaftsvermögens gegen existenzvernichtende, d. h. zur Insolvenz der Gesellschaft führende oder eine solche vertiefende Eingriffe des Gesellschafters eine Haftungssanktion gegen diesen unzweifelhaft erforderlich ist, soweit das gesetzliche System der §§ 30, 31 GmbHG versagt bzw. wegen seiner begrenzten Reichweite die gebotene Schutzfunktion von vornherein nicht erfüllen kann."

InsO, deren Schutzbereich auch künftige Gläubiger umfasse.[591] Aus dieser Prämisse seien zwei aufeinander aufbauende Ableitungen möglich: Erstens werde der Dispositionsbefugnis der Gesellschafter durch den Adressatenkreis und die Schutzrichtungen der §§ 129 ff. InsO eine Grenze gesetzt.[592] Diese Grenze der Dispositionsbefugnis wirke dabei zweitens schon vor der materiellen Insolvenz, was eine materielle Gläubigerberücksichtigungspflicht zur Folge habe.[593] Maßgeblicher Zeitpunkt für den Perspektivwechsel der Treuebindung des Geschäftsführers sei im Weiteren der Moment, in dem das Gesellschaftsvermögen gegenwärtig und prognostisch nicht mehr die Befriedigung der Gläubiger gewährleisten könne.[594] Bereits im Zeitpunkt der rechnerischen Überschuldung (§ 19 II 1 HS. 1 InsO) habe sich das mit der Gesellschaftsform der GmbH verbundene Risiko so hinreichend konkretisiert, dass der beschriebene Perspektivwechsel erforderlich sei.[595] Inhaltlich liege zwar keine Vorverlagerung der Treuebindung vor, allerdings erfahre das Verhältnis von Gläubiger- und Gesellschafterinteressen eine Veränderung.[596]

2. *Stellungnahme*

Der von *Hölzle* hergeleitete Perspektivwechsel lässt für den vorinsolvenzlichen Zeitraum eine Abweichung von dem interessenmonistischen Modell dahingehend entstehen, dass sich unternehmerische Entscheidungen mit der Unterkategorie der Sanierungsmaßnahmen ab dem Zeitpunkt der rechnerischen Überschuldung auch an den Interessen der Gläubiger zu orientieren hätten. Folgende Vorbehalte sind jedoch angezeigt: Die Bezugnahme *Hölzles* auf die einzuhaltende Gläubigerschutzlinie des BGH ist insofern kritisch zu sehen, als sich die zitierte Entscheidung in der Randnummer 19 explizit nur auf die Anforderungen der Existenzvernichtungshaftung in der Gesamtkonzeption des Gläubigerschutzes bezieht.[597] Das Existenzvernichtungsmodell des BGH ist jedoch erst dann

591 *Hölzle*, ZIP 2013, 1846, 1848 mit Verweis auf *Kirchhof*, in: MüKo, InsO, § 129 Rn. 104, 120.

592 *Hölzle*, ZIP 2013, 1846, 1848 mit Verweis auf *Kirchhof*, in: MüKo, InsO, § 129 Rn. 104, 120.

593 *Hölzle*, ZIP 2013, 1846, 1848.

594 *Hölzle*, ZIP 2013, 1846, 1850.

595 *Hölzle*, ZIP 2013, 1846, 1850; Konkretisierung der Gläubigergefahr nach Ansatz von *Röhricht*, FS 50 Jahre BGH, S. 83 ff.

596 *Hölzle*, ZIP 2013, 1846, 1850; Konkretisierung der Gläubigergefahr nach Ansatz von *Röhricht*, FS 50 Jahre BGH, S. 83 ff.

597 BGH, Urt. v. 16.07.2007 – II ZR 3/04, BGHZ 173, 246, 248 = NJW 2007, 2689.

einschlägig, wenn die Regelungen der §§ 30, 31 GmbHG versagen, und bildet mit anderen Worten erst den „Schlußstein eines in sich schlüssigen Haftungskonzepts“[598]. Ob die Intensität der Gläubigergefährdung bei einer materiellen Pflicht wertungsmäßig mit der Missachtung der Kapitalerhaltungsvorschriften auf einer Ebene steht, erscheint jedoch zumindest fraglich.

Weiterhin kann mit den grundsätzlichen Wertungen der §§ 129 ff. InsO argumentiert werden. Die Insolvenzanfechtung zielt im Allgemeinen darauf ab, Vermögensverschiebungen im Vorfeld der Insolvenz rückgängig zu machen, die spezielle Voraussetzungen aufweisen.[599] Die Anfechtungstatbestände der §§ 129 ff. InsO verwirklichen dabei verschiedene Schutzzwecke. Die §§ 130 bis 132 InsO dienen der Verwirklichung der Gläubigergleichbehandlung, wohingegen die §§ 133, 134 InsO Gerechtigkeits- und Billigkeitserwägungen verfolgen.[600] Dies wird im Übrigen auch in einem systematischen Vergleich zu der Rückschlagsperre des § 88 InsO deutlich, welche die Unwirksamkeit jeglicher durch Zwangsvollstreckung erreichter Sicherungen anordnet.

Die §§ 129 ff. InsO statuieren im Falle der formellen Insolvenz folglich Ausnahmen von dem Grundsatz, dass Vermögensgegenstände auch im Krisenzeitraum beliebig übertragen werden dürfen, obwohl damit im Falle der Insolvenz eine Masseschmälerung verbunden ist.[601] Die Regelungstechnik der Anfechtung gründet hierbei auf einem Spannungsverhältnis zwischen der Privatautonomie des Schuldners vor Verfahrenseröffnung und den Intentionen der amtlichen Haftungsabwicklung des Insolvenzrechts.[602] Das mit der Privatautonomie korrespondierende Prinzip der Einzelzwangsvollstreckung erfährt im Ergebnis durch die Wertungen des Insolvenzanfechtungsrechts Einschränkungen, sofern es zur formellen Insolvenz kommt.[603]

---

598 *Röhricht,* FS 50 Jahre BGH, S. 83, 122 mit Verweis auf *Winter,* Mitgliedschaftliche Treuebindungen im GmbH-Recht, S. 210; BGH, Urt. v. 16.07.2007 – II ZR 3/04, BGHZ 173, 246, 248 = NJW 2007, 2689.

599 BGH, Urt. v. 15.023.1972 – VIII ZR 59/70, BGHZ 58, 240, 242 = NJW 1972, 870; *Hirte,* in: Uhlenbruck, InsO, § 129 Rn. 1; BT-Drucks. 12/2443, S. 156.

600 *Hirte,* in: Uhlenbruck, InsO, § 129 Rn. 1; s. auch *Bork,* ZIP 2014, 797, 803; *Haas,* ZIP 2006, 1373, 1374; zur Begründung des Gläubigergleichbehandlungsgrundsatzes *Canaris,* FS 100 Jahre KO, S. 73, 77 ff.; *Thole,* Gläubigerschutz durch Insolvenzrecht, S. 292 ff.

601 Zu dem Grundsatz der beliebigen Übertragung *Dauernheim,* in: FK, InsO, § 129 Rn. 1; *Hirte/Ede,* in: Uhlenbruck, InsO, § 129 Rn. 12, 40.

602 *Häsemeyer,* InsolvenzR, Rn. 21.03.

603 BGH, Urt. v. 28.02.2008 – IX ZR 213/06, NJW-RR 2008, 919, 921.

Entgegen der Auffassung *Hölzles* besteht damit nur im Rahmen der spezifischen Insolvenzanfechtungstatbestände dadurch ein rechtsdogmatischer Legitimationsverlust, dass Rechtshandlungen im Falle der formellen Insolvenz in Frage gestellt werden.[604] Die den §§ 129 ff. InsO zugrunde liegenden legislativen Wertentscheidungen würden damit umgangen, wenn die von *Hölzle* befürwortete umfassende materielle Pflicht bestünde. Regelungstechnisch kommt es gerade nicht zu einer Beschränkung der Privatautonomie der Gesellschafter, sodass auch eine mittelbare Pflichtenbindung der Geschäftsführer zu Gunsten der Gläubiger nicht entstehen kann. Insofern ist selbst eine vorsätzliche Gläubigerbenachteiligung im Sinne des § 133 I InsO mit den Grenzen der §§ 138, 826 BGB vollständig wirksam, wenn es in der weiteren wirtschaftlichen Entwicklung zu keiner materiellen Insolvenz kommt.[605] Mit anderen Worten sind freie Verfügungen im Vorfeld der materiellen Insolvenz grundsätzlich auch insolvenzrechtlich erwünscht.[606]

Weiterhin ist der Begriff des „Perspektivwechsels“[607] zu vage, um erkennen zu können, inwiefern sich hieraus konkrete Verhaltenspflichten des Geschäftsführers im Vorfeld der Insolvenz ergeben. Hierauf gründet auch die von *Hölzle* ausgeschlossene Änderung der Treuebindung.[608] Der von *Hölzle* gewählte Begriff des „Perspektivwechsels“[609] mag zwar inhaltlich weniger weit reichen, lässt jedoch nicht erkennen, inwiefern aus der Abstufung zu der Treueänderung eine Präzisierung folgt. Überdies ist der von *Hölzle* gewählte Zeitpunkt der rechnerischen Überschuldung im Sinne des § 19 II 1 HS. 1 InsO als Anknüpfungspunkt für den Perspektivwechsel geeignet, die gesetzgeberische Entscheidung des § 19 II InsO zu unterlaufen. Die Wertung der Fortführungsprognose (§ 19 II 1 HS. 2 InsO) bringt gerade zum Ausdruck, dass die gesamten insolvenzrechtlichen Schutznormen im Falle einer positiven Fortführungsprognose nicht bereits im Zeitpunkt der rechnerischen Überschuldung zur Anwendung kommen sollen.[610]

---

604 3. Kap. § 3 B. II. 3. b) dd).

605 Hierzu BGH, Urt. v. 23.02.1983 – VIII ZR 325/82, BGHZ 87, 27, 34 = NJW 1983, 1607; *Häsemeyer*, InsolvenzR, Rn. 21.02.

606 BGH, Urt. v. 12.11.1992 – IX ZR 237/91, NJW-RR 1993, 238; *Thole*, ZIP 2013, 2081.

607 *Hölzle*, ZIP 2013, 1846, 1850.

608 *Hölzle*, ZIP 2013, 1846, 1850.

609 *Hölzle*, ZIP 2013, 1846, 1850.

610 Zu der historischen Entwicklung des Überschuldungstatbestands insbesondere *Drukarczyk/ Schüler*, in: MüKo, InsO, § 19 Rn. 4 ff.

Eine freie wirtschaftliche Betätigung soll vielmehr nicht nur möglich sein, sondern ist insolvenzrechtlich gewünscht.[611]

Im Ergebnis sind die aufgeführten Punkte dahingehend zusammen zu führen, dass die Auffassung *Hölzles* in ihrer Weite nicht bestehen kann. Die Anfechtungsregelungen der §§ 129 ff. InsO dienen in ihrer Gesamtheit nicht als Grundlage für einen generellen Perspektivwechsel. Eine etwaige Pflichtenänderung nach der Argumentation *Hölzles* scheidet *de lege lata* folglich aus.

3. *Weitergehende Überlegungen*

Der Ansatz *Hölzles* und die aufgeführte Kritik sollen den Ausgangspunkt für eine weitergehende Analyse der Anfechtungsregeln und damit verbundenen Überlegungen *de lege ferenda* bilden. Auf erster Ebene ist der Frage nachzugehen, ob *de lege lata* eine materielle Pflicht zur Berücksichtigung von Gläubigerinteressen im vorinsolvenzlichen Zeitraum aus den §§ 129 ff. InsO hergeleitet werden kann. Die vielfach verwendete Begrifflichkeit der Vorverlagerung des insolvenzrechtlichen Gläubigerschutzgebots dient insofern als Einstieg.[612] Innerhalb dieser ersten Ebene liegt der Schwerpunkt in der Herleitung eines präventiven Gläubigerschutzes, wobei zwischen rechtlichen und rechtstatsächlichen Vorwirkungen differenziert werden soll. Auf zweiter Ebene wird Aspekten nachgegangen, die sich bei einer Veränderung des Systems *de lege ferenda* stellen.

a) Grundsatz des reaktiven (ex-post-wirkenden) Gläubigerschutzes

Die Anfechtungsregeln stellen nach obigen Ausführungen eine Abwägung der divergierenden Interessen des Schuldners, der Gläubiger und des Anfechtungsgegners dar.[613] Im Unterschied zu den §§ 80, 81 InsO handelt es sich nicht um eine Beschränkung der allgemeinen Verfügungs- und Verpflichtungsmacht des Schuldners; der Abschluss eines Rechtsgeschäfts wird nicht eingeschränkt. Vielmehr setzt die Insolvenzanfechtung die Eröffnung eines Insolvenzverfahrens voraus und sieht als Rechtsfolge einen schuldrechtlichen Rückgewähranspruch (§ 143 I 1 InsO) vor.[614] Abgesichert wird die Durchsetzung dieses reaktiven Gläubigerschutzes dadurch, dass der Insolvenzverwalter gesetzlich

---

611 BGH, Urt. v. 24.05.2005 - IX ZR 123/04, BGHZ 163, 134, 145 = NJW 2005, 3062; *Haarmann/Vorwerk*, BB 2015, 1603, 1605.

612 *Hölzle*, ZIP 2013, 1846, 1848 mit Verweis auf *Kirchhof*, in: MüKo, InsO, § 129 Rn. 104, 120.

613 3. Kap. § 3 B. II. 3. b).

614 *Thole*, Gläubigerschutz, S. 284.

zur Geltendmachung etwaiger Ansprüche verpflichtet ist und bei Verletzung der Einhaltung der Sorgfalt eines ordentlichen Insolvenzverwalters persönlich nach §§ 60, 61 InsO haftet.[615]

Die Interessen der Beteiligten werden folglich einer gesetzgeberischen Wertung dahingehend zugeführt, dass im Falle einer weiteren Verschlechterung des schuldnerischen Vermögens bis zur materiellen Insolvenz das Vertrauen der Gläubiger an die Endgültigkeit des jeweiligen Rechtsgeschäfts unter den Voraussetzungen der §§ 129 ff. InsO zurückzutreten hat.[616] Die tatbestandliche Voraussetzung der formellen Insolvenz führt im Ergebnis dazu, dass die §§ 129 ff. InsO erst dann eingreifen, wenn das „Kind bereits in den Brunnen gefallen ist". Grundsätzlich besteht damit ein ex-post-wirkender Gläubigerschutz.

b) Herleitung eines präventiven (ex-ante-wirkenden) Gläubigerschutzes

Eine Fixierung auf die ex-post-wirkende Haftungsverwirklichung des Insolvenzrechts würde hingegen verkennen, dass die Regelungen des Insolvenzrechts durch eine verhaltenssteuernde Funktion teilweise faktische und auch rechtliche Vorwirkung entfalten. Die bloße Existenz gewisser Regelungen kann bereits dazu führen, dass die Normadressaten von der Vornahme einer spezifischen Rechtshandlung absehen.[617] Dies kann entweder darauf beruhen, dass die Beteiligten bestimmte Rechtsfolgen im Falle der Insolvenz vermeiden wollen, oder darauf, dass insbesondere der Schuldner insolvenzbezogene Rechtspositionen dahingehend nutzt, diese als Grundlage der Verhandlung einzuführen („Verhandeln im Schatten der Insolvenz"[618]). Die Haftungsverwirklichungsfunktion und eine Determinierung vorinsolvenzlichen Verhaltens sind hierbei gerade nicht als Gegensätze zu verstehen.[619]

In abstrakter Betrachtung zeichnet sich eine möglichst intensive Verhaltenssteuerung durch eine ex-post-Regelung auf der einen Seite dadurch aus, dass

---

615 BGH, Urt. v. 18.10.1993 – IX ZR 93/21, NJW 1994, 323.

616 BT-Drucks. 12/2443, S. 82 unter Betonung der entgegenstehenden Punkte der Rechtssicherheit und des Verkehrsschutzes.

617 *Thole*, ZZP 2008, 67, 75.

618 U. a. *Bork*, ZIP 2010, 397; *Thole*, ZZP 2008, 67, 75.

619 *Thole*, Gläubigerschutz, S. 67: „Das Insolvenzrecht kann also mehr sein als die Entscheidung zwischen Liquidation und Sanierung. Das ist eine Erkenntnis, die in der Diskussion bisweilen vernachlässigt wurde, da innerhalb der Insolvenzrechtswissenschaft allein das Verhältnis zwischen Liquidation und Sanierung des schuldnerischen Unternehmens auf der rechtspolitischen Agenda stand."; weiterhin: *Gessner/Rhode/Strate/Ziegert*, Praxis der Konkursabwicklung, S. 544.

die maßgebliche Rechtshandlung gar nicht erst vorgenommen wird und es keiner ex-post-Korrektur bedarf.[620] Eine präventive Wirkung auf der anderen Seite kann hingegen auch so zurückhaltend ausgestaltet sein, dass Rechtshandlungen unter Inkaufnahme von ex-post-wirkenden Korrekturen vollzogen werden. Je einschneidender die Rechtsfolgen einer tatsächlichen Anfechtung sind, desto eher entfalten die Regelungen bereits im Vorfeld Disziplinierungswirkung. Darüber hinaus kann die Verhaltenssteuerung auch auf faktischen Gegebenheiten beruhen, die mit den Regelungen verbunden sind. Für die Unter-suchung des präventiven Gläubigerschutzes soll zwischen rechtlichen und tatsächlichen Aspekten unterschieden werden.

aa) Rechtlicher präventiver Gläubigerschutz

Nach § 143 I S. 1 InsO hat der Anfechtungsgegner das, was durch die anfechtbare Handlung aus dem Vermögen des Schuldners veräußert, weggegeben oder aufgegeben worden ist, in „natura" an die Insolvenzmasse zurückzugewähren.[621] Der Gläubiger hat mit anderen Worten dasjenige herauszugeben, was er durch die anfechtbare Rechtshandlung erlangt hat. Schätzt der Anfechtungsgegner eine Inanspruchnahme als unwahrscheinlich ein und muss dieser anderenfalls nur den erhaltenen Vermögenswert zurückführen, vermögen die Rechtsfolgen die Handlungen des Anfechtungsgegners nicht dahingehend zu determinieren, dass dieser auf erster Ebene hiervon absieht. Zudem können dem Gläubiger zwei Entwicklungen zu Gute kommen, deren Wahrscheinlichkeiten einkalkuliert werden können: Zum einen kann er auf die positive wirtschaftliche Entwicklung des schuldnerischen Unternehmens hoffen bzw. vertrauen und zum anderen auf eine mögliche Masselosigkeit im Falle der tatsächlichen Insolvenz und die damit verbundenen Erschwernisse, die Anfechtungsansprüche überhaupt geltend zu machen.[622] Ein anderes Bild könnte sich aus § 143 I S. 2 InsO ergeben.[623] Bei § 143 I S. 2 InsO handelt es sich um eine Rechtsfolgenverweisung auf die §§ 818 IV, 819 I BGB, sodass der Anfechtungsgegner per Gesetz als bösgläubiger

---

620 Grundgedanke des präventiven Gläubigerschutzes nach *Steffek*, ZRP 2007, 228.

621 BGH, Urt. 24.05.2005 – IX ZR 77/03, NZI 2005, 453; BT-Drucks. 12/2443, S. 35.

622 Kritik an der Regelung des § 26 IV InsO bei *Hollinderbäumer*, BB 2013, 1223; *Pape*, ZInsO 2011, 1033, 1038; *Zimmermann*, ZInsO 2012, 396.

623 Nach § 143 I S. 2, 3 InsO i.V.m. §§ 819 I, 818 IV, 291 BGB schuldet insbesondere derjenige Prozesszinsen in Höhe des § 288 BGB, der in anfechtbarer Weise Geld erworben hat, hierzu BGH, Urt. v. 01.02.2007 – IX ZR 96/94, NJW-RR 2007, 557 (zu § 143 I 2 InsO a.F.).

Bereicherungsschuldner eingeordnet wird.[624] Der Verweis des § 143 I 2 InsO ist darauf zurückzuführen, dass die subjektiven Tatbestandsvoraussetzungen der §§ 129 ff. InsO wertungsmäßig denjenigen Tatbestandsmerkmalen ähneln, die für die Einordnung eines Bereicherungsschuldners als bösgläubig erfüllt sein müssen.[625] Durch die aus der Verweisung des § 143 I S. 2 InsO folgenden Verschärfung des Herausgabeanspruchs in Bezug auf Nutzungen, Verwendungen und Wertersatz werden die Rechtsfolgen einschneidender, sodass sich die Intensität des präventiven Gläubigerschutzes erhöht.

Zugleich ist zu berücksichtigen, dass die ursprünglich erworbene Forderung des Anfechtungsgegners wieder auflebt (§ 144 InsO). Diese Forderung kann zur Insolvenztabelle angemeldet werden, wird jedoch mit der – regelmäßig geringen – Insolvenzquote befriedigt. Dieser Aspekt entfaltet jedoch nur Wirkung, sofern es zu einer eigenständigen Forderungsbildung kommt und der Sanierungsbeitrag zu einem konkreten Vermögensabfluss auf Seiten des Anfechtungsgegners führt. Anderenfalls wird aus Sicht des potentiellen Anfechtungsgegners lediglich mit einer Forderung gewettet, die in ihrer Wertigkeit aufgrund der Insolvenzgefahr des schuldnerischen Unternehmens bereits eingeschränkt ist.

Schließlich ist zu berücksichtigen, dass für die Geschäftsführer und Gesellschafter keine Haftungsnormen bestehen, sofern es tatsächlich zu der Geltendmachung von Insolvenzanfechtungsansprüchen kommt. Die Geschäftsführer und Gesellschafter werden damit nicht unmittelbar zur Berücksichtigung von insolvenzanfechtungsakzessorischen Rechtspositionen angehalten. Vielmehr adressieren die Rechtsfolgen allein den Anfechtungsgegner und begründen für diesen eine Obliegenheit, sich an den §§ 129 ff. InsO zu orientieren. Die Intensität des präventiven Gläubigerschutzes ist für den Grundfall im Ergebnis als gering zu bewerten, erhöht sich jedoch im Falle einer Sonderzahlung an den Gläubiger.[626]

bb) Rechtstatsächlicher präventiver Gläubigerschutz

Möglicherweise ergibt sich bei rechtstatsächlicher Betrachtung eine höhere Intensität der Verhaltenssteuerung. Teilweise wird angenommen, alle entgegen der §§ 129 ff. InsO vorgenommenen Handlungen würden die Fortführungswahrscheinlichkeit des Unternehmens verringern.[627] Aus einem Umkehrschluss zu

---

624 BGH, Urt. v. 01.02.2007 – IX ZR 96/94, NJW-RR 2007, 557: Die Bösgläubigkeit des Schuldners wird durch § 143 I S. 2 InsO a.F. fingiert.

625 *Schwab*, in: MüKo, BGB, § 819 Rn. 15.

626 So auch *Thole*, ZZP 2008, 67, 75.

627 *Steffek*, ZRP 2007, 228.

den von §§ 129 ff. InsO erfassten Rechtshandlungen ließe sich dann ein Leitbild für erfolgreiche Sanierungsmaßnahmen ableiten. Streben die Beteiligten eine erfolgreiche Sanierung und keine finale Ausplünderung des Unternehmens an, würden die §§ 129 ff. InsO folglich eine Art Ausschlusskatalog gewisser Rechtshandlungen darstellen, um eine erfolgreiche Sanierung nicht zu konterkarieren. Das kann bereits im Hinblick auf die §§ 133, 134 InsO nur beschränkt überzeugen, obwohl diese keine insolvenzspezifischen Wertungen durchsetzen wollen und insbesondere § 133 InsO bereits dann keine Anwendung mehr findet, wenn einem Gläubiger zwar ein Sondervorteil gewährt wird, dieser Sondervorteil aber gleichzeitig Teil eines Sanierungskonzepts ist.[628] Es kann im Einzelfall vielmehr eine Rechtshandlung vorliegen, die im Ergebnis anfechtungsrechtlich unbeachtlich ist und die Sanierung gerade erst ermöglicht.

Etwas Anderes ergibt sich möglicherweise aus einer vertieften Analyse der subjektiven Tatbestandsvoraussetzungen der §§ 129 ff. InsO. Die Vermutungsregel des § 133 I 2 InsO kann dadurch widerlegt werden, dass die maßgebliche Rechtshandlung Teil eines ernsthaften, letztlich aber fehlgeschlagenen Sanierungsversuchs war.[629] Wird ein schlüssiges, von den tatsächlichen Gegebenheiten ausgehendes Sanierungskonzept, das zumindest in den Anfängen umgesetzt ist und beim Schuldner die ernsthafte und begründete Aussicht auf Erfolg rechtfertigt, vollzogen, liegt eine anfechtungsrechtlich unbedenkliche Rechtshandlung vor.[630] Von einem schlüssigen Sanierungskonzept kann der Gläubiger allerdings nur dann ausgehen, wenn dieser hinreichend über die wesentlichen Grundzüge des Vorhabens informiert ist.[631] Wertungsmäßig ist dann selbst eine vorsätzliche Gläubigerbenachteiligung, die auf eine grundsätzlich zu missbilligende Schuldnerhandlung zurückzuführen ist, anfechtungsrechtlich unbedenklich.

Bedingt dadurch, dass einem Sanierungsversuch auch immer die Möglichkeit des Scheiterns innewohnt, handeln die Beteiligten nach *Paulus* unter dem „Damoklesschwert der Verfahrenseröffnung und der daraus folgenden Rückwirkung der Anfechtung“.[632] Nimmt der Gläubiger einen Sondervorteil entgegen, der unter § 133 I InsO fällt, ist unter dem Blickwinkel des § 133 I 2 InsO davon auszugehen, dass die Gläubiger die maßgeblichen Informationen über das

628 BGH, Urt. v. 12.05.2016 – IX ZR 65/14, NJW-RR 2016, 1518; zugleich 3. Kap. § 3 B. IV.

629 BGH, Urt. v. 08.12.2011 – IX ZR 156/09, ZInsO 2012, 171.

630 BGH, Urt. v. 08.12.2011 – IX ZR 156/09, ZInsO 2012, 171; zu den einzelnen Anforderungen an Sanierungskonzepte: 3. Kap. § 3 B. IV. 5.

631 BGH, Urt. v. 12.05.2016 – IX ZR 65/14, NJW-RR 2016, 1518; BGH, Urt. v. 08.12.2011 – IX ZR 156/09, ZInsO 2012, 171.

632 *Paulus*, BB 2001, 425, 426.

Sanierungskonzept erlangen wollen, um im Falle eines Anfechtungsprozesses die Vermutungsregeln des § 133 I 2 InsO widerlegen zu können. Im Unterschied zu dem insolvenzrechtlichen Gläubigerschutz anhand des § 1 InsO kennzeichnet sich der beschriebene Gläubigerschutz dadurch, dass das Sanierungskonzept auch dann aussichtsreich sein kann, wenn nicht alle Gläubiger gleichermaßen einbezogen werden und einzelnen Gläubigern Sondervorteile gewährt werden.[633] Das Sanierungsprivileg ist zwar im Rahmen der §§ 129 ff. InsO insolvenzrechtlich zu betrachten, der Inhalt des Sanierungskonzepts richtet sich allerdings nach der Privatautonomie der Beteiligten. Das Zustandekommen von Vergleichen setzt typischerweise die Einbeziehung von verkehrswertbestimmenden Faktoren voraus, die regelmäßig zu unterschiedlichen Quoten führen.[634] Für Sondervorteile einzelner Gläubiger wird hier lediglich eine Grenze durch die §§ 138, 826 BGB gezogen. Freilich liegen die Voraussetzungen für ein Handeln im Sinne der §§ 138, 826 BGB hoch.[635]

Ein präventiver Gläubigerschutz durch den Regelungsmechanismus des § 133 I 2 InsO entsteht damit im Ergebnis dadurch, dass die Prüfung der Schlüssigkeit des Sanierungskonzepts[636] durch einen einzelnen Gläubiger zugleich zu Gunsten aller weiteren Gläubiger des schuldnerischen Unternehmens Wirkung entfaltet.

cc) Fazit *de lege lata*

Auf erster Ebene ist festzuhalten, dass die gläubigerschützende Präventivwirkung der §§ 129 ff. InsO in ihrer Intensität als gering zu bewerten ist. Auf zweiter Ebene schaffen die Anforderungen an das Sanierungsprivileg einen Schutz der Gläubigergesamtheit dahingehend, dass Sanierungskonzepte aufgrund des Regelungsmechanismus des § 133 I 2 InsO zumindest auf ihre Schlüssigkeit hin überprüft werden. Die Anfechtungsregeln implementieren den Geschäftsführer insofern nicht als Sachwalter der Interessen der Gläubiger im vorinsolvenzlichen Zeitraum.[637] Für die Begründung der Verlagerung etwaiger Haftungsfolgen auf die Gläubiger wird vielfach die rechtsökonomische Erkenntnis angeführt,

---

633 BGH, Urt. v. 08.12.2011 – IX ZR 156/09, ZInsO 2012, 171.

634 BGH, Urt. v. 12.05.2016 – IX ZR 65/14, NJW-RR 2016, 1518.

635 BGH, Urt. v. 12.12.1991 – IX ZR 178/91, BGHZ 116, 319, 328 = NJW 1992, 967: Ein Kreditgeber ist grundsätzlich nicht verpflichtet, einem Sanierungsplan mit Verzicht auf eigene Rechte zuzustimmen; *Eidenmüller*, ZHR 160 (1996), 343; *Hölzle*, NZI 2010, 207; *Geldmacher*, ZInsO 2010, 696, 699.

636 BGH, Urt. v. 12.05.2016 – IX ZR 65/14, LS. 2, 3, NJW-RR 2016, 1518.

637 BGH, Urt. v. 14.12.1959 – II ZR 187/57, BGHZ 31, 258, 278 = NJW 1960, 285; BGH, Urt. v. 28.09.1992 – II UR 299/91, BGHZ 119, 257, 261 = NJW 1993, 193; BGH, Urt. v. 29.03.1993 – II ZR 265/91, BGHZ 122, 133, 136 = NJW 1993, 1200.

dass die Anreize der Risikodisparität im Vorfeld der Insolvenz zu Gunsten der Gesellschafter als Eigentümer der Gesellschaft wirken.[638] Die Verlagerung des Risikos auf den Gläubiger kann im Übrigen im Zusammenhang mit der Interessenbewertung durch das gesetzliche Leitbild des § 15a I InsO gesehen werden. Die aus der Drei-Wochen-Frist des § 15a InsO abzuleitende Bündelung der Interessen von Gesellschaftern und Gläubigern im Überstehen der Krise findet nicht nur durch die Antragspflicht eine Grenze.[639] Zugleich ergibt sich aus der Prüfungsobliegenheit des Gläubigers ein reflexartiger Schutz der Gläubigergesamtheit dadurch, dass die Gesamtheit des Sanierungsvorhabens geprüft wird bzw. geprüft werden sollte.

Das Schutzniveau des rechtstatsächlichen präventiven Gläubigerschutzes *de lege lata* wird inhaltlich dadurch bestimmt, inwieweit sich der Gläubiger als potentieller Anfechtungsgegner über das Sanierungskonzept informieren und dieses bewerten muss. Je weitreichender die Informations- und Bewertungspflicht des Gläubigers reicht, desto intensiver ist der hieraus resultierende Schutz der Gläubigergesamtheit durch den einzelnen Gläubiger. Will der Gläubiger das Risiko der Anfechtung in der Folgeinsolvenz minimieren bzw. ausschließen, ist davon auszugehen, dass dieser zumindest die Voraussetzungen für den Nachweis der Entlastung schaffen wollen und sich aus eigenem Interesse mit der geplanten Sanierung auseinandersetzen wird.[640] Für die konkreten Anforderungen an die Beurteilung eines ernsthaften Sanierungsversuchs ist zwischen der Schaffung einer ausreichenden Informationsgrundlage und einer Bewertung zu unterscheiden.[641]

(1) Bewertung des Sanierungsvorhabens

Die Rechtsprechung sieht eine laienhafte Bewertung des Sanierungsvorhabens im Sinne einer Plausibilitätsprüfung als ausreichend an.[642] Den Gläubiger trifft keine fachmännische Beurteilungspflicht, die er gegebenenfalls auch extern erfüllen lassen könnte.[643] Vielmehr darf der Gläubiger sich grundsätzlich auf die Bewertung des Schuldners verlassen.[644] Gute Chancen für eine Sanierung sind

---

638 Hierzu auch *Jacoby*, KTS 2009, 3, 4, 16 f.; *Marotzke*, ZInsO 2006, 7, 10.

639 BGH, Urt. v. 09.07.1979 – II ZR 118/77, BGHZ 75, 96 = NJW 1979, 1823.

640 Kritisch zu den Anforderungen an die Darlegungs- und Beweislast *Stöber*, WuB 2016, 764, 767.

641 BGH, Urt. v. 12.05.2016 – IX ZR 65/14, LS. 2, 4, NJW-RR 2016, 1518; kritisch zu den Anforderungen an die Darlegungs- und Beweislast *Stöber*, WuB 2016, 764, 767.

642 BGH, Urt. v. 12.05.2016 – IX ZR 65/14, NJW-RR 2016, Rn. 27, 1518; *Pape*, ZInsO 2017, 114, 117.

643 BGH, Urt. v. 12.05.2016 – IX ZR 65/14, NJW-RR 2016, 1518, Rn. 27.

644 BGH, Urt. v. 12.05.2016 – IX ZR 65/14, NJW-RR 2016, 1518, Rn. 27.

bereits ausreichend.[645] Der Gläubiger muss nicht zu dem eigenständigen Prognoseergebnis kommen, dass die Sanierung mit überwiegender Wahrscheinlichkeit gelingt.[646]

(2) Erforderliche Informationsgrundlage

Der Schwerpunkt liegt für die Gläubiger vielmehr auf der Gewährleistung einer hinreichenden Informationsgrundlage. Auf der einen Seite reicht für den Gläubiger die bloße Mitteilung nicht aus, dass die betroffene Rechtshandlung im Rahmen einer geplanten Sanierung erfolge.[647] Auf der anderen Seite muss der Gläubiger jedoch nicht über den gleichen Kenntnisstand wie der Schuldner verfügen.[648] Als Mittelmaß sieht der BGH als erforderlich an, dass der Gläubiger in Grundzügen über die Grundlagen des Sanierungskonzepts informiert ist.[649] Die wesentlichen Grundlagen sind die Ursachen der Krise, die Maßnahmen zur Abwendung der Krise und eine positive Fortführungsprognose.[650] Für die Gewährleistung dieser Informationsgrundlage steht dem Gläubiger kein spezifisches Auskunftsrecht zu.[651] Er ist gehalten, seine Interessen in der (privatautonom geprägten) Verhandlung über die Sanierungsbeiträge durchzusetzen.

Teilweise wird die Informationspflicht bereits als überzogen erachtet, weil die erforderlichen Einblicke in die Unternehmensplanung und -situation zu tiefgreifend seien.[652] Unabhängig von einer konkreten Ausformung der Anforderungen an den Gläubiger lässt die Informationsplicht zudem ein Spannungsverhältnis zu den damit verbunden Transaktionskosten entstehen.[653] Für die Gläubiger stellt sich insofern die Frage, ob sie die mit einer Nicht-Information verbundene mögliche Insolvenzquote in Kauf nehmen oder sie zusätzlichen Aufwand dahingehend vornehmen, weitere Information über die Situation des Schuldners

645 BGH, Urt. v. 12.05.2016 – IX ZR 65/14, NJW-RR 2016, 1518, Rn. 39.

646 BGH, Urt. v. 12.05.2016 – IX ZR 65/14, NJW-RR 2016, 1518, Rn. 39.

647 BGH, Urt. v. 16.10.2008 – IX ZR 183/06, NJW 2009, 1351; *Pape*, ZInsO 2017, 114, 117.

648 BGH, Urt. v. 12.05.2016 – IX ZR 65/14, NJW-RR 2016, 1518, Rn. 24.

649 BGH, Urt. v. 12.05.2016 – IX ZR 65/14, NJW-RR 2016, 1518, Rn. 24.

650 BGH, Urt. v. 12.05.2016 – IX ZR 65/14, LS. 1 u. 2, NJW-RR 2016, 1518.

651 BGH, Urt. 24.05.2007 – IX ZR 97/06, NJW-RR 2007, 1537; *Smid*, WuB 2007, VI InsO 1.07; *Stöber*, WuB 2016, 764, 768.

652 *Geißler*, GWR 2016, 282.

653 Transaktionskosten sind bei Verträgen die Kosten der Information, der Verhandlung, der Vertragsgestaltung, der Abwicklung, der Kontrolle von Erfüllungspflichten und die Kosten einer Anpassung bei veränderten Bedingungen, hierzu *Schäfer/Ott*, Ökonomische Analyse des Zivilrechts, S. 84 ff.

einzuholen, um im Falle eines Rechtsstreits das Sanierungsprivileg des § 133 I 2 InsO erfolgreich bemühen zu können.

(3) Konklusion

Es kann zwischen der Beurteilung des Sanierungsvorhabens und der Informationsgrundlage dahingehend ein Zusammenhang festgestellt werden, dass sich das Erfordernis der Plausibilitätsprüfung der Gläubiger durch eine vergleichsweise weitreichende Informationsgrundlage rechtfertigt.[654] Im Falle der Gewährung eines Sondervorteils ist die geeignete Informationsgrundlage aus Sicht des Gläubigers das maßgeblich vertrauensbegründende Handeln des Geschäftsführers, um im Ergebnis von einer Insolvenzanfechtungsfestigkeit des gewährten Vorteils ausgehen zu können. Dem Geschäftsführer kommt in diesem Zusammenhang eine Schlüsselrolle dadurch zu, dass er bei Aufnahme der Sanierungsverhandlungen bereits die erforderlichen Informationen mitliefern kann und so das Vertrauen der Gläubiger in die Geschäftsführung stärkt. Hierdurch verringern sich zugleich die Transaktionskosten auf Seiten der Gläubiger.

Zu betonen ist an dieser Stelle, dass dem Gläubiger kein spezifisches Auskunftsrecht zusteht[655] und der Geschäftsführer weder Auskünfte erteilen noch Einblicke gewähren muss.[656] Aus den obigen Ausführungen ergibt sich zudem, dass das interessenmonistische Modell der Geschäftsführungsbefugnis durch § 133 InsO keine Aufweichung erfährt. Damit kommt es auch nicht entscheidend auf die grundlegende Kritik an dem Begriff des Unternehmensinteresses an.[657]

dd) Überlegungen *de lege ferenda*

Nach den obigen Ausführungen folgt der präventive Schutz der Gläubigergesamtheit im Rahmen von Sanierungsvorhaben insbesondere aus der Prüfungs- und Informationsobliegenheit des einzelnen Gläubigers im Rahmen des § 133 I 2 InsO. Die folgenden Ausführungen stehen – entsprechend der Perspektive der Gesamtthematik – unter der Zielausrichtung, das Handeln des Geschäftsführers auf das Sanierungsprivileg des § 133 I 2 InsO auszurichten und damit den dargestellten präventiven Gläubigerschutz im Ergebnis zu verstärken. Insofern wäre der Geschäftsführer möglicherweise in das Haftungssystem der §§ 129 ff. InsO zu integrieren. Eine Anpassung des Systems böte den Vorteil, die Position des Geschäftsführers über die Erfüllung der indisponiblen Vorschriften

---

654 BGH, Urt. v. 12.05.2016 – IX ZR 65/14, LS. 2 u. 4, NJW-RR 2016, 1518.

655 *Smid*, WuB 2007, VI InsO 1.07; *Stöber*, WuB 2016, 764, 768.

656 BGH, Urt. v. 24.05.2007 – IX ZR 97/06, NJW-RR 2007, 1537.

657 3. Kap. § 2 A.

hinaus als Puffer gegen das Opportunismusrisiko der Gesellschafter zu stärken. Eine Fokussierung auf das Sanierungsvorhaben könnte grundsätzlich dadurch erreicht werden, dass eine haftungsrelevante Pflicht geschaffen wird, die das inhaltliche Wirken des Geschäftsführers auf das Sanierungsprivileg ausrichtet. Nachgegangen werden soll drei Möglichkeiten, diese Zielvorgabe umzusetzen. Die drei Gedankenmodelle sind hierbei nach absteigender Intensität der Änderung des bisherigen Systems geordnet.

(1) Regressanspruch des Anfechtungsgegners nach erfolgreicher Insolvenzanfechtung

Eine haftungsrechtliche Fokussierung des Geschäftsführers auf das Sanierungsvorhaben könnte dadurch erreicht werden, dass dem Anfechtungsgegner nach erfolgreicher Insolvenzanfechtung ein Regressanspruch gegen den Geschäftsführer gewährt wird. Dieser Regressanspruch könnte auf Ausgleich desjenigen Schadens zielen, der dem Gläubiger dadurch entsteht, dass er auf die wiederaufgelebte Forderung (§ 144 InsO) lediglich die Insolvenzquote erhält. Ein haftungsbegründendes Verhalten des Geschäftsführers müsste insofern aus der fehlerhaften oder fehlenden Informationsgewährung folgen, sodass der Gläubiger die Vermutung des § 133 I 2 InsO nicht widerlegen konnte. Die Informationsgewährung durch den Geschäftsführer bedürfte hiernach einer Neukonzeption, um keinen Widerspruch zu dem bisherigen Regelungsansatz entstehen zu lassen. Das Haftungssystem kann sich auf der einen Seite nicht durch eine Informationsobliegenheit im Rahmen des § 133 I 2 InsO für den Gläubiger kennzeichnen und dem Geschäftsführer auf der anderen Seite eine Auskunftspflicht auferlegen. Gegen die Ausformung einer solchen haftungsrelevanten Pflicht spricht insbesondere, dass die gewährten Sondervorteile einen hohen wirtschaftlichen Betrag erreichen können und den mit seinem Privatvermögen haftenden Geschäftsführer regelmäßig überfordern werden. Zugleich würde der einzelne Gläubiger aus der Pflicht genommen werden, dem Regelungsmechanismus des § 133 I 2 InsO Rechnung zu tragen. Ob der präventive Gläubigerschutz damit im Ergebnis verstärkt wird, erscheint mehr als fraglich.

(2) Änderung der Darlegungs- und Beweislast zur Widerlegung der Vermutungsregel des § 133 I 2 InsO

In Erwägung zu ziehen ist des Weiteren eine Änderung der Regeln der Darlegungs- und Beweislast im Rahmen des § 133 I 2 InsO. Eine Verlagerung der Darlegungs- und Beweislast nach Eintritt der Vermutungsregel des § 133 I 2 InsO für das Vorliegen des Sanierungsprivilegs auf den Insolvenzverwalter hat auszuscheiden, weil hierdurch ein Widerspruch im Rahmen der Anspruchsgeltendmachung entstehen würde. Es ist nicht davon auszugehen, dass der

Insolvenzverwalter konkrete Umstände darlegen wird, die zu einer Entlastung des Gläubigers und damit zu einem Scheitern des Insolvenzanfechtungsanspruchs führen.

(3) Auskunftsrecht des Gläubigers im Rahmen des § 133 I 2 InsO

Eine Fokussierung der Pflichten des Geschäftsführers auf die konkrete Informationsgewährung an den Gläubiger kann möglicherweise dadurch erreicht werden, dass für den Gläubiger im Rahmen eines angestrebten Sanierungsvorhabens im Falle der Gewährung eines Sondervorteils ein eigenständiges Auskunftsrecht ausgeformt wird. Im Unterschied zu der bisherigen Rechtslage wäre die Informationsgrundlage im Rahmen der Vertragsverhandlungen nicht mehr durch das Ausnutzen der Verhandlungsposition zu erreichen.

Die Implementierung eines solchen Auskunftsrechts hätte zur Folge, dass die Informationsbeschaffung des Gläubigers erleichtert wird. Würde der Geschäftsführer diese auszuformende Informationspflicht verletzen, könnte hieran eine Schadensersatzpflicht für die auf Grundlage dieser Informationen getroffene Entscheidung gekoppelt werden. Dieser Schaden dürfte im Falle des Scheiterns des Sanierungsvorhabens in der Differenz zwischen dem Wert der wiederauflebenden Forderung (§ 144 InsO) und einer fiktiv zu berechnenden Insolvenzquote liegen.

Inhaltlich wäre der Auskunftsanspruch an die durch die Rechtsprechung zu § 133 I InsO ausgeformte Informationstiefe bezüglich des Sanierungsvorhabens zu knüpfen. Gleichwohl dürfte für die konkrete Ausformung der Auskunftspflicht eine unüberwindbare Schwierigkeit daraus folgen, dass durch einen Einblick in das Sanierungsvorhaben ein Wettbewerbsvorteil für den Fall entstehen kann, dass der Gläubiger sich letztlich gegen den Sanierungsbeitrag entscheidet. Im Ergebnis würde zwar die Gläubigergemeinschaft aufgrund des herausgearbeiteten Reflexes effektiver geschützt werden. Einer solchen Auskunftspflicht steht jedoch weiter entgegen, dass es an einem rechtfertigenden Grund für die Implementierung einer solchen Auskunftspflicht fehlt. Im systematischen Vergleich zu § 97 InsO ist zu erkennen, dass gerade kein Pflichtenverhältnis besteht, das mit demjenigen zwischen Schuldner und Insolvenzverwalter vergleichbar wäre.[658] Im Ergebnis ist zu erkennen, dass zwar der mittelbare Gläubigerschutz durch die Gewährung eines Auskunftsanspruchs verstärkt würde, aber zugleich

---

658 Der Rechtsgrund der Schuldnerpflichten des § 97 InsO ist gerade auf den Verfahrenszweck (§ 1 InsO) und das besondere Pflichtenverhältnis des Schuldners gegenüber dem Insolvenzverwalter zurückzuführen, hierzu BVerfG, Beschl. v. 13.01.1981 – 1 BvR 116/77, NJW 1981, 1431; *Stephan,* in: MüKo, InsO, § 97 Rn. 13.

die Position des Gläubigers eine nicht gerechtfertigte wertungsmäßige Besserstellung erfahren würde.

§ 3 Sanierungspflicht

Aufbauend auf der Bestimmung der Ausrichtung der Geschäftsführungsbefugnis soll auf die Herleitung und den Inhalt bzw. die Grenzen der Sanierungspflicht eingegangen werden. Den ersten Schwerpunkt bildet neben der rechtlichen Herleitung der Sanierungspflicht die Einordnung derselbigen in das Gläubigerschutzsystem, wobei zugleich die Ansätze des Richtlinienentwurfs berücksichtigt werden sollen. Der Inhalt und die Grenzen der Sanierungspflicht sind hieran anschließend in die Aspekte der Krisenfrüherkennung (II.), der Krisenkommunikation (III.), der Ausarbeitung und Aufstellung eines Sanierungskonzepts (IV.) und die tatsächliche Umsetzung dieses Konzepts (V.) zu unterteilen.

A. Herleitung der rechtlichen Pflicht

Für die erforderliche Rechtsgrundlage der mit einer Sanierung einhergehenden Verpflichtungen werden zwei abstrakte Aspekte angeführt: Erstens ist der Geschäftsführer aufgrund seiner Organstellung an den Zweck der Gesellschaft (§ 3 I Nr. 2 GmbHG) gebunden, welcher wiederum regelmäßig in der erwerbswirtschaftlichen Gewinnerzielung liegt.[659] Im Fall der Krise wandelt sich die Rentabilitätssicherungspflicht hierbei in eine Sanierungs- bzw. Krisenabwendungspflicht.[660] Erforderlich ist demzufolge ein geeignetes Entgegenwirken, um weiterhin Gewinne generieren zu können.[661] Der Bezeichnung des Unternehmensgegenstands (§ 3 I Nr. 2 GmbHG) kann eine erwerbswirtschaftliche Gewinnerzielung als Leitmaxime regelmäßig im Wege der Auslegung entnommen werden. Zweitens ist auf die Stellung des Geschäftsführers als Treuhänder fremden Vermögens abzustellen.[662] Das Leitbild dieser Treuhänderstellung

---

659 *Drenckhan*, Gläubigerschutz in der Krise der GmbH, S. 159; *Bork*, ZIP 2011, 101, 106; *Veil*, ZGR 2006, 374, 379; weiterhin: 3. Kap. § 2 B.

660 *Fleischer*, in: MüKo, GmbHG, § 43 Rn. 64; *Bork*, ZIP 2011, 101, 106; *Prütting*, ZIP 2013, 203, 205; *Seibt*, ZIP 2013, 1597, 1598 ff.

661 *Drenckhan*, Gläubigerschutz in der Krise der GmbH, S. 159; *Bork*, ZIP 2011, 101, 106; *Veil*, ZGR 2006, 374, 379.

662 *Kuss*, WPg 2009, 326, 328; zur allgemeinen Position des Geschäftsführers als Treuhänder BGH, Urt. v. 20.02.1995 – II ZR 143/93, BGHZ 129, 30, 34 = NJW 1995, 1290; OLG Koblenz, Urt. v. 12.05.1999 – 1 U 1649/97, NJW-RR 2000, 483; *Altmeppen*, in: Roth/Altmeppen, GmbHG, § 43 Rn. 26; *Buck-Heeb*, in: Gehrlein/Ekkenga/Simon, GmbHG, § 43 Rn. 27; *Ziemons*, in: Michalski, GmbHG, § 43 Rn. 149.

verlangt eine erhöhte Sorgfalt bei der Verwaltung des anvertrauten Guts.[663] In der Krisensituation des verwalteten Vermögens folgt aus der erhöhten Sorgfaltspflicht für den Treuhänder – den Geschäftsführer – die Pflicht, über die gewöhnliche Verwaltung hinausgehende Maßnahmen zur Beseitigung der Krisensituation zu treffen.[664]

Die Sanierungspflicht des Geschäftsführers ergibt sich mithin sowohl aus der Zweckausrichtung der Gesellschaft als auch aus der abstrakten Stellung des Geschäftsführers als Treuhänder.

I. Exkurs: Sanierungspflicht der Gesellschafter

An dieser Stelle ist zumindest in den Grundzügen auf eine etwaige Sanierungspflicht der Gesellschafter einzugehen, um die Unterschiede zu der Position des Geschäftsführers deutlich abbilden zu können. Grundsätzlich besteht kein Bestandsschutz der Gesellschaft gegenüber Maßnahmen der Gesellschafter.[665] Die Gesellschafter können sich vielmehr bis zu den Grenzen des Missbrauchs für oder gegen eine Sanierung entscheiden.[666]

Nach herrschender Ansicht kann sich für einen Gesellschafter hierbei nur dann eine Zustimmungspflicht zu Sanierungsmaßnahmen ergeben, wenn dies aus der zwischen den Gesellschaftern und gegenüber der Gesellschaft wirkenden Treuepflicht des einzelnen Gesellschafters abzuleiten ist.[667] Dieser Ableitung ist

---

663 RG, Urt. v. 03.11.1906 – I. 125/06, RGZ 64, 254, 257; OLG Bremen, Urt. v. 28.02.1963 – 2 U 81/62, GmbHR 1964, 8; OLG Koblenz, Urt. v. 10.06.1991 – 6 U 1650/89, ZIP 1991, 870, 871; OLG Zweibrücken, Urt. v. 22.12.1998 – 8 U 98/98, NZG 1999, 506; *Buck-Heeb,* in: Gehrlein/Ekkenga/Simon, GmbHG, § 43 Rn. 27; *Fleischer,* in: MüKo, GmbHG, § 43 Rn. 154; *U. Schneider/Crezelius,* in: Scholz, GmbHG, § 43 Rn. 33; *Ziemons,* in: Michalski, GmbHG, § 43 Rn. 149; *Fleischer,* WM 2003, 1045.

664 *Kuss,* WPg 2009, 326, 328.

665 Aus Sicht des Geschäftsführers BGH, Urt. v. 14.12.1959 – II ZR 187/57, BGHZ 31, 258, 278 = NJW 1960, 158; *Altmeppen,* in: Roth/ Altmeppen, GmbHG, § 37 Rn. 7 ff.; *Kleindiek,* in: Lutter/Hommelhoff, GmbHG, § 37 Rn. 17 ff.; *Oetker,* in: Henssler/Strohn, GesR, § 37 GmbHG Rn. 11 ff.

666 Aus Sicht des Geschäftsführers BGH, Urt. v. 14.12.1959 – II ZR 187/57, BGHZ 31, 258, 278 = NJW 1960, 158; *Altmeppen,* in: Roth/Altmeppen, GmbHG, § 37 Rn. 7 ff.; *Kleindiek,* in: Lutter/Hommelhoff, GmbHG, § 37 Rn. 17 ff.; *Oetker,* in: Henssler/Strohn, GesR, § 37 GmbHG Rn. 11 ff.

667 BGH, Urt. v. 14.09.1986 – VIII ZR 320/85, BGHZ 98, 276 = NJW 1987, 189; BGH, Urt. v. 05.06.1975 – II ZR 23/74, BGHZ 65, 15, 18 = NJW 1976, 191; *Hueck/Fastrich,* in: Baumbach/Hueck, GmbHG, § 13 Rn. 20; *Roth,* in: Roth/Altmeppen, GmbHG, § 13 Rn. 28 f.; zu der Begrifflichkeit der Treuepflicht *Emmerich,* in: Scholz, GmbHG, § 13

eine umfassende Interessenabwägung unter Berücksichtigung des Gesellschaftszwecks, der Realstruktur der Gesellschaft, der Zweckverfolgungsnähe der zu beschließenden Maßnahme, des mitgliedschaftlichen Interesses der Mitgesellschafter sowie des Eigeninteresses des betroffenen Gesellschafters zugrunde zu legen.[668] Es wird hierbei von einer Verdichtung der Treuepflicht im Krisenzeitraum gesprochen.[669] Faktisch wirkt hier regelmäßig die Vermögensorientierung des Insolvenzrechts (§ 199 InsO) vor, sofern verschiedene Szenarien und damit verbundene Handlungsoptionen durchgespielt werden. Rechtstatsächlich kann die vermögensrechtliche Komponente der Mitgliedschaft folglich erheblich in den Vordergrund treten.[670]

Bereits anhand dieser lediglich grundsätzlichen Ausführungen ist erkennbar, dass sich die Positionen des Geschäftsführers und der Gesellschafter erheblich unterscheiden.

II. Einordnung in Gläubigerschutzsystem

Bevor auf die inhaltliche Akzentuierung eingegangen wird, ist die Sanierungspflicht in das Gläubigerschutzsystem einzuordnen. Fruchtbar gemacht werden können dabei die systematischen Zusammenhänge zu der Insolvenzantragspflicht und der allgemeinen Interessenausrichtung der Geschäftsführungsbefugnis. Die hiesige Untersuchung unterscheidet sich von den Ausführungen im 3. Kap § 2 II. 3. durch einen anderen rechtlichen Anknüpfungspunkt. Vorliegend steht nicht der Regelungsmechanismus der §§ 129 ff. InsO im Vordergrund, sondern die Organhaftung aus § 43 I, II GmbHG. Eine Querverbindung zu den Ergebnissen der verhaltensökonomischen Analyse des vorinsolvenzlichen Zeitraums kann möglicherweise in der Form gezogen werden, dass die Organhaftung

---

Rn. 36: „Unter dem Stichwort Treuepflicht fasst man heute die Vielzahl gegenseitiger Rücksichts- und Loyalitätspflichten zusammen, denen die Gesellschafter in ihrem Verhältnis untereinander und in ihrem Verhältnis zur Gesellschaft ebenso wie diese in ihrem Verhältnis zu den Gesellschaftern unterworfen sind."

668 BGH, Urt. v. 05.06.1975 – II ZR 23/74, BGHZ 65, 15, 18 = NJW 1976, 191; BGH, Urt. v. 19.10.2009 – II ZR 240/08, BGHZ 183, 1 = NJW 2010, 65; *Hueck/Fastrich*, in: Baumbach/Hueck, GmbHG, § 13 Rn. 22; *Roth*, in: Roth/Altmeppen, GmbHG, § 13 Rn. 52 ff.; *Henze*, ZHR 162 (1998), 186, 194; *Priester*, ZIP 2010, 497, 499.

669 BGH, Urt. v. 24.09.1986 – VIII ZR 320/85, BGHZ 98, 276, 278 = NJW 1987, 189; *Liebscher*, in: MüKo, GmbHG, § 46 Rn. 68; *Roth*, in: Roth/Altmeppen, GmbHG, § 46 Rn. 11; *K. Schmidt*, in: Scholz, GmbHG, § 46 Rn. 55, 57; *Zöllner*, in: Baumbach/Hueck, GmbHG, § 46 Rn. 25.

670 *Bitter*, ZGR 2010, 147, 191.

nach § 43 II GmbHG bereits Aspekte verwirklicht, die einen Ausgleich zu den Anreizen des vorinsolvenzlichen Zeitraums schaffen. Die folgenden Punkte dienen folglich als abstrakter Einstieg in eine mögliche Haftung, falls der Geschäftsführer die ihn treffende Sanierungspflicht pflichtwidrig verletzen sollte.

1. Grundlagen der Organhaftung (Kompensation und Prävention)

Soweit ersichtlich existieren kaum gerichtliche Entscheidungen zu der Inanspruchnahme eines Geschäftsführers wegen einer Verletzung der ihn treffenden Sanierungspflicht.[671] Wird die Unternehmenskrise aufgearbeitet, fokussieren sich die geltend gemachten Ansprüche auf § 823 II BGB i.V.m. § 15a I InsO und § 64 S. 1, 3 GmbHG.[672] Dies geschieht aus mehreren Gründen, wobei die erleichterte Beweisführung im Rahmen der genannten Vorschriften und die fehlende Disponibilität im Vergleich zu § 43 II GmbHG entscheidend sind.[673] Ansprüche aus dem Anstellungsverhältnis werden im Übrigen von einer organschaftlichen Haftung konsumiert.[674] Kommt es zu keiner gerichtlichen Durchsetzung, so liegt es nahe, einer theoretisch möglichen Haftung wegen der Verletzung der Sanierungspflicht ein Schattendasein zuzusprechen. Unabhängig von einer inhaltlichen Konturierung der Sanierungspflicht ist damit die abstrakte Frage aufzuwerfen, ob und ggf. inwiefern der Haftungstatbestand des § 43 II GmbHG die allgemeinen Grundziele der Kompensation und Prävention[675] verwirklicht und infolgedessen ein überhaupt zu beachtender Haftungstatbestand vorliegt.

a) Kompensationsfunktion einer Haftung aus § 43 II GmbHG

Der Kompensationsgedanke wird verwirklicht, wenn der Adressat der Haftungsnorm den entstandenen Vermögensnachteil durch eine Schadensersatzleistung

---

671 Lediglich BGH, Urt. v. 04.11.2002 – II ZR 224/00, BGHZ 152, 280 = NJW 2003, 358: Nichtanmeldung von Kurzarbeit durch den Geschäftsführer trotz vorübergehenden Auftragsmangels.

672 *Kleindiek,* FS U. Schneider, S. 617, 620 f.

673 *Kleindiek,* FS U. Schneider, S. 617, 623 f.; *Spliedt,* InsVZ 2010, 27, 32.

674 BGH, Urt. v. 12.06.1989 – II ZR 334/87, NJW-RR 1989, 1255 f.; BGH, Urt. v. 09.12.1996 – II ZR 240/95, NJW 1997, 741; *Buck-Heeb,* in: Gehrlein/Ekkenga/Simon, GmbHG, § 43 Rn. 4; *Fleischer,* in: MüKo, GmbHG, § 43 Rn. 8; *Kleindiek,* in: Lutter/Hommel-hoff, GmbHG, § 43 Rn. 6; *Klöhn,* in: Bork/Schäfer, GmbHG, § 43 Rn. 5.

675 *Canaris/Grigoleit,* SchuldR AT, § 27 I, S. 423 f.; *Lange/Schiemann,* Schadensersatz, Einl. III 2, S. 9 ff.; *Wagner* in: E. Lorenz, Karlsruher Forum: Schadensersatz – Zwecke, Inhalte und Grenzen, S. 12 ff.

zumindest anteilig auszugleichen hat.[676] Für die Parallelregelung des § 91 II AktG ist anerkannt, dass die durch den Vorstand mögliche Kompensation in den meisten Fällen unzureichend ist.[677] Das Privatvermögen des Vorstands macht in der Regel nur einen Bruchteil des der Gesellschaft entstandenen Schadens aus.[678] Das kann zwar nur eingeschränkt auf die GmbH übertragen werden, weil diese im Durchschnitt eine geringere Bilanzsumme aufweist[679] und die Schäden infolgedessen geringer sind.[680] Dieser Ansatz dürfte jedoch gleichsam mit modifiziertem Verhältnis zwischen Unternehmensgröße und Privatvermögen für die GmbH gelten.[681] Zu berücksichtigen ist hierbei, dass dem Geschäftsführer in den meisten Fällen eine sog. D&O-Versicherung (*Director and Officers Liability Insurance*) zur Seite steht, welche einen tatsächlichen Schadensausgleich ermöglichen soll.[682] Die regelmäßig bestehende Solvenz des Versicherungsunternehmens gewährleistet damit den Schadensausgleich, sofern die Versicherungsbeiträge gezahlt werden.[683]

Für die AG wird in diesem Zusammenhang angeführt, dass das Erfordernis einer Kompensation aus Sicht der Aktionäre als Unternehmensinhaber aufgrund der Diversifikation des wirtschaftlichen Risikos durch verschiedene Unternehmensbeteiligungen weitreichend entfalle und die Gesellschaft der bessere Träger von Haftungsrisiken sei.[684] Diese Argumentation kann nur unter erheblichen Einschränkungen für die GmbH herangezogen werden. Für die Gesellschafter bildet der Gesellschaftsanteil regelmäßig die einzige Beteiligung an einem Unternehmen, sodass das wirtschaftliche Risiko in einem höheren Maße an das jeweilige Unternehmen gekoppelt ist. Das Erfordernis einer Kompensation wird für die GmbH hiernach nicht obsolet.

---

676 *Lange/Schiemann*, Schadensersatz, Einl. III 2, S. 9 ff.

677 *Fleischer*, ZIP 2014, 1305, 1310; *Habersack*, ZHR 177 (2013), 782, 788; *Wagner*, ZHR 178 (2014), 227, 281 „nur ein Tropfen auf den heißen Stein".

678 *Fleischer*, ZIP 2014, 1305; *Wagner*, ZHR 178 (2014), 227, 253 ff.

679 Datenlage im Überblick bei *Fleischer* in: MüKo, GmbHG, Einl. Rn. 37 ff.; *J. Schmidt*, in: Michalski, GmbHG, System. Darstellung 1 Rn. 114.

680 *Fleischer*, in: MüKo, GmbHG, § 43 Rn. 6; *ders.*, ZIP 2014, 1305, 1310; a. A. *Bayer/P. Scholz*, NZG 2014, 926, 928; *Wagner*, ZHR 178 (2014), 227, 281.

681 *Fleischer*, in: MüKo, GmbHG, § 43 Rn. 6; *ders.*, ZIP 2014, 1305, 1310; a. A. *Bayer/P. Scholz*, NZG 2014, 926, 928; *Wagner*, ZHR 178 (2014), 227, 281.

682 Diese Haftpflichtversicherungen werden üblicherweise von der Gesellschaft finanziert, hierzu *Fleischer*, in: Fleischer, Vorstands-HB, § 12 Rn. 1; *Mertens*, AG 2000, 447, 448.

683 *Wagner*, ZHR 178 (2014), 227, 253.

684 *Fleischer*, ZIP 2014, 1305, 1310; a. A. *Wagner*, ZHR 178 (2014), 227, 253.

In der Gesamtbetrachtung der angeführten Aspekte ist zu konstatieren, dass die Kompensationsfunktion infolge der D&O-Versicherung regelmäßig erfüllt wird. Das faktische Ergebnis erfährt jedoch dadurch eine Einschränkung, dass die Gesellschaft regelmäßig die Kosten der D&O-Versicherung trägt.

b) Präventionsfunktion einer Haftung aus § 43 II GmbHG

Neben der Kompensation stellt sich die Frage, ob der Haftungsandrohung eine präventive Steuerungsfunktion zukommt. Eine Präventionswirkung besteht grundsätzlich dann, wenn die Haftungsandrohung das Verhalten des Adressaten in die Richtung der Schadensvermeidung zu determinieren vermag.[685] Je stärker diese Präventivfunktion ausgeprägt ist, desto eher wird der Geschäftsführer zur Einhaltung des Sorgfaltsmaßstabs angehalten.[686] Geht man von der Prämisse aus, dass Managementfehler im Allgemeinen eine Hauptursache für eine Schieflage des Unternehmens bilden, ist der Präventionswirkung einer Organhaftung eine besondere Bedeutung in Bezug auf die Insolvenzvermeidung zuzusprechen.[687] Eine Schadensverhütung durch eine präventive Steuerung ist bei gesamtwirtschaftlicher Betrachtung dann von Vorteil, wenn die erforderlichen Kosten zur Einhaltung der erforderlichen Sorgfalt diejenigen administrativen Kosten unterschreiten, die für den Schadensausgleich anfallen würden.[688] Droht dem Adressaten einer Haftungsnorm hingegen keine Inanspruchnahme bei Verletzung derselbigen, ist davon auszugehen, dass es grundsätzlich nicht zu einer Verhaltenssteuerung kommt, weil der Adressat keine (über-)obligatorischen Sorgfaltsmaßnahmen vornehmen wird.[689] Die Präventionswirkung ist folglich von der zugrunde liegenden Haftungsandrohung abhängig und ist zumindest als „erwünschtes Nebenprodukt" zu verstehen.[690] Laufen die Kompensation und

---

685 *Brüggemeier*, Prinzipien des Haftungsrechts, S. 3 ff.; *Canaris/Grigoleit*, SchuldR AT, § 27 I, S. 423 f.

686 *Schäfer/Ott*, Ökonomische Analyse des Zivilrechts, S. 124 ff.; *Wagner*, ZHR 178 (2014), 227, 255.

687 Zu den Auswirkungen von Management-Fehlern *Kemper*, in: Buth/Hermanns, Restrukturierung, Sanierung, Insolvenz, § 3 Rn. 56; Indat-Report 2/2006, S. 8 ff.

688 *Brüggemeier*, Prinzipien des Haftungsrechts, S. 3 ff.; *ders.*, Haftungsrecht – Struktur, Prinzipien, Schutzbereich, S. 1 f., der hierbei jedoch lediglich auf die administrativen Kosten abstellt.

689 *Wagner*, ZHR 178 (2014), 227, 255: „Wer weiß, dass er für die schädlichen Folgen des eigenen Verhaltens ohnehin nicht einstehen muss, wird nicht kostspielige Sorgfaltsmaßnahmen ergreifen, um ihren Eintritt zu vermeiden."; hierzu *Schäfer/Ott*, Ökonomische Analyse des Zivilrechts, S. 124 ff.

690 *Canaris/Grigoleit*, SchuldR AT, § 27 I, S. 423 f.

Prävention insofern nicht parallel, wird zumindest für das Deliktsrecht formuliert, dass dieses in seiner Wirkung versage.[691] Für die Bestimmung der Intensität der Präventionswirkung ist auf den Grad der Haftungsdurchsetzung und den Umfang der privaten Schadensersatzansprüche abzustellen.[692]

Für die Intensität der Präventionswirkung ergibt sich demnach folgendes Bild: Die Ansprüche aus § 43 II GmbHG kommen nach obigen Ausführungen nicht zur Durchsetzung, sodass die potentielle Erfassung des gesamten Vermögens des Geschäftsführers als Unteraspekt der Haftung für die Sorgfaltspflicht des § 43 I GmbHG keine Wirkung entfaltet. In Bezug auf die fehlende Rechtsdurchsetzung ist weiterhin zu erkennen, dass die Konzeption innerhalb der GmbH maßgeblichen Einfluss hierauf hat. So wird es kaum zur Durchsetzung etwaiger Innenhaftungsansprüche kommen, wenn Gesellschafter und Geschäftsführer personenidentisch sind. Es besteht vielmehr die Möglichkeit, bereits im Vorfeld einen geringeren Haftungsmaßstab zu vereinbaren.[693] Ferner ist mit der öffentlichkeitswirksamen Inanspruchnahme regelmäßig negative Presse verbunden. Um diese negativen Folgen einer öffentlichkeitswirksamen Inanspruchnahme zu vermeiden, werden vielfach Sonderzahlungen an die Gesellschaft geleistet. Hierdurch sollen auch die Kosten eines gerichtlichen Ausprozessierens vermieden werden.

Die letztgenannten Aspekte lassen erkennen, dass die fehlende Rechtsdurchsetzung auf rechtsformspezifische Besonderheiten zurückzuführen ist und nicht ausschließlich auf die Vorteile, die in der Geltendmachung der § 823 II BGB i.V.m. § 15a InsO, § 64 S. 1 GmbHG liegen. Darüber hinaus sind zumindest zwei der drei Aspekte geeignet, die mit der Kompensation einhergehenden negativen Auswirkungen abzumildern. Mit Ausnahme der ex-ante vereinbarten Haftungserleichterungen zielen die dargestellten Aspekte darauf ab, die mit einer Kompensation einhergehenden Kosten zu verringern oder zu vermeiden. Insofern greift die eingangs formulierte These von der Parallelität zwischen Haftung und Prävention nur bedingt. Vielmehr besteht aufgrund rechtsformspezifischer Besonderheiten die Möglichkeit, den Kompensationskosten entgegenzuwirken. Das liegt im Übrigen sowohl im Interesse der Gesellschafter als auch der Gläubiger, weil das Gesellschaftsvermögen geschont wird und der Leitlinie des mittelbaren Gläubigerschutzes durch eine Haftung im Innenverhältnis Rechnung getragen wird. Die aus dem Innenhaftungssystem folgenden Probleme bei der

---

691 *Wagner*, in: MüKo, BGB, Vorb. § 823 Rn. 46.

692 *Brüggemeier*, Prinzipien des Haftungsrechts, S. 3 ff.

693 Hierzu im Allgemeinen *Fleischer*, BB 2011, 2435, 2440.

Durchsetzung etwaiger Ansprüche führen weiterhin dazu, dass der Geschäftsführer sich gegenüber der Gesellschaft in einer vergleichsweise vorteilhaften Position befindet. Die Verhaltensanreize zu sorgfaltsgemäßem Verhalten werden dadurch weiter geschmälert.

In der Addition dieser Parameter lässt sich für die Präventionswirkung ableiten, dass die rechtstechnisch bestehende Steuerungsfunktion ihre Wirkung nur in einem erheblich eingeschränkten Maße entfaltet. Gleichzeitig führt bereits das Bestehen einer Sorgfaltsanforderung zu einer Verhaltenssteuerung und damit zu einer Präventionswirkung, sodass es entgegen der Auffassung von *Wagner* nicht zu einem kompletten Ausschluss der disziplinierenden Wirkung kommt.[694] Zudem ist zu unterstellen, dass der Erhalt des Arbeitsplatzes und der Außendarstellung den Geschäftsführer zu einer Einhaltung der erforderlichen Sorgfalt anhalten. Letztlich besteht keine Parallelität zwischen der Kompensations- und der Präventionsfunktion, sodass die Präventionsfunktion in ihrer Intensität als gering zu bewerten ist.

c) Konklusion

Aus dem Blickwinkel der Sanierungspflicht hat die Untersuchung der Grundlagen der Organhaftung zu dem Ergebnis geführt, dass die Präventionsfunktion der Haftungsandrohung aus § 43 II GmbHG gering ausgeprägt ist. Im Zusammenhang mit den Ansprüchen aus § 823 II BGB i.V.m. § 15a I InsO und § 64 S. 1, 3 GmbHG[695] ist vielmehr zu erkennen, dass sich die haftungsrechtliche Aufarbeitung eines Sanierungsvorhabens (fast) ausschließlich auf den Zeitraum des rechtlichen Höhepunkts der Krise beschränkt. Die Einordnung der Sanierungspflicht des § 43 I GmbHG in das Gläubigerschutzsystem kann zugleich in einer Querverbindung zu den Gläubigerschutzelementen der §§ 15a I, 19 II 1 HS. 2, 133 I 2 InsO gesehen werden. Aus den §§ 15a I, 19 II 1 HS. 2, 133 I InsO ist

694 *Wagner*, ZHR 178 (2014), 227, 255: „So sinnlos die Vorstandshaftung aus Kompensationsgesichtspunkten auch ist, so ändert sich das Bild, wenn sie unter dem Blickwinkel der Präventionsfunktion betrachtet wird.“; auf das bloße Bestehen der Sorgfaltspflicht abstellend *Haas*, WM 2006, 1417, 1418.

695 Die Norm des § 64 S. 1 GmbHG setzt durch eine Haftungsandrohung einen Verhaltensanreiz dahingehend, dass das zum Zeitpunkt der Insolvenzreife vorhandene Gesellschaftsvermögen nicht weiter verringert, sondern erhalten wird, hierzu BGH, Urt. v. 08.01.2001 – II ZR 88/99, BGHZ 146, 264, 278 = NJW 2001, 1280; BGH, Urt. v. 29.11.1999 – II ZR 273/98, BGHZ 143, 184, 186 = NJW 2000, 668; *Bork*, in: Bork/Schäfer, GmbHG, § 64 Rn. 1; *Casper*, in: Ulmer/Habersack/Löbbe, GmbHG, § 64 Rn. 81 f.; *Haas*, ZHR 178 (2014), 603, 606; *A. Schmid/Poertzgen*, NZI 2013, 369, 370.

zunächst der Grundsatz herzuleiten, dass freie Verfügungen im vorinsolvenzlichen Zeitraum zu Sanierungszwecken insolvenzrechtlich erwünscht sind.[696] Die gläubigerschützende formale Pflicht des § 15a I InsO wird nach obigen Ausführungen durch die Prüfungsobliegenheit des § 133 I 2 InsO ergänzt.

2. *Richtlinienentwurf der Europäischen Kommission zur Einführung eines vorinsolvenzlichen Sanierungsverfahrens*

Die volle persönliche Haftung für Schäden, die bei weitem das persönliche Vermögen der Geschäftsleitung übersteigen und damit die wirtschaftliche Existenz der Geschäftsleitung bedrohen, sind in der Fachöffentlichkeit als unbillig empfunden worden, sodass Reformbedarf vor allem für die AG angemahnt wurde.[697] Dieses Defizit der Organhaftung, welches nach obigen Ausführungen zumindest eingeschränkt auf die GmbH zu übertragen ist, soll jedoch nicht den Anknüpfungspunkt der weiteren Ausführungen bilden.[698]

Aufzugreifen ist hingegen der Richtlinienvorschlag der Europäischen Kommission, welcher unter anderem eine rechtsformunabhängige Kodifizierung der Sanierungspflicht der Geschäftsleitung (Art. 18 RLV) vorsieht.[699] Auch wenn der genannte Richtlinienvorschlag der Europäischen Kommission im weiteren Gesetzgebungsverfahren vermutlich noch Änderungen erfahren wird, ist bereits erkennbar, dass der deutsche Gesetzgeber verpflichtet sein wird, diejenigen Regelungsbereiche anzupassen, die von den Vorgaben des Richtlinienvorschlags adressiert werden.[700] Aufgrund dieser erhöhten Aktualität des Themenbereichs soll die Frage aufgeworfen werden, ob die aufgezeigten Defizite

---

696 BGH, Urt. v. 24.05.2005 – IX ZR 123/04, BGHZ 163, 134, 145 = NJW 2005, 3062; *Haarmann/Vorwerk*, BB 2015, 1603, 1605; aus dem Blickwinkel der Insolvenzanfechtung BGH, Urt. v. 12.11.1992 – IX ZR 237/91, NJW-RR 1993, 238; *Thole*, ZIP 2013, 2081, 2082.

697 *Bachmann*, Gutachten E zum 70. DJT, Bd. I, E 58 ff.; *Bayer/Scholz*, NZG 2014, 926; *Haarmann/Weiß*, BB 2014, 2115; *Hemeling*, ZHR 178 (2014), 221; *E. Vetter*, NZG 2014, 921; *Spindler*, AG 2013, 889.

698 S. hierzu auch die Beschlüsse des 70. DJT, S. 17 ff. (abrufbar unter http://www.djt.de/fileadmin/downloads/70/140919_djt_70_beschluesse_web_rz.pdf; letzter Abruf: 10.04.2017).

699 RLV, S. 22.

700 Allgemein zu dem Erfordernis der Umsetzung von Richtlinien EuGH, Urt. v. 15.03.1990 –339/87, Slg. 1990, I-851; *Nettesheim*, in: Grabitz/Hilf/Nettesheim, Das Recht der Europäischen Union, AEUV Art. 192 Rn. 111 ff.

der Kompensation und Prävention im Rahmen einer Umsetzung der Vorgaben der vorgeschlagenen Richtlinie korrigiert oder abgemildert werden können.

Der Richtlinienvorschlag sieht vor, dass im Ergebnis ein Anreizsystem zur Förderung möglichst frühzeitiger Restrukturierungen rentabler Unternehmen zu schaffen ist.[701] Der Wortlaut des Richtlinienvorschlags lässt hierbei hinreichend Spielraum, um sowohl privilegierende als auch haftungsrechtliche Ansätze in Erwägung zu ziehen.[702] In einem ersten Punkt wird auf die mit einer gesonderten Kodifizierung einhergehenden Umstände eingegangen. Der zweite Punkt greift den abstrakten Regelungsmechanismus der Sanierungspflicht auf und geht konkret auf die aufgeführten Aspekte der Kompensation und Prävention ein.

a) Umstände der gesonderten Kodifizierung

Wie bereits dargestellt, lässt sich die Sanierungspflicht des Geschäftsführers aus mehreren Aspekten herleiten, ohne dass diese an einer Stelle konkret niedergeschrieben ist.[703] Eine eigenständige Positivierung der Sanierungspflicht im Sinne des Richtlinienvorschlags erleichtert nicht nur die Lösung von Einzelfällen, sondern könnte durch eine effektive Kommunikation an die entsprechenden Verkehrskreise zu einer neuen Anreizstruktur von pflichtgemäßem Verhalten im Falle von Sanierungsvorhaben beitragen.[704] Die Aufmerksamkeit der Beteiligten des adressierten Verkehrskreises könnte sich mehr auf die Anforderungen einer sorgfältigen Krisenerkennung und Krisenreaktion fokussieren und weniger auf die Ansprüche im Zusammenhang mit einer etwaigen Haftung wegen einer Insolvenzverschleppung (§ 823 II BGB i.V.m. § 15a I InsO) oder Zahlungen nach Eintritt der materiellen Insolvenz (§ 64 S. 1 GmbHG). Einhergehen könnte damit eine Veranschaulichung und Bewusstseinsbildung des betroffenen Rechtskreises.[705] Diese Effekte sind in ihrer Wertigkeit zu unterstreichen, sofern das Regelungsziel des Richtlinienvorschlags betrachtet wird, welches in der Vermeidung des Stigmas der Insolvenz und der Schaffung einer sog. *rescue-culture* liegt.[706] Diese Hauptausrichtung des Richtlinienvorschlags steht zugleich im

701 RLV, S. 26.

702 RLV, S. 26: „…, die Anreize für eine frühzeitige Restrukturierung des Unternehmens bieten."

703 3. Kap. § 3 A.

704 *Bedkowski*, Geschäftsleiterpflichten, S. 434 ff., wonach eine weitere Aufschlüsselung und Spezifizierung der Sorgfalts- und Treuepflichten vorzunehmen sei.

705 *Bedkowski*, Die Geschäftsleiterpflichten, S. 35 ff., 494 ff.

706 RLV, S. 6.

Einklang mit den Zielen des ESUG.[707] Der inhaltliche Ansatz des Richtlinienvorschlags nimmt hierbei gesellschaftsrechtliche Regelungen in den Blick und adressiert im Unterschied zu dem Ansatz des ESUG[708] nicht den erleichterten Zugang zu einer insolvenzrechtlichen Sanierung.[709]

Nach dem zeitgleich veröffentlichten EU-Faktencheck-Paper weist Deutschland nach Finnland die zweiteffektivsten insolvenzrechtlichen Regelungsinstrumente in der Europäischen Union auf.[710] Es liegt insofern nahe, dass die inhaltliche Ausformung der Sanierungspflicht nicht über die bisherigen Standards hinausgeht, sondern sich an den inhaltlichen Anforderungen des § 43 I GmbHG orientiert.[711] Je nachdem, wie extensiv der zweite Halbsatz der bisherigen Begründung des Richtlinienentwurfs ausgelegt wird, kann die Positivierung der Sanierungspflicht als Endziel oder lediglich als Ausgangspunkt für weitere Anpassungen in Bezug auf eine etwaige Haftung angesehen werden.[712] Der Wortlaut des Richtlinienvorschlags lässt dabei hinreichenden Gestaltungsspielraum („die Anreize für eine frühzeitige Restrukturierung des Unternehmens bieten")[713] und gerade keine Begrenzung auf eine bloße Niederschrift erkennen. Es besteht vielmehr die Möglichkeit für bzw. die Aufforderung an den deutschen Gesetzgeber, ein derartiges System zu schaffen – sei es durch Anpassung oder Neubildung.[714] Damit ist der Übergang zu der zweiten Ebene eröffnet.

---

707 BT-Drucks. 17/5712, S. 1 f.: „Ziel des Gesetzesentwurfs ist es daher, im Interesse einer Ver-besserung von Sanierungschancen zu erreichen, dass Schuldner und Gläubiger in die Auswahl der maßgeblichen Akteure eingebunden werden und alle Beteiligten eine größere Planungssicherheit hinsichtlich des Ablaufs des Verfahrens erhalten."

708 BT-Drucks. 17/5712, S. 2; hierzu *Kerz*, DStR 2012, 204; *Römermann*, GWR 2011, 375.

709 RLV, S. 22 f.

710 Faktencheck der Europäischen Kommission in Bezug auf deutsches Insolvenzrecht (abrufbar unter http://ec.europa.eu/information_society/newsroom/image/document/2016-48/de_insolvency_country_factsheet_40032.pdf; letzter Abruf: 04.04.2017); Faktencheck der Europäischen Kommission in Bezug auf finnisches Insolvenzrecht (abrufbar unter http://ec.europa.eu/information_society/newsroom/image/document/2016-48/fi_insolvency_c-ountry_factsheet_40027.pdf; letzter Abruf: 13.04.2018).

711 *Thole*, ZIP 2017, 101, 111; 3. Kap. § 3 B. V. 2.

712 RLV, S. 26.

713 RLV, S. 26.

714 *Mock*, NZI 2016, 977, 978; *Naumann*, NZI-Beilage 2017, 35.

b) Aspekte der Kompensation und Prävention im Rahmen der Modalitäten der Innenhaftung

Grundsätzlich wird die Ausformung einer in der Praxis relevanten Haftung aufgrund der bestehenden Wechselwirkungen der Steuerungsmöglichkeiten als eine „unlösbare Aufgabe“ betrachtet.[715] Der hiesige Ansatz soll folglich ein bescheidenerer sein und sich darauf beschränken, lediglich für den hier in Blick genommenen Ausschnitt mögliche Lösungsansätze zu untersuchen, deren Vorteile jedenfalls die Nachteile überwiegen. Die weitere Betrachtung erfolgt dabei unter der Prämisse, dass sich die Interessen der Beteiligten in der Fortentwicklung der Gesellschaft bündeln, und baut damit nicht auf den Ergebnissen der verhaltensökonomischen Analyse auf.[716] Im Ergebnis soll kein zu defensives oder zu aggressives Verhalten des Haftungsadressaten gefördert werden.[717]

Möglicherweise können die Rahmenbedingungen der Anspruchsdurchsetzung dahingehend modifiziert werden, dass die aufgezeigten Defizite der Verhaltenssteuerung beseitigt oder zumindest abgeschwächt werden. Die Haftungsmodalitäten des § 43 II GmbHG kennzeichnen sich *de lege lata* durch folgende Eckpunkte: Die anspruchsstellende Gesellschaft hat das Verhalten des Geschäftsführers vorzutragen (1.), das als pflichtwidrig in Betracht kommt.[718] Zusätzlich hat die Gesellschaft den Eintritt und die Höhe des Schadens (2.) und die Kausalität zwischen den ersten beiden Punkten (3.) zu beweisen.[719] Für die folgenden Ausführungen wird von einer Übertragbarkeit der grundlegenden

---

715 *Peltzer,* FS U. Schneider, S. 953, 964; *K. Schmidt,* NZG 2005, 796 („Quadratur des Zirkels“); *Seibert,* BB 2005, 1457, 1458.

716 BGH, Urt. v. 24.05.2005 – IX ZR 123/04, BGHZ 163, 134, 145 = NJW 2005, 3062; *Haarmann/Vorwerk,* BB 2015, 1603, 1605; aus dem Blickwinkel der Insolvenzanfechtung BGH, Urt. v. 12.11.1992 – IX ZR 237/91, NJW-RR 1993, 238; *Thole,* ZIP 2013, 2081, 2082; 2. Kap. § 3 D.

717 Zu dem Zielkonflikt einer Ausgestaltung von Delikts- und Haftungsrecht *Schäfer/Ott,* Ökonomische Analyse des Zivilrechts, S. 124 ff.

718 *Goette,* ZGR 1995, 648, 673 f.: „Die Gesellschaft hat ein Verhalten vorzutragen, das sich als möglicherweise pflichtwidrig darstellt, anderenfalls würde eine Art „Erfolgsgefährdungshaftung“ entstehen, die nicht mit dem Sinn der Organhaftung vereinbar wäre.“

719 BGH, Urt. v. 04.11.2002 – II ZR 224/00, BGHZ 152, 280 = NJW 2003, 358; BGH, Urt. v. 01.12.2008 – II ZR 102/07, BGHZ 179, 71 = NJW 2009, 850; *Kleindiek,* in: Lutter/Hommelhoff, GmbHG, § 43 Rn. 52; *Paefgen,* in: Ulmer/Habersack/Löbbe, GmbHG, § 43 Rn. 202 ff.; *U. Schneider/Crezelius,* in: Scholz, GmbHG, § 43 Rn. 237; *Ziemons,* in: Michalski, GmbHG, § 43 Rn. 389 ff.; *Zöllner/Noack,* in: Baumbach/Hueck, GmbHG, § 43 Rn. 36.

Voraussetzungen des § 43 II GmbHG auf die Vorgaben des Art. 18 RLV ausgegangen.

aa) Darlegungs- und Beweislast

Für das Merkmal der Pflichtwidrigkeit ist die analoge Anwendung des § 93 II 2 AktG anerkannt, sodass der Geschäftsführer im Streitfall zu beweisen hat, dass das vorgetragene Verhalten nicht pflichtwidrig war.[720] Sowohl die Geschäftsleitung der AG als auch die der GmbH weist eine erhöhte Sachnähe zu den erforderlichen Tatsachen auf, sodass die Gesellschaft anderenfalls in Beweisnot geriete.[721] Es besteht folglich eine Ausnahme von dem Grundsatz, dass die anspruchsstellende Partei die Darlegungs- und Beweislast trifft.[722]

Eine weitere Erleichterung der Darlegungs- und Beweislast wird zugestanden, wenn nachgewiesene Kassen- oder Warenfehlbestände nicht einem expliziten Verhalten des Geschäftsführers zugeordnet werden können.[723] Darüber hinausgehende Abweichungen von der Normentheorie[724] für die Geltendmachung von Ansprüchen bei Verletzung der Sanierungspflicht erscheinen weder begründbar noch sinnvoll, um den aufgezeigten Defiziten der Anspruchsdurchsetzung abzuhelfen. Letztlich verstärken sich die Verhaltensanreize für defensives Verhalten, je weitreichender die Darlegungs- und Beweislast auf den Geschäftsführer übertragen wird und der Geschäftsführer Beweisprobleme fürchten muss. Solche

---

720 BGH, Urt. v. 04.11.2002 – II ZR 224/00, BGHZ 152, 280 = NJW 2003, 358; BGH, Urt. v. 01.12.2008 – II ZR 102/07, BGHZ 179, 71 = NJW 2009, 850; *Kleindiek*, in: Lutter/Hommelhoff, GmbHG, § 43 Rn. 52; *Paefgen*, in: Ulmer/Habersack/Löbbe, GmbHG, § 43 Rn. 202 ff.; *U. Schneider/Crezelius*, in: Scholz, GmbHG, § 43 Rn. 237; *Ziemons*, in: Michalski, GmbHG, § 43 Rn. 389 ff.; *Zöllner/Noack*, in: Baumbach/Hueck, GmbHG, § 43 Rn. 36; *v. Gerkan*, ZHR (154) 1990, 39, 49 ff.; *Goette*, ZGR 1995, 648, 672; *Lutter*, ZHR 159 (1995), 287, 305; a. A. *Fleck*, GmbHR 1997, 237, 239.

721 BGH, Urt. v. 04.11.2002 – II ZR 224/00, BGHZ 152, 280 = NJW 2003, 358; BGH, Urt. v. 01.12.2008 – II ZR 102/07, BGHZ 179, 71 = NJW 2009, 850; *Kleindiek*, in: Lutter/Hommelhoff, GmbHG, § 43 Rn. 52; *Paefgen*, in: Ulmer/Habersack/Löbbe, GmbHG, § 43 Rn. 202 ff.; *U. Schneider/Crezelius*, in: Scholz, GmbHG, § 43 Rn. 237; *Ziemons*, in: Michalski, GmbHG, § 43 Rn. 389 ff.; *Zöllner/Noack*, in: Baumbach/Hueck, GmbHG, § 43 Rn. 36; *v. Gerkan*, ZHR (154) 1990, 39, 49 ff.; *Goette*, ZGR 1995, 648, 672; *Lutter*, ZHR 159 (1995), 287, 305; a. A. *Fleck*, GmbHR 1997, 237, 239.

722 Zu dem Grundsatz der Normentheorie *Rosenberg*, Die Beweislast, S. 98 f.

723 BGH, Urt. v. 08.07.1985 – II ZR 198/84, NJW 1986, 54; BGH, Urt. v. 09.06.1990 – II ZR 187/79, WM 1980, 1190; BGH, Urt. v. 26.11.1990 – II ZR 223/89, NJW-RR 1991, 485; zustimmend *Fleischer*, in: MüKo, GmbHG, § 43 Rn. 273; *U. Schneider*, in: Scholz, GmbHG, § 43 Rn. 240; *Zöllner/Noack*, in: Baumbach/Hueck, GmbHG, § 43 Rn. 39.

724 Zu dem Grundsatz der Normentheorie *Rosenberg*, Die Beweislast, S. 98 f.

Beweisprobleme kann der Geschäftsführer insbesondere dadurch reduzieren oder vermeiden, dass er den Absicherungs- und Bürokratisierungsaufwand erhöht.[725] Dieser Aufwand geht jedoch im Rahmen eines Sanierungsvorhabens zu Lasten der Fokussierung auf die operative Tätigkeit und dürfte ein vorwärts gerichtetes Handeln konterkarieren.

Die Darlegungs- und Beweislast bildet folglich nicht das Einfallstor für die Implementierung der erforderlichen Anreize.

bb) Kreis der Klageberechtigten

In Betracht zu ziehen ist des Weiteren eine Erweiterung des Kreises der Klageberechtigten. Nach dem Grundsatz des Innenhaftungsmodells kommt eine Inanspruchnahme des Geschäftsführers durch einen Gläubiger neben einer Außenhaftung nur in Betracht, wenn der Gläubiger zunächst einen Titel gegen die Gesellschaft erwirkt hat, anschließend einen Anspruch der Gesellschaft gegen den Geschäftsführer pfänden lässt (§ 829 ZPO) und sich diesen wiederum überweisen (§ 835 ZPO) lässt.[726]

Möglicherweise lässt sich jedoch ein eigenes Gläubigerverfolgungsrecht nach dem Vorbild des § 93 V 1 AktG implementieren. Ein Gläubigerverfolgungsrecht kennzeichnet sich dadurch, dass entgegen dem oben beschriebenem Grundsatz dem Gläubiger ein unmittelbares Klagerecht gegen ein der Gesellschaft ersatzpflichtiges Mitglied der Geschäftsleitung eingeräumt wird, wobei die Haftung auf die Höhe des Anspruchs der Gesellschaft beschränkt ist.[727] § 93 V 1 AktG führt bei direkter Anwendung zu keiner Außenhaftung[728], sondern lässt nach herrschender Auffassung lediglich ein gesetzliches Prozessführungsrecht des Gläubigers entstehen.[729]

Die Übertragung dieses Rechtsinstituts würde den grundlegenden Vorteil aufweisen, dass etwaige Vergleiche oder Verzichte (§ 93 V 2, 3 AktG) gegenüber dem Gläubiger nicht geltend gemacht werden können und infolgedessen diejenigen gesellschaftsrechtlichen Gründe umschifft werden, die die Defizite in der

---

725 BGH, Beschl. v. 14.02.1997 – II ZB 11/96, BGHZ 134, 392, 398 = NJW 1997, 1923; *Hopt,* FS Mestmäcker, S. 909, 914; BT-Drucks. 13/9712, S. 21.

726 Zu diesem Grundsatz Begr. GmbHG, S. 86; *Altmeppen,* in: Roth/Altmeppen, GmbHG, § 43 Rn. 94; *Fleischer,* in: MüKo, GmbHG, § 43 Rn. 325.

727 *Spindler,* in: MüKo, AktG, § 93 Rn. 267; *Stobbe,* Durchsetzung gesellschaftsrechtlicher Ansprüche der GmbH in Insolvenz und masseloser Liquidation, S. 458.

728 OLG Frankfurt, Urt. v. 21.10.1976 – 1 U 19/76, WM 1997, 59, 62; *Spindler,* in: MüKo, AktG, § 93 Rn. 267; *Habscheid,* FS Weber, S. 197 ff.

729 OLG Frankfurt, Urt. v. 21.10.1976 – 1 U 19/76, WM 1997, 59, 62; *Fleischer,* in: Fleischer, Vorstands-HB, § 11 Rn. 113.

Organhaftung begründen.[730] Unbeachtet bleibt hierbei die grundlegende Kritik an der direkten Anwendung des § 93 V 1 AktG.[731] Droht infolge des Gläubigerverfolgungsrechts eine tatsächliche Inanspruchnahme, verbessert sich bei einer Modellbetrachtung die Handlungssteuerungsfunktion.[732] Eine erhöhte Präventivwirkung könnte dazu beitragen, Managementfehler in ihrer Bedeutsamkeit für die Entstehung von Unternehmenskrisen zurückzudrängen.

(1) Meinungsstand de lege lata

De lege lata wird ein solches Verfolgungsrecht in Folge analoger Anwendung des § 93 V 1 AktG zu Gunsten der Gläubiger bereits in verschiedenen Schattierungen vertreten.[733] Für eine analoge Anwendung müssten eine planwidrige Regelungslücke (1.) und eine vergleichbare Interessenlage (2.) vorliegen.[734] Eine Argumentation müsste folglich die Hypothese stützen können, dass Sinn und Zweck der anzuwendenden Vorschrift des § 93 V 1 AktG auf den ungeregelten Sachverhalt so weitgehend zutreffen, dass die Gesetzgebung diesen ungeregelten Bereich wertungsmäßig gleich gehandhabt hätte.[735]

Größtenteils wird die analoge Anwendung bereits aufgrund einer fehlenden Regelungslücke abgelehnt.[736] Der betrachtete Sachverhalt werde bereits von dem Regelfall der Haftungskonzentration auf die Gesellschaft erfasst, sodass bestehende gesetzliche Wertungen Anwendung fänden.[737] Dieser Ansatz überzeugt mit Blick auf die einschlägige Norm des § 43 III GmbHG und die explizit normierten Grenzen des § 43 III GmbHG.[738] Demzufolge kann auch eine

---

730 3. Kap. § 3 A. II. 1.

731 Zu der allgemeinen Kritik an § 93 V 1 AktG *Mertens/Cahn,* in: Kölner Komm, AktG, § 93 Rn. 179.

732 So auch *Haas,* GmbHR 2006, 505, 507.

733 Überblick bei *Zöllner/Noack,* in: Baumbach/Hueck, GmbHG, § 43 Rn. 30 ff.; grundsätzlich ablehnend *U. Schneider/Crezelius,* in: Scholz, GmbHG, § 43 Rn. 291.

734 *Rüthers/Fischer/Birk,* Rechtstheorie, § 23 Rn. 889.

735 *Rüthers/Fischer/Birk,* Rechtstheorie, § 23 Rn. 889.

736 *Buck-Heeb,* in: Gehrlein/Ekkenga/Simon, GmbHG, § 43 Rn. 78; *Koppensteiner/Gruber,* in: Rowedder/Schmidt-Leithoff, GmbHG, § 43 Rn. 50; *U. Schneider/Crezelius,* in: Scholz, GmbHG, § 43 Rn. 291.

737 *Buck-Heeb,* in: Gehrlein/Ekkenga/Simon, GmbHG, § 43 Rn. 78; *Koppensteiner/Gruber,* in: Rowedder/Schmidt-Leithoff, GmbHG, § 43 Rn. 50; *U. Schneider/Crezelius,* in: Scholz, GmbHG, § 43 Rn. 291.

738 Die Auslegung des § 43 III GmbHG ist im Einzelnen umstritten, hierzu *Fleischer,* in: MüKo, GmbHG, § 43 Rn. 295 ff.

anteilige analoge Anwendung auf die Fälle der masselosen bzw. gelöschten GmbH nicht überzeugen.[739]

(2) Ansatz de lege ferenda

Nach den Ausführungen zu der Situation *de lege lata* kann richtiger dogmatischer Anknüpfungspunkt damit nur eine Änderung des Gesetzes *de lege ferenda* sein.[740] Eine Implementierung setzt voraus, dass sich ein zu § 93 V 1 AktG vergleichbares Gläubigerverfolgungsrecht ähnlich zu einer Analogie ohne Systembrüche aufgrund einer ähnlichen Interessenlage einfügen lässt und insofern keine GmbH-spezifischen Besonderheiten entgegenstehen. Der legislatorische Gestaltungsspielraum – im Falle der Umsetzung der Vorgaben des Richtlinienvorschlags – ist dabei weiter als derjenige der Gerichte.[741] Bevor auf eine etwaige Übertragung in das Recht der GmbH eingegangen werden kann, sind die Charakteristika des § 93 V AktG darzustellen.

(a) Hintergrund einer direkten Anwendung des § 93 V 1 AktG

Telos des durch § 93 V 1 AktG vermittelten Gläubigerverfolgungsrechts ist ein Ausgleich von Schwächen in der tatsächlichen Durchsetzung etwaiger Innenhaftungsansprüche, die sich aus rechtsformspezifischen Besonderheiten ergeben.[742] Im Mittelpunkt steht dabei § 93 V 3 AktG, wonach Verzichte, Vergleiche und Beschlüsse der Hauptversammlung der Ersatzpflicht als Einwendung nicht entgegengehalten werden können. Den Gläubigern wird im Ergebnis unabhängig von möglichen Außenhaftungsansprüchen ein „unentziehbares Mindestrecht“[743] zur Anspruchsdurchsetzung eingeräumt.

Für die Regelung des § 93 V 1 AktG sind folgende rechtsformspezifische Besonderheiten maßgeblich. Die Organstellung des Vorstands kennzeichnet sich durch eine weitreichende Leitungsmacht und vielseitige Gestaltungsspielräume (§ 76 AktG). Korrespondierend mit den eingeschränkten Möglichkeiten der Hauptversammlung, Geschäftsführungsfragen unter Würdigung aller Umstände

---

739 *Altmeppen,* in: Roth/Altmeppen, GmbHG, § 43 Rn. 94; *Lutter/Bayer,* in: Lutter/Hommel-hoff, GmbHG, § 13 Rn. 6; *K. Schmidt,* GesR, § 9 IV 5: „Die Gründe hierfür liegen aber nicht im Gesellschaftsrecht, sondern im Insolvenzrecht.“; *Wilhelm,* Rechtsform, S. 363 ff.; *Lutter/Banerjea,* ZGR 2003, 402, 426; *Ulmer,* ZIP 2001, 2021, 2028.

740 Gescheiterte GmbH-Reform von 1978, BT-Drucks. 8/1347; *Bachmann,* Gutachten zum 70. DJT, Bd. I, E 111 f.; *Haas,* Gutachten zum 66. DJT, Bd. I, E. 145.

741 In anderem Zusammenhang *Fleischer,* ZGR 2004, 439, 444.

742 *Bürgers/Israel,* in: Bürgers/Körber, AktG, § 93 Rn. 48; *Fleischer,* in: Spindler/Stilz, AktG, § 93 Rn. 267 f.; *Mertens/Cahn,* in: Kölner Komm, AktG, § 93 Rn. 179.

743 *Paefgen,* in: Ulmer/Habersack/Löbbe, GmbHG, § 43 Rn. 232.

zu beurteilen,[744] ergibt sich hieraus eine hervorgehobene Position des Vorstands in der innergesellschaftlichen Kompetenzordnung.[745] Aus dieser Position des Vorstands kann im Vergleich zu der personalistisch geprägten GmbH eine erhöhte Verantwortlichkeit gegenüber den Gläubigern hergeleitet werden.[746]

Möglicherweise sind mit Blick auf die Organstellung des Aufsichtsrats weitere rechtsformspezifische Besonderheiten der AG für § 93 V AktG zu berücksichtigen. Eine Selbstbindung des Aufsichtsrats zur Geltendmachung von Schadensersatzansprüchen gegen den Vorstand (§ 111 I AktG) kann aus den Grundsätzen der ARAG/Garmenbeck-Entscheidung des BGH abgeleitet werden.[747] Die Ermessensentscheidung des Aufsichtsrats, die auch in einem Verzicht liegen kann, kann wiederum im Rahmen des § 147 I AktG überstimmt werden, wenn die Hauptversammlung die Geltendmachung mit einfacher Stimmenmehrheit beschließt. Die Anspruchsdurchsetzung wird dann von einem besonderen Vertreter (§ 148 II AktG) vorgenommen. Die Durchsetzung etwaiger Ansprüche kann von den Aktionären folglich nur unter engen Voraussetzungen erzwungen werden.

Im Übrigen besteht nach § 148 I AktG (Klagezulassungsverfahren) für den einzelnen Gläubiger die Möglichkeit, unter gewissen Voraussetzungen im eigenen Namen die in § 147 I 1 AktG bezeichneten Ansprüche geltend zu machen. Diese Minderheitenrechte ermöglichen bei theoretischer Betrachtung einen Ausgleich zu der Gefahr, dass Hauptaktionäre ihre Interessen ungehindert durchsetzen können und ggf. eine den Hauptaktionären nahestehende Verwaltung geschützt wird.[748] Die Regelung des § 148 AktG führt allerdings aus verschiedenen Gründen ein „Schattendasein".[749] Wie in anderem Zusammenhang ausgeführt, steht das vermögensrechtliche Interesse der Aktionäre im Vordergrund, wobei das

---

744 *Kort,* in: GroßKomm, AktG, Vor § 76 Rn. 10; BegrRegE, abgedruckt bei *Kropff,* AktG 1965, S. 96.

745 *Fleischer,* in: Spindler/Stilz, AktG, § 76 Rn. 1; *Mertens/Cahn,* in: Kölner Komm, AktG, Vorb. § 76 Rn. 2; *Spindler,* in: MüKo, AktG, § 76 Rn. 1.

746 Im Ansatz *Spindler,* AG 2013, 889, 890; allgemein zu dem Gläubigerschutz als Folge der Organhaftung *Haas,* Geschäftsführerhaftung und Gläubigerschutz, S. 294; *Jula,* GmbHR 2001, 806, 807: „breite Funktion der Organhaftung".

747 BGH, Urt. v. 21.04.1997 – II ZR 175/95, BGHZ 135, 244, 254 ff. = NJW 1997, 1926; *Fleischer,* in: Spindler/Stilz, AktG, § 93 Rn. 190; *Spindler,* in: Spindler/Stilz, AktG, § 116 Rn. 47 ff.

748 *Schröer,* in: MüKo, AktG, § 147 Rn. 15.

749 *Bachmann,* Gutachten E zum 70. DJT, Bd. I, E 73 ff.; *ders.,* NJW-Beil. 2014, 43, 45 f.; *Peltzer,* FS U. Schneider, S. 953, 956 ff.

wirtschaftliche Risiko regelmäßig durch verschiedene Unternehmensbeteiligungen diversifiziert wird.[750] Wenn hiernach die Gesellschaft (AG) der bessere Träger von Haftungsrisiken ist,[751] besteht für die Aktionäre regelmäßig kein wirtschaftlicher Anreiz, die Minderheitenrechte der §§ 147, 148 AktG geltend zu machen.[752]

(b) Aspekte einer Übertragung in das GmbH-Recht

Für die Übertragung in das GmbH-Recht ist entscheidend, ob vergleichbare gesellschaftsspezifische Besonderheiten in der GmbH existieren und ein Gläubigerverfolgungsrecht erfordern. Einleitend ist zu beachten, dass der Geschäftsführer die Gesellschaft im Unterschied zu dem Vorstand nicht eigenständig leitet und die Weisungsabhängigkeit[753] durch die interessenmonistische Ausrichtung der Geschäftsführungsbefugnis ergänzt wird.[754] Die Position des geschäftsleitenden Organs der GmbH erfordert damit grundsätzlich nicht im gleichen Maße wie die des Vorstands eine haftungsrechtliche Gegenposition. Ferner stellt die Gesellschaft nicht den besseren Träger von Haftungsrisiken dar, weil die Gesellschafter zumindest im Regelfall durch die GmbH ihren Lebensunterhalt verdienen und das unternehmerische Risiko der Gesellschafter nicht durch mehrere Beteiligungen diversifiziert wird.

Die Gesellschafterversammlung als zentrales Willensbildungsorgan unterliegt im Unterschied zu dem Aufsichtsrat weiterhin gerade keiner Selbstbindung nach den ARAG/Garmenbeck-Grundsätzen des BGH.[755] Vielmehr kann sie frei über die Geltendmachung etwaiger Ansprüche gegen den Geschäftsführer entscheiden (§ 46 Nr. 6 GmbHG). Zudem bestehen weniger weitreichende Rechte der Minderheitsgesellschafter (§§ 50, 51a GmbHG).[756] Das GmbHG

---

750 *Fleischer,* ZIP 2014, 1305, 1310; a. A. *Wagner,* ZHR 178 (2014), 227, 253.

751 *Fleischer,* ZIP 2014, 1305, 1310; a. A. *Wagner,* ZHR 178 (2014), 227, 253.

752 *Bachmann,* Gutachten E zum 70. DJT, Bd. I, E 73 ff.; *ders.,* NJW-Beil. 2014, 43, 45 f.; *Peltzer,* FS U. Schneider, S. 953, 956 ff.

753 *Stephan/Tieves,* in: MüKo, GmbHG, § 43 Rn. 115 ff.; *Wicke,* in: Wicke, GmbHG, § 37 Rn. 4 f.

754 BGH, Urt. v. 07.04.2003 – II ZR 193/02, NJW-RR 2003, 895; aus der Lit. *Fleischer,* in: MüKo, GmbHG, § 43 Rn. 19; *Klöhn,* in: Bork/Schäfer, GmbHG, § 43 Rn. 4, 5; *Bitter,* ZInsO 2010, 1505, 1508; *Fleischer,* GmbHR 2010, 1307, 1308 f.; vgl. 3. Kap. § 2 B.

755 BGH, Urt. v. 21.04.1997 – II ZR 175/95, BGHZ 135, 244, 254 ff. = NJW 1997, 1926; *Fleischer,* in: Spindler/Stilz, AktG, § 93 Rn. 190; *Spindler,* in: Spindler/Stilz, AktG, § 116 Rn. 47 ff.

756 Den Aktionären stehen insofern insbesondere die Rechte der § 122 AktG (Einberufen der Hauptversammlung auf Verlangen einer Minderheit), § 142 II 2 AktG (Bestellung von Sonderprüfern), § 147 I 2 AktG (Geltendmachung von Ersatzansprüchen), § 258

sieht für den Schutz von Minderheitsgesellschaftern kein vergleichbares Klagezulassungsverfahren im Sinne des § 148 I AktG vor. Letztlich steht hier die personalistische Prägung der GmbH im Vordergrund, welche durch die zentrale Stellung der Gesellschaftsversammlung vermittelt wird.[757] Die Berufung auf das öffentliche Interesse kann nicht ausreichen, um ein anderes Bild entstehen zu lassen.[758] Gleichzeitig ist § 43 III GmbHG auf die personalistische Prägung der Gesellschaft zurückzuführen, sodass insbesondere den Regelungen des § 93 V 2, 3 AktG spezifische Besonderheiten des GmbH-Rechts entgegenstehen.[759]

Eine Einfügung einer zu § 93 V 1 GmbHG vergleichbaren Vorschrift würde den systematischen Grundlagen des GmbHG zuwiderlaufen, sodass von einer Implementierung eines Gläubigerverfolgungsrechts im Sinne des § 93 V 1 AktG im Rahmen des Richtlinienvorschlags abzusehen ist.

c) Fazit

Für die obigen Ausführungen ist zu konstatieren, dass die Umstände der gesonderten Kodifizierung bereits dazu beitragen können, die betroffenen Verkehrskreise zu sensibilisieren. Zugleich kommen weder Änderungen bzw. Anpassungen der Darlegungs- und Beweislast noch der Modalitäten der Innenhaftung in Betracht, um den Zielvorgaben des Richtlinienvorschlags Rechnung zu tragen.

In einer Querverbindung zu der Untersuchung der Insolvenzanfechtung ist zudem zu erkennen, dass ein Schutz der Gläubigergesamtheit zugleich über den Regelungsmechanismus des § 133 I 2 InsO erreicht wird. Neben dem mittelbaren Schutz der Gläubiger aus § 43 II GmbHG und der formalen Antragspflicht aus § 15a I InsO folgt der Hauptaspekt des Gläubigerschutzes – im Rahmen des Blickwinkels eines Sanierungsvorhabens – letztlich aus dem Regelungsmechanismus des § 133 I 2 InsO.

II 4 AktG (Bestellung von Sonderprüfern wegen unzulässiger Unterbewertung), § 265 III 2 AktG (Bestellung der Abwickler nach Auflösung der Gesellschaft), § 318 III 3 AktG (Bestellung und Abberufung des Sonderprüfers) zu.

757 *Liebscher,* in: MüKo, GmbHG, § 46 Rn. 18 f.

758 Hierzu *Haas,* GmbHR 2006, 505, 507.

759 Unter anderem abzuleiten aus BGH, Urt. v. 16.09.2002 – II ZR 107/01, NJW 2002, 3777; dazu *Goette,* DStR 2003, 887, 894.

B. Inhalt und Grenzen der Sanierungspflicht

Nach der rechtlichen Herleitung der Sanierungspflicht und der abstrakten Erörterung der Einordnung der Sanierungspflicht in das Gläubigerschutzsystem dienen die nachfolgenden Ausführungen der Präzisierung der inhaltlichen Anforderungen der Sanierungspflicht. Dem Blickwinkel dieser Arbeit entsprechend, sollen vier Bereiche der Sanierungspflicht strukturiert werden. Nach den Aspekten der Krisenfrüherkennung (II.) ist auf die Krisenkommunikation (III.) einzugehen. Der Schwerpunkt liegt sodann in den Rahmenbedingungen der Erstellung eines Sanierungskonzepts (IV.). Schließlich soll auf ausgewählte Probleme in der Durchsetzung bzw. Durchführung des Sanierungskonzepts (VI.) eingegangen werden.

Eine inhaltliche Ausformung bzw. Spezifizierung der krisenbezogenen Pflichten hat sich zunächst an den expliziten Regelungen des Gesetzes zu orientieren. Überblicksartig sei insofern auf die §§ 5a, 30, 31, 41, 43 III, 43a, 49 II/III, 64 GmbHG, § 15a InsO verwiesen, die entweder direkt die Krise der Gesellschaft aufgreifen oder aus denen sich jedenfalls krisenbezogene Pflichten ableiten lassen. Zusätzlich besteht die Möglichkeit, aus der Generalklausel des § 43 I GmbHG, die als Pflichtenquelle verstanden wird, weitere krisenbezogene Anforderungen herzuleiten.[760]

I. Vorüberlegungen

1. Abwägungsgesichtspunkte des Maßes der inhaltlichen Anforderungen

Wie bereits dargestellt, ist der Geschäftsführer aufgrund seiner treuhänderischen Stellung in der Gesellschaft und der Leitlinie der Rentabilität im Falle einer wirtschaftlichen Krise zur Einleitung von Gegenmaßnahmen verpflichtet.[761] Auf der einen Seite wohnt jeder wirtschaftlichen Entscheidung selbst im Falle einer optimaler Informationsgrundlage ein gewisses Risiko inne, sodass

---

760 Herrschende Auffassung, s. *Kleindiek,* in: Lutter/Hommelhoff, GmbHG, § 43 Rn. 11; *Klöhn,* in: Bork/Schäfer, GmbHG, § 43 Rn. 1; *Paefgen,* in: Ulmer/Habersack/Löbbe, GmbHG, § 43 Rn. 166; *U. Schneider/Crezelius,* in: Scholz, GmbHG, § 43 Rn. 15; *Bellen/Stehl,* BB 2010, 2579, 2580; a. A. *Koppensteiner/Gruner,* in: Rowedder/Schmidt-Leithoff, GmbHG, § 43 Rn. 8; *Oetker,* in: Henssler/Strohn, GesR, § 43 GmbHG Rn. 14; *Zöllner/Noack,* in: Baumbach/Hueck, GmbHG, § 43 Rn. 8: Hiernach sei auf die Geschäftsführungsaufgabe (§ 35 GmbHG), den Treuepflichtgedanken und Sonderregelungen abzustellen.

761 3. Kap. § 3 A.

den Geschäftsführer keine allgemeine Erfolgshaftung treffen kann.[762] Hinzu kommt, dass neben der wirtschaftlichen Schnelllebigkeit auch externe Faktoren durchschlagen können, gegen welche die unternehmerische Tätigkeit nicht zu schützen ist.[763] Auf der anderen Seite kann ein bloß redliches Bemühen um die Sanierung und bei Scheitern eine bloße Überführung in das Insolvenzverfahren nach den maßgeblichen Regelungen nicht ausreichend sein. Vielmehr ist nach allgemeiner Formulierung zum Ausgleich dieser beiden Extrempunkte ein strukturiertes und analytisches Vorgehen zu fordern, das die Sanierungsmöglichkeiten sondiert und in den erforderlichen Zeitspannen zur Umsetzung bringt.[764]

Diese allgemeine Formulierung bedarf jedoch angesichts mehrerer Aspekte einer spezifischen Ausformung. Zunächst ist eine gewisse Bestimmtheit der infrage stehenden Pflichten zu fordern, weil eine etwaige Haftung anderenfalls uferlos wäre.[765] Zudem trifft den Geschäftsführer keine Zustandshaftung, sondern eine Verhaltenshaftung, deren Präventivfunktion erst Wirkung entfalten kann, sofern die haftungsrechtlichen Voraussetzungen hinreichend präzise und konkret sind.[766] Schließlich erfährt dieses Erfordernis in Anknüpfung an die obigen Ausführungen dadurch aktuelle Bedeutung, dass der Richtlinienvorschlag der Europäischen Kommission zu der rechtsformunabhängigen Sanierungspflicht davon ausgeht, dass besondere Vorschriften und Anreize zu kodifizieren sind.[767]

---

762 BGH, Urt. v. 21.04.1997 – II ZR 175/95, BGHZ 135, 244, 254 ff. = NJW 1997, 1926: Der Geschäftsführer darf nicht über den Umweg des § 43 II GmbHG dafür haftbar gemacht werden, dass sich das erlaubte, mit jeder wirtschaftlichen Unternehmung verbundene wirtschaftliche Risiko realisiert hat; *Bachmann,* Gutachten E zum 70. DJT, Bd. I, E 22 f.; *Goette,* ZGR 1995, 648, 668; für die AG: BGH, Urt. v. 16.02.1973 – I ZR 74/73, BGHZ 60, 207, 213 = NJW 1977, 2311; BGH, Urt. v. 09.07.1979 – II ZR 118/77, BGHZ 75, 96, 113 = NJW 1979, 1823; Eine erfolgreiche wirtschaftliche Ausrichtung des Unternehmens darf nicht verkennen, dass selbiges im Einfluss von politischen, ökonomischen, technologischen, ökologischen und rechtlichen Einflüssen steht, hierzu *Axhausen/Rieder,* in: Beck'sches HB der GmbH, § 15 Rn. 55.

763 Selbst wenn ein Unternehmen ein qualitativ hochwertiges Forderungsmanagement betreibt, kann die Insolvenz bestimmter (Groß-) Gläubiger bereits zu erheblichen Liquiditätsschwierigkeiten führen.

764 *Kuss,* WPg 2009, 326, 328.

765 Zu den Gründen der fehlenden Inanspruchnahme wegen Verletzung der Sanierungspflicht *Kleindiek,* FS U. Schneider, S. 617, 623 f.; *Spliedt,* InsVZ 2010, 27, 32.

766 Zu der Verhaltenshaftung *K. Schmidt,* GmbHR 2008, 449, 450.

767 RLV, S. 22; vgl. 3. Kap. § 3 A. II. 2. a).

2. *Zielausrichtung: Verhältnis einer außergerichtlicher zu einer insolvenzrechtlichen Sanierung*

Im Rahmen des ersten Kapitels wurden die Vorteile einer außergerichtlichen Sanierung (sog. freie Sanierung) im Vergleich zu einer insolvenzrechtlichen Sanierung dargestellt.[768] Hierbei wurde im Ergebnis festgehalten, dass beide Wege im Einzelfall spezifische Vorteile aufweisen können.

Für die Sanierungspflicht des Geschäftsführers kann jedoch nur ein Stufenverhältnis zwischen den beiden Alternativen bestehen. Erstens setzt eine insolvenzrechtliche Sanierung mindestens die drohende Zahlungsunfähigkeit nach § 18 InsO als fakultativen Antragsgrund voraus und greift infolgedessen erst den unmittelbar bevorstehenden rechtlichen Höhepunkt der Krise auf. Die Sanierungschancen sind aufgrund der fortgeschrittenen wirtschaftlichen Entwicklung jedoch bereits beeinträchtigt. Zweitens hätte eine Priorität der insolvenzrechtlichen Sanierung zur Folge, dass die Gesellschafter in ihren Mitgliedschaftsrechten eingeschränkt werden, indem sie nicht ausschließlich selbstbestimmt über die ihrer Meinung nach erforderlichen Maßnahmen zur Sanierung entscheiden können.

Diese Punkte lassen die Konklusion zu, dass zwischen den beiden Sanierungsvarianten ein Stufenverhältnis dahingehend besteht, dass der außergerichtlichen Sanierung grundsätzlich der Vorrang einzuräumen ist. Ein anderes Bild ergibt sich, wenn sich die Gesellschaft bereits in konkreter Insolvenznähe befindet und eine Sanierung im Insolvenzverfahren möglich erscheint. In diesem Moment wandelt sich das Stufenverhältnis dahingehend, dass der Geschäftsführer die jeweiligen Vor- und Nachteile gegeneinander abzuwägen hat.[769] Schließlich lässt sich diese Zielausrichtung auch aus den gesetzgeberischen Wertungen des § 15a I InsO ableiten.[770] Die Suspendierung der Antragspflicht durch die Drei-Wochen-Frist ergibt sich aus dem Gedanken, dass die Gläubiger an einer außergerichtlichen Überwindung einer möglicherweise zeitlich begrenzten Krise ohne ein Insolvenzverfahren Interesse haben, sofern eine positive Fortführungsprognose (§ 19 II 1 HS. 2 InsO) besteht. Dies legt eine Präponderanz der außergerichtlichen Sanierung nahe.[771]

---

768 2. Kap. § 2 C.

769 *Haas/Kolmann/Pauw*, in: Gottwald, InsolvenzR-HB, § 92 Rn. 34.

770 BGH, Urt. v. 24.05.2005 – IX ZR 123/04, BGHZ 163, 134, 145 = NJW 2005, 3062.

771 BGH, Urt. v. 09.07.1979 – II ZR 118/77, BGHZ 75, 96, 108, 112 = NJW 1979, 1823; *Jaeger/Weber*, KO, § 103 Anm. 11.

II. *Krisenfrüherkennung*

Grundlegend ist festzuhalten, dass die gestalterischen Möglichkeiten und die Erfolgswahrscheinlichkeit von Sanierungen davon abhängig sind, wie frühzeitig die Maßnahmen eingeleitet werden.[772] Diese Ausgangslage lässt wiederum erkennen, dass der erste Schritt zu einer erfolgreichen Sanierung darin liegt, die maßgeblichen Entwicklungen hinreichend früh zu erkennen. Aus diesem Blickwinkel liegt eine Orientierung an dem betriebswirtschaftlichen Krisenbegriff zumindest nahe.[773]

1. *Rechtliche Grundlage der Früherkennungspflicht*

Die rechtliche Grundlage der haftungsrelevanten Pflicht des Geschäftsführers zur Krisenfrüherkennung kann sowohl aus der Pflicht zur fortlaufenden wirtschaftlichen Selbstprüfung als auch aus der Pflicht zur Unternehmensplanung abgeleitet werden.

a) Pflicht zur fortlaufenden wirtschaftlichen Selbstprüfung

Die Pflichten der §§ 5a, 30, 31, 43 III, 43a, 49 II, III, 64 GmbHG, § 15a InsO können durch den Geschäftsführer nur dann erfüllt werden, wenn dieser auf erster Ebene hinreichend über die wirtschaftliche Lage informiert ist.[774] Nach *Kolmann* setzen die Vorschriften eine wirtschaftliche Selbstprüfung gedanklich voraus.[775] Die hieraus abzuleitende wirtschaftliche Selbstprüfungspflicht des Geschäftsführers wird insofern als rechtliche Grundlage für die Früherkennung einer Unternehmenskrise angeführt.[776] Ergänzend ist § 43 I GmbHG heranzuziehen.

---

772 IDW ES 6 n.F., Tz. 21; *Seibt*, ZIP 2013, 1597, 1599.

773 2. Kap. § 1 B.

774 BGH, Urt. v. 20.2.1995 – II ZR 9/94, NJW-RR 1995, 699 f.; *K. Schmidt*, in: Scholz, GmbHG, Anh. § 64 Rn. 4; *Kleindiek*, in: Lutter/Hommelhoff, GmbHG, § 43 Rn. 25 ff.; *Drenckhan*, Gläubigerschutz in der Krise der GmbH, S. 48; *Haas*, Geschäftsführerhaftung und Gläubigerschutz, S. 28, 128 ff.; *Sinz*, in: K. Schmidt/Uhlenbruck, Die GmbH in Krise, Sanierung und Insolvenz, Rn. 1.191; *Goette*, ZInsO 2001, 529, 530; *Hölzle*, GmbHR 2007, 729, 731; *Uhlenbruck*, GmbHR 1999, 313, 320.

775 *Kolmann*, in: Saenger/Inhester, GmbHG, Vorb. § 64 Rn. 11.

776 BGH, Urt. v. 20.2.1995 – II ZR 9/94, NJW-RR 1995, 699 f.; *K. Schmidt*, in: Scholz, GmbHG, Anh. § 64 Rn. 4; *Kleindiek*, in: Lutter/Hommelhoff, GmbHG, § 43 Rn. 25 ff.; *Drenckhan*, Gläubigerschutz in der Krise der GmbH, S. 48; *Haas*, Geschäftsführerhaftung und Gläubigerschutz, S. 28, 128 ff.; *Sinz*, in: K. Schmidt/Uhlenbruck, Die GmbH in Krise, Sanierung und Insolvenz, Rn. 1.191; *Goette*, ZInsO 2001, 529, 530; *Hölzle*, GmbHR 2007, 729, 731; *Uhlenbruck*, GmbHR 1999, 313, 320.

b) Pflicht zur Unternehmensplanung

Zwar fehlt es für die GmbH an einer vergleichbaren Vorschrift zu § 90 I Nr. 1 AktG, die die Pflicht zur Unternehmensplanung für die Geschäftsleitung bestätigt.[777] Für den Geschäftsführer lässt sich eine solche Pflicht jedoch gleichermaßen aus den Leitungspflichten und der Sorgfaltspflicht des § 43 I GmbHG ableiten.[778] Unabhängig von den Einzelanforderungen bezweckt die Unternehmensplanung die Sicherung der Unternehmenszukunft, die Erreichung der Unternehmensziele und die Erhöhung der Wirtschaftlichkeit.[779] Aufgrund der verschiedenen Unternehmensgrößen und -situationen lässt sich der Sorgfaltsmaßstab (§ 43 I GmbHG) für den Geschäftsführer schwerlich verallgemeinern.[780] Die Optimalanforderungen in der Betriebswirtschaftslehre gehen von einer Rahmenplanung, Analyse der Umwelt und des Unternehmens, Lageprognose, Zielfindung, Strategiebildung, Implementierung und Überprüfung der Planungsannahmen und -ansätze aus.[781]

Grundlegend wird die Sicherungsfunktion durch das methodische Vorgehen der Gestaltung, Kontrolle und anschließender Steuerung verwirklicht.[782] Die durch die Unternehmensplanung aufgestellten (quantitativen) Ziele sind durch fortlaufende Kontrollen mit den Zahlen des Ist-Zustands abzugleichen.[783] Da die Unternehmensplanung selbst bei einer Grobauffächerung der inhaltlichen Anforderungen insbesondere Kennzahlen aus dem finanzwirtschaftlichen Bereich erfordert,[784] kann in der Kontrollfunktion der Unternehmensplanung eine Grundlage für die unternehmerische Selbstprüfungspflicht des Geschäftsführers gesehen werden. Dieser Gesichtspunkt der Unternehmensplanung ist

---

777 Bestätigung der bereits vorher anerkannten Pflicht zur Unternehmensplanung *Altmeppen*, ZGR 1999, 291, 303; *Groß/Amen*, WPg 2003, 1161, 1164; *Kropff*, NZG 1998, 613.

778 *Altmeppen*, ZGR 1999, 291, 303; *Feddersen*, ZGR 1993, 114 ff.; *Groß/Amen*, WPg 2003, 1161, 1164; *Kropff*, NZG 1998, 613; *Lutter*, AG 1991, 249, 251; ablehnend *Kallmeyer*, ZGR 1993, 104 ff.

779 *Hill*, Unternehmensplanung, S. 10.

780 *Fleischer*, in: MüKo, GmbHG, § 43 Rn. 57.

781 Bundesverband Deutscher Unternehmensberater (BDU), Grundsätze ordnungsgemäßer Planung (GoP), S. 7.

782 *Lutter/Krieger/Verse*, Rechte und Pflichten des Aufsichtsrats, S. 30; *Groß/Amen*, WPg 2003, 1161, 1162 mit Verweis auf *Wild*, Grundlagen der Unternehmensplanung, S. 18; *Lutter*, GmbHR 2000, 301, 305.

783 *Kuss*, WPg 2009, 326, 331.

784 *Ihlau/Duscha*, BB 2013, 2346, 2349.

krisenunabhängig. Durch das Abgleichen historischer Zahlen mit tatsächlich erreichten Ist-Zahlen wird zugleich die Informationsbasis für die Analyse der Planabweichungen geschaffen, die wiederum einer Bewertung zugeführt werden können.[785]

2. *Konkrete Anforderungen an die Krisenfrüherkennung*

Die erforderlichen Unterscheidungen nach Art und Größe des Unternehmens sollen hier nicht den Schwerpunkt der Ausführungen bilden, weil insofern erhebliche und weitreichende Unterschiede zwischen den einzelnen wirtschaftlichen Betätigungsfeldern bestehen können.

Aus den beiden Aspekten der rechtlichen Grundlage einer Krisenfrüherkennung folgt für den Geschäftsführer unabhängig von einer Krise eine Pflicht zur fortlaufenden Prüfung der wirtschaftlichen Lage.[786] Im Mittelpunkt dieses Unterpunkts steht damit die Intensität der Vermögensbeobachtungspflicht im Zeitraum der wirtschaftlichen Prosperität. Die jeweiligen spezifischen Normzwecke der §§ 49 II, III, 64 S. 1 GmbHG, § 15a InsO erfordern zum (mittelbaren) Schutz der Gläubiger einen vertieften Einblick in die Vermögensverhältnisse der Gesellschaft, wobei die jeweiligen Tatbestandsvoraussetzungen bereits eine zumindest kritische Vermögensentwicklung voraussetzen. Dafür, dass die jeweiligen spezifischen Anforderungen nicht auf die allgemeine Grundintensität der Selbstprüfungspflicht übertragen werden können, dürfte der *lex-specialis*-Gedanke sprechen. Insofern ist vielmehr aufgrund der Systematik der § 49 II, III, § 64 S. 1, 3 GmbHG, § 15a InsO, § 43 I GmbHG von einer gesteigerten Vermögensbeobachtungspflicht im Zeitfenster der konkreten Insolvenzgefahr auszugehen.[787]

Damit ist die Frage aufzuwerfen, durch welches Verhalten der Geschäftsführer den Anforderungen an die wirtschaftliche Selbstprüfungspflicht im Zeitraum des wirtschaftlichen Erfolgs gerecht werden kann. Nach der Rechtsprechung folge das nötige Maß der gebotenen Anstrengung aus einer Gesamtschau sämtlicher Umstände des Einzelfalls – insbesondere aller wirtschaftlich relevanter Umstände, die einem Geschäftsführer derartiger Unternehmungen typischerweise bekannt sein müssen.[788] Diese generalklauselartige Formulierung kann

---

785 *Ihlau/Dusche/Gödecke,* Besonderheiten bei der Bewertung von KMU, S. 139; *Ziegenbein,* Controlling, S. 361 ff.; *Rautenstrauch/Müller,* DStR 2007, 2126, 2127; vgl. 3. Kap. § 3 B. I. 1.

786 BGH, Urt. v. 20.2.1995 – II ZR 9/94, NJW-RR 1995, 699; *Haas/Kolmann/Pauw,* in: Gottwald, InsolvenzR-HB, § 92 Rn. 7; *Bork,* ZIP 2011, 101, 102.

787 *Haas/Kolmann/Pauw,* in: Gottwald, InsolvenzR-HB, § 92 Rn. 4 ff.

788 BGH, Urt. v. 19.06.2012 – II ZR 243/11, NJW-RR 2012, 1122.

durch Grundelemente der Vermögensprüfung angereichert werden, die typischerweise zu erfüllen sind. Als Grundelemente sollen die Bilanzanalyse, die betriebliche Statistik, der Finanzplan, die strategische Ausrichtung, die Solvenzprognose und die Krisenfrüherkennung nach § 91 II AktG untersucht werden. Diesen Grundelementen können hierbei präventive, retrospektive und begleitende Komponenten zugeordnet werden.[789]

a) Bilanzanalyse

Nach § 41 GmbHG i.V.m. § 264 HGB ist der Geschäftsführer zur Buchführung und Rechnungslegung verpflichtet. §§ 242, 264 HGB sehen am Ende jeden Jahres einen Jahresabschluss vor, wobei nach § 242 III HGB der Jahresabschluss aus einer Bilanz und einer Gewinn- und Verlustrechnung (GuV) besteht. Unstrittig hat der Geschäftsführer Zwischenbilanzen aufzustellen, wenn erste Anzeichen einer krisenhaften Entwicklung bestehen.[790] Ob der Geschäftsführer zur regelmäßigen Bilanzierung ohne Krisenanzeichen verpflichtet ist, ist jedoch umstritten. Nach *Hoffmann/Liebs* sei eine monatliche Bilanzierung erforderlich.[791] Einschränkend geht *Schluck-Amend* davon aus, eine monatliche Bilanzierung sei nur bei wirtschaftlicher Verhältnismäßigkeit zu fordern.[792] Das überzeugt. Eine generelle Verpflichtung zur monatlichen Bilanzierung würde sich zu weit von dem gesetzlichen Leitbild des § 41 GmbHG i.V.m. § 264 HGB entfernen. Eine Einschränkung nach der wirtschaftlichen Verhältnismäßigkeit verspricht hinreichenden Spielraum für den Einzelfall.

Über die anzustrebende Häufigkeit einer Bilanzierung hinaus ist zu fragen, inwiefern die Bilanzanalyse überhaupt die Krisenfrüherkennung zulässt und ob gegebenenfalls weitere Untersuchungen durch den Geschäftsführer erforderlich sind. Nach dem gesetzlichen Leitbild ist die Bilanzaufstellung eine maßgebliche Komponente der wirtschaftlichen Selbstprüfung und dient dem regelmäßigen Überblick über die Vermögensverhältnisse der Gesellschaft. Aufgrund der Zielausrichtung auf die Selbstinformation des Geschäftsführers scheidet im Übrigen auch eine Schutzgesetzeigenschaft des § 41 I GmbHG im Sinne des § 823 II BGB

---

789 *Fleischer,* in: MüKo, GmbHG, § 43 Rn. 58.

790 BGH, Urt. v. 06.06.1994 – II ZR 292/91, BGHZ 126, 181 = NJW 1994, 2220; *Drenckhan,* Gläubigerschutz in der Krise der GmbH, S. 49; *Hommelhoff,* FS Sandrock, S. 373, 378; *Ehlers,* DStR 1998, 1756; *Veil,* ZGR 2006, 374, 377.

791 *Hoffmann/Liebs,* Der GmbH-Geschäftsführer, Rn. 602.

792 *Schluck-Amend,* in: K. Schmidt/Uhlenbruck, Die GmbH in der Krise, Sanierung und Insolvenz, Rn. 1.124 mit Verweis hinsichtlich der Verhältnismäßigkeit auf *Kallmeyer,* ZGR 1993, 104, 111 f.

aus.[793] Die Bilanzanalyse bietet allerdings nur eine eingeschränkte Möglichkeit der Krisenfrüherkennung. Dies ist darauf zurückzuführen, dass die Bilanzanalyse vergangenheitsbezogen ist, gewisse Spielräume bei Ansätzen und Bewertungen bestehen und lediglich die operativen Daten der Unternehmenstätigkeit einbezogen werden.[794] Vergangenheitsbezogene Informationen weisen den Nachteil auf, dass sie für die Zukunft nur dann als verbindlich zugrunde gelegt werden können, wenn das Unternehmensumfeld und die sonstigen Rahmenbedingungen konstant bleiben.[795] In der erforderlichen Reinform dürfte dies in den seltensten Fällen gegeben sein.

Werden die Krisenphasen des IDW S 6 a.F. zugrunde gelegt,[796] so ermöglichen die auszuwertenden Daten erst ein Erkennen der Krise im Stadium der Erfolgskrise. Auf die weiteren betriebswirtschaftlichen Möglichkeiten zur Auswertung von Jahresabschlüssen durch die multivariate Diskriminanzanalyse und die künstliche neuronale Netz-Analyse sei an dieser Stelle lediglich verwiesen.[797] Im Ergebnis bleibt festzuhalten, dass selbst bei Annahme einer weitreichenden Pflicht zur Aufstellung von Zwischenbilanzen diese keine ausreichende Informationsgrundlage bieten, um eine Krise hinlänglich früh zu erkennen.

b) Betriebliche Statistik

Zu den Pflichten des Geschäftsführers gehören neben der Analyse der finanzwirtschaftlichen Kennzahlen durch die Bilanzanalyse auch die Kontrolle und

---

793 RG, Urt. v. 04.02.1910 – Rep. II. 155/09, RGZ 73, 30, 33; BGH, Urt. 10.07.1964 – Ib ZR 208/62, BB 1964, 1273; *Altmeppen*, in: Roth/Altmeppen, GmbHG, § 41 Rn. 12; *Kleindiek*, in: Lutter/Hommelhoff, GmbHG, § 41 Rn. 4; *Witt*, in: Bork/Schäfer, GmbHG, § 41 Rn. 17.

794 *Wellensiek/Schluck-Amend*, in: Römermann, Münchener AnwaltsHB GmbH-Recht, § 23 Rn. 18; Bilanzanalyse als „Momentaufnahme", hierzu *Haghani*, in: Bickhoff/Blatz, Die Unternehmenskrise als Chance, S. 48 f.; *Wilden*, in: Buth/Hermanns, Restrukturierung, Sanierung, Insolvenz, § 2 Rn. 26.

795 *Küting*, DStR 2003, Beihefter, 3, 4: Es wird auch von einer Polarität zwischen Vergangenheitsbezug und der Zukunftsorientierung der Entscheidungsprobleme gesprochen.

796 Zu den verschiedenen Krisenstufen IDW S 6 a.F., Tz. 172.

797 vgl. hierzu die Ausführungen bei *Drukarczyk/Schöntag*, in: Gottwaldt InsolvenzR-HB, § 2 Rn. 5 ff.; *Wilden*, in: Buth/Hermanns, Restrukturierung, Sanierung, Insolvenz, § 2 Rn. 20 ff.

Auswertung der leistungswirtschaftlichen Daten.[798] Durch diese Aspekte wird die Informationsgrundlage zur Krisenfrüherkennung erweitert.

Im Unterschied zu der Bilanzierung (§ 41 I GmbHG i.V.m. § 264 HGB) ist die Auswertung der betrieblichen Statistik nicht explizit geregelt, sondern bedarf der Ableitung aus der Generalklausel des § 43 I GmbHG. Zur Konkretisierung der Sorgfalt des § 43 I GmbHG sind lediglich die betriebswirtschaftlichen Grundanforderungen heranzuziehen. Erforderlich kann die statistische Aufarbeitung der Daten aus dem Beschaffungs-, Produktions-, Absatz-, und Logistikbereich des jeweiligen Unternehmens sein.[799] Die tatsächliche Datenlage richtet sich nach dem jeweiligen Unternehmensgegenstand. Die Auswertung der betrieblichen Kennzahlen soll vor allem die Offenlegung von Erfolgs- oder Risikopotentialen im strategischen Bereich ermöglichen.[800] Kann eine Krise nach der fünfgliedrigen Unterteilung des IDW S 6 a.F. demzufolge in der sog. Strategiekrisenphase erkannt werden, besteht regelmäßig ein weitreichender Handlungsspielraum zur Krisenabwehr.[801] Vergangenheitsbezogene Daten sollen damit genutzt werden, um eine Krisenentwicklung zu antizipieren. Dieser präventive Aspekt weist gleichwohl drei Nachteile auf: Erstens handelt es sich um unternehmensinterne Daten, die gerade keinen Überblick über die dynamische Markt- und Umfeldanalyse beinhalten.[802] Zweitens sind bei der wertenden Analyse nur sog. schwache Signale als Krisenfaktor zu erkennen.[803] Schließlich kommt drittens hinzu, dass die wertende Analyse durch eine Prognose zu erfolgen hat, die wiederum selbst Unsicherheiten aufweist.

Der Erfolgsfaktor für die Erkennung von Krisensignalen auf Grundlage der betriebswirtschaftlichen Statistik liegt in der hinreichenden Analyse des

---

798 *Schluck-Amend*, in: K. Schmidt/Uhlenbruck, Die GmbH in der Krise, Sanierung und Insolvenz, Rn. 1.127 ff. mit Verweis auf *Brandstätter*, Die Prüfung der Sanierungsfähigkeit notleidender Unternehmen, S. 230; *Hauschildt*, Erfolgs-, Finanz- und Bilanzanalyse, S. 1.

799 *Schluck-Amend*, in: K. Schmidt/Uhlenbruck, Die GmbH in der Krise, Sanierung und Insolvenz, Rn. 1.127 ff.

800 *Schluck-Amend*, in: K. Schmidt/Uhlenbruck, Die GmbH in der Krise, Sanierung und Insolvenz, Rn. 1.127 ff. mit Verweis auf *Brandstätter*, Die Prüfung der Sanierungsfähigkeit notleidender Unternehmen, S. 230; *Hauschildt*, Erfolgs-, Finanz- und Bilanzanalyse, S. 1.

801 IDW S 6 a.F., Tz. 20-24; *Seibt*, ZIP 2013, 1597, 1599.

802 Denkbare Lösungsansätze *Haghani*, in: Bickhoff/Blatz, Die Unternehmenskrise als Chance, S. 63.

803 *Haghani*, in: Bickhoff/Blatz, Die Unternehmenskrise als Chance, S. 47; ausführlich 3. Kap. § 3 B. II. 2. e) dd).

dynamischen Unternehmensumfelds. Im Ergebnis dürften sich die rechtlichen Anforderungen (§ 43 I GmbHG) zur Analyse des Unternehmensumfelds auf ein Minimalprogramm beschränken, sodass es sich um keine haftungsrelevante Pflicht handeln kann, die schwachen Signale zu erkennen.[804] Unter dem Aspekt der Analyse der betrieblichen Statistik kann der Geschäftsführer damit im Ergebnis grundsätzlich nicht zu der Erkennung von Krisensymptomen der Strategiekrisenphase verpflichtet sein. Dies ändert sich erst, wenn die schwachen Signale ausnahmsweise eine derartige Intensität aufweisen, dass sie für den Geschäftsführer auf den ersten Blick erkennbar sind.[805]

c) Finanzplanung

Unter Betonung der Unternehmenskontrolle als Teil der ordnungsgemäßen Unternehmensplanung ergibt sich – wie bereits beschrieben – eine fortlaufende Selbstprüfungspflicht des Geschäftsführers.[806] Für die Krisenfrüherkennung kann an dieser Stelle auf die Phase der Planerstellung abgestellt werden. Eine Unternehmensplanung beinhaltet als Unterkategorie eine Finanzplanung.[807] Ein Finanzplan umfasst die Planung von Einzahlungen und Auszahlungen (1.), von Aufwendungen und Erträgen (2.) und von Vermögen und Kapital (3.).[808] In dem Finanzplan gehen alle vorhandenen Einzelpläne auf.[809] Im Unterschied zu der Bilanzanalyse und dem Kernelement der betrieblichen Statistik charakterisiert sich die Finanzplanung durch ein prognostisches Element.[810] Im Mittelpunkt der Finanzplanung steht damit die künftige finanzwirtschaftliche Entwicklung des Unternehmens.[811] Eine Planung weist zugleich die Schwäche auf, dass auf unsicherer Tatsachenbasis eine lediglich mögliche Entwicklung angenommen wird. Das bloße Aufstellen eines Finanzplans schafft zwar bereits einen Mehrwert für die Krisenfrüherkennung, der entscheidende Mehrwert wird allerdings durch regelmäßige Plankontrollen und die damit möglichen Planadjustierungen

---

804 vgl. 3. Kap. § 3 B. II. 2. e) dd).

805 Dies ist beispielsweise dann der Fall, wenn sich das Unternehmen in einem verstärkten Wettbewerb mit einem oder wenigen anderen Unternehmen befindet und das konkurrierende Unternehmen deshalb fortlaufend zu beobachten ist; ausführlich 3. Kap. § 3 B. II. 2. e) dd).

806 3. Kap. § 3 B. II. 1. b).

807 GoP, S. 22.

808 *Knief*, Betriebswirtschaftliche Blätter, 1984, S. 10.

809 *Witte*, Finanzplanung des Unternehmens, S. 65 f.; *Buth/Hermanns*, DStR 1997, 1181 ff.

810 *Groß/Amen*, DB 2005, 1861, 1864; *Otto*, MDR 2008, 1369, 1370 ff.

811 *Heim/Kless*, DStR 1999, 387, 392.

vermittelt. *Schluck-Amend* überträgt für die erforderlichen Abstände der Soll-Ist-Vergleiche die im Rahmen der Bilanzanalyse entwickelten Abstände von einem Monat, soweit dies aufgrund der Unternehmensgröße verhältnismäßig ist.[812]

Fraglich ist, ob die betriebswirtschaftlichen Standards in dieser Stringenz überhaupt anzuwenden sind. Selbst wenn die Anforderungen an den Detaillierungsgrad eines solchen Finanzplans niedrig sein sollten, wäre aus der rechtlichen Pflicht zu den monatlichen Soll-Ist-Vergleichen eine Krise im Rahmen des Finanzplans zu prognostizieren. Mit anderen Worten wäre der Geschäftsführer nicht nur zum Erkennen der Krise ab dem Zeitpunkt des Eintritts verpflichtet, sondern nach der von *Schluck-Amend* befürworteten Monatsfrist bereits einen Monat vorher zur prognostischen Planung mit gewissen Defiziten. Diese Ausführungen stehen unter dem Vorbehalt, dass eine Krise nicht im Sinne einer Naturkatastrophe ausschließlich extern begründet ist, sondern regelmäßig auf langwierige interne und externe Gründe zurückzuführen ist.[813] Die Finanzplanung fällt gerade in den klassischen Zuständigkeitsbereich des Geschäftsführers, sodass es widersinnig erschiene, den Geschäftsführer an dieser Stelle aus der Verantwortung zu nehmen. Einschränkend ist weiterhin zu bedenken, dass die Finanzplanung zahlenbezogen ist und bei geringem Detaillierungsgrad, welcher zumindest für die durchschnittliche kleine und mittelgroße GmbH zu fordern sein dürfte, nur begrenzt aufschlussreich ist.[814] Darüber hinaus dürften auch in der Praxis unüberwindbare Schwierigkeiten für die exakte Bestimmung eines Moments bestehen, in dem der Geschäftsführer eine in der Zukunft eintretende Krise hätte erkennen können bzw. müssen.

Letztlich sensibilisiert eine Finanzplanung den Geschäftsführer selbst bei rudimentären Anforderungen für die zukünftige Entwicklung und kann damit als Grundanforderung an einen ordentlichen Geschäftsmann im Sinne des § 43 I GmbHG gesehen werden. Zudem können die prognostischen Unschärfen haftungsentlastend zu Gunsten des Geschäftsführers wirken. Im Ergebnis bleibt damit festzuhalten, dass für den Geschäftsführer grundsätzlich die Verpflichtung besteht, die Krise bereits einen Monat vor tatsächlichem Eintritt zu

---

812 *Schluck-Amend* in: K. Schmidt/Uhlenbruck, Die GmbH in der Krise, Sanierung und Insolvenz, Rn. 1.132 mit Verweis auf *Hoffmann/Liebs,* Der GmbH-Geschäftsführer, Rz. 6.004; *Kallmeyer,* ZGR 1993, 111.

813 Hierzu *Holzer,* NZI 2005, 308.

814 *Schluck-Amend* in: K. Schmidt/Uhlenbruck, Die GmbH in der Krise, Sanierung und Insolvenz, Rn. 1.132.

prognostizieren, sofern sie anhand der Daten der Finanzplanung ablesbar ist. Im Einzelfall wirken die aufgeführten Gründe dem jedoch entgegen.

d) Solvenzprognosen

Neben den Elementen der Bilanzanalyse, der betrieblichen Statistik und des Finanzplans könnte für den Geschäftsführer eine rechtliche Pflicht zur Durchführung von Solvenzprognosen bestehen. Eine Solvenzprognose bzw. ein Solvenztest ist die Betrachtung der künftigen Liquiditätsentwicklung, um zu prüfen, wie viel ein Geschäftsführer zu Lasten des Unternehmens zu einem bestimmten Zeitpunkt maximal ausschütten darf, um trotz des ausschüttungsbedingten Abflusses von Vermögenswerten die Forderungen der Gläubiger vertragsgemäß erfüllen zu können.[815] Von der Zahlungskraft ausgehend werden zukünftige Planeinzahlungen der Planperiode addiert und prognostizierte Planauszahlungen der Planperiode subtrahiert.[816] Im Mittelpunkt steht die zukünftige Zahlungsfähigkeit des Unternehmens.[817] Die Solvenzprognose ist im Unterschied zu der Finanzplanung ein kurzfristigeres Element der Planung, das eine geringere Masse an Kennzahlen beinhaltet. Durch die Solvenzprognosen kann eine Krise regelmäßig erst in der Liquiditätskrise[818] erkannt werden. Der Handlungsspielraum für etwaige Sanierungsmaßnahmen ist dann bereits erheblich eingeschränkt, weil die (akute) Liquiditätskrise einer insolvenzrechtlichen Krise gleichkommt und die ungeplante Eröffnung eines Insolvenzverfahrens regelmäßig vermieden werden soll.[819]

Zunächst ist jedoch fraglich, ob und inwiefern sich solche Anforderungen aus den gesetzlichen Vorgaben ergeben. Nach der herrschenden Ansicht beinhaltet die wirtschaftliche Selbstprüfungspflicht regelmäßige Solvenzprognosen, wobei § 64 S. 3 GmbHG die Pflicht zu Prognoseentscheidungen bei Zahlungen an Gesellschafter hervorhebe.[820] Insbesondere in Krisennähe erhöhe sich dabei

---

815 *Pellens/Jödicke/Richard*, DB 2005, 1393, 1398; *Weller*, DStR 2007, 116.

816 *Bunting*, ZIP 2012, 357, 361.

817 *Pellens/Jödicke/Richard*, DB 2005, 1393, 1398.

818 IDW S 6 a.F., Tz. 72.

819 Als Sofortmaßnahmen kommen insbesondere in Betracht: Ausnutzen von Zahlungszielen, Investitionsstopp, Verschiebung von Reparaturen, Leasing statt Kauf, Reduzierung der Lagerhaltung, Reduzierung der Forderungslaufzeiten, Factoring von Forderungen sowie *Sale-and-Lease-Back* von Anlagegütern, Einstellungsstopp, Kurzarbeit, Abbau freiwilliger Leistungen, hierzu IDW S 6 a.F., Tz. 104; weiterführend *Eisolt*, BB 2010, 427, 428.

820 *Haas*, in: Baumbach/Hueck, GmbHG, § 64 Rn. 95; *Veil*, ZGR 2006, 374, 377; *Bork*, ZIP 2011, 101, 103.

die Intensität der inhaltlichen Anforderungen an die Solvenzprognosen.[821] Analysiert werden sollen zunächst die spezifischen inhaltlichen Anforderungen an Solvenzprognosen des § 64 S. 3 GmbHG, um dann in einem zweiten Schritt auf das Verhältnis zu § 43 I GmbHG einzugehen.

aa) Ableitungen aus § 64 S. 3 GmbHG

Tatbestandlich setzt § 64 S. 3 GmbHG voraus, dass der Geschäftsführer durch Zahlungen an die Gesellschafter die Insolvenz des Unternehmens verursacht – es wird auch von einer Insolvenzverursachungshaftung gesprochen.[822] Die Zahlungen müssen nach dem Wortlaut zur Zahlungsunfähigkeit führen, sodass an den Zurechnungszusammenhang hohe Anforderungen gestellt werden.[823] Erforderlich ist, dass die Zahlung bei objektiver Betrachtung *ex ante* mit an Sicherheit grenzender Wahrscheinlichkeit die Illiquidität zur Folge hat.[824] Diese strengen Anforderungen an den Zurechnungszusammenhang führen wertungsmäßig zu einem engen Anwendungsbereich der Insolvenzverursachungshaftung.[825] Gewährt der Geschäftsführer Zahlungen an die Gesellschafter, ist im Hinblick auf die Regelung des § 64 S. 3 GmbHG die zumindest konkludente Erklärung zu unterstellen, die Gesellschaft sei trotz der Zahlungen weiterhin zahlungsfähig.[826] Im Rahmen des MoMiG wurde diskutiert, ob durch die Einführung des § 64 S. 3 GmbHG das bestehende Kapitalschutzsystem der §§ 30, 31 GmbHG von einer bilanziellen hin zu einer solvenzorientierten Betrachtung geändert werden sollte.[827] Hiermit ging die Frage einher, ob sich aus dem neu geschaffenen § 64 S. 3 GmbHG ein allgemeiner Solvenztest ableiten lässt. Im Ergebnis dürfte überzeugend sein, dass sich § 64 S. 3 GmbHG und die §§ 30, 31 GmbHG ergänzen und damit kein allgemeiner Solvenztest durch § 64 S. 3 GmbHG implementiert

821 *Bork,* ZIP 2011, 101, 103.

822 *Greulich/Rau,* NZG 2008, 284, 288; *Knof,* DStR 2007, 1536, 1537; *K. Schmidt,* GmbHR 2007, 1072, 1079.

823 Bereits nach der Gesetzesbegründung ist der Regelungsbereich eng begrenzt, BT-Drucks. 16/6140, S. 47; hierzu auch *Haas,* in: Baumbach/Hueck, GmbHG, § 64 Rn. 133; *Poertzgen,* NZI 2007, 15 f.

824 *Schall,* Kapitalgesellschaftsrechtlicher Gläubigerschutz, S. 201: Es wird auch von der „Weichenstellung ins Aus" gesprochen; *Greulich/Rau,* NZG 2008, 284, 288.

825 *Schall,* Kapitalgesellschaftsrechtlicher Gläubigerschutz, S. 201.

826 *Knof,* DStR 2007, 1536, 1540.

827 BT-Drucks. 16/6140, S. 46: „Es finden sich in dieser Bestimmung überdies Nähen zu dem sog. solvency test."; *Arnold,* Der Konzern 2007, 118 ff.; *Knof,* DStR 2007, 1580 ff.; *K. Schmidt,* GmbHR 2007, 1, 6; *Seibert,* ZIP 2006, 1157, 1167.

wurde, sondern ein sog. „solvency test“ durch § 64 S. 3 GmbHG lediglich mittelbar zum Ausdruck kommt.[828]

Um die Auswirkungen einer Zahlung beurteilen zu können, bedarf es auf erster Ebene einer Solvenzprognose. Die Anforderungen an die Prognosezeiträume werden unterschiedlich beurteilt. Bei abstrakter Betrachtung werden die Haftungsrisiken größer, je länger die zu betrachtenden Prognosezeiträume zu bemessen sind. Die Deutungsstärke der Prognose verringert sich mit zunehmenden Prognosezeiträumen, weil sich die Unwägbarkeiten des Zeitraums erhöhen.[829] Die Ansätze schwanken zwischen drei bis sechs Monaten,[830] einem Jahr,[831] ein bis zwei Jahren[832] und einer Faustformel, wonach eine Zahlung regelmäßig dann kausal sei, wenn sie binnen eines Jahres zur Illiquidität führe.[833]

Zu berücksichtigen ist des Weiteren, dass der Geschäftsführer als Anlass für die Prognose bereits Zweifel an der nachhaltigen Solvenz der Gesellschaft haben muss[834] und § 64 S. 3 GmbHG lediglich eine Einzelzahlung an den Gesellschafter in den Blickt nimmt. Der insolvenzrechtliche Normzweck des § 64 S. 3 GmbHG[835] schafft im Ergebnis keine hinreichende Grundlage für eine Krisenfrüherkennung anhand von Solvenzprognosen. Zudem führt die Beschränkung des Tatbestands auf die regelmäßig fortgeschrittene Krisenentwicklung dazu, dass die Solvenzprognosen des § 64 S. 3 GmbHG für eine Krisenfrüherkennung unzureichend sind.

bb) Ableitungen aus § 43 I GmbHG

Wenn das Erfordernis von Solvenzprognosen durch § 64 S. 3 GmbHG nur hervorgehoben wird, können die allgemeinen Anforderungen an Solvenzprognosen nur aus § 43 I GmbHG abgeleitet werden. Inhaltlich wird die Prämisse des § 64 S. 3 GmbHG, wonach die Gesellschaft durch Auszahlungen nicht schuldhaft in die Insolvenz getrieben werden dürfe, ebenfalls von § 43 I GmbHG erfasst.[836]

---

828 *K. Schmidt,* in: Scholz, GmbHG, § 64 Rn. 85; *Casper,* in: Ulmer/Habersack/Löbbe, GmbHG, § 64 Rn. 137; *Schall,* Kapitalgesellschaftsrechtlicher Gläubigerschutz, S. 204; *Jungmann,* ZGR 2006, 638, 645; *K. Schmidt,* GmbHR 2007, 1, 7.

829 3. Kap. § 3 B. II. 2. c).

830 *Jost*, ZInsO 2014, 2471, 2476.

831 *Arnold,* in: Henssler/Strohn, GesR, § 64 GmbHG Rn. 72; *Kleindiek,* in: Lutter/Hommelhoff, GmbHG, § 64 Rn. 37.

832 *H.F. Müller,* in: MüKo, GmbHG, § 64 Rn. 193.

833 *Casper,* in: Ulmer/Habersack/Löbbe, GmbHG, § 64 Rn. 149.

834 *H.F. Müller,* in: MüKo, GmbHG, § 64 Rn. 194.

835 *Haas,* in: Baumbach/Hueck, GmbHG, § 64 Rn. 2 ff.

836 *K. Schmidt*, GmbHR 2007, 1, 6.

Der Sorgfaltsmaßstab des § 43 I GmbHG erfordert gleichsam die Vermeidung von Zahlungen, die kurzfristig, mittelfristig oder langfristig die Illiquidität der Gesellschaft zur Folge haben.[837] Die spezifische Ausformung des § 64 S. 3 GmbHG ergibt sich hierbei daraus, dass die Vorschrift Erleichterungen in der Durchsetzung des Anspruchs aufweist. Im Unterschied zu § 43 II GmbHG ist kein konkreter Schaden nachzuweisen, vielmehr wird auf die einzelne Zahlung abgestellt.[838] Daraus folgt, dass § 64 S. 3 GmbHG nicht als *lex specialis* zu § 43 I, II GmbHG anzusehen ist, sondern wie zu den §§ 30, 31 GmbHG auch zu § 43 II GmbHG in Anspruchskonkurrenz steht und lediglich Vorteile in der Anspruchsdurchsetzung aufweist.[839]

Der Geschäftsführer genügt der Sorgfalt des § 43 I GmbHG nach obigen Ausführungen nur, wenn er kontinuierlich über die betriebswirtschaftlichen Eckdaten des Unternehmens informiert ist.[840] Zu den Eckdaten gehört insbesondere die Liquidität. Die Frequenz und die zu betrachtenden Zeiträume der Prognosen sind so auszugestalten, dass ein schleichender Liquiditätsverlust erkannt werden kann und ein kurzfristiger, mittelfristiger und langfristiger Liquiditätsverlust vermieden wird. Die aus § 43 I GmbHG abzuleitenden kontinuierlichen Solvenzprognosen[841] bleiben in den spezifischen Anforderungen hinter denjenigen des § 64 S. 3 GmbHG zurück, bilden jedoch gleichzeitig die unabdingliche Grundlage für die Erfüllung der Pflichten aus § 64 S. 3 GmbHG.

e) Risikofrüherkennungssystem

aa) Einleitung

Möglicherweise besteht neben den bisher aufgeführten Elementen eine Verpflichtung des Geschäftsführers zur Implementierung eines Frühwarnsystems. Im Mittelpunkt steht damit die „Ausstrahlungswirkung“ der Regelung des § 91 II AktG auf das Recht der GmbH. § 91 II AktG wurde 1998 in Reaktion auf die Unternehmenskrisen der 90er Jahre eingeführt,[842] um den Umstand zu bekämpfen, dass Unternehmenskrisen regelmäßig erst so spät erkannt werden,

837 *K. Schmidt*, GmbHR 2007, 1, 6.

838 *H.F. Müller,* in: MüKo, GmbHG, § 64 Rn. 182; *Jost,* ZInsO 2014, 2471, 2474.

839 *H.F. Müller,* in: MüKo, GmbHG, § 64 Rn. 180.

840 *Hirte*, KapitalgesellschaftsR, Rn. 3.52; *Knof,* DStR 2007, 1536, 1541; *Veil,* ZGR 2006, 374, 377 f.

841 *Hennrich*, Der Konzern 2008, 42, 44.

842 Eingeführt durch das Gesetz zur Kontrolle und Transparenz im Unternehmensbereich (KonTraG) v. 27.04.1998, BGBl. I 1998, S. 786.

dass bereits eine bedrohliche Nähe zur Insolvenz besteht.[843] Ein Frühwarnsystem soll die frühzeitige Auswertung der maßgeblichen Informationen ermöglichen, sodass Handlungsspielräume zur Beseitigung der Unternehmenskrise geschaffen bzw. erweitert werden.[844]

Nach der Bestimmung der konkreten Anforderungen des § 91 II AktG soll auf die beschränkte Übertragbarkeit im Sinne der „Ausstrahlungswirkung" auf das GmbH-Recht eingegangen werden. Die Anforderungen des § 91 II AktG haben sowohl 1998 im Rahmen des KonTraG als auch 2009 im Rahmen des BilMoG[845] eine erhebliche Aufmerksamkeit und fachspezifisches Echo erfahren.[846] Die Streitigkeit in Bezug auf § 91 II AktG, ob ein weitreichendes betriebswirtschaftliches Risikomanagement zu implementieren ist oder ob es sich lediglich um eine interne Revision handelt, dürfte insofern weitgehend ausdiskutiert sein und soll infolgedessen nur überblicksartig dargestellt werden. Der Schwerpunkt dieses Unterpunkts soll vielmehr in der Übertragung auf das GmbH-Recht und möglichen bzw. zwingenden Ableitungen für das Gesamtsystem der Früherkennung liegen. An dieser Stelle sei bereits darauf hingewiesen, dass § 91 II Akt die einzige Vorschrift ist, die explizit die Krisenfrüherkennung durch die Geschäftsleitung adressiert.

bb) Konkrete Anforderungen

Ausgehend von dem zweistufigen Aufbau der Vorschrift des § 91 II AktG sind zwei Aspekte zu unterscheiden.[847] Erstens sind „geeignete Maßnahmen" zur

---

843 *T. Drygala/A. Drygala*, ZIP 2000, 297, 298.

844 *Brebeck/Herrmann*, WPg 1997, 381, 387; *Holst/Holtenkamp*, BB 2000, 851; *Lück*, DB 1998, 11, 13.

845 Bilanzrechtsmodernisierungsgesetz (BilMoG) v. 25.05.2009, BGBl. I 2009, S. 1102.

846 *Fleischer*, in: MüKo, GmbHG, § 43 Rn. 61; *Kleindiek*, in: Lutter/Hommelhoff, GmbHG, § 43 Rn. 31; *Spindler*, in: MüKo, AktG, § 91 Rn. 15 ff.; *Drenckhan*, Gläubigerschutz in der Krise der GmbH, S. 57 ff.; *Hommelhoff*, FS Sandrock, S. 378 ff.; *Seibert*, FS Bezzenberger, S. 427 ff.; *Altmeppen*, ZGR 1999, 291 ff.; *Baums*, ZGR 2011, 218; *Bork*, ZIP 2011, 101, 104; *Fleischer*, GmbHR 2008, 673; *Giese*, WPg 1998, 451; *Holst/Holtkamp*, BB 2000, 815; *Kort*, ZGR 2010, 440; *Lutter*, GmbHR 2000, 301; *Lück*, BB 2001, 2312; *Merkt*, ZIP 2014, 1705; *Preußner/Becker*, NZG 2002, 846; *Scharpf*, DB 1997, 737; *T. Drygala/A. Drygala*, ZIP 2000, 297; *Wall*, WPg 2003, 457; *Westermann*, DZWiR 2006, 485.

847 VG Frankfurt, Urt. v. 08.07.2004 –1 E 7363/03, WM 2004, 2157; *Fleischer*, in: Spindler/Stilz, AktG, § 91 Rn. 36; *Koch*, in: Hüffer, AktG, § 91 Rn. 6; *Krieger/Sailer-Coceani*, in: K. Schmidt/Lutter, AktG, § 91 Rn. 13; *T. Drygala/A. Drygala*, ZIP 2000, 297, 299; *Preußner/Becker*, NZG 2002, 846.

Früherkennung von bestandsgefährdenden Risiken zu treffen und zweitens ist zur Kontrolle dieser Maßnahmen „insbesondere" ein Überwachungssystem zu implementieren.[848] Die Zielrichtung des in § 91 II AktG („insbesondere") genannten Überwachungssystems ist derart zu verstehen, dass es sich nicht auf die bestandsgefährdenden Entwicklungen als solche bezieht, sondern auf die Einhaltung der für geeignet gehaltenen Maßnahmen.[849]

Geeignet sind die Maßnahmen zur Früherkennung der in § 91 II AktG genannten Entwicklungen, wenn sie allgemein erwarten lassen, dass dem Vorstand die erforderliche Information rechtzeitig zugetragen wird.[850] Die Geeignetheit der Maßnahme ist im Einzelfall zu bestimmen und hängt von den Besonderheiten des betroffenen Unternehmens, insbesondere seiner Größe, Struktur, finanziellen Lage, Branchenzugehörigkeit und dem Kapitalmarktzugang ab.[851] „Entwicklungen" im Sinne des § 91 II AktG sind unternehmensbezogene nachteilige Veränderungen und Prozesse.[852] Den Fortbestand der Gesellschaft gefährdende Entwicklungen liegen dann vor, wenn die unternehmensbezogenen Veränderungen zu einer wesentlichen Verschlechterung der Vermögens-, Ertrags-, oder Finanzlage des Unternehmens führen können.[853] Wesentlich sind diese Auswirkungen nach herrschender Auffassung bei Hervorrufen oder erheblicher Steigerung der Insolvenzgefahr des Unternehmens.[854] Potentiell insolvenzauslösend ist

---

848 VG Frankfurt, Urt. v. 08.07.2004 – 1 E 7363/03, WM 2004, 2157; *Fleischer,* in: Spindler/Stilz, AktG, § 91 Rn. 36; *Koch,* in: Hüffer, AktG, § 91 Rn. 6; *Krieger/Sailer-Coceani,* in: K. Schmidt/Lutter, AktG, § 91 Rn. 13; *T. Drygala/A. Drygala,* ZIP 2000, 297, 299; *Preußner/Becker*; NZG 2002, 846.

849 *Koch,* in: Hüffer, AktG, § 91 Rn. 10; *Krieger/Sailer-Coceani,* in: K. Schmidt/Lutter, AktG, § 91 Rn. 13; *Spindler,* in: MüKo, AktG, § 91 Rn. 25; a. A. *Götz,* NJW-Sonderheft 2001, S. 21.

850 *Fleischer,* in: Spindler/Stilz, AktG, § 91 Rn. 33; *Krieger/Sailer-Coceani,* in: K. Schmidt/Lutter, AktG, § 91 Rn. 12; *Spindler,* in: MüKo, AktG, § 91 Rn. 28.

851 BT-Drucks. 13/9712, S. 15; *Krieger/Sailer-Coceani,* in: K. Schmidt/Lutter, AktG, § 91 Rn. 12.

852 *Koch,* in: Hüffer, AktG, § 91 Rn. 6; *Krieger/Sailer-Coceani,* in: K. Schmidt/Lutter, AktG, § 91 Rn. 7; *Seibert,* FS Bezzenberger, S. 427, 437; *Blasche,* CCZ 2009, 62, 63; Aufzählung in BT-Drucks. 13/9712, S. 15: Aufnahme risikobehafteter Geschäfte, Verstöße gegen Vorschriften der Rechnungslegung oder sonstige gesetzliche Vorschriften.

853 BT-Drucks. 13/9712, S. 15; *Krieger/Sailer-Coceani,* in: K. Schmidt/Lutter, AktG, § 91 Rn. 12; *Spindler,* in: MüKo, AktG, § 91 Rn. 25.

854 *Fleischer,* in: Spindler/Stilz, AktG, § 91 Rn. 32; *Mertens/Cahn,* in: Kölner Komm, AktG, § 91 Rn. 23; *Krieger/Sailer-Coceani,* in: K. Schmidt/Lutter, AktG, § 91 Rn. 6; *Seibert,* FS Bezzenberger, S. 427, 437; abweichend *Hüffer,* in: Koch, AktG, 6. Aufl., § 91 Rn. 6;

ein Risiko, das im Falle der tatsächlichen Realisierung die Überschuldung (§ 19 InsO) oder die Zahlungsunfähigkeit (§ 17 InsO) der Gesellschaft herbeiführt, weil die erforderliche Risikotragfähigkeit des Unternehmens nicht besteht.[855] Es handelt sich gerade nicht um eine bloße Gefährdung der zukünftigen Entwicklung des Unternehmens, auch wenn die Übergänge hierzu fließend sein dürften.[856] Entwicklungen sind „früh" im Sinne des § 91 II AktG erkannt, sofern noch Gegenmaßnahmen ergriffen werden können, die eine Bestandsgefährdung beseitigen und den Fortbestand der Gesellschaft absichern können.[857]

Im Folgenden ist auf die eingangs genannte Streitigkeit einzugehen, welche Anforderungen an das Überwachungssystem des § 91 II AktG zu stellen sind.

(1) Betriebswirtschaftliche Sichtweise

Teilweise wird vertreten, den Anforderungen an die ordnungsgemäße Organisation könne nur durch die Implementierung eines umfassenden Risikomanagementsystems im betriebswirtschaftlichen Sinne Rechnung getragen werden.[858] Ein solches Risikomanagement kennzeichnet sich durch vier Elemente: Erstens sind Maßnahmen zur Früherkennung, zweitens die Einrichtung eines Überwachungssystems, drittens die Vorsorge für ein Krisenmanagement und viertens Maßnahmen zur Krisennachsorge erforderlich.[859] Der Schwerpunkt dieses Systems liegt in der Risikoerfassung und der darauf aufbauenden Bewertung eines jeden einzelnen Risikos.[860] Ohne ein derartig ausgeformtes Risikomanagement, das eine Abwägung von Chancen und Risiken ermöglicht, könne der allgemeinen Sorgfaltspflicht (§§ 76, 93 I AktG) nicht Rechnung getragen werden.[861] Als Orientierung für ein Risikomanagementsystem diene insbesondere der IDW-Prüfungsstandarf 340.[862]

---

ders., FS Imhoff, S. 91, 100; *Zimmer/Sonneborn*, in: Lange/Wall, Risikomanagement nach dem KonTraG, § 1 Rn. 182.

855 *Baums*, ZGR 2011, 218, 254: „Mit anderen Worten reichen die zur Abdeckung der Verluste erforderlichen Eigenmittel der Gesellschaft nicht aus."

856 *Morck*, in: Koller/Kindler/Roth/Morck, HGB, § 321 Rn. 3.

857 BT-Drucks. 13/9712, S. 15; *Blasche*, CCZ 2009, 62, 63.

858 *Brebeck/Herrmann*, WPg 1997, 381, 387 ff.; *Endres*, ZHR 163 (1999), 441, 451; *Gernoth*, DStR 2001, 299 ff.; *Kromschröder/Lück*, DB 1998, 1573; *Lück*, DB 2000, 1473; *Preußner/Becker*, NZG 2002, 846, 848; *Preußner/Zimmermann*, AG 2002, 658, 659; *Schmidbauer*, DB 2000, 153; *Wolf*, DStR 2002, 1729 ff.

859 *Preußner/Becker*, NZG 2002, 846, 848.

860 *Lück*, DB 2001, 2312 ff.; *Preußner/Becker*, NZG 2002, 846, 848; IDW PS 340, Tz. 4.

861 *Gernoth*, DStR 2001, 299.

862 IDW PS 340, Prüfung des Risikofrüherkennungssystems nach § 317 IV HGB; ausführlich *Bunting*, ZIP 2012, 357 ff.

(2) Juristische Sichtweise

(a) Darstellung

Die herrschende Auffassung legt den Anforderungen an das Überwachungssystem des § 91 II AktG eine einschränkende Lesart zugrunde.[863] Diese Lesart ergibt sich aus der bereits aufgeworfenen Problematik, inwiefern betriebswirtschaftliche Standards auf rechtliche Pflichten übertragen werden können.[864]

Die Anforderungen der betriebswirtschaftlichen Sichtweise werden hiernach dahingehend beschränkt, dass eine unternehmensinterne Kontrolle ausreichend ist, wenn diese prüft, ob die als für geeignet erachteten Maßnahmen auch durchgeführt werden, insbesondere ob Controlling und Innenrevision[865] ihrer Berichtspflicht nachkommen.[866] Es handele sich damit um eine einfache Organisationsanforderung, welche unmissverständliche Zuständigkeiten, engmaschige Berichts- und Dokumentationspflichten erfordert.[867] Risikoinventur und Risikoanalyse bilden hiernach keine haftungsrelevante Pflicht des § 91 II AktG.[868] Die Einrichtung derartiger Elemente unterfällt vielmehr dem unternehmerischen Ermessens des Vorstands (§ 93 I 2 AktG) und hängt maßgeblich von den Umständen des Einzelfalls ab.[869]

---

863 OLG Celle, Urt. 18.05.2008 – 9 U 184/07, WM 2008, 1745, 1746; im Ergebnis wohl offen LG München I, Urt. v. 05.04.2007 – 5 KH O 15964/06, BB 2007, 2170; *Dauner-Lieb,* in: Henssler/Strohn, GesR, § 91 AktG Rn. 9; *Koch,* in: Hüffer, AktG, § 91 Rn. 9; *Kort,* in: GroßKomm, AktG, § 91 Rn. 50 ff.; *Krieger/Sailer-Coceani,* in: K: Schmidt/Lutter, AktG, § 91 Rn. 14; *Spindler,* in: MüKo, AktG, § 91 Rn. 17, 37; *Hüffer,* FS Imhoff, S. 91, 95; *Seibert,* FS Bezzenberger, S. 427 ff.; *Baums,* ZGR 2011, 218, 250 f.; *Blasche,* CCZ 2009, 62, 63; *Bunting,* ZIP 2012, 357, 358; *Hoffmann-Becking,* ZGR 1998, 497, 513; *Hommelhoff/Mattheus,* BB 2007, 2787; *Kort,* ZGR 2010, 440, 442 f.

864 3. Kap. § 3 B. I. 1.

865 *Dreher,* FS Hüffer, S. 91, 103.

866 *Koch,* in: Hüffer, AktG, § 91 Rn. 10.

867 *Fleischer,* in: Spindler/Stilz, AktG, § 91 Rn. 36; *Koch,* in: Hüffer, AktG, § 91 Rn. 10; *Spindler,* in: MüKo, AktG, § 91 Rn. 20; *T. Drygalla/A. Drygalla,* ZIP 2000, 297, 299; *Kort,* ZGR 2010, 440, 442; *U. Schneider,* ZIP 2003, 645, 649.

868 *Fleischer,* in: Spindler/Stilz, AktG, § 91 Rn. 36; *Koch,* in: Hüffer, AktG, § 91 Rn. 10; *Spindler,* in: MüKo, AktG, § 91 Rn. 20; *T. Drygalla/A. Drygalla,* ZIP 2000, 297, 299; *Kort,* ZGR 2010, 440, 442; *U. Schneider,* ZIP 2003, 645, 649.

869 *Krieger/Sailer-Coceani,* in: K. Schmidt/Lutter, AktG, § 91 Rn. 14; *Spindler,* in: MüKo, AktG, § 91 Rn. 28.

(b) Argumentation

Für die juristische Sichtweise können mehrere überzeugende Argumente angeführt werden. Zunächst ist der Wortlaut des § 91 II AktG zwar hinreichend offen verfasst und lässt eine weite Auslegung zu. Die Entstehungsgeschichte der Norm legt jedoch eine enge Auslegung nahe.[870] Die Beschränkung auf rechtliche Selbstverständlichkeiten ergibt sich auch daraus, dass betriebswirtschaftlich mögliche und sinnvolle Instrumente bzw. Anforderungen nicht in jedem Einzelfall erforderlich sind und alleine deshalb eine rechtliche Verbindlichkeit ausscheiden muss.[871] Hierdurch wird dem Unterschied zwischen haftungsrechtlich relevanten normativen Vorgaben und einer optimalen Ausgestaltung im Sinne der Betriebswirtschaftslehre Rechnung getragen.[872]

Kein anderes Ergebnis ergibt sich weiterhin daraus, dass das BilMoG den Begriff des „Risikomanagements" gesetzlich eingeführt hat.[873] Zudem lassen sich branchenspezifische Regelungen aus dem Kredit- bzw. aus dem Versicherungswesen (§ 25 KWG und § 64a VAG) nicht auf die Anforderungen des § 91 II AktG übertragen.[874] Die juristische Sichtweise kann damit überzeugen und ist den weiteren Ausführungen zugrunde zu legen.

cc) „Ausstrahlungswirkung" auf das GmbHG

In das GmbHG wurde nach der Gesetzesbegründung explizit keine entsprechende Regelung aufgenommen.[875] Die Gesetzesbegründung geht jedoch davon aus, dass für GmbHs abhängig von der Größe und der Komplexität nichts anderes gelte und § 91 II AktG insofern „Ausstrahlungswirkung" auf den Pflichtenrahmen des Geschäftsführers einer GmbH entfalte.[876] Diese Aspekte der

---

870 BT-Drucks. 13/9712, S. 15; ausführlich zu der Gesetzgebungsgeschichte *Seibert*, FS Bezzenberger, S. 427, 437.

871 *Drenckhan*, Gläubigerschutz in der Krise der GmbH, S. 57; *Bork*, ZIP 2011, 101, 104 hebt hervor, dass dies insbesondere bei kleineren Unternehmen zu wirtschaftlich unvertretbaren Ergebnissen führen kann; *Kort*, ZGR 2010, 440, 443; *Wohlmannstetter*, ZGR 2010, 472.

872 *Fleischer*, in: Spindler/Stilz, AktG, § 91 Rn. 34; *ders.*, in: Fleischer, VorstandsHB, § 7 Rn. 36; *Kort*, ZGR 2010, 440, 470.

873 *Bork*, ZIP 2011, 101, 104; *Kort*, ZGR 2010, 440, 463; *Vetter*, ZGR 2010, 751, 770.

874 *Fleischer*, in: Spindler/Stilz, AktG, § 91 Rn. 41; *Krieger/Sailer-Coceani*, in: K. Schmidt/Lutter, AktG, § 91 Rn. 15; *Dreher*, FS Hüffer, S. 161, 163; *Bürkle*, WM 2005, 1496, 1497; *Kort*, ZGR 2010, 440, 470; *Merkt*, ZIP 2014, 1705, 1712.

875 BT-Drucks. 13/9712, S. 15.

876 BT-Drucks. 13/9712, S. 15.

Gesetzesbegründung werden für die Überführung auf das Recht der GmbH unterschiedlich beurteilt.

Gegen eine analoge Anwendung[877] des § 91 II AktG auf das Recht der GmbH spricht zunächst die ausdrückliche gesetzgeberische Entscheidung, keine entsprechende Regelung in das GmbHG aufzunehmen, sodass es bereits an einer planwidrigen Regelungslücke fehle.[878] Angeführt wird weiterhin, dass die „Ausstrahlungswirkung" anhand eines Grundsatzes des Gesellschaftsrechts festzumachen sei[879] oder die Norm zur Konkretisierung der Generalklausel[880] des § 43 I GmbHG heranzuziehen sei. Diese Ansätze weisen dogmatische Unterschiede auf, stehen jedoch beide unter der Zielausrichtung, dass eine einzelfallbezogene und differenzierte Sichtweise ermöglicht wird.[881] Im Ergebnis bedarf es damit für den weiteren Verlauf der Arbeit keiner Entscheidung zugunsten einer der Ansätze, weil jeweils eine schematische Übertragung der aktienrechtlichen Ansätze ausgeschlossen wird. Das Pflichtenprogramm des Geschäftsführers wird stattdessen in Abhängigkeit von der Größe, Komplexität der Struktur und der finanziellen Lage gesetzt.

Diese Punkte sind auf den zweistufigen Aufbau des § 91 II AktG zu übertragen, sodass den Besonderheiten nachgegangen und die dogmatische Überführung in das GmbH-Recht deutlich gemacht werden kann. Nach obigen Ausführungen sind auf der ersten Ebene des § 91 II AktG als geeignete Maßnahmen regelmäßig die Bildung eines Controllings und einer internen Revision erforderlich.[882] Wenn selbst für eine kleinere AG davon ausgegangen wird, dass die interne Revision regelmäßig durch den Vorstand vollzogen werden kann,[883] dürfte dies für die durchschnittliche GmbH[884] aufgrund der geringeren wirtschaftlichen Leistungskraft ebenfalls gelten.[885] Zudem wird

---

877 *Altmeppen*, in: Roth/Altmeppen, GmbHG, § 43 Rn. 17; *Kleindiek*, in: Lutter/Hommelhoff, GmbHG, § 43 Rn. 30; *U. Schneider/Crezelius*, in: Scholz, GmbHG, § 43 Rn. 96; *Wicke*, in: Wicke, GmbHG, § 43 Rn. 5; *Zöllner/Noack*, in: Baumbach/Hueck, GmbHG, § 43 Rn. 33.

878 *Fleischer*, in: MüKo, GmbHG, § 43 Rn. 61; *Drenckhan*, Gläubigerschutz in der Krise der GmbH, S. 59; *Bork*, ZIP 2011, 101, 105.

879 *Merkt*, ZIP 2014, 1705, 1713; *Wiedemann*, ZGR 1999, 857, 861.

880 *Fleischer*, in: MüKo, GmbHG, § 43 Rn. 61.

881 Dies stellt auch den Ansatz des Gesetzgebers dar, vgl. BT-Drucks. 13/9712, S. 15.

882 *Dreher*, FS Hüffer, S. 161, 173 f.; *Hüffer*, FS Imhoff, S. 91, 102 f.

883 Ansatz nach *Dreher*, FS Hüffer, S. 161, 173 f.

884 *Fleischer*, in: MüKo, GmbHG, Einl. Rn. 198 ff.

885 *Dreher*, FS Hüffer, S. 161, 168.

eine interne Controlling-Einheit im Regelfall wirtschaftlich nicht vertretbar sein.[886]

Als Folge dieser Anpassungen auf erster Ebene sind auch die Anforderungen auf zweiter Ebene zu relativieren. Hier dürften unmissverständliche Zuständigkeiten und ein engmaschiges Berichts- und Dokumentationswesen regelmäßig entfallen, weil nicht an das Controlling und die interne Revision auf erster Ebene angeknüpft werden kann. Im Ergebnis zeigt sich, dass auf beiden Ebenen des § 91 II AktG Anpassungen bei der Übertragung in das GmbH-Recht erforderlich sind.

dd) Ableitungen aus § 91 II AktG bzw. § 43 I GmbHG

Auf Grundlage der obigen Ausführungen sind verschiedene Ableitungen bzw. Folgerungen für das Gesamtsystem der Krisenfrüherkennung möglich.

(1) Wirtschaftlicher Zeitraum des § 91 II AktG

Die Gesetzesbegründung des § 91 II AktG legt als Sinn und Zweck der Regelung die Insolvenzvermeidung nahe.[887] Teilweise wurde ein Widerspruch dieses Ziels zu dem tatbestandlichen Filter der Bestandsgefährdung gesehen.[888] Dies kann auf den allgemeinen (betriebswirtschaftlichen) Grundsatz zurückgeführt werden, dass die Erfolgswahrscheinlichkeit einer auf der Krisenfrüherkennung aufbauenden Sanierung steigt, je früher die Krise erkannt wird.[889] Die aus den Tatbestandsmerkmalen folgende, als hoch zu bewertende Risikostufe belegt wiederum eine insolvenzrechtliche Prägung der Norm. Mit anderen Worten ist das in den Blick genommene Risiko in der Intensitätsstufe als so hoch einzuordnen, dass eine Prüfung der Voraussetzungen der §§ 17, 19 InsO in Betracht kommt.

In diesem Zusammenhang sind drei Ableitungen aus § 91 II AktG möglich: Erstens spricht die beschriebene gesetzgeberische Entscheidung gegen eine Krisenfrüherkennung anhand des betriebswirtschaftlichen Krisenbegriffs.[890] Zweitens sollen durch § 91 II AktG nicht diejenigen Risiken ausgeschlossen werden, die überhaupt zu einer Bestandsgefährdung führen können.[891] Drittens

---

886 Zu der Überprüfung der Vertretbarkeit von unternehmerischen Entscheidungen *Oetker*, in: Henssler/Strohn, GesR, § 43 GmbHG Rn. 28; Verzicht auf einen betriebswirtschaftlichen Apparat nach *Kallmayer*, ZGR 1993, 104, 111.

887 BT-Drucks. 13/9712, S. 15.

888 *Hüffer*, in: Hüffer, AktG, 10. Aufl., § 91 Rn. 6: Erforderlich sei hiernach eine Relevanz für die Darstellungsanforderungen des § 264 I HGB.

889 IDW S 6 a.F., Tz. 20-24; *Seibt*, ZIP 2013, 1597, 1599.

890 Zu dem betriebswirtschaftlichen Krisenbegriff: 2. Kap. § 1. B.

891 Hierzu *Seibert*, FS Bezzenberger, S. 427, 437.

ist festzuhalten, dass der haftungsrechtlich relevante Filter der Krisenfrüherkennung eine schwache Intensität aufweist und sich inhaltlich an den Vorgaben der §§ 17, 19 InsO orientiert.

(2) Retrospektiver, präventiver und begleitender Charakter

Mit der Regelung des § 91 II AktG werden präventive, retrospektive und begleitende Elemente zur Früherkennung einer Krise eingeführt. Das rückblickende Element ergibt sich aus dem Umstand, dass das zu betrachtende Risiko bereits in das Unternehmen aufgenommen werden musste.[892] Das begleitende Element folgt aus der Verpflichtung der Geschäftsleitung zur regelmäßigen Überprüfung der implementierten Strukturen.[893] Das präventive Element ergibt sich nicht daraus, dass es um eine generelle Schadensvermeidung im Sinne des Schadensrechts geht. Das folgt bereits aus dem Wortlaut der Norm („früh erkannt werden"), wonach das Unternehmen die Risiken bereits aufzuweisen hat.[894] Ein präventives Element entsteht lediglich dadurch, dass zukünftige Entwicklungen ins Auge gefasst werden und eine potentielle Schadensausweitung verhindert werden soll.[895] Dieses präventive Element ist in seiner Wertigkeit jedoch als gering zu bewerten und stellt nach den obigen Ausführungen nicht das Hauptelement des § 91 II AktG dar.

(3) Gesamtsituation der Verpflichtung zur Früherkennung einer Krise

§ 91 II AktG ist als gesetzgeberische Leitentscheidung für die Krisenfrüherkennung zu lesen. Wenn die Ausstrahlungswirkung des § 91 II AktG, wie von der herrschenden Meinung postuliert, dazu führt, dass die Implementierung insbesondere eines Früherkennungssystems in § 43 I GmbHG ihre dogmatische Grundlage findet, fragt sich, ob sich hieraus eine Sperrwirkung für die bereits dargestellten Elemente der Früherkennung ergibt.

Zunächst ist zu berücksichtigen, dass § 91 II AktG nach den Gesetzgebungsmaterialien nicht in § 93 AktG aufgenommen wurde, sondern in § 91 AktG, weil es sich um eine Organisationsvorschrift handelt, die der Gesamtverantwortung des Vorstands unterliegt.[896] Demzufolge ist § 91 II AktG als eine gesetzliche Hervorhebung der allgemeinen Leitungsaufgabe zu verstehen.[897] Typischerweise

892 *Seibert,* FS Bezzenberger, S. 427, 437.

893 Grundlegend BGH, Urt. 10.02.1992 – II ZR 23/91, NJW-RR 1986, 1293.

894 *Seibert,* FS Bezzenberger, S. 427, 437.

895 Hierzu auch *Kort,* in: GroßKom AktG, § 91 Rn. 44, der davon ausgeht, der Präventivcharakter folge aus dem bloßen Bestehen eines Früherkennungssystems.

896 BT-Drucks. 13/9712, S. 15.

897 BT-Drucks. 13/9712, S. 15.

ist auch der Geschäftsführer für die Organisation verantwortlich, auch wenn er im Unterschied zu dem Vorstand von den Weisungen der Gesellschafterversammlung abhängig ist (vgl. § 37 GmbHG).[898] Wenn § 91 II AktG aber in § 43 I GmbHG aufgeht, dann dürfte sich aus der gesetzgeberischen Leitentscheidung des § 91 II AktG eine Richtschnur in Bezug auf die Früherkennung von Krisen anhand von § 43 I GmbHG ableiten lassen. Sofern der Gesetzgeber die Krisenfrüherkennung explizit regeln wollte und es sich um keinen Widerspruch zu der teleologischen Ausrichtung handelt, dass die Bestandsgefährdung einen Filter bildet, dann lässt sich daraus ablesen, dass kein höheres Maß haftungsrechtlich relevant sein kann. Der Filter des § 91 II AktG ist insofern als eine Richtschnur für die weiteren Elemente der Krisenfrüherkennung einzuordnen.

Zu einem ähnlichen Ergebnis kommt *Haas* unter Betrachtung des gesellschaftsrechtlichen Frühwarnsystems (§ 49 II, III GmbHG).[899] *Haas* stellt in dem dortigen Zusammenhang fest, dass der Schwellenwert des Verlusts der Hälfte des Stammkapitals kein wirksames Krisenwarnsignal vermittle.[900] Vielmehr sei ein situatives Krisensignal zu bevorzugen, das in einer „erheblichen Gefährdung" oder „Bestandsgefährdung" für das Unternehmen bestehe.[901] Die hier vertretene Meinung stimmt im Ergebnis mit derjenigen von *Haas* überein, leitet sich jedoch aus anderen Gesichtspunkten her. Die Ausführungen von *Haas* erfolgen zudem insbesondere unter dem Blickwinkel des Gläubigerschutzes.[902] Auch *Wanner* sieht das Merkmal der „Bestandsgefährdung" als entscheidend für die Feststellung des Krisenbeginns und betrachtet diesen Schwellenwert als Grundlage für die Berichtspflicht aus § 49 II GmbHG.[903] Für mittlere und große Gesellschaften im Sinne des § 267 II, III HGB könnten solche Bestandsgefährdungen aus der Aufstellung des Lageberichts (§ 289 HGB) abgeleitet werden.[904] Größenunabhängig, also auch für die kleinen Unternehmen im Sinne des § 267 I HGB, sei die

898 *Fleischer*, in: MüKo, GmbHG, § 43 Rn. 59; *U. Schneider/Crezelius*, in: Scholz, GmbHG, § 43 Rn. 46, 95 ff.; *Zöllner/Noack*, in: Baumbach/Hueck, GmbHG, § 43 Rn. 17; *Lutter*, GmbHR 2001, 301, 304.

899 *Haas*, Gutachten zum 66. DJT, Bd. I, E 112.

900 *Haas*, Gutachten zum 66. DJT, Bd. I, E 111 f.: Der Verlust der Hälfte des Stammkapitals sage nichts über die Fähigkeit der Gesellschaft aus, künftig Schuld und Zins tilgen zu können. Die Warnung des § 49 III komme insofern zu spät; a. A. *Lutter*, AG 1998, 375, 376.

901 *Haas*, Gutachten zum 66. DJT, Bd. I, E 112.

902 *Haas*, Gutachten zum 66. DJT, Bd. I, E 112.

903 *Wanner*, Die GmbH in der Krise, S. 92.

904 *Wanner*, Die GmbH in der Krise, S. 92.

fortlaufende Beobachtung der Finanz- und Vermögenslage des Unternehmens zur Erkennung einer solchen Bestandsgefährdung ausreichend.[905]

Vorliegend wird der Filter hingegen aus der Ausstrahlungswirkung des § 91 II AktG und der Auslegung des § 43 I GmbHG hergeleitet. Mit anderen Worten steht für die hier befürwortete Auffassung nicht der Informationsfluss zwischen Geschäftsführer und Gesellschafter im Rahmen einer Krisensituation im Vordergrund, sondern die Beschränkung der rechtlichen Anforderungen, eine Krise überhaupt festzustellen.

(4) Auswirkungen der Richtschnur auf die einzelnen Elemente der Krisenfrüherkennung

Aufzuwerfen ist damit die Frage, wie sich diese Richtschnur auf die dargestellten einzelnen Elemente auswirkt. Die Verpflichtung zur Bilanzveröffentlichung folgt zwar aus § 41 GmbHG i.V.m. § 264 HGB, die Anforderungen an die Analyse der Daten können sich jedoch nur aus § 43 I GmbHG ergeben. Die weiteren Elemente der betrieblichen Statistik, der Solvenzprognosen und der Finanzplanung sind, wie dargestellt, auf § 43 I GmbHG zurückzuführen. Die Auslegung des § 91 II AktG ergibt, dass es sich um Entwicklungen handeln muss, die unmittelbar und quantitativ auf die Gesellschaft einwirken und damit ausschließliche Angelegenheiten des Unternehmens sind.[906] Aus § 91 II AktG kann damit keine Pflicht zur Beobachtung des Unternehmensumfelds als haftungsrelevante Verpflichtung abgeleitet werden. Dies ist im Rahmen der strategischen Planung erneut aufzugreifen.[907]

Für die anderen Elemente dürfte insbesondere der Grobfilter des § 91 II AktG übertragen werden. Genauso wie im Rahmen des § 91 II AktG eine Bestandsgefährdung als Filter der Krisenfrüherkennung gefordert wird, dürfte dieses Merkmal für die Krisenfrüherkennungselemente des § 43 I GmbHG gelten. Für die Analyse der Bilanz, der betrieblichen Statistik, der Solvenzprognosen und der Finanzplanung ist damit eine haftungsrechtliche Verantwortlichkeit erst gegeben, wenn der Geschäftsführer eine bestandsgefährdende Entwicklung nicht aufdeckt. Die Übertragung dieses Filters auf § 43 I GmbHG überzeugt im Ergebnis aus zwei weiteren Gründen: Erstens hat das haftungsrechtlich relevante Pflichtenmaß ein plausibles Level gefunden. Das Unternehmensrisiko wird insofern nicht auf den Geschäftsführer übertragen, indem er eine Krise bereits zu einem frühestmöglichen – betriebswirtschaftlichen – Zeitpunkt erkennen muss.

---

905 *Wanner,* Die GmbH in der Krise, S. 93.

906 *Hüffer,* FS Imhoff, S. 91, 98.

907 3. Kap. § 3 B. II. 2. f).

Zweitens wird der gesetzgeberischen Leitentscheidung des § 91 II AktG systematisch Rechnung getragen. Die Ausstrahlungswirkung ist hiernach so zu verstehen, dass die Implementierung eines Überwachungssystems von der Art des einzelnen Unternehmens abhängt, die tatbestandlichen Merkmale allerdings generell übertragen werden können.

(5) Weitere unternehmerische Tätigkeit

Aus § 91 II AktG lassen sich keine Maßnahmen ableiten, die die Geschäftsleitung zur Beseitigung der Krise zu ergreifen hat.[908] Es dürfte jedoch für den Geschäftsführer jedenfalls zu einer Einengung seines Handlungsspielraums dahingehend kommen, dass eine aufgedeckte Bestandsgefährdung nicht verstärkt wird.[909]

f) Strategische Planung

Möglicherweise ergeben sich besondere Spezifika für eine Krisenfrüherkennung aus der strategischen Planung als Unterpunkt der ordnungsgemäßen Unternehmensplanung. Die strategische Planung ist derjenige Prozess, der die Anforderungen der Unternehmensumwelt (exogene Aspekte) mit den Potentialen des Unternehmens (endogene Aspekte) abstimmt, um darauf aufbauend mit gezielten Gestaltungen den langfristigen Erfolg des Unternehmens anzustreben bzw. zu sichern.[910] Die strategische Planung bildet zugleich die Grundlage für verbindliche Vorgaben an das operative Geschäft.[911]

Im Unterschied zu dem Vorstand der AG (§ 76 I AktG) ist der Geschäftsführer einer GmbH nicht für eine Neuorientierung bzw. auf erster Ebene für die Festlegung der Geschäftspolitik zuständig.[912] Vielmehr sind die Zuständigkeiten zwischen Gesellschafterversammlung und Geschäftsführer nach herrschender

---

908 *Seibert*, FS Bezzenberger, S. 427, 437.

909 BGH Urt. v. 17.02.1975 – 4 StR 571/74, NJW 1975, 1234 mit Verweis auf RG, Urt. v. 22.02.1927 – I 22/27, RGSt 61, 211, 213; *Grigoleit*, Gesellschafterhaftung für interne Einflussnahmen im Recht der GmbH, S. 426 f.; *Roth*, Unternehmerisches Ermessen und Haftung des Vorstands, S. 245: Nach *Roth* sind zur Vermeidung einer Insolvenz Alternativen mit niedrigerem Risiko und niedrigeren Erwartungswerten vorzuziehen; *Baums*, ZGR 2011, 218, 254.

910 GoP, S. 15.

911 GoP, S. 16.

912 BGH, Urt. v. 25.02.1991 – II ZR 76/90, NJW 1991, 1681; *Kleindiek*, in: Lutter/Hommelhoff, GmbHG, § 37 Rn. 8; *Paefgen*, in: Ulmer/Habersack/Löbbe, GmbHG, § 37 Rn. 8; *U. Schneider*, in: Scholz, GmbHG, § 37 Rn. 46; *Stephan/Tieves*, in: MüKo, GmbHG, § 37 Rn. 63; *K. Schmidt*, GesR, S. 1069; *Hommelhoff*, ZIP 1983, 383, 385; a. A. *Zöllner/Noack*, in: Baumbach/Hueck, GmbHG, § 37 Rn. 14 f.

Auffassung geteilt.[913] Einer Vorlage an die Gesellschafterversammlung bedarf es nach den Maßgaben der Rechtsprechung, wenn eine Neuorientierung der Geschäftspolitik angestrebt wird[914] und langfristige Ziele geändert werden sollen.[915] Wenig dogmatisch stringent dürfte hierzu die Auffassung *Thieles* sein, wonach die Zuständigkeiten deshalb nicht geteilt sein könnten, weil die Gesellschafter häufig nicht in der Lage seien, unternehmerisch zu denken.[916]

Folge der Teilung der Aufgabenbereiche ist, dass der Geschäftsführer für die Ausarbeitung von Vorschlägen verantwortlich ist, die die Unternehmensplanung betreffen.[917] Eine solche Ausarbeitung von Vorschlägen kann nur geboten sein, wenn eine Anpassung an die wirtschaftlichen Rahmenbedingungen erforderlich ist. Um das Erfordernis einer Änderung grundlegender Strategieentscheidungen überhaupt beurteilen zu können, bedürfte es einer Pflicht des Geschäftsführers zur Beobachtung des Unternehmensumfelds.[918] Die Anforderungen an eine solche Beobachtungspflicht des Unternehmensumfelds können sich mangels Spezialregelung nur aus der Sorgfaltspflicht des § 43 I GmbHG ergeben.

Bei tatsächlicher Betrachtung ist zunächst zu berücksichtigen, dass sich in der hier entscheidenden Phase nur sog. schwache Signale einer Krise abzeichnen.[919] Als schwach werden die Signale deshalb bezeichnet, weil die Signale infolge der geringen Intensität und der Zukunftsbezogenheit erhebliche Interpretationsspielräume aufweisen.[920] Zusätzlich ergibt sich die Schwierigkeit, dass

---

913 BGH, Urt. v. 25.02.1991 – II ZR 76/90, NJW 1991, 1681; *Kleindiek,* in: Lutter/Hommelhoff, GmbHG, § 37 Rn. 8; *Paefgen,* in: Ulmer/Habersack/Löbbe, GmbHG, § 37 Rn. 8; *U. Schneider,* in: Scholz, GmbHG, § 37 Rn. 46; *Stephan/Tieves,* in: MüKo, GmbHG, § 37 Rn. 63; *K. Schmidt*, GesR, S. 1069; *Hommelhoff,* ZIP 1983, 383, 385; a. A. *Zöllner/Noack,* in: Baumbach/Hueck, GmbHG, § 37 Rn. 14 f.

914 BGH, Urt. v. 25.02.1991 – II ZR 76/90, NJW 1991, 1681.

915 *Ihlau/Duscha*, BB 2013, 2346, 2348.

916 *Thiele*, ZInsO 2014, 1882, 1888.

917 *Kleindiek,* in: Lutter/Hommelhoff, GmbHG, § 37 Rn. 9; *U. Schneider/Crezelius,* in: Scholz, GmbHG, § 43 Rn. 46; § 37 Rn. 10; *Bork,* ZIP 2011, 101, 103.

918 *Brandstätter,* Die Prüfung der Sanierungsfähigkeit notleidender Unternehmen, S. 231; *Schluck-Amend,* in: K. Schmidt/Uhlenbruck, Die GmbH in Krise, Sanierung und Insolvenz, Rn. 1.137.

919 *Schluck-Amend,* in: K. Schmidt/Uhlenbruck, Die GmbH in Krise, Sanierung und Insolvenz, Rn. 1.138: Teilweise besteht bereits die Schwierigkeit, die Wirkungsrichtung (positiv oder negativ) überhaupt zu bestimmen; *Bea/Haas,* WiSt 1994, 486, 488.

920 *Schluck-Amend,* in: K. Schmidt/Uhlenbruck, Die GmbH in Krise, Sanierung und Insolvenz, Rn. 1.138: Teilweise besteht bereits die Schwierigkeit, die Wirkungsrichtung (positiv oder negativ) überhaupt zu bestimmen; *Bea/Haas,* WiSt 1994, 486, 488.

potentielle Informationen in einem ausufernden Umfang bestehen. Aufgrund dieser tatsächlichen Umstände wurden in der Betriebswirtschaftslehre verschiedene Tools entwickelt, die diese Schwierigkeiten zumindest abmildern und eine bessere Bewertungsgrundlage schaffen sollen. Verwiesen sei insofern auf die Szenario-Analyse,[921] die Cross-Border-Analyse[922]und die Balanced-Scorecard-Analyse[923]. Entscheidend ist folglich, inwiefern diese Aspekte Niederschlag in den rechtlichen Anforderungen des § 43 I GmbHG finden (können).

aa) *Thiele*

Nach *Thiele* ist auf die Fähigkeiten eines Geschäftsführers abzustellen.[924] Ein guter Geschäftsführer sei in der Lage, die schwachen Krisenmerkmale wahrzunehmen, ein schlechter hingegen nicht.[925] Hieraus folge, dass es sich um keine Rechtspflicht handeln könne, weil das Geschäftsführeramt anderenfalls weitere Eignungsvoraussetzungen aufweisen müsse.[926]

bb) *Bork*

Bork unterscheidet danach, ob die Beobachtung des Unternehmensumfelds auf erster Ebene einen wirtschaftlich vertretbaren Aufwand darstellt.[927] Erst wenn dies der Fall sei, könne eine generelle Beobachtungspflicht angenommen werden.[928]

cc) *Schluck-Amend*

Im Unterschied zu den vorgenannten Ansichten fordert *Schluck-Amend*, dass aus den Signalen zwar keine allgemeinen, aber dennoch diejenigen Daten auszufiltern seien, die für die gegenwärtige oder zukünftige Lage des Unternehmens relevant werden könnten.[929] Hieraus folge eine Rechtspflicht, spezifische Informationen aus dem Unternehmensumfeld zu filtern und diese wiederum zur

---

921 *Krystek/Moldenhauer*, HB Krisen- und Restrukturierungsmanagement, S. 82 ff.

922 *Geschka/Hammer*, Die Szenario-Technik in der strategischen Unternehmensplanung, S. 311 f.

923 WP-HB, Bd. II. Kap. L, Rn. 181.

924 *Thiele*, ZInsO 2014, 1881, 1889.

925 *Thiele*, ZInsO 2014, 1881, 1889.

926 *Thiele*, ZInsO 2014, 1881, 1889.

927 *Bork*, ZIP 2011, 101, 103.

928 *Bork*, ZIP 2011, 101, 103.

929 *Schluck-Amend*, in: K. Schmidt/Uhlenbruck, Die GmbH in Krise, Sanierung und Insolvenz, Rn. 1.138.

Grundlage eines Vorschlags zur Änderung der strategischen Ausrichtung des Unternehmens zu machen.[930]

dd) Stellungnahme

Die von *Thiele* zugrunde gelegte Differenzierung zwischen einem guten und schlechten Geschäftsführer ist konturlos, findet keinen Niederschlag im Gesetz und kann zudem auf beliebige Pflichten übertragen werden. Die sachlichen und persönlichen Voraussetzungen des Geschäftsführers in § 6 GmbHG wurden durch das MoMiG zwar erweitert,[931] gleichzeitig handelt es sich jedoch lediglich um Grundvoraussetzungen.[932] Es widerspricht demzufolge dem bisherigen Regelungsmechanismus des § 6 GmbHG, weitreichende kaufmännische Qualifikationen zu fordern. Dogmatisch ist der Schluss von *Thiele* folglich nicht überzeugend. Die Auffassung *Borks* weist den Nachteil auf, dass offen bleibt, ab welcher bestimmten Größe des Unternehmens eine Wahrnehmung wirtschaftlich vertretbar ist. Die dritte Ansicht bestimmt wiederum nicht, anhand welcher groben Richtlinie zu entscheiden ist, welche Daten relevant werden könnten. Die beiden letztgenannten Auffassungen dürften deshalb zumindest in der Praxis zu erheblichen Abgrenzungsschwierigkeiten führen.

Vorzugswürdig dürfte es sein, ein Ergebnis aus der Verbindungslinie zu § 91 II AktG herzuleiten. Der Normzweck des § 91 II AktG selbst erfasst nur solche Entwicklungen, die das Unternehmen quantitativ und unmittelbar betreffen.[933] Aus der Ausstrahlungswirkung des § 91 II AktG lässt sich damit zunächst keine Verpflichtung zur Beobachtung des Unternehmensumfelds herleiten. Nach den obigen Ausführungen ist unstrittig, dass sich eine solche Verpflichtung zumindest grundsätzlich aus § 43 I GmbHG ableiten lässt. Es sind vielmehr die Einschränkungen dieser Pflicht entscheidend, weil es sich prinzipiell um ein endloses Feld von Informationen handelt und für die Auswertung dieser Informationen ein erheblicher wirtschaftlicher Aufwand erforderlich ist.

Wenn nun bereits für die Auswertung der unternehmensinternen Daten der Grobfilter der Bestandsgefährdung Anwendung findet, dann dürfte dieser im Sinne eines *argumentum a maiore ad minus* für die Auswertung der unternehmensexternen Daten gelten. Das Unternehmensumfeld ist folglich auf die Auswertung derjenigen Informationen zu beschränken, die in ihrer Intensität

930 *Schluck-Amend,* in: K. Schmidt/Uhlenbruck, Die GmbH in Krise, Sanierung und Insolvenz, Rn. 1.138.

931 *Fastrich,* in: Baumbach/Hueck, GmbHG, § 6 Rn. 2.

932 *Oetker,* in: Henssler/Strohn, GesR, § 6 GmbHG Rn. 20 ff.

933 3. Kap. § 3 B. II. 2. e) aa).

geeignet sind, den Bestand des Unternehmens zu gefährden. Hierdurch wird der Ansatz *Schluck-Amends* dahingehend konkretisiert und eingeschränkt, dass die Daten des Unternehmensumfelds nicht nur irgendeine Relevanz für die gegenwärtige oder zukünftige Lage des Unternehmens haben müssen, sondern diese Relevanz eine hohe Intensitätsschwelle überschreiten muss. Es ist anzunehmen, dass die sog. schwachen Signale diese Intensitätsschwelle regelmäßig nicht erreichen werden. Dieses Ergebnis überzeugt auch deshalb, weil einer möglichen Fehlentwicklung der Organhaftung entgegengewirkt wird.[934] Dem Geschäftsführer soll durch die Organhaftung gerade nicht die unternehmerische Verantwortlichkeit auferlegt werden. Wäre der Geschäftsführer hingegen auch zur Auswertung von sog. weichen Signalen verpflichtet, könnte eine Krise bereits weit im Voraus – sogar vor den ersten Krisenphasen nach dem IDW S 6 a.F.[935] – antizipiert werden und eine haftungsrechtliche Verantwortlichkeit begründen.

Im Ergebnis ist die Pflicht zur Beobachtung des Unternehmensumfelds derart schwach ausgeprägt, dass nur in Ausnahmefällen eine haftungsrechtliche Verantwortlichkeit für die Erkennung von schwachen Krisenmerkmalen besteht.[936] Es bleibt darauf hinzuweisen, dass es dem Geschäftsführer unbenommen bleibt, solche schwachen Signale auch unterhalb der Schwelle der Bestandsgefährdung aufzudecken. Es handelt sich um eine Soll-Obliegenheit.[937]

Bezüglich der oben genannten Pflicht zur Vorbereitung von Gesellschafterbeschlüssen ergibt sich hieraus, dass der Geschäftsführer dieser erst nachkommen muss, wenn ein unternehmensexternes Signal eine Bestandsgefährdung erkennen lässt. Aus Sicht der Gesellschafter besteht weiterhin die Möglichkeit, die Pflichten des Geschäftsführers durch Weisungen zu konkretisieren, wodurch eine ausreichende Flexibilität für den Einzelfall gewährleistet wird. Fernerhin können die Gesellschafter durch hinreichend präzise und offen kommunizierte strategische Vorgaben den Geschäftsführer für die Thematik sensibilisieren und zugleich eine Motivations-, Koordinierungs- und Orientierungswirkung schaffen.[938]

---

934 Ansatz nach *U. Schneider/Crezelius*, in: Scholz, GmbHG, § 43 Rn. 7, 12 f.

935 IDW S 6 a.F., Tz. 65 ff.

936 A. A. *Förster*, System einer Insolvenzauslösung bei der GmbH, S. 435.

937 Im Ergebnis ähnlich, aber infolge anderer Begründung *Thiele*, ZInsO 2014, 1881, 1889.

938 *Wilden*, in: Buth/Hermanns, Restrukturierung, Sanierung und Insolvenz, § 2 Rn. 79.

g) Konklusion für gesamtes System der Krisenfrüherkennung

Das System der Krisenfrüherkennung weist im Ergebnis präventive, begleitende und retrospektive Elemente auf. Für die präventiven Elemente hat sich gezeigt, dass im Einzelnen der Filter der Bestandsgefährdung aus § 91 II AktG zu übertragen ist. Hieraus ergibt sich zugleich, dass für den Geschäftsführer keine rechtliche Verpflichtung besteht, eine Krise anhand betriebswirtschaftlicher Krisenmerkmale zu erkennen.[939] Vielmehr orientiert sich die Krisenfrüherkennungspflicht (§ 43 I GmbHG) an dem insolvenzrechtlich auszulegenden Begriff der Bestandsgefährdung im Sinne des § 91 II AktG. Gerade die präventiven Elemente, welche entscheidend für eine Krisenfrüherkennung sind, weisen damit eine erhebliche Einschränkung auf. Aus den spezifischen Anforderungen der Einzelelemente ist weiterhin erkennbar, dass die Intensität der wirtschaftlichen Selbstprüfungspflicht mit zunehmender Krisennähe zunimmt.[940]

3. Fazit

Für die zu Beginn des Kapitels hergeleitete rechtliche Sanierungspflicht ergibt sich aus den vorstehenden Ausführungen, dass sich die Rentabilitätssicherungspflicht erst zu einer Sanierungspflicht mit haftungsrechtlicher Verantwortung (§ 43 II GmbHG) wandeln kann, wenn eine Bestandsgefährdung im Sinne des § 91 II 1 AktG vorliegt und diese als solche auch erkennbar ist. Damit erfährt der Anwendungsbereich der Sanierungspflicht eine erste erhebliche inhaltliche Einschränkung.

III. Krisenkommunikation

Die erfolgreiche Bewältigung einer Unternehmenskrise hängt unter anderem von dem unternehmensinternen Informationsfluss zwischen den Organen ab. Eine optimale Krisenkommunikation zeichnet sich dadurch aus, dass für den maßgeblichen Entscheidungsträger[941] eine hinreichende Informationsgrundlage

---

939 So aber *Wellensiek/Schluck-Amend,* in: Römermann, Münchener AnwaltsHB GmbH-Recht, § 23 Rn. 25; *Schluck-Amend/Walker,* GmbHR 2001, 375, 377; *Thiele,* ZInsO 2014, 1881, 1886; *Uhlenbruck,* BB 1998, 2009.

940 *Sinz,* in: K. Schmidt/Uhlenbruck, Die GmbH in der Krise, Sanierung und Insolvenz, Rn. 1.192; *Wanner,* Die GmbH in der Krise, S. 79; *Veil,* ZGR 2006, 374, 376; 3. Kap. § 3 B. II. 2. d) bb).

941 Die Gesellschafterversammlung ist in der Regel einzuberufen, wenn es sich um grundlegende Entscheidungen handelt, hierzu *Altmeppen,* in: Roth/Altmeppen, GmbHG, § 37 Rn. 22; *Oetker,* in: Henssler/Strohn, GesR, § 37 GmbHG Rn. 6; *U. Schneider/S. Schneider,* in: Scholz, GmbHG, § 37 Rn. 15 ff.

geschaffen wird und die Gesellschaftsorgane, bedingt durch ihre verschiedenen Kompetenzen, aufeinander abgestimmt tätig werden können. Dadurch werden Zeitverluste und Abstimmungsschwierigkeiten vermieden.[942]

1. Wirtschaftlich erfolgreiches Unternehmen

Unabhängig von einer Unternehmenskrise steht den Gesellschaftern aus § 51a GmbHG jederzeit ein Anspruch auf Auskunft über die Angelegenheiten der Gesellschaft und Einsicht in die Bücher und Schriften zu. Bei diesem Informationsanspruch handelt es sich um eine reaktive Informationspflicht des Geschäftsführers.[943] Der Informationsfluss ist abhängig von der Initiative des einzelnen Gesellschafters.[944] Die Rechte aus § 51a GmbHG erfahren dabei Einschränkungen über die Filter der funktionsgerechten Ausübung[945] bzw. der zweckentsprechenden Wahrnehmung,[946] um die operative Geschäftsführung nicht zu blockieren. Krisenunabhängig hat der Geschäftsführer den Gesellschaftern nach §§ 41, 42, 42a GmbHG i.V.m. §§ 264 bis 289 HGB jährlich den Jahresabschluss und den Lagebericht vorzulegen. Gleichzeitig ist der Geschäftsführer zur Erläuterung der vorgelegten Unterlegen und zur Beantwortungen etwaiger Fragen oder Einwendungen der Gesellschafter verpflichtet (§ 176 I 2 AktG analog).[947]

Das Kernelement des unternehmensinternen Kommunikationsflusses könnte darüber hinaus aus einer proaktiven periodischen Berichtspflicht des Geschäftsführers gegenüber der Gesellschafterversammlung folgen. Kann eine solche periodische Berichtspflicht begründet werden, wird hierdurch eine ausreichende Informationsgrundlage der Gesellschafterversammlung gewährleistet. Zugleich können die Berichtspflichten eine mittelbare Selbstkontrolle des Geschäftsführers bewirken.[948] Hinsichtlich einer periodischen Berichtspflicht werden unterschiedliche Auffassungen vertreten.

---

942 *Haas,* Gutachten zum 66. DJT, Bd. I, E 109.

943 *Theiselmann,* GmbH-StB 2011, 339, 340.

944 *Theiselmann,* GmbH-StB 2011, 339, 340.

945 *Zöllner/Noack,* in: Baumbach/Hueck, GmbHG, § 51a Rn. 11, 14, 15, 27.

946 BGH, Beschl. v. 06.03.1997 – II ZB 5/96, BGHZ 135, 54 = NJW 1997, 1985; BGH, Urt. v. 11.11.2002 – II ZR 123/02, BGHZ 152, 344 = NJW-RR 2003, 830.

947 *Fleischer,* in: MüKo, GmbHG, § 42a Rn. 7; *Haas,* in: Baumbach/Hueck, GmbHG, § 42a Rn. 3; *Kleindiek,* in: Lutter/Hommelhoff, GmbHG, § 42a Rn. 33; *Hommelhoff,* ZGR 1986, 418, 423; abweichend *Tiedchen,* in: Schmidt-Leithoff/Rowedder, GmbHG, § 42a Rn. 60.

948 Für den Vorstand *Dauner-Lieb,* in: Henssler/Strohn, GesR, § 90 AktG Rn. 1; *Spindler,* in: MüKo, AktG, § 90 Rn. 1.

a) Geschäftsführer trifft keine periodische Berichtspflicht

Teilweise wird vertreten, den Geschäftsführer treffe keine fortlaufende unaufgeforderte (proaktive) Berichtspflicht gegenüber der Gesellschafterversammlung.[949] Hierfür wird angeführt, das GmbHG weise erstens gerade keine Parallelregelung zu § 90 I AktG auf.[950] Hinzu komme zweitens, dass die Gesellschafterversammlung als Zentralorgan der GmbH zwar eine Aufsichts- und Kontrollverpflichtung treffe,[951] etwaige Ansprüche gegen den Geschäftsführer jedoch nicht verpflichtend geltend zu machen seien.[952] Die Gesellschafterversammlung sei vielmehr berechtigt, die Gesellschaft bis zur Stammkapitalziffer zu schädigen, sodass kein Informationsbedürfnis für die Geltendmachung etwaiger Schadensersatzansprüche bestehe.[953]

b) Geschäftsführer trifft periodische Berichtspflicht

Diese Sichtweise wird von anderen Stimmen aus der Literatur zu Recht abgelehnt.[954] Anders als das Informationsrecht des einzelnen Gesellschafters aus § 51a GmbHG zunächst vermuten lasse, liege die Initiativpflicht nicht auf Seiten der Gesellschafterversammlung, sondern auf Seiten des verantwortlichen Organs.[955] Das aus § 51a GmbHG resultierende „kollektive Informationsrecht" der Gesellschafterversammlung bilde lediglich die Ergänzung der Organverantwortlichkeit des Geschäftsführers.[956] Die Grundregel sei hiernach, dass derjenige, der für einen anderen tätig wird, diesem über die ausgeübte Tätigkeit Rechenschaft und Bericht abzulegen hat.[957] Auch wenn die §§ 666, 713, 716 BGB nur für Personengesellschaften gelten, könne aus diesen Normen der beschriebene Gedanke abgeleitet werden.[958] § 666 BGB setze gerade beim Verpflichteten an, sodass § 713

949 *Hillmann,* in: MüKo, GmbHG, § 51a Rn. 10; *Zöllner/Noack,* in: Baumbach/Hueck, GmbHG, § 51 Rn. 59.

950 *Liebscher,* in: MüKo, GmbHG, § 51a Rn. 10.

951 Hierzu *Zöllner/Noack,* in: Baumbach/Hueck, GmbHG, § 46 Rn. 50.

952 *Liebscher,* in: MüKo, GmbHG, § 51a Rn. 10.

953 *Hillmann,* in: MüKo, GmbHG, § 46 Rn. 193 f.

954 *K. Schmidt,* in: Scholz, GmbHG, § 46 Rn. 114; *ders.,* Informationsrechte in Gesellschaften und Verbänden, S. 16 f.; *Grunewald,* ZHR 146 (1982), 216, 225 f.; *Hommelhoff,* BB 1981, 944, 951; *Lutter,* ZGR 1981, 171, 176; *Meier,* DStR 1997, 1894.

955 *Hommelhoff,* BB 1981, 944, 951.

956 *K. Schmidt,* Informationsrechte in Gesellschaften und Verbänden, S. 16.

957 *K. Schmidt,* Informationsrechte in Gesellschaften und Verbänden, S. 16 f.

958 *Hommelhoff,* BB 1981, 944, 951.

BGB die Rechte des geschäftsführenden Gesellschafters regele.[959] Den Geschäftsführer treffe folglich eine Berichtspflicht von Amts wegen.[960]

Zusätzlich sei für die Herleitung der Berichtspflicht auf die Aufsichtsaufgabe der Gesellschafterversammlung abzustellen, die in § 46 Nr. 6 GmbHG insbesondere vorsieht, dass Prüfung und Überwachung der Geschäftsführung der Bestimmung der Gesellschafterversammlung unterliegen.[961] Dieser Pflicht könne die Gesellschafterversammlung auf zweiter Stufe nur nachkommen, wenn ihr auf erster Stufe eine hinreichende Informationsgrundlage zur Verfügung stehe.[962] Die hierfür erforderlichen Informationen seien nicht über § 51a GmbHG geltend zu machen, sondern der Gesellschafterversammlung unaufgefordert mitzuteilen.[963] Im Ergebnis seien das kollektive Informationsrecht und der Einzelanspruch (§ 51a GmbHG) als eine Einheit zu betrachten.[964] Das Erfordernis von Einzelfragen entfalle demzufolge, sofern bereits eine diesbezügliche Berichterstattung erfolgt ist.[965]

c) Stellungnahme

Für die zweite Ansicht lässt sich vor allem anführen, dass das GmbHG zwar keine explizite, mit § 90 AktG vergleichbare Regelung aufweist, sich jedoch eine allgemeine Lesart des § 90 AktG dahingehend aufdrängt, dass diese Vorschrift die Berichtspflicht lediglich als solche kodifizieren sollte. Im Vordergrund stand vielmehr die Ordnung des formalen und materiellen Inhalts und demzufolge die Systematisierung. Auch ohne die Vorschrift des § 90 I AktG träfe den Vorstand eine Berichtspflicht gegenüber dem Aufsichtsrat. Dies ergibt sich nach den obigen Ausführungen für die AG aus der Überwachungspflicht des Aufsichtsrats (§ 111 I AktG) und den allgemeinen Ableitungen aus den §§ 666, 713 BGB.

---

959 *Hommelhoff*, BB 1981, 944, 951.

960 *K. Schmidt*, Informationsrechte in Gesellschaften und Verbänden, S. 15 ff.; *Grunewald*, ZHR 146 (1982), 216, 225 f.; *Meier*, DStR 1997, 1894.

961 *K. Schmidt*, in: Scholz, GmbHG, § 46 Rn. 114; *Meier*, DStR 1997, 1894; zu der Aufsichtsaufgabe *Hüffer*, in: Ulmer/Habersack/Löbbe, GmbHG, § 46 Rn. 82.

962 *K. Schmidt*, in: Scholz, GmbHG, § 46 Rn. 114; *Meier*, DStR 1997, 1894; zu der Aufsichtsaufgabe *Hüffer*, in: Ulmer/Habersack/Löbbe, GmbHG, § 46 Rn. 82.

963 *K. Schmidt*, in: Scholz, GmbHG, § 51a Rn. 4; § 46 Rn. 114.

964 *Lutter*, ZGR 1982, 1, 6: Der Normzweck des individuellen Informationsanspruchs bestehe gerade in der Vorbereitung unternehmerischer Entscheidungen (vgl. § 45 GmbHG) sowie der allgemeinen Kontrolle der Geschäftsführung (insb. § 46 Nr. 6 GmbHG).

965 *Lutter*, ZGR 1982, 1, 6.

Die Position des Aufsichtsrats als Adressat der Berichtspflichten folgt hierbei aus den Besonderheiten der Gesellschaftsform der AG.[966] Nach dieser Lesart des § 90 AktG fehlt es dem GmbHG lediglich an einer die Berichtspflicht konkretisierenden Vorschrift. Weiterhin ist gegen die Argumentation der ersten Auffassung anzuführen, dass eine hinreichende Informationsgrundlage der Möglichkeit der Gesellschafterversammlung, die Gesellschaft zu schädigen, nicht widerspricht, sondern vielmehr eine gezielte und nicht zufällige Schädigung ermöglicht wird. Diese Möglichkeit der bewussten Schädigung entspricht dabei der zentralen Position der Gesellschafterversammlung.

Für den Blickwinkel dieses Kapitels ist maßgeblich, inwiefern die Berichtspflicht die Grundlage einer optimalen Krisenkommunikation bilden kann. Entscheidend ist hierbei, welche konkreten Anforderungen an die befürwortete Berichtspflicht des Geschäftsführers zu stellen sind. Grundsätzlich stehen die Anforderungen an die Informationspflicht in einem Spannungsverhältnis zu der operativen Tätigkeit der Geschäftsführung. Der Zeitaufwand für die Berichtspflicht ist geeignet, die operative Tätigkeit des Geschäftsführers zu überlagern.[967] Sowohl die fortlaufende Kontrolle als auch der unternehmensinterne Informationsfluss wird am effektivsten gewährleistet, wenn die Berichtspflicht nach einem formalen und materiellen Muster erfolgt.

Unabhängig von der hier in Rede stehenden Berichtspflicht und von der Informationspflicht (§ 51a GmbHG) trifft den Geschäftsführer abhängig von der Größe der Gesellschaft (§ 267 HGB) eine Pflicht zur Aufstellung eines Jahresabschlusses (§§ 41, 42, 42a, 46 Nr. 1 GmbHG i.V.m. §§ 264 bis 289 HGB). Diese Informationen sind jedoch stichtagsbezogen und erfolgen in zu großen zeitlichen Abständen. Infolgedessen schaffen sie keine hinreichende Grundlage für eine Überwachung. Diese Ansätze sind folglich nicht auf die Berichtspflicht zu übertragen.[968] Die dargestellte zweite Ansicht setzt für einen Bericht an die Gesellschafterversammlung etwas „Mitteilenswertes" voraus.[969] Dies sei bei wichtigen Angelegenheiten, Maßnahmen oder Ereignissen der Fall.[970] Diese Voraussetzungen legen eine situationsbezogene Berichtspflicht nahe, schaffen also gerade nicht das anzustrebende formale und materielle Raster.

---

966 Allgemein *Lutter/Krieger/Verse,* in: Lutter/Krieger/Verse, Rechte und Pflichten des Aufsichtsrats, § 3 Rn. 63 ff.

967 Allgemein *Manger,* NZG 2010, 1255, 1256.

968 Ähnlich *Lutter,* ZGR 1982, 1, 6.

969 *K. Schmidt,* in: Scholz, GmbHG, § 46 Rn. 114, § 51a Rn. 4.

970 *K. Schmidt,* in: Scholz, GmbHG, § 46 Rn. 114, § 51a Rn. 18.

Das Einfallstor für die angestrebte Systematisierung soll hingegen die Stellung des fakultativen Aufsichtsrats in der GmbH bilden. Nach der Verweisung aus § 52 I GmbHG auf § 111 AktG liegt die Hauptaufgabe des Aufsichtsrats in der Überwachung der Geschäftsführung.[971] Aus den gesamten Berichtspflichten des Vorstands (direkte Anwendung des § 90 AktG) werden durch § 52 I GmbHG lediglich die § 90 III, IV, V 1 AktG für entsprechend anwendbar erklärt. Der fehlende Verweis des § 52 I GmbHG auf § 90 I AktG lässt erkennen, dass den Geschäftsführer gerade keine Pflicht zur fortlaufenden Information des Aufsichtsrats trifft.[972] Nach der Systematik der § 90 I und II AktG liegt die Initiativpflicht bei der Geschäftsleitung, wohingegen § 90 III, IV, V AktG die Rechte des Aufsichtsrats beschreibt, die dieser selbstständig wahrnehmen kann bzw. muss. Die Initiativpflicht für die Organbeziehung zwischen Geschäftsführer und Aufsichtsrat liegt demzufolge bei den Mitgliedern des Aufsichtsrats.[973] Eine analoge Anwendung des § 90 I AktG auf die Rechte des Aufsichtsrats (§ 52 GmbHG), die eine Berichtspflicht des Geschäftsführers implementieren würde, scheidet damit aufgrund einer nicht vergleichbaren Interessenlage aus, weil dem Aufsichtsrat neben der Gesellschafterversammlung nur eine ergänzende Überwachungstätigkeit zukommt.[974] Nach herrschender Auffassung werden die inhaltlichen Anforderungen der § 90 I, II AktG jedoch als Anhaltspunkte für die von dem Aufsichtsrat regelmäßig zu fordernden Berichte herangezogen.[975]

Nach diesen Ausführungen sind folglich zwei Gesichtspunkte des § 90 AktG hervorzuheben: Erstens ist aus der Systematik der Vorschrift eine Initiativpflicht des Aufsichtsrats abzuleiten. Zu trennen hiervon sind zweitens die inhaltlichen Anforderungen (formales und materielles Muster) an die zu leistenden Berichte. Möglicherweise können diese systematischen Regelungsansätze und

---

971 *Habersack,* in: MüKo, AktG, § 111 Rn. 1; *Hopt/Roth,* in: GroßKomm, AktG, § 111 Rn. 24; *Lutter/Krieger,* in: K. Schmidt/Lutter, AktG, § 111 Rn. 61.

972 *Giedinghagen,* in: Michalski, GmbHG, § 52 Rn. 253; *Lutter,* in: Lutter/Hommelhoff, GmbHG, § 52 Rn. 22; *U. Schneider,* in: Scholz, GmbHG, § 52 Rn. 105; *Zöllner/Noack,* in: Baumbach/Hueck, GmbHG, § 52 Rn. 134; *Gaul/Otto,* GmbHR 2003, 7; a. A. *Heermann* in: Ulmer/Habersack/Löbbe, GmbHG, § 52 Rn. 115.

973 *Lutter,* in: Lutter/Hommelhoff, GmbHG, § 52 Rn. 22; *Peres,* in: Saenger/Inhester, GmbHG, § 52 Rn. 83; *U. Schneider,* in: Scholz, GmbHG, § 52 Rn. 105.

974 *K. Schmidt,* in: Scholz, GmbHG, § 46 Rn. 112; *Spindler,* in: MüKo, GmbHG, § 52 Rn. 265; *Zöllner/Noack,* in: Baumbach/Hueck, GmbHG, § 52 Rn. 100; a. A. *Banspach/Nowak,* Der Konzern 2008, 195, 201.

975 *U. Schneider,* in: Scholz, GmbHG, § 52 Rn. 109; *Spindler,* in: MüKo, GmbHG, § 52 Rn. 324; *Leyens,* Information des Aufsichtsrats, S. 144.

die Regelungstechnik für die Berichtspflichten des Geschäftsführers gegenüber der Gesellschafterversammlung herangezogen werden. Aufgeworfen werden soll die Frage, welche der oben ausgeführten Aspekte der Überwachung des Geschäftsführers durch den Aufsichtsrat auf die Überwachung durch die Gesellschafterversammlung (§ 46 Nr. 6 GmbHG als Anhaltspunkt) übertragen werden können und welche Aspekte aufgrund systematischer Unterschiede auszuscheiden haben.

Die vorherige Argumentation ist zunächst dahingehend zu ergänzen, dass sich die beschriebene Initiativpflicht des Aufsichtsrats daraus ergibt, dass die Gesellschafterversammlung das zentrale Willensbildungsorgan der GmbH bildet, eine Kontrolle der Geschäftsführung durch die Gesellschafterversammlung schon erfolgt und aufgrund dieser Konstellation die Überwachungstätigkeit des fakultativen Aufsichtsrats eingeschränkt werden kann.[976] Dieser Punkt ist für die fehlende Verweisung des § 52 I GmbHG auf § 90 I und II AktG maßgeblich. Hiernach hat auch eine analoge Anwendung des § 90 I AktG auf die Pflichten des Geschäftsführers gegenüber dem Aufsichtsrat zumindest infolge einer fehlenden vergleichbaren Interessenlage auszuscheiden.[977] Über eine Orientierung der Systematisierung der Berichtspflichten an den Vorgaben des § 90 I, II AktG ist jedoch keine Entscheidung getroffen.

Es könnte daher zu überlegen sein, die inhaltlichen Anforderungen des § 90 I, II AktG zur Systematisierung der Berichtspflichten des Geschäftsführers gegenüber der Gesellschafterversammlung heranzuziehen. Das liegt zunächst deshalb nahe, weil den Geschäftsführer nach obigen Ausführungen ebenso wie den Vorstand die Initiative zur Berichterstattung trifft. Wie bereits beschrieben, hat der Geschäftsführer (§ 37 GmbHG) jedoch im Unterschied zu dem Vorstand (§ 76 AktG) nicht die eigenverantwortliche Leitung der Gesellschaft inne.[978] Die Aufgabenzuständigkeit ist vielmehr zwischen Geschäftsführer und Gesellschafterversammlung geteilt.[979] Es ist deshalb zu prüfen, welche Aufgabenbereiche des

---

976 BGH, Beschl. v. 06.03.1997 – II ZB 4/96, BGHZ 135, 48 = NJW 1997, 1985; *Banspach/Nowak*, Der Konzern 2008, 195, 201; *V. Hoyningen-Huene/Powietzka*, BB 2001, 529, 530.

977 *K. Schmidt*, in: Scholz, GmbHG, § 46 Rn. 112; *Spindler*, in: MüKo, GmbHG, § 52 Rn. 265; *Zöllner/Noack*, in: Baumbach/Hueck, GmbHG, § 52 Rn. 100; a. A. *Banspach/Nowak*, Der Konzern 2008, 195, 201.

978 vgl. 3. Kap. § 3 A. II. 2. b) bb) (2).

979 BGH, Urt. v. 25.02.1991 – II ZR 76/90, NJW 1991, 1681; *Kleindiek*, in: Lutter/Hommelhoff, GmbHG, § 37 Rn. 8; *Paefgen*, in: Ulmer/Habersack/Löbbe, GmbHG, § 37 Rn. 8; *U. Schneider*, in: Scholz, GmbHG, § 37 Rn. 46; *Stephan/Tieves*, in: MüKo, GmbHG,

Geschäftsführers und des Vorstands mit Blick auf § 90 I AktG identisch sind. Nur wenn sich hier Überschneidungen ergeben, kommt eine Orientierung an den inhaltlichen Anforderungen des § 90 I, II AktG in Betracht.

Für die in § 90 I 1 Nr. 1, II Nr. 1 AktG genannte Geschäftspolitik ist die Gesellschafterversammlung zuständig, sodass eine Berichtspflicht obsolet ist. Etwas Anderes gilt hingegen für die Inhalte des § 90 I 1 Nr. 2–4, II Nr. 2–4 AktG. Sowohl die Rentabilität (Nr. 2), der Gang der Geschäfte (Nr. 3) als auch etwaige Geschäfte, die für die Rentabilität oder Liquidität der Gesellschaft von erheblicher Bedeutung sein könnten (Nr. 4), fallen im Unterschied zur Nr. 1 in den Aufgabenbereich des Geschäftsführers.[980] Mit anderen Worten steht die Leitungsverantwortung des Vorstands lediglich einer Übertragung des § 90 I 1 Nr. 1 AktG auf die GmbH entgegen. Für § 90 I 1 Nr. 2–4 AktG bestehen hingegen keine spezifischen Unterschiede, die gegen eine Übertragung auf das GmbH-Recht streiten. Für § 90 I 1 Nr. 4 AktG ist ergänzend zu beachten, dass die zugrunde liegende Konstellation bereits von § 49 II GmbHG erfasst wird, weil die in § 90 I 1 Nr. 4 AktG bezeichneten Geschäfte nachhaltig auf die Interessen des Unternehmens und damit der Gesellschafter einwirken können.[981]

Ein weiteres Argument kann aus einem Vergleich der Stellung des Aufsichtsrats mit derjenigen der Gesellschafterversammlung gewonnen werden. Wenn die formalen und materiellen Aspekte des § 90 I, II AktG bereits herangezogen werden, um zu bestimmen, was der Aufsichtsrat regelmäßig zu leisten hat,[982] dann dürfte dies aufgrund der zentralen Stellung der Gesellschafterversammlung für diese erst Recht gelten.

Da die inhaltlichen Anforderungen des § 90 AktG auf die durchschnittliche wirtschaftliche Komplexität der AG zugeschnitten sind und die rechtlichen Anforderungen an die Selbstprüfungspflicht des Geschäftsführers im Vergleich zu denjenigen des Vorstands geringer sind, ist dem eingangs aufgeworfenen Spannungsverhältnis dadurch Rechnung zu tragen, dass der Detaillierungsgrad der Berichte nicht überspannt wird.

---

§ 37 Rn. 63; *K. Schmidt*, GesR, S. 1069; *Hommelhoff*, ZIP 1983, 381, 385; a. A. *Zöllner/Noack*, in: Baumbach/Hueck, GmbHG, § 37 Rn. 14 f.

980 Zu der Problematik der Kompetenzverteilung: 3. Kap. § 3 VI. 1.

981 Allgemein *Liebscher*, in: MüKo, GmbHG, § 49 Rn. 51 ff.

982 *U. Schneider*, in: Scholz, GmbHG, § 52 Rn. 109; *Spindler*, in: MüKo, GmbHG, § 52 Rn. 324; *Leyens*, Information des Aufsichtsrats, S. 144.

d) Konklusion

Im Ergebnis besteht damit nach hier vertretener Auffassung eine Berichtspflicht des Geschäftsführers, die nicht auf situativ „wichtige Maßnahmen und Ereignisse“[983] beschränkt ist, sondern nach den inhaltlichen Anforderungen des § 90 I 1 Nr. 2–4, II AktG eine periodische Verpflichtung zur Information der Gesellschafterversammlung entstehen lässt. Diese Berichtspflicht schafft einen fortlaufenden, krisenunabhängigen Informationsfluss zwischen den Organen.

2. Krise des Unternehmens

Das GmbHG adressiert die Krisenkommunikation zwischen Geschäftsführer und Gesellschafterversammlung explizit durch die Vorschrift des § 49 GmbHG. Nach § 49 I GmbHG wird dem Geschäftsführer die Zuständigkeit eingeräumt, die Versammlung der Gesellschafter einzuberufen. Durch diese Kompetenz wird die Gesellschafterversammlung als zentrales Willensbildungsorgan geschützt.[984] Lägen die Einberufungsgründe der § 49 II, III GmbHG nicht vor, könnte es zu einer faktischen Verlagerung der Entscheidungen in den Tätigkeitsbereich des Geschäftsführers kommen.[985] Demzufolge ist § 49 GmbHG als eine organisatorische Norm zu verstehen.[986] Der durch die Einberufung vermittelte Informationsfluss steht folglich im Zusammenhang mit den organspezifischen Kompetenzen. Mit anderen Worten kann den Geschäftsführer eine Einberufungspflicht erst dann treffen, wenn die Kompetenzordnung der GmbH eine Willensbildung der Gesellschafterversammlung erfordert.

Die in Frage stehende Informationsdynamik wird durch die formalen und materiellen Vorgaben der Einberufung (§ 51 GmbHG) vermittelt. Nach § 51 II GmbHG ist der Versammlungszweck und damit der Versammlungsgegenstand anzukündigen. Dieser Ankündigung sind die zur Vorbereitung der Gesellschafter erforderlichen Informationen beizufügen.[987] Da der spezifische Informationsfluss abhängig von den tatbestandlichen Voraussetzungen der § 49 II, III GmbHG ist, ist im Folgenden zwischen den Absätzen zu unterschieden.

---

983 *K. Schmidt*, in: Scholz, GmbHG, § 46 Rn. 114; § 51a Rn. 4.

984 *Römermann*, in: Michalski, GmbHG, § 49 Rn. 5 f.

985 *Römermann*, in: Michalski, GmbHG, § 49 Rn. 5 f.

986 *Liebscher*, in: MüKo, GmbHG, § 49 Rn. 1.

987 *Liebscher*, in: MüKo, GmbHG, § 49 Rn. 62.

a) Einberufungspflicht nach § 49 III GmbHG

Die Einberufungspflicht des § 49 III GmbHG konkretisiert die Generalklausel des zweiten Absatzes und beinhaltet ein Krisensignal an die Gesellschafterversammlung.[988] Durch die Einberufung zum Zeitpunkt der hälftigen Unterbilanz soll eine Entscheidung der Gesellschafterversammlung darüber ermöglicht werden, ob eine Sanierung oder eine Liquidation anzustreben ist.[989]

aa) Darstellung

Die gesetzliche Normierung der spezifischen Voraussetzungen des § 49 III GmbHG ist auf zwei Aspekte zurückzuführen: Erstens überwiegen die Dringlichkeit und das sachliche Gewicht des zugrunde liegenden Sachverhalts die mit der Durchführung der Gesellschafterversammlung verbundenen Kosten und den Zeitaufwand.[990] Zweitens ergibt sich aus dem gesetzlichen Leitbild der Kompetenzverteilung, dass die zu diesem Zeitpunkt erforderliche Entscheidung in den Kompetenzbereich der Gesellschafterversammlung fällt, weil es sich bei der Frage der Fortführung bzw. der Liquidation um eine Grundlagenentscheidung handelt.[991]

Tatbestandlich setzt die Einberufungspflicht an dem Verlust des hälftigen Stammkapitals an, welcher sich aus der Jahresbilanz oder einer Zwischenbilanz ergibt. Für die Berechnung, ob das Gesellschaftsvermögen höchstens die Hälfte der Stammkapitalziffer deckt, bedarf es einer pflichtgemäßen Entscheidung des Geschäftsführers darüber, ob Fortführungswerte oder Liquidationswerte zugrunde zu legen sind.[992] Die Unterscheidung zwischen Fortführungswerten und Liquidationswerten ist geboten, weil bereits das akute Krisenstadium der hälftigen Unterbilanz erreicht wurde und die generelle Annahme von Fortführungswerten mit Blick auf § 19 II 1 HS. 2 InsO eine Fiktion darstellen würde.[993]

---

988 *Haas/Kolmann/Pauw,* in: Gottwald, InsolvenzR-HB, § 93 Rn. 33; *Römermann,* in: Mich-alski, GmbHG, § 49 Rn. 5 f.

989 BGH, Urt. v. 20.02.1995 – II ZR 9/94, NJW-RR 1995, 669 f.; *Liebscher,* in: MüKo, GmbHG, § 49 Rn. 55; *Nowotny,* FS Selmer, S. 231; *Bauer,* ZInsO 2002, 153, 154; *Goette,* ZInsO 2001, 529, 533.

990 Allgemein zu den Abwägungsgesichtspunkten *Hüffer/Schürnbrand,* in: Ulmer/Habersack/ Löbbe, GmbHG, § 49 Rn. 15; *Seibt,* in: Scholz, GmbHG, § 49 Rn. 1.

991 *Altmeppen,* in: Roth/Altmeppen, GmbHG, § 37 Rn. 19; *Liese,* in: Hauschka/Moosmeyer/ Lösler, Corporate Compliance, § 7 Rn. 189.

992 *Bayer,* in: Lutter/Hommelhoff, GmbHG, § 49 Rn. 15; *Liebscher,* in: MüKo, GmbHG, § 49 Rn. 58; *Römermann,* in: Michalski, GmbHG, § 49 Rn. 107.

993 *Bayer,* in: Lutter/Hommelhoff, GmbHG, § 49 Rn. 15; *Liebscher,* in: MüKo, GmbHG, § 49 Rn. 58; *Römermann,* in: Michalski, GmbHG, § 49 Rn. 107.

Der Schwellenwert des § 49 III GmbHG kennzeichnet sich weiterhin durch die formale Berechnungsweise und einen exakt zu bestimmenden Zeitpunkt, was zu einer ausgeprägten Normklarheit führt.[994] Auf Rechtsfolgenseite wird dem Geschäftsführer nach dem Wortlaut als Normadressaten kein Ermessen zugestanden („muss"). Darüber hinaus ist die Gesellschafterversammlung im Unterschied zu der generellen Vorgabe des § 51 I 2 GmbHG nicht mit einer Mindestfrist von einer Woche, sondern „unverzüglich" (§ 49 III GmbHG) im Sinne des § 121 I 1 HS. 1 BGB einzuberufen. Aus der bloßen Einberufungspflicht des § 49 III GmbHG lässt sich im Übrigen nicht die Pflicht zur Beurteilung der Sanierungsfähigkeit und der Sanierungsaussichten herleiten.[995] Ebenso folgt aus der Einberufungspflicht keine Verpflichtung der Gesellschafterversammlung, bestimmte Beschlüsse zu treffen.[996] Etwas anderes gilt nur, wenn die drohende Zahlungsfähigkeit (§ 18 InsO) unmittelbar bevorsteht.[997] In diesem Fall haben die Gesellschafter eine Entscheidung über einen freiwilligen Insolvenzantrag gem. § 18 III InsO zu treffen, um frühzeitige Sanierungsmaßnahmen zu ermöglichen.[998]

Der spezifische Informationsfluss folgt letztlich aus der erforderlichen Verlustanzeige. Mit dieser Anzeige sind diejenigen Informationen zu überliefern, die einen Überblick über die wirtschaftliche Situation des Unternehmens ermöglichen.[999]

bb) Kritik und Folgerungen

Die Vorschrift des § 49 III GmbHG wird vielfach kritisch betrachtet.[1000] Der gemeinsame Nenner der Kritik an § 49 III GmbHG liegt darin, dass der

---

994 Hierzu *Veil*, ZGR 2006, 374, 381 f.; *Kalss/Ademsamer/Oelkers*, ZGR-Sonderheft 2006, IV.

995 *Bayer*, in: Lutter/Hommelhoff, GmbHG, § 49 Rn. 14; *Seibt*, in: Scholz, GmbHG, § 49 Rn. 23; etwas Anderes gilt nach herrschender Auffassung, wenn die Zahlungsunfähigkeit droht, hierzu OLG München, Urt. v. 21.03.2013 – 23 U 2344/12, ZIP 2013, 1121; *Leinekugel/ Skauradszun*, GmbHR 2011, 1121, 1124.

996 *Bayer*, in: Lutter/Hommelhoff, GmbHG, § 49 Rn. 14; *Seibt*, in: Scholz, GmbHG, § 49 Rn. 23.

997 OLG München, Urt. v. 21.03.2013 – 23 U 2344/12, ZIP 2013, 1121; *Leinekugel/Skauradszun*, GmbHR 2011, 1121, 1124.

998 OLG München, Urt. v. 21.03.2013 – 23 U 2344/12, ZIP 2013, 1121; *Leinekugel/Skauradszun*, GmbHR 2011, 1121, 1124.

999 *Seibt*, in: Scholz, GmbHG, § 49 Rn. 23.

1000 *Roth*, in: Roth/Altmeppen, GmbHG, § 49 Rn. 11; *Haas*, Gutachten zum 66. DJT, Bd. I, E 111 f.; aus Sicht der Praxis *Axhausen*, in: Beck'sches HB der GmbH, § 15 Rn. 39;

Schwellenwert der hälftigen Unterbilanz in der Krisenentwicklung des Unternehmens zu spät einsetze und deshalb als Warnsignal ungeeignet sei.[1001] Die defizitäre Entwicklung der Gesellschaft sei regelmäßig derartig fortgeschritten, dass eine Sanierungsfähigkeit allgemein nicht mehr bestehe oder weitreichende externe Sanierungsmaßnahmen erforderlich wären.[1002] Der juristische und wirtschaftliche Entscheidungsspielraum der Gesellschafter sei erheblich eingeschränkt.[1003]

Auf Grundlage dieser Kritik sind mehrere Empfehlungen *de lege ferenda* vorgetragen worden. *Veil* schlägt insofern vor, den Auslösetatbestand an den „Eintritt in die Krise" zu knüpfen und hierdurch eine Einheit zwischen der Pflicht des Geschäftsführers zur Sanierungsprüfung und zur Information der Gesellschafterversammlung zu schaffen.[1004] Für eine Neufassung *de lege ferenda* votiert auch *Haas*.[1005] Der neu zu schaffende Schwellenwert sei als „erhebliche Gefährdung" oder „bestandsgefährdendes" Risiko für das Unternehmen auszuformen.[1006] Das situative Krisenwarnsignal trage zugleich der Krisenkommunikation Rechnung und entspreche haftungsrechtlichen Erwägungen.[1007] Diese Ansätze sind jeweils in sich schlüssig und schaffen eine klare Verbindung der Sanierungspflicht des Geschäftsführers mit einem Warnsignal an die Gesellschafterversammlung. Der Schwellenwert nach *Veil* („Eintritt in die Krise") dürfte jedoch zu unbestimmt

---

Geißler, DZWiR 2011, 309, 310; *Goette*, ZGR 2006, 261, 269; *Veil*, ZGR 2006, 374, 381 f.; *Roth*, NZG 2003, 1081, 1083.

1001 *Roth*, in: Roth/Altmeppen, GmbHG, § 49 Rn. 11; *Haas*, Gutachten zum 66. DJT, Bd. I, E 111 f.: Hinzu kommt nach *Haas*, dass kein zwingender ökonomischer Zusammenhang zwischen Stammkapital und Gläubigergefährdung besteht; aus Sicht der Praxis *Axhausen*, in: Beck'sches HB der GmbH, § 15 Rn. 39; *Geißler*, DZWiR 2011, 309, 310; *Goette*, ZGR 2006, 261, 269; *Veil*, ZGR 2006, 374, 381 f.; *Roth*, NZG 2003, 1081, 1083.

1002 *Roth*, in: Roth/Altmeppen, GmbHG, § 49 Rn. 11; *Haas*, Gutachten zum 66. DJT, Bd. I, E 111 f. Hinzu kommt nach *Haas*, dass kein zwingender ökonomischer Zusammenhang zwischen Stammkapital und Gläubigergefährdung besteht; aus Sicht der Praxis *Axhausen*, in: Beck'sches HB der GmbH, § 15 Rn. 39; *Geißler*, DZWiR 2011, 309, 310; *Goette*, ZGR 2006, 261, 269; *Veil*, ZGR 2006, 374, 381 f.; *Roth*, NZG 2003, 1081, 1083.

1003 *Roth*, in: Roth/Altmeppen, GmbHG, § 49 Rn. 11; *Haas*, Gutachten zum 66. DJT, Bd. I, E 111 f.

1004 *Veil*, ZGR 2006, 374, 381.

1005 *Haas*, Gutachten zum 66. DJT, Bd. I, E 150.

1006 *Haas*, Gutachten zum 66. DJT, Bd. I, E 150.

1007 *Haas*, Gutachten zum 66. DJT, Bd. I, E 112.

sein. Der Begriff der „Bestandsgefährdung“ nach *Haas* weist nach den obigen Ausführungen zu der Ausstrahlungswirkung des § 91 II AktG hingegen deutlich schärfere Konturen auf.

Für eine Änderung *de lege ferenda* sind jedoch besonders folgende Eckpunkte des geltenden Rechts heranzuziehen: Eine Einberufung ist erst dann erforderlich, wenn die zugrunde liegende Abwägung zwischen sachlichem Gewicht und Dringlichkeit auf der einen Seite und den für die Gesellschafter auftretenden Kosten und Zeitaufwand auf der anderen Seite eine Einberufung erfordern.[1008] Einer beliebigen Vorverlagerung des Schwellenwerts sind damit Grenzen gesetzt. Folge dieses Aspekts ist, dass § 49 GmbHG keine rechtliche Grundlage für ein präventives Zusammenwirken der Organe bildet. Die Einberufung im Falle einer hälftigen Unterbilanz ist demnach vielmehr als Notsignal zu verstehen. Das ergibt sich auch aus dem Umstand, dass die Einberufung unverzüglich und nicht mit der Wochenfrist des § 51 I 2 GmbHG zu erfolgen hat, wodurch eine besondere Dringlichkeit zum Ausdruck kommt. Nach dem hiesigen Verständnis liegt die Wirkung des § 49 III GmbHG damit im Ergebnis darin, dass nicht der frühestmögliche Zeitpunkt gewählt wird, sondern derjenige Zeitpunkt, der spätestens ein Eingreifen der Gesellschafterversammlung erfordert.

Gegen eine gesetzgeberische Neufassung des § 49 III GmbHG in nächster Zeit dürfte auch die Gesetzesdynamik um § 5a IV GmbHG, eingefügt durch das MoMiG,[1009] sprechen. Obwohl die Kritik an der Vorschrift des § 49 III GmbHG bereits vor dem ersten Regierungsentwurf in der Fachliteratur diskutiert wurde,[1010] hat sich der Gesetzgeber im Rahmen des § 5a IV GmbHG dafür entschieden, mit der drohenden Zahlungsunfähigkeit (§ 18 II InsO) einen wirtschaftlichen Zeitpunkt für die Einberufungspflicht zu wählen, der regelmäßig nach dem hälftigen Verlust des Stammkapitals eintritt. Dieser Ansatz wird durch die gesetzgeberische Begründung für den Schwellenwert der drohenden Zahlungsunfähigkeit (§ 18 II InsO) verstärkt.[1011] Weil für die Unternehmergesellschaft die Orientierung an dem geringen Stammkapital nicht wirken könne, sei auf § 18 II InsO abzustellen.[1012] Gleichermaßen ist jedoch anerkannt, dass selbst

---

1008 Allgemein zu den Abwägungsgesichtspunkten *Hüffer/Schürnbrand,* in: Ulmer/ Habersack/ Löbbe, GmbHG, § 49 Rn. 15; *Seibt,* in: Scholz, GmbHG, § 49 Rn. 1.

1009 Inkrafttreten des MoMiG am 01.11.2008, BGBl. I 2008, S. 2026.

1010 *Haas,* Gutachten zum 66. DJT, Bd. I, E 111 f.; *Goette,* ZGR 2006, 261, 269; *Veil,* ZGR 2006, 374, 381 f.; *Roth,* NZG 2003, 1081, 1083; zu der Kritik an § 5a IV GmbHG selbst *Joost,* ZIP 2007, 2247, 2248; *Veil,* GmbHR 2007, 1080, 1083.

1011 BT-Drucks. 16/6140, S. 73.

1012 BT-Drucks. 16/6140, S. 73.

das Stammkapital einer GmbH (§ 5 GmbHG) nur eine „Seriositätsschwelle“[1013] bildet und die hälftige Unterbilanz nur einen beschränkten Überblick über den wirtschaftlichen Erfolg erlaubt.[1014] Trotz unterstellter Kenntnis dieser Nachteile hat sich der Gesetzgeber jedoch für einen Zeitpunkt entschieden, der in den meisten Fällen dichter an der materiellen Insolvenz der Gesellschaft liegt.

Im Ergebnis ist festzuhalten, dass § 49 III GmbHG lediglich auf eine zwingend erforderliche Krisenkommunikation abzielt und insofern als Notsignal zu verstehen ist. Nach der hiesigen Auffassung schafft die periodische Berichtspflicht des Geschäftsführers die Grundlage für die Krisenkommunikation und wird insbesondere durch § 49 III GmbHG ergänzt.

b) Einberufungspflicht nach § 49 II GmbHG

Wie bereits ausgeführt, stellt § 49 III GmbHG lediglich eine gesetzliche Konkretisierung des zweiten Absatzes dar, sodass dem dritten Absatz für den Bereich der krisenspezifischen Kommunikation keine Sperrwirkung zukommt.[1015] Respektive kann der gleiche Themenbereich durch § 49 II GmbHG adressiert werden. Bedingt durch das späte Eingreifen des § 49 III GmbHG kommt der Auslegung des zweiten Absatzes für die Kriseneinberufung damit eine erhöhte Bedeutung zu.

Im Mittelpunkt steht der zweite Halbsatz des § 49 II GmbHG, wonach der Geschäftsführer eine Gesellschafterversammlung einzuberufen hat, wenn dies „im Interesse der Gesellschaft erforderlich erscheint“. Hierzu haben sich zwei Fallgruppen gebildet: Die erste Fallgruppe beinhaltet solche Maßnahmen, die in die Zuständigkeit der Gesellschafterversammlung fallen.[1016] Die zweite Fallgruppe kennzeichnet sich dadurch, dass die in Frage stehende Maßnahme zwar noch formal von der Geschäftsführungsbefugnis erfasst wird, aber der Gesellschaft nicht unerhebliche Nachteile drohen und demzufolge ein Meinungsaustausch mit der Gesellschafterversammlung erforderlich ist.[1017] Die Einberufungspflicht

---

1013 Die gläubigerschützende Wirksamkeit ist umstritten *K. Schmidt*, GesR, § 18 II 4a: „Seriositätsschwelle“; *Bachmann*, ZGR 2001, 351; *Engert*, GmbHR 2007, 337.

1014 *Haas*, Gutachten zum 66. DJT, Bd. I, E 111 f.

1015 *Seibt*, in: Scholz, GmbHG, § 49 Rn. 22.

1016 *Liebscher*, in: MüKo, GmbHG, § 49 Rn. 49.

1017 *Hüffer*, in: Ulmer/Habersack/Löbbe, GmbHG, § 49 Rn. 20; *Masuch*, in: Bork/Schäfer, GmbHG, § 49 Rn. 9; *Seibt*, in: Scholz, GmbHG, § 49 Rn. 22; *Teichmann*, in: Gehrlein/Ekken-ga/Simon, GmbHG, § 49 Rn. 12; *Geißler*, GmbHR 2010, 457, 461.

des zweiten Absatzes ist im Unterschied zu derjenigen des dritten Absatzes eine Ermessensentscheidung, die pflichtgemäß zu erfüllen ist.[1018]

Für die Vorverlagerung der krisenspezifischen Abstimmung werden die Unterbilanz im Sinne der §§ 30, 31 GmbHG, die materielle Überschuldung (§ 268 III HGB), die Kreditunwürdigkeit (§ 32a GmbHG a.F.), die materielle Unterkapitalisierung[1019] und die Bestandsgefährdung vorgeschlagen.[1020] Weil die ersten drei Schwellenwerte aus verschiedenen Gründen ausscheiden, soll lediglich die Bestandsgefährdung eine nähere Betrachtung erfahren.[1021] *Wanner* knüpft an der Prämisse von *Haas* an,[1022] überträgt das situative Krisensignal der Bestandsgefährdung auf § 49 II GmbHG und prüft, ob der Geschäftsführer im Rahmen seiner wirtschaftlichen Selbstprüfungspflicht in der Lage ist, eine solche Bestandsgefährdung zu erkennen.[1023] Selbst für eine kleine GmbH im Sinne des § 267 I HGB sei der Geschäftsführer mit der Hilfe eines umfassenden Früherkennungssystems in der Lage, bestandsgefährdende Entwicklungen zu erkennen.[1024] Die Tatsachen, die eine Bestandsgefährdung des Unternehmens auslösen können, treten regelmäßig weit vor einer (hälftigen) Unterbilanz auf. Typische Beispiele bilden der ständig zurückgehende Absatz infolge mangelnder Marktanpassung oder erhebliche laufende Verluste,[1025] welche nicht unmittelbar das Stammkapital aufzehren müssen. Hier zeigt sich zudem der Vorteil, dass der Schwellenwert der Bestandsgefährdung einzelfallorientiert auf die Lage des Unternehmens eingeht. Dieser Ansatz überzeugt, kann jedoch um weitere Aspekte ergänzt werden. Im Unterschied zu *Wanner* besteht nicht nur die Möglichkeit für einen Geschäftsführer kleiner Gesellschaften im Sinne des § 267 I HGB, eine „Bestandsgefährdung" zu erkennen.[1026] Vielmehr bildet die Bestandsgefährdung nach den Ausführungen zu der Krisenfrüherkennung

---

1018 *Hüffer/Schürnbrand,* in: Ulmer/Habersack/Löbbe, GmbHG, § 49 Rn. 21; *Römermann,* in: Michalski, GmbHG, § 49 Rn. 83; *Schindler,* in: BeckOK, GmbHG, § 49 Rn. 37.

1019 Auflistung nach *Drenckhan,* Gläubigerschutz in der Krise der GmbH, S. 111 ff.

1020 *Roth,* in: Roth/Altmeppen, GmbHG, § 49 Rn. 18; *Wanner,* Die GmbH in der Krise, S. 91.

1021 Zu der Ablehnung *Drenckhan,* Gläubigerschutz in der Krise der GmbH, S. 111 ff.

1022 *Haas,* Gutachten zum 66. DJT, Bd. I, E 112.

1023 *Wanner,* Die GmbH in der Krise, S. 92 f.

1024 *Wanner,* Die GmbH in der Krise, S. 92 f.

1025 BT-Drucks. 13/9712, S. 15; *Krieger/Sailer-Coceani,* in: K. Schmidt/Lutter, AktG, § 91 Rn. 12; *Spindler,* in: MüKo, AktG, § 91 Rn. 25; *Adler/Düring/Schmaltz,* Rechnungslegung und Prüfung von Unternehmen, Band 7, § 321 Rn. 75.

1026 *Wanner,* Die GmbH in der Krise, S. 92 f.

gerade die Schwelle, ab der von einer rechtlichen Verpflichtung zur Krisenerkennung ausgegangen werden kann.[1027] Auch der Normzweck des § 49 GmbHG steht dem Ergebnis nicht entgegen. Eine Bestandsgefährdung des Unternehmens bedroht den nachhaltigen wirtschaftlichen Erfolg des Unternehmens. Möglicherweise sind einzelne Sanierungsmaßnahmen zum Zeitpunkt der eingetretenen Bestandsgefährdung zwar noch von der Geschäftsführungsbefugnis umfasst, die potentielle negative Entwicklung erfordert jedoch einen Austausch mit den Gesellschaftern.[1028]

3. *Fazit*

Im Ergebnis sind drei Aspekte der Krisenkommunikation zu unterscheiden. Die periodische Berichtspflicht des Geschäftsführers nach dem Vorbild des § 90 I 1 Nr. 2–4, II AktG bildet die fortlaufende, krisenunabhängige Grundlage des Austauschs zwischen den Organen. Der konkrete Informationsaustausch der Berichtspflicht bleibt allerdings hinter demjenigen der Einberufungspflicht nach den § 49 II, III GmbHG zurück. Ein weiterer Unterschied besteht darin, dass Berichtspflichten nach dem Vorbild des § 90 I und II AktG lediglich die Möglichkeit der Krisenerkennung einräumen, wohingegen nach der Auslegung des § 49 II GmbHG gerade der Beginn der rechtlichen Krise adressiert wird. Weiterhin sind die Einberufungspflichten situationsbezogen und verhelfen damit nur zu einem punktuellen Informationsaustausch zwischen den Organen. Bereits in der krisenfreien Phase wird durch die periodische Berichtspflicht ein stetiger Informationsfluss gewährleistet. Zudem kommt es zur mittelbaren Selbstkontrolle der Geschäftsführung.[1029] Gewährleistet wird hierdurch zudem eine in die Zukunft gerichtete Abstimmungsmöglichkeit zwischen Geschäftsführer und Gesellschafterversammlung. Auf Grundlage dieser Informationen können die Gesellschafter jederzeit Weisungen an den Geschäftsführer erteilen und so weitreichend zu einem frühen Zeitpunkt in die Krisenabwendung eingreifen.

Restriktionen dieses Systems können sich aus zwei Gesichtspunkten ergeben: Erstens ist die Gesellschafterversammlung aufgrund der Satzungsfreiheit in der Lage, die Berichtspflichten auszuschließen.[1030] Die Ausprägung der Berichtspflicht dürfte davon abhängen, ob die Gesellschaft eine personalistische oder

---

1027 3. Kap. § 3 B. II. 3.

1028 *Bork*, ZIP 2011, 101, 105.

1029 Für den Vorstand *Dauner-Lieb*, in: Henssler/Strohn, GesR, § 90 AkG Rn. 1; *Spindler*, in: MüKo, AktG, § 90 Rn. 1.

1030 Allgemein zu der Satzungsfreiheit *Liebscher*, in: MüKo, GmbHG, § 45 Rn. 78 ff.

eine kapitalistische Prägung aufweist. Zweitens bildet das Berichts-erfordernis eine überflüssige Förmelei und entfällt, wenn Geschäftsführer und Gesellschafter personenidentisch sind.

IV. Ausarbeitung und Aufstellung eines Sanierungskonzepts

Als dritter Problemkreis nach der Krisenfrüherkennung und der Krisenkommunikation schließt sich die Frage an, welche konkreten rechtlichen Pflichten den Geschäftsführer für die Beseitigung der Krisensituation treffen. Dem BGH nach ist diese schwierige Lage nur mit „einem hohen Maß an Weitblick, persönlichem Einsatz, aber auch Diskretion möglicherweise" zu bewältigen.[1031] Der Sorgfaltsmaßstab des § 43 I GmbHG erfordert zwar keinen mit Sicherheit eintretenden Sanierungserfolg, jedoch einen klar strukturierten und die Chancen und Risiken systematisch beurteilenden Versuch zur Überwindung der Krise.[1032] Für dieses Vorgehen ist die Aufstellung eines Sanierungskonzepts zweckmäßig und erforderlich. Der Struktur und Systematik des Sanierungskonzepts und den damit einhergehenden Besonderheiten soll im Folgenden nachgegangen werden.

1. Abgrenzung des Sanierungskonzepts

Ein Sanierungsplan ist eine Zusammenstellung derjenigen Maßnahmen, die darauf gerichtet sind, den finanziellen Zusammenbruch des jeweiligen Unternehmens zu verhindern und die Ertragsfähigkeit wieder herzustellen.[1033] Ein Sanierungskonzept stellt dabei eine Ausprägung eines Sanierungsplans dar und enthält als reduzierte Version die wichtigsten Eckpunkte des Gesamtprogramms der Sanierung.[1034]

Abzugrenzen ist ein Sanierungskonzept von einem Insolvenzplan (§§ 217 ff. InsO) und einer Bescheinigung für die Gewährung eines Schutzschirmverfahrens (§ 270b I 1 InsO). Der Insolvenzplan ist im Unterschied zu dem Sanierungskonzept gesetzlich geregelt, richtet sich nach einem formellen Verfahren, steht unter gerichtlicher Aufsicht und sieht weitreichende Einfluss- und Gestaltungsmöglichkeiten der Gläubiger vor.[1035] Weniger weitreichend sind die inhaltlichen

---

1031 BGH, Urt. v. 09.07.1979 – II ZR 118/77, BGHZ 75, 96 = NJW 1979, 1823.

1032 *Kuss,* WPg 2011, 324, 326; 3. Kap. § 3 B. I. 1.

1033 *Braun,* WPg 1989, 683, 684; *Krystek/Klein*, DB 2010, 1769.

1034 WP-HB, Bd. II, Kap. F., Rn. 113 f.; *Eisolt,* BB 2010, 427.

1035 Allgemein zu der Ausprägung der Gläubigerautonomie im Rahmen des Insolvenzplanverfahrens *Ganter/Lohmann,* in: MüKo, InsO, § 1 Rn. 53 ff.; *Pape,* ZInsO 2000, 469 ff.; *Uhlenbruck,* WM 1999, 1197, 1198 ff.

Anforderungen an die im Rahmen der Beantragung eines Schutzschirmverfahrens erforderliche Bescheinigung (§ 270b I 3 InsO) über die Frage, ob die Sanierung „offensichtlich aussichtslos" ist.[1036] Der Wortlaut („offensichtlich aussichtslos") lässt zunächst erkennen, dass nur solche Anträge ausgeschlossen werden sollen, die in dem Drei-Monats-Zeitraum des Schutzschirms (§ 270b I 2 InsO) mit an Sicherheit grenzender Wahrscheinlichkeit scheitern.[1037] Zudem würden anderenfalls die inhaltlichen Anforderungen des Insolvenzplans vorverlagert werden, was dem Telos des Schutzschirmverfahrens und der systematischen Abfolge der Regelungsinstitute widersprechen würde.[1038] Eine Bescheinigung nach § 270b InsO zielt insofern auf ein „Grobkonzept" bzw. ein „Sanierungskonzept light" ab.[1039]

2. *Verhältnis zu der wirtschaftlichen Selbstprüfungspflicht*

Wie bereits ausgeführt, trifft den Geschäftsführer ab dem Schwellenwert der Bestandsgefährdung eine Krisenfrüherkennungspflicht.[1040] Aus den abstrakten Gründen der Sanierungspflicht ergibt sich hierzu, dass der Geschäftsführer zumindest ab dem Eintritt dieses Schwellenwerts zur Beseitigung der hierfür maßgeblichen Gründe verpflichtet ist. Die Sanierungspflicht bildet insofern eine Einheit mit den Elementen der wirtschaftlichen Selbstprüfungspflicht, weil der Geschäftsführer anderenfalls seiner Krisenbeseitigungspflicht aufgrund fehlender Kenntnis über die Unternehmenslage nicht nachkommen kann.

Wird eine Unternehmenskrise zum Zeitpunkt der Bestandsgefährdung erkannt und dieser ohne Zögern entgegengewirkt, können im Einzelfall weitreichende Gestaltungsmöglichkeiten, ein hinreichendes Zeitkontingent und ausreichende liquide Mittel vorhanden sein. Gleichwohl werden in der Praxis Sanierungskonzepte regelmäßig erst dann erstellt, wenn starke Gewinnrückgänge, möglicherweise in Verbindung mit einer negativen Entwicklung der

---

1036 vgl. *Kern,* in: MüKo, InsO, § 270b Rn. 38; *Undritz,* in: K. Schmidt, InsO, § 270b Rn. 4 ff.

1037 *Kern,* in: MüKo, InsO, § 270b Rn. 38 mit Verweis auf IDW S 9, Tz. 14; *Graf-Schlicker,* in: Graf-Schlicker, InsO, § 270b Rn. 13: Bewusster Einsatz der doppelten Negation durch den Gesetzgeber unter anderen deshalb, weil dem Schuldner der Zugang zu dem Verfahren nicht erschwert werden soll.

1038 So wird teilweise auch von einem „sanierungsvorbereitenden Eröffnungsverfahren" gesprochen: *Undritz,* in: K. Schmidt, InsO, § 270b Rn. 1; *Desch,* BB 2011, 841; *Hoffmann,* NZI 2010, 798, 801.

1039 *Hess,* KSI 2012, 126.

1040 3. Kap. § 3 B. II. 3.

Liquidität gepaart, eintreten.[1041] Die Unternehmenskrise wird folglich entweder nicht erkannt, einzelne Sanierungsmaßnahmen greifen nicht oder die Krise wird bis zum Eintritt akuter Krisenmerkmale ignoriert. Jedenfalls verringern sich die inhaltlichen Gestaltungsmöglichkeiten, das Zeitkontingent und die wirtschaftliche Widerstandskraft des Unternehmens bis zu diesem Krisenstadium.[1042] Zudem kann es zu einer negativen Eigendynamik der Krisensituation kommen.[1043] Diese vergleichsweise zugespitzte Entwicklung des Unternehmens soll im Folgenden zugrunde gelegt werden, sodass Sanierungskonzepte im engeren Sinne betrachtet werden.[1044]

3. *Eigenständige Prüfung durch den Geschäftsführer und Beauftragung externen Sachverstands*

Im Rahmen der Aufstellung eines Sanierungskonzepts können vertiefte gesellschaftsrechtliche, steuerrechtliche und betriebswirtschaftliche Kenntnisse gefordert sein. Da der Sorgfaltsmaßstab des § 43 I GmbHG anhand objektiver Kriterien gemessen wird,[1045] kommt es nicht auf die persönlichen Eigenschaften und die jeweilige Ausbildung des Geschäftsführers an.[1046] Dass der durchschnittliche Geschäftsführer die teilweise vertieften juristischen und technischen Kenntnisse nicht aufweisen wird,[1047] ist insofern für das Verschuldenselement unerheblich. Nicht ausreichend für die Erstellung eines solchen Konzepts sind regelmäßig die handels- und steuerrechtlichen Kenntnisse, die von jeder kaufmännischen Geschäftsleitung gefordert werden.[1048] Den Geschäftsführer trifft ein Übernahmeverschulden, wenn er erkennt, dass er die erforderlichen Fähigkeiten nicht

---

1041 *Plagens/Oldemanns,* ZInsO 2014, 521, 524 mit Verweis auf IDW S 6 a.F., Tz. 103 ff.

1042 *Achilles,* Erfolgreiche Unternehmenssanierung, S. 73.

1043 *Jung/Brinkmann,* in: Thierhoff/Müller, Unternehmenssanierung, 3. Kap. Rn. 63 f.

1044 Begrifflichkeit nach *Plagens/Oldemanns,* ZInsO 2014, 521, 524 mit Verweis auf IDW S 6 a.F., Tz. 103 ff.

1045 *U. Schneider/Crezelius,* in: Scholz, GmbHG, § 43 Rn. 232.

1046 BGH, Urt. v. 31.01.1963 – II ZR 9/62, NJW 1963, 1152; *U. Schneider/Crezelius,* in: Scholz, GmbHG, § 43 Rn. 232; *Ziemons,* in: Michalski, GmbHG, § 43 Rn. 411; *Zöllner/Noack,* in: Baumbach/Hueck, GmbHG, § 43 Rn. 18.

1047 *Goette,* DStR 2016, 1752, 1756.

1048 BFH, Urt. v. 12.07.1988 – VII R 108-109/87, GmbHR 1989, 180; BFH, Beschl. v. 13.02.1996 – VII B 245/95, GmbHR 1997, 139.

hat.[1049] Fachliche Unkenntnis kann im Ergebnis nicht zur Entlastung angeführt werden.[1050]

In Bezug auf das Verschuldenselement des § 64 S. 2 GmbHG hat der BGH entschieden, dass den Geschäftsführer dann eine Pflicht zur Inanspruchnahme einer fachlich qualifizierten Person trifft, wenn dieser selbst nicht die ausreichende Kenntnis aufweist.[1051] Diese Verpflichtung wird man gleichwohl für die Pflicht zur Aufstellung eines Sanierungskonzepts heranziehen können. Der Geschäftsführer wird zudem regelmäßig aus eigenem Interesse hierauf drängen.[1052] Hinzu kommt, dass die finanzierenden Banken gewöhnlich ein hinreichend professionelles Sanierungsgutachten fordern.[1053] Durch die Beauftragung externen Sachverstands ändert sich die Pflichtendynamik des Geschäftsführers. Anstelle der Pflicht zur selbstständigen Aufstellung eines solchen Konzepts trifft ihn dann die Pflicht, den Beauftragten über sämtliche für die Beurteilung erforderlichen Umstände zu informieren[1054] und das gefundene Ergebnis auf dessen Plausibilität zu kontrollieren.[1055] Unter Beachtung des regelmäßig erforderlichen Zeitaufwands von vier bis acht Wochen für die Erstellung eines solchen Konzepts hat der Geschäftsführer die Informationsgrundlage des Beauftragten fortlaufend aktuell zu halten.[1056] Der beauftrage Experte wird die Daten wiederum erst dann übernehmen, wenn er sie geprüft hat und für glaubwürdig erachtet.[1057] Neben der sorgfältigen Auswahl des Experten trifft den Geschäftsführer die Pflicht, diesen zumindest in Grundzügen zu überwachen.[1058]

1049 BGH, Urt. v. 10.07.2003 – VII ZR 329/02, NJW-RR 2003, 1445; *Strohn,* CCZ 2013, 177, 179.

1050 BGH, Urt. v. 14.03.1983 – II ZR 103/82, NJW 1983, 1856; BGH, Urt. v. 20.02.1995 – II ZR 143/93, BGHZ 129, 30 = NJW 1995, 1290; *Fleischer,* in: MüKo, GmbHG, § 43 Rn. 255; *Klöhn,* in: Bork/Schäfer, GmbHG, § 43 Rn. 56.

1051 BGH, Urt. v. 27.03.2012 – II ZR 171/10, ZInsO 2012, 1177.

1052 Hierzu BGH, Urt. v. 14.05.2007 – II ZR 48/06, NJW 2007, 2118; zur rechtlichen Beratung zusammenfassend *Krieger,* ZGR 2012, 496, 499.

1053 vgl. MaRisk (Mindestanforderungen an das Risikomanagement) für Kreditinstitute, Rundschreiben 10/2012 (BA) v. 14.12.2012, BTO 1.2.5., Rn. 2-3; *Bornheimer,* in: Nerlich/Kreplin, Münchener HB Insolvenz und Sanierung, § 7 Rn. 107, 130.

1054 Abweichend *Hermanns/Krummen,* ZInsO 2017, 461, 463.

1055 BGH, Urt. v. 14.05.2007 – II ZR 48/06, NJW 2007, 2118; BGH, Beschl. v. 16.07.2007 – II ZR 226/06, DStR 2007, 1641; *Fleischer,* in: MüKo, GmbHG, § 43 Rn. 259; zu den Anforderungen an die Plausibilitätsprüfung: *ders.,* KSzW 2013, 3, 9.

1056 Aus Sicht einer Überwachung des Sanierungsprozesses (wöchentlicher Bericht über die Liquidität): *Thierhoff,* in: Thierhoff/Müller, Unternehmenssanierung, 6. Kap. Rn. 20.

1057 BGH, Urt. v. 04.12.1997 – IX ZR 47/97, NJW 1998, 1561.

1058 OLG Schleswig, Urt. v. 11.02.2010 – 5 U 60/09, NZI 2010, 492.

Konstatiert werden kann, dass sich die Intensität der inhaltlichen Prüfungsanforderung von einer vollumfänglichen inhaltlichen Kontrolle des Konzepts bei der Aufstellung hin zu einer bloßen Plausibilitätskontrolle ändert.

a) Problematik der Bestimmung des Umfangs der beauftragten Sanierungsberatung

Denkbar erscheinen Fallgestaltungen, in denen der Geschäftsführer externen Sachverstand lediglich mit einer allgemeinen – mittelfristigen – Sanierungsberatung beauftragt, ohne dass möglicherweise bestehende Insolvenzgründe geprüft werden und ein Sanierungskonzept zugleich gesellschaftsintern erstellt wird. Aktualität hat diese Fallgestaltung durch ein Urteil des OLG Frankfurt vom 17.01.2018 gewonnen, in welchem über einen Anspruch auf Ersatz eines Schadens wegen Verzögerung der Insolvenzantragsstellung infolge fehlerhafter Beratung und auf die Rückerstattung von Honorarzahlungen der Schuldnerin aufgrund einer Insolvenzanfechtung entschieden wurde.[1059]

Nachfolgende spezifische Besonderheiten des zugrunde liegenden Sachverhalts sind für die inhaltlichen Fragestellungen hervorzuheben. Bei der schuldnerischen Gesellschaft handelte es sich um die Obergesellschaft eines Großkonzerns (Arcandor), welche sowohl eine interne Rechtsabteilung aufwies als auch ab einem gewissen Zeitpunkt (spätestens September 2008) anwaltlich beraten wurde.[1060] Das beauftragte Unternehmen ist eine der führenden Wirtschaftsprüfungs- und Beratungsgesellschaften (KPMG). Den Vertragsparteien ist insofern jeweils eine erhöhte Rechtskundigkeit zu unterstellen, die auf Seiten einer durchschnittlichen GmbH[1061] regelmäßig nicht vorhanden sein wird. Weiterhin wurde die jeweilige Liquidität der Tochtergesellschaften durch die Obergesellschaft des Konzerns in einem sog. *cash pool* verwaltet, wobei Verlustausgleichsansprüche gegenüber der Obergesellschaft bestanden.[1062] Die

1059 OLG Frankfurt, Urt. v. 17.01.2018 – 4 U 4/17, BeckRS 2018, 1081.

1060 OLG Frankfurt, Urt. v. 17.01.2018 – 4 U 4/17, BeckRS 2018, 1081, Rn. 93.

1061 Umfassend zu der Datenlage *Fleischer,* in: MüKo, GmbHG, Einl. Rn. 198 ff.

1062 Allgemein zu dem sog. *cash pooling Altmeppen,* in: Roth/Altmeppen, GmbHG, Anh. § 13 Rn. 71 ff.; *Heidinger,* in: Michalski, GmbHG, § 30 Rn. 80 ff.; *Kirmse/Spönemann,* in: Michalski, GmbHG, Syst. Darstl. 3 Rn. 91 ff.; *Altmeppen,* NZG 2010, 361; *Komo,* BB 2011, 2307; *Reuter,* DB 2005, 2339, *Schluck-Amend/Penke,* DStR 2009, 1433.

Problematik der insolvenzrechtlichen Fälligkeit der Verlustausgleichsansprüche der Tochtergesellschaften ist hierbei für die weitere Untersuchung ohne Bedeutung.[1063]

aa) Schadensersatzansprüche wegen fehlenden Hinweises auf die Insolvenzreife des Unternehmens

Die Vertragsparteien haben über einen Zeitraum von elf Monaten drei Beratungsverträge abgeschlossen, die jeweils eine Beratung des Unternehmens über das in Aussicht genommene Sanierungsvorhaben beinhalten.[1064] Bezeichnet wurden die Beratungsverträge jeweils mit dem Titel „Sanierungsgutachten".[1065] Wie bereits ausgeführt, macht der für die schuldnerische Gesellschaft bestellte Insolvenzverwalter (§ 80 I InsO) geltend, dass aufgrund fehlender Hinweise auf die Insolvenzreife der Gesellschaft Pflichtverletzungen vorlägen, die einen Schaden in Höhe von 82 Mio. Euro infolge verspäteter Insolvenzantragsstellung verursacht hätten.[1066] Ausgangspunkt der Streitigkeit ist die Frage nach dem konkreten Umfang der vertraglichen Pflichten des beratenden Unternehmens.

(1) Argumentation des Klägers

Der Kläger leitet die Pflichtverletzungen aus verschiedenen Aspekten her.[1067] Inhaltlich würden sich die drei Beratungsverträge mit der Fortführungsfähigkeit und etwaig notwendigen Neuausrichtungen befassen.[1068] Ein Sanierungskonzept könne dabei nur dann ein aussagekräftiges Ergebnis zur Verfügung stellen, sofern der gesetzlichen Insolvenzantragspflicht des Vorstands Rechnung getragen wird, so dass Insolvenzgründe zwingend zu begutachten seien.[1069] Eine Sanierungsberatung ohne Begutachtung der Insolvenzgründe sei für die Schuldnerin im Ergebnis unbrauchbar.[1070] Diese Annahme stehe auch im Einklang mit den Vorgaben des IDW ES 6 a.F., nach welchen die Aussage über die Zahlungsunfähigkeit einen unverzichtbaren Kernbestandteil darstellt.[1071] Insbesondere

---

1063 Ausführlich zu diesem Aspekt OLG Frankfurt, Urt. v. 17.01.2018 – 4 U 4/17, BeckRS 2018, 1081, Rn. 72 ff.; allgemein zu dem Erfordernis des „ernsthaften Einforderns" im Rahmen der Zahlungsunfähigkeit: 2. Kap. § 4 I.

1064 OLG Frankfurt, Urt. v. 17.01.2018 – 4 U 4/17, BeckRS 2018, 1081, Rn. 12 f.

1065 OLG Frankfurt, Urt. v. 17.01.2018 – 4 U 4/17, BeckRS 2018, 1081, Rn. 27 f.

1066 OLG Frankfurt, Urt. v. 17.01.2018 – 4 U 4/17, BeckRS 2018, 1081, Rn. 68 f.

1067 OLG Frankfurt, Urt. v. 17.01.2018 – 4 U 4/17, BeckRS 2018, 1081, Rn. 23 ff.

1068 OLG Frankfurt, Urt. v. 17.01.2018 – 4 U 4/17, BeckRS 2018, 1081, Rn. 23.

1069 OLG Frankfurt, Urt. v. 17.01.2018 – 4 U 4/17, BeckRS 2018, 1081, Rn. 23.

1070 OLG Frankfurt, Urt. v. 17.01.2018 – 4 U 4/17, BeckRS 2018, 1081, Rn. 23.

1071 OLG Frankfurt, Urt. v. 17.01.2018 – 4 U 4/17, BeckRS 2018, 1081, Rn. 26.

für den dritten Beratungsvertrag ergebe sich das Erfordernis der Prüfung des Vorliegens von Insolvenzgründen aus der Auslegung der Vertragsinhalte und einer Gesamtschau der zeitlichen Abfolge der Verträge.[1072] Die Grenzen der aus der Privatautonomie folgenden Freiheit, den Umfang einer Begutachtung festzulegen, würden zudem überschritten, sofern die notwendige Vorfrage der Insolvenzgründe nicht behandelt werde und die erbrachte Leistung infolgedessen für die Schuldnerin wertlos sei.[1073] Weiterhin sei davon auszugehen, eine bescheinigte Sanierungsfähigkeit impliziere für Sanierungsentscheidungen auf Seiten Dritter, dass keine Insolvenzgründe vorlägen oder drohten.[1074]

Überdies könnten die Hinweis- und Warnpflichten eines Steuerberaters bei der Erstellung eines Jahresabschlusses[1075] im Wege eines Erst-Recht-Schlusses auf den mandatierten Wirtschaftsprüfer bei der Erstellung eines Sanierungskonzepts übertragen werden.[1076] Im Ergebnis sei jedenfalls ein Hinweis durch das beratende Unternehmen dahingehend erforderlich, dass das Sanierungskonzept nicht den formellen Anforderungen und üblichen Qualitätsstandards entspreche.[1077]

(2) Entscheidung des Gerichts

Das durch das Gericht hergeleitete Ergebnis stimmt weitestgehend mit der Argumentation der Beklagten überein, so dass auf diese nicht gesondert einzugehen ist. Ausgangspunkt der weiteren Ausführungen des OLG Frankfurt ist, dass für die Pflichten eines Beraters im Rahmen einer Unternehmenssanierung keine gesetzliche Regelung bestehe und die Art und der Umfang der Pflichten folglich ausschließlich im Wege der Vertragsauslegung zu ermitteln seien.[1078] Nach den Ausführungen des Gerichts beinhaltet der Wortlaut der Vertragstexte weder einen Hinweis auf eine ausdrückliche Prüfung der Insolvenzreife noch sei anderweitig schlüssig vorgetragen, dass eine Prüfung der Insolvenzreife Bestandteil der ausdrücklich geregelten Pflichten geworden ist.[1079] Wie bereits an anderer Stelle ausgeführt, nimmt auch das OLG Frankfurt keine verbindlichen Vorgaben durch den IDW ES 6 a.F. an, weil es an einer gesetzlichen Bindungswirkung

1072 OLG Frankfurt, Urt. v. 17.01.2018 – 4 U 4/17, BeckRS 2018, 1081, Rn. 28.
1073 OLG Frankfurt, Urt. v. 17.01.2018 – 4 U 4/17, BeckRS 2018, 1081, Rn. 23.
1074 OLG Frankfurt, Urt. v. 17.01.2018 – 4 U 4/17, BeckRS 2018, 1081, Rn. 24.
1075 BGH, Urt. v. 26.01.2017 – IX ZR 285/14, NJW 2017, 1611.
1076 OLG Frankfurt, Urt. v. 17.01.2018 – 4 U 4/17, BeckRS 2018, 1081, Rn. 31.
1077 OLG Frankfurt, Urt. v. 17.01.2018 – 4 U 4/17, BeckRS 2018, 1081, Rn. 27.
1078 OLG Frankfurt, Urt. v. 17.01.2018 – 4 U 4/17, BeckRS 2018, 1081, Rn. 82.
1079 OLG Frankfurt, Urt. v. 17.01.2018 – 4 U 4/17, BeckRS 2018, 1081, Rn. 81.

fehlt.[1080] Der IDW-Standard könne vielmehr lediglich zur Konkretisierung der sich aus dem Vertrag ergebenden Pflichten herangezogen werden.[1081]

Weiterhin beinhalte die Aufgabe der Überprüfung der mittelfristigen Unternehmensplanung nicht die anlasslose Prüfung etwaiger Insolvenzgründe.[1082] Eine Pflicht zur Überprüfung des Vorliegens von Insolvenzgründen könne in der konkreten Fallgestaltung nicht als allgemeine Voraussetzung gesehen werden, wenn der vertraglich vereinbarte Pflichtenkatalog einen abschließenden Charakter aufweist.[1083] Die Überprüfung der Insolvenzgründe sei zwar als Kernbestandteil eines Gutachtens nach dem IDW ES 6 a.F. zu sehen und insbesondere der Zahlungsfähigkeit komme im Fall einer Liquiditätskrise entscheidende Bedeutung zu.[1084] Gerade aufgrund dieser Wichtigkeit der Aspekte geht das Gericht jedoch davon aus, dass eine ausdrückliche Aufnahme einer derartigen Pflicht zu erwarten gewesen wäre und nicht per se auf eine derartige vertragliche Pflicht geschlossen werden könne.[1085] Gegen einen solchen Rückschluss spricht nach den Ausführungen des OLG Frankfurt weiter, dass eine interne Prüfung durch die Schuldnerin selbst möglich erschien, zumal sie anwaltlich beraten war.[1086] Überdies wäre nach Entgegennahme des Sanierungsgutachtens eine Beanstandung durch den Kläger zu erwarten gewesen.[1087]

Schließlich sei auch keine allgemeine Verpflichtung aus den Beratungsverträgen herzuleiten, auf eine Notwendigkeit einer Prüfung von Insolvenzgründen hinzuweisen.[1088] Eine solche Hinweispflicht setze vielmehr voraus, dass nach den Umständen davon ausgegangen werden müsse, die Verpflichtung zur Prüfung der Insolvenzgründe sei dem Auftraggeber nicht bekannt.[1089] Dies sei aufgrund der anwaltlichen Beratung der Obergesellschaft des Konzerns jedoch nicht anzunehmen.[1090] Gegen den durch den Kläger gezogenen Erst-Recht-Schluss zu

---

1080 OLG Frankfurt, Urt. v. 17.01.2018 – 4 U 4/17, BeckRS 2018, 1081, Rn. 82; hierzu auch 3. Kap. § 3 B. IV. 4. b).

1081 OLG Frankfurt, Urt. v. 17.01.2018 – 4 U 4/17, BeckRS 2018, 1081, Rn. 82; unter dem Blickwinkel des Sorgfaltsmaßstabs des § 43 I GmbH: 3. Kap. § 3 B. IV. 4. b).

1082 OLG Frankfurt, Urt. v. 17.01.2018 – 4 U 4/17, BeckRS 2018, 1081, Rn. 84.

1083 OLG Frankfurt, Urt. v. 17.01.2018 – 4 U 4/17, BeckRS 2018, 1081, Rn. 85.

1084 OLG Frankfurt, Urt. v. 17.01.2018 – 4 U 4/17, BeckRS 2018, 1081, Rn. 86, 87.

1085 OLG Frankfurt, Urt. v. 17.01.2018 – 4 U 4/17, BeckRS 2018, 1081, Rn. 87.

1086 OLG Frankfurt, Urt. v. 17.01.2018 – 4 U 4/17, BeckRS 2018, 1081, Rn. 88.

1087 OLG Frankfurt, Urt. v. 17.01.2018 – 4 U 4/17, BeckRS 2018, 1081, Rn. 88.

1088 OLG Frankfurt, Urt. v. 17.01.2018 – 4 U 4/17, BeckRS 2018, 1081, Rn. 88.

1089 OLG Frankfurt, Urt. v. 17.01.2018 – 4 U 4/17, BeckRS 2018, 1081, Rn. 93.

1090 OLG Frankfurt, Urt. v. 17.01.2018 – 4 U 4/17, BeckRS 2018, 1081, Rn. 93.

den Hinweis- und Warnpflichten eines Steuerberaters im Rahmen der Erstellung eines Jahresabschlusses führt das OLG Frankfurt an, die Pflichten des Steuerberaters ergäben sich insbesondere aus der Bewertungsvorschrift des § 252 I HGB.[1091] Die Vorgaben der Bewertungsvorschrift des § 252 I HGB könnten dabei gerade nicht auf die einer Sanierungsberatung zugrunde liegenden Verträge übertragen werden.[1092]

Damit schied nach der Auffassung des OLG Frankfurt eine Pflichtverletzung im Rahmen der Beratungsverträge und somit ein Schadensersatzanspruch in Höhe von 82 Mio. Euro wegen verspäteter Insolvenzantragsstellung aus.

bb) Insolvenzrechtliche Anfechtung der Honorarzahlungen

Das OLG Frankfurt hat dem Kläger in Abänderung der Entscheidung des Landgerichts einen insolvenzrechtlichen Rückgewähranspruch gemäß §§ 133 I, 143 I InsO wegen einer vorsätzlichen Gläubigerbenachteiligung für zwei der drei geleisteten Honorarzahlungen zugesprochen.[1093] Eine mittelbare Gläubigerbenachteiligung ergibt sich nach den Ausführungen des Urteils bereits daraus, dass die gezahlten Beträge zur Befriedigung der Gläubiger nicht mehr verfügbar waren.[1094] Der Gläubigerbenachteiligungsvorsatz der Schuldnerin wird über die Kenntnis von der zumindest drohenden Zahlungsunfähigkeit hergeleitet, welche durch das Sanierungskonzept vom 20.05.2009 aufgrund der notwendigen Fremdfinanzierung in Höhe von 1,7 Mrd. Euro ab Juni 2009 offen gelegt worden sei.[1095] Die erforderliche Kenntnis des Anfechtungsgegners von dem Gläubigerbenachteiligungsvorsatz der Schuldnerin wird nach § 133 I 2 InsO vermutet, sofern der andere Teil wusste, dass die Zahlungsunfähigkeit drohte und dass die Handlung die Gläubiger benachteiligte. Ausreichend ist hierbei die Kenntnis der tatsächlichen Umstände, aus denen bei zutreffender rechtlicher Bewertung die (drohende) Zahlungsfähigkeit folgt.[1096] Aus der beengten Liquiditätslage der Schuldnerin könne nach den Ausführungen des Gerichts für den Fall des Scheiterns der Finanzierungsbemühungen auf die Kenntnis von dem

1091 OLG Frankfurt, Urt. v. 17.01.2018 – 4 U 4/17, BeckRS 2018, 1081, Rn. 94.

1092 OLG Frankfurt, Urt. v. 17.01.2018 – 4 U 4/17, BeckRS 2018, 1081, Rn. 94.

1093 OLG Frankfurt, Urt. v. 17.01.2018 – 4 U 4/17, BeckRS 2018, 1081, Rn. 100.

1094 OLG Frankfurt, Urt. v. 17.01.2018 – 4 U 4/17, BeckRS 2018, 1081, Rn. 102.

1095 OLG Frankfurt, Urt. v. 17.01.2018 – 4 U 4/17, BeckRS 2018, 1081, Rn. 106; zu der drohenden Zahlungsunfähigkeit als starkes Beweiszeichen für den Benachteiligungsvorsatz des Schuldners (§ 133 InsO a.F.) BGH, Urt. v. 14.09.2017 – IX ZR 108/16, NJW-RR 2017, 1395.

1096 OLG Frankfurt, Urt. v. 17.01.2018 – 4 U 4/17, BeckRS 2018, 1081, Rn. 104 mit Verweis auf BGH, Urt. v. 17.11.2016 – IX ZR 65/15, BB 2017, 139.

Gläubigerbenachteiligungsvorsatz geschlossen werden.[1097] Diese Rückfolgerung von der kritischen Liquiditätslage auf die Kenntnis von dem Gläubigerbenachteiligungsvorsatz ist jedoch aufgrund der Interessen der Gläubiger an einem erfolgreichen Turnaround ausgeschlossen, wenn ein schlüssiges, von den tatsächlichen Gegebenheiten ausgehendes Sanierungskonzept vorlag, das bereits in den Anfängen in die Tat umgesetzt war.[1098] Abzugrenzen hiervon ist die bloße Hoffnung des Schuldners, die Krise überwinden zu können.[1099]

Das OLG Frankfurt führt hierzu aus, dass es nicht auf darauf ankomme, ob das Sanierungskonzept der Beklagten vom 20.05.2009 in Verbindung mit dem Konzept des Unternehmens den Anforderungen gerecht werde, weil bereits keine überwiegende Wahrscheinlichkeit dafür vorläge, dass die benötigte Finanzierung des Unternehmens in einem Gesamtvolumen von 1,7 Mrd. Euro ab Juni 2009 sichergestellt werden könne.[1100] Vielmehr hätten Anhaltspunkte vorgelegen, die gegen eine solche Finanzierung sprächen.[1101] Die Kenntnis von den tatsächlichen Umständen und der daraus folgende Schluss auf die Kenntnis von dem Gläubigerbenachteiligungsvorsatz werden auch nicht dadurch widerlegt, dass nach der Aussage der Beklagten im Sanierungskonzept vom 20.05.2009 keine „objektiven Sanierungshindernisse" bestanden hätten.[1102] Eine allgemeine Sanierungsberatung wird im Rahmen des § 133 I InsO dabei im Ergebnis an den Anforderungen einer umfassenden Sanierungsberatung gemessen und nicht privilegiert.[1103]

Ein Gläubigerbenachteiligungsvorsatz sei nach § 142 I InsO a.F. unter dem Aspekt einer bargeschäftsähnlichen Lage auch deshalb nicht auszuschließen, weil das Erfordernis des engen zeitlichen Zusammenhangs zwischen der Sanierungsberatung und den beiden letzten Honorarzahlungen nicht gegeben ist.[1104] Schließlich handele es sich bei der allgemeinen Sanierungsberatung unter dem

---

1097 OLG Frankfurt, Urt. v. 17.01.2018 – 4 U 4/17, BeckRS 2018, 1081, Rn. 106.

1098 BGH, Urt. v. 08.12.2011 – IX ZR 156/09, ZInsO 2012, 171; zu den einzelnen Anforderungen an ein Sanierungskonzept: 3. Kap. § 3 B. IV. 5.

1099 BGH, Urt. v. 08.12.2011 – IX ZR 156/09, ZInsO 2012, 171; zu der Spiegelbildlichkeit des Gläubigerbenachteiligungsvorsatzes und der Vermutungsregel hinsichtlich der Kenntnis des Gläubigers: *Ganter*, WM 2015, 2117, 2119; 3. Kap. § 3 B. IV. 5.

1100 OLG Frankfurt, Urt. v. 17.01.2018 – 4 U 4/17, BeckRS 2018, 1081, Rn. 108.

1101 OLG Frankfurt, Urt. v. 17.01.2018 – 4 U 4/17, BeckRS 2018, 1081, Rn. 108.

1102 OLG Frankfurt, Urt. v. 17.01.2018 – 4 U 4/17, BeckRS 2018, 1081, Rn. 110.

1103 OLG Frankfurt, Urt. v. 17.01.2018 – 4 U 4/17, BeckRS 2018, 1081, Rn. 108.

1104 OLG Frankfurt, Urt. v. 17.01.2018 – 4 U 4/17, BeckRS 2018, 1081, Rn. 109; grundlegend BGH, Urt. v. 17.11.2016 – IX ZR 65/15, BB 2017, 139.

Blickwinkel des § 142 I InsO a.F. nicht um eine für die Fortführung des Unternehmens unentbehrliche Leistung, die den Gläubigern im Allgemeinen nützt.[1105]

cc) Analyse der Entscheidung

(1) Analyse des Aspekts der fehlenden Pflichtverletzung

Für den ersten Teil des Urteils ist zu konstatieren, dass die Privatautonomie im Rahmen der Sanierungsberatung eines Unternehmens, das sich in einer zugespitzten wirtschaftlichen Lage befindet, gleichwohl volle Geltung beansprucht. Die rechtlichen Rahmenbedingungen der Insolvenzantragspflicht (§ 15a I InsO), durch welche die wirtschaftlichen Grenzen einer außergerichtlichen Sanierung anhand der §§ 17, 19 InsO definiert werden, stehen vertraglichen Vereinbarungen nicht entgegen, die lediglich eine allgemeine Sanierungsberatung zum Inhalt haben. Die durch die Privatautonomie vermittelte Freiheit der Parteien, selbst einen angemessenen Ausgleich ihrer Interessen zu determinieren, ist zudem unabhängig von einer externen Rechtsberatung. Eine Einschränkung der Privatautonomie für die durchschnittliche GmbH als eine Vertragspartei ist deshalb abzulehnen. Erforderlich ist jedoch – wie in der vorliegenden Fallkonstellation – ein abschließender Katalog der vertraglichen Pflichten.[1106]

Erfolgt hingegen eine vergleichsweise unbestimmte Beauftragung zur Sanierungsberatung, sind zwei Aspekte zu berücksichtigen. Erstens ist eine durchschnittliche GmbH im Unterschied zu der Obergesellschaft eines Konzerns im Rahmen eines Sanierungsvorhabens regelmäßig nicht zusätzlich anwaltlich beraten,[1107] so dass durchaus Umstände ersichtlich sein können, die gegen eine interne Prüfung der Insolvenzgründe sprechen. Zweitens dürfte bei einer unbestimmten Beauftragung im Zweifel davon auszugehen sein, dass aufgrund der maßgeblichen Bedeutung der Liquidität auch eine Prüfung der Zahlungsunfähigkeit erfolgen soll. In Anlehnung an die Zweistufigkeit eines Sanierungskonzepts nach dem IDW S 6 n.F. ist die Beurteilung eines mittelfristigen Sanierungserfolgs obsolet, wenn bereits die kurz bevorstehenden Insolvenzgründe nicht beseitigt werden können.[1108]

Zu unterscheiden von den beiden Aspekten ist die Verpflichtung des Sanierungsberaters, die Schuldnerin auf die Notwendigkeit einer Prüfung von Insolvenzgründen hinzuweisen. Die Prüfung der Insolvenzgründe als Kernbestandteil

---

1105 OLG Frankfurt, Urt. v. 17.01.2018 – 4 U 4/17, BeckRS 2018, 1081, Rn. 109.
1106 OLG Frankfurt, Urt. v. 17.01.2018 – 4 U 4/17, BeckRS 2018, 1081, Rn. 89.
1107 OLG Frankfurt, Urt. v. 17.01.2018 – 4 U 4/17, BeckRS 2018, 1081, Rn. 88.
1108 3. Kap. § 3 B. IV. 5.

eines Sanierungskonzepts dürfte im Falle der Beratung einer durchschnittlichen GmbH jedenfalls eine Einheit zu einer Hinweispflicht bilden, dass die Insolvenzgründe zu prüfen sind. Gleichwohl besteht bei der Hinweispflicht eines Sanierungsberaters nicht der rechtliche Rahmen des § 252 I HGB, der für den Steuerberater maßgeblich ist, so dass keine inhaltliche Prüfung vorzunehmen ist, falls rechtliche oder tatsächliche Umstände ersichtlich sind, die gegen eine Bewertung nach *going-concern*-Werten sprechen.[1109]

(2) Analyse der Anfechtbarkeit der Honorarzahlungen

Das OLG Frankfurt kommt unter Korrektur des erstinstanzlichen Urteils richtigerweise auch deshalb zu einer Anfechtbarkeit, weil dem § 133 I InsO die an anderer Stelle herausgearbeitete Wertung zugrunde liegt, dass nur im Falle eines ernsthaften, erfolgversprechenden Sanierungskonzepts von einer Bündelung der Interessen der Gläubiger und des schuldnerischen Unternehmens in der Fortführung des Unternehmens ausgegangen werden kann.[1110]

Überdies ist der rechtstatsächliche präventive Gläubigerschutz dahingehend zu präzisieren, dass es sich nicht zu Gunsten des beratenden Unternehmens auswirkt, überhaupt eine allgemeine Sanierungsberatung erbracht zu haben.[1111] Eine Privilegierung allgemeiner Sanierungsberatungen scheidet überzeugenderweise infolge der dem Insolvenzanfechtungsrecht zugrunde liegenden Wertungen aus.

(3) Querverbindungen der Aspekte des Urteils zu den Grundsätzen der Beauftragung externen Sachverstands

Wie bereits dargestellt, trifft den Geschäftsführer im Fall der externen Erstellung eines umfangreichen Sanierungskonzepts lediglich eine Plausibilitätsprüfungspflicht, um dem Sorgfaltsmaßstab des § 43 I GmbHG gerecht zu werden.[1112] Wird hingegen eine allgemeine Sanierungsberatung in Auftrag gegeben, beschränkt sich die Plausibilitätsprüfungspflicht auf die Inhalte der allgemeinen Sanierungsberatung. Für die Aspekte des Gesamtsanierungsvorhabens, welche nicht durch die externe Beratung begutachtet wurden, trifft den Geschäftsführer vielmehr die Nachweispflicht, dass auch ohne externen Sachverstand sorgfaltsgemäß gehandelt wurde.

1109 Zu der Hinweis- und Warnpflicht eines Steuerberaters im Rahmen der Erstellung eines Jahresabschlusses: BGH, Urt. v. 26.01.2017 – IX ZR 285/14, NJW 2017, 1611; kritisch *Stöber*, WuB 2017, 401, 404.

1110 3. Kap. § 3 B. IV. 4. c).

1111 2. Kap. § 2 B. II. 3. b) bb).

1112 3. Kap. § 3 B. IV. 3.

b) Auswirkungen der Reform der Insolvenzanfechtung

Die Verunsicherung auf Seiten der Beraterbranche für Beratungen im Zusammenhang mit Sanierungsbemühungen dürfte durch die Entscheidung des OLG Frankfurt weiter gestiegen sein.[1113] Zu berücksichtigen ist hierbei allerdings, dass das Urteil auf der Anwendung der Vorschriften des alten Insolvenzanfechtungsrechts beruht. Das im April 2017 in Kraft getretene Gesetz zur Verbesserung der Rechtssicherheit bei Anfechtungen nach der Insolvenzordnung und dem Anfechtungsgesetz[1114] hat jedoch eine weitreichende Neubewertung einer etwaigen Anfechtung geleisteter Beraterhonorare zur Folge.[1115] Nach der Gesetzesbegründung zielen die Änderungen der §§ 129 ff. InsO auf eine bessere Plan- und Kalkulierbarkeit der Anfechtungsrisiken für den Geschäftsverkehr ab.[1116] Unter dem Blickwinkel der insolvenzrechtlichen Anfechtbarkeit von Zahlungen, die an einen Sanierungsberater fließen, sind nachfolgende Punkte der Gesetzesänderung für die Beratungspraxis hervorzuheben.[1117]

Ohne weitreichende Auswirkung wird die verkürzte Anfechtungsfrist für Deckungsgeschäfte durch § 133 II InsO n.F. sein, weil Sanierungsberater in der Regel in dem letzten Jahr vor der Insolvenzantragsstellung beauftragt werden.[1118] Von essentieller Bedeutung dürfte hingegen sein, dass für eine kongruente Deckung – die im Falle eines Beratungsvertrages regelmäßig vorliegen wird – die Vermutungsregelung des § 133 III 2 InsO n.F. anstelle der „drohenden" Zahlungsunfähigkeit die „eingetretene" Zahlungsunfähigkeit vorsieht.[1119] Für die Vermutungsregel des § 133 I 2 InsO ist im Rahmen einer kongruenten Deckung folglich eine erheblich schlechtere wirtschaftliche Lage des schuldnerischen Unternehmens Voraussetzung. Die Spiegelbildlichkeit des Gläubigerbenachteiligungsvorsatzes des Schuldners und der Kenntnis des Gläubigers von diesem

---

1113 Zu der Q-Cells-Rechtsprechung des OLG Frankfurt (Urt. v. 19.10.2016 – 19 U 192/15, ZIP 2017, 187); *Heil/Schmitt,* ZIP 2018, 714, 715.

1114 Gesetz zur Verbesserung der Rechtssicherheit bei Anfechtungen nach der Insolvenzordnung und nach dem Anfechtungsgesetz vom 29.03.2017, BGBl. I 2017, 654.

1115 *Ehrmann,* GWR 2018, 81, 86; *Heil/Schmitt,* ZIP 2018, 714, 715; *Möhlenkamp,* DStR 2017, 987, 993; *Thole,* ZIP 2017, 401.

1116 BT-Drucks. 18/11199, S. 1.

1117 Gesamtüberblick bei *Dahl/Schmitz,* NJW 2017, 1505; *Thole,* ZIP 2017, 401.

1118 So auch *Heil/Schmitt,* ZIP 2018, 714, 715.

1119 Gesetz zur Verbesserung der Rechtssicherheit bei Anfechtungen nach der Insolvenzordnung und nach dem Anfechtungsgesetz vom 29.03.2017, BGBl. I 2017, 654.

wird damit aufgehoben.[1120] Für die Kenntnis des Schuldners von dem Gläubigerbenachteiligungsvorsatz ist erst im Falle der eingetretenen Zahlungsunfähigkeit auf das Vorliegen eines aussichtsreichen Sanierungskonzepts als negatives Beweiszeichen abzustellen.[1121] Gleichwohl ist weiterhin neben der gesetzlichen Vermutung des § 133 III 2 InsO n.F. eine abschließende Gesamtwürdigung aller Umstände des Einzelfalls vorzunehmen, die zu einem anderen Ergebnis führen kann.[1122]

Zusätzlich sieht der neugefasste Wortlaut des § 142 I InsO das Erfordernis der „Unlauterkeit" vor.[1123] Über den engen zeitlichen Zusammenhang zwischen Leistung und Gegenleistung hinaus ist damit für eine Vorsatzanfechtung nach § 133 I InsO erforderlich, dass der Schuldner „unlauter" handelte.[1124] Das Tatbestandsmerkmal der „Unlauterkeit" erfasst jedoch lediglich Beratungsverträge, deren vereinbarte Vergütung nicht angemessen war.[1125]

Im Ergebnis führen die reformbedingten Anpassungen der §§ 133, 142 InsO zu einem weitreichenden Schutz für Zahlungen im Rahmen von Sanierungsberatungen. Verunsicherungen auf Seiten der Beraterbranche dürften sich wesentlich reduzieren.[1126] Wäre die Fallkonstellation des Urteils des OLG Frankfurt nach dem neugefassten § 133 III InsO zu beurteilen, dürfte von einer

---

1120 Zu der bisherigen Rechtslage: BGH, Urt. v. 24.10.2013 – IX ZR 104/13, ZIP 2013, 2262, Rn. 13; *Heil/Schmitt,* ZIP 2017, 714, 717; grundlegend *Ganter*, WM 2015, 2117, 2119.

1121 *Heil/Schmitt,* ZIP 2017, 714, 717.

1122 BGH, Urt. v. 07.11.2013 – IX ZR 248/12, WM 2013, 2233, Rn. 20; BGH, Urt. v. 16.04.2015 – IX ZR 68/14, NZI 2015, 654, Rn. 20; *Ede/Hirte,* in: Uhlenbruck, InsO, § 133 Rn. 61; *Kayser,* in: MüKo, InsO, § 133 Rn. 27; *Heil/Schmitt,* ZIP 2017, 714, 717.

1123 Gesetz zur Verbesserung der Rechtssicherheit bei Anfechtungen nach der Insolvenzordnung und nach dem Anfechtungsgesetz vom 29.03.2017, BGBl. I 2017, 654; zu den Anforderungen im Rahmen des § 31 Nr. 1 KO: BGH, Urt. v. 04.02.1954 – IV ZR 164/53, BGHZ 12, 232, 238 = NJW 1954, 673; *Hacker,* NZI 2015, 873, 875.

1124 BGH, Urt. v. 30.04.1992 – IX ZR 176/91, NJW 1992, 1960; BGH, Urt. v. 13.04.2006 – IX ZR 158/05, NZI 2006, 469; *Ganter/Weiland,* in: K. Schmidt, InsO, § 142 Rn. 27; *Kirchhof,* in: MüKo, InsO, § 142 Rn. 15; zu der Auslegung des Merkmals der „Unlauterkeit": BT-Drucks. 17/7054, S. 19; Kritik an dem Begriff bei *Ganter,* WM 2015, 2117, 2120; *Thole,* ZIP 2017, 401, 407 f.

1125 *Thole,* ZIP 2015, 2145, 2153.

1126 *Heil/Schmitt,* ZIP 2017, 714, 717: „Die Gesetzesänderung stellt sicher, dass die Vergütung für Sanierungsberater nicht zu einem Erfolgshonorar wird, und ist deshalb zu begrüßen."

Nichtanfechtbarkeit der geleisteten Honorarzahlungen vom 26. und 27.05.2009 auszugehen sein, weil für die Obergesellschaft des Konzerns eine eingetretene Zahlungsunfähigkeit erst im Juni 2009 vorlag. Die spezifischen Änderungen der §§ 133, 142 InsO würden in der Sachverhaltskonstellation des dargestellen Urteils damit im Mittelpunkt stehen.

4. *Rechtlicher Rahmen des Sanierungskonzepts*

Da das Gesetz selbst keine explizite Definition und keine Anforderungen an die Ausarbeitung bzw. Aufstellung eines Sanierungskonzepts stellt, können diese Pflichten nur aus verschiedenen Normen im Wege der Auslegung abgeleitet werden. Die Rechtsprechung konzentriert sich hierbei auf die § 64 S. 1 GmbHG, §§ 15a I, 19 II 1 HS. 2 InsO, §§ 129, 133 InsO, § 826 BGB, § 823 II BGB i.V.m. § 263 StGB und die damit einhergehenden Haftungsfragen.[1127] Ergänzend ist zu beachten, dass der Geschäftsführer im Rahmen seiner Sanierungspflicht die Sorgfalt eines ordentlichen Geschäftsmannes (§ 43 I GmbHG) anzuwenden hat, wodurch anderenfalls eine Innenhaftung (§ 43 II GmbHG) begründet werden kann. Die Vermeidung der zivil- oder strafrechtlichen Organhaftung als rechtlicher Erstellungsanlass eines Sanierungskonzepts soll im Folgenden das entscheidende Einfallstor für die spezifischen Anforderungen bilden.[1128]

a) Grundlegende Spannungsverhältnisse und Rahmenbedingungen der Ausgestaltung eines Sanierungskonzepts

Die konkreten rechtlichen Anforderungen sind in der Regel Ergebnis einer Abwägung der zugrunde liegenden Spannungsverhältnisse. Bevor insofern auf die konkreten Anforderungen eingegangen wird, sollen die grundlegenden Spannungsverhältnisse abstrakt nachgezeichnet werden.

Aufgrund des regelmäßig engen Zeitrahmens und der Handhabbarkeit eines Sanierungskonzepts steht der für eine hinreichend fundierte Aussage erforderliche Mindestumfang in einem Spannungsverhältnis zu einer unnötigen

1127 BFH, Urt. v. 27.02.2007 – VII R 67/05, NJW 2007, 3520; BGH, Urt. v. 23.06.2015 – II ZR 366/13, NJW 2015, 2806; BGH, Urt. v. 06.06.1994 – II ZR 292/91, BGH, Urt. v. 06.06.1994 – II ZR 292/91, BGHZ 126, 181, 197 = NJW 1994, 2220; BGH, Urt. v. 25.07.2005 – II ZR 390/03, NJW 2005, 3137; BGH, Urt. v. 12.05.2016 – IX ZR 64/14, NJW-RR 2016, 1518; BGH, Urt. v. 12.04.2016 – XI ZR 304/14, NJW 2016, 2662.

1128 Auflistung weiterer rechtlicher Erstellungsanlässe bei *Andersch*, Sanierungskonzepte und Sanierungsgutachten, S. 14; zu einer etwaigen Haftung BGH, Urt. v. 09.07.1979 – II ZR 118/77, BGHZ 75, 96 = NJW 1979, 1823; BGH, Urt. v. 15.11.2001 – 1 StR 185/01, BGHSt 47, 148 = NJW 2002, 1211.

Ausweitung des Konzepts. Entscheidend für die rechtlichen Mindestanforderungen ist insofern die Linie der Mindest- bzw. Kernanforderungen.[1129] Die hierdurch zu schaffende Leitlinie dürfte unabhängig der Größe und des Umfangs des jeweiligen Unternehmens verbindlich sein.[1130]

Bedingt dadurch, dass die Sanierungsfähigkeit von der zukünftigen Entwicklung des Unternehmens abhängig ist, stellt sich die Frage, wie das Sanierungskonzept prognosebedingte Unschärfen abzubilden hat. Essentiell hierfür ist, welche Anforderungen an die Wahrscheinlichkeitsbewertung zu stellen sind und in welchem Umfang objektive Ansätze zugrunde liegen müssen. Zusätzlich bedarf es eines ausgeglichenen Verhältnisses zwischen der Analyse der Unternehmenslage und dem Anteil der gestaltenden Maßnahmen. Je geringer der Anteil der Untersuchungen und der Analyse der Unternehmenslage ist, desto eher werden Krisenursachen übersehen, die wiederum fortwirken und eine Sanierung konterkarieren (können). Wird im Ergebnis ein zu strenger Maßstab für die Aufstellung eines Sanierungskonzepts gefordert, besteht die Möglichkeit, dass angeschlagene klein- oder mittelständische Unternehmen hinsichtlich der Kosten und der Professionalität überfordert werden. Hierauf wird in einem eigenen Punkt erneut zurückzukommen sein.[1131] Wird das Sanierungskonzept Gläubigern zur Verfügung gestellt, fragt sich weiterhin, in welchem Verhältnis die Schädigung des eigenen Unternehmens durch Offenlegung von unternehmensbezogenen Informationen auf der einen Seite zu dem Informationsbedürfnis der Gläubiger zum Ausschluss des Risikos der Insolvenzanfechtung auf der anderen Seite steht.

b) Konkretisierung des § 43 I GmbHG durch den IDW ES 6 n.F.?

Die Konkretisierung des § 43 I GmbHG folgt (1.) aus der Bindung an die gesetzlichen und statuarischen Vorgaben (sog. Legalitätspflicht) und der Pflicht zur Beachtung des Gesellschaftsinteresses.[1132] Zudem (2.) lassen sich aus der Generalklausel des § 43 I GmbHG haftungsrelevante Verhaltensweisen ableiten.[1133]

1129 3. Kap. § 3 B. IV. 5.

1130 *Pape,* ZInsO 2017, 114, 123; IDW ES 6 n.F., Tz. 31 ff.

1131 3. Kap. § 3 B. IV. 6.

1132 BGH, Urt. v. 10.12.1987 – III ZR 220/86, BGHZ 102, 354, 357 = NJW 1980, 1629; *Fleischer,* in: MüKo, GmbHG, § 43 Rn. 11; *Kleindiek,* in: Lutter/Hommelhoff, GmbHG, § 43 Rn. 11; *U. Schneider/Crezelius,* in: Scholz, GmbHG, § 43 Rn. 77; *Ziemons,* in: Michalski, GmbHG, § 43 Rn. 59 ff.

1133 BGH, Urt. v. 28.04.2008 – II ZR 264/06, BGHZ 176, 204 = NJW 2008, 2437; *Fleischer,* in: MüKo, GmbHG, § 43 Rn. 11.

Möglicherweise kann für eine Strukturierung der haftungsrelevanten Aspekte bei der Aufstellung eines Sanierungskonzepts auf die Vorgaben des IDW ES 6 n.F. zurückgegriffen werden.

Eine unmittelbare rechtliche Verbindlichkeit des IDW ES 6 n.F. scheidet aus, weil der Standard nicht von einem hierzu legitimierten Staatsorgan, sondern von einem privatrechtlich organisierten Institut erlassen wurde.[1134] Als privatrechtliches Statut bildet der IDW-Standard zunächst lediglich die berufsspezifischen Anforderungen der Wirtschaftsprüfer ab. Außerdem sind privatrechtliche Standards grundsätzlich nicht als verbindliche Auslegungsregeln heranzuziehen, weil es anderenfalls zu einer Beeinflussung der Judikative oder Legislative durch private Organisationen käme.[1135] Die Gerichte werden durch einen fachspezifischen Standard nicht an eine konkrete Auslegung gebunden.[1136] Eine Eins-zu-eins-Übernahme der Anforderungen des IDW ES 6 n.F. scheidet unter dem Blickwinkel der Legalitätspflicht folglich aus.[1137] Der IDW ES 6 n.F. bildet keine gesetzliche oder statuarische Vorgabe.

Weiterhin kann der IDW ES 6 n.F. möglicherweise für die Bestimmung eines Verhaltensstandards (2.) herangezogen werden. Eine Übertragung in den normativen Standard des § 43 I GmbHG ist davon abhängig, wie unabweisbar und begründet die betriebswirtschaftlichen Anforderungen sind.[1138] Dies ist, wie bereits an anderer Stelle beschrieben,[1139] darauf zurückzuführen, dass das betriebswirtschaftlich erstrebenswerte Maß nicht mit den juristischen Mindestanforderungen übereinstimmen muss. Für den IDW ES 6 n.F. ergibt sich hierbei die Besonderheit, dass der Standard die einschlägige Rechtsprechung der maßgeblichen Haftungstatbestände aufgreift und diese betriebswirtschaftlich konkretisiert.[1140] Damit kann die Zielausrichtung des IDW ES 6 n.F. zweigeteilt werden: Der erste Aspekt beinhaltet die Zusammenfassung der Vorgaben der wesentlichen höchstrichterlichen Rechtsprechung für Sanierungskonzepte. Der

---

1134 *Krystek/Klein*, DB 2010, 1769, 1770; *Taupitz*, BB 1990, 2369, 2370.

1135 *Scherer/Fruth*, CCZ 2015, 9, 13.

1136 S. auch *Krystek/Klein*, DB 2010, 1769, 1770.

1137 S. auch *Krystek/Klein*, DB 2010, 1769, 1770.

1138 *Fleischer*, in: Spindler/Stilz, AktG, § 90 Rn. 50; *Krystek/Klein*, DB 2010, 1769, 1770 mit Verweis auf *Hommelhoff/Schwab*, in: v. Werder, Grundsätze ordnungsgemäßer Unternehmensführung (GoF) für die Unternehmensleitung (GoU), Überwachung (GoÜ) und Abschlussprüfung (GoA), S. 172.

1139 3. Kap. § 3 B. I. 1.

1140 BGH, Urt. v. 12.05.2016 – IX ZR 65/14, NJW-RR 2016, 1518, Rn. 15, 30; umfassend *Steffan*, ZIP 2016, 1712, 1714.

zweite Aspekt zielt auf die jeweilige betriebswirtschaftliche Ausformung. Konkreter Anknüpfungspunkt für die betriebswirtschaftlichen Ausformungen ist das von der Rechtsprechung postulierte „schlüssige und erfolgversprechende“[1141] bzw. auf einer „positiven Prognose“[1142] beruhende Sanierungskonzept.

Für eine mögliche Ableitung einer Verhaltenspflicht kommt es damit auf die konkreten Anforderungen des Standards an. Um beurteilen zu können, ob es für den Geschäftsführer einer durchschnittlichen GmbH einer qualitativen Anpassung bedarf oder die Vorgaben des IDW ES 6 n.F. eins zu eins übernommen werden können, sind folglich die konkreten Anforderungen der Rechtsprechung, des IDW ES 6 n.F. und die Besonderheiten durchschnittlicher (kleiner und mittelgroßer) GmbH zu untersuchen.[1143] Bereits an dieser Stelle ist auf den begrenzten Auftragsgegenstand des IDW ES 6 n.F. hinzuweisen, der sich lediglich auf die Aufstellung eines Sanierungskonzepts bezieht und nicht die weitere Durchführung und Kontrolle des Sanierungsvorhabens beinhaltet, was jedoch Teil der Sanierungspflicht des Geschäftsführers ist.[1144]

c) Ableitungen aus der Insolvenzantragspflicht (§ 15a I InsO) für die Aufstellung eines Sanierungskonzepts

Aus der rechtlichen Bewertung des Höhepunkts der Krise waren Ableitungen für die Strukturierung des vorinsolvenzlichen Zeitraums möglich.[1145] Die Insolvenzantragspflicht beinhaltet darüber hinaus Präzisierungen der rechtlichen Rahmenbedingungen, die für die Aufstellung eines Sanierungskonzepts relevant sind.

Wie bereits beschrieben, geht die gesetzgeberische Wertung der Drei-Wochen-Frist des § 15a InsO von einer Bündelung der Interessen der Gläubiger und des Schuldners in kurz- und mittelfristigen Maßnahmen zur Überwindung einer wirtschaftlichen Schwächephase aus.[1146] Im Verhältnis zu

1141 BGH, Urt. v. 12.05.2016 – IX ZR 65/14, NJW-RR 2016, 1518, Rn. 15; umfassend *Steffan*, ZIP 2016, 1712, 1714.

1142 BGH, Urt. v. 12.05.2016 – IX ZR 65/14, NJW-RR 2016, 1518, Rn. 15; umfassend *Steffan*, ZIP 2016, 1712, 1714.

1143 3. Kap. § 3 B. IV. 6.

1144 IDW ES 6 n.F., Tz. 73: Hinweis auf das Erfordernis der Analyse der Planabweichungen sowie der Planfortschreibung.

1145 2. Kap. § 4 VII.

1146 BGH, Urt. v. 04.05.2005 – IX ZR 123/04, BGHZ 163, 134, 145 = NJW 2005, 3062; *Haarmann/Vorwerk*, BB 2015, 1603, 1605; aus dem Blickwinkel der Insolvenzanfechtung BGH, Urt. v. 12.11.1992 – IX ZR 237/91, NJW-RR 1993, 238; *Thole*, ZIP 2013, 2081, 2082.

der Insolvenzantragspflicht zielt die Sanierungspflicht auf die Prüfung ab, ob im Vergleich zu dem Insolvenzverfahren weniger einschneidende Maßnahmen Schaden von der Gesellschaft abwenden können.[1147] Hierdurch wird die Entscheidungsgrundlage für die Frage der Sanierungsfähigkeit geschaffen.[1148] Die Höchstfrist des § 15a I InsO unterstreicht und begrenzt das unternehmerische Ermessen in der Umsetzung eines Sanierungskonzepts.[1149] Der Praxis dient diese Höchstfrist als zeitliche und inhaltliche Grundlage außergerichtlicher Sanierungsverhandlungen, wenn das Stadium der rechnerischen Überschuldung bereits erreicht wurde.[1150]

Neben die Präzisierung der Rahmenbedingungen der Umsetzung von Sanierungsmaßnahmen tritt zugleich eine Präzisierung der inhaltlichen Anforderungen an die Bestimmung der Sanierungsfähigkeit. Die in Aussicht genommenen Sanierungsmaßnahmen müssen bei einer ex-ante-Betrachtung hinreichend erfolgversprechend sein, die Insolvenzantragsgründe in einem Zeitraum von drei Wochen zu beseitigen. Die Höchstfrist des § 15a I InsO darf nur dann in Anspruch genommen werden, wenn überhaupt ein Bemühen um die Sanierung der Gesellschaft stattfindet und dieses Bemühen Aussicht auf Erfolg verspricht.[1151] Der durch die Insolvenzeröffnungsgründe geschaffene objektive Rahmen der Sanierungsfähigkeit ist sogleich für die Sanierungsmaßnahmen aufzugreifen, die den kurzfristigen Bestand der Gesellschaft sichern sollen.[1152]

d) Ableitungen aus § 64 S. 1 GmbHG für die Aufstellung eines Sanierungskonzepts für den speziellen Zeitraum der suspendierten Insolvenzantragspflicht

Die beschriebene Wertung der Drei-Wochen-Frist des § 15a I InsO kann für die Aufstellung eines Sanierungskonzepts durch diejenigen des Masseschmälerungsverbots des § 64 S. 1 GmbHG ergänzt werden. Zunächst ist festzuhalten,

---

1147 BGH, Urt. v. 09.07.1979 – II ZR 118/77, BGHZ 75, 96, 104 = NJW 1979, 1823.

1148 *Fleischer*, in: MüKo, GmbHG, § 43 Rn. 64 mit Verweis auf BGH, Urt. v. 13.02.2006 – II ZR 392/03, BGHZ 166, 195 = NJW 2006, 1663.

1149 BGH, Urt. v. 09.07.1979 – II ZR 118/77, BGHZ 75, 96, 104 = NJW 1979, 1823; *K. Schmidt*, in: Scholz, GmbHG, § 64 Rn. 163.

1150 *K. Schmidt*, in: Scholz, GmbHG, § 64 Rn. 163.

1151 BGH, Urt. v. 09.07.1979 – II ZR 118/77, BGHZ 75, 96, 104 = NJW 1979, 1823; *Casper*, in: Ulmer/Habersack/Löbbe, GmbHG, § 64 Rn. 70; *Haas*, in: Baumbach/Hueck, GmbHG, § 64 Rn. 123; *Lutter*, in: Kleindiek/Hommelhoff, GmbHG, Anh. § 64 Rn. 66; *Seibt*, in: Scholz, GmbHG, § 64 Rn. 163.

1152 2. Kap. § 3 B. IV. 5. b).

dass § 64 S. 1 GmbHG nach der Rechtsprechung des BGH auch dann Anwendung findet, wenn die Insolvenzantragspflicht aufgrund von Sanierungsbestrebungen suspendiert ist.[1153] Die von dem Tatbestand des § 64 S. 1 GmbHG erfassten Rechtshandlungen[1154] sind im Unterschied zu der Geschäftsführungsbefugnis nicht an dem Unternehmensinteresse,[1155] sondern ausschließlich an den Interessen der Gläubigergesamtheit auszurichten.[1156] Der Normzweck liegt insofern in der Sicherung des vorhandenen Gesellschaftsvermögens zur gleichmäßigen und ranggerechten Befriedigung der Gesellschaftsgläubiger und weist damit eine insolvenzrechtliche Prägung auf.[1157]

Grundsätzlich trifft den Geschäftsführer hiernach eine Ersatzpflicht für die von § 64 S. 1 GmbHG erfassten Rechtshandlungen unabhängig davon, ob die Zahlung das Fundament für eine Sanierung schafft oder nicht. An die Widerlegung des Verschuldens[1158] nach § 64 S. 2 GmbHG für im Zusammenhang mit Sanierungsbemühungen erfolgende Rechtshandlungen werden wiederum strenge Anforderungen gestellt.[1159] Zur Bestimmung der konkreten Anforderungen kann zwischen dem Zeitraum der suspendierten Insolvenzantragspflicht und der Folgezeit unterschieden werden. Nach Ablauf der Frist des § 15a I InsO und mit Eröffnung des Insolvenzverfahrens dürften Zahlungen im Rahmen

---

1153 BGH, Urt. v. 16.03.2009 – II ZR 280/07, NJW 2009, 2454, 2455; *Habersack/Foerster,* ZHR 178 (2014), 378, 394; *Strohn,* NZG 2011, 1161, 1163.

1154 Zu der weiten Auslegung des § 64 S. 1 GmbHG und der Erstreckung auf die Eingehung von Verbindlichkeiten BGH, Urt. v. 05.05.2008 – II ZR 38/08, NJW 2008, 2504.

1155 3. Kap. § 2 B.

1156 BGH, Urt. v. 08.01.2001 – II ZR 88/99, BGHZ 146, 264, 274 = NJW 2001, 1280; *Bork,* in: Bork/Schäfer, GmbHG, § 64 Rn. 21; *Haas,* in: Baumbach/Hueck, GmbHG, § 64 Rn. 89; *Kleindiek,* in: Lutter/Hommelhoff, GmbHG, § 64 Rn. 12; *K. Schmidt,* in: K. Schmidt/Uhlen-bruck, Die GmbH in Krise, Sanierung und Insolvenz, Rn. 11.47.

1157 BGH, Urt. v. 29.11.1999 – II ZR 273/98, BGHZ 143, 184 = NJW 2000, 668 mit Verweis auf die Formulierung von *Hachenburg/Ulmer,* in: Hachenburg, GmbHG, § 64 Rn. 42: „Abwendung größerer Nachteile für die Masse"; differenzierend *Strohn,* NZG 2011, 1161, 1167; 3. Kap. § 2 B.

1158 BGH, Urt. v. 08.01.2001 – II ZR 88/99, BGHZ 146, 264, 274 = NJW 2001, 1280; Einordnung als negatives Tatbestandsmerkmal bei *K. Schmidt,* in: Scholz, GmbHG, § 64 Rn. 38; Einordnung als Rechtfertigungsgrund bei *Fleischer,* in: Spindler/Stilz, AktG, § 92 Rn. 30.

1159 BGH, Urt. v. 23.06.2015 – II ZR 366/13, NJW 2015, 2806; *Altmeppen,* in: Roth/Altmep-pen, GmbHG, § 64 Rn. 21; *Arnold,* in: Henssler/Strohn, GesR, § 64 GmbHG Rn. 39; *Haas,* in: Baumbach/Hueck, GmbHG, § 64 Rn. 89; *Strohn,* NZG 2011, 1161, 1163.

von konkreten Sanierungsbemühungen nur noch in Ausnahmefällen mit dem Telos des § 64 S. 1 GmbHG vereinbar sein.[1160] Die maßgeblichen Regelungen der §§ 15a I, 19 II 1 HS. 2 InsO gehen lediglich für den Drei-Wochen-Zeitraum von übereinstimmenden Interessen aus.

Die Wertungen des § 15a I InsO sind folglich durch diejenigen des § 64 S. 1 GmbHG dahingehend zu ergänzen, dass die Gläubiger während der suspendierten Insolvenzantragspflicht durch die Ausrichtung der Rechtshandlungen an den Interessen der Gläubigergesamtheit mittelbar im Rahmen der – engen – tatbestandlichen Voraussetzungen des § 64 S. 1 GmbHG geschützt werden. Für die Aufstellung von Sanierungskonzepten ergibt sich hieraus, dass für den Zeitraum der Drei-Wochen-Frist vergleichsweise strenge Anforderungen an die Wahrscheinlichkeit des Erfolgs der relevanten Sanierungsmaßnahmen zu stellen sind. Bereits aus dieser gesetzlichen Wertung lässt sich ableiten, dass das Sanierungskonzept sich insbesondere an den Insolvenzeröffnungsgründen und dem Drei-Wochen-Zeitraum des § 15a I InsO zu orientieren hat. Der Geschäftsführer wird zudem nicht nur den Verlust der Entscheidungsbefugnisse (vgl. § 80 I InsO), sondern auch erhöhte Haftungsgefahren nach Eintritt der Insolvenzantragspflicht (§ 64 S. 1 GmbHG) vermeiden wollen.

e) Konklusion der Rückschlüsse aus § 15a I InsO und § 64 S. 1 GmbHG auf die Erstellung eines Sanierungskonzepts

Zusammenfassend ist für die Ableitungen aus § 15a InsO und § 64 S. 1 GmbHG festzuhalten, dass gesetzliche Anhaltspunkte für die Bewertung des Höhepunkts der Krise bestehen, die eine Orientierung für erste Sanierungsmaßnahmen schaffen. Sofern eine Unternehmenskrise rechtzeitig erkannt wurde, ergibt sich unter dem Blickwinkel der § 15a I InsO, § 64 S. 1 GmbHG die Verpflichtung des Geschäftsführers, eine Unternehmenssanierung nur dann anzustreben, wenn ein ernst gemeintes und Erfolg versprechendes Sanierungskonzept vorliegt.[1161] Mit anderen Worten sind § 15 a InsO und § 64 S. 1 GmbHG als besondere gesetzliche Anhaltspunkte für die Problematik zu sehen, wie die Abwägung zwischen dem Risiko der Schädigung weiterer gutgläubiger Geschäftspartner und

1160 *Arnold,* in: Henssler/Strohn, GesR, § 64 GmbHG Rn. 29; *Kleindiek,* in: Lutter/Hommel- hoff, GmbHG, § 64 Rn. 12; *Habersack/Foerster*, ZHR 178 (2014), 387, 401; *Strohn,* NZG 2011, 1161, 1166: „Bei gesetzeskonformen Vorgehen hat § 64 S. 1 GmbHG sogar nur während der Insolvenzantragsfrist Bedeutung. Denn am Ende dieser Frist wird ja, so die Vorstellung des Gesetzgebers, der Insolvenzantrag gestellt."

1161 *Pape,* ZInsO 2017, 114, 128.

den Aussichten und Vorzügen eines Sanierungsvorhabens für einen gewissen wirtschaftlichen Zeitraum auszufallen hat.[1162] Bei ausschließlicher Betrachtung des § 43 I GmbHG wäre eine Sanierung bereits dann anzustreben, wenn sie nicht „offensichtlich aussichtslos“ erscheint.[1163]

5. *Zentrale Bestandteile eines Sanierungskonzepts nach der Rechtsprechung und betriebswirtschaftliche Ausformung anhand des IDW ES 6 n.F.*

Eine Ableitung der zentralen Bestandteile eines Sanierungskonzepts aus der Rechtsprechung hat zunächst zu berücksichtigen, dass gerichtliche Entscheidungen grundsätzlich nur kritische Punkte des jeweiligen Einzelfalls berücksichtigen.[1164] Die Zusammenfassung von Grundregeln, Strukturen und Erfolgsfaktoren von Sanierungskonzepten anhand der Rechtsprechung ist folglich nur anhand der Untersuchung mehrerer Urteile möglich. Gemeinsame Leitlinie der zitierten Entscheidungen ist aus dem vorliegenden Blickwinkel die Ausarbeitung derjenigen ökonomischen Mindestanforderungen, die infolge einer betriebswirtschaftlich sinnvollen Struktur eine fundierte Aussage über die Sanierungsfähigkeit des jeweiligen Unternehmens ermöglichen.[1165] Für ein „schlüssiges und erfolgsversprechendes“[1166] Sanierungskonzept sind mehrere materielle Bestandteile erforderlich, um im Ergebnis eine „Prognose, die nachvollziehbar und vertretbar erscheint“,[1167] treffen zu können. Der IDW ES 6 n.F. sieht zur Konkretisierung dieser Zielvorgaben einen zweistufigen Aufbau vor. Die erste Stufe bezieht sich auf die Sicherstellung einer positiven Fortführungsprognose.[1168] Die zweite Stufe zielt auf die Herbeiführung der nachhaltigen Fortführungsfähigkeit ab.[1169] Dieser zweistufige Aufbau kann zum einen aus der wirtschaftlichen Abfolge der Phasen

---

1162 Grundlegender Ansatz nach BGH, Urt. v. 09.07.1979 – II ZR 118/77, BGHZ 75, 96 = NJW 1979, 1823.

1163 *Kittel/Schwall*, NZI 2013, 782, 784.

1164 *Prütting*, ZIP 2013, 203, 209.

1165 *Hermanns/Krummen*, ZInsO 2017, 461 mit Verweis auf *Steffan*, WPg 2016, 1312; *Prütting*, ZIP 2013, 203, 209; kritisch hinsichtlich einer extensiven Auslegung des § 133 I InsO *Stöber*, WuB 2016, 764, 767.

1166 BGH, Urt. v. 16.10.2008 – IX ZR 183/06, WM 2009, 117; BGH, Urt. v. 08.12.2011 – IX ZR 156/09, ZIP 2012, 137; BGH, Urt. v. 21.02.2013 – IX ZR 52/10, NJW-RR 2013, 1321; BGH, Urt. v. 12.05.2016 – IX ZR 65/14, NJW-RR 2016, 1518, Rn. 15.

1167 BGH, Urt. v. 12.05.2016 – IX ZR 65/14, NJW-RR 2016, 1518, Rn. 30.

1168 IDW ES 6 n.F., Tz. 14, 76 ff.

1169 IDW ES 6 n.F., Tz. 14, 76 ff.

der Unternehmenskrise und zum anderen aus den dargestellten Wertungen der § 15a I InsO, § 64 S. 1 GmbHG abgeleitet werden.

Der hiesige Aufbau legt diese Vorgehensweise zugrunde, geht jedoch zunächst auf die allgemeinen Elemente der Darstellung des Unternehmens, der Analyse der Krisenursachen und der Ausarbeitung eines Leitbilds des sanierten Unternehmens ein. Neben der Untersuchung der Elemente der jeweiligen Stufe sollen insbesondere die typischerweise erforderlichen grundlegenden Sanierungsmaßnahmen betrachtet werden. Eigens zu untersuchen ist des Weiteren, ob die Anforderungen der Rechtsprechung gleichermaßen auf kleine und mittelgroße Unternehmen Anwendung finden können. Hierbei ist festzuhalten, dass die Neufassung des IDW ES 6 n.F. zwar insbesondere auf den als problematisch erachteten Umgang mit kleinen und mittelgroßen Unternehmen zurückzuführen ist, die materiellen Anforderungen des IDW ES 6 n.F. jedoch keine Anpassung erfahren haben.[1170] Im Vordergrund der Neufassung standen vielmehr die Aspekte der Straffung der Ausführungen und der Klarstellung einzelner Details.[1171] Soweit auf die Ausführungen der alten Fassung des IDW S 6 Bezug genommen wird, erfolgt dies, um die Unterschiede der jeweiligen Fassungen hervorzuheben und zugleich ein vollständiges Bild der optimalen Anforderungen zeichnen zu können.

a) Darstellung des Unternehmens, Analyse der Krisenursachen und Ausarbeitung eines Leitbilds des sanierten Unternehmens

Der BGH fordert für die Informationsgrundlage einen Überblick über die tatsächlichen und wesentlichen Unternehmensdaten sowie über die rechtlichen und ökonomischen Einflussfaktoren.[1172] Neben der Systematisierung und Analyse der Krisenursachen wird die Ausformung eines Leitbilds des sanierten Unternehmens als notwendig erachtet.[1173]

aa) Darstellung der Unternehmenssituation (Ist-Zustand)

Eine präzise und vollständige Darstellung der Unternehmenslage erfüllt keinen Selbstzweck, sondern bildet die wesentliche Grundlage für die Ableitung von Annahmen über Krisenursachen und der hierauf basierenden Plandaten.[1174]

1170 IDW ES 6 n.F., Vorb.

1171 IDW ES 6 n.F., Vorb.

1172 BGH, Urt. v. 04.12.1997 – IX ZR 47/97, NJW 1998, 1561; *Scholz/Groß*, WPg 2011, 77.

1173 OLG Köln, Urt. v. 24.09.2009 – 18 U 134/05, WPg 2011, 442.

1174 *Thierhoff/Müller*, Unternehmenssanierung, S. 129; *Eisolt*, BB 2010, 426, 427; *Hermanns/ Krummen*, ZInsO 2017, 461, 464.

Die Beschreibung der operativen und strategischen Ausrichtung (Ist-Zustand) schafft überdies erste Ansatzpunkte für das Leitbild des sanierten Unternehmens (Soll-Zustand).[1175]

Für die Darstellung der Unternehmenslage sieht der BGH die Unterscheidung zwischen internen und externen Verhältnissen vor.[1176] Explizit spricht der BGH an dieser Stelle lediglich die Analyse der wirtschaftlichen Lage des Unternehmens in der jeweiligen Wirtschaftsbranche an.[1177] In der methodischen Vorgehensweise setzt die Analyse die Darstellung bzw. Beschreibung der allgemeinen Unternehmensausrichtung voraus, sodass zunächst die Ausrichtung des Unternehmens in der jeweiligen Branche darzustellen ist.[1178]

Für die Ermittlung der internen Unternehmenssituation ist die Vermögens-, Finanz- und Ertragslage zu erfassen.[1179] Neben der exakten Bestimmung des Umfangs der Verbindlichkeiten des Unternehmens sind die Anzahl und Art der Gläubiger anzugeben.[1180] Die Gläubiger sind wiederum nach der jeweiligen Art ihrer Beziehung zu dem schuldnerischen Unternehmen in verschiedene Gruppen einzuteilen.[1181] Die Aufgliederung anhand mehrerer Gläubigergruppen kann in einem weiteren Schritt zur Strukturierung differenter Verzichtsquoten herangezogen werden.[1182] Für gesicherte Gläubiger bestehen in der Regel geringere wirtschaftliche Anreize für eine Beteiligung an der Sanierung als für ungesicherte Gläubiger, deren Forderungen ein höheres Ausfallrisiko aufweisen.[1183] Die präzise Bestimmung der Finanz- und Gläubigerstruktur ist im Übrigen zwingend, um diejenige Schwelle der Gläubigerbeteiligung bestimmen zu können, anhand derer eine erfolgreiche Sanierung prognostiziert werden kann.[1184]

Problematisch ist in diesem Zusammenhang vielfach, dass das Krisenunternehmen kein funktionierendes internes Berichtssystem aufweist und Daten infolgedessen bereits unvollständig, möglicherweise auch unrichtig sind.[1185] Für

---

1175 *Hermanns/Krummen,* ZInsO 2017, 461, 465 (Bottum-Up-Verfahren).

1176 BGH, Urt. v. 04.12.1997 – IX ZR 47/97, NJW 1998, 1561, 1563.

1177 BGH, Urt. v. 04.12.1997 – IX ZR 47/97, NJW 1998, 1561, 1563.

1178 Abfolge: Erfassung, Analyse, Gestaltung.

1179 BGH, Urt. v. 04.12.1997 – IX ZR 47/97, NJW 1998, 1561, 1563.

1180 BGH, Urt. v. 12.05.2016 – IX ZR 65/14, NJW-RR 2016, 1518, 1562.

1181 *Pape,* ZInsO 2017, 114, 121 f.: „Bei Unkenntnis der genauen Höhe der Verbindlichkeiten und der Art der Gläubiger ist es praktisch unmöglich, die Erfolgsaussichten einigermaßen sicher zu beurteilen."

1182 *Pape,* ZInsO 2017, 114, 121.

1183 *Pape,* ZInsO 2017, 114, 121.

1184 *Pape,* ZInsO 2017, 114, 122.

1185 *Eisolt,* BB 2010, 427, 428; IDW ES 6 n.F., Tz. 35.

den (beauftragten) Ersteller eines solchen Konzepts zeigt sich an dieser Stelle die Schwierigkeit, die Daten durch eine umfassende Analyse kritisch zu hinterfragen.[1186] Einerseits können etwaige Krisenbeseitigungsmaßnahmen nicht passgenau an den Ursachen ansetzen, wenn die zugrunde liegenden Informationen unpräzise sind. Andererseits treibt eine zeitintensive Nachbesserung der Informationsgrundlage den Aufwand bzw. die Kosten für die Erstellung des Sanierungskonzepts in die Höhe, was eine Sanierung in der Gesamtheit erheblich verzögern oder sogar unmöglich machen kann.

bb) Analyse der Krisenursachen

Das Sanierungskonzept steht nach dem BGH unter der Prämisse, dass ein hohes, nicht abzuschätzendes Risiko der Fehleinschätzung besteht, sofern keine genaue Analyse der Vergangenheit und der Verluste erfolgt.[1187] Erst die Analyse der Krisenursachen ermöglicht demzufolge eine Lagebeurteilung des Unternehmens.[1188] Im Unterschied zu der bloßen Darstellung bzw. Information werden durch die Auswertung von Zusammenhängen und Beziehungsgeflechten auch solche Schwachstellen offenbar, die sich nicht unmittelbar, sondern erst mittelbar aus der Informationsgrundlage ergeben.[1189] Der entscheidende Mehrwert der Analyse im Vergleich zu der bloßen Darstellung liegt folglich in der Ableitung derjenigen Faktoren, auf die der defizitäre Ist-Zustand zurückzuführen ist, sofern sie nicht durch die bloße Darstellung bereits offensichtlich werden.[1190]

Das Ergebnis der Analyse der Krisenursachen steht in Abhängigkeit von der Vollständigkeit der Basisinformationen. Im Falle einer unvollständigen Informationsgrundlage können Krisenursachen möglicherweise nicht hinreichend präzise oder nur unvollständig identifiziert werden. Nicht behobene Krisenursachen wirken in der weiteren Entwicklung des Unternehmens fort und können eine nachhaltige Sanierung konterkarieren.[1191] Neben der Beschreibung des

---

1186 Zu den berufsrechtlichen Anforderungen eines Wirtschaftsprüfers bei der Erstellung eines solchen Konzepts IDW ES 6 n.F., Tz. 35: unter Umständen trifft den Wirtschaftsprüfer auch eine Pflicht zur weiteren Untersuchung, IDW ES 6 n.F., Tz. 42.

1187 BGH, Urt. v. 15.11.2001 – 1 StR 185/01, NJW 2002, 1211; BGH, Urt. v. 12.05.2016 – IX ZR 65/14 NJW-RR 2016, 1518, Rn. 18; IDW ES 6 n.F., Tz. 33.

1188 BGH, Urt. v. 04.12.1997 – IX ZR 47/97, NJW 1998, 1561, 1563; *Groß*, DStR 1991, 1572, 1573.

1189 *Groß*, DStR 1991, 1572, 1573; IDW ES 6 n.F., Tz. 48.

1190 *Knecht/Hermanns*, in: Buth/Hermanns, Restrukturierung, Sanierung, Insolvenz, § 5 Rn. 4; *Lachmann*, in: Nerlich/Kreplin, Münchener Anwalts-HB Insolvenz und Sanierung, § 8 Rn. 9 ff.

1191 *Pape*, ZInsO 2017, 114, 121.

Unternehmens können die Ergebnisse der Analyse für die Ableitung einer Steuerungsgröße des zukünftigen Handelns (Leitbild des sanierten Unternehmens) herangezogen werden.[1192] Konkret sieht der BGH für die Analyse eine Anknüpfung an die beschriebene Informationsweite vor.[1193] Es sind speziell diejenigen Ursachen herauszuarbeiten und zu analysieren, die die drohende Insolvenz verursachen.[1194] Die in Betracht kommenden Krisenursachen werden dahingehend gefiltert, dass sie eine potentiell insolvenzauslösende Intensität aufweisen müssen. Für die Analyse kann auf verschiedene Methoden (Portfolio-Methode, Szenario-Analyse, Stärken-Schwächen-Analyse, Kompetenzanalyse, Wertanalyse und Konkurrentenanalyse) der Betriebswirtschaftslehre zurückgegriffen werden.[1195]

Die internen Bereiche des Unternehmens sind für die Analyse der Krisenursachen entsprechend den obigen Ausführungen in leistungs- und finanzwirtschaftliche Gründe zu unterteilen.[1196] Für das Zusammenspiel dieser beiden Bereiche geht der BGH davon aus, dass im Regelfall weitreichende strukturelle Defizite bestehen und eine reine Finanzkrise den Ausnahmefall darstellt.[1197] Rein finanzwirtschaftliche Maßnahmen sind damit im Regelfall auch auf der nächsten Stufe nicht geeignet, zu einer nachhaltigen Bewältigung der Unternehmenskrise beizutragen.[1198] Für die Widerlegung der Kenntnis von dem Benachteiligungsvorsatz des Schuldners (§ 133 I 2 InsO) reicht es aus Sicht des Gläubigers folglich nicht aus, Einblick in bloße Finanzhilfen gehabt zu haben.[1199]

Für die leistungs- und finanzwirtschaftlichen Bereiche sind in der Literatur verschiedene Kennzahlen anerkannt, die sowohl primär juristisch als auch primär betriebswirtschaftlich geprägt sein können.[1200] Grundlegend baut die Analyse des Finanzbereichs auf den Jahresabschlüssen[1201] und den weiteren verfügbaren internen Informationen auf.[1202] Als betriebswirtschaftliche Kennzahlen

---

1192 *Groß*, DStR 1991, 1572, 1573; *Peemöller/Weigert*, BB 1995, 2311, 2314.

1193 BGH, Urt. v. 04.12.1997 – IX ZR 47/97, NJW 1998, 1561, 1563.

1194 BGH, Urt. v. 12.05.2016 – IX ZR 65/14, NJW-RR 2016, 1518, Rn. 35.

1195 WP-HB, Bd. II, Kap. F, Rn. 177 ff.; Streichung der Ausführungen zu den erforderlichen Methoden im Rahmen des IDW ES 6 n.F., Vorbem.

1196 BGH, Urt. v. 12.05.2016 – IX ZR 65/14, NJW-RR 2016, 1518, Rn. 35.

1197 BGH, Urt. v. 12.05.2016 – IX ZR 65/14, NJW-RR 2016, 1518, Rn. 18.

1198 *Pape*, ZInsO 2017, 114, 122; IDW ES 6 a.F., Tz. 78.

1199 *Pape*, ZInsO 2017, 114, 122.

1200 Überblick bei *Thierhoff*, in: Thierhoff/Müller, Unternehmenssanierung, § 4 Rn. 103; Auflistung nach IDW S 6 a.F., Tz. 146 ff.

1201 Zu den weiteren Aspekten der wirtschaftlichen Selbstprüfungspflicht: 3. Kap. § 3 B.

1202 *Thierhoff*, in: Thierhoff/Müller, Unternehmenssanierung, § 4 Rn. 103.

sind insbesondere die Eigenkapitalquote, der Anteil der Bankkredite an den Gesamtverbindlichkeiten, der Wert des Working Capital, der operative Cashflow, der Deckungskostenbeitrag, die Abschreibungsquote im Verhältnis zu der Betriebsleistung und das Controlling-System anerkannt.[1203] Hinsichtlich der rechtlichen Aspekte ist eine Prüfung der Verträge und der Vertragsunterlagen erforderlich. Maßgebliche Gebiete sind die gesellschaftsrechtlichen Verhältnisse, die bilanz- und finanzwirtschaftliche Lage, Steuern, Dauerschuldverträge, bedeutende Einzelverträge, Verträge mit Banken, Sicherheiten, Verträge mit Arbeitnehmern (kollektiv- und individualrechtliche Vereinbarungen) und etwaige Rechtsstreitigkeiten.[1204]

Im Unterschied zu den Vorgaben des IDW S 6 a.F. sieht die Rechtsprechung keine Unterteilung in verschiedene Krisenphasen[1205] vor und erfordert nach Identifizierung einer Krisenursache keine Zuordnung in eine jeweilige Krisenphase.[1206] In der Neufassung des IDW ES 6 n.F. wurde das Erfordernis der Zuordnung aufgegeben, um die Detailtiefe der Beschreibungen an die Anforderungen von kleinen und mittelgroßen Unternehmen anzupassen.[1207] Gleichwohl enthält die aktuelle Fassung hinreichenden Spielraum, um die als zweckmäßig erachtete Zuordnung einzufügen.[1208]

cc) Leitbild des sanierten Unternehmens (Soll-Zustand)

Ein Sanierungskonzept setzt des Weiteren ein Leitbild des sanierten Unternehmens voraus, welches der Neuausrichtung des Unternehmens dient.[1209] Das Leitbild beschreibt auf Grundlage des analysierten Ist-Zustands den angestrebten Soll-Zustand.[1210] Das konkrete Zukunftsbild des Geschäftsmodells (qualitative Aussage) hat sich durch Wettbewerbsfähigkeit und das Erwirtschaften nachhaltiger Erträge zu kennzeichnen.[1211] Die Strukturen und Potentiale sind in die

1203 Auflistung nach *Lachmann,* in: Nerlich/Kreplin, Münchener Anwalts-HB Insolvenz und Sanierung, § 8 Rn. 9 ff. mit Verweis auf *Kralicek,* Kennzahlen für Geschäftsführer, S. 69 ff.

1204 Auflistung nach *Lachmann,* in: Nerlich/Kreplin, Münchener Anwalts-HB Insolvenz und Sanierung, § 8 Rn. 9 ff.

1205 IWD S 6 a.F., Tz. 62 ff.; 2. Kap. § 1. B.

1206 *Hermanns/Krummen,* ZInsO 2017, 461, 469.

1207 IDW ES 6 n.F., Vorbem.

1208 IDW ES 6 n.F., Tz. 51; *Hermanns/Krummen,* ZInsO 2017, 461, 469.

1209 OLG Köln, Urt. v. 24.09.2009 –18 U 134/05, WPg 2011, 442; *Eisolt,* BB 2010, 427; IDW ES 6 n.F., Tz. 54 ff.

1210 *Groß,* DStR 1991, 1572, 1574.

1211 OLG Köln, Urt. v. 24.09.2009 – 18 U 134/05, WPg 2011, 442; *Groß,* DStR 1991, 1572, 1574; IDW ES 6 n.F., Tz. 54 ff.

Bereiche Strategie, operative Leistungserstellung und Finanzierung zu unterteilen.[1212] Die qualitativen Aussagen zu den spezifischen Wettbewerbsvorteilen des Zukunftsmodells sind durch „konkret messbare Zielkenngrößen" (quantitative Kennzahlen) zu unterlegen.[1213] Die Quantifizierung des Leitbilds bildet die Grundlage für eine Kontrolle der Wirkungen der Sanierungsmaßnahmen.[1214]

Die Ausgestaltung des Leitbilds verfolgt innerhalb des Sanierungskonzepts zwei Funktionen: Erstens können vor dem Hintergrund des Zielzustands die erforderlichen internen und externen Maßnahmen[1215] im Sinne einer Top-Down-Orientierung nach ihrer Wichtigkeit geordnet werden.[1216] Zweitens dient das Leitbild der Integration und Motivation der Beteiligten, um ein verlorengegangenes „Momentum" wiederzugewinnen.[1217] Gerade hinsichtlich dieser Funktionen hat das Leitbild bereits bei der Erstellung ein hinreichendes Fein-Tuning aufzuweisen, damit sich operationalisierbare Steuerungsimpulse ableiten lassen.[1218] Die Entwicklung eines tragfähigen Leitbilds wird aufgrund dieser Gesichtspunkte auch als „entscheidender schöpferischer Akt" bei der Aufstellung des Sanierungskonzepts bezeichnet.[1219]

b) Erforderliche Maßnahmen zur Abwendung einer Insolvenzgefahr und Bewältigung der Unternehmenskrise

Die gestalterischen Maßnahmen zur Abwendung einer (konkreten) Insolvenzgefahr und zur nachhaltigen Bewältigung der Unternehmenskrise sind nach den Vorgaben des IDW ES 6 n.F. in zwei Stufen zu unterteilen.[1220] Anhand der

---

1212 *Knecht/Hermanns,* in: Buth/Hermanns, Restrukturierung, Sanierung, Insolvenz, § 5 Rn. 9, 18; IDW ES 6 n.F., Tz. 95.

1213 *Knecht/Hermanns,* in: Buth/Hermanns, Restrukturierung, Sanierung, Insolvenz, § 5 Rn. 4.

1214 *Knecht/Hermanns,* in: Buth/Hermanns, Restrukturierung, Sanierung, Insolvenz, § 5 Rn. 26; *Sandfort,* Sanierungscontrolling, S. 1 ff.; IDW ES 6 n.F., Tz. 4.

1215 Zu der Unterscheidung zwischen internen und externen Sanierungsmaßnahmen *Kreplin,* in: Nerlich/Kreplin, Münchener Anwalts-HB Insolvenz und Sanierung, § 9 Rn. 90.

1216 *Knecht/Hermanns,* in: Buth/Hermanns, Restrukturierung, Sanierung, Insolvenz, § 5 Rn. 9; § 4 Rn. 18 (spezifisch zu dem Top-Down-Ansatz); IDW S 6 a.F., Tz. 51.

1217 *Kirchgeorg,* in: Thierhoff/Müller, Unternehmenssanierung, § 4 Rn. 245; IDW S 6 a.F., Tz. 94.

1218 *Scholz,* WPg 2009, 305, 306, 311.

1219 *Groß,* DStR 1991, 1572, 1573.

1220 BGH, Urt. v. 12.05.2016 – IX ZR 65/14, NJW-RR 2016, 1518, Rn. 31, 35; IDW ES 6 n.F., Tz. 14 ff.

Dringlichkeit und Intensität der Unternehmenskrise ist das Ziel der Beseitigung einer (konkreten) Insolvenzgefahr von demjenigen der nachhaltigen Bewältigung der Unternehmenskrise zu unterscheiden.[1221] Die Abwendung einer (konkreten) Insolvenzgefahr erfolgt durch die Beurteilung der insolvenzrechtlichen Fortführungsprognose (§ 19 II 1 HS. 2 InsO)[1222] und bezieht sich auf den Zeitraum des laufenden und folgenden Geschäftsjahres.[1223] Eine „nachhaltige" bzw. „auf Dauer angelegte" Sanierung ist nach der Rechtsprechung an der Rendite- und Wettbewerbsfähigkeit zu messen.[1224] Für die Beurteilung der nachhaltigen Bewältigung der Unternehmenskrise wird ein Zeitraum von drei bis fünf Jahren als erforderlich erachtet.[1225] Bevor auf die nachhaltige Bewältigung eingegangen werden kann, ist entsprechend der obigen Unterteilung zunächst eine positive Fortführungsprognose sicherzustellen.[1226] Ausgehend von dieser Zweiteilung können Sofortmaßnahmen, Maßnahmenprogramme zum Ausgleich operativer Defizite und Sanierungsstrategien zur Verbesserung der Unternehmenskultur unterschieden werden.[1227] Die einzelnen Maßnahmen sind nach den vorstehenden Ausführungen grundsätzlich aus einem Vergleich des analysierten Ist-Zustands mit den Vorgaben des Leitbilds des sanierten Unternehmens abzuleiten.[1228]

Letztlich ist für die Maßnahmen zu berücksichtigen, dass die Wahrscheinlichkeit des tatsächlichen Erreichens der Vorgaben des Leitbilds von der Qualität und Durchschlagskraft der Maßnahmenprogramme abhängig ist.[1229]

1221 IDW ES 6 n.F., Tz. 59.

1222 BGH, Urt. v. 12.05.2016 – IX ZR 65/14, LS. 2, NJW-RR 2016, 1518, Rn. 18; so auch IDW ES 6 n.F., Tz. 14 ff.

1223 *Kirchhof*, in: HK, InsO, § 19 Rn. 9; *Kleindiek*, in: Lutter/Hommelhoff, GmbHG, Anh. § 64 Rn. 28; *K. Schmidt*, in: K. Schmidt, InsO, § 19 Rn. 49; *Groß/Amen*, FS Greiner, S. 83, 95; *Bork*, ZIP 2000, 1709, 1710; IDW ES 6 n.F., Tz. 16.

1224 BGH, Urt. v. 21.11.2005 – II ZR 277/03, BGHZ 165, 106 = NJW 2006, 1283; dazu *Westpfahl/Janjuah*, EWiR 2006, 525; BGH, Urt. v. 12.05.2016 – IX ZR 65/14, NJW-RR 2016, 1518, Rn. 36.

1225 *Steffan*, ZIP 2016, 1712, 1713.

1226 BGH, Urt. v. 12.05.2016 – IX ZR 65/14, LS. 2, NJW-RR 2016, 1518.

1227 IDW S 6 a.F., Tz. 100 ff.

1228 *Groß*, DStR 1991, 1572, 1575; *Weitzmann*, InsVZ 2010, 111, 116.

1229 WP-HB, Bd. II, Kap. F, Rn. 106; *Eisolt*, BB 2010, 427.

aa) Maßnahmen zur Abwendung einer (konkreten) Insolvenzgefahr – Erste Stufe

Aufgrund des regelmäßig engen Zeitraums zur Beseitigung einer Illiquiditäts- oder Überschuldungslage besteht für etwaige Maßnahmen ein Spannungsverhältnis zwischen dem erforderlichen Aufwand für eine kurzfristige Sicherung des Unternehmensbestands und einer Gefährdung der auf zweiter Stufe anzustrebenden nachhaltigen Sanierung.[1230] Die kurzfristigen Maßnahmen bedürfen insofern zumindest einer Grobabstimmung mit den in Aussicht genommenen Strategievorgaben.[1231] Sogenannte „Tafelsilbertransaktionen“ sind grundsätzlich zu vermeiden.[1232]

Die erste Stufe der Fortführungsfähigkeit bezieht sich inhaltlich auf die in der Insolvenzordnung definierten zwingenden Insolvenzeröffnungsgründe der §§ 17, 19 InsO. Vorausgesetzt wird eine objektive Überlebensfähigkeit.[1233] Die objektive Überlebensfähigkeit ist zudem für eine Bewertung nach *Going-Concern*-Grundsätzen (§ 252 I Nr. 2 HGB) im Rahmen des Jahresabschlusses (§§ 41a, 42, 46 I Nr. 6 GmbHG i.V.m. §§ 264 ff. HGB) erforderlich.[1234] Präzise und hinreichend passgenau können Sanierungsmaßnahmen zur Abwendung einer konkreten Insolvenzgefahr nur wirken, wenn sie sich an den inhaltlichen Anforderungen der §§ 17, 19 InsO orientieren. Zahlungsunfähig (§ 17 II InsO) ist das Unternehmen nach den Grundsätzen des BGH regelmäßig dann, wenn innerhalb von drei Wochen zehn Prozent der fälligen Verbindlichkeiten nicht erfüllt werden können.[1235] Bleibt der Anteil der nicht bedienten Forderungen unter dem Schwellenwert von zehn Prozent und kann der Schuldner folglich weiterhin kurzfristig liquide Mittel generieren, wird lediglich eine Zahlungsstockung angenommen.[1236] Es besteht für diesen Fall keine materielle Illiquidität.[1237]

Im Rahmen des Eröffnungstatbestands der Überschuldung (§ 19 InsO) kommt es bereits nicht auf eine rechnerische Überschuldung an, wenn eine

---

1230 *Buth/Hermanns*, DStR 2010, 288, 293.

1231 *Weitzmann*, InsVZ 2010, 111, 116.

1232 *Aleth/Böhle*, DStR 2010, 1186, 1191; *Aleth/Harlfinger*, NZI 2011, 166, 169.

1233 BGH, Urt. v. 09.10.2006 – II ZR 303/05, NZI 2007, 44.

1234 *Groß*, WPg 2010, 119, 120.

1235 BGH, Urt. v. 08.10.2009 – IX ZR 173/07, ZIP 2009, 2253; ausführlich 2. Kap. § 4 D.

1236 BGH, Urt. v. 24.05.2005 – IX ZR 123/04, NJW 2005, 3062; BGH, Urt. v. 27.03.2012 – II ZR 171/10, NZI 2012, 567.

1237 BGH, Urt. v. 24.05.2005 – IX ZR 123/04, NJW 2005, 3062; BGH, Urt. v. 27.03.2012 – II ZR 171/10, NZI 2012, 567.

positive Fortführungsprognose begründet werden kann.[1238] Neben dem Fortführungswillen setzt eine positive Fortführungsprognose (§ 19 II 1 HS. 2 InsO) eine objektive, aus einem aussagekräftigen Unternehmens- bzw. Sanierungskonzept abgeleitete Überlebensfähigkeit des Unternehmens voraus.[1239] Für die weiteren spezifischen Voraussetzungen der Fortführungsprognose sei auf die Ausführungen im 2. Kap. § 4 D. verwiesen.

Aus der inhaltlichen Orientierung an der fortwährenden Liquidität des Unternehmens für den Prognosezeitraum ergibt sich für etwaige Maßnahmen, dass diese kurzfristige oder auch mittelfristige Liquiditätsprobleme des Unternehmens zu beheben haben. Maßnahmen zur kurzfristigen Verbesserung der Liquiditätslage des Krisenunternehmens sind typischerweise eine Optimierung der Lagerhaltung, Reduzierung von Forderungslaufzeiten und Factoring von Forderungen.[1240] Weiterhin sind Stundungsvereinbarungen, Umschuldungsmaßnahmen, Zuführung von Barmitteln als Gesellschaftereinlagen und die Inanspruchnahme von Darlehen klassische liquiditätswirksame Maßnahmen.[1241] Im Folgenden soll auf die Problematiken der Anforderungen an die Verbindlichkeit eines Finanzierungsengagements und den rechtlichen Rahmen bei der Eingehung von Finanzierungskrediten in unmittelbarer Insolvenznähe eingegangen werden.

(1) Anforderungen an die (Rechts-)Verbindlichkeit eines Finanzierungsengagements

Wird für die positive Fortführungsprognose eine Innen- oder Außenfinanzierung als erforderlich erachtet, wird unterschiedlich beurteilt, ob rechtsverbindliche Finanzierungszusagen erforderlich sind und von welchen weiteren Annahmen ausgegangen werden kann. Diese Streitfrage ist auf typische Probleme der zugrunde liegenden Sachverhaltskonstellationen zurückzuführen, wonach ein geringes Zeitkontingent und komplexe wirtschaftliche bzw. rechtliche Zusammenhänge einer zeitnahen Finanzierungszusage regelmäßig entgegenstehen. Eine Sanierung erfordert des Weiteren nicht die Zustimmung aller Gläubiger, vielmehr kann bereits die Zustimmung einzelner Gläubiger oder einer kleinen Gruppe ausreichend sein.[1242] Die Beteiligungsquote der Gläubiger

---

1238 Hierzu *Arnold,* in: Henssler/Strohn, GesR, § 19 InsO Rn. 2 ff.; *K. Schmidt,* in: K. Schmidt, InsO, § 19 Rn. 12 ff.

1239 BGH, Beschl. v. 09.10.2006 – II ZR 303/05, NZI 2007, 44; BGH, Urt. v. 08.10.2010 – II ZR 151/09, ZIP 2010, 2400; *Aleth/Harlfinger,* NZI 2011, 166, 168.

1240 Auflistung nach IDW S 6 a.F., Tz. 111.

1241 Auflistung nach *Winnefeld,* in: Winnefeld, Bilanz-HB, Kap. N Rn. 653.

1242 BGH, Urt. v. 08.12.2011 – IX ZR 156/09, NZI 2012, 142.

hängt von den Umständen des Einzelfalls ab, wobei unter Berücksichtigung verkehrswertbestimmender Faktoren auch unterschiedlich ausgehandelte Beteiligungsquoten in Betracht kommen.[1243]

(a) Erfordernis einer rechtsverbindlichen Zusage

Sikora geht von dem grundsätzlichen Erfordernis einer rechtsverbindlichen Zusage aus, die sowohl für Maßnahmen der Eigenkapitalzufuhr als auch für sonstige Finanzierungs- oder Sanierungsmaßnahmen notwendig sei.[1244] Von dieser Grundregel sei nur abzuweichen, wenn bereits aussichtsreiche Verhandlungen erfolgt sind oder von bisherigem Verhalten auf die Erbringung weiterer Leistungen geschlossen werden kann.[1245] Einschränkend sieht *Sikora* für Überbrückungs- und Sanierungskredite bereits die Darstellung der Kreditwürdigkeit als ausreichend an, weil diese auf einem Markt mit institutionellen Kreditgebern als Erfolgsgrundlage ausreiche und insofern von einer rechtsverbindlichen Zusage abgesehen werden könne.[1246]

(b) Grundsatz der wirtschaftlichen Vernunft

Der zuvor genannten Ansicht stehen tatsächliche und rechtliche Bedenken entgegen. In tatsächlicher Hinsicht wird zunächst bemängelt, der von *Sikora* bezeichnete Ausnahmefall der Weiterfinanzierung des Unternehmens durch die Gesellschafter stelle vielmehr den typischen Regelfall dar.[1247] Hinzu komme ein (erhebliches) Zeiterfordernis des Geschäftsführers für die Erstellung der Fortführungsprognose auf Grundlage eines Sanierungskonzepts, welches als Entscheidungs- und Verhandlungsgrundlage gegenüber den Gläubigern dient.[1248] Infolgedessen könnten rechtlich verbindliche Zusagen nicht *ad hoc* beschafft werden.[1249] Letztlich widerspreche das Erfordernis einer rechtlich verbindlichen Zusage dem durch den Gesetzgeber vorgenommenen Perspektivwechsel im Rahmen des § 19 II 1 HS. 2 InsO („weg von einer statistischen hin zu einer auf Prognose aufbauenden Prüfung“[1250]). Durch das Erfordernis einer rechtlich

1243 vgl. BGH, Beschl. v. 20.02.2011 – IX ZR 176/08, GWR 2011, 144, Rn. 4 f.; vgl. 3. Kap. § 2 B. II. 3. b) bb).

1244 *Sikora,* ZInsO 2010, 1761, 1771; *ders.*, NWB 2009, 232, 237.

1245 *Sikora,* ZInsO 2010, 1761, 1771; *ders.*, NWB 2009, 232, 237.

1246 *Sikora,* ZInsO 2010, 1761, 1771; *ders.*, NWB 2009, 232, 237.

1247 *Aleth/Harlfinger,* NZI 2011, 166, 171: Darüber hinaus bilden erfolgversprechende Verhandlungen mit den Gläubigern über Sanierungsbeiträge den Regelfall.

1248 *Goette,* DStR 2016, 1752, 1756.

1249 *Goette,* DStR 2016, 1752, 1756.

1250 *Goette,* DStR 2016, 1684, 1686.

verbindlichen Zusage werde das durch die Prognose verfolgte Ziel eines Auslotens der Sanierungschancen erheblich erschwert.[1251] Der Sinn und Zweck der Neuregelung des § 19 II 1 HS. 2 InsO, eine Zerschlagung von voraussichtlich lebensfähigen Unternehmen möglichst zu vermeiden, würde erheblich eingeschränkt werden.[1252]

Nach der angeführten Kritik kann das Erfordernis einer rechtsverbindlichen Finanzierungszusage ausgeschlossen werden.[1253] Gleichwohl sei entsprechend dem Telos des § 19 II InsO eine Stufe der Verbindlichkeit des angestrebten Engagements zu finden, die der überwiegenden Wahrscheinlichkeit der Fortführung Rechnung trägt.[1254] Nach Ausschluss der Rechtsverbindlichkeit kämen mit ansteigender Intensität folgende Stufen in Betracht: Absage bzw. Geltendmachung von Sondervorteilen, weder Zu- noch Absage, unverbindliche Zusage, Absichtserklärung.[1255]

Die Ansätze *Goettes* und *Aleth/Harlfingers* gehen jeweils davon aus, dass eine überwiegende Wahrscheinlichkeit der Mitwirkung besteht, wenn die beteiligten Gläubiger bei Annahme eines ökonomisch sinnvollen Verhaltens einen Vorteil durch die Sanierung im Vergleich zur Insolvenz generieren können.[1256] Diese Annahme könne nach *Goette* erst dann nicht mehr zugrunde gelegt werden, wenn der betroffene Gläubiger seine Mitwirkung definitiv versagt hat.[1257] Eine Versagung der Mitwirkung werde hierbei erst dann unbeachtlich, wenn das Verhalten des Gläubigers nicht rechtlich anerkannt ist, er beispielsweise unter Verletzung seiner Treuepflicht (§ 242 BGB) oder schikanös (§ 826 BGB) handelt.[1258]

Fischer sieht hierbei eine weitere zeitliche Unterteilung in die Zeiträume vor und nach Erstellung des Sanierungskonzepts als erforderlich an.[1259] Bevor ein Sanierungskonzept fertig aufgestellt ist und die Stellungnahmen von Gläubigern oder Gesellschaftern eingegangen sind, dürfe entsprechend den obigen Ausführungen von einer Reaktion ausgegangen werden, die sachgerecht und wirtschaftlich sinnvoll erscheine, sofern keine anderweitigen konkreten Hinweise

---

1251 *Goette,* DStR 2016, 1752, 1756.

1252 *Fischer,* NZI 2016, 665, 672.

1253 *Goette,* DStR 2016, 1752, 1756; *Fischer,* NZI 2016, 665, 672.

1254 *Goette,* DStR 2016, 1752, 1756.

1255 *Goette,* DStR 2016, 1752, 1756.

1256 *Aleth/Harlfinger,* NZI 2011, 165, 171; *Goette,* DStR 2016, 1752, 1756, 1761.

1257 *Goette,* DStR 2016, 1752, 1756.

1258 *Goette,* DStR 2016, 1752, 1756 mit Verweis auf BGH, Urt. v. 09.06.2015 – II ZR 420/13, NJW 2015, 2882.

1259 *Fischer,* NZI 2016, 665, 669.

vorlägen.[1260] Für den Zeitraum nach Erstellung des Sanierungskonzepts sieht *Fischer* auch keine rechtsverbindliche Zusage als notwendig an, sondern lässt eine „in Aussicht gestellte Zustimmung" ausreichen, die ohne solche Bedingungen besteht, die die Durchsetzung des Sanierungskonzepts erheblich erschwerten oder unmöglich machten.[1261] Für den gesamten Zeitraum seien zur Beurteilung alle im maßgeblichen Zeitpunkt erkennbaren Umstände des Einzelfalls heranzuziehen.[1262]

(c) Stellungnahme

Die erstgenannte Ansicht scheidet nach der angeführten Kritik aus. Für die weiteren Auffassungen spricht, dass den Wertungen der §§ 15a I, 19 II 1 HS. 2 InsO insofern Rechnung getragen wird, als von einer Übereinstimmung der Interessen der Gläubiger und des Schuldners in der Überwindung der Krise ausgegangen wird.[1263] Im Übrigen bewirkt die drittgenannte Ansicht eine künstliche Aufteilung eines einheitlichen Sachverhalts, ohne dass durch die Zäsur der Fertigstellung des Sanierungskonzepts etwas für die Bestimmung der Wahrscheinlichkeitsstufe eines Finanzierungsengagements gewonnen wird. Aus den dargestellten Auffassungen kann damit nur diejenige *Goettes* überzeugen, wonach bis zu einer konkreten Absage von einer Mitwirkung ausgegangen werden könne, sofern die Sanierung einen wirtschaftlichen Vorteil vermittle.[1264]

Zu beachten ist weiterhin, dass die grundsätzlichen Annahmen *Goettes* im Einzelfall durch ein Verhalten der Gläubiger erschüttert werden können und es einer Prüfung bedarf, wie sich dies auf die überwiegende Wahrscheinlichkeit der Fortführung (§ 19 II 1 HS. 2 InsO) auswirkt.[1265] Der hier favorisierte Ansatz ist demzufolge dahingehend zu ergänzen, dass es im Rahmen des Sanierungskonzepts einer Vergleichsrechnung zu den insolvenzbedingten Befriedigungsaussichten bedarf. Diese Parameter sind erforderlich, um aus Sicht des Geschäftsführers abschätzen zu können, welches Verhalten der finanzierenden Gläubiger ökonomisch sinnvoll erscheint. Da die Befriedigungsaussichten im Falle der Durchführung eines Insolvenzverfahrens aufgrund von Liquidationswerten gering sind, dürfte für die Vergleichsrechnung regelmäßig eine grobe Überschlagsrechnung ausreichend sein. Schließlich kann einer Koppelung der

1260 *Fischer*, NZI 2016, 665, 669.
1261 *Fischer*, NZI 2016, 665, 669.
1262 *Fischer*, NZI 2016, 665, 672.
1263 3. Kap. § 4 VII.
1264 *Goette*, DStR 2016, 1752, 1756.
1265 *Fischer*, NZI 2016, 665, 669.

einzelnen Wahrscheinlichkeitsanforderungen an die Anzahl der Gläubigerbeiträge als eigenständigem Ansatz entgegengehalten werden, dass auch hiergegen die grundlegende Problematik spricht, wonach – rechtsverbindliche – Stellungnahmen auf Grundlage eines Sanierungskonzepts nicht ad hoc beschafft werden können.

(2) Rechtlicher Rahmen der Eingehung von Finanzierungsgeschäften in Insolvenznähe

Eine Fremdfinanzierung, die die kurzfristige Fortführungsfähigkeit sichert und den Eintritt eines Insolvenzeröffnungstatbestands (§§ 17, 19 InsO) verhindert, hat bestimmten Rahmenbedingungen Rechnung zu tragen. Eine sog. Überbrückungsfinanzierung kennzeichnet sich durch eine Befristung für den Zeitraum der Sanierungsprüfung und eine korrespondierende Zweckbindung.[1266] Im Falle der prognostizierten positiven Sanierungsfähigkeit des Unternehmens wird der Überbrückungskredit idealerweise durch einen sog. Sanierungskredit abgelöst, sodass im Ergebnis eine „lückenlose Finanzierung“ erfolgt.[1267] Ein Sanierungskredit setzt folglich ein bereits bestehendes Sanierungskonzept voraus.[1268] Diese Form der Kreditierung zielt im Unterschied zu dem Überbrückungskredit auf die fortlaufende Finanzierung des Sanierungsvorhabens und nicht nur auf das offensichtlich vorläufige Überleben des Unternehmens ab.[1269]

Grundsätzlich ist eine Kreditgewährung auch in Zahlungsschwierigkeiten des Schuldners unter der Verfolgung von Eigeninteressen rechtmäßig.[1270] Ein Vorwurf der Sittenwidrigkeit (§§ 138, 826 BGB) erfordert vielmehr über die Durchsetzung von Eigeninteressen hinausgehende qualifizierende Umstände.[1271] Dieses Erfordernis ergibt sich zugleich aus einer systematischen Betrachtung im Verhältnis zu den §§ 129 ff. InsO, welche die Gläubigerbenachteiligung im Vorfeld

1266 *Richter*, in: Langenbucher/Spliesener/Spindler, BankR, § 31 Rn. 82; *Huber*, NZI 2016, 521, 522; *ders.*, NZI 2015, 447, 449; *Neuhof*, NJW 1998, 3225, 3229; *Waldburg*, ZInsO 2014, 1405, 1406.

1267 *Huber*, NZI 2016, 521, 522 mit Verweis auf *Waldburg*, ZInsO 2014, 1405, 1406.

1268 BGH, Urt. v. 12.05.2016 – IX ZR 65/14, NJW-RR 2016, 1518; *Steffan*, ZIP 2016, 1712; *Waldburg*, ZInsO 2014, 1405, 1410.

1269 BGH, Urt. v. 12.05.2016 – IX ZR 65/14, NJW-RR 2016, 1518; *Steffan*, ZIP 2016, 1712; *Waldburg*, ZInsO 2014, 1405, 1410.

1270 BGH, Urt. v. 09.07.1953 – IV ZR 242/52, BGHZ 10, 228 = NJW 1953, 1665; BGH, Urt. v. 24.05.1965 – VII ZR 46/63, WM 1965, 918.

1271 BGH, Urt. v. 05.07.1971 – II ZR 176/68, BGHZ 56, 339 = NJW 1971, 1938; BGH, Urt. v. 04.07.2000 – VI ZR 192/99, NJW 2000, 3138; BGH, Urt. v. 28.10.2011 – V ZR 212/10, NJW-RR 2012, 18.

der Insolvenz als *leges speciales* adressieren.[1272] § 826 BGB ermöglicht hierbei im Unterschied zu § 138 BGB einen Direktanspruch des Dritten, wobei § 138 BGB auf den Finanzierungsvertrag zwischen Bank und Schuldner eingeht.[1273] Inhaltlich steht im Rahmen von § 826 BGB damit das Verhalten der finanzierenden Bank gegenüber den Gläubigern des Schuldners im Vordergrund.[1274] Das Tatbestandsmerkmal der Sittenwidrigkeit wird jedoch identisch ausgelegt.[1275]

(a) Inhaltliche Anforderungen der Rechtsprechung zu § 826 BGB

Die Auslegung der Generalklausel des § 826 BGB („in einer gegen die guten Sitten verstoßenden Weise") erfolgt durch eine „umfassende Gesamtwürdigung des einzelnen Vertrags unter Berücksichtigung aller den Vertrag kennzeichnenden Umstände"[1276].

Abstrakt setzt die Sittenwidrigkeit ein eigensüchtiges und gegenüber anderen Gläubigern rücksichtsloses Verhalten der finanzierenden Bank voraus.[1277] In Rechtsprechung und Literatur haben sich für diesen Bereich drei Fallgruppen herausgebildet.[1278] Für den vorinsolvenzlichen Zeitraum wird der finanzierenden Bank durch § 826 BGB abverlangt, die Eröffnung des Insolvenzverfahrens nicht in zeitlicher Hinsicht hinauszuschieben, um sich eigene Vorteile gegenüber anderen Gläubigern zu verschaffen (Fallgruppe der Insolvenzverschleppung).[1279] Der Vorwurf der Kredittäuschung als zweite Fallgruppe findet Anwendung,

---

1272 BGH, Urt. v. 05.07.1971 – II ZR 176/68, BGHZ 56, 339 = NJW 1971, 1938; BGH, Urt. v. 04.07.2000 – VI ZR 192/99, NJW 2000, 3138; BGH, Urt. v. 28.10.2011 – V ZR 212/10, NJW-RR 2012, 18; *Hirte,* in: Uhlenbruck, InsO, § 129 Rn. 30; *Kirchhof,* in: MüKo, InsO, Vorb. §§ 129 bis 147 Rn. 50 f.; *Nerlich,* in: Römermann, InsO, § 129 Rn. 12; *Thole,* WM 2010, 685, 688: „Reservefunktion", „gesteigerter Unrechtsgehalt".

1273 BGH, Urt. v. 09.12.1969 – VI ZR 50/68, NJW 1970, 657; BGH, Urt. v. 09.07.1953 – IV ZR 242/52, BGHZ 10, 228 = NJW 1953, 1665; *Huber,* NZI 2015, 447, 451.

1274 BGH, Urt. v. 09.12.1969 – VI ZR 50/68, NJW 1970, 657; LG Köln, Urt. v. 03.04.2009 – 6 U 80/08, BeckRS 2010, 03013; *Huber,* NZI 2015, 447, 451.

1275 *Förster,* in: BeckOK, BGB, § 826 Rn. 9; *Sprau,* in: Palandt, BGB, § 826 Rn. 4.

1276 BGH, Urt. v. 09.07.1953 – IV ZR 242/52, BGHZ 10, 228 = NJW 1953, 1665; zugleich BGH, Urt. v. 02.02.1955 – IV ZR 52/54, NJW 1955, 1272; BGH, Beschl. v. 07.03.2017 – XI ZR 571/15, NZI 2017, 507; BGH, Urt. v. 12.04.2016 – XI ZR 305/14, NJW 2016, 2662.

1277 BGH, Urt. v. 09.07.1953 – IV ZR 242/52, BGHZ 10, 228 = NJW 1953, 1665; *Obermüller,* in: Obermüller, Insolvenzrecht in der Bankenpraxis, Rn. 5.108; *Kiethe,* KTS 2005, 179, 210.

1278 BGH, Urt. v. 09.07.1953 – IV ZR 242/52, BGHZ 10, 228 = NJW 1953, 1665; *Oechsler,* in: Staudinger, BGB, § 826 Rn. 352; *Thole,* WM 2010, 685, 686.

1279 *Oechsler,* in: Staudinger, BGB, § 826 Rn. 352; *Thole,* WM 2010, 685, 686.

wenn durch eine ersichtlich unzureichende Kapitalzufuhr die wirtschaftliche Betätigungsfreiheit des schuldnerischen Unternehmens verlängert wird, um eigene Vorteile zu generieren, und gleichzeitig weitere Gläubiger über die Kreditfähigkeit des Schuldners getäuscht werden.[1280] Schließlich charakterisiert sich die dritte Fallgruppe der Gläubigergefährdung dadurch, dass der Kreditgeber sich das noch vorhandene Vermögen übertragen lässt und andere Gläubiger infolge der Kreditgewährung über die Kreditwürdigkeit und Zahlungsfähigkeit des Unternehmens getäuscht werden, ohne dass ein Vorsatz bezüglich der Täuschung und Irreführung anderer Gläubiger erforderlich ist.[1281] Aus Sicht etwaiger Neugläubiger führt eine Überbrückungsfinanzierung zudem dazu, dass nicht erkennbar ist, ob es sich um ein zu schützendes Sanierungsvorhaben oder um ein bloßes Hinauszögern des „Todeskampfs" des kriselnden Unternehmens handelt.[1282] Im Ergebnis überschneiden sich die Fallgruppen wertungsmäßig und sind folglich nicht trennscharf zu unterscheiden.[1283]

Die Rechtfertigung der zur Vermeidung dieser Vorwürfe erforderlichen besonderen Verhaltenspflichten und die damit einhergehende Beschränkung der Privatautonomie und des freien Wettbewerbs sind insbesondere auf folgende Punkte zurückzuführen: Erstens besitzt die Hausbank gegenüber gewöhnlichen Gläubigern regelmäßig einen Informationsvorsprung.[1284] Zweitens sind mit jeder Kreditgewährung zwangsläufig externe Effekte verbunden, die einer wertungsmäßigen Einschränkung bedürfen.[1285] Drittens weist eine Kreditgewährung kein Publizitätselement auf.[1286]

Als prägende Aspekte des Vorwurfs der Sittenwidrigkeit im Rahmen der §§ 138 I, 826 BGB sollen hier das Erfordernis eines Überblicks über die wirtschaftliche Lage des schuldnerischen Unternehmens vor der Krediterteilung und die zeitliche Begrenzung herausgegriffen werden.

Der Vorwurf der Sittenwidrigkeit knüpft unter anderem daran an, wie die finanzierende Bank die tatsächliche wirtschaftliche Lage des Schuldners beurteilt

---

1280 RG, Urt. v. 09.04.1932 – IX ZR 74/31, RGZ 136, 247; BGH, Urt. v. 16.03.1995 – IX ZR 72/94, NW 1995, 1668; *Schiemann,* in: Erman, BGB, § 826 Rn. 31.

1281 RG, Urt. v. 09.04.1932 – IX ZR 74/31, RGZ 136, 247; *Engert,* Die Haftung für drittschädigende Kreditgewährung, S. 68; *Thole,* WM 2010, 685, 686.

1282 *Batereau,* WM 1992, 1517; *Huber,* NZI 2015, 447, 451.

1283 *Wagner,* in: MüKo, BGB, § 826 Rn. 145.

1284 *Schiemann,* FS Gernhuber, S. 387, 404 f.; *Batereau,* WM 1992, 1517; *Thole,* WM 2010, 685, 689.

1285 *Batereau,* WM 1992, 1517.

1286 *Batereau,* WM 1992, 1517.

hat und beurteilen durfte.[1287] Dabei kann aus den folgenden Gründen davon ausgegangen werden, dass die finanzierende Bank ohne weiteren Aufwand bereits einen groben Überblick über die wirtschaftliche Lage des Kreditnehmers hat: Erstens trägt der Geschäftsführer in der Praxis regelmäßig vor, weshalb eine Finanzierung sinnvoll und erforderlich ist, und verschafft hierdurch einen Überblick über die finanzielle Lage. Zweitens hat die typischerweise finanzierende Hausbank bereits auf Grundlage der fortlaufenden Geschäftsbeziehung hinreichenden Einblick in die wirtschaftlichen Verhältnisse des Unternehmens, sofern die Krise nicht bereits offenkundig ist.[1288] Schließlich trifft das Kreditinstitut drittens unter branchenspezifischen Umständen eine gesonderte Prüfungspflicht (§ 18 KWG).[1289]

Von entscheidender Bedeutung ist folglich, welche konkreten Anforderungen an die Entscheidungsgrundlage der Finanzierungsgewährung zu stellen sind. Für die Sanierungskredite formuliert der BGH allgemein, dass eine besondere Prüfung der wirtschaftlichen Lage des schuldnerischen Unternehmens an die drohende Insolvenz des Schuldners gekoppelt ist.[1290] Je akuter die Gefahr der drohenden Insolvenz ist, desto strengere Anforderungen sind an die Prüfung der wirtschaftlichen Lage des Schuldners durch die finanzierende Bank zu stellen.[1291] In der abstrakten Ausrichtung kann dieser Ansatz aufgrund der vergleichbaren Sachverhaltskonstellation auf die Überbrückungskredite übertragen werden. Infolge der Orientierung des Überbrückungskredits an der konkreten Prüfung der §§ 17, 19 InsO und der damit einhergehenden Insolvenzgefahr sind die Anforderungen an die finanzierende Bank streng auszuformen.

Neben der Zweckbindung der Kreditvergabe und der zeitlichen Befristung,[1292] die aus der Rechtsprechung des BGH abzuleiten sind, kann zusätzlich davon ausgegangen werden, dass für ein privilegiertes Hinauszögern des Eintritts der Insolvenzeröffnungsgründe durch die Finanzierung zumindest die Vorlage einer

---

1287 *Ganter*, in: Schimansky/Bunte/Lwowski, Bankrechts-HB, § 90 Rn. 363; zu den bankspezifischen Anforderungen Bafin, Rundschreiben 10/2012 (BA), MaRisK, BTO 1.2.

1288 *Schiemann*, FS Gernhuber, S. 387, 404 f.; *Batereau*, WM 1992, 1517; *Thole*, WM 2010, 685, 689.

1289 *Batereau*, WM 1992, 1517.

1290 BGH, Urt. v. 09.07.1953 – IV ZR 242/52, BGHZ 10, 228 = NJW 1953, 1665; BGH, Urt. v. 12.04.2016 – XI ZR 305/14, NJW 2016, 2662, Rn. 51 f.

1291 *Wagner*, in: MüKo, BGB, § 826 Rn. 152.

1292 BGH, Urt. v. 04.12.1997 – IX ZR 47/97, NJW 1998, 1561; *Huber*, NZI 2015, 447, 449; *Neuhof*, NJW 1998, 3225, 3229; *Waldburg*, ZInsO 2014, 1405, 1406.

Liquiditätsplanung erforderlich ist.[1293] Eine Liquiditätsplanung ermöglicht zwar keine abschließende Beurteilung der wirtschaftlichen Lage des Schuldners, schafft jedoch die Grundlage für eine eigenständige Prüfung der Insolvenzeröffnungstatbestände (§§ 17, 19 InsO).[1294] Gleichzeitig kann auf Grundlage einer Liquiditätsplanung bereits die Kreditvergabe an solche Unternehmen ausgeschlossen werden, die offensichtlich nicht sanierungsfähig sind. Nach den Vorgaben des BGH ist es nicht ausreichend, wenn die finanzierende Bank von einer undifferenzierten „Sanierungsbedürftigkeit" des Unternehmens ausgeht.[1295] Bei tatsächlicher Betrachtung kommt hinzu, dass eine Liquiditätsplanung keinen großen Aufwand in der Erstellung erfordert[1296] und damit das Ziel der kurzfristigen Überbrückung eines Liquiditätsengpasses durch eine Fremdfinanzierung nicht konterkariert wird.

Schließlich stehen die obigen Ansätze nicht im Widerspruch zu den Änderungen durch das Gesetz zur Verbesserung der Rechtssicherheit bei Anfechtungen nach dem Insolvenzgesetz und dem Anfechtungsgesetz,[1297] welches für Stundungs- und Ratenvereinbarungen keinen Rückschluss auf die Insuffizienz des Schuldnervermögens vorsieht.[1298] Zum einen handelt es sich bei dem Überbrückungskredit regelmäßig um eine Neukreditierung. Zum anderen kann diese geänderte Wertung nicht ungesehen auf § 826 BGB übertragen werden.

Durch Beschluss vom 07.02.2017 hat der BGH trotz fehlender grundsätzlicher Bedeutung und fehlenden Erfordernisses einer Fortbildung des Rechts sowie der Sicherung einer einheitlichen Rechtsprechung (§ 543 II 1 ZPO) inhaltlich Bezug auf zwei Urteile des 14.[1299] und des 24.[1300] Senats des Berliner Kammergerichts genommen und ausdrücklich festgehalten, dass keine starren Grenzen für das zeitliche Engagement bestünden.[1301] Vielmehr seien die Grenzen mit Verweis auf die bisherige Rechtsprechung zwischen dem erlaubten Verhalten und für den Rechtsverkehr unerträglichen und folglich sittenwidrigen Verhalten fließend.[1302]

1293 *Cranshaw*, jurisPR-InsR, 16/2012 Anm. 1; *Waldburg*, ZInsO 2014, 1405, 1406 mit Verweis auf *Danielewsky/Schulz*, in: Schulz, Restrukturierungspraxis, S. 71.

1294 Für die Fortführungsprognose im Rahmen des § 19 II 1 HS. 2 InsO kommt es auf eine Betrachtung der Liquidität an, vgl. 2. Kap. § 4 D. 2.

1295 BGH, Urt. v. 12.04.2016 – XI ZR 305/14, NJW 2016, 2662, Rn. 51.

1296 *Cranshaw*, jurisPR-InsR, 16/2012 Anm. 1.

1297 BGBl. I 2017, S. 654.

1298 BT-Drucks. 17/7054, S. 18.

1299 KG Berlin, Urt. v. 15.12.2015 – 14 U 79/14, NZI 2016, 552.

1300 KG Berlin, Urt. v. 04.11.2015 – 24 U 112/14, NZI 2016, 546.

1301 BGH, Beschl. v. 07.03.2017 – XI ZR 571/15, NZI 2017, 507.

1302 BGH, Beschl. v. 07.03.2017 – XI ZR 571/15, NZI 2017, 507.

In diesem Zusammenhang soll kurz auf den Ansatz des 24. Senats des Berliner KG eingegangen werden.

Der 24. Senat des KG erkennt die Höchstfrist des § 15a I InsO als normative Vorgabe und überträgt diese Bestimmung auf die Überbrückungsfinanzierung.[1303] Diesem Ansatz wird überzeugend entgegengehalten, dass drei Wochen zunächst in tatsächlicher Hinsicht unzureichend seien, um eine hinreichend fundierte Aussage über die Sanierungsfähigkeit treffen zu können.[1304] Zudem könne aus § 15a I InsO keine zwingende rechtliche Vorgabe abgeleitet werden, weil die tatbestandliche Anwendbarkeit des § 15a I InsO gerade das Vorliegen eines Insolvenzeröffnungsgrunds voraussetze.[1305] Gegen eine normative Vorgabe anhand des § 270b I 1 InsO (Drei-Monatsfrist)[1306] spricht des Weiteren, dass § 270b I 1 InsO bereits einen Insolvenzeröffnungsantrag voraussetzt und eine Information des Rechtsverkehrs damit einhergeht.[1307] Durch die Voraussetzung der formellen Verfahrenseröffnung entfällt demzufolge das für die Sittenwidrigkeit maßgebliche Element der Täuschung des Rechtsverkehrs.[1308] In der Praxis und Literatur wird überwiegend von einem Finanzierungszeitraum von einem bis drei Monaten ausgegangen.[1309] Für die Bestimmung der im Einzelfall angemessenen Frist sind mit *Längsfeld/Meyer-Löwy/Nardi* folgende Aspekte anzuführen: Größe des Unternehmens, Finanzierungsstruktur, relevante Jurisdiktionen, Anzahl der zu koordinierenden Gläubigergruppen und Anzahl der Gläubiger in den einzelnen Gruppen.[1310] Schließlich dürfte diesen Vorgaben hinzuzufügen ein, dass eine Befristung im Zweifel eher kurz zu bemessen ist und eine Verlängerung nur bei Bedarf gewährt werden soll.[1311]

1303 KG Berlin, Urt. v. 04.11.2015 – 24 U 112/14, NZI 2016, 546.

1304 *Huber*, NZI 2016, 521, 523; *Längsfeld/Meyer-Löwy/Nardi*, WM 2016, 1270, 1273: „Praxisferne“.

1305 *Huber*, NZI 2016, 521, 523; *Längsfeld/Meyer-Löwy/Nardi*, WM 2016, 1270, 1271.

1306 KG Berlin, Urt. v. 04.11.2015 – 24 U 112/14, S. 7, NZI 2016, 546 mit vermeintlichen Verweis auf *Waldburg*, ZInsO 2014, 1405, 1406: Tatsächlich geht *Waldburg* jedoch nicht auf § 270b I 1 InsO ein.

1307 *Längsfeld/Meyer-Löwy/Nardi*, WM 2016, 1270, 1271.

1308 *Längsfeld/Meyer-Löwy/Nardi*, WM 2016, 1270, 1271.

1309 *Richter*, in: Langenbucher/Bliesener/Spindler, BankR, Kap. 31 Rn. 82 f.; *Huber*, NZI 2016, 521, 524; *Waldburg*, ZInsO 2014, 1405, 1406.

1310 *Längsfeld/Meyer-Löwy/Nardi*, WM 2016, 1270, 1271.

1311 *Huber*, NZI 2016, 521, 524.

(b) Ansatz des Richtlinienvorschlags

Neben dem aktuellen Beschluss des BGH erfährt die Finanzierungsform des Überbrückungskredits als „Zwischenfinanzierung" im Sinne des Art. 2 Nr. 12 RLV durch den Richtlinienvorschlag der Europäischen Kommission eine erhöhte Aktualität. Das vierte Kapitel (Art. 16, 17 RLV) des Richtlinienvorschlags befasst sich mit dem Schutz von neuen Finanzierungen, Zwischenfinanzierungen und sonstigen Transaktionen im Zusammenhang mit einer Restrukturierung.[1312]

Rechtspolitisch zielt die Regelung auf eine Beseitigung bzw. Einschränkung des Risikos der Insolvenzanfechtbarkeit ab,[1313] um die Verfügbarkeit von Krediten im vorinsolvenzlichen Zeitraum nicht zu gefährden.[1314] Mit anderen Worten sollen im Vergleich zu der Situation *de lege lata* Anreize für Risikoinvestitionen in der wirtschaftlichen Krise des Kreditnehmers geschaffen werden.[1315]

Nach den Vorgaben des Art. 16 I RLV sind neue Finanzierungen und Zwischenfinanzierungen nicht als nichtig, anfechtbar oder nicht durchsetzbar zu erklären.[1316] Der finanzierende Gläubiger soll nach Art. 16 III RLV von einer zivil-, verwaltungs- und strafrechtlichen Haftung befreit werden.[1317] Darüber hinaus ist der in Rede stehenden Zwischenfinanzierung in einer späteren Insolvenz zumindest eine privilegierte Stellung gegenüber den gewöhnlich gesicherten Gläubigern zuzusprechen (Art. 16 II 2 RLV). Möglicherweise unterscheiden sich die ausgeführten Wertungen des § 826 BGB in Bezug auf eine Überbrückungsfinanzierung von den inhaltlichen Vorgaben der Art. 16, 17 RLV, sodass eine wertungsmäßige Neuorientierung erforderlich werden könnte. Für die Beantwortung dieser Fragestellung ist entscheidend und damit vorab zu klären, ob § 826 BGB von dem Regelungsziel und dem Anwendungsbereich des Art. 16 I RLV erfasst wird.[1318]

Die insolvenzrechtliche Prägung des Wortlauts des Art. 16 I RLV („die Gesamtheit der Gläubiger benachteiligende Handlungen") könnte zunächst dahingehend zu deuten sein, dass sich die Ausschlusswirkung auf die §§ 129 ff. InsO bezieht und die Anwendbarkeit des § 826 BGB unberührt bleibt.[1319]

1312 RLV, S. 54.

1313 Zu den *ex ante* bestehenden Unwägbarkeiten einer Insolvenzanfechtung BGH, Urt. v. 12.05.2016 – IX ZR 65/14, NJW-RR 2016, 1518; *Kayser,* in: MüKo, InsO, § 133 Rn. 37.

1314 RLV, S. 37 (Rn. 31).

1315 RLV, S. 37 (Rn. 31).

1316 RLV, S. 37 (Rn. 31).

1317 RLV, S. 37 (Rn. 31).

1318 *Hoegen,* NZI 2017-Beilage, 30, 33.

1319 So auch *Hoegen,* NZI 2017-Beilage, 30, 33.

Gleichwohl differenzieren die Vorgaben des Art. 16 RLV zwischen den Rechtsfolgen der Nichtigkeit, der Anfechtbarkeit und der fehlenden Durchsetzbarkeit. Dies steht einer insolvenzrechtlichen Prägung entgegen, weil über die explizite Nennung der Anfechtung hinaus Bezug auf weitere Rechtsinstitute genommen wird. Der Bezugspunkt der Nichtigkeit könnte insofern für einen Ansatz zum Schutz von Krediten im vorinsolvenzlichen Zeitraum dahingehend sprechen, die Anwendbarkeit der §§ 138, 826 BGB bei der Vergabe derartiger Kredite auszuschließen.[1320] In diese Richtung können des Weiteren die Erwägungsgründe zu Art. 16 RLV angeführt werden, die zwischen Insolvenzanfechtungsklagen und dem Schutz vor persönlicher Haftung differenzieren.[1321] Im Einklang mit den Erwägungsgründen steht auch die eingangs formulierte, als weitreichend bewertete Zielsetzung des Art. 16 RLV, die tendenziell auf eine Nichtanwendbarkeit der §§ 138, 826 BGB schließen lässt. Hierfür spricht auch, dass die herrschende Meinung davon ausgeht, dass das Risiko einer Insolvenzanfechtung nicht komplett ausgeschlossen werden könne.[1322]

Schließlich kann überblicksartig eine Parallele der in Art. 16 I, III RLV vorgesehenen Rückausnahmen für die Fälle der „betrügerischen Absicht" und des „bösgläubigen" Handelns zu den Wertungen des § 826 BGB gezogen werden. Beide Ansätze kennzeichnen sich auf den ersten Blick dadurch, dass für den Rechtsverkehr ein als unerträglich empfundenes Verhalten ausgeschlossen werden soll.[1323] Insbesondere der zuletzt aufgeführte Aspekt der Rückausnahmen der Art. 16 I, III RLV lässt einen Gleichlauf zu der Ergänzungsfunktion der §§ 138 I, 826 BGB zu den §§ 129 ff. InsO erahnen. Damit ist entgegen dem Wortlaut des Art. 16 I RLV weiterhin von einer Anwendbarkeit des § 826 BGB – insbesondere auf Überbrückungskredite – auszugehen.[1324]

1320 § 138 BGB und § 826 BGB unterscheiden sich zwar in ihrer funktionalen Anwendung. Die Auslegung des Begriffs der „Sittenwidrigkeit" erfolgt jedoch einheitlich; hierzu *Sprau,* in: Palandt, BGB, § 826 Rn. 4; *Förster,* in: BeckOK, BGB, § 826 Rn. 9. Zu beachten ist des Weiteren, dass der Schadensersatzanspruch des § 826 BGB neben der Sittenwidrigkeit noch über § 138 BGB hinausgehende Anspruchsvoraussetzungen aufweist.

1321 RLV, S. 37 (Rn. 31).

1322 *Kreft,* in: HK, InsO, § 129 Rn. 18; *Undritz,* in: Nerlich/Kremplin, Praxis des InsolvenzR, Kap. 10 Rn. 117 ff.; *Spliedt,* InsVZ 2010, 27, 31; a. A. *Ganter,* WM 2009, 1441 ff.

1323 Zu der Ergänzungsfunktion (*de lege lata*) *Förster,* in: BeckOK, BGB, § 826 Rn. 1; *Schiemann,* in: Erman, BGB, § 826 Rn. 1.

1324 A. A. *Mock,* NZI 2016, 977, 980 f.: Aus dem Bereich der Insolvenzanfechtung bleibt die Anwendbarkeit des § 133 InsO nach *Mock* unberührt; Gravenbrucher Kreis, Thesen vom 14.01.2017, Vorinsolvenzliches Sanierungsverfahren in Deutschland?,

Für die eingangs aufgeworfene Fragestellung kommt es damit im Konkreten darauf an, welche Übereinstimmungen bzw. Unterschiede die Formulierung des Art. 16 I, III RLV („betrügerischer Absicht“, „bösgläubig“) zu den dargestellten Wertungen des § 826 BGB aufweist. Der Richtlinienvorschlag beinhaltet keine Definition der beiden Begriffe und verweist für eine Auslegung auch nicht auf das Recht der Mitgliedsstaaten, sodass nach ständiger Rechtsprechung des EuGH eine autonome unionsrechtliche Auslegung vorzunehmen ist.[1325] Das Ergebnis des Privilegierungsziels des Art. 16 I RLV ist demzufolge davon abhängig, wie restriktiv die Begriffe des Art. 16 III RLV ausgelegt werden.[1326]

Unabhängig von einer konkreten unionsrechtlichen Auslegung der beiden Begriffe ist im Vergleich zu den deutschen Vorgaben zu erkennen,[1327] dass die Anforderungen des RLV enger sein dürften. Die Verwirklichung des § 826 BGB erfordert auf subjektiver Tatbestandsebene gerade keine Absicht im technischen Sinne, sondern lässt bedingten Vorsatz ausreichen.[1328] Dem Gläubiger muss es nicht auf eine gewisse Folge seines Handelns ankommen, vielmehr reicht das Erkennen und Billigen einer mutmaßlichen Folge aus.[1329] Der Wortlaut des Richtlinienvorschlags („betrügerische Absicht“) legt jedoch eine über den bedingten Vorsatz hinausgehende Täuschungs- bzw. Schädigungsabsicht nahe.[1330] Die Anpassungen der Voraussetzungen des § 826 BGB können für den Bereich der Überbrückungsfinanzierung im Wege einer richtlinienkonformen Auslegung erfolgen. Teilweise wird hierbei darauf hingewiesen, dass ohne gesetzgeberische Klarstellung ein wirksamer Schutz vor Haftung und

---

These 7: „Sanierungs- und Überbrückungskredite können schon jetzt nach geltender deutscher Rechtslage anfechtungs- und haftungssicher gewährt werden.“ Es sei zumindest eine effektive Vorsatzanfechtung (§ 133 InsO) in der Folgeinsolvenz zu gewährleisten (abrufbar unter https://www.gravenbrucher-kreis.de/2017/01/15/gravenbrucher-kreis-kommentiert-richtlinien-vorschlag-der-europäischen-kommission-zu-restrukturierung/; letzter Abruf: 22.08.2017).

1325 EuGH, Urt. v. 22.09.2011 – C-482/09, Slg. 2011, I-8701, GRUR 2012, 519, Rn. 29 (Budejovicky Budvar); *Hoegen,* NZI 2017-Beilage, 30, 33.

1326 *Hoegen,* NZI 2017-Beilage, 30, 33.

1327 *Hoegen,* NZI 2017-Beilage, 30, 33 zieht für die Auslegung der Bösgläubigkeit eine Entscheidung des EuGH (EuGH, Urt. v. 27.06.2013 – C-320/12 (Malaysia Dairy Industries Pte. Ltd/Ankenævnet for Patenter og Varemærker), EuZW 2013, 748) aus dem Markenrecht heran.

1328 BGH, Urt. v. 21.04.2009 – VI ZR 304/07, NJW-RR 2009, 1207, Rn. 24.

1329 RG, Urt. v. 21.12.1933 – VI 196/33, RGZ 143, 48; BGH, Urt. v. 03.07.2008 – I ZR 145/05, BGHZ 177, 150 = WM 2008, 1710; *Wagner,* in: MüKo, BGB, § 826 Rn. 27.

1330 Dieser Frage lediglich aufwerfend *Hoegen,* NZI 2017-Beilage, 30, 33.

der *ex-ante*-Risikobetrachtung nur eingeschränkt bestehen kann.[1331] Disparate Ergebnisse für etwaige Zwischenfinanzierungen im Zusammenhang mit dem Restrukturierungsverfahren des Art. 1 RLV und Finanzierungen ohne konkreten Bezug zu dem neu zu schaffenden Rechtsrahmen sind durch eine einheitliche Anwendung der Wertungen des Art. 16 I, III RLV im Rahmen des § 826 BGB zu vermeiden.

In Bezug auf die zeitliche Befristung von Zwischenfinanzierungen dürfte sich die Praxis an der Vorgabe des Art. 6 IV RLV orientieren, wonach ein Moratorium für vier Monate gewährt werden kann. Zur Vermeidung eines *moral hazard*[1332] sind Zwischenfinanzierungen, vergleichbar zu dem von Art. 6 RLV adressierten Moratorium, nur in Ausnahmefällen zu verlängern.[1333]

(c) Konklusion

Für die inhaltlichen Anforderungen an Überbrückungsfinanzierungen sind im Rahmen des § 826 BGB die Kenntnis eines drohenden Insolvenzgrunds auf Seiten der finanzierenden Bank und die zeitliche Befristung der Finanzierung, verbunden mit einer Zweckbindung, entscheidend. Die weiteren Ausführungen haben zu dem Ergebnis geführt, dass § 826 BGB entgegen dem Wortlaut des Art. 16 I RLV *de lege ferenda* weiterhin auf Überbrückungsfinanzierungen Anwendung findet. Gleichwohl werden punktuell Anpassungen im Wege einer richtlinienkonformen Auslegung des § 826 BGB vorzunehmen sein.

bb) Maßnahmen zur nachhaltigen Bewältigung der Unternehmenskrise – Zweite Stufe

Besteht eine insolvenzrechtliche (positive) Fortführungsprognose oder kann eine solche sichergestellt werden, sind auf zweiter Stufe[1334] diejenigen Maßnahmen herauszuarbeiten, die nach der Formulierung des BGH eine „nachhaltige" und „auf Dauer angelegte" Bewältigung der Unternehmenskrise und der Zukunft ermöglichen.[1335] Eine „nachhaltige" Bewältigung der Unternehmenskrise hat sich nach dem BGH an dem Ziel der Wiederherstellung der unternehmerischen

1331 *Sax/Ponseck/Swierczok*, BB 2017, 323, 328.

1332 2. Kap. § 3 C. II.

1333 Report from the ninth meeting of the expert group, p. 3 (abrufbar unter http://ec.europa. eu/ transparency/regexpert/index.cfm?do = groupDetail.groupDetail&groupID = 3362; letzter Abruf: 11.10.2017).

1334 IDW ES 6 n.F., Tz. 16.

1335 BGH, Urt. v. 21.11.2005 – II ZR 277/03, BGHZ 165, 106, LS. 2 = NJW 2006, 1283; dazu *Westpfahl/Janjuah*, EWiR 2006, 525 ff.; BGH, Urt. v. 12.05.2016 – IX ZR 65/14, NJW-RR 2016, 1518, Rn. 29.

Rentabilität und der uneingeschränkten Zahlungsfähigkeit zu orientieren.[1336] Nicht ausreichend können demzufolge solche Maßnahmenprogramme sein, die nur zu einer Reduzierung des gegenwärtigen Schuldenstands führen und nicht die fortlaufenden Verluste des Unternehmens beseitigen.[1337] Beschränken sich die Maßnahmen auf diese Zielausrichtung, ist ein erneuter Anstieg der Schulden unumgänglich und eine wiederkehrende Insolvenzreife absehbar.[1338] Das über die positive Fortbestehensprognose hinausgehende Erfordernis von Sanierungsmaßnahmen lässt für die Aufgliederung der Unternehmenskrise erkennen, dass eine Ertragsschwäche als Ausgangspunkt von tiefer gründenden strategischen bzw. strukturellen Ursachen angesehen wird.[1339]

(1) Rechtlicher Anknüpfungspunkt der Ausrichtung anhand einer nachhaltigen Sanierung

Eine Pflicht zur Beseitigung der tiefer liegenden Krisenursachen ergibt sich nicht aus einem Anspruch der Gläubiger auf einen gewissen wirtschaftlichen Zustand der schuldnerischen Gesellschaft. Über die Insolvenzeröffnungsgründe der §§ 17, 19 InsO hinaus sind für die Gläubiger keine rechtlichen Anhaltspunkte vorhanden, auf die die Erwartung einer gewissen wirtschaftlichen Ausgestaltung des Unternehmens gestützt werden könnte.[1340]

Rechtstatsächlich ist allerdings zu beachten, dass eine kurz- bis mittelfristige Vermeidung der Insolvenzeröffnungsgründe durch eine Optimierung der Liquiditätslage einen absehbaren Zusammenbruch der Gesellschaft nicht verhindern wird.[1341] Die Befriedigungsaussichten künftiger Neugläubiger wären in einem späteren Insolvenzverfahren weit unterdurchschnittlich.[1342] Als rechtlichen

1336 BGH, Urt. v. 12.05.2016 – IX ZR 65/14, NJW-RR 2016, 1518, Rn. 36.

1337 BGH, Urt. v. 12.05.2016 – IX ZR 65/14, NJW-RR 2016, 1518, Rn. 29.

1338 BGH, Urt. v. 12.05.2016 – IX ZR 65/14, NJW-RR 2016, 1518, Rn. 29, 35.

1339 *Andersch*, Sanierungskonzepte und Sanierungsgutachten, S. 84.

1340 *Goette*, DStR 2016, 1684, 1691: „Davon abgesehen ist schlechthin nicht einzusehen, warum die Gläubiger einer juristischen Person einen Anspruch darauf haben sollen, dass ihr Schuldner ertragsfähig ist oder gar ein unversehrtes Stamm- oder Grundkapital besitzt; dem nationalen Recht ist die Idee fremd, dass nur ertragsfähige oder jedenfalls bilanziell gesunde oder gar mit einem für das konkrete Geschäftsmodell hinreichendem Kapital ausgestatte Unternehmen am Markt auftreten dürfen.“

1341 BGH, Urt. v. 12.05.2016 – IX ZR 65/14, NJW-RR 2016, 1518, Rn. 34: Der BGH legt die Prämisse zugrunde, dass eine Unternehmenskrise im Regelfall nicht ausschließlich auf einem Forderungsausfall beruht, sondern zugleich ein dauerhaft unwirtschaftlicher Betrieb des Unternehmens vorliegt.

1342 *Pape*, ZInsO 2017, 114, 122.

Anhaltspunkt für das Erfordernis einer nachhaltigen Sanierung ist die Ausrichtung der Geschäftsführungsbefugnis anhand der nachhaltigen Gewinnerzielung und die Leitungssorgfalt des Geschäftsführers (§ 43 I GmbHG) heranzuziehen.[1343] Dieser Ansatz steht nicht im Widerspruch zu den Anforderungen an den Entlastungsbeweis des Gläubigers im Rahmen der Insolvenzanfechtung. Der zur Widerlegung der Kenntnis vom Benachteiligungsvorsatz des Schuldners erforderliche Einblick in die Eckdaten des Sanierungsvorhabens hat gerade zur Folge, dass der Gläubiger auf die Einhaltung der Sorgfaltspflicht des Geschäftsführers (§ 43 I GmbHG) vertraut.[1344]

(2) Unternehmerische Rentabilität und uneingeschränkte Zahlungsfähigkeit

Die Vorgabe der Renditefähigkeit als Voraussetzung der Sanierungsfähigkeit wird in der Betriebswirtschaftslehre anhand verschiedener Kennzahlen weiter aufgefächert. Kann eine Renditefähigkeit prognostiziert werden, so ist zugleich auf eine Wettbewerbsfähigkeit auf dem relevanten Wettbewerbsmarkt zu schließen.[1345] Für die Renditefähigkeit wird auf die Eigen-, Umsatz- und Gesamtkapitalrentabilität abgestellt. Die Eigenkapitalrendite ergibt sich aus dem Quotienten von Gewinn zu Eigenkapital und kann für die Bestimmung des Erfolgslevels des Unternehmens herangezogen werden. Hierbei ist zu beachten, dass die Eigenkapitalrendite durch den vermehrten Einsatz von Fremdkapital beeinflusst wird (sog. Leverage-Effekt). Die Eigenkapitalrendite hat zur Konkretisierung der durch den BGH geforderten Nachhaltigkeit der Sanierung weiterhin branchenüblich zu sein.[1346] Anderenfalls könne nicht von einer Stabilisierung der Vertrauensbeziehung zu den Kunden und den Investoren ausgegangen werden.[1347] Die Umsatzrendite zeigt das Ergebnis nach Steuern im Verhältnis zu dem Umsatz bzw. der Gesamtleistung an.[1348] Die Gesamtkapitalrentabilität bildet denjenigen Gewinnausschüttungsbetrag ab, der sich aus dem erwirtschafteten Ertrag des eingesetzten Kapitals nach Abzug aller sonstigen Verbindlichkeiten ergibt, ohne dass durch die Gewinnausschüttung die Unternehmenssubstanz aufgezehrt wird.[1349]

1343 Zu dem interessenmonistischen Modell: 3. Kap. § 2 B.

1344 vgl. 3. Kap. § 2 B. II. 3. b) cc).

1345 *Eisolt,* BB 2010, 427, 428.

1346 IDW-Life 2016, 1041, 1051; IDW S 6 a.F., Tz. 90.

1347 IDW ES 6 n.F., Tz. 18.

1348 *Beck/Stannek,* in: Thierhoff/Müller, Unternehmenssanierung, 10. Kap. Rn. 84.

1349 *Fleischer,* in: Michalski, GmbHG, System. Darst. 5 Rn. 25; *Drucarcyk,* Finanzierung, S. 119 ff.

(3) Erfordernis der Wiederherstellung des vollständigen bilanziellen Eigenkapitals

Die Bestimmung der Eigenkapitalrendite ist nach den vorstehenden Ausführungen abhängig von dem Verhältnis des Eigen- zum Fremdkapital. Dabei ist für das Eigenkapital umstritten, ob das bilanzielle Eigenkapital vollumfänglich wiederherzustellen ist und die Sanierungsfähigkeit anderenfalls zwingend auszuscheiden hat.

(a) IDW S 6 a.F. und IDW ES 6 n.F.

Der IDW S 6 a.F. konkretisiert die Forderung des BGH nach einer „durchgreifenden Sanierung" dahingehend,[1350] dass das Unternehmen eine angemessene Eigenkapitalquote am Ende des Sanierungszeitraums aufzuweisen habe, um sich für Fremdkapitalgeber hinreichend attraktiv darzustellen.[1351] Durch ein zu geringes bilanzielles Eigenkapital entstünden dem Unternehmen im Rahmen der nachhaltigen Finanzierung erhöhte Kapitalkosten aufgrund ungünstiger Konditionen, was einen Nachteil im Hinblick auf die fortwährende Wettbewerbsfähigkeit des Unternehmens zur Folge habe.[1352] Die Neufassung des IDW S 6 sieht hierzu insbesondere die Klarstellung vor, dass auch finanzwirtschaftliche Restrukturierungsmaßnahmen bei der Ermittlung des Eigenkapitals zu berücksichtigen sind, sofern sie auch bilanziell als Eigenkapital katalogisiert werden.[1353] Ohne vollständig aufgefülltes bilanzielles Eigenkapital könne hiernach im Regelfall nicht von einer nachhaltigen Sanierungsfähigkeit des Unternehmens ausgegangen werden.[1354]

(b) *Sax, Andersch* und *Phillip*

Sax, Andersch und *Philipp* halten dem Ansatz des IDW S 6 a.F. entgegen, Fremdkapitalgeber würden sich nicht ausschließlich nach den bilanziellen Größen des Eigenkapitals richten.[1355] Es könne hieran anknüpfend nicht zwingend auf eine negative Sanierungsfähigkeit geschlossen werden.[1356] Anknüpfungspunkt für die Bestimmung der erforderlichen Eigenkapitalgröße seien die Normzwecke der § 133 InsO, §§ 138, 826 BGB.[1357] Gemeinsamer Nenner der Normzwecke der

1350 BGH, Urt. v. 12.05.2016 – IX ZR 65/14, NJW-RR 2016, 1518.
1351 IDW S 6 a.F., Tz. 14.
1352 IDW-Life 2016, 1041, 1052.
1353 IDW ES 6 n.F., Tz. 77.
1354 IDW-Life 2016, 1041, 1052.
1355 *Sax/Andersch/Philipp*, ZIP 2017, 710, 712.
1356 *Sax/Andersch/Philipp*, ZIP 2017, 710, 712.
1357 *Sax/Andersch/Philipp*, ZIP 2017, 710, 712.

§ 133 InsO, §§ 138, 826 BGB für die hier zugrunde liegende Sachverhaltskonstellation sei, dass sie jeweils Anwendung fänden, wenn eine „Insolvenz ins Haus steht".[1358] Die Anforderungen an das Eigenkapital hätten sich nach dieser Prämisse ausschließlich an der Zahlungsfähigkeit (§§ 17, 19 InsO) zu orientieren.[1359] Rechtlich zwingend sei die Wiederherstellung des bilanziellen Eigenkapitals insofern nur dann, wenn anderenfalls nicht von einer nachhaltigen Aufrechterhaltung der Zahlungsfähigkeit ausgegangen werden kann.[1360]

Ein Unternehmen, das aufgrund einer geringen Eigenkapitalquote hohe Fremdkapitalkosten tragen kann, sei gleichzeitig in der Lage, eine andere Kapitalstruktur zu bedienen.[1361] Von dieser Finanzierungsstruktur könne demzufolge auf die uneingeschränkte Zahlungsfähigkeit geschlossen werden. Ausreichend sei demnach ein angemessenes wirtschaftliches[1362] Eigenkapital.[1363] Letztlich sei die vollumfängliche Wiederherstellung des Eigenkapitals als Indiz für eine Renditefähigkeit zu betrachten; bei hinreichend sorgfältiger Begründung könne jedoch auch eine Abweichung nachgewiesen werden.[1364]

(c) Stellungnahme

Der Ansatz von *Sax, Andersch* und *Philipp* geht von einer zu eng gefassten Prämisse aus. Neben den § 133 InsO, §§ 138, 826 BGB ergibt sich für den Geschäftsführer aus § 43 I GmbHG eine Pflicht, sich mit einer Unternehmenskrise zu beschäftigen und dieser nicht erst dann entgegenzuwirken, wenn eine Insolvenz „ins Haus steht".[1365] Für den Geschäftsführer kann infolgedessen nicht der insolvenzrechtliche Krisenbegriff zugrunde gelegt werden. Auf Grundlage des interessenmonistischen Modells trifft den Geschäftsführer insbesondere im

---

1358 *Sax/Andersch/Philipp*, ZIP 2017, 710, 712 mit Verweis auf *Prütting*, ZIP 2013, 203, 205.

1359 *Sax/Andersch/Philipp*, ZIP 2017, 710, 712.

1360 *Sax/Andersch/Philipp*, ZIP 2017, 710, 712.

1361 *Sax/Andersch/Philipp*, ZIP 2017, 710, 712 mit Verweis auf *Andersch*, Sanierungskonzepte und Sanierungsgutachten, S. 139.

1362 Der Begriff des wirtschaftlichen Eigenkapitals ergibt sich im Unterschied zu dem des bilanziellen Eigenkapitals nicht nur aus den in der Handelsbilanz aufzuführenden Größen, sondern aus dem gesamten Kapital, das dem Unternehmen auf Dauer zur Verfügung steht, hierzu *Andersch*, Sanierungskonzepte und Sanierungsgutachten, S. 139.

1363 *Sax/Andersch/Philipp*, ZIP 2017, 710, 712 mit Verweis auf *Andersch*, Sanierungskonzepte und Sanierungsgutachten, S. 139.

1364 *Andersch*, Sanierungskonzepte und Sanierungsgutachten, S. 139.

1365 *Prütting*, ZIP 2013, 202, 205; 3. Kap. § 3 B.

Rahmen der § 43 I, II GmbHG eine Pflicht zur Ausrichtung des Unternehmens anhand des nachhaltigen Erfolgs. Neben die Betrachtung der Zahlungsfähigkeit (§§ 17, 19 II InsO) tritt damit die Leitungssorgfalt des Geschäftsführers (§ 43 I GmbHG).[1366]

Im Übrigen dürften die Vorgaben des IDW S 6 a.F. zu einem zu starren Korsett in der Ausgestaltung der Finanzierungsstruktur des Unternehmens führen. Der Ansatz von *Sax*, *Andersch* und *Philipp* zur Konkretisierung der haftungsrelevanten Pflicht des § 43 I GmbHG ermöglicht hingegen einen hinreichenden Handlungsspielraum im Einzelfall. *Andersch* führt in Ergänzung zu diesem Ansatz aus, dass bei einem negativen bilanziellen Eigenkapital erhöhte Anforderungen an den Nachweis der ausreichenden Ausstattung des Unternehmens mit wirtschaftlichem Eigenkapital zu stellen seien.[1367] Im Ergebnis dürften die Ansätze dahingehend zusammenzuführen sein, dass die Wiederherstellung des bilanziellen Eigenkapitals den Regelfall und die Betrachtung des wirtschaftlichen Eigenkapitals den Ausnahmefall bildet. Soll der Ausnahmefall als Grundlage für die Sanierungsfähigkeit herangezogen werden, so bedarf es zugleich eines erhöhten Begründungsaufwands.

(4) Prognose der Durchführbarkeit

Im Unterschied zu der insolvenzrechtlichen Fortbestehensprognose (§ 19 II 1 HS. 2 InsO) besteht für die Eintrittswahrscheinlichkeit der „nachhaltigen“[1368] Sanierung kein expliziter gesetzlicher Anhaltspunkt. Der BGH überträgt den Maßstab des § 19 II 1 HS. 2 InsO auf die nachhaltige Sanierung, wonach für eine positive Prognose eine nachvollziehbare und begründete Aussicht auf Erfolg bestehen muss.[1369] Hierbei ist zu beachten, dass sich die prognosebedingten Unschärfen aufgrund des verlängerten Zeitraums erhöhen.

(5) Integrierte Unternehmensplanung

Der BGH geht für die Wiederherstellung der Zahlungsfähigkeit des Unternehmens von dem Erfordernis eines Sanierungsplans aus.[1370] In der oberlandesgerichtlichen Rechtsprechung wird dieser Sanierungsplan weiter als Planverprobungsrechnung[1371] bzw. Plangewinn- und Verlustrechnung,

---

1366 *Fleischer*, in: MüKo, GmbHG, § 43 Rn. 13; 3. Kap. § 3 B. IV. 4.

1367 *Andersch*, Sanierungskonzepte und Sanierungsgutachten, S. 136.

1368 BGH, Urt. v. 12.05.2016 – IX ZR 65/14, NJW-RR 2016, 1518, Rn. 36.

1369 BGH, Urt. v. 12.05.2016 – IX ZR 65/14, NJW-RR 2016, 1518, Rn. 30; BGH, Urt. v. 12.11.1992 – IX ZR 236/91, NJW-RR 1993, 238.

1370 BGH, Urt. v. 12.05.2016 – IX ZR 65/14, NJW-RR 2016, 1518, Rn. 30.

1371 OLG Köln, Urt. v. 24.09.2009 – 18 U 134/05, WPg 2011, 442.

Liquiditätsplanung und Bilanzplanung[1372] ausgeformt. Zur Vorbereitung eines solchen Plans sind die Problem- und Verlustbereiche sowie der Handlungsbedarf entsprechend der Dringlichkeit der Maßnahmen pointiert darzustellen.[1373]

Betriebswirtschaftlich zielt die integrierte Unternehmensplanung auf eine zahlenmäßige Darstellung des Sanierungsverlaufs und den Nachweis der Finanzierbarkeit der Sanierungsmaßnahmen ab.[1374] Es wird eine möglichst realitätsnahe Abbildung des Sanierungsgeschehens bei Beachtung der wesentlichen Einflussgrößen angestrebt.[1375] Bereits für die Leitungspflichten und die allgemeinen Sorgfaltsanforderungen des Geschäftsführers (§ 43 I, II GmbHG) ist anerkannt, dass den Geschäftsführer eine nach betriebswirtschaftlichen Mindestanforderungen definierte Pflicht zur Unternehmensplanung trifft.[1376] Die dortige Argumentation kann im Wesentlichen auf die integrierte Sanierungsplanung übertragen werden.[1377] Es sind gleichermaßen verschiedene Teilpläne in einer Plan-, Gewinn- und Verlustrechnung, einer Finanzplanung und einer Plan-Bilanz zusammenzufassen.[1378] Zudem können die Anknüpfungspunkte des BGH im Rahmen der Darstellung der Unternehmenslage (Vermögens-, Ertrags- und Finanzlage)[1379] für eine Vorstrukturierung der integrierten Sanierungsplanung herangezogen werden. Hierdurch wird eine Einheitlichkeit der Darstellung und Analyse auf der einen Seite und der Sanierungsplanung auf der anderen Seite gewährleistet. Ein relevanter Unterschied der allgemeinen Unternehmensplanung zu der integrierten Sanierungsplanung dürfte lediglich in den engeren Zeitabschnitten der Planung liegen. Der IDW ES 6 n.F. geht hierbei von einer monatlichen Darstellung der Effekte der Maßnahmen aus.[1380]

Der Ansatz des BGH lässt im Gesamtüberblick hinreichenden Spielraum für eine Beschränkung der weiteren Unterteilung der integrierten

---

1372 OLG Celle, Urt. v. 08.10.2015 – 16 U 17/15, ZInsO 2015, 2444.

1373 *Groß*, WPg 2009, 231, 243.

1374 Zu dem Inhalt der Sanierungsplanung *Hermanns*, in: Buth/Hermanns, Restrukturierung, Sanierung, Insolvenz, § 6 Rn. 30; *Wentzler*, WPg 2009, 283; allg. *Barkalov*, BC 2011, 381; IDW ES 6 n.F., Tz. 62.

1375 *Beck/Stannek*, in: Thierhoff/Müller, Unternehmenssanierung, 10. Kap. Rn. 98; *Wentzler*, WPg 2009, 291, 292.

1376 3. Kap. § 3 II. 1. b).

1377 Allgemeine Vorgaben der Unternehmensplanung *Groß/Amen*, WPg 2003, 1161 ff.

1378 *Groß/Amen*, WPg 2003, 1161 ff.

1379 BGH, Urt. v. 04.12.1997 – IX ZR 47/97, NJW 1997, 1561.

1380 *Wentzler*, WPg 2003, 291, 296; IDW ES 6 n.F., Tz. 64.

Unternehmensplanung.[1381] Die integrierte Unternehmensplanung kann dabei insbesondere in denjenigen Fällen auf eine reine Liquiditätsplanung beschränkt werden, in denen eine Analyse des Unternehmens eine statische – nahezu unveränderte – Bilanzentwicklung offenbart hat und die Bilanzzusammenhänge leicht abzuleiten sind.[1382] Die im Rahmen der integrierten Sanierungsplanung entwickelten Kennzahlen können im Übrigen für ein Sanierungscontrolling herangezogen werden.[1383]

(6) Spezifische Maßnahmen

Das über die Beseitigung der Insolvenzantragsgründe hinausgehende Erfordernis der nachhaltigen Sanierung lässt, wie bereits dargestellt, erkennen, dass eine Liquiditätskrise im Regelfall auf tiefer liegenden strukturellen Defiziten beruht.[1384] Damit einher geht die Annahme des BGH, dass bloße finanzwirtschaftliche Maßnahmen nur im Ausnahmefall des hohen Forderungsausfalls eine hinreichende Erfolgsgrundlage für eine nachhaltige Sanierung schaffen können.[1385] Vielmehr sind im Regelfall neben finanzwirtschaftlichen Maßnahmen auch leistungswirtschaftliche Maßnahmen zur nachhaltigen Sanierung erforderlich.[1386]

Leistungswirtschaftliche Sanierungsmaßnahmen unterscheiden sich nach der strategischen Ausrichtung des Unternehmens.[1387] Es ist typischerweise zwischen den Bereichen des Vertriebs, der Produktion und Logistik, des Einkaufs, des Personals und der Finanzen sowie des Controllings zu differenzieren.[1388] Der IDW ES 6 n.F. knüpft für die jeweiligen leistungswirtschaftlichen Maßnahmen an die Dringlichkeit an.[1389] Hervorzuheben sind insbesondere die Maßnahmen der strategischen Ausrichtung, wofür nach dem IDW ES 6 n.F. eine Stärkung des Kerngeschäfts, eine Ausweitung des Kerngeschäfts durch Angebote, die Entwicklung neuer Erfolgspotentiale und die Reduzierung des Unternehmensrisikos als Anhaltspunkte dienen.[1390]

1381 BGH, Urt. v. 12.05.2016 – IX ZR 65/14, NJW-RR 2016, 1518, Rn. 30: Sanierungsplan zur Wiederherstellung der uneingeschränkten Zahlungsfähigkeit.

1382 IDW-Life 2016, 1041, 1052.

1383 *Groß*, WPg 2009, 231, 243; *Wentzler*, WPg 2009, 291, 292; IDW ES 6 n.F., Tz. 71 f.

1384 *Andersch*, Sanierungskonzepte und Sanierungsgutachten, S. 84.

1385 BGH, Urt. v. 12.05.2016 – IX ZR 65/14, NJW-RR 2016, 1518, Rn. 29.

1386 BGH, Urt. v. 12.05.2016 – IX ZR 65/14, NJW-RR 2016, 1518, Rn. 29.

1387 *Hermanns*, in: Buth/Hermanns, Restrukturierung, Sanierung, Insolvenz, § 7 Rn. 1.

1388 *Steffan*, in: Oppenländer/Trölitzsch, GmbH-Geschäftsführung, § 37 Rn. 54.

1389 IDW ES 6 n.F., Tz. 59 ff.

1390 IDW ES 6 n.F., Tz. 59.

c) Abschließende Beurteilung der Sanierungsfähigkeit

Explizit geht die Rechtsprechung nicht auf das Erfordernis einer abschließenden Beurteilung der Sanierungsfähigkeit im Rahmen eines Sanierungskonzepts ein. Die jeweiligen Elemente der Darstellung und Information, der Maßnahmen zur Abwendung einer konkreten Insolvenzgefahr (1. Stufe) und einer nachhaltigen Bewältigung der Unternehmenskrise (2. Stufe) lassen jedoch einzeln keine abschließende Aussage über das Prognoseergebnis zu. Die Einzelelemente sind im Ergebnis für eine abschließende Beurteilung der Frage zusammenzufassen, ob das Unternehmen „objektiv sanierungsfähig ist und die für ihre Sanierung konkret in Angriff genommenen Maßnahmen zusammen objektiv geeignet sind, die Gesellschaft in überschaubarer Zeit zu sanieren".[1391] Das Erfordernis einer derartigen Schlussbemerkung entspricht zudem einem methodischen Grundverständnis.[1392]

Die Schlussbemerkung erfordert nach dem IDW ES 6 n.F. eine Zusammenfassung der wesentlichen Annahmen, Feststellungen, Zwischenergebnisse und Schlussfolgerungen.[1393] Diese Elemente sollen in der Gesamtheit eine Aussage über die objektive Sanierungsfähigkeit des Unternehmens ermöglichen.[1394] Die Schlussbemerkung kann aus Sicht des Geschäftsführers gleichzeitig als Entscheidungsgrundlage für die Gläubiger herangezogen werden, um dem Informationsbedürfnis der finanzierenden Gläubiger Rechnung zu tragen.[1395] Hierdurch kann für die weiteren Finanzierungsverhandlungen eine erhebliche Vertrauensgrundlage geschaffen werden.

6. *Anpassung der Anforderungen an kleine und mittelgroße Unternehmen*

Teilweise wird angeführt, die Beauftragung eines externen Beraters zur Erstellung eines Konzepts nach dem IDW S 6 a.F. könne kleine und mittelgroße Unternehmen wirtschaftlich überfordern.[1396] Diese Gruppe von Unternehmen

1391 BGH, Urt. v. 21.11.2005 – II ZR 277/03, BGHZ 165, 106, LS. 2 = NJW 2006, 1283.

1392 Einleitung, Hauptteil, Schluss.

1393 IDW ES 6 n.F., Tz. 76 ff., 88.

1394 IDW ES 6 n.F., Tz. 76 ff., 88.

1395 BGH, Urt. v. 12.05.2016 – IX ZR 65/14, NJW-RR 2016, 1518, Rn. 45: „Erforderlich ist die Darlegung der Ursachen der drohenden Insolvenz, insbesondere ob diese lediglich aus Problemen der Finanzierungsseite resultiert oder ob der Betrieb unwirtschaftlich, insbesondere nicht kostendeckend oder sonst mit Verlusten arbeitet. Details müssen den Gläubigern nicht mitgeteilt werden."

1396 *Pape*, ZInsO 2017, 114, 123; s. auch IDW ES 6 n.F., Vorb.

sei insofern vor der Verpflichtung zu schützen, „nicht passende, hypertrophe Sanierungskonzepte“ vorlegen zu müssen.[1397]

Der BGH verweist in dem aktuellen Urteil vom 12.05.2016 auf eine Entscheidung aus dem Jahr 1997 und formuliert für kleine Unternehmen, dass die Einhaltung der Anforderungen des IDW S 6 a.F. nicht zwingend erforderlich und im Einzelfall vor allem nicht in vollem Umfang geboten ist.[1398] Die Beantwortung der aufgeworfenen Frage ist damit davon abhängig, wie dieser allgemein formulierte Ansatz des BGH konkretisiert werden kann.[1399] Kommt es lediglich zu einem unreflektierten Absinken des Untersuchungs- und Prüfungsaufwands durch den Ersteller des Konzepts, steigt aus Sicht der Gläubiger das Anfechtungsrisiko und aus Sicht eines externen Erstellers das Haftungsrisiko.[1400] Zugleich sinkt aus Sicht des Geschäftsführers die Erfolgswahrscheinlichkeit der letztlich erfolgreichen Durchführung des Konzepts.[1401]

a) Definition kleiner und mittelgroßer Unternehmen

Soweit ersichtlich, existiert keine allgemein gültige Definition von kleinen und mittelgroßen Unternehmen.[1402] Für eine Unterteilung dieser Gruppe von Unternehmen werden sowohl quantitative als auch qualitative Kennzeichen angeführt.[1403]

Quantitative Anhaltspunkte gibt insbesondere § 267 HGB vor. Kleine Unternehmen sind nach § 267 I HGB solche, die zwei der drei folgenden Merkmale erfüllen. Die Bilanzsumme darf 6 Mio. Euro nicht überschreiten, der Umsatz pro Jahr hat unter 12 Mio. Euro und die Arbeitnehmerzahl im Jahresdurchschnitt unter 50 zu liegen. Mittelgroße Unternehmen sind nach § 267 II HGB solche, die zwei der drei aufgeführten Merkmale überschreiten und zugleich zwei der drei nachfolgenden Merkmale nicht überschreiten. Die Bilanzsumme darf nicht über 20 Mio. Euro liegen, der Umsatz darf 40 Mio. Euro pro Jahr und die Arbeitnehmeranzahl einen Jahresdurchschnitt von 250 nicht übertreffen.

1397 *Pape,* ZInsO 2017, 114, 123; *Püschel,* KSI 2013, 55.

1398 BGH, Urt. v. 12.05.2016 – IX ZR 65/14, NJW-RR 2016, 1518, Rn. 19 mit Verweis auf BGH, Urt. v. 04.12.1997 – IX ZR 47/97, NJW 1998, 1561, 1563.

1399 IDW-Life 2016, 1041, 1042; *Jaroschinsky/Werner,* WPg 2016, 1196; *Pape,* ZInsO 2017, 114, 123.

1400 *Steffan,* WPg 2016, 1310, 1313; *ders.,* ZIP 2016, 1714.

1401 *Steffan,* WPg 2016, 1310, 1313; *ders.,* ZIP 2016, 1714.

1402 *Ihlau/Dusche/Gödecke,* Besonderheiten bei der Bewertung von KMU, S. 3.

1403 *Ihlau/Dusche/Gödecke,* Besonderheiten bei der Bewertung von KMU, S. 3 ff.

In Bezug auf qualitative sanierungsrelevante Merkmale sind insbesondere drei Themenblöcke zu unterscheiden: Erstens besteht regelmäßig ein überschaubarer rechtlicher und organisatorischer Rahmen.[1404] Zwischen Geschäftsführung und Gesellschafterstellung besteht hierbei vielfach Personenidentität.[1405] Zweitens bedient sich das Unternehmen aufgrund eingeschränkter Kapitalbeschaffungsmöglichkeiten vor allem klassischer Finanzierungsinstrumente, sodass die Finanzstruktur des Unternehmens wenig komplex ist.[1406] Drittens ist das interne Rechnungswesen regelmäßig nur schwach ausgeprägt.[1407] In einer Gesamtschau lässt sich damit festhalten, dass die durchschnittliche Komplexität kleiner und mittelgroßer Unternehmen als gering einzuordnen ist.

b) Ableitungen aus den qualitativen Merkmalen von kleinen und mittelgroßen Unternehmen für die Erstellung eines Sanierungskonzepts

Aus den dargestellten qualitativen Merkmalen lassen sich Spezifika ableiten, die es im Rahmen etwaiger Anpassungen an Sanierungskonzepte zu berücksichtigen gilt. Die regelmäßig gering ausgeprägte Informationsverarbeitung und -auswertung der unternehmerischen Kennzahlen führt in der Erstellung eines Konzepts zu der Problematik, dass die erforderlichen Informationen aus dem Rechnungswesen und den Planungselementen erst erarbeitet werden müssen und betriebswirtschaftliche Zusammenhänge nicht auf Grundlage der bereits bestehenden Daten erkannt werden können.[1408] Diese Charakteristika können zu erheblichem Kosten- und Zeitaufwand in der Prüfung der Sanierungsfähigkeit führen,[1409] der geeignet ist, das angestrebte Ziel der Sanierung zu konterkarieren.

An dieser Stelle ist in einer Querverbindung zu den Anforderungen an die wirtschaftliche Selbstprüfungspflicht des Geschäftsführers zu erkennen,[1410] dass

---

1404 *Ihlau/Dusche/Gödecke,* Besonderheiten bei der Bewertung von KMU, S. 5; *Steffan,* WPg 2016, 1310, 1311.

1405 Zu der Selbstorganschaft auch *Fleischer,* in: MüKo, GmbHG, Einl. Rn. 203; *Ihlau/ Dusche/ Gödecke,* Besonderheiten bei der Bewertung von KMU, S. 8; *Steffan,* WPg 2016, 1310, 1311.

1406 *Steffan,* WPg 2016, 1310, 1311.

1407 *Steffan,* WPg 2016, 1310, 1311: Lediglich vorhandene Finanzbuchhaltung, keine oder nur rudimentär vorhandene Kostenrechnung, keine Profitabilitätsrechnung, keine integrierte Planung, kein Risikofrüherkennungs- oder Management-System und kein oder nur unzureichendes Reporting-System.

1408 *Steffan,* WPg 2016, 1310, 1313; explizit IDW ES 6 n.F., Tz. 35.

1409 *Steffan,* WPg 2016, 1310, 1313.

1410 3. Kap. § 3 B. II.

von einer hinreichenden Informationsgrundlage ausgegangen werden kann, sofern der Geschäftsführer den Anforderungen der wirtschaftlichen Selbstprüfungspflicht nachkommt. Gegen den Einwand, dass der Geschäftsführer einer GmbH nicht wie der Vorstand einer AG „über vergleichbare Qualität an sachverständiger Beratung und Hilfeleistung verfügt, die zur Abwehr rechtlich relevanter Sorgfaltsverstöße notwendig ist“[1411], kann angeführt werden, dass die Anforderungen an den Pflichtenmaßstab des Geschäftsführers im Vergleich zu denjenigen für den Vorstand einer AG weniger streng sind. Infolgedessen kommt es an dieser Stelle auf die mit dem angeführten Einwand verbundene Streitigkeit nicht an.[1412]

Festzuhalten ist an dieser Stelle, dass die defizitäre Informationsgrundlage zu keinem Absenken der Anforderungen an ein Sanierungskonzept führt, sondern als Merkmal einer defizitären Geschäftsführung für die Beurteilung der Sanierungsfähigkeit zu berücksichtigen ist.

c) Allgemeine Ausrichtung der Konkretisierung anhand der Vorgaben des BGH

Als Mindestvoraussetzungen eines Sanierungskonzepts geht der BGH auch für kleine Unternehmen von dem Erfordernis der Analyse der wirtschaftlichen Lage des Schuldners im Rahmen seiner Wirtschaftsbranche sowie der Erfassung der Krisenursachen und der Vermögens-, Ertrags- und Finanzlage aus.[1413] Auch wenn es sich um ein kleines Unternehmen handele, könnten die Gläubiger bei einem Absenken der Anforderungen in einem für sie beachtlichen Umfang geschädigt werden.[1414]

In der Gesamtheit ist die Prüfung der Sanierungsfähigkeit dem Umfang des Unternehmens und der verfügbaren Zeit anzupassen.[1415] Der Umfang der Prüfung der Sanierungsfähigkeit erfährt im Vergleich zu großen Unternehmen bereits dadurch eine erhebliche Einschränkung, dass kleine und mittelgroße Unternehmen einen geringen Diversifizierungsgrad in der operativen Ausrichtung und der Finanzierungsstruktur aufweisen.[1416] Die Informations- und Analysetiefe ist infolgedessen als eher gering zu bewerten. Entgegen der Auffassung

---

1411 *Bayer,* GmbHR 2014, 897.

1412 *Bayer,* GmbHR 2014, 897.

1413 BGH, Urt. v. 04.12.1997 – IX ZR 47/97, NJW 1998, 1561, 1563; *Pape,* ZInsO 2017, 114, 124.

1414 BGH, Urt. v. 04.12.1997 – IX ZR 47/97, 1998, 1561, 1563.

1415 BGH, Urt. v. 04.12.1997 – IX ZR 47/97, 1998, 1561, 1563.

1416 3. Kap. § 3 B. IV. 6. a).

von *Hermanns* und *Krummen* ist aus der Formulierung *Papes*[1417] nicht abzuleiten, dass das Leitbild des sanierten Unternehmens kein Teil der Kernanforderung ist.[1418] Die maßgebliche Formulierung *Papes* orientiert sich vielmehr eng an dem Wortlaut des BGH und kann gerade nicht als abschließende Aufzählung verstanden werden. Im Ergebnis sind damit keine Stimmen zu verzeichnen, die für die Prüfung der Sanierungsfähigkeit eines kleinen und mittelgroßen Unternehmens die Gesamtheit der Kernanforderungen reduzieren wollen.[1419]

Die Prüfung der Sanierungsfähigkeit bedarf mit Blick auf die defizitäre Informationsgrundlage keiner Anpassung. Können die historischen Daten nicht hinreichend präzise aufgearbeitet werden, werden erste Krisenursachen nicht offensichtlich. Anderenfalls würde die einheitliche Betrachtung der historischen Daten und des Leitbilds des sanierten Unternehmens an Stringenz verlieren.[1420] Eine Konkretisierung anhand der Vorgaben des BGH kann damit nur zum Ergebnis kommen, dass die dargestellten Kernelemente gleichwohl auch bei kleinen und mittelgroßen Unternehmen behandelt werden müssen. Unter anderem aufgrund des Nachweises von *Hermanns* und *Krummen* ist festzuhalten, dass auch bei der Aufarbeitung dieser Kernelemente ein schlankes Sanierungskonzept erstellt werden kann.[1421] Würde man an dem regelmäßigen Defizit des wenig ausgeprägten internen Rechnungswesens ansetzen oder die Elemente des Sanierungskonzepts reduzieren, könnte hingegen nicht mehr von einer belastbaren Prognose über die Sanierungsfähigkeit ausgegangen werden. Diese Ausgangspunkte werden zugleich durch die Neufassung des IDW ES 6 adressiert, welche gerade auf Ausführungen zu erläuternden Grundlagen verzichtet und so eine Fokussierung auf die materiellen Kernelemente schafft.[1422] Der Aspekt der

---

1417 *Pape,* ZInsO 2017, 114, 124: „Vielmehr ist entscheidend, dass inhaltlich dem Konzept eine fundierte Analyse der wirtschaftlichen Lage des Unternehmens im Rahmen seiner Branche und Größe zu entnehmen ist. Dies bedeutet nicht, dass bei kleineren Unternehmen auf den zugrunde liegenden Vermögensstatus, der die Vermögens-, Ertrags- und Finanzlage des Unternehmens wiedergibt, die Erfassung der Krisenursachen und die Darstellung der Maßnahmen zur Sanierung des Unternehmens verzichtet werden kann. Diese Mindestvoraussetzungen müssen vielmehr auch bei kleinen Unternehmen erfüllt sein."

1418 *Hermanns/Krummen,* ZInsO 2017, 461, 476.

1419 *Hermanns/Krummen,* ZInsO 2017, 461, 476; *Steffan,* WPg 2016, 1310, 1313; IDW-Life 2016, 1041, 1042; IDW S 6 a.F., Tz. 5; explizit IDW ES 6 n.F., Vorb.

1420 *Hermanns/Krummen,* ZInsO 2017, 461, 465 (Bottum-Up-Verfahren).

1421 *Hermanns/Krummen,* ZInsO 2017, 461 ff.

1422 IDW ES 6 n.F., Vorbem.

betriebswirtschaftlichen Konkretisierung als Zielvorgabe des IDW S 6 wurde damit durch die Neufassung zurückgedrängt.[1423]

d) Fazit

Es ist zu erkennen, dass es sich bei der aufgeworfenen Fragestellung nicht um ein ausschließlich sanierungstypisches Problem handelt. Es wirken sich vielmehr erhebliche Defizite der Praxis der Geschäftsführer aus, die auf der Nichteinhaltung des Sorgfaltsmaßstabs des § 43 I GmbHG beruhen.[1424]

Die Sanierungsfähigkeit kann nicht ausreichend präzise beurteilt werden, wenn es zu keiner Aufarbeitung des internen Rechnungswesens kommt und infolgedessen keine belastbare Datengrundlage geschaffen wird. Holt ein externer Berater die „Hausaufgaben" des Geschäftsführers nach,[1425] ist im weiteren Verlauf der Prüfung der Sanierungsfähigkeit insbesondere zu fragen, wie sich die personenbezogenen Einflussfaktoren und Besonderheiten auswirken.[1426] Aus Sicht der angestrebten Rechtssicherheit dürfte für die beteiligten Verkehrskreise zu hoffen sein, dass sich dem BGH die Möglichkeit bietet, ein schlankes Sanierungskonzept, das der Komplexität des Unternehmens angepasst ist, anhand der verschiedenen Haftungsanforderungen zu bestätigen. Für Sanierungskonzepte, die in Anlehnung an die Kernanforderungen der Rechtsprechung (oder in Anlehnung an den IDW ES 6 n.F.) erstellt werden, besteht hiernach kein Raum.[1427]

7. Konklusion

Für die aufgeworfene Fragestellung, ob der IDW ES 6 n.F. für die Ausformungeiner Verhaltenspflicht des Geschäftsführers herangezogen werden kann,[1428] sind folgende Punkte zusammenzuführen: Erstens beruhen die Kernanforderungen des IDW ES 6 n.F. auf den durch die Rechtsprechung postulierten Vorgaben. Zweitens weisen die betriebswirtschaftlichen Konkretisierungen hinreichend Spielraum für eine Anpassung an die jeweilige Größe und die damit einhergehende Komplexität des Unternehmens auf. Drittens bestehen vielfach Parallelen

1423 vgl. 3. Kap. § 3 B. I. 2.
1424 Unterpunkte der wirtschaftlichen Sanierungspflicht: 3. Kap. § 3 B.
1425 *Steffan*, WPg 2016, 1310, 1313.
1426 Zu der Bedeutung von Management-Fehler, die zur Insolvenz des Unternehmens führen *Lück*, DB 2000, 1473.
1427 *Steffan*, WPg 2016, 1310, 1313.
1428 3. Kap. § 3 B. IV. 4. b).

der Elemente der Prüfung der Sanierungsfähigkeit zu den Elementen, die der Geschäftsführer im Rahmen der fortlaufenden wirtschaftlichen Selbstprüfungspflicht zu erfüllen hat. Zusätzlich werden die betriebswirtschaftlichen Konkretisierungen weitestgehend in der Praxis beachtet und bilden nicht nur für die Berufsgruppe der Wirtschaftsprüfer den *state of the art*.[1429]

Die aufgeführten Punkte sind dahingehend zu konkludieren, dass die materiellen Vorgaben des IDW ES 6 n.F. zur Ausgestaltung und Konkretisierung der Verhaltenspflicht des Geschäftsführers aus § 43 I GmbHG in Bezug auf die Aufstellung eines Sanierungskonzepts heranzuziehen sind.[1430] Angepasst an Komplexität und Größe des Unternehmens, trifft den Geschäftsführer im Falle einer Unternehmenskrise damit die haftungsrelevante Pflicht (§ 43 I, II GmbHG), ein Sanierungskonzept nach den materiellen Vorgaben des BGH zu erstellen, die wiederum in dem IDW ES 6 n.F. strukturiert zusammengefasst sind und betriebswirtschaftlich konkretisiert werden. Für die Geschäftsführer der durchschnittlichen GmbH ist zu beachten, dass nicht die rechtlichen Bestandteile des Sanierungskonzepts reduziert werden, sondern lediglich im Rahmen der betriebswirtschaftlichen Konkretisierungen geringere Anforderungen zu stellen sind.

Die Neufassung das IDW ES 6 bringt diesen Aspekt im Unterschied zu der Altfassung gerade dadurch zum Ausdruck, dass weitreichende Ausführungen zu erläuternden Grundlagen gestrichen oder gekürzt wurden und so eine Fokussierung auf die von der Rechtsprechung herausgearbeiteten materiellen Elemente erfolgt.[1431] Die eingangs aufgeführten zwei Aspekte der Zusammenfassung der Rechtsprechung und der konkreten betriebswirtschaftlichen Ausformung durch die Vorgaben des IDW ES 6 n.F. haben letztlich dahingehend eine Aktualisierung erfahren, dass die betriebswirtschaftlichen Konkretisierungen weitreichend reduziert wurden. Der Hauptaspekt des IDW ES 6 n.F. liegt damit in der stringenten Anordnung der Elemente der Rechtsprechung und der einzelnen betriebswirtschaftlichen Konkretisierung. Zugleich sei an dieser Stelle auf die erhöhte Bedeutsamkeit der fortlaufenden Selbstprüfungspflicht für die Erstellung eines Sanierungskonzepts hingewiesen. Insbesondere ein vorhandenes und funktionierendes Rechnungswesen ist von maßgeblicher Bedeutung, um die

---

1429 *Brömmekamp/Radner*, InsVZ 2010, 152.

1430 Grundlegend *Ziemons*, in: Oppenländer/Trölitsch, GmbH-Geschäftsführung, § 22 Rn. 22.

1431 Insb. IDW ES 6 n.F., Vorb.

Möglichkeit der Sanierung nicht bereits vor einer konkreten Prüfung zu konterkarieren.

Im Ergebnis sind die Anforderungen der Rechtsprechung an Sanierungskonzepte als streng zu bewerten. Die strengen Anforderungen ergeben sich maßgeblich aus der konkreten Insolvenzgefahr und den damit korrespondierenden Gläubigerschutzelementen. Mit Blick auf das Sanierungsprivileg des § 133 I 2 InsO führt die extensive Auslegung nach den herausgearbeiteten Verhaltensanreizen zu einem erhöhten Gläubigerschutz.[1432] Gleichwohl ließe sich durch weniger strenge Anforderungen an die Gläubiger ein hinreichendes Schutzniveau erreichen. Der Gesetzgeber hat durch das Gesetz zur Verbesserung der Rechtssicherheit bei Anfechtungen nach der Insolvenzordnung und dem Anfechtungsgesetz jedoch an anderen Stellschrauben gedreht, indem die Anfechtungsfrist bei der Vorsatzanfechtung von Deckungshandlungen von zehn auf vier Jahre verkürzt wurde (§ 133 I InsO n.F.),[1433] die Anforderungen an die Darlegung der Kenntnis des Anfechtungsgegners von einem Gläubigerbenachteiligungsvorsatz erhöht wurde (§ 133 III InsO n.F.)[1434] und eine Beweislastumkehr bei Zahlungen aufgrund von Zahlungserleichterungen (§ 133 III 2 InsO n.F.)[1435] eingeführt wurde. Es ist folglich davon auszugehen, dass zumindest der Gesetzgeber in Bezug auf die inhaltlichen Anforderungen an das Sanierungsprivileg des § 133 I 2 InsO neben den aufgeführten Aspekten keine Entlastung des Gläubigers und mittelbar des Geschäftsführers als erforderlich ansieht.

V. Weitere Ansätze des Richtlinienvorschlags für die angeführten Aspekte der Sanierungspflicht

Für die aufgeführten Aspekte der Sanierungspflicht können aus dem Richtlinienvorschlag der Europäischen Kommission die Art. 3 und Art. 18 RLV herausgegriffen werden, ohne dass ein konkreter Bezug zu dem neu zu schaffenden Restrukturierungsverfahren erforderlich ist. Für den Restrukturierungsrahmen kommt es maßgeblich auf den Ansatz des deutschen Gesetzgebers an.[1436] Je weitreichender Bezug auf ein noch nicht konkret ausgeformtes Restrukturierungsverfahren genommen wird, desto größer wären die mit den Ausführungen

1432 3. Kap. § 2 B. II. 3. b).

1433 BT-Drucks. 18/7054, S. 13.

1434 BT-Drucks. 18/7054, S. 13.

1435 BT-Drucks. 18/7054, S. 13.

1436 Zu der Problematik der Ausformung eines eigenständigen Reorganisationsgesetzes *Berger,* ZInsO 2016, 2413; *Vallender,* IWRZ 2017, 51, 56; weiterhin 4. Kap. § 3.

verbundenen Unsicherheiten. Insofern ist lediglich auf die Aspekte des Richtlinienvorschlags einzugehen, die bereits *de lege lata* bestehende Punkte in den Blick nehmen.

Überblicksartig soll darauf eingegangen werden, ob aufgrund der Vorgaben der Art. 3, 18 RLV eine Anpassung der dargestellten Wertungen hinsichtlich der Sanierungspflicht bzw. der allgemeinen wirtschaftlichen Selbstprüfungspflicht erforderlich sein wird.

1. Art. 3 RLV

Art. 3 I RLV beinhaltet die Vorgabe an die Mitgliedstaaten, Schuldnern und Unternehmen einen Zugang zu Frühwarnsystemen zu gewährleisten, welche eine Verschlechterung der Geschäftsentwicklung erkennen können und dem Schuldner infolgedessen signalisieren, dass dringend gehandelt werden muss. Nach Art. 3 II RLV haben Mitgliedstaaten den generellen Zugang zu relevanten, aktuellen, klaren, prägnanten und nutzerfreundlichen Informationen über die Verfügbarkeit von Frühwarnsystemen und anderen Mitteln für Schuldner und Unternehmer sicherzustellen, die insbesondere eine frühzeitige Restrukturierung ermöglichen sollen.[1437]

Die genannten Vorgaben des ersten und zweiten Absatzes dürften sich vor allem auf die Gruppe der kleinen und mittleren Unternehmen beziehen (Art. 3 III RLV). Große Unternehmen weisen in der Regel ausreichendes Personal, die notwendigen IT-Kenntnisse und weitreichende Finanzinformationen auf,[1438] sodass von bestehenden Frühwarnsystemen ausgegangen werden kann. Für die Zielgruppe der kleinen und mittleren Unternehmen kann an dieser Stelle auf die herausgearbeiteten Besonderheiten Rückgriff genommen werden.[1439] Für die Umsetzung stellt sich insofern im Rahmen des Art. 3 I, II RLV die Schwierigkeit, dass auf der einen Seite eine gewisse Grundkomplexität der zugrunde liegenden Informationen erforderlich ist, um eine belastbare Prognose zu gewährleisten, und auf der anderen Seite das System so einfach und allgemein auszugestalten ist, dass möglichst viele (kleine und mittelgroße) Unternehmen überhaupt in der Lage sind, ein solches System zu implementieren.[1440]

1437 RLV, S. 45 f.

1438 § 91 II AktG sieht für AGs bereits ausdrücklich eine Verpflichtung zur Einrichtung eines Frühwarnsystems vor. Zu der Problematik der Ausstrahlungswirkung auf das Recht der GmbH: 3. Kap. § 3 B. II. 2. e).

1439 *Haghani*, NZI-Beilage 2017, 18, 19; 3. Kap. § 3 B. IV. 6. a).

1440 *Haghani*, NZI-Beilage 2017, 18, 19; 3. Kap. § 3 B. IV. 6. a).

Es lassen sich, wie bereits dargestellt, konkrete und zum Teil weitreichende Pflichten für ein Frühwarnsystem aus § 43 I GmbHG ableiten, sodass für das deutsche Recht keine konkreten materiell-rechtlichen Vorgaben erforderlich sind, sondern die Schaffung eines allgemeinen Informationssystems ausreichend sein dürfte.[1441] Eine gesonderte Kodifizierung der Vorgaben des Art. 3 I, II RLV könnte insbesondere dahingehend genutzt werden, die faktischen Besonderheiten und Defizite kleiner und mittelgroßer Unternehmen in den Fokus der beteiligten Rechtskreise zu rücken. Der Schwerpunkt der Vorgaben des Art. 3 RLV dürfte folglich auf der Gewährleistung der erforderlichen Informationsgrundlage (Art. 3 II RLV) liegen.

2. Art. 18 RLV

Nach Art. 18 RLV haben die Mitgliedsstaaten die folgenden Pflichten der Unternehmensleitung sicherzustellen: (a) Bei drohender Insolvenz sind sofort Schritte einzuleiten, um die Verluste der Gläubiger, Arbeitnehmer, Anteilseigner und sonstiger Interessenträger zu minimieren; (b) den Interessen der Gläubiger und der sonstigen Interessenträger ist gebührend Rechnung zu tragen; (c) angemessene Schritte sind einzuleiten, um eine Insolvenz abzuwenden; (d) vorsätzliches oder grob fahrlässiges Verhalten, das die Rentabilität des Unternehmens gefährdet, ist zu vermeiden. Die ausführliche Erläuterung einzelner Bestimmungen durch den Richtlinienvorschlag sieht für Art. 18 RLV vor, dass die Mitgliedsstaaten „besondere Vorschriften" erlassen, welche spezifische Anreize für eine frühzeitige Restrukturierung rentabler Unternehmen schaffen.[1442] Auf Grundlage dieser Erläuterung wird von dem Erfordernis der Kodifizierung einer zentralen Vorschrift nach dem Vorbild des § 15a InsO ausgegangen, um gleichzeitig verschiedene Gesellschaftsformen zu erfassen.[1443]

Eine Konkretisierung der allgemeinen Schutzrichtung der Vorgaben des Art. 18 RLV erfolgt durch den Erwägungsgrund 36, wonach grundsätzlich ein möglichst hoher Unternehmenswert zu sichern ist.[1444] Gleichzeitig sind bei drohender Insolvenz die berechtigten Interessen der Gläubiger vor denjenigen Managemententscheidungen zu schützen, die sich auf die Zusammensetzung des Schuldnervermögens auswirken.[1445] Zudem soll das Unternehmen selbst

1441 *Mock,* NZI 2016, 977, 978.
1442 RLV, S. 26; ausführlich 3. Kap. § 3 A. II. 2. b).
1443 *Mock,* NZI 2016, 977, 978; *Naumann,* NZI-Beilage 2017, 35.
1444 RLV, S. 39.
1445 RLV, S. 39.

verpflichtet sein, in einem außergerichtlichen Sanierungsverfahren die Überwindung der Unternehmenskrise anzustreben.[1446] Es ist gerade kein Gerichtsbeschluss erforderlich, der einen Dritten mit entsprechenden Rechten zur Sanierung ausstattet.[1447] Für die allgemeine Ausrichtung der unbestimmten Rechtsbegriffe des Art. 18 RLV („gebührend“, „angemessene Schritte“), die sich auf die allgemeinen Pflichten der Unternehmensleitung beziehen und nicht im direkten Zusammenhang zu dem zu schaffenden Restrukturierungsverfahren stehen, ist dabei die interessenmonistische Ausrichtung der Geschäftsführungsbefugnis (§ 37 I GmbHG) heranzuziehen.[1448] Die allgemeinen Aspekte des Art. 18 RLV dürften sich an dem Pflichtenstandard des § 43 I GmbHG orientieren.[1449] Im Übrigen sei auf die Darstellung der Umstände einer gesonderten Kodifizierung verwiesen.[1450]

VI. Tatsächliche Krisenbewältigung durch Umsetzung des Sanierungskonzepts

Die tatsächliche Krisenbewältigung durch Umsetzung des Sanierungskonzepts beinhaltet verschiedene inhaltliche Abgrenzungsfragen. Die vollständige Durchführung des Sanierungskonzepts ist regelmäßig nicht nur erforderlich, um eine nachhaltige Sanierung des Unternehmens zu erzielen. Vielmehr kann aus Sicht der Gläubiger nur auf einen ernsthaften und redlichen Sanierungsversuch geschlossen werden, sofern das Sanierungskonzept mindestens in „den Anfängen in die Tat umgesetzt ist“.[1451] Kommen die Sanierungsbemühungen nicht über das Planungsstadium hinaus, können Gläubiger lediglich von bloßen Sanierungshoffnungen ausgehen.[1452] Bloße Sanierungshoffnungen sind jedoch

---

1446 RLV, S. 39.

1447 RLV, S. 39.

1448 Zu dem Begriff und den inhaltlichen Vorgaben des interessenmonistischen Modells: 3. Kap. § 2 B.

1449 *Thole*, ZIP 2017, 101, 111; Faktencheck der Europäischen Kommission in Bezug auf deutsches Insolvenzrecht (abrufbar unter http://ec.europa.eu/information_society/newsroomimage/ document/201648/de_insolvency_country_factsheet_40032.pdf; letzter Abruf: 04.10.2017).

1450 3. Kap. § 3 A. II. 2. a).

1451 BGH, Urt. v. 16.10.2008 – IX ZR 183/06, NJW 2009, 1351; BGH, Urt. v. 08.12.2011 – IX ZR 156/09, NZI 2012, 14; BGH, Urt. v. 12.05.2016 – IX ZR 65/14, NJW-RR 2016, 1518; BAG, Urt. v. 12.09.2013 – 6 AZR 980/11, BB 2014, 243.

1452 BGH, Urt. v. 26.03.1984 – II ZR 71/83, BGHZ 90, 381 = NJW 1984, 1893; BGH, Urt. v. 08.12.2011 – IX ZR 156/09, NZI 2012, 14; *Ede/Hirte*, in: Uhlenbruck, InsO, § 133 Rn. 137.

bei Gewährung eines Sondervorteils nicht von dem Sanierungsprivileg des § 133 I 2 InsO erfasst.[1453] Insbesondere für den kurzen Zeitraum des Beginns der Aufnahme von Sanierungsbemühungen stellt sich die Frage, ob es tatsächlich bereits zu ersten Ausführungshandlungen gekommen sein muss.[1454]

Des Weiteren kann die tatsächliche Durchsetzung des Sanierungskonzepts unter dem Aspekt des dynamischen Ergebnisverbesserungsbedarfs betrachtet werden.[1455] Von grundlegender Bedeutung für die Umsetzung ist zunächst, in welchem Umfang der Geschäftsführer aufgrund des innergesellschaftlichen Kompetenzgefüges zur eigenständigen Umsetzung berechtigt und verpflichtet ist.[1456]

1. Problematik der Kompetenzverteilung

Das Sanierungskonzept besteht regelmäßig sowohl aus internen als auch externen Sanierungsmaßnahmen. Aufgrund verschiedener Ausrichtung und Eingriffsintensität von Sanierungsmaßnahmen können diese im Einzelfall sowohl in den Zuständigkeitsbereich des Geschäftsführers als auch der Gesellschafterversammlung fallen.[1457] Es ist damit der Frage nachzugehen, anhand welcher Parameter eine Abgrenzung der Zuständigkeit des Geschäftsführers von derjenigen der Gesellschafter für den Bereich der Sanierungsmaßnahmen erfolgt. Rechtstatsächlich tritt in diesem Zusammenhang die Schwierigkeit hinzu, dass regelmäßig eine hohe Eilbedürftigkeit für erste Maßnahmen besteht, um insbesondere den alsbaldigen Eintritt von Insolvenzeröffnungsgründen zu verhindern.[1458]

a) Gesetzliches Leitbild der Verteilung der Zuständigkeiten

Eine Bestimmung der Parameter zur Abgrenzung der Zuständigkeitsbereiche hat als Ausgangspunkt die grundsätzliche Kompetenzverteilung zwischen den Organen der Gesellschaft zu nehmen.

1453 BGH, Urt. v. 26.03.1984 – II ZR 71/83, BGHZ 90, 381 = NJW 1984, 1893; BGH, Urt. v. 08.12.2011 – IX ZR 156/09, NZI 2012, 14; *Ede/Hirte,* in: Uhlenbruck, InsO, § 133 Rn. 137.

1454 *Ede/Hirte,* in: Uhlenbruck, InsO, § 133 Rn. 138; *Kayser,* in: MüKo, InsO, § 129 Rn. 163a; *Ganter,* WM 2009, 1441, 1450; *Utsch,* DZWiR 2013, 353, 357; *Thole,* ZIP 2013, 2081, 2087.

1455 Insb. *Kuss,* WPg 2009, 326, 331.

1456 *Haas,* Gutachten zum 66. DJT, Bd. I, E 108 f.; *Bork,* ZIP 2011, 101, 107.

1457 *Bork,* ZIP 2011, 101, 108.

1458 3. Kap. § 3 B. IV. 5.

Die Gesellschafterversammlung bildet dem gesetzlichen Leitbild nach das oberste Willensbildungsorgan der Gesellschaft.[1459] Der Aufgabenkreis der Gesellschafter ergibt sich aus der Aufzählung des § 46 GmbHG und aus verschiedenen Spezialvorschriften (§§ 26 I, 29 I, 51a II, 53 I, 60 I Nr. 2, 66 I GmbHG).[1460] Neben der Satzungsfreiheit der Gesellschafterversammlung ist insbesondere die Weisungsbefugnis gegenüber dem Geschäftsführer ein Wesensmerkmal der Kompetenzordnung der GmbH.[1461] Die Gesellschafterversammlung entscheidet über die Grundsätze der Unternehmenspolitik[1462] und bringt diese dem Ausführungsorgan gegenüber zum Ausdruck.[1463] Wie bereits mehrfach angeführt, folgt hieraus, dass der Geschäftsführer die Gesellschaft nach dem gesetzlichen Leitbild nicht in eigener Verantwortung leitet.[1464]

b) Meinungsstand bezüglich der Abgrenzung von Zuständigkeiten für Sanierungsentscheidungen

Die Leitlinie zur Abgrenzung der Zuständigkeiten für Sanierungsentscheidungen wird unterschiedlich beurteilt. Allgemein wird zunächst zugrunde gelegt, dass der Geschäftsführer nicht dazu berufen ist, weitreichende Sanierungsentscheidungen ohne Absprache mit den Gesellschaftern zu treffen.[1465]

Haas sieht die Letztentscheidungsbefugnis über die Krisenabwehr bei den Gesellschaftern, weil das „Ob" und „Wie" der Sanierung eine außergewöhnliche Geschäftsführungsmaßnahme darstelle, die den Bestand des Unternehmens berühre.[1466] Im Einzelfall sei entscheidend, ob der Sanierungsmaßnahme eine

---

1459 *Bayer,* in: Lutter/Hommelhoff, GmbHG, § 45 Rn. 4; *Roth,* in: Roth/Altmeppen, GmbHG, § 45 Rn. 2; *J. Schmidt,* in: Michalski, GmbHG, Syst. Darst. 1 Rn. 16; *K. Schmidt,* in: Scholz, GmbHG, § 45 Rn. 5.

1460 *J. Schmidt,* in: Michalski, GmbHG, Syst. Darst. 1 Rn. 16.

1461 *Lenz,* in: Michalski, GmbHG, § 37 Rn. 16 ff.; *Stephan/Tieves,* in: MüKo, GmbHG, § 37 Rn. 107 ff.; *Ulmer,* in: Ulmer/Habersack/Löbbe, GmbHG, Einl. A Rn. 28; zu der Satzungsfreiheit der Gesellschaftsversammlung *Liebscher,* in: MüKo, GmbHG, § 45 Rn. 50.

1462 BGH, Urt. v. 24.02.1992 – II ZR 79/91, NJW-RR 1992, 993, 994; BGH, Urt. v. 25.02.1991 – II ZR 76/90, NJW 1991, 1681; *Stephan/Tieves,* in: MüKo, GmbHG, § 37 Rn. 62.

1463 *Hüffer/Schürnbrand,* in: Ulmer/Habersack/Löbbe, GmbHG, § 45 Rn. 19; *Römermann,* in: Michalski, GmbHG, § 45 Rn. 36.

1464 *J. Schmidt,* in: Michalski, GmbHG, Syst. Darst. 1 Rn. 16.

1465 *Kleindiek,* in: Lutter/Hommelhoff, GmbHG, § 43 Rn. 28; *Veil,* ZGR 2006, 374, 380; *Westermann,* DZWiR 2006, 485, 487.

1466 *Haas,* Gutachten zum 66. DJT, Bd. I, E 108 f.

derartig grundlegende Bedeutung zukomme, dass sie den Bestand der Gesellschaft betreffe und nicht mit den ohnehin verfügbaren Mitteln der Gesellschaft umgesetzt werden könne.[1467] Die Abgrenzung habe im Einzelfall danach zu erfolgen, ob eine Satzungsänderung erforderlich sei oder die Maßnahme auf eine Änderung der Gesellschaftsgrundlage abziele.[1468] Für eine Konkretisierung wird teilweise auf die Auslegung des § 116 I HGB verwiesen, sodass zwischen gewöhnlichen und außergewöhnlichen Geschäften zu unterscheiden sei.[1469] Im Zweifelsfall sei dabei nach den Differenzierungen des § 116 I HGB von einem gewöhnlichen Geschäft auszugehen.[1470]

Überzeugend dürfte jedoch die Ansicht sein, nach der eine Vorschlagspflicht in den Kompetenzbereich des Geschäftsführers fällt, die Gesellschafter jedoch letztlich über das „Ob" der Sanierung zu entscheiden haben.[1471] Hierfür wird zunächst angeführt, dass die Ablehnung einer Sanierung zwangsläufig die Zerschlagung des Unternehmens zur Folge habe und diese Entscheidung nach § 60 I Nr. 2 GmbHG in den Kompetenzbereich der Gesellschafter falle.[1472] Zugleich kennzeichne sich die Stellung des Geschäftsführers dadurch, dass diesem aufgrund der erwerbswirtschaftlichen Ausrichtung kein Entscheidungsspielraum hinsichtlich eines „Ob" der Sanierung zukomme.[1473] Des Weiteren spricht für diese Ansicht, dass der Geschäftsführer eine erhöhte Sachnähe zu den erforderlichen Informationen aufweist. Die Gesellschafter werden in ihrem Kompetenzbereich weiterhin dadurch geschützt, dass sich die Geschäftsführungsbefugnis auf Basis des interessenmonistischen Modells ausschließlich an den Interessen

1467 *Haas/Kolmann/Pauw,* in: Gottwald, InsolvenzR-HB, § 92 Rn. 19.

1468 BGH, Urt. v. 26.04.2004 – II ZR 155/02, BGHZ 159, 30 = NJW 2004, 1860; *Haas/Kolmann/Pauw,* in: Gottwald, InsolvenzR-HB, § 92 Rn. 19 mit Verweis auf BGH, Urt. v. 25.02.1982 – II ZR 174/80, BGHZ 83, 122, 129 = NJW 1982, 1703 (für die AG); *Zöllner/ Noack,* in: Baumbach/Hueck, GmbHG, § 53 Rn. 151.

1469 *Altmeppen,* in: Roth/Altmeppen, GmbHG, § 37 Rn. 23; *Koppensteiner/Gruber,* in: Rowedder/Schmidt-Leithoff, GmbHG, § 37 Rn. 22.

1470 BGH, Urt. v. 13.03.1980 – II ZR 239/80, BGHZ 76, 210 = NJW 1980, 1463; BGH, Urt. v. 13.01.1954 – II ZR 6/53, DB 1954, 153; *Emmerich,* in: Heymann, HGB, § 116 Rn. 4; *Fickh,* in: Henssler/Strohn, GesR, § 116 HGB Rn. 9; *Jickeli,* in: MüKo, HGB, § 116 Rn. 10; *Roth,* in: Baumbach/Hopt, HGB, § 116 Rn. 1.

1471 *Drenckhan,* Gläubigerschutz in der Krise der GmbH, S. 73; *Picot/Aleth,* Unternehmenskrise und Insolvenz, Rn. 280; *Bork,* ZIP 2011, 101, 107 f.; *Westermann,* DZWiR 2006, 485, 487.

1472 *Drenckhan,* Gläubigerschutz in der Krise der GmbH, S. 73; *Picot/Aleth,* Unternehmenskrise und Insolvenz, Rn. 280; *Westermann,* DZWiR 2006, 485, 487.

1473 *Bork,* ZIP 2011, 101, 108.

der Gesellschafter auszurichten hat.[1474] Im Übrigen ist mit *Bork* prinzipiell davon auszugehen, dass die Wahrscheinlichkeit des Erfordernisses einer grundlegenden Sanierungsmaßnahme sinkt, je früher sie in der Unternehmenskrise eingeleitet wird.[1475]

Für eine weitere Ausformung dieses Ansatzes kann eine Parallele zu der Argumentationslinie im Rahmen der Kompetenzen bezüglich der Unternehmenspolitik gezogen werden.[1476] Zu den Kompetenzen der Gesellschafter gehört – wie bereits dargelegt[1477] – die Festlegung der Unternehmenspolitik.[1478] Diese Kompetenz der Gesellschafter wird durch die Kernaufgabe des Geschäftsführers ergänzt, Strategien und Pläne zur Umsetzung der Unternehmenspolitik auszuarbeiten.[1479] Im Zusammenhang damit steht die Verpflichtung des Geschäftsführers, die Gesellschafter auf neue unternehmerische Entscheidungen aufmerksam zu machen und ihnen die Möglichkeit einer Anpassung zu geben.[1480] Überträgt man diesen Ansatz auf die zugrunde liegende Problematik, lässt sich die hier befürwortete Auffassung dahingehend präzisieren, dass sich der Kompetenzbereich des Geschäftsführers auch für Sanierungsmaßnahmen durch eine Ausarbeitungs- und Vorlagepflicht charakterisiert. Unabhängig davon, ob im Einzelfall eine Ausfüllung oder Fortentwicklung der Unternehmenspolitik vorliegt, hat der Geschäftsführer die Entscheidungskompetenz der Gesellschafter hinreichend zu beachten.[1481] Konkret hat der Geschäftsführer für Sanierungsmaßnahmen bereits vor der Aufstellung des Sanierungskonzepts zu prüfen, ob die Maßnahme tendenziell Zustimmung oder Ablehnung finden würde.[1482]

1474 3. Kap. § 2 B.

1475 *Bork,* ZIP 2011, 101, 108.

1476 Umfassend *Stephan/Tieves,* in: MüKo, GmbHG, § 37 Rn. 61 ff.

1477 3. Kap. § 3 B. III. 1. c).

1478 BGH, Urt. v. 24.02.1992 – II ZR 79/91, NJW-RR 1992, 993, 994; BGH, Urt. v. 25.02.1991 – II ZR 76/90, NJW 1991, 1681; *Stephan/Tieves,* in: MüKo, GmbHG, § 37 Rn. 62.

1479 *Kleindiek,* in: Lutter/Hommelhoff, GmbHG, § 37 Rn. 8; *Lenz,* in: Michalski, GmbHG, § 37 Rn. 9; *U. Schneider/S. Schneider,* in: Scholz, GmbHG, § 37 Rn. 10; *Stephan/Tieves,* in: MüKo, GmbHG, § 37 Rn. 63; *Altmeppen,* ZGR 1999, 291, 305.

1480 *Fleischer,* GmbHR 2010, 1307, 1310.

1481 *Kleindiek,* in: Lutter/Hommelhoff, GmbHG, § 37 Rn. 8; *U. Schneider/S. Schneider* in: Scholz, GmbHG, § 37 Rn. 10; *Stephan/Tieves,* in: MüKo, GmbHG, § 37 Rn. 64.

1482 OLG Frankfurt, Urt. v. 19.01.1988 – 5 U 3/86, NJW-RR 1989, 544; *Stephan/Tieves,* in: MüKo, GmbHG, § 37 Rn. 64: Im Rahmen dieser Prüfung ist dem Geschäftsführer ein angemessener Entscheidungsspielraum zuzubilligen.

Dieser Aspekt ist für Sanierungsmaßnahmen insofern von erhöhter Bedeutung, als dass einer einzelnen Sanierungsmaßnahme eine Schlüsselstellung für die Gesamtkonzeption des Sanierungsplans zukommen kann. Muss der Geschäftsführer nach der bisherigen Handhabung der Gesellschafter mit der Ablehnung rechnen, darf er erstens nicht ohne Zustimmung agieren und zweitens dürfte ebenfalls von einer Aufnahme der Maßnahme in das Sanierungskonzept abzusehen sein. Im Sinne eines angemessenen Beurteilungsspielraums[1483] sind die Anforderungen an den Geschäftsführer jedoch nicht zu überspannen, sodass diese hypothetische Prüfungspflicht auf die Fälle der offensichtlich zu erwartenden Zustimmungsverweigerung zu beschränken ist.

Im Ergebnis besteht damit für den Geschäftsführer bereits bei Erstellung des Sanierungskonzepts eine Verpflichtung, eine voraussichtliche Entscheidung der Gesellschafter für oder gegen eine Sanierungsmaßnahme zu berücksichtigen. Für das Sanierungskonzept in der Gesamtheit ist von einer Erstellungs- und Vorlagepflicht auszugehen. Die Vorlagepflicht geht für den Geschäftsführer grundsätzlich mit der Pflicht zur Einholung eines Gesellschafterbeschlusses einher. Dabei ist zu berücksichtigen, dass die Anforderungen an den Inhalt der Ankündigung des Zwecks der Gesellschafterversammlung im Rahmen des § 51 II GmbHG unter Beachtung des Überrumpelungs- und Überraschungsverbots[1484] je strenger werden, desto größer die Intensität der Maßnahme ist.[1485] Für den Geschäftsführer bietet sich hierbei die Chance, durch umfassende Vorabinformationen für möglicherweise umstrittene Sanierungsmaßnahmen zu werben.

c) Sofortmaßnahmen

Wie bereits im Rahmen des zweistufigen Aufbaus des Sanierungskonzepts dargestellt, kann es aufgrund einer fortgeschrittenen Entwicklung der Unternehmenskrise erforderlich sein, Sofortmaßnahmen zu treffen, die eine Prüfung der Sanierungsfähigkeit absichern.[1486] Operative Sofortmaßnahmen kennzeichnen sich insbesondere dadurch, dass etwaige Insolvenzantragsgründe hinausgezögert werden.[1487]

1483 OLG Frankfurt, Urt. v. 19.01.1988 – 5 U 3/86, NJW-RR 1989, 544; *Stephan/Tieves*, in: MüKo, GmbHG, § 37 Rn. 64.

1484 BGH, Urt. v. 04.07.1060 – II ZR 68/58, WM 1960, 859; BGH, Urt. v. 25.11.2002 – II ZR 69/01, NJW-RR 2003, 826.

1485 Ableitung nach *Liebscher*, in: MüKo, GmbHG, § 51 Rn. 41 ff.

1486 *Foerste*, ZZP 2012, 265, 270.

1487 *Foerste*, ZZP 2012, 265, 270.

In diesem Zusammenhang kann ein Spannungsverhältnis dadurch entstehen, dass eine intensive Sofortmaßnahme auf der einen Seite dringend notwendig ist, jedoch auf der anderen Seite nicht von dem Kompetenzbereich des Geschäftsführers erfasst ist und ein konkreter Gesellschafterbeschluss aufgrund der Eilbedürftigkeit nicht mehr eingeholt werden kann. Grundsätzlich hat der Geschäftsführer auch bei dringend notwendigen Sofortmaßnahmen einen konkreten Gesellschafterbeschluss einzuholen.[1488] Unbeeinflusst bleibt hierbei die Verpflichtung des Geschäftsführers, diejenigen Sofortmaßnahmen einzuleiten, die von seinem Zuständigkeitsbereich erfasst sind.[1489]

Eine Ausnahme von dem Erfordernis einer Beschlussfassung kann sich lediglich unter dem Blickwinkel der Notgeschäftsführung ergeben. Hierunter wird derjenige Fall gefasst, in welchem der Geschäftsführer die Kompetenzordnung außer Acht lassen kann, weil dies im Interesse der Gesellschaft unabweisbar erscheint.[1490] Die Notgeschäftsführung setzt zunächst voraus, dass ein konkreter Beschluss nicht rechtzeitig eingeholt werden kann.[1491] Zusätzlich hat im Einzelfall die Pflicht zum Handeln bei einer Abwägung der widerstreitenden Interessen ganz offensichtlich zu überwiegen.[1492] Der BGH fordert hierbei besondere Umstände, die den Verstoß gegen die innergesellschaftliche Kompetenzordnung in einem milderen Licht erscheinen lassen.[1493] Die erforderlichen besonderen Umstände können sich vor allem aus einer Eilbedürftigkeit der Maßnahme ergeben.[1494]

Für den Fall, dass eine nicht von dem Kompetenzbereich des Geschäftsführers erfasste Sanierungsmaßnahme kurzfristig erforderlich sein sollte, sind die Anforderungen an den Nachweis der Eilbedürftigkeit und die überwiegenden Interessen der Gesellschaft insbesondere im Interesse der Gesellschafter nicht zu streng auszuformen. Gerade weil die Gesellschafter regelmäßig ein Interesse an der Fortführung des Unternehmens haben, kann die Nichtbeachtung der

---

1488 *Bork,* ZIP 2011, 101, 108.

1489 *Bork,* ZIP 2011, 101, 108.

1490 BGH, Beschl. v. 10.12.2007 – II ZR 289/06, NJW-RR 2008, 774; *Mertens,* in: Hachenberg, GmbHG, § 35 Rn. 110; *Paefgen,* in: Ulmer/Habersack/Löbbe, GmbHG, § 35 Rn. 59 f.

1491 *Stephan/Tieves,* in: MüKo, GmbHG, § 35 Rn. 67.

1492 *Stephan/Tieves,* in: MüKo, GmbHG, § 35 Rn. 67.

1493 BGH, Beschl. v. 10.12.2007 – II ZR 289/06, NJW-RR 2008, 774: Die Entscheidung bezieht sich auf eine fristlose Kündigung des Anstellungsvertrags aufgrund einer satzungswidrigen Veräußerung einer Beteiligung.

1494 BGH, Beschl. v. 10.12.2007 – II ZR 289/06, NJW-RR 2008, 774.

Kompetenzordnung für den spezifischen Fall einer angestrebten Unternehmenssanierung in einem milderen Licht erscheinen.

d) Grenzen einer Entmachtung des Geschäftsführers

Für die Gesellschafter kann in der Unternehmenskrise der Anreiz bestehen, die Initiativ- und Entscheidungsbefugnisse des operativen Geschäfts weitestgehend an sich zu ziehen und den Geschäftsführer im Sinne eines „Zölibat-Geschäftsführers"[1495] zu entmachten. Dies ist insbesondere dann nahe liegend, wenn es zu eklatanten Sorgfaltspflichtverletzungen gekommen ist, die ursächlich für die Unternehmenskrise waren.[1496] Aus Sicht der Gesellschafter stellt sich die Frage, in welchem Umfang die Stellung des Geschäftsführers zu einer bloßen „Vertretungsmarionette"[1497] bzw. zu einem „reinen Exekutivorgan"[1498] reduziert werden kann.[1499] Diese Fragestellung ist auch dann von entscheidender Bedeutung, wenn neben dem Geschäftsführer ein Interims-Manager als erfahrener Sanierungsberater über eine Generalvollmacht implementiert werden soll.[1500] Aus dem Blickwinkel des Geschäftsführers ist maßgeblich, welche Verpflichtungen im vorinsolvenzlichen Zeitraum trotz einer weitreichenden Entmachtung weiterhin zwingend zu erfüllen bleiben.

aa) Meinungsstand der Literatur und Rechtsprechung bezüglich eines Mindestkompetenzbereichs des Geschäftsführers

Grundsätzlich stehen die Weisungs- und Gestaltungsbefugnisse der Gesellschafter in einem Spannungsverhältnis zu der Organverantwortlichkeit des Geschäftsführers.[1501] Je weitreichender die Gesellschafter hierbei das operative Geschäft an sich ziehen und den Geschäftsführer entmachten, desto schwieriger gestaltet sich die Erfüllung der Organverantwortlichkeit für den Geschäftsführer.[1502]

1495 Begrifflichkeit nach *Ulmer*, FS Schwark, S. 271.

1496 *Axhausen/Rieder*, in: Beck'sches HB der GmbH, § 15 Rn. 63; *Pape/Uhlenbruck/Voigt-Salus*, InsolvenzR, 4. Kap. Rn. 3; Indat-Report 2/2006, S. 8 ff.

1497 *Altmeppen*, in: Roth/Altmeppen, GmbHG, § 37 Rn. 4.

1498 *Jacoby*, in: Bork/Schäfer, GmbHG, § 37 Rn. 15.

1499 OLG Nürnberg, Urt. v. 09.06.1999 – 12 U 4408/98, NZG 2000, 154 f.; *Paefgen*, in: Ulmer/Habersack/Löbbe, GmbHG, § 37 Rn. 28; *Mennicke*, NZG 2000, 622, 623; *Uffmann*, ZGR 2013, 273.

1500 *Uffmann*, ZGR 2013, 273, 306.

1501 *Mennicke*, NZG 2000, 622.

1502 Insb. BFH, Urt. v. 12.05.2009 – VII B 166/08, BFH/NV 2009, 1589 ff.; *Mennicke*, NZG 2000, 622.

Die herrschende Auffassung in der Literatur und die Rechtsprechung gehen davon aus, dass die Gesellschafter den Geschäftsführer bis zu der Grenze der zwangsweise mit der Organstellung verbundenen Pflichten entmachten können.[1503] Für die Begründung dieser Grenze führt *Hüffer* aus, dass ein Organ ohne Kompetenzen anderenfalls einen Widerspruch in sich bilde.[1504] Dieser Ansatz ergibt sich aus verschiedenen Aspekten. Zunächst stellen die weitreichenden Gestaltungsmöglichkeiten der Gesellschafterversammlung ein Wesensmerkmal der Organisationsverfassung der GmbH dar.[1505] Insbesondere § 37 I GmbHG lässt erkennen, dass die Gesellschafter das Unternehmensinteresse selbst vorgeben.[1506] Den Gesellschaftern stehen insofern gerade die Initiativ- und Entscheidungsbefugnisse zu.[1507] Diese Befugnisse können sowohl in einer negativen als auch einer positiven Steuerung Niederschlag finden.[1508]

Die Bestimmung des postulierten, zwangsweise mit der Organstellung verbundenen Kompetenzbereichs ergibt sich aus der Leitlinie, dass die jeweilige Vorschrift entweder im Interesse Dritter oder der Allgemeinheit gesetzlich ausgeformt wurde.[1509] Hierfür ist die Auslegung der jeweiligen Norm maßgeblich.[1510] Hierbei kann insbesondere die schadensersatzrechtliche oder strafrechtliche Sanktionierung der Vorschrift herangezogen werden.[1511] Liegen solche Vorschriften vor, hat der Geschäftsführer diese zu beachten und ein rechtmäßiges Handeln der Gesellschaft sicherzustellen.[1512] Aus § 43 III 3 GmbHG lässt

---

1503 BGH, Urt. v. 14.11.1983 – II ZR 33/83, BGHZ 89, 48, 57 = NJW 1984, 733; BGH, Urt. v. 05.05.2008 – II ZR 38/07, NJW 2008, 2504; BGH, Urt. v. 08.05.1978 – II ZR 209/78, WM 1978, 1047; offen gelassen bei BGH, Urt. v. 06.03.2012 – II ZR 76/11, NJW 2012, 1656; *Kleindiek,* in: Lutter/Hommelhoff, GmbHG, § 37 Rn. 1; *Lenz,* in: Michalski, GmbHG, § 37 Rn. 10; *Paefgen,* in: Ulmer/Habersack/Löbbe, GmbHG, § 37 Rn. 25; *U. Schneider/S. Schneider,* in: Scholz, GmbHG, § 37 Rn. 24; *Stephan/ Tieves,* in: MüKo, GmbHG, § 37 Rn. 66; *Zöllner/Noack,* in: Baumbach/Hueck, GmbHG, § 37 Rn. 18; *Geißler,* GmbHR 2009, 1071, 1074; *Gieseke,* GmbHR 1996, 486, 490.

1504 *Hüffer,* in: Hüffer, AktG, § 95 Rn. 18.

1505 *Hommelhoff,* ZGR 1978, 119, 121.

1506 *Hommelhoff,* ZGR 1978, 119, 121; *Konzen,* NJW 1989, 2977, 2979; *Mennicke,* NZG 2000, 622.

1507 *Mertens,* in: Hachenburg, GmbHG, § 37 Rn. 20.

1508 *Hommelhoff,* ZGR 1978, 119, 121.

1509 *Stephan/Tieves,* in: MüKo, GmbHG, § 37 Rn. 68.

1510 *Stephan/Tieves,* in: MüKo, GmbHG, § 37 Rn. 68.

1511 *Geißler,* GmbHR 2009, 1071, 1074.

1512 *Lutter,* ZIP 1986, 1195, 1196 – zugleich Besprechung OLG Hamm, Urt. v. 08.07.1985 – 8 U 295/83, ZIP 1984, 1188.

sich zudem ablesen, dass diejenigen Weisungen keine Verbindlichkeit entfalten, die den Geschäftsführer dazu zwingen würden, die im öffentlichen Interesse bestehenden Pflichten zu verletzen.[1513] Aus der Organisationsverfassung der Organstellung des Geschäftsführers folgt zugleich, dass der Geschäftsführer nach §§ 35, 37 GmbHG als unabdingbares Repräsentationsorgan fungiert und infolgedessen zwingend von der Organisationsverfassung vorausgesetzt wird.[1514] Bei abstrakter Betrachtung ist hinzuzufügen, dass der Geschäftsführer in diesem Zuständigkeitsbereich ebenso wie die Gesellschafterversammlung originär handelt.[1515]

Nach den vorbezeichneten Prämissen ergibt sich der unabdingbare Kompetenzbereich für den Geschäftsführer aus folgenden Normen: Pflicht zur Erhaltung der Kapitalgrundlage der Gesellschaft (§§ 30, 33 GmbHG); Pflicht, die Eröffnung eines Insolvenzverfahrens zu beantragen (§ 15a I InsO); Pflicht, den gesetzlichen Vorschriften über die Publizität der Gesellschaft zu entsprechen; Pflicht, die notwendigen Anmeldungen in das Handelsregister vorzunehmen; Pflicht zur Einberufung der Gesellschafterversammlung (§ 49 II, III GmbHG); Pflicht zur Sorge für eine ordnungsgemäße Buchführung und Bilanzierung (§ 41 GmbHG); Pflicht zur Abführung von Steuern (§ 34 AO) und Sozialversicherungsbeiträgen (§ 266b StGB).[1516]

Im Ergebnis ist zu konstatieren, dass die Gesellschafter den Geschäftsführer bis zu der Grenze der zwingend dem Geschäftsführungsorgan zugeschriebenen Pflichten entmachten können. Die Streitfrage, ob die Gesellschafter das operative Tagesgeschäft nur auf Grundlage einer Satzungsänderung übernehmen können, bedarf hier keiner abschließenden Klärung.[1517] Gegen das Erfordernis einer Satzungsänderung dürfte jedoch insbesondere sprechen, dass es keines Schutzes des Rechtsverkehrs bedarf, weil dieser bereits über die unbeschränkte

---

1513 *Kleindiek,* in: Lutter/Hommelhoff, GmbHG, § 37 Rn. 5; *Koppensteiner/Gruber,* in: Rowed-der/Schmidt-Leithoff, GmbHG, § 37 Rn. 6, 18.

1514 BGH, Urt. v. 08.05.1978 – II ZR 209/76, WM 1978, 1047; *Mertens,* in: Hachenburg, GmbHG, § 37 Rn. 15; *Paefgen,* in: Ulmer/Habersack/Löbbe, GmbHG, § 37 Rn. 26; *Zöllner/ Noack,* in: Baumbach/Hueck, GmbHG, § 37 Rn. 18; *Dreher,* FS Hopt, S. 517, 524; *Geißler,* GmbHR 2009, 1071, 1072; *Uffmann,* ZGR 2013, 273, 307: Organschaftliche Vertretung nach § 35 GmbHG als körperschaftliches Prinzip.

1515 *Bachmann/Eidenmüller/Engert/Fleischer/Schön,* Rechtsregeln für die geschlossene Kapitalgesellschaft, S. 78.

1516 Aufzählung nach *Paefgen,* in: Ulmer/Habersack/Löbbe, GmbHG, § 37 Rn. 25.

1517 Grundlegend *Jacoby,* in: Bork/Schäfer, GmbHG, § 37 Rn. 15; *Mertens,* in: Hachenburg, GmbHG, § 37 Rn. 20; *Hommelhoff,* ZGR 1978, 119, 127 ff.

Vertretungsmacht des Geschäftsführers hinlänglich geschützt ist.[1518] Zudem ist keine besondere Schutzbedürftigkeit der Minderheitsgesellschafter begründbar.[1519]

bb) Ausformung der zwingend zugeschriebenen Mindestkompetenzen

Ausgehend von dem zugewiesenen Mindestmaß an Kompetenzen und den daraus resultierenden Pflichten wird vielfach die Frage aufgeworfen, ob den Geschäftsführern jenseits der dargestellten Bereiche ein unentziehbarer Mindestbereich zusteht.[1520] Teilweise wird zwischen diesen Problematiken ein Zusammenhang in der Form gesehen, dass von weitreichenden, im Interesse von Dritten und der Allgemeinheit bestehenden Pflichten darauf geschlossen werden könne, dass ein eigenständiger – weisungsfreier – Kardinalbereich nicht existiert.[1521] Unter dieser Prämisse ist folglich auf die allgemeinen gesetzlichen Pflichten einzugehen und zu untersuchen, ob der jeweilige Bereich der Organverantwortlichkeit als umfassend zu bewerten ist. Die Untersuchung hat sich hierbei entsprechend der Thematik der Arbeit auf den vorinsolvenzlichen Zeitraum zu konzentrieren. Dem Geschäftsführer ist das notwendige Maß an Einsicht und Information zur Erfüllung der Pflichten zu gewähren.[1522] Der Geschäftsführer ist nach Ansicht des OLG Düsseldorf in der Erfüllung seiner Verpflichtungen nicht zu behindern.[1523] Für den vorinsolvenzlichen Bereich ist aus den oben angeführten Vorschriften die Insolvenzantragspflicht (§ 15a I InsO) hervorzuheben.[1524] Aufgrund der strafrechtlichen Sanktionsandrohung (§ 15a IV, V InsO) dürfte dem Geschäftsführer zur Erfüllung dieser Pflichten im Zweifelsfall mehr Einblick zu gewähren sein als zwingend erforderlich.

1518 *Mertens,* in: Hachenburg, GmbHG, § 37 Rn. 20.

1519 *Jacoby,* in: Bork/Schäfer, GmbHG, § 37 Rn. 16; *Kleindiek, in:* Lutter/Hommelhoff, GmbHG, § 37 Rn. 18a.

1520 Hierzu *Altmeppen,* in: Roth/Altmeppen, GmbHG, § 37 Rn. 4; *Kleindiek,* in: Lutter/Hom-melhoff, GmbHG, § 37 Rn. 18; *Lenz,* in: Michalski, GmbHG, § 37 Rn. 10; *U. Schneider/ S. Schneider,* in: Scholz, GmbHG, § 37 Rn. 46; *Stephan/Tieves,* in: MüKo, GmbHG, § 37 Rn. 68; *Hommelhoff,* ZGR 1978, 119, 129; *Mennicke,* NZG 2000, 622, 623; *Uffmann,* ZGR 2013, 273, 307.

1521 *Stephan/Tieves,* in: MüKo, GmbHG, § 37 Rn. 68 mit Verweis auf *Uffmann,* ZGR 2013, 273, 307.

1522 *Paefgen,* in: Ulmer/Habersack/Löbbe, GmbHG, § 37 Rn. 6; *Hommelhoff,* ZIP 1983, 385 ff.

1523 OLG Düsseldorf, Urt. v. 15.11.1984 – 8 U 22/84, ZIP 1984, 1478; hierzu *Mennicke,* NZG 2000, 622, 624.

1524 *Poertzgen,* Organhaftung wegen Insolvenzverschleppung, S. 151, 368 f.

Um das erforderliche Maß an Einblick und Information für den Geschäftsführer konkreter abzeichnen zu können, soll eine dreigliedrige Unterteilung der wirtschaftlichen Verhältnisse des Unternehmens vorgenommen werden. Der Umfang an Informationen und Einblick in die wirtschaftliche Lage bildet hierbei die Grundlage, um dem Normzweck der Antragspflicht gerecht werden zu können. Die erste Stufe stellt die Phase des fortlaufenden wirtschaftlichen Erfolgs dar. Die zweite Stufe ist diejenige der konkreten Insolvenznähe, in der eine vorinsolvenzliche Sanierung entweder nicht angestrebt wird oder offensichtlich aussichtslos ist. Die dritte Stufe kennzeichnet sich wiederum dadurch, dass die Gesellschaft sich in unmittelbarer Insolvenznähe befindet und zugleich eine – erfolgversprechende – außergerichtliche Sanierung in Aussicht genommen wird.

(1) Erste Stufe

Im Rahmen der ersten Stufe besteht keine konkrete Insolvenzgefahr, sodass der Normzweck der Antragspflicht nicht unmittelbar greift. Um dem Normzweck des § 15a I InsO allerdings auch in plötzlich oder unvermittelt eintretenden Krisen nachkommen zu können, ist ein zumindest grober Überblick über die wirtschaftliche Lage des Unternehmens erforderlich.

(2) Zweite Stufe

Die Intensität des erforderlichen Einblicks steigert sich, sofern das Unternehmen in konkrete Insolvenznähe gerät. Ohne ein konkretes Sanierungsvorhaben richtet sich die Antragspflicht nach den inhaltlichen Voraussetzungen der §§ 17 I, 19 II 1 HS. 1 InsO. Infolgedessen steht nicht die Begründung einer positiven Fortführungsprognose im Vordergrund (§ 19 II 1 HS. 2 InsO), sondern die rein rechnerisch zu bestimmende Überschuldung (§ 19 II 1 HS. 1 InsO).[1525] Für die Prüfung des Überschuldungsstatus ist eine Sonderbilanz im Sinne einer Gegenüberstellung von Aktiva und Passiva erforderlich.[1526] Der hierfür erforderliche Einblick dürfte nur unbedeutend weitreichender sein als derjenige in der Phase des wirtschaftlichen Erfolgs. Gleichwohl ist die zweite Stufe als Ausnahmefall zu fassen. Zu der Prüfung der rechnerischen Überschuldung kommt es nur, sofern Liquidationswerte zugrunde zu legen sind, welche aus Sicht der Gesellschafter regelmäßig vermieden werden sollen.[1527]

1525 *Drukarczyk/Schüler*, in: MüKo, InsO, § 19 Rn. 103 ff.

1526 BGH, Urt. v. 03.02.1987 – VI ZR 268/85, BGHZ 100, 19 = NJW 1987, 2433; zu der Darlegung von Abweichungen von den Werten der Handelsbilanz BGH, Urt. v. 19.11.2013 – II ZR 229/11, NZG 2014, 100.

1527 *Drukarczyk/Schüler*, in: MüKo, InsO, § 19 Rn. 103 ff.

(3) Dritte Stufe

Die für den Blickwinkel der Arbeit entscheidende dritte Stufe beinhaltet die Konstellation, dass die Gesellschaft sich in konkreter Insolvenznähe befindet und eine – erfolgversprechende – außergerichtliche Sanierung angestrebt wird. Für die Antragspflicht ist insofern das Vorliegen einer positiven Fortführungsprognose (§ 19 II 1 HS. 2 InsO) entscheidend.[1528] Neben dem Fortführungswillen erfordert eine positive Fortführungsprognose eine objektive Überlebensfähigkeit.[1529] Für eine substantiierte Beurteilung der Überlebensfähigkeit setzt der BGH nach obigen Ausführungen unter anderem ein Unternehmenskonzept und eine Finanzplanung voraus.[1530] Bezüglich der Anforderungen an das Sanierungskonzept kann an dieser Stelle festgestellt werden, dass die aus § 133 I 2 InsO und § 43 I GmbHG abgeleiteten Anforderungen an Sanierungskonzepte über die Vorgaben des § 19 II 1 HS. 2 InsO hinausgehen.[1531] Insbesondere kommt es im Rahmen des § 19 II 1 HS. 2 InsO lediglich auf eine „mittelfristige Zahlungsfähigkeit" an.[1532] Damit der Geschäftsführer die Fortführungsprognose des § 19 II 1 HS. 2 InsO richtig einordnen kann, ist folglich ein Einblick in die strategischen und operativen Maßnahmen erforderlich. Vor allem hat der Geschäftsführer das Sanierungsvorhaben nicht wie ein potentieller Insolvenzanfechtungsgegner lediglich auf Plausibilität zu prüfen.[1533]

Für die dritte Stufe ist damit zu konstatieren, dass der Umfang des erforderlichen Einblicks in die wirtschaftlichen Verhältnisse und die strategischen Entscheidungen für diesen speziellen Zeitraum weitreichender nicht sein könnte.

1528 Zu den Anforderungen an ein Sanierungskonzept auf erster Stufe: 3. Kap. § 3 B. IV. 5. b) aa).

1529 BGH, Beschl. v. 09.10.2006 – II ZR 303/05, DStR 2006, 2186; *Bitter*, in: Scholz, GmbHG, Vor § 64 Rn. 34 f.; *Mock*, in: Uhlenbruck, InsO, § 19 Rn. 19; *Mönning*, in: Nerlich/Römermann, InsO, § 19 Rn. 19.

1530 BGH, Beschl. v. 09.10.2006 – II ZR 303/05, DStR 2006, 2186; *Aleth/Harlfinger*, NZI 2011, 166, 168; *Goette*, DStR 2016, 1684, 1692; *Hirte/Knof/Mock*, ZInsO 2008, 1217, 1222; IDW S 11, Tz. 57-59.

1531 3. Kap. § 3 B. IV. 5.

1532 BGH, Urt. v. 13.07.1992 – II ZR 269/91, BGHZ 119, 201, 214 = NJW 1992, 2894: „mittelfristiger Zeitraum"; *Groß/Amen*, DB 2005, 1861; *Hirte/Knof/Mock*, ZInsO 2008, 1217; *K. Schmidt*, DB 2008, 2467, 2470; BT-Drucks. 16/10600, S. 21.

1533 Hierzu BGH, Urt. v. 12.05.2016 – IX ZR 65/14, NJW-RR 2016, 1518, Rn. 27; *Pape*, ZInsO 2017, 114, 117; 3. Kap. § 2 B. II. 3. b) cc) (1).

(4) Konklusion

Die vorstehenden Ausführungen lassen trotz des eingeschränkten Blickwinkels folgende Ableitungen zu: Erstens steigt die erforderliche Informationsintensität mit zunehmender Krisennähe und einem zugleich verfolgten außergerichtlichen Sanierungsvorhaben. Zweitens ist zu erkennen, dass insbesondere in konkreter Insolvenznähe ein weitreichender Einblick des Geschäftsführers in sowohl strategische als auch operative Entscheidungen bzw. Vorhaben der Gesellschafter erforderlich ist, damit dieser der Legalitätspflicht im Hinblick auf § 15a I InsO nachkommen kann. Drittens besteht kein eigenständiger Informationsanspruch des Geschäftsführers, um eine hinreichende Informationsgrundlage sicherzustellen. Dies ist darauf zurückzuführen, dass der Geschäftsführer bei fehlendem Einblick in die objektiven Elemente des Sanierungsvorhabens nicht von einer positiven Fortführungsprognose (§ 19 II 1 HS. 2 InsO) ausgehen kann und infolgedessen zur Insolvenzantragsstellung verpflichtet ist. Die Gesellschafter werden in dieser Konstellation bereits im eigenen Interesse für die hinreichende Informationsgrundlage des Geschäftsführers sorgen. Anderenfalls ist das Szenario eines Insolvenzantrags in der interorganschaftlichen Dynamik durch den Geschäftsführer aufzuzeigen und die hieraus resultierende Verhandlungsposition konkret zu nutzen. Diese Konstellation kann des Weiteren nur begrenzt auf die Gesamtsituation übertragen werden. Der Anwendungsbereich und der Normzweck des § 15a I InsO greifen nach obigen Ausführungen nur eingeschränkt in der Phase des wirtschaftlichen Erfolgs. Das Szenario eines zwingenden Insolvenzantrags steht nicht unmittelbar bevor, es droht kein Verlust der Verwaltungs- und Verfügungsbefugnis durch Eröffnung des Insolvenzverfahrens. Aus einem möglicherweise zu stellenden Insolvenzantrag erwächst insofern keine gesteigerte Machtposition für den Geschäftsführer. Die Konstellation in der vorinsolvenzlichen Phase unterscheidet sich damit erheblich von derjenigen der ersten beiden Stufen.

Viertens kann entsprechend der Argumentation von *Stephan/Tieves*[1534] an das weitreichende Informationsbedürfnis im Falle einer angestrebten Sanierung angeknüpft werden und von dem Pflichtenpensum auf einen nicht über die zwingenden Kompetenzen hinausgehenden eigenständigen Kompetenzbereich des Geschäftsführers geschlossen werden. Diese Argumentation verstärkt sich, sofern die Leitung des operativen Geschäfts durch den Geschäftsführer mit der Situation der Entmachtung verglichen wird. Auch wenn der Geschäftsführer grundsätzlich möglichst weitreichend in seinen Kompetenzen beschränkt

1534 *Stephan/Tieves,* in: MüKo, GmbHG, § 37 Rn. 68.

werden soll, ist der Einblick in das Sanierungsvorhaben sowohl in der Konstellation der Entmachtung als auch derjenigen des Regelfalls nahezu gleich intensiv. Für keinen weiteren eigenständigen Entscheidungsspielraum spricht im Übrigen der Wortlaut des § 37 I GmbHG, welcher für die Bestimmung des Unternehmensinteresses durch die Gesellschafter keine Grenzen vorsieht.[1535] Gegen eine „Pervertierung“[1536] der Gesellschaftsstruktur spricht zudem, dass die Streitfrage ausschließlich aus dem Blickwinkel der Organisationsautonomie betrachtet wird.[1537] Ein speziell einklagbarer Status des Geschäftsführers im Sinne von *Geißler* ist für den spezifisch betrachteten Fall damit gerade nicht erforderlich.[1538]

Fünftens kann von den obigen Ausführungen eine Querverbindung zu der Normzweckbestimmung des § 15a I InsO gezogen werden.[1539] Der Blickwinkel der Organisationsverfassung und die hieraus folgende Einordnung der Antragspflicht als zwingende Mindestpflicht dürfte gegen eine extensive Auslegung der Vorschrift im Sinne von *K. Schmidt*[1540] sprechen. Anderenfalls würde den Geschäftsführer trotz angestrebter Entmachtung weiterhin eine Pflicht zur „nachhaltigen und guten Unternehmensführung“ treffen.[1541] Dieser Ansatz kann aus dem hiesigen Blickwinkel nicht überzeugen.

2. *Dynamischer Ergebnisverbesserungsbedarf*

Die konzeptionelle Umsetzung ist als dynamischer Prozess zu verstehen.[1542] Wird die vollständige Umsetzung des Sanierungsvorhabens angestrebt, ist eine regelmäßige Kontrolle der Durchführung unabdingbar.[1543] Grundsätzlich können zudem Unwägbarkeiten in der ex-ante-Betrachtung durch eine intensive fortlaufende Kontrolle minimiert werden. Das Sanierungscontrolling kann in

---

1535 *Paefgen*, in: Ulmer/Habersack/Löbbe, GmbHG, § 37 Rn. 28.

1536 *Zöllner/Noack*, in: Baumbach/Hueck, GmbHG, § 37 Rn. 18.

1537 *Kleindiek*, in: Lutter/Hommelhoff, GmbHG, § 37 Rn. 12; *Mennicke*, NZG 2000, 622, 623.

1538 *Geißler*, GmbHR 2009, 1071, 1076.

1539 2. Kap. § 4 C. VII.

1540 *K. Schmidt*, in: Scholz, GmbHG, Anh. § 64 Rn. 3, 4; *ders.*, in: K. Schmidt/Uhlenbruck, Die GmbH in Krise, Sanierung und Insolvenz, Rn. 11.1; *ders.*, in: Lutter, Das Kapital der Aktiengesellschaft in Europa, S. 188, 198; 2. Kap. § 4 C. VI. 2.

1541 *K. Schmidt*, in: Scholz, GmbHG, Anh. § 64 Rn. 3, 4; *ders.*, in: K. Schmidt/Uhlenbruck, Die GmbH in Krise, Sanierung und Insolvenz, Rn. 11.1; *ders.*, in: Lutter, Das Kapital der Aktiengesellschaft in Europa, S. 188, 198.

1542 *K. Schmidt*, in: K. Schmidt, InsO, § 19 Rn. 49; IDW S 11, Tz. 67; *Sikora*, ZInsO 2010, 1761, 1773.

1543 *Kuss*, WPg 2009, 326, 331: Aspekt der Planüberwachung.

zwei Abschnitte unterteilt werden. Der erste Abschnitt zielt auf die Feststellung des Umsetzungszustands der Maßnahme.[1544] Der zweite Abschnitt soll anhand des Vergleichs zu den Soll-Werten eine fundierte Entscheidung über eine etwaig erforderliche Anpassung ermöglichen.[1545] Das Sanierungscontrolling wird insofern als wichtigstes „Navigationsinstrument" für die Umsetzung des Sanierungskonzepts bezeichnet.[1546] Um ein solches Datenmaterial generieren zu können, bedarf es periodischer Soll-Ist-Vergleiche.[1547]

Wie bereits ausgeführt, erscheint die Einrichtung einer eigenständigen Controllingeinheit in der Phase des wirtschaftlichen Erfolgs regelmäßig wirtschaftlich nicht vertretbar, so dass der Geschäftsführer das Controlling selbst zu erfüllen hat.[1548] Im Falle einer wirtschaftlichen Krise ist der Umfang der Controllingeinheit dabei zur Schonung der Ressourcen auf sanierungsrelevante Sachverhalte zu beschränken.[1549] Entsprechend der Zielausrichtung der ersten Stufe des Sanierungskonzepts auf die Sicherung der Liquidität kann das Controlling auf die Kennzahlen der Liquidität ausgerichtet werden.[1550] Um mögliche Unwägbarkeiten gering zu halten, sind vergleichsweise kurze Abstände der Soll-Ist-Vergleiche erforderlich.[1551] Je weiter die Umsetzung des Katalogs der Sanierungsmaßnahmen voranschreitet und neben die Sofortmaßnahmen weitere strategische und operative Maßnahmen treten, desto umfangreicher sind die erforderlichen Kennzahlen auf Ebene des Controlling.

Im Gesamtüberblick ist das Sanierungscontrolling als Teil der bereits aufgeführten Planungstrias von Planerstellung, Planüberwachung und Planadjustierung zu sehen.[1552] Das Sanierungscontrolling dient insofern nicht nur der bloßen Feststellung des Fortschritts der Umsetzung, sondern ist zugleich Grundlage für die haftungsrelevante Pflicht der Ausarbeitung etwaiger Anpassungen bei der Abweichung von der antizipierten Entwicklung.[1553]

1544 *Kuss,* WPg 2009, 326, 331: Aspekt der Planüberwachung.

1545 *Steffan,* WPg 2009, 273, 279.

1546 *Steffan,* in: Oppenländer/Tröltizsch, GmbH-Geschäftsführung, § 37 Rn. 77.

1547 *Steffan,* WPg 2009, 273, 279; *Kuss,* WPg 2009, 326, 331.

1548 *Dreher,* FS Hüffer, S. 161, 168; 3. Kap. § 3 B. II. 2. e) cc).

1549 *Steffan,* in: Oppenländer/Tröltizsch, GmbH-Geschäftsführung, § 37 Rn. 76 f.; *Thiele,* in: Buth/Hermanns, Restrukturierung, Sanierung, Insolvenz, § 14 Rn. 44; *Steffan,* WPg 2009, 273, 279.

1550 *Steffan,* WPg 2009, 273, 279: „Liquidität als höchstes Gut"; 3. Kap. § 3 B. IV. 5. b).

1551 *Kuss,* WPg 2009, 326, 331.

1552 *Kuss,* WPg 2009, 326, 331; 3. Kap. § 3 B. II. 1. b).

1553 *Kuss,* WPg 2009, 326, 331.

3. *Fazit*

Für den Blickwinkel des Geschäftsführers lassen sich aus der Untersuchung der Kompetenzverteilung folgende Punkte festhalten: Erstens trifft den Geschäftsführer bereits im Rahmen der Ausarbeitungs- und Vorlagepflicht des Sanierungskonzepts eine Verpflichtung, etwaige Entscheidungen der Gesellschafter zu antizipieren und solche Sanierungsmaßnahmen zu vermeiden, die offensichtlich nicht der Risikoaffinität der Gesellschafter entsprechen. Hierdurch wird insbesondere der Letztentscheidungsbefugnis der Gesellschafter über das „Wie" der Sanierung Rechnung getragen. Zugleich ist zu bemerken, dass dem Geschäftsführer keine Entscheidungsbefugnis über das „Ob" der Ausarbeitung eines Sanierungskonzepts zusteht.

Zweitens können die Gesellschafter nach obigen Ausführungen die Position des Geschäftsführers derart entmachten, dass dieser als sog. Zölibats-Geschäftsführer tätig wird. Gleichwohl ist für den begrenzten Blickwinkel in Aussicht genommener Sanierungsmaßnahmen festzuhalten, dass eine Entmachtung mit einem erheblichen Informationsbedürfnis des Geschäftsführers über strategische Entscheidungen und Vorhaben einhergeht. Die Position des Geschäftsführers kann im Ergebnis durch die Gesellschafter so weit eingeschränkt werden, dass dieser lediglich zum Schutz des Rechtsverkehrs und der Allgemeinheit tätig zu werden hat und nur einen minimalen Einfluss auf das operative Geschäft hat. Der Aufgabenkreis der Sanierungspflicht des Geschäftsführers kann infolgedessen durch die Vorgaben der Gesellschafter weitreichende Einschränkungen erfahren.

Gleichzeitig reduziert sich das Spannungsverhältnis zwischen der Sanierungspflicht und der Insolvenzantragspflicht aus Sicht des Geschäftsführers dadurch, dass durch die Pflicht des Geschäftsführers zur Abstimmung mit den Gesellschaftern erhebliche Haftungsfreiräume geschaffen werden, sofern die Gesellschafterversammlung auch einberufen wird.[1554] Hier ist erneut zu erkennen, dass der Geschäftsführer nicht das unternehmerische Risiko trägt und elementare Entscheidungen nicht an ihn, sondern an die Gesellschafter adressiert sind.

1554 *Uhlenbruck*, in: K. Schmidt/Uhlenbruck, Die GmbH in Krise, Sanierung und Insolvenz, Rn. 2.4.

4. *Einzelproblematiken*

a) Erfordernis von Ausführungshandlungen zum Zeitpunkt der Aufnahme von Sanierungsbemühungen

Im Folgenden soll der eingangs aufgeführten Fragestellung nachgegangen werden, ob es zur Widerlegung des Benachteiligungsvorsatzes im Rahmen des § 133 I InsO bereits im Zeitpunkt der Aufnahme von Sanierungsbemühungen zu ersten Ausführungshandlungen gekommen sein muss.[1555] Der Wortlaut der entsprechenden BGH-Entscheidung lässt zunächst keinen Spielraum für eine Ausnahme erkennen, sondern sieht eine jedenfalls in den Anfängen vorgenommene Umsetzung vor.[1556]

Kommt es zu der Beauftragung eines externen Sanierungsberaters, wird dieser über die finanzielle Lage des schuldnerischen Unternehmens aufgeklärt und diesem zugleich ein weitreichender Einblick in die finanziellen Verhältnisse gewährt.[1557] Infolgedessen wird der Sanierungsberater mit an Sicherheit grenzender Wahrscheinlichkeit Kenntnis von der drohenden Zahlungsunfähigkeit des Schuldners haben, sodass im Rahmen des § 133 I InsO auf die Kenntnis des Benachteiligungsvorsatzes geschlossen werden kann.[1558] Weil ohne ein zugrunde liegendes Sanierungskonzept regelmäßig keine ersten Sanierungsmaßnahmen vorgenommen worden sind, ist die in Blick genommene Handlung des Sanierungsberaters nach § 133 I InsO fast ausnahmslos anfechtbar. Aufgrund dieses Regelungsmechanismus wird teilweise auch von einer Diskriminierung der im Vorfeld des Sanierungskonzepts tätig werdenden Personen gesprochen.[1559] Nach der bisherigen Rechtsprechung kommt für die Sanierungsberater lediglich die Fokussierung auf die Privilegierung eines Bargeschäfts (§ 142 InsO) in Betracht.[1560]

Nach den Vorgaben des BGH kann das Bargeschäftsprivileg nur in Anspruch genommen werden, sofern ein aus dem Sanierungskonzept

---

1555 *Ede/Hirte,* in: Uhlenbruck, InsO, § 133 Rn. 138; *Kayser,* in: MüKo, InsO, § 129 Rn. 163a; *Ganter,* WM 2009, 1441, 1450; *Thole,* ZIP 2013, 2081, 2087; *Utsch*, DZWiR 2013, 353, 357.

1556 BGH, Urt. v. 16.10.2008 – IX ZR 183/06, NJW 2009, 1351; BGH, Urt. v. 08.12.2011 – IX ZR 156/09, NZI 2012, 142.

1557 3. Kap. § 3 B. IV. 3.

1558 *Ede/Hirte,* in: Uhlenbruck, InsO, § 133 Rn. 138; *Utsch,* DZWiR 2013, 353, 357.

1559 *Thole,* ZIP 2013, 2081, 2087.

1560 Insb. BGH, Urt. v. 06.12.2007 – IX ZR 113/06, NJW 2008, 659; hierzu *Utsch,* DZWiR 2013, 353, 357; befürwortend *Ganter,* WM 2014, 49, 52.

weiterzuentwickelnder Insolvenzplan die Zustimmung der Gläubiger erwarten lässt.[1561] In der Literatur wird diese Art der Privilegierung professioneller Sanierungsberatung nicht als ausreichend erachtet.[1562] Für die Erbringung der Sanierungsberatung und die Ausarbeitung eines Sanierungskonzepts sei von dem obigen Grundsatz des BGH der anfänglichen Umsetzung ein Ausnahmefall zu bilden.[1563] Anderenfalls würde die unbefriedigende Situation entstehen, dass der Berater mit der Einforderung des Honorars ungeachtet des § 142 InsO bis zur Umsetzung zu warten hat.[1564]

Für die Pflichten des Geschäftsführers kommt es nicht auf eine Entscheidung für eine der genannten Ansichten an. Dennoch dürfte die zweitgenannte Ansicht zu favorisieren sein. Im Rahmen des Ausgleichs der widerstreitenden Interessen der professionellen Krisenberatung und denjenigen der Gläubigergesamtheit ist insbesondere zu beachten, dass freie Verfügungen im Vorfeld der Insolvenz auch insolvenzrechtlich erwünscht sind, sofern diese angemessen sind und Gläubiger nicht unmittelbar benachteiligt werden.[1565] Um erfolgversprechende Sanierungsvorhaben auch im Interesse der Gläubiger zu fördern, dürfte damit ein Insolvenzanfechtungsrisiko zu reduzieren sein. Letztlich ist im Hinblick auf eine möglichst rechtssichere Privilegierung des Sanierungsberaters die Auffassung der Literatur vorzuziehen.

b) Problematik der steuerlichen Behandlung von Sanierungsgewinnen

Die Problematik der steuerrechtlichen Behandlung von sog. Sanierungsgewinnen stellt sich nicht nur im Hinblick auf eine wirtschaftliche Erfolgsaussicht des Sanierungsvorhabens, welches durch eine potentielle Steuerlast nachträglich konterkariert oder bereits von vornherein unmöglich gemacht werden kann.[1566] Vielmehr trifft den Geschäftsführer auch die Verantwortlichkeit der Erfüllung der steuerlichen Pflichten der Gesellschaft (vgl. § 34 AO). Diese Verantwortlichkeit wird dabei durch die Haftungsandrohung des § 69 S. 1 AO zur Durchsetzung

---

1561 BGH, Urt. v. 06.12.2007 – IX ZR 113/06, NJW 2008, 659.

1562 *Ede/Hirte*, in: Uhlenbruck, InsO, § 133 Rn. 138; *Kayser*, in: MüKo, InsO, § 129 Rn. 163a; *Thole*, ZIP 2013, 2081, 2087.

1563 *Ede/Hirte*, in: Uhlenbruck, InsO, § 133 Rn. 138; *Kayser*, in: MüKo, InsO, § 129 Rn. 163a; *Thole*, ZIP 2013, 2081, 2087.

1564 *Thole*, ZIP 2013, 2081, 2087.

1565 BGH, Urt. v. 12.11.1992 – IX ZR 237/91, NJW-RR 1993, 238; *Thole*, ZIP 2013, 2081, 2082.

1566 *Swierczok*, BB 2017, 481, 488.

gebracht,[1567] soweit Ansprüche aus dem Steuerschuldverhältnis infolge vorsätzlicher oder grob fahrlässiger Verletzung der ihnen obliegenden Pflichten nicht oder nicht rechtzeitig festgesetzt oder erfüllt werden oder soweit infolgedessen Steuervergütungen oder Steuererstattungen ohne rechtlichen Grund ausgezahlt werden (vgl. § 69 S. 1 AO).

Ein Sanierungsgewinn (bzw. Sanierungsertrag)[1568] wird zunächst als die Erhöhung des Betriebsvermögens definiert, die dadurch entsteht, dass Schulden zum Zwecke der Sanierung ganz oder teilweise erlassen werden.[1569] Die dieser Thematik zukommende hohe Aufmerksamkeit gründet auf dem Beschluss des Großen Senats des BFH vom 26.11.2016, mit welchem der seit 2003 geltende Sanierungserlass[1570] des Bundesfinanzministeriums (BMF) für gesetzeswidrig erklärt wurde.[1571] Um den inhaltlichen Rahmen des Beschlusses fassen zu können, soll zunächst auf die vorherige Rechtspraxis in Bezug auf Sanierungsgewinne eingegangen werden. Sodann sind die wesentlichen inhaltlichen Aspekte des Beschlusses herauszustellen. Hieran sollen sich eine Stellungnahme und ein Ausblick auf etwaige gesetzgeberische Initiativen anschließen.

aa) Vorherige Rechtspraxis

Der Gesetzgeber hat durch das Gesetz zur Fortsetzung der Unternehmenssteuerreform im Jahr 1997 die Steuerfreiheit von Sanierungsgewinnen durch die Regelung des § 3 Nr. 66 EStG a.F. aufgehoben.[1572] Diesem legislativen Akt war zu entnehmen, dass Sanierungsgewinne der Einkommen- und Körperschaftsteuer unterliegen sollen. Die Gesetzesbegründung des Entwurfs eines

---

1567 Bezüglich der Präventionswirkung einer Norm *Brüggemeier,* Prinzipien des Haftungsrechts, S. 3 ff.; *Canaris/Grigoleit,* SchuldR AT, § 27 I, S. 423 f.

1568 BT-Drucks. 18/12128, S. 31.

1569 BMF, v. 27.03.2003 – IV A 6-S 2140-8/03, BStBl. I 2003, 240, DStR 2003, 690, Rn. 3.

1570 BMF, v. 27.03.2003 – IV A 6-S 2140-8/03, BStBl. I 2003, 240, DStR 2003, 690.

1571 BFH, Beschl. v. 28.11.2016 – GrS 1/15, DStR 2017, 305; hierzu u. a. Stellungnahme des VID v. 07.02.2017 (abrufbar unter http://www.vid.de/wp-content/uploads/2017/02/pm-vid-BFH-entscheidung-zum-sanierungserlass.pdf; letzter Abruf: 19.09.2017); Stellungnahme des DAV, Arge-InsO v. 13.02.2017 (abrufbar unter https://anwaltverein.de/de/newsroom/inso-1-17-entscheidung-des-bundesfinanzhofes-gefaehrdet-unternehmenssanierungen?page_n27 = 148; letzter Abruf: 19.09.2017); *Beutel/Eilers,* FR 2017, 266; *Hartmann/Geerling,* DStR 2017, 752; *Harder,* NJW-Spezial 2017, 277; *Hölzle/Kahlert,* ZIP 2017, 512; *Kahlert,* ZIP 2016, 2107; *Lauterbach/Roll/Völkner,* BB 2017, 643; *Schüppen,* ZIP 2017, 752; *Sistermann,* DStR 2017, 689; *Sistermann/Beutel,* DStR 2017, 1065; *Swierczok,* BB 2017, 481.

1572 Neufassung des Einkommenssteuergesetzes v. 16.04.1997, BGBl. I 1997, S. 821.

Steuerreformgesetzes enthielt gleichwohl eine „Öffnungsklausel" in der Form, dass die Finanzbehörden in Einzelfällen Billigkeitsmaßnahmen treffen können.[1573]

Unter anderem um einen Zielkonflikt mit den wesentlichen Zielen der zum 01.01.1999 in Kraft getretenen Insolvenzordnung (InsO) zu vermeiden, hat das BMF am 27.03.2003 eine Verwaltungsanweisung in der Form erlassen, dass die Steuer auf einen verbleibenden Sanierungsgewinn nach Antrag des Steuerpflichtigen (§ 163 AO) abweichend festzusetzen ist und nach § 222 AO mit dem Ziel des späteren Erlasses (§ 227 AO) zunächst unter Widerrufsvorbehalt ab Fälligkeit zu stunden ist.[1574] Nach abschließender Prüfung und nach Feststellung der endgültigen auf den verbleibenden, zu versteuernden Sanierungsgewinn entfallenden Steuer ist diese nach § 227 AO zu erlassen (Ermessensreduzierung auf Null).[1575] Inhaltlich hat sich die Einzelfallentscheidung damit nach den Vorgaben der Rechtsprechung zu § 3 Nr. 66 EStG a.F. gerichtet.[1576] Bis zu dem Beschluss des Großen Senats des BFH hatte das Schreiben des BMF unter dem Blickwinkel der Selbstbindung der Verwaltung (Art. 3 I GG)[1577] als Ermessensrichtlinie entscheidende Bedeutung für die Verwaltungspraxis.[1578] Für die ertragsteuerliche Behandlung von Gewinnen aus Planinsolvenzverfahren (§§ 217 ff. InsO), aus einer erteilten Restschuldbefreiung (§§ 286 ff. InsO) oder einer Verbraucherinsolvenz (§§ 304 ff. InsO) hat das BMF am 22.12.2009 ein ergänzendes Schreiben erlassen.[1579] Die hieraus resultierende Rechtspraxis wurde durch den Beschluss des BFH, welcher am 08.02.2017 veröffentlich wurde,[1580] für gesetzeswidrig erklärt.[1581]

bb) Beschluss des Großen Senats des BFH

In dem Leitsatz des Beschlusses hält der Große Senat des BFH fest, dass der Sanierungserlass gegen den Grundsatz der Gesetzmäßigkeit der Verwaltung verstößt (Art. 20 III GG).[1582] Als entscheidende Gründe führt der Große Senat an,

---

1573 BT-Drucks. 12/7480, S. 192.

1574 BMF, v. 27.03.2003 – IV A 6- S 2140- 8/03, BStBl. I 2003, 240, DStR 2003, 690, Rn. 8, 12.

1575 BMF, v. 27.03.2003 – IV A 6- S 2140- 8/03, BStBl. I 2003, 240, DStR 2003, 690, Rn. 12.

1576 So insb. BFH, Beschl. v. 28.11.2016 – GrS 1/15, DStR 2017, 305, Rn. 122.

1577 Zu der Selbstbindung der Verwaltung BVerwG, Urt. v. 11.05.1988 – 2 B 58/88, NJW 1988, 2907.

1578 BFH, Beschl. v. 28.11.2016 – GrS 1/15, DStR 2017, 305, Rn. 41.

1579 BMF, v. 22.12.2009 – IV C 6- S 2140/07/10001-01, BStBl. I 2010, S. 18, DStR 2010, 52.

1580 Pressemitteilung des BFH Nr. 10/17 v. 08.02.2017.

1581 BFH, Beschl. v. 28.11.2016 – GrS 1/15, DStR 2017, 305.

1582 BFH, Beschl. v. 28.11.2016 – GrS 1/15, DStR 2017, 305, Rn. 88, 149.

dass der Gesetzgeber durch die Aufhebung des § 3 Nr. 66 EStG a.F. explizit zum Ausdruck gebracht habe, Sanierungsgewinne seien nicht mehr steuerrechtlich zu privilegieren.[1583] Für die Aufhebung der Vorschrift seien mehrere Motive entscheidend gewesen, wobei insbesondere die Bemessungsgrundlage verbreitert und Steuervergünstigungen abgeschafft werden sollten.[1584] Für die Verwaltung sei es hierbei unzulässig, lediglich die Vermeidung einer Doppelbegünstigung für die Begründung einer sachlichen Unbilligkeit heranzuziehen.[1585] Der Ansatz des Sanierungserlasses gehe über die Interpretation des geltenden Rechts hinaus und schaffe in Bezug auf Verlustrechnungen vielmehr eine eigenständige Regelung, die in der Form nicht im Gesetz angelegt sei.[1586] Für die Auflösung dieses Zielkonflikts bedürfe es vielmehr einer gesetzlichen Initiative.[1587] Es fehle demzufolge an der Kompetenz der Verwaltung, den Konflikt durch eine Verwaltungsvorschrift zu lösen.[1588]

Die aus dem Sanierungserlass folgende strukturelle Gesetzeskorrektur führe damit zu einem Verstoß gegen das verfassungsrechtlich (Art. 20 III GG) und einfachgesetzlich (§ 85 S. 1 AO) normierte Legalitätsprinzip.[1589] Im Einzelfall seien vielmehr solche Umstände erforderlich, die den steuerrechtlichen Wertentscheidungen des Gesetzgebers widersprechen und einen Ausgleich im Einzelfall erfordern.[1590] Inhaltlich knüpften §§ 163, 227 AO an andere Voraussetzungen an als ein Steuererlass nach dem Sanierungserlass.[1591] Einer Stellungnahme des Großen Senats zu einer etwaigen beihilferechtlichen Problematik (Art. 107 I AEUV) hat es in dem Beschluss des Großen Senats damit nicht bedurft.[1592]

cc) Ausblick

In dem Echo der Literatur und der einschlägigen Verbände wurde von einem „herben Rückschlag für die Sanierungskultur in Deutschland" durch den

---

1583 BFH, Beschl. v. 28.11.2016 – GrS 1/15, DStR 2017, 305, Rn. 124.

1584 BFH, Beschl. v. 28.11.2016 – GrS 1/15, DStR 2017, 305, Rn. 129 mit Verweis auf BT-Drucks. 13/7480, S. 165; Bericht des Finanzausschusses v. 24.06.1997, BT-Drucks. 13/8023, S. 43.

1585 BFH, Beschl. v. 28.11.2016 – GrS 1/15, DStR 2017, 305, Rn. 129.

1586 BFH, Beschl. v. 28.11.2016 – GrS 1/15, DStR 2017, 305, Rn. 133.

1587 BFH, Beschl. v. 28.11.2016 – GrS 1/15, DStR 2017, 305, Rn. 140.

1588 BFH, Beschl. v. 28.11.2016 – GrS 1/15, DStR 2017, 305, Rn. 133.

1589 BFH, Beschl. v. 28.11.2016 – GrS 1/15, DStR 2017, 305, Rn. 147.

1590 BFH, Beschl. v. 28.11.2016 – GrS 1/15, DStR 2017, 305, Rn. 112.

1591 BFH, Beschl. v. 28.11.2016 – GrS 1/15, DStR 2017, 305, Rn. 112.

1592 BFH, Beschl. v. 28.11.2016 – GrS 1/15, DStR 2017, 305, Rn. 150.

Beschluss gesprochen.[1593] Die bisherige Rechtspraxis hat insbesondere schnelle und rechtssichere Lösungen ermöglicht.

Der Bundesrat hat sich bereits am 10.03.2017 der Thematik angenommen und einen § 3a EStG-E („Steuerbefreiung von Sanierungserträgen") als gesetzliche Grundlage für den sog. Sanierungserlass vorgeschlagen.[1594] Am 15.03.2017 hat sich die Bundesregierung zu der Stellungnahme des Bundesrats geäußert und sich dem Bundesrat dahingehend angeschlossen, dass dringender Handlungsbedarf bestehe.[1595] Zugleich wurde festgehalten, dass die Steuerbefreiung im Einklang mit den Bemühungen der EU-Kommission stünden, die rechtlichen Rahmenbedingungen für eine frühzeitige Restrukturierung von Unternehmen zu verbessern.[1596] Im weiteren Gesetzgebungsverfahren wurde am 26.04.2017 der Gesetzesentwurf gegen schädliche Steuerpraktiken im Zusammenhang mit Rechteüberlassungen beschlossen.[1597] Sämtliche Vorschriften stehen jedoch zunächst unter dem Vorbehalt, dass die Europäische Kommission im Rahmen der Notifizierungspflicht[1598] durch Beschluss die erforderliche beihilferechtliche Genehmigung erteilt.[1599]

Für die Übergangszeit hat das BMF am 27.04.2017 unter dem Gesichtspunkt des Vertrauensschutzes ein Schreiben mit folgenden wesentlichen Aspekten erlassen:[1600] Zunächst wird das Veröffentlichungsdatum des Beschlusses (08.02.2017)[1601] als Zäsur für diejenigen Fälle herangezogen, die uneingeschränkt der Anwendbarkeit der BMF-Schreiben aus den Jahren 2003 und 2009 unterfallen.[1602] Wurde eine verbindliche Auskunft (§ 89 II AO) oder eine verbindliche Zusage (§§ 204 ff. AO) bis zu dem 08.02.2017 erteilt, sind diese nicht aufzuheben oder zurückzunehmen, sofern der Forderungsverzicht ganz oder im Wesentlichen bis zu der Entscheidung über die Aufhebung oder Rücknahme der

---

1593 Stellungnahme des VID v. 07.02.2017 (abrufbar unter http://www.vid.de/wp-content/uploads/2017/02/pm-vid-BFH-entscheidung-zum-sanierungserlass.pdf; letzter Abruf 01.11. 2017).

1594 BT-Drucks. 59/17, S. 11; § 3a I EStG-E führt mit dem Begriff des „Sanierungsertrags" eine neue Terminologie ein.

1595 Gegenäußerung der Bundesregierung: BT-Drucks. 18/12128, S. 30 f.

1596 BT-Drucks. 18/12128, S. 31.

1597 BT-Drucks. 18/12128.

1598 Grundlegend *Cremer*, in: Calliess/Ruffert, EUV/AEUV, Art. 108 Rn. 8 f.; ausführliche erste Einschätzung bei *Uhländer*, DB 2017, 923, 931.

1599 BT-Drucks. 18/12128, S. 36; hierzu *Seer*, DB 2017, Heft 18, M5.

1600 BMF, v. 27.04.2017 – IV C 6 – S 2140/10003.

1601 Pressemitteilung des BFH Nr. 10/17 v. 08.02.2017.

1602 BMF, v. 27.04.2017 – IV C 6 – S 2140/10003, S. 2.

verbindlichen Auskunft oder Zusage vollzogen wurde.[1603] An Stelle des Vollzugs des Forderungsverzichts können im Einzelfall auch anderweitige Vertrauensschutzgründe treten.[1604] Billigkeitsmaßnahmen nach § 163 I AO und Stundungen nach § 222 AO, die nicht den obigen Voraussetzungen unterfallen, sind ausschließlich unter Widerrufsvorbehalt vorzunehmen.[1605] Ansprüche aus dem Steuerschuldverhältnis sind nicht mehr unter den Voraussetzungen des Sanierungserlasses nach § 227 AO zu erlassen.[1606] In Anknüpfung an den Beschluss des BFH wird zudem darauf hingewiesen, dass die Gewährung von Billigkeitsmaßnahmen im Einzelfall unberührt bleibt.[1607]

dd) Würdigung der neuen gesetzgeberischen Ansätze im Vergleich zu der bisherigen Rechtspraxis

Die hier angestrebte Würdigung der inhaltlichen Ansätze des Gesetzesentwurfs im Vergleich zu der bisherigen Praxis erhebt keinen Anspruch auf Vollständigkeit, sondern soll lediglich einzelne, spezifische Aspekte hervorheben.

Die inhaltliche Ausgestaltung der Regelungen, die unmittelbar und mittelbar die Steuerfreiheit von Sanierungserträgen betreffen, schafft für die Unternehmen als entscheidendes Ergebnis eine erhöhte Planungssicherheit. Zunächst wird die Steuerfreiheit von Sanierungserträgen im Unterschied zu der bisherigen Rechtspraxis nicht verfahrensrechtlich gewährt, sondern erfolgt im Wege einer materiell-rechtlichen Befreiungsnorm (§ 3a I 1 EStG-E).[1608] Aus der materiell-rechtlichen Einordnung folgt zugleich die Zuständigkeit der Finanzämter für die gewerbesteuerrechtliche Freistellung (§ 7b I GewStG-E).[1609] Aus Sicht der Praxis wird dieser Aspekt insofern als vorteilhaft bewertet, als gerade die mit der

---

1603 BMF, v. 27.04.2017 – IV C 6 – S 2140/10003, S. 2.

1604 BMF, v. 27.04.2017 – IV C 6 – S 2140/10003, S. 2 (z.B.: Vollzug des in Umsetzung befindlichen Sanierungsplans bzw. des Forderungsverzichts der an der Sanierung beteiligten Gläubiger kann vom Steuerpflichtigen nicht mehr beeinflusst werden).

1605 BMF, v. 27.04.2017 – IV C 6 – S 2140/10003, S. 2 f.: Inhalt des Widerrufsvorbehalts: „Diese abweichende Festsetzung/Diese Stundung ergeht unter dem Vorbehalt des Widerrufs. Diese Festsetzung/Stundung ist zu widerrufen, wenn eine gesetzliche Regelung zur steuerlichen Behandlung von Sanierungserträgen in Kraft tritt oder bis zum 31. Dezember 2018 nicht in Kraft getreten ist."

1606 BMF, v. 27.04.2017 – IV C 6 – S 2140/10003, S. 2 f.

1607 BMF, v. 27.04.2017 – IV C 6 – S 2140/10003, S. 3.

1608 BT-Drucks. 18/12128, S. 12, 31; *Sistermann/Beutel*, DStR 2017, 1065, 1066 ordnen diesen Aspekt als den gewichtigsten Vorteil der gesetzlichen Neuregelung ein.

1609 BT-Drucks. 18/12128, S. 35; *Sistermann/Beutel*, DStR 2017, 1065, 1066.

Einbindung von Kommunen verbundene Unsicherheit entfällt.[1610] Gleichwohl wird davon ausgegangen, dass aufgrund der Komplexität der Regelung eine frühestmögliche und umfangreiche Absprache mit der Finanzverwaltung erforderlich sein wird.[1611]

§ 3a II EStG-E nimmt Bezug auf ein Tatbestandsmerkmal des ersten Absatzes und legt die Voraussetzungen einer „unternehmensbezogenen Sanierung" (§ 3a I 1 EStG-E) fest. Die Voraussetzungen des § 3a II EStG-E sind als einschränkende Merkmale einer steuerlich zu begünstigenden Sanierung zu verstehen. Inhaltlich entspricht § 3a II EStG-E den Vorgaben des Sanierungserlasses des BMF aus dem Jahr 2003, welche wiederum auf § 3 Nr. 66 EStG zurückzuführen sind. Im Unterschied zu der bisherigen Rechtspraxis[1612] sieht § 3a II EStG-E jedoch keine Vermutung zu Gunsten der einzelnen Voraussetzungen vor, sofern ein belastbarer Sanierungsplan vorliegt. Gleichwohl gehen *Sistermann/Beutel* davon aus, es könne weiterhin von dem Vorliegen eines Sanierungskonzepts auf das Vorliegen der tatbestandlichen Voraussetzungen geschlossen werden.[1613] Gegen die Auffassung von *Sistermann/Beutel* dürfte jedoch die Gesetzesbegründung sprechen, die in den Ausführungen zu dem zweiten Absatz explizit den „Nachweis" der aufgeführten Voraussetzungen vorsieht.[1614] Gerade weil die Regelung des § 3 EStG-E – hier unter Beachtung des zweiten Absatzes – Zielkonflikte mit der Insolvenzordnung vermeiden soll,[1615] dürfte der Ansatz des § 3a II EStG-E mit Blick auf die weniger strengen Zugangsvoraussetzungen des § 270b I 1 InsO („und ist die angestrebte Sanierung nicht offensichtlich aussichtslos") restriktiv auszulegen sein. In dieser Hinsicht ist von einer bewussten gesetzgeberischen Entscheidung auszugehen. Im Ergebnis liegt folglich keine Vermutung für die Voraussetzungen des § 3a II EStG-E vor, sofern ein Sanierungsplan lediglich vorgelegt wird.

Die Steuerbefreiung von Sanierungserträgen erfolgt zugleich unter der Beschränkung, dass steuerliche Doppelbegünstigungen[1616] vermieden

---

1610 *Sistermann*, DStR 2017, 689, 691; *Sistermann/Beutel*, DStR 2017, 1065, 1072; *Sonnleitner*, in: Sonnleitner, Insolvenzsteuerrecht, Kap. 9 Rn. 41.

1611 *Sistermann/Beutel*, DStR 2017, 1065, 1072.

1612 BMF, v. 27.03.2003 – IV A 6- S 2140- 8/03, S. 2, BStBl. I 2003, 240, DStR 2003, 690, Rn. 4.

1613 *Sistermann/Beutel*, DStR 2017, 1065, 1066.

1614 BT-Drucks. 18/12128, S. 31.

1615 BT-Drucks. 18/12128, S. 31.

1616 Doppelbegünstigungen können entstehen, sofern der Sanierungsertrag bei bloßer Steuerbefreiung nicht mit negativen Einkünften ausgeglichen wird und insbesondere

werden.[1617] § 3a III EStG-E sieht hierzu vor, dass der Unternehmer im Sanierungs- und Folgejahr steuerliche Wahlrechte steuermindernd auszuüben hat.[1618] Zugleich wird § 3a III EStG-E durch verschiedene körperschaftssteuerliche (§§ 8 VIII, 8c II, 8d I 9, § 15 S. 1 Nr. 1 S. 2, 2, Nr. 1a KStG-E) wie auch gewerbesteuerliche (§ 7b II GewStG-E) Regelungen ergänzt.[1619] Ziel der Vorschriften ist es, ein größtmögliches Verlustausgleichsvolumen sicherzustellen[1620] und die Grundregelung des § 3a I EStG-E damit auf das erforderliche Mindestmaß zu begrenzen.[1621] Im Vergleich zu der bisherigen Rechtspraxis wird durch die Regelungstechnik des § 3a III EStG-E eine erhöhte Planungssicherheit für die inhaltliche Reichweite geschaffen, weil bisher streitige Punkte explizit geregelt werden (z.B. § 3a III S. 2 Nr. 13 EStG-E).[1622] Hervorzuheben ist in diesem Zusammenhang, dass die umstrittene Frage der Abzugsfähigkeit von Sanierungsaufwand[1623] durch § 3c 1 IV EStG-E dahingehend entschieden wurde, dass ein Abzugsverbot für mit dem steuerfreien Sanierungsertrag in unmittelbarem wirtschaftlichen Zusammenhang stehende Aufwendungen besteht.[1624]

Im Gesamtüberblick ist das zeitnahe gesetzgeberische Handeln positiv zu bewerten, weil sanierungsbedürftige Unternehmen weitreichend unterstützt werden.[1625] Gleichwohl wird es aufgrund des vergleichsweise kurzen Zeitraums für die Ausformung der entsprechenden Normen zu Auslegungsschwierigkeiten kommen, die möglicherweise hätten vermieden werden können.[1626] Um diese Auslegungsschwierigkeiten möglichst gering zu halten, wird eine Positionierung

---

nicht durch einen etwaig festgestellten Verlustvortrag (§ 10d IV EStG) gemindert wird. Hierzu BT-Drucks. 18/12128, S. 31.

1617 BT-Drucks. 18/12128, S. 1.

1618 BT-Drucks. 18/12128, S. 31.

1619 BT-Drucks. 18/12128, S. 34 ff.

1620 BT-Drucks. 18/12128, S. 31.

1621 BT-Drucks. 18/12128, S. 31; *Förster/Hechtner,* DB 2017, 1536.

1622 *Sistermann/Beutel,* DStR 2017, 1065, 1067.

1623 OFD Niedersachsen, Urt. v. 25.04.2016 – S 2140- 8- St 244; OFD Frankfurt/M., Urt. v. 22.02.2017 – S 2140 A- 4- St 213; *Eilers/Büring,* Sanierungssteuerrecht, Rn. 2.44 f.; *Schwahn,* FR 2015, 455.

1624 BT-Drucks. 18/12128, S. 33.

1625 Insb. *Sistermann/Beutel,* DStR 2017, 1065, 1072; *Uhländer,* DB 2017, 923, 934.

1626 Kritisch insb. die Stellungnahme des DAV, Arge-InsO v. 02.05.2017 (abrufbar unter https://anwaltverein.de/de/newsroom/inso-5-17-arbeitsgemeinschaft-insolvenzrecht-und-sanierung-uebt-kritik-am-jetzt-verabschiedeten-gesetz-zur-behandlung-von-sanier; letzter Abruf: 22.09.2017); *Förster/Hechtner,* DB 2017, 1536, 1544; *Kahlert/A. Schmidt,* DStR 2017, 1897.

der Finanzverwaltung für die weitere Handhabung der Regelungen von entscheidender Bedeutung sein.[1627] Bis zu dem Inkrafttreten der neuen Regelungen ist im Einzelfall ein erhöhter Begründungsaufwand für eine Billigkeitsentscheidung nach §§ 163, 227 AO erforderlich, damit die Sanierung nicht zu Beginn an der steuerrechtlichen Behandlung scheitert.[1628] Es ist anzunehmen, dass derartige Entscheidungen in der Minderzahl bleiben. Im Übrigen ist zu konstatieren, dass der Regelungsansatz des § 3a EStG-E mit Blick auf das zum Ausdruck gebrachte wirtschaftliche Interesse der Gläubiger am Fortbestand des schuldnerischen Unternehmens[1629] nicht nur im Einklang mit der Zielausrichtung des Richtlinienvorschlags,[1630] sondern auch mit der gesetzgeberischen Wertung der Drei-Wochen-Frist des § 15a I InsO als rechtliche Bewertung des Höhepunkts der Krise steht.[1631]

VII. Fazit

Der auf den ersten Blick weitreichend anmutende Umfang der Sanierungspflicht des Geschäftsführers erfährt durch verschiedene Aspekte – teilweise erhebliche – Einschränkungen. Erstens trifft den Geschäftsführer nicht die haftungsrelevante Verpflichtung, die Unternehmenskrise zum Zeitpunkt des betriebswirtschaftlich definierten Beginns zu erkennen. Vielmehr bildet der Filter der Bestandsgefährdung hierbei die maßgebliche Schwellensituation.

Beachtliche Haftungsfreiräume ergeben sich zweitens aus der Kompetenzverteilung. Neben den unternehmensinternen Informationsfluss infolge der periodischen Berichtspflicht und der situativen Einberufungspflichten der § 49 II, III GmbHG tritt die Ausarbeitungs- und Vorlagepflicht eines Sanierungskonzepts des Geschäftsführers gegenüber der Gesellschafterversammlung. Die hiermit einhergehenden Pflichten des Geschäftsführers zur Abstimmung mit der Gesellschafterversammlung führen dazu, dass der Geschäftsführer bei Umsetzung etwaiger Weisungen nicht pflichtwidrig im Sinne des § 43 I, II GmbHG handelt. Zugleich folgt hieraus, dass sich der Handlungsspielraum des Geschäftsführers zur eigenständigen Gestaltung des Sanierungsvorhabens je weiter verringert, desto höher die Intensität der jeweiligen Sanierungsmaßnahme ist und infolgedessen eine Abstimmung mit der Gesellschafterversammlung erforderlich ist.

1627 *Kahlert/A. Schmidt*, DStR 2017, 1897, 1903.

1628 *Swierczok*, BB 2017, 481, 488.

1629 BT-Drucks. 18/12128, S. 31.

1630 RLV, S. 2 ff.

1631 2. Kap. § 4 C. VII.

Drittens können sich die Gestaltungsmöglichkeiten und damit zugleich die haftungsrelevanten Pflichten dadurch reduzieren, dass die Gesellschafter das operative Geschäft weitreichend an sich ziehen und den Geschäftsführer entmachten. Diese Verlagerung der Kompetenzen findet ihre Grenze in den zwingenden gesetzlichen Pflichten, die an das Organ des Geschäftsführers gestellt werden. Konkret bleibt hierbei zwar ein weitreichendes Informationsbedürfnis des Geschäftsführers bestehen, die Einflussnahme auf das Sanierungsvorhaben ist jedoch gering. Faktisch folgt eine Einschränkung der Weite der Sanierungspflicht zudem daraus, dass die objektive Sanierungsfähigkeit des Unternehmens der Umsetzung eines Sanierungsvorhabens eine Grenze setzt.

§ 4 Geschäftsleiterermessen

Die bisherige Untersuchung hat weitreichende Pflichten des Geschäftsführers im Innenverhältnis nach § 43 I GmbHG aufgezeigt. Wird ein Haftungsprozess gegen den Geschäftsführer angestrebt, kann sich dieser zur Widerlegung einer etwaigen Pflichtverletzung unter Umständen auf die sog. *Business Judgement Rule* (§ 93 I 2 AktG) berufen.[1632] Nach § 93 I 2 AktG liegt insofern keine Pflichtverletzung vor, wenn die Geschäftsleitung bei einer unternehmerischen Entscheidung vernünftigerweise annehmen durfte, auf der Grundlage angemessener Information zum Wohle der Gesellschaft zu handeln. Die in § 93 I 2 AktG für die AG ausdrücklich getroffene Regel findet nach herrschender Auffassung auch auf das Recht der GmbH Anwendung.[1633] Den Geschäftsführer trifft hierbei die Darlegungs- und Beweislast.[1634]

Dem Blickwinkel der Arbeit entsprechend richtet sich die Untersuchung dieses Unterkapitels auf etwaige Besonderheiten der Anwendung der *Business Judgement Rule* im vorinsolvenzlichen Zeitraum. Maßgeblich wird der Frage nachzugehen sein, ob die rechtstatsächlichen Umstände dieses Zeitraums hinreichend Berücksichtigung in den Anforderungen der *Business Judgement Rule*

1632 BGH, Urt. v. 09.01.1997 – VII ZR 48/96, BGHZ 135, 244, 253 = NJW 1997, 1926; BGH, Urt. v. 04.11.2002 – II ZR 224/00, BGHZ 152, 280, 287 = NJW 2003, 358.

1633 BGH, Beschl. v. 14.07.2008 – II ZR 202/07, NJW 2008, 3361; *U. Schneider/Crezelius*, in: Scholz, GmbHG, § 43 Rn. 54; *Zöllner/Noack*, in: Baumbach/Hueck, GmbHG, § 43 Rn. 22; insb. zu GmbH-spezifischen Besonderheiten *Paefgen*, in: Ulmer/Habersack/Löbbe, GmbHG, § 43 Rn. 147; *K. Schmidt*, GesR, § 36 II 4a, S. 1079; *Fleischer*, NZG 2011, 521 ff.

1634 In Bezug auf etwaige Informationssysteme zur Verarbeitung eines erhöhten Informationsaufkommens *Rodewald*, GmbHR 2014, 639 ff.

finden und infolgedessen eine passgenaue Abgrenzung zwischen unternehmerischem Handeln im Rahmen der *Business Judgement Rule* auf der einen Seite und pflichtverletzendem Handeln auf der anderen Seite möglich ist. In diesem Zusammenhang ist zudem problematisch, ob die *Business Judgement Rule* auf die Insolvenzantragspflicht (§ 15 I InsO) Anwendung findet.[1635] Bevor auf diese spezifischen Problematiken eingegangen werden kann, sind die Grundlagen und Voraussetzungen der *Business Judgement Rule* darzustellen. Im Rahmen der Grundlagen ist entscheidend, inwiefern GmbH-spezifische Besonderheiten bei der Übertragung des § 93 I 2 AktG in das Recht der GmbH zu berücksichtigen sind.

A. Grundlagen der *Business Judgement Rule*

Vor der Kodifizierung der *Business Judgement Rule* des § 93 I 2 AktG im Jahr 2005 durch das Gesetz zur Unternehmensintegrität und Modernisierung des Anfechtungsrechts (UMAG)[1636] war bereits durch Rechtsprechung[1637] und Literatur[1638] anerkannt, dass der Geschäftsleitung ein weiter Handlungsspielraum zu kommen müsse, ohne den unternehmerisches Handeln schlichtweg nicht denkbar ist.[1639] Die Begründung des Regierungsentwurfs zu der Einführung des § 93 I 2 AktG nach dem Vorbild der *Business Judgement Rule* im angelsächsischen Rechtskreis[1640] bezieht sich hierbei unter anderem auf die bisherige Rechtsprechung, insbesondere die ARAG/Garmenbeck-Entscheidung des BGH aus dem Jahr 1997.[1641]

Als Legitimationsgrundlagen bzw. Regelungsziele sind für den weiten Handlungsspielraum verschiedene Aspekte anzuführen.[1642] Erstens kennzeichnen sich

---

1635 U. a. *Goette,* DStR 2016, 1752, 1754.

1636 Gesetz zur Unternehmensintegrität und Modernisierung des Anfechtungsrechts (UMAG) v. 22.09.2005, BGBl. I 2005, S. 2802.

1637 BGH, Urt. v. 09.01.1997 – VII ZR 48/96, BGHZ 135, 244, 253 = NJW 1997, 1926; RG, Urt. v. 28.06.1930 – IX 4/30, RGZ 129, 272, 275 f.; hierzu *Götz,* NJW 1997, 3275; *Horn,* ZIP 1997, 1129, 1134; *Kindler,* ZHR 162 (1998), 101, 106 f.; *Thümmel,* DB 1997, 1117.

1638 *K. Schmidt,* GesR, 3. Aufl., § 28 II 4, S. 823; *U. Schneider,* FS Werner, S. 795 ff.; *Schubert/Hommelhoff,* 100 Jahre modernes Aktienrecht, S. 508.

1639 BGH, Urt. v. 09.01.1997 – VII ZR 48/96, BGHZ 135, 244, 253 = NJW 1997, 1926.

1640 BT-Drucks. 15/5092, S. 12: Einordnung des § 93 I 2 AktG als Klarstellung des Grundgedankens eines Geschäftsleiterermessens.

1641 BT-Drucks. 15/5092, S. 11.

1642 *Fleischer,* in: MüKo, GmbHG, § 43 Rn. 67; *Jungmann,* FS K. Schmidt, S. 831, 850; *Fleischer,* NZG 2011, 521, 527.

unternehmerische Entscheidungen durch einen Prognosecharakter, einen – teilweise – erheblichen Zeitdruck und eine grundsätzlich fehlende Justiziabilität.[1643] Eine unternehmerische Entscheidung beruht vielmehr auf „Instinkt, Erfahrung, Phantasie und Gespür für künftige Entwicklungen und einem Gefühl für die Märkte und die Reaktion der Abnehmer und Konkurrenten“[1644]. Diese Aspekte können nicht durch objektive Kriterien abgebildet werden.[1645] Zweitens wirkt der Handlungsspielraum der Geschäftsleitung der Vermeidung möglicher gerichtlicher Rückschaufehler infolge überzogener Anforderungen im Rahmen der ex-post Betrachtung entgegen (sog. *„hindsight bias“*).[1646] Drittens wird angeführt, dass der Aktionär wegen der Streuung seines Vermögens über mehrere Anlagen und Investitionen in der Lage sei, auftretende Verluste nicht nur zu kompensieren, sondern gerade ein wirtschaftliches Interesse an zumindest risikoneutralen Vorstandsmitgliedern habe.[1647] Ohne den unternehmerischen Freiraum des § 93 I 2 AktG werde hingegen risikoaverses Verhalten der Vorstandsmitglieder gefördert.[1648] Der durch § 93 I 2 AktG vermittelte Haftungsfreiraum trägt weitestgehend dazu bei, dass qualifizierte Personen nicht durch ein zu hohes Haftungsrisiko von der Übernahme der Aufgabe der Geschäftsleitung abgeschreckt werden.[1649]

Der Ansatz der *Business Judgement Rule* führt im Ergebnis dazu, dass die Geschäftsleitung nicht entschuldigt werden soll, sondern bereits kein Vorwurf eines pflichtwidrigen Handelns vorliegt.[1650] Findet die *Business Judgement*

1643 BT-Drucks. 15/5092, S. 11; *Fleischer,* in: MüKo, GmbHG, § 43 Rn. 67; *Kebekus/Zenker,* FS Maier-Reimer, S. 319, 325; *Fleischer,* NZG 2011, 521, 527; *Semler,* FS Ilmer, S. 627 f.

1644 BT-Drucks. 15/5092, S. 11.

1645 BT-Drucks. 15/5092, S. 11.

1646 *Fleischer,* FS Immenga, S. 575, 579 f.; aus Sicht der Verhaltensökonomie *Fleischer/Schmolke/Zimmer* in: Fleischer/Zimmer, Beitrag der Verhaltensökonomie zum Handels- und Wirtschaftsrecht, ZHR-Beiheft 75, 2011, S. 1 ff.; *Röhricht,* NJW 1998, 3009, 3011: „nachträgliche Besserwisserei“.

1647 *Fleischer,* ZIP 2004, 685, 686; *Kuntz,* GmbHR 2008, 121, 122.

1648 *Jungmann,* FS K. Schmidt, S. 831, 835, 839 ff.: Das Interesse der Gesellschafter an risikoneutral agierenden Geschäftsleitern stelle den zentralen Rechtfertigungsgrund der *Business Judgement Rule* dar; *Fleischer,* NZG 2011, 521, 522; *Kuntz,* GmbHR 2008, 121, 122; zu diesem Aspekt bereits BGH, Urt. v. 09.01.1997 – VII ZR 48/96, BGHZ 135, 244, 253 = NJW 1997, 1926.

1649 *Paefgen,* in: Ulmer/Habersack/Löbbe, GmbHG, § 43 Rn. 52; *Brömmelmeyer,* WM 2005, 2065, 2066; *Fleischer,* ZIP 2004, 685; *Kuntz,* GmbHR 2008, 121, 122.

1650 *Fleischer,* in: MüKo, GmbHG, § 43 Rn. 79; *Goette* in: Hommelhoff/Hopt/Werder, HB Corporate Governance, S. 735; *Jungmann,* FS K. Schmidt, S. 831, 835; *Kindler,*

Rule Anwendung, sind die Auswahl des Ziels und die Durchführung als geeignet erachtete Mittel als Kernpunkte der unternehmerischen Entscheidung als pflichtgemäß einzuordnen.[1651] Es wird insofern auch von einem „*safe harbour*" für unternehmerische Entscheidungen gesprochen.[1652] Hieraus folgt, dass die Geschäftsleitung nicht am unternehmerischen Erfolg zu messen ist, sondern an der Recht- und Zweckmäßigkeit der Entscheidungsfindung.[1653] Infolgedessen erfährt die Sorgfaltspflicht des Vorstands (§ 93 I AktG) bzw. des Geschäftsführers (§ 43 I GmbHG) einen verfahrensbezogenen Zuschnitt.[1654]

I. GmbH-spezifische Besonderheiten im Rahmen der Anwendbarkeit der Business Judgement Rule

Das GmbHG enthält keine dem § 93 I 2 AktG vergleichbare Regelung. Die Gesetzesbegründung zu § 93 I 2 AktG bezieht sich wie dargestellt unter anderem auf die ARAG/Garmenbeck-Entscheidung des BGH aus dem Jahr 1997, in welcher der unternehmerische Handlungsspielraum gerade als der Geschäftsleitung immanentes Merkmal herausgearbeitet wurde.[1655] Für die dogmatische Übertragung auf das GmbH-Recht werden eine Leitbildfunktion der *Business Judgement Rule,*[1656] eine entsprechende Anwendung[1657] und eine – teilweise – analoge Anwendung[1658] des § 93 I 2 AktG befürwortet. Die herrschende Auffassung erkennt im Ergebnis an, dass die Regelung des § 93 I 2 AktG auch in der

ZHR 162 (1998), 101, 104; *Kuntz,* GmbHR 2008, 121; *Lutter,* ZIP 2007, 841, 843; a. A. *Hopt,* FS Mestmäcker, S. 909, 920.

1651 *Goette,* in: Hommelhoff/Hopt/Werder, HB Corporate Governance, S. 735.

1652 *Ziemons,* in: Michalski, GmbHG, § 43 Rn. 134.

1653 BGH, Beschl. v. 14.07.2008 – II ZR 202/07, GmbHR 2008, 1033, 1034; *Paefgen,* in: Ulmer/Habersack/Löbbe, GmbHG, § 43 Rn. 122; *U. Schneider/Crezelius,* in: Scholz, GmbHG, § 43 Rn. 61.

1654 *Fleischer,* in: MüKo, GmbHG, § 43 Rn. 86; *Paefgen,* in: Ulmer/Habersack/Löbbe, GmbHG, § 43 Rn. 122; *Zöllner/Noack,* in: Baumbach/Hueck, GmbHG, § 43 Rn. 22a; *Goette,* in: Hommelhoff/Hopt/Werder, HB Corporate Governance, S. 735; *ders.,* ZGR 1995, 648, 671.

1655 BT-Drucks. 15/5092, S. 11.

1656 *Paefgen,* in: Ulmer/Habersack/Löbbe, GmbHG, § 43 Rn. 111; *Hauschka,* GmbHR 2007, 11, 12.

1657 *Kleindiek,* in: Lutter/Hommelhoff, GmbHG, § 43 Rn. 16; *Klöhn,* in: Bork/Schäfer, GmbHG, § 43 Rn. 36; *Zöllner/Noack,* in: Baumbach/Hueck, GmbHG, § 43 Rn. 22.

1658 A. A. *Jungmann,* FS K. Schmidt, S. 831, 855; *Haese,* Unternehmensleitung und Überwachung in der GmbH, S. 95.

GmbH Anwendung findet.[1659] Die Merkmale des unternehmerischen Entscheidungsspielraums bestehen sowohl für den Vorstand als auch für den Geschäftsführer einer GmbH.[1660]

Unabhängig von der präzisen dogmatischen Übertragung der *Business Judgement Rule* auf den Geschäftsführer sind nach der herrschenden Auffassung GmbH-spezifische Besonderheiten in der Anwendung zu berücksichtigen.[1661] Mit anderen Worten sind in der konkreten Anwendung der *Business Judgement Rule* diejenigen Aspekte zu beachten, die sich aus den Unterschieden der jeweiligen Konzeption von AG und GmbH ergeben. Nach *K. Schmidt* ist insofern maßgeblich, dass der Geschäftsführer viel stärker an das Vertrauen und den Konsens der Gesellschafter gebunden ist.[1662] Dieser Unterschied ist wiederum auf die spezifische Kompetenzverteilung zwischen Geschäftsführer und Gesellschafterversammlung zurückzuführen.[1663] Wie bereits dargestellt, obliegt dem Geschäftsführer gerade nicht die eigenständige Leitung der Gesellschaft.[1664] In der konkreten Anwendung des § 93 I 2 AktG ist letztlich entscheidend, dass das Handeln des Geschäftsführers im Falle einer durch die Gesellschafterversammlung erteilten Weisung determiniert ist und infolgedessen keine weiteren Handlungsvarianten für den Geschäftsführer existieren.[1665] Demzufolge handelt es sich bei der Weisungsbefolgung um keine unternehmerische Entscheidung im Sinne des § 93 I 2 AktG, sondern um eine gebundene Entscheidung.[1666]

1659 BGH, Beschl. v. 14.07.2008 – II ZR 202/07, NZG 2008, 751; *U. Schneider/Crezelius,* in: Scholz, GmbHG, § 43 Rn. 54; *Zöllner/Noack,* in: Baumbach/Hueck, GmbHG, § 43 Rn. 22; insb. zu GmbH-spezifischen Besonderheiten *Paefgen,* in: Ulmer/Habersack/Löbbe, GmbHG, § 43 Rn. 147; *K. Schmidt,* GesR, § 36 II 4a, S. 1079; *Fleischer,* NZG 2011, 521 ff.

1660 *Altmeppen,* in: Roth/Altmeppen, GmbHG, § 43 Rn. 8; *Paefgen,* in: Habersack/Ulmer/Löb-be, GmbHG, § 43 Rn. 111, 146; *Zöllner/Noack,* in: Baumbach/Hueck, GmbHG, § 43 Rn. 22; *Fleischer,* NZG 2011, 421; a. A. *Jungmann,* FS K. Schmidt, S. 831, 855 ff.

1661 *Fleischer,* in: MüKo, GmbHG, § 43 Rn. 71; *Klöhn,* in: Bork/Schäfer, GmbHG, § 43 Rn. 36; *Fleischer,* NZG 2011, 521.

1662 *K. Schmidt,* GesR, § 36 II 4a, S. 1079.

1663 *Fleischer,* NZG 2011, 521, 524 f.

1664 3. Kap. § 3 B. VI. 1. a).

1665 *Fleischer,* in: MüKo, GmbHG, § 43 Rn. 76; *Paefgen,* in: Ulmer/Habersack/Löbbe, GmbHG, § 44 Rn. 146; *Zöllner/Noack,* in: Baumbach/Hueck, GmbHG, § 43 Rn. 22; *Goette,* FS 50 Jahre BGH, S. 123, 133; *K. Schmidt,* GesR, § 36 II 4a, S. 1079; *Fleischer,* NZG 2011, 521, 524 ff.; *Lutter,* ZIP 2007, 841, 848; bezüglich eines Unterlaufens des Weisungsrechts der Gesellschafter BGH, Urt. v. 05.12.1983 – II ZR 56/82, NJW 1984, 1461.

1666 *Fleischer,* NZG 2011, 521, 524 ff.

Ergänzend sieht *Fleischer* in § 49 II GmbHG den maßgeblichen Anhaltspunkt dafür, dass der Geschäftsführer über eine bereits erteilte Weisung hinaus den Risikopräferenzen der Gesellschafter Rechnung zu tragen hat.[1667]

Im Ergebnis ist damit zu konstatieren, dass bei der Anwendung des § 93 I 2 AktG auf den Geschäftsführer zwischen einer erteilten Weisung und einer fehlenden Weisung zu unterscheiden ist. Ob der Geschäftsführer im Falle einer weisungsfreien unternehmerischen Entscheidung zugleich für eine Rückkoppelung an die Risikopräferenzen der Gesellschafter zu sorgen hat, ist für den hiesigen Blickwinkel nicht entscheidend. Gleichwohl kann zur weiteren Konkretisierung des Ansatzes von *Fleischer*[1668] die grundlegende Konzeption des § 49 GmbHG herangezogen werden. Eine Gesellschafterversammlung ist erst einzuberufen, sofern die Kompetenzordnung eine Willensbildung der Gesellschafterversammlung erfordert.[1669] Insofern dürfte eine Rückkoppelung an die Risikopräferenzen der Gesellschafter erst im Falle einer Ausarbeitungs- und Vorlagepflicht erfolgen.[1670] Hierbei kann der obige Filter in der Form übertragen werden,[1671] dass solche unternehmerischen Entscheidungen auszuscheiden haben, die offensichtlich nicht den Risikopräferenzen der Gesellschafter entsprechen.

II. Überblick über die tatbestandlichen Voraussetzungen

Die Gesetzesbegründung sieht für den Eintritt der Rechtsfolge des § 93 I 2 AktG fünf tatbestandliche Voraussetzungen vor.[1672] Erforderlich ist (1.) eine unternehmerische Entscheidung, (2.) Gutgläubigkeit, (3.) Handeln ohne Sonderinteresse und sachfremde Einflüsse, (4.) Handeln zum Wohle der Gesellschaft und (5.) Handeln auf der Grundlage angemessener Information.[1673] Im weiteren Verlauf ist im begrenzen Umfang auf die Tatbestandsvoraussetzungen einzugehen; lediglich der Aspekt der hinreichenden Informationsgrundlage soll eine vertiefte Betrachtung erfahren.

1667 *Fleischer*, NZG 2011, 521, 525: Inhaltlich habe sich die Vorlagepflicht selbst bei risikoaversen Gesellschaftern auf solche Geschäfte zu beschränken, die aufgrund ihrer Risikostruktur und Größenordnung Rückwirkung auf den Fortbestand der Gesellschaft haben können.

1668 Weiter einschränkend *Fleischer*, NZG 2011, 521, 525.

1669 3. Kap. § 3 B. III. 2.

1670 vgl. 3. Kap. § 3. B. VI. 1. b).

1671 vgl. 3. Kap. § 3. B. VI. 1. b).

1672 BT-Drucks. 15/5092, S. 11.

1673 BT-Drucks. 15/5092, S. 11; in abweichender Reihenfolge *Fleischer*, in: MüKo, GmbHG, § 43 Rn. 80.

Eine unternehmerische Entscheidung (1.) kennzeichnet sich zum einen durch eine Zukunftsbezogenheit, wobei die weitere Entwicklung ungewiss ist.[1674] Zum anderen stehen im Unterschied zu gebundenen Entscheidungen verschiedene Handlungsvarianten offen.[1675] Nach obigen Ausführungen kann sich für den Geschäftsführer eine gebundene Entscheidung insbesondere aus einer durch die Gesellschafterversammlung erteilten Weisung ergeben.[1676] Hierbei ist zu bemerken, dass auch gebundene Entscheidungen zu einem gewissen Anteil Beurteilungs- und Ermessensspielräume aufweisen können.[1677]

Das subjektive Moment des guten Glaubens (2.) liegt bei negativer Umschreibung dann nicht vor, wenn der Geschäftsführer von der Richtigkeit seiner Entscheidung nicht überzeugt ist.[1678] Ein Handeln ohne Sonderinteresse und sachfremde Einflüsse (3.) kann des Weiteren in denjenigen Fällen vorliegen, in denen der Geschäftsführer zum eigenen Nutzen oder zum Nutzen ihm nahestehender Personen oder Gesellschaften tätig wird.[1679] Gewährleistet werden soll hierdurch eine unbefangene und unabhängige Arbeit des Geschäftsführers.[1680] Zu unterscheiden ist hiervon das Handeln des Geschäftsführers zum Wohle der Gesellschaft (4.), welches ihn regelmäßig mittelbar vorteilig stellt.[1681] Zum Wohle der Gesellschaft handelt der Geschäftsführer, sofern die Leitung der Gesellschaft sich an dem Unternehmensziel, dem Unternehmensgegenstand und dem Unternehmensinteresse orientiert.[1682] Für die Auslegung des Begriffs des „Unternehmensinteresses" kann auf die obigen Ausführungen verwiesen werden.[1683] Schließlich ist eine unternehmerische Entscheidung des Geschäftsführers nach

---

1674 BT-Drucks. 15/5092, S. 11.

1675 *Fleischer,* in: MüKo, GmbHG, § 43 Rn. 82; *Graewe/Freiherr von Harder*, BB 2017, 707, 711.

1676 *Fleischer,* NZG 2011, 521, 524; *Lutter,* ZIP 2007, 841, 848; *Kuntz,* GmbHR 2008, 121, 123.

1677 *Fleischer,* in: MüKo, GmbHG, § 43 Rn. 82; *Koch,* in: Hüffer, AktG, § 93 Rn. 11; *Holle,* AG 2011, 778, 779; zu der Problematik der Anwendbarkeit auf die Insolvenzantragspflicht: 3. Kap. 4. B.

1678 *Fleischer,* in: MüKo, GmbHG, § 43 Rn. 89; *Ziemons,* in: Michalski, GmbHG, § 43 Rn. 153; BT-Drucks. 15/5092, S. 12.

1679 BT-Drucks. 15/5092, S. 11; *U. Schneider/Crezelius,* in: Scholz, GmbHG, § 43 Rn. 57; *Schäfer,* ZIP 2005, 1253, 1257.

1680 BT-Drucks. 15/5092, S. 11; *U. Schneider/Crezelius,* in: Scholz, GmbHG, § 43 Rn. 57; *Schäfer,* ZIP 2005, 1253, 1257.

1681 BT-Drucks. 15/5092, S. 11.

1682 *U. Schneider/Crezelius,* in: Scholz, GmbHG, § 43 Rn. 64.

1683 3. Kap. § 2 B.

der *Business Judgement Rule* nur dann privilegiert, wenn er annehmen durfte, auf der Grundlage angemessener Information zu handeln.[1684]

1. Allgemeine Voraussetzungen des Handelns auf der Grundlage angemessener Information

Die Anforderungen an die Informationsgrundlage als Voraussetzung der *Business Judgement Rule* werden unterschiedlich beurteilt. In einer vielfach aufgegriffenen Entscheidung aus dem Jahr 2008 ist der BGH davon ausgegangen, dass der Geschäftsführer in der konkreten Entscheidungssituation „alle verfügbaren Informationsquellen tatsächlicher und rechtlicher Art" auszuschöpfen habe.[1685] In weiteren aktuellen Entscheidungen wurde die Frage des Umfangs der Anforderungen jeweils offen gelassen und lediglich auf den Wortlaut des § 93 I 2 AktG verwiesen.[1686] Anteilig wird hierin eine Modifizierung der postulierten strengen Anforderungen gesehen.[1687] Da sich die Rechtsprechung nicht explizit von diesen Anforderungen gelöst hat, soll diese den Ausgangspunkt der weiteren Ausführungen bilden.

Die Literatur kritisiert diese strengen Anforderungen im Hinblick auf den Wortlaut des § 93 I 2 AktG und dessen Anwendungsbereich.[1688] Die Ausschöpfung aller tatsächlichen und rechtlichen Informationen stelle eine unmögliche Vorgabe dar.[1689] Unter diesen Voraussetzungen müsste ein Berufen auf die *Business Judgement Rule* regelmäßig ausscheiden.[1690] Einschränkungen hinsichtlich der Informationsgrundlage finden sich an zwei Stellen des Wortlauts des § 93 I 2 AktG.[1691] Es ist lediglich erforderlich, dass die Geschäftsleitung

---

1684 BGH, Beschl. v. 14.07.2008 – II ZR 202/07, GmbHR 2008, 1033; BGH, Urt. v. 22.02.2011 – II ZR 146/09, ZIP 2011, 766; *U. Schneider/Crezelius*, in: Scholz, GmbHG, § 43 Rn. 58; BT-Drucks. 15/5092, S. 11 f.

1685 BGH, Beschl. v. 14.07.2008 – II ZR 202/07, NJW 2008, 3361; aufgegriffen in BGH, Urt. v. 18.06.2013 – II ZR 86/11, BGHZ 197, 304 = NJW 2013, 3636.

1686 BGH, Urt. v. 22.02.2011 – II ZR 146/09, NZG 2011, 549; BGH, Urt. v. 15.01.2013 – II ZR 90/11, NJW 2013, 1959.

1687 *Bayer*, NJW 2014, 2546, 2547.

1688 *Kleindiek*, in: Lutter/Hommelhoff, GmbHG, § 43 Rn. 26; *Klöhn*, in: Bork/Schäfer, GmbHG, § 43 Rn. 39; *Emde*, FS U. Schneider, S. 295, 316; *Kindler*, FS Goette, S. 231, 232 f.; *Bayer*, NJW 2014, 2546, 2547; *v. Falkenhausen*, NZG 2012, 644, 648; *Freitag/Korch*, ZIP 2012, 2281; *U. Schneider*, DB 2011, 99, 101.

1689 *Bayer*, NJW 2014, 2546, 2547; *ders.*, GmbHR 2014, 897, 899; *Bachmann*, NZG 2013, 1121, 1124: Praktisch würde die *Business Judgement Rule* ad absurdum geführt werden.

1690 *Strohn*, ZInsO 2009, 1417, 1420.

1691 *Fleischer*, NJW 2009, 2337, 2339.

„*vernünftigerweise* annehmen durfte, auf der Grundlage *angemessener* Informationen zum Wohle der Gesellschaft zu handeln".[1692] Hieraus ist eine Erweiterung des unternehmerischen Handlungsfreiraums abzuleiten.[1693] Mit anderen Worten reduziert sich der erforderliche Umfang der Informationsgrundlage durch einen doppelten Filter. Für die aufgeführte Rechtsprechung wird sich diesem Ergebnis dadurch genähert, dass den Umständen der „konkreten Entscheidungssituation"[1694] eine erhöhte Bedeutung beigemessen wird.[1695]

Als konkrete Merkmale der Bestimmung einer „angemessenen" Informationsgrundlage werden insbesondere die Bedeutung und Risikoträchtigkeit der Maßnahme,[1696] die Eilbedürftigkeit und das zur Verfügung stehende Zeitfenster,[1697] die rechtlichen und tatsächlichen Bedingungen des Informationszugangs[1698] und das Verhältnis des Nutzens der Information zu den Kosten der Beschaffung angeführt.[1699] Für die jeweilige Bewertung des Informationsbedarfs zur Vorbereitung der unternehmerischen Entscheidung steht dem Geschäftsführer ein eigenständiger Einschätzungsspielraum zu.[1700] Die Beurteilung, in welchem Umfang Informationen benötigt werden, ist insofern selbst als eine unternehmerische Entscheidung zu beurteilen.[1701] Dieser Ansatz entspricht nach *Seibert/Schütz* weiterhin dem gesetzlichen Regelungsansatz des § 93 I 2 AktG, nach welchem die äußere Voraussetzung der „angemessenen Information" nicht objektiv zu fassen, sondern vielmehr Teil der Einschätzungsprärogative sei.[1702] Hieraus folgt zugleich, dass die Angemessenheit der Informationseinholung aus Sicht des Geschäftsleiters zum Zeitpunkt der Entscheidung zu beurteilen ist.[1703]

1692 *Dauner-Lieb,* in: Henssler/Strohn, GesR, § 93 AktG Rn. 22; *Seibert/Schütz,* ZIP 2004, 252, 254; BT-Drucks. 15/5092, S. 11; Hervorhebungen durch den Verfasser.

1693 *Fleischer,* NJW 2009, 2337, 2339.

1694 BGH, Urt. v. 18.06.2013 – II ZR 86/11, BGHZ 197, 304 = NJW 2013, 3636; BGH, Beschl. v. 14.07.2008 – II ZR 202/07, NJW 2008, 3361.

1695 *Bachmann,* NZG 2013, 1121, 1124; *Cahn,* WM 2013, 1293, 1298; *Spindler,* AG 2013, 889, 893.

1696 BGH, Urt. v. 28.10.1971 – II ZR 49/70, WM 1971, 1548; *Lutter,* GmbHR 2000, 301, 307.

1697 *Hopt,* in: GroßKomm, AktG, § 93 Rn. 84.

1698 BT-Drucks. 15/5092, S. 12; *Fleischer,* in: MüKo, GmbHG, § 43 Rn. 86.

1699 BT-Drucks. 15/5092, S. 12; *Fleischer,* in: MüKo, GmbHG, § 43 Rn. 86.

1700 BT-Drucks. 15/5092, S. 12; *Spindler,* in: MüKo, AktG, § 93 Rn. 50; *Koch,* ZGR 2006, 769, 789; *Schäfer,* ZIP 2005, 1253, 1258; *Spindler,* AG 2011, 725, 726.

1701 *U. Schneider/Crezelius,* in: Scholz, GmbHG, § 43 Rn. 58.

1702 *Seibert/Schütz,* ZIP 2004, 252, 254.

1703 BT-Drucks. 15/5092, S. 41.

Schließlich hat der Geschäftsführer auf Grundlage der geschaffenen Tatsachenbasis die Vor- und Nachteile der bestehenden Handlungsoptionen gegeneinander abzuwägen und den herausgearbeiteten Risiken Rechnung zu tragen.[1704] Das mit einer unternehmerischen Entscheidung einhergehende Prognoserisiko wird hierdurch reduziert.[1705]

2. *Spezifische Besonderheiten des vorinsolvenzlichen Zeitraums*

Nach allgemeiner Auffassung wird die Anwendbarkeit der *Business Judgement Rule* nicht von verschiedenen wirtschaftlichen Zeitfenstern abhängig gemacht. Auf den ersten Blick ist jedoch erkennbar, dass sich der Geschäftsführer in konkreter Insolvenznähe verschiedenen rechtstatsächlichen Besonderheiten ausgesetzt sieht. So tritt neben eine zumeist erheblich angespannte Liquidität auch ein erhöhter Zeitdruck aufgrund der zwingenden Vorgabe der dreiwöchigen Höchstfrist des § 15a I InsO.[1706] Die einer unternehmerischen Entscheidung innewohnende Unsicherheit intensiviert sich weiter bei Entscheidungen unter Zeitdruck.[1707] Der schmale Grat der Abgrenzung unternehmerischer Entscheidungen nach den Maßgaben der *Business Judgement Rule* auf der einen Seite und pflichtverletzendem Handeln auf der anderen Seite dürfte sich infolgedessen für Sanierungsmaßnahmen in Insolvenznähe weiter zuspitzen.

Möglicherweise kann für die Strukturierung der an den Geschäftsführer zu stellenden Anforderungen die Argumentation für die Begründung einer Haftungserleichterung des Insolvenzverwalters im Falle der Unternehmensfortführung (sog. *Insolvency Judgement Rule*[1708]) – zumindest in Ansätzen – herangezogen werden. Stimmen die tatsächlichen und rechtlichen Umstände, unter denen der Geschäftsführer in Insolvenznähe und der Insolvenzverwalter im Falle der Unternehmensfortführung tätig werden, überein, dürften die gleichen Haftungsanforderungen zu stellen sein. Die Wertungen der *Business Judgement Rule* könnten parallel zu denjenigen laufen, die im Falle der Unternehmensfortführung durch den Insolvenzverwalter zum Tragen kommen.[1709]

1704 BGH, Beschl. v. 14.07.2008 – II ZR 202/07, NJW 2008, 3361 mit Verweis auf *Goette*, FS 50 Jahre BGH, S. 123, 140 f.

1705 In anderem Zusammenhang *Berger/Frege*, ZIP 2008, 204, 209.

1706 3. Kap. § 3 B. IV. 4. e).

1707 *Meier/Wick*, WM 2017, 1338, 1344.

1708 *Berger/Frege*, ZIP 2008, 204, 210; *Berger/Frege/Nicht*, NZI 2010, 321.

1709 BGH, Urt. v. 16.03.2017 – IX ZR 253/15, NJW 2017, 1749; *Rein*, in: Nerlich/Römermann, InsO, § 60 Rn. 80; *Thole*, in: K. Schmidt, InsO, § 60 Rn. 14; *Uhlenbruck*, FS

a) Ansatz der *Insolvency Judgement Rule* für die Haftung des Insolvenzverwalters

Für die Anforderungen an die Haftung des Insolvenzverwalters im Rahmen des § 60 I InsO ist durch Rechtsprechung und Literatur anerkannt, dass dem Insolvenzverwalter eine Haftungserleichterung im Falle der Unternehmensfortführung zuzusprechen ist.[1710] *Berger/Frege* schlagen insofern eine Ergänzung des § 60 I InsO um einen weiteren Satz vor, der eine sog. *Insolvency Judgement Rule* beinhaltet.[1711]

Für die Herleitung der Haftungsprivilegierung sind folgende Punkte entscheidend: Die Rechtsmacht des Insolvenzverwalters bleibt infolge der Bestellung nicht hinter derjenigen des Geschäftsleiters zurück (vgl. § 80 I InsO).[1712] Zu den Kardinalpflichten des Insolvenzverwalters gehört aufgrund der zweckgebundenen Rechtsmacht[1713] die Pflicht, das zur Insolvenzmasse gehörende Vermögen zu bewahren und ordnungsgemäß zu verwalten.[1714] Die haftungsrelevanten (§ 60 I 1 InsO) Anforderungen orientieren sich grundsätzlich an den handels- und gesellschaftsrechtlichen Sorgfaltsanforderungen an die Geschäftsleitung, sofern nicht insolvenzspezifische Besonderheiten eine abweichende Bestimmung erfordern.[1715] Für den Sorgfaltsmaßstab ist hierbei zu berücksichtigen, dass der Insolvenzverwalter das schuldnerische Unternehmen im Zustand der überspannten Liquidität (§ 17 InsO) oder der eingetretenen Überschuldung (§ 19 InsO) und den damit einhergehenden ungünstigen wirtschaftlichen und rechtlichen Bedingungen übernimmt.[1716] Die Datenlage ist regelmäßig defizitär, qualifizierte

---

K. Schmidt, S. 1603, 1618; *Berger/Frege,* ZIP 2008, 204, 210; *Berger/Frege/Nicht,* NZI 2010, 321, 323.

1710 BGH, Urt. v. 16.03.2017 – IX ZR 253/15, NJW 2017, 1749; *Rein,* in: Nerlich/Römermann, InsO, § 60 Rn. 80; *Thole,* in: K. Schmidt, InsO, § 60 Rn. 14; *Uhlenbruck,* FS K. Schmidt, S. 1603, 1618; *Berger/Frege,* ZIP 2008, 204, 210; *Berger/Frege/Nicht,* NZI 2010, 321, 323.

1711 *Berger/Frege,* ZIP 2008, 204, 210: Vorschlag einer Neufassung des § 60 I 2 InsO: „Eine Pflichtverletzung liegt nicht vor, wenn der Insolvenzverwalter im Rahmen der Unternehmensfortführung vernünftigerweise annehmen durfte, auf der Grundlage angemessener Information im Interesse der Masse zu handeln."

1712 BGH, Urt. v. 16.03.2017 – IX ZR 253/15, NJW 2017, 1749, Rn. 21.

1713 BGH, Urt. v. 16.03.2017 – IX ZR 253/15, NJW 2017, 1749, Rn. 21.

1714 BGH, Urt. v. 26.06.2014 – IX ZR 162/13, NJW-RR 2014, 1516; BGH, Urt. v. 16.07.2015 – IX ZR 127/14, NJW 2015, 3299.

1715 BGH, Urt. v. 16.03.2017 – IX ZR 253/15, Rn. 12, NJW 2017, 1749 mit Verweis auf BGH, Urt. v. 26.06.2014 – IX ZR 162/13, NJW-RR 2014, 1516, Rn. 16.

1716 *Berger/Frege/Nicht,* NZI 2010, 321, 323; BT-Drucks. 12/2443, S. 129.

Mitarbeiter verlassen das Unternehmen und es besteht ein enges Zeitfenster, um die Insolvenzmasse weiter aktiv zu bewirtschaften.[1717] Zudem wird der Insolvenzverwalter ohne Vorwarnung bestellt, sodass es einer Einarbeitungszeit bedarf, um einen Einblick in die wirtschaftliche Lage des Unternehmens und die marktspezifischen Besonderheiten zu gewinnen.[1718] Insbesondere ist die Möglichkeit, zeitnah einen Überblick über die wirtschaftliche Lage des Unternehmens zu erlangen, von den Erkenntnismitteln abhängig, die bei Eröffnung des Verfahrens vorgefunden werden.[1719] Die Position des Insolvenzverwalters wird lediglich dadurch aufgewertet, dass dieser nach §§ 20, 97, 98, 101 InsO verschiedene Auskunftsansprüche geltend machen kann.[1720] Weiterhin wird angeführt, dass die Anzahl der erforderlichen unternehmerischen Entscheidungen im Falle der Insolvenz erheblich ansteigt.[1721] Mit *Berger/Frege* bleibt im Ergebnis festzuhalten, dass sich die Risikolage des Insolvenzverwalters bei unternehmerischen Entscheidungen im Rahmen der Unternehmensfortführung kompliziert darstellt.[1722]

Die dargestellten Umstände führen dazu, dass der Insolvenzverwalter regelmäßig Schwierigkeiten haben wird, eine angemessene Informationsgrundlage für eine unternehmerische Entscheidung zu schaffen. In erster Linie ist dem Insolvenzverwalter mit Blick auf die Anforderungen an die Informationsgrundlage eine Haftungsprivilegierung im Sinne der *Insolvency Judgement Rule* zu gewähren.[1723]

b) Vergleichbare Besonderheiten, unter denen der Geschäftsführer im vorinsolvenzlichen Zeitraum tätig wird, und Übertragung der Wertungen der *Insolvency Judgement Rule*

Die rechtlichen und tatsächlichen Umstände, unter denen der Geschäftsführer mit Blick auf die erforderliche Informationsgrundlage tätig wird, weisen sowohl Übereinstimmungen als auch Unterschiede auf. Überwiegen die Parallelen,

---

1717 *Berger/Frege/Nicht*, NZI 2010, 321, 323.

1718 *Häsemeyer*, InsolvenzR, Rn. 6.40; BT-Drucks. 12/2443, S. 129.

1719 *Häsemeyer*, InsolvenzR, Rn. 6.40.

1720 *Uhlenbruck*, FS K. Schmidt, S. 1603, 1618.

1721 *Rein*, in: Nerlich/Römermann, InsO, § 60 Rn. 79.

1722 *Berger/Frege*, ZIP 2008, 204, 210.

1723 BGH, Urt. v. 16.03.2017 – IX ZR 253/15, NJW 2017, 1749; *Rein*, in: Nerlich/Römermann, InsO, § 60 Rn. 80; *Thole*, in: K. Schmidt, InsO, § 60 Rn. 14; *Uhlenbruck*, FS K. Schmidt, S. 1603, 1618; *Berger/Frege*, ZIP 2008, 204, 210; *Berger/Frege/Nicht*, NZI 2010, 321, 323.

könnte in einem zweiten Schritt über eine Haftungsprivilegierung für den vorinsolvenzlichen Zeitraum nachgedacht werden, um optimales Wirtschaften in Insolvenznähe ohne überzogene Haftungsgefahren zu ermöglichen. Für eine derartige Haftungsprivilegierung könnte die Fallgruppe einer *Reconstruction Judgement Rule* zu bilden sein.

Einleitend ist der Zeitdruck, unter welchem der Geschäftsführer agiert, mit Blick auf die Drei-Wochen-Frist des § 15a I InsO zumindest als gleich intensiv zu beurteilen.[1724] Des Weiteren besteht für den Geschäftsführer ein größerer wirtschaftlicher Spielraum, weil die zwingenden Insolvenzgründe (§§ 17, 19 InsO) noch nicht eingetreten sind und die Liquidität lediglich – erheblich – angespannt ist. Rechtstatsächlich kann auch der Geschäftsführer regelmäßig nicht mehr auf eine funktionierende Buchführung zurückgreifen.[1725] Allerdings trifft den Geschäftsführer im Unterschied zu dem Insolvenzverwalter die Verantwortlichkeit für diese handelsrechtliche Kardinalpflicht,[1726] sodass diese Pflichtwidrigkeit aus der eigenen Sphäre stammt. Von hoher Bedeutung dürfte im Übrigen sein, dass der Geschäftsführer regelmäßig schon die Organstellung innehat und es damit keiner Einarbeitungszeit bedarf. Vielmehr ist davon auszugehen, dass der Geschäftsführer mit den marktspezifischen Gegebenheiten des Unternehmens vertraut ist. Insbesondere die beiden zuletzt angeführten Punkte weisen eine direkte Verbindung zu der Insolvenzeröffnung und der Bestellung des Insolvenzverwalters auf und finden sich nicht gleichermaßen in den Umständen wieder, unter denen der Geschäftsführer in Insolvenznähe handelt. Das insolvenzbedingte Eintreten der beiden letztgenannten Umstände führt insofern dazu, dass diese nicht für die Wertung einer etwaigen Haftungsprivilegierung des Geschäftsführers herangezogen werden können. Damit ist entscheidend, ob die anteilige Übereinstimmung der tatsächlichen und rechtlichen Umstände auch für den Geschäftsführer eine Haftungsprivilegierung begründen kann. In der Intensität dürften die Einarbeitungszeit und die defizitäre Datenlage für die Haftungsprivilegierung des Insolvenzverwalters entscheidend sein. Eine generelle Haftungsprivilegierung in Anlehnung an die *Insolvency Judgement Rule* hat damit für den Geschäftsführer ausscheiden.

1724 BGH, Urt. v. 09.07.1979 – II ZR 118/77, BGHZ 75, 96, 110 = NJW 1979, 1823.

1725 *Berger/Frege/Nicht*, NZI 2010, 321, 323.

1726 BGH, Urt. v. 08.07.1985 – II ZR 109/94, NJW 1986, 54; *Fleischer*, in: MüKo, GmbHG, § 41 Rn. 1; *Haas*, in: Baumbach/Hueck, GmbHG, § 41 Rn. 2; *Kleindiek*, in: Lutter/Hommel-hoff, GmbHG, § 41 Rn. 2.

Gleichwohl ist nach den obigen Ausführungen festzuhalten, dass die dargestellten Umstände einer unternehmerischen Entscheidung in Insolvenznähe im Einzelfall einer Ordnung zugeführt werden können. Die typischerweise auftretenden und wiederkehrenden Begleiterscheinungen des knappen Zeitfensters und der angespannten wirtschaftlichen Lage sind im Rahmen der Bestimmung einer angemessenen Informationsgrundlage zu berücksichtigen. Zu betonen ist in diesem Zusammenhang, dass der Umstand der defizitären Datenlage nicht zum Vorteil des Geschäftsführers gereichen kann. Wer es als Geschäftsführer pflichtwidrig unterlässt, für eine ordnungsgemäße Buchhaltung zu sorgen, kann sich diesen Umstand nicht haftungserleichternd zurechnen lassen. Der Geschäftsführer kann sich auch nicht dadurch entlasten, dass wesentliche Teile der Buchführung dezentral geführt werden; vielmehr trifft ihn für diesen Fall eine aktive Einholungspflicht.[1727]

In Bezug auf die angeführte Eilbedürftigkeit gilt folgender Ansatz: Je eiliger die unternehmerische Entscheidung ist, desto geringer sind die Anforderungen an die Möglichkeiten, die Entscheidung umfassend vorzubereiten und Entscheidungsalternativen abzuwägen.[1728] Mit steigendem Entscheidungsdruck auf der einen Seite erhöhen sich auf der anderen Seite die Annahmen, die ungeprüft zugrunde gelegt werden dürfen.[1729] Gerade die für den vorinsolvenzlichen Zeitraum prägende Eilbedürftigkeit kann dazu führen, dass lediglich eine summarische Prüfung erforderlich ist.[1730] Besonders riskanten Geschäften kann jedoch nicht entgegengehalten werden, dass die Eilbedürftigkeit eine gründlichere Prüfung nicht ermöglicht hat.[1731] Inhaltlich ist zwar nicht das Pareto-Prinzip (80/20-Regel), nach welchem im Regelfall 80 % des Ergebnisses mit 20 % des Gesamtaufwandes erzielt wird, für die Informationsgrundlage heranzuziehen,[1732] dennoch sind die Anforderungen im Ergebnis aufgrund der spezifischen Besonderheiten in Insolvenznähe nicht zu überspannen.

Erkennt der Geschäftsführer, dass die Tatsachenbasis infolge des Zeitdrucks nicht das grundsätzlich zu erstrebende bzw. übliche Maß erreichen wird, sind für den Geschäftsführer folgende Aspekte für eine Enthaftung maßgeblich: Im Vordergrund steht für den Geschäftsführer die Verpflichtung, den Zeitdruck aktiv

---

1727 BGH, Urt. v. 20.02.1995 – II ZR 9/94, NJW-RR 1995, 669.

1728 *Kock/Dinkel,* NZG 2004, 441, 444.

1729 *Langebucher,* DStR 2005, 2083, 2087.

1730 *Hopt,* in: GroßKomm, AktG, § 93 Rn. 84; *Spindler,* in: MüKo, AktG, § 93 Rn. 48; *Bastuck,* Enthaftung des Managements, S. 69; *Kock/Dinkel,* NZG 2004, 441, 444.

1731 *Kock/Dinkel,* NZG 2004, 441, 444.

1732 *Kraus,* in: Buth/Hermanns, Restrukturierung, Sanierung, Insolvenz, § 4 Rn. 54.

zu adressieren und dieses Element in die Abwägung der bestehenden Handlungsoptionen miteinzustellen.[1733] Prinzipiell besteht des Weiteren die Möglichkeit der Einholung eines Gesellschafterbeschlusses, um eine Haftungsfreistellung zu erhalten.[1734] Die stillschweigende Billigung durch die Gesellschafter ist zwar nach dem BGH anerkannt und kann insofern haftungsbefreiend wirken.[1735] Hierbei dürften in einem etwaigen Haftungsprozess jedoch erhebliche Beweisschwierigkeiten bestehen. Zudem erfordert ein formaler Gesellschafterbeschluss nach § 50 I 2 GmbHG eine einwöchige Einberufungsfrist, welche regelmäßig zu lang sein wird, weil ein weiteres Zuwarten schädlich für die Position im Markt ist und der Entscheidungsdruck sich infolgedessen erhöht. Die Problematik der langen Einberufungspflicht kann in diesem Zusammenhang dadurch abgeschwächt werden, dass die Sitzungsfrequenz für den vorübergehenden Zeitraum der Unternehmenskrise erhöht wird.

In diesem Zusammenhang ist des Weiteren zu berücksichtigen, dass den Risikopräferenzen der Gesellschafter aus Sicht des Geschäftsführers durch eine Katalogisierung zustimmungspflichtiger Entscheidungen Rechnung getragen werden kann.[1736] Dieser Katalog kann für den Geschäftsführer eine weitreichende Orientierung bieten und fördert zugleich die interorganschaftliche Kommunikation.[1737]

c) Konklusion

Die Ausführungen haben gezeigt, dass zwar keine generelle Haftungsprivilegierung im Sinne einer *Reconstruction Judgement Rule* in Anlehnung an die sog. *Insolvency Judgement Rule* für den vorinsolvenzlichen Zeitraum zu begründen ist. In der einzelfallbezogenen Entscheidung führen die dargestellten Umstände

---

1733 *Bücker/Kulenkamp,* in: Krieger/Schneider, HB Managerhaftung, Rn. 29.81.

1734 Grundsätzlich BGH, Urt. v. 21.06.1999 – II ZR 47/98, BGHZ 142, 92, 95 = NJW 1999, 2817; BGH, Urt. v. 19.03.1993 – II ZR 265/91, BGHZ 122, 133 = NJW 1993, 1200; BGH, Urt. v. 28.09.1992 – II ZR 299/91, BGHZ 119, 257, 261 = NJW 1993, 193; *Haas/Ziemons,* in: Baumbach/Hueck, GmbHG, § 43 Rn. 182; *Kleindiek,* in: Lutter/Hommelhoff, GmbHG, § 43 Rn. 40; *Paefgen,* in: Ulmer/Habersack/Löbbe, GmbHG, § 43 Rn. 214.

1735 BGH, Urt. v. 18.03.2013 – II ZR 86/11, BGHZ 197, 304 = NJW 2013, 3636; BGH, Urt. v. 07.04.2003 – II ZR 193/02, NJW-RR 2003, 895; kritisch insofern *Zöllner/Noack,* in: Baumbach/Hueck, GmbHG, § 43 Rn. 33: Erfordernis eines konkludenten Gesellschafterbeschlusses.

1736 *Rahmann/Ramm,* GWR 2013, 435, 436.

1737 *Rahmann/Ramm,* GWR 2013, 435, 436.

jedoch zu einer großzügigen Handhabung der angemessenen Informationsgrundlage als Voraussetzung der *Business Judgement Rule*, um die haftungsrechtlichen Anforderungen für den Geschäftsführer im Vorfeld der Insolvenz nicht zu überspannen. Entscheidend ist insofern die herausgearbeitete Typisierung der Situation.

B. Problematik der Anwendbarkeit der *Business Judgement Rule* im Rahmen der Insolvenzantragspflicht des § 15a I InsO

Der Wortlaut des § 93 I 2 AktG sieht das Merkmal der „unternehmerischen Entscheidung“ als Einfallstor für die Anwendbarkeit der *Business Judgement Rule* vor.[1738] Die Gesetzesbegründung postuliert hierzu, dass der unternehmerischen Entscheidung die rechtlich gebundene Entscheidung als Gegensatz gegenüber steht.[1739] Die Legalitätspflicht ordnet dem Geschäftsführer im Innenverhältnis zu der Gesellschaft die Verpflichtung zu, rechtmäßiges Handeln der Gesellschaft im Außenverhältnis sicherzustellen.[1740] Kommt es zu einem rechtswidrigen Handeln der Gesellschaft im Außenverhältnis, ist hieran grundsätzlich auch eine haftungsbewehrte Pflichtverletzung der Geschäftsleitung im Innenverhältnis gekoppelt.[1741] Mit der Legalitätspflicht geht das Erfordernis einer vollen inhaltlichen Kontrolle des Handelns der Geschäftsleitung einher.[1742] Die Rechtmäßigkeit steht insofern vor der Zweckmäßigkeit; es besteht grundsätzlich kein Nützlichkeitsvorbehalt.[1743] Dies gilt insbesondere für die Fälle, in denen der Gesetzgeber das Verhalten des Geschäftsleiters abschließend vorzeichnet und das Eingehen von selbst gewählten unternehmerischen Risiken ausgeschlossen wird.[1744] Dies ist beispielsweise bei eindeutig strafbaren Handlungen oder Verstößen gegen regulatorische Vorgaben der Fall.[1745] Gleichwohl können auch rechtlich gebundene Entscheidungen unbestimmte Rechtsbegriffe aufweisen, die einen Beurteilungsspielraum vorsehen.

1738 BT-Drucks. 15/5092, S. 10 f.; 3. Kap. § 4 A. II.

1739 BT-Drucks. 15/5092, S. 11.

1740 BGH, Urt. v. 18.06.2014 – I ZR 242/12, NJW-RR 2014, 1382; BGH, Urt. v. 10.07.2012 – VI ZR 341/10, NJW 2012, 3439; grundlegend *Abeltshauser*, Leitungshaftung im Kapitalgesellschaftsrecht, S. 213.

1741 *Cichy/Cziupka*, BB 2014, 1482, 1483.

1742 *Fleischer*, ZIP 2005, 141, 144; *Habersack*, FS U. Schneider, S. 429, 431 f.; *Thole*, ZHR 163 (2009), 504, 505 ff.

1743 *Stephan/Tieves*, in: MüKo, GmbHG, § 37 Rn. 25.

1744 *Holle*, AG 2011, 778, 780.

1745 *Hasselbach/Ebbinghaus*, AG 2014, 873, 876.

Herauszugreifen ist entsprechend der Thematik der Arbeit die Insolvenzantragspflicht des § 15a I InsO. Die Antragspflicht – für die rechtliche Bewertung des Höhepunkts der Krise maßgeblich[1746] – weist zwar einen rechtlich determinierten Entscheidungsrahmen auf.[1747] Insbesondere die tatbestandliche Voraussetzung der vielfach maßgeblichen Fortführungsprognose des § 19 II 1 HS. 2 InsO beinhaltet jedoch mit der Formulierung „die Fortführung des Unternehmens nach den Umständen überwiegend wahrscheinlich" einen unbestimmten Rechtsbegriff und infolgedessen einen Beurteilungsspielraum.[1748] Insofern wird auch von einem „fließenden Übergang" der Erstellung der Fortführungsprognose (§ 19 II 1 HS. 2 InsO) zu einer etwaigen Insolvenzantragspflicht (§ 15a I InsO) gesprochen.[1749] Mit anderen Worten wird in einer derartigen Konstellation die Grenze zwischen einer unternehmerischer Entscheidung und einer rechtlich gebundenen Entscheidung verwischt,[1750] weil es für die Feststellung der Fortführungsprognose auf zukünftige Entwicklungen und die damit verbundenen prognosebedingten Unschärfen ankommt.[1751] Charakteristisch ist folglich, dass eine gesetzlich gebundene Entscheidung dennoch unter erheblicher Unsicherheit erfolgt.[1752] Abzugrenzen ist dieser Beurteilungsspielraum von Entscheidungen, die unter Rechtsunsicherheit erfolgen.[1753] Rechtsunsicherheit weist eine Entscheidung dann auf, wenn sich die rechtlichen (Vor-) Fragen nicht eindeutig klären lassen.[1754] Die dann zu stellende Frage wäre, unter welchen Voraussetzungen das Risiko eines Rechtsverstoßes eingegangen werden darf.[1755] Für die aufgeworfene Problematik ist jedoch entscheidend, dass die Rechtsanwendung

1746 2. Kap. § 4 C. VII.

1747 BGH, Urt. v. 10.07.2012 – I ZR 341/10, BGHZ 194, 26 = NJW 2012, 3439.

1748 BGH, Urt. v. 06.06.1994 – II ZR 292/91, BGHZ 126, 181, 199 = NJW 1994, 2220; BGH, Urt. v. 20.03.1995 – II ZR 205/94, BGHZ 129, 136, 155 = NJW 1995, 1739; OLG München, Urt. v. 21.03.2013 – 23 U 3344/12, GmbHR 2013, 590; *Cahn*, WM 2013, 1293, 1294; *Haarmann/Vorwerk*, BB 2015, 1603.

1749 *Haarmann/Vorwerk*, BB 2015, 1603.

1750 *Haarmann/Vorwerk*, BB 2015, 1603.

1751 *Goette*, DStR 2016, 1752, 1753.

1752 *Spindler*, in: MüKo, AktG, § 93 Rn. 75; *Dreher*, FS Konzen, S. 85, 91; *v. Falkenhausen*, NZG 2012, 644, 647.

1753 Hierzu *Altmeppen*, in: Roth/Altmeppen, GmbHG, § 43 Rn. 11; *Graewe/Freiherr von Harder*, BB 2017, 707 ff.; *Paefgen*, AG 2014, 554.

1754 *Hasselbach/Ebbinghaus*, AG 2014, 873, 874.

1755 *Hasselbach/Ebbinghaus*, AG 2014, 873, 874.

nicht unklar ist, sondern sich durch ein Element der ungewissen weiteren Entwicklung mit korrespondierendem Beurteilungsspielraum kennzeichnet.[1756]

Welche Anforderungen an eine Enthaftung der Geschäftsleitung bei Ausübung dieses Beurteilungsspielraums zu stellen sind, wird unterschiedlich beurteilt. Das Meinungsspektrum bewegt sich hierbei zwischen einer Forderung, die Begrenzung des Tatbestands auf unternehmerische Entscheidungen aufzuheben,[1757] § 93 I 2 AktG analog[1758] bzw. modifiziert[1759] anzuwenden, *de lege ferenda* eine sog. *Legal Judgement Rule* zu schaffen,[1760] und der Bildung einer eigenständigen Kategorie[1761]. Die jeweils maßgeblichen Gründe sollen im Folgenden kurz dargestellt werden, um in einer anschließenden Stellungnahme auf die Besonderheiten der Beurteilung der Fortführungsprognose einzugehen.

I. Analoge Anwendung des § 93 I 2 AktG

Für eine analoge Anwendung des § 93 I 2 AktG wird angeführt, dass die Vorgaben der Gesetzesbegründung keine klare Abgrenzung zwischen rechtlich gebundenen und unternehmerischen Entscheidungen ermöglichten.[1762] Die Situation der Geschäftsleitung kennzeichne sich vielmehr dadurch, dass regelmäßig ein Geflecht aus speziellen rechtlichen Vorgaben bestehe, die unterschiedlich intensiv einschränkend wirkten.[1763] Würde strikt nach obigen Vorgaben abgegrenzt

---

1756 BGH, Urt. v. 06.06.1994 – II ZR 292/91, BGHZ 126, 181, 199 = NJW 1994, 2220; BGH, Urt. v. 20.03.1995 – II ZR 205/95, BGHZ 129, 136, 155 = NJW 1995, 1739; *Cahn,* WM 2013, 1293, 1294; *Haarmann/Vorwerk,* BB 2015, 1603.

1757 *Hauschka,* ZRP 2004, 65, 66; *Kremer,* Referat zum 70. DJT, These 3; Ablehnung durch Beschluss (Nr. 4) des 70. DJT (abrufbar unter http://www.djt.de/fileadmin/downloads/70/140919_djt_70_beschluesse_web_rz.pdf; letzter Abruf: 04.10.2017).

1758 *Hopt/Roth,* in: GroßKomm, AktG, § 93 Rn. 76; *Mertens/Cahn,* in: Kölner Komm, Anh. § 93 Rn. 13; *Brömmelmeyer,* WM 2005, 2065, 2066; *Cahn,* WM 2013, 1293, 1295; *Goette,* DStR 2016, 1752, 1755: Im Ergebnis bestehe kein Unterschied, ob ein Beurteilungsspielraum eingeräumt oder die *Business Judgement Rule* herangezogen wird; *Hasselbach/Ebbinghaus,* AG 2014, 873, 874 ff.; *Kocher,* CCZ 2009, 215, 217.

1759 *Spindler,* in: MüKo, AktG, § 93 Rn. 66.

1760 *Bürkle,* VersR 2013, 792, 796; *Cichy/Cziupka,* BB 2014, 1482, 1485; *Müller,* DB 2014, 1301, 1307.

1761 *Fleischer,* in: MüKo, GmbHG, § 43 Rn. 83a; *Habersack,* FS U. Schneider, S. 429, 437; *Bayer,* GmbHR 2014, 897, 900; *Holle,* AG 2011, 778, 785; wohl auch *Bachmann,* Gutachten E zum 70. DJT, Bd. I, E 44 ff.; *ders.,* WM 2015, 105, 107; aus anderem Blickwinkel *Roth,* Unternehmerisches Ermessen, S. 229: „Diskretionsspielräume".

1762 *Cahn,* WM 2013, 1293, 1294.

1763 *Hopt/Roth,* in: GroßKomm, AktG, § 93 Rn. 75.

werden, käme es aufgrund weitreichender Verrechtlichung der wirtschaftlich geprägten Lebensbereiche zu einer erheblichen Einschränkung des Anwendungsbereichs des § 93 I 2 AktG.[1764]

Weiterhin bestehe für das Merkmal der zukunftsbezogenen Unsicherheit kein inhaltlicher Unterschied danach, ob die Entscheidung rechtlich oder unternehmerisch eingekleidet ist.[1765] Vielmehr seien die Gründe für die Anerkennung eines unternehmerischen Ermessens[1766] gleichermaßen heranzuziehen.[1767] Weiterhin sei zu beachten, dass die *Business Judgement Rule* kein voraussetzungsloses und gerichtlich nicht überprüfbares Haftungsprivileg der Geschäftsleitung einführe.[1768] Insofern werde die Legalitätspflicht durch die Anwendbarkeit der *Business Judgement Rule* im Innenverhältnis zu der Gesellschaft nicht unterlaufen.[1769] Zugleich könne hierdurch der Befürchtung widersprochen werden, dass die Fortführungsfähigkeit nicht an strengen Maßstäben gemessen wird.[1770] Mit Blick auf die Feststellung der Fortführungsprognose (§ 19 II 1 HS. 2 InsO) sei zudem zu berücksichtigen, dass sich die inhaltliche Gestaltung der Prognose nach kaufmännischen Kriterien richte.[1771] Im Vordergrund stehe insofern das typische Prognoserisiko, sodass die rechtliche Unsicherheit lediglich als Reflex folge.[1772]

Letztlich wird angeführt, dass bei einem Heraustrennen der *Business Judgement Rule* über die Frage des „Wie" der Unternehmensfortführung die Unternehmensprognose von sonstigen unternehmerischen Entscheidungen isoliert werde.[1773] Im Ergebnis seien die Argumente dahingehend zusammenzuführen, dass § 93 I 2 AktG auf die Fälle der gebundenen Entscheidungen mit Beurteilungsspielraum analog anzuwenden ist.[1774]

1764 *Hopt,* ZIP 2013, 1793, 1797.

1765 *Mertens/Cahn,* in: Kölner Komm, Anh. § 92 Rn. 12; *Brömmelmeyer,* WM 2005, 2065, 2066; *Cahn,* WM 2013, 1293, 1294.

1766 3. Kap. § 4 A.

1767 *Hopt/Roth,* in: GroßKomm, AktG, § 93 Rn. 63, 75.

1768 *Thole,* ZHR 173 (2009), 502, 524 mit Verweis auf BGH, Urt. v. 14.07.2008 - II ZR 202/07, NJW 2008, 3361.

1769 A. A. *Holle,* AG 2011, 778, 780.

1770 *Goette,* DStR 2016, 1752, 1756.

1771 *Brömmelmeyer,* WM 2005, 2065, 2066.

1772 *Kliebisch/Linsenbarth,* DZWiR 2011, 232, 238.

1773 *Haarmann/Vorwerk,* BB 2015, 1603, 1605.

1774 *Hopt/Roth,* in: GroßKomm, AktG, § 93 Rn. 76; *Mertens/Cahn,* in: Kölner Komm, Anh. § 92 Rn. 13; *Brömmelmeyer,* WM 2005, 2065, 2066; *Cahn,* WM 2013, 1293, 1295; *Goette,* DStR 2016, 1752, 1755: Im Ergebnis bestehe kein Unterschied, ob ein

II. *Legal Judgement Rule (de lege ferenda)*

Die Befürworter der Bildung einer *Legal Judgement Rule* (*de lege ferenda)* gehen zunächst davon aus, dass sich eine Analogie rechtsdogmatisch nicht sauber begründen lasse.[1775] Hierfür sei insbesondere der Wortlaut des § 93 I 2 AktG maßgeblich.[1776] Gleichwohl sei *de lege ferenda* eine *Legal Judgement Rule* erforderlich, um im Rahmen der Legalitätspflicht eine Verantwortlichkeit für rechtliche Entscheidungen unter Unsicherheit zu implementieren.[1777]

III. *Bildung einer eigenständigen Kategorie*

Für die Darstellung der Bildung einer eigenständigen Kategorie sind zwei Ebenen zu unterscheiden. Auf der ersten Ebene ist die Argumentation zur Begründung einer eigenständigen Kategorie nachzuzeichnen, bevor auf der zweiten Ebene auf die inhaltlichen Anforderungen an die Enthaftung einzugehen ist.

1. *Argumentation zur Begründung einer eigenständigen Kategorie*

Gemeinsam mit der vorgenannten Auffassung wird zunächst angeführt, eine analoge Anwendung des § 93 I 2 AktG habe an der Wortlautgrenze zu scheitern.[1778] Die Entscheidung bleibe trotz prognosebedingter Unsicherheit weiterhin rechtlich determiniert, sodass die tatbestandliche Voraussetzung der „unternehmerischen Entscheidung" entgegenstehe.[1779] Gegen eine gesonderte Bildung einer *Legal Judgement Rule* spreche zudem, dass es ausreichend sei, einen unternehmerischen Ermessenspielraum außerhalb der *Business Judgement Rule*

Beurteilungsspielraum eingeräumt oder die *Business Judgement Rule* herangezogen werde; *Hasselbach/Ebbinghaus,* AG 2014, 873, 874 ff.; *Kocher,* CCZ 2009, 215, 217.

1775 *Cichy/Cziupka,* BB 2014, 1482, 1485.

1776 *Fleischer,* in: Spindler/Stilz, AktG, § 93 Rn. 4; *Habersack,* FS U. Schneider, S. 429, 437; *Buck-Heeb,* BB 2013, 2247, 2252; *v. Falkenhausen,* NZG 2012, 644, 649; *Ihrig,* WM 2004, 2098, 2105; *Paefgen,* AG 2004, 245, 251 f.; *Schäfer,* ZIP 2005, 1253, 1256; *Thole,* ZHR 173 (2009), 504, 522.

1777 *Bürkle,* VersR 2013, 792 ff.; *Cichy/Cziupka,* BB 2014, 1482, 1485.

1778 *Fleischer,* in: Spindler/Stilz, AktG, § 93 Rn. 4; *Habersack,* FS U. Schneider, S. 429, 437; *Buck-Heeb,* BB 2013, 2247, 2252; *v. Falkenhausen,* NZG 2012, 644, 649; *Ihrig,* WM 2004, 2098, 2105; *Paefgen,* AG 2004, 245, 251 f.; *Schäfer,* ZIP 2005, 1253, 1256; *Thole,* ZHR 173 (2009), 504, 522.

1779 *Fleischer,* in: Spindler/Stilz, AktG, § 93 Rn. 4; *Hüffer,* in: Hüffer/Koch, AktG, § 93 Rn. 4 f.; *Habersack,* FS U. Schneider, S. 429, 437; *Buck-Heeb,* BB 2013, 2247, 2252; *v. Falkenhausen,* NZG 2012, 644, 649; *Ihrig,* WM 2004, 2098, 2105; *Paefgen,* AG 2004, 245, 251 f.; *Schäfer,* ZIP 2005, 1253, 1256; *Thole,* ZHR 173 (2009), 504, 522.

anzuerkennen.[1780] Die Gewährung eines haftungsprivilegierten Beurteilungsraums stehe im Übrigen im Einklang mit der Gesetzesbegründung, nach welcher die rechtlich gebundene Entscheidung lediglich als Gegenbegriff zu einer unternehmerischen Entscheidung zu verstehen sei und kein „sicherer Hafen" für illegales Handeln geschaffen werden sollte.[1781] Die Gesetzesbegründung sei demzufolge aus Sicht des illegalen Handelns zu betrachten, welches hier aufgrund verschiedener rechtmäßiger Verhaltensweisen jedoch nicht im Vordergrund stehe.[1782]

Die Bildung einer eigenständigen Kategorie sei erforderlich, weil sich die Geschäftsleitung in den Fällen mit Beurteilungsspielraum in einer anderen Situation befinde als in den Fällen einer rein unternehmerischen Entscheidung.[1783] Es handele sich nicht um gleich gelagerte Fälle, vielmehr stelle die rechtliche Entscheidung mit Beurteilungsspielraum den begründungsbedürftigen Ausnahmefall dar.[1784] Zugleich bringe die eigenständige Kategorie des Beurteilungsspielraums präzise zum Ausdruck, dass die Geschäftsleitung zunächst Adressat einer gesetzlichen Pflicht sei und sich der Beurteilungsspielraum von einer rein unternehmerischen Entscheidung im Sinne des § 93 I 2 AktG unterscheide.[1785] § 93 I 2 AktG sei insofern als Teilkodifikation der unternehmerischen Entscheidungsspielräume zu verstehen.[1786]

2. *Inhaltliche Anforderungen an eine Enthaftung*

Die Ausgestaltung der Haftungsanforderungen startet von dem Ausgangspunkt, dass die Geschäftsleitung auch außerhalb der *Business Judgement Rule* im Rahmen des § 43 I GmbHG keinen Erfolg schuldet, sondern nur die Sorgfalt eines ordentlichen Geschäftsmanns.[1787] Letztlich komme es im Rahmen der Ausformung der Anforderungen an eine Haftungsprivilegierung zu „Überlappungen" zwischen den Haftungskriterien bei rechtlich gebundenen Entscheidungen und unternehmerischen Entscheidungen.[1788] Da die Geschäftsleitung im Rahmen

---

1780 *Bachmann,* Gutachten zum 70. DJT, Bd. I, E 44; *ders.,* WM 2015, 105, 108.
1781 BT-Drucks. 15/5092, S. 12; *Bachmann,* Gutachten zum 70. DJT, Bd. I, E 44.
1782 *Bachmann,* Gutachten zum 70. DJT, Bd. I, E 44; *ders.,* WM 2015, 105, 108.
1783 *Holle,* AG 2011, 778, 782.
1784 *Habersack* in: Lorenz, Karlsruher Forum 2009: Managerhaftung, S. 5, 18.
1785 *Holle,* AG 2011, 778, 785.
1786 *Holle,* AG 2011, 778, 785; *Fleischer,* in: MüKo, GmbHG, § 43 Rn. 83a.
1787 *Bachmann,* WM 2015, 105, 107; *Fleischer,* in: MüKo, GmbHG, § 43 Rn. 67: Haftung für sorgfaltswidriges Verhalten.
1788 *Holle,* AG 2011, 778, 785; *Fleischer,* in: MüKo, GmbHG, § 43 Rn. 83a; *Buck-Heeb,* BB 2013, 2247, 2254.

der hier behandelten Fallgruppe jedoch den gesetzlichen Zielvorgaben verhaftet bleibe, könne nicht wie bei § 93 I 2 AktG von einem Handeln zum Wohle der Gesellschaft und einer angemessenen Informationsgrundlage auf ein sorgfaltsgemäßes Verhalten geschlossen werden.[1789] Die zu berücksichtigenden gesetzlichen Zielvorgaben stimmten nicht zwangsläufig mit dem Gesellschaftswohl überein, sodass eine inhaltliche Kontrolle erforderlich sei.[1790] Demzufolge sei der Maßstab des § 93 I 2 AktG um eine Prüfung des Entscheidungsinhalts zu ergänzen.[1791] Hierbei ergebe sich ein „abgestuftes Bild“[1792] der konkreten Anforderungen, das ein hinreichend flexibles Verständnis im Einzelfall ermögliche.[1793] *Holle* hält hierzu fest, dass der Maßstab nicht abstrakt festgelegt werden könne.[1794] Grundsätzlich sei der Entscheidungsinhalt jedoch darauf zu prüfen, ob das Ergebnis im Hinblick auf die gesetzlichen Zielvorgaben vertretbar sei.[1795]

IV. Stellungnahme

Der Schwerpunkt der folgenden Stellungnahme soll nicht in der abschließenden Bewertung der Beurteilungsspielräume bei gebundenen Entscheidungen liegen, sondern sich vielmehr auf eine Einordnung des speziellen Beurteilungsspielraums des § 15a I i.V.m. § 19 II 1 HS. 2 InsO konzentrieren.

Gegen die erstgenannte Auffassung spricht zunächst der Wortlaut der Norm des § 93 I 2 AktG. Zugleich behandelt die Auffassung unterschiedlich gelagerte Fälle nicht hinreichend differenziert, indem § 93 I 2 AktG auf rechtlich gebundene Entscheidungen analog angewandt wird. Die Bildung einer eigenständigen Kategorie nach dem Ansatz von *Holle* bietet hingegen den Vorteil einer möglichst präzisen Einordnung und Handhabung des Einzelfalls. Zugleich wird

---

1789 *Bachmann,* WM 2015, 105, 108; zu dem verfahrensbezogenen Sorgfaltsmaßstab *Fleischer,* in: MüKo, GmbHG, § 43 Rn. 86; *Paefgen,* in: Ulmer/Habersack/Löbbe, GmbHG, § 43 Rn. 122; *Zöllner/Noack,* in: Baumbach/Hueck, GmbHG, § 43 Rn. 22a; *Goette,* in: Hommelhoff/Hopt/ Werder, HB Corporate Governance, S. 735; *ders.,* ZGR 1995, 648, 671.

1790 *Bachmann,* WM 2015, 105, 108,

1791 *Holle,* AG 2011, 778, 785.

1792 *Bachmann,* Gutachten zum 70. DJT, Bd. I, E 44; *ders.,* WM 2015, 105, 108.

1793 *Bachmann,* Gutachten zum 70. DJT, Bd. I, E 44; *ders.,* WM 2015, 105, 108 mit Verweis auf *Hopt/Roth,* in: GroßKomm, AktG, 4. Aufl., 2006, § 93 Abs. 1 Satz 2 n.F. Rn. 52.

1794 *Holle,* AG 2011, 778, 785.

1795 *Holle,* AG 2011, 778, 785; *Roth,* Unternehmerisches Ermessen und Haftung des Vorstands, S. 241: Beschränkung auf die Fälle der offenkundig und eindeutig unrichtigen Solvenz der Gesellschaft.

dem Ansatz Rechnung getragen, dass regelmäßig keine eindeutige Zuordnung zu den Kategorien der rechtlich gebundenen und der ausschließlich unternehmerischen Entscheidung möglich ist. Gegen die Ansicht *Goettes*, es mache vom Ergebnis her betrachtet keinen Unterschied, ob ein Beurteilungsspielraum eingeräumt oder die *Business Judgement Rule* herangezogen werde,[1796] spricht des Weiteren, dass die Ausführungen zu der erforderlichen inhaltlichen Kontrolle gerade einen – wenn auch marginalen – Unterschied in der inhaltlichen Prüfung offengelegt haben.[1797]

Für die weitere Ausformung der Anforderungen an den Einzelfall ist die Formulierung *Bachmanns* als Ausgangspunkt zu wählen, nach der ein „abgestuftes Bild“[1798] für die Entscheidungen abhängig von dem Grad der rechtlichen Prägung entsteht. Dieser Ansatz soll zunächst abstrakt weiter ausgeformt werden und daran anschließend auf die Problematik der Feststellung und Beurteilung der Fortführungsprognose (§§ 15a I, 19 II 1 HS. 2 InsO) angewandt werden. Die Beurteilungsspielräume im Rahmen gebundener Entscheidungen bewegen sich zwischen zwei Polen. Den Ausgangspol bildet die rein unternehmerische Entscheidung im Sinne des § 93 I 2 AktG, welche ein Maximalmaß an Entscheidungsmöglichkeiten aufweist. Den gegenüberliegenden Pol bildet die abschließend rechtlich gebundene Entscheidung im jeweiligen Sinne der §§ 5a III, IV, 30, 33, 41, 49 III GmbHG, welche gerade keinen Handlungsspielraum zu Gunsten des Geschäftsführers eröffnet.[1799] Für die im Fokus stehende eigenständige Kategorie dürfte gelten, dass der Anteil der unternehmerischen Entscheidung je weiter in den Hintergrund tritt, desto umfassender gesetzliche Zielvorgaben zu berücksichtigen sind. Durch die gesetzlichen Zielvorgaben werden gegebenenfalls wirtschaftliche Handlungsvarianten ausgeschlossen, sodass es einer zumindest anteiligen inhaltlichen Prüfung der Entscheidung auf ihre Rechtmäßigkeit bedarf. Je weiter die unternehmerischen Aspekte in den Vordergrund treten, desto eher sind die Wertungen des § 93 I 2 AktG zu berücksichtigen. Folge einer

---

1796 *Goette*, DStR 2016, 1752, 1755 mit Verweis auf *Fleischer*, in Spindler/Stilz, AktG, § 93 Rn. 69a; *Bachmann*, Gutachten zum 70. DJT, Bd. I, E 44 f.; *Hüffer*, in: Koch, AktG, § 93 Rn. 10.

1797 3. Kap. § 4 B. III. 1.; a. A. *Paefgen*, in: Ulmer/Habersack/Löbbe, GmbHG, § 43 Rn. 118 m.w.N.: Der Wortlaut enthalte keine Anhaltspunkte für verschiedene Verhaltensmaßstäbe bei unternehmerischen und gebundenen Entscheidungen.

1798 *Bachmann*, WM 2015, 105, 108.

1799 *Hopt/Roth*, in: GroßKomm, § 93 Rn. 98; *Paefgen*, in: Ulmer/Habersack/Löbbe, GmbHG, § 43 Rn. 48 ff., 118 ff.; *Zöllner/Noack*, in: Baumbach/Hueck, GmbHG, § 43 Rn. 17.

weitreichenden unternehmerischen Prägung der Entscheidung ist insofern, dass die Sorgfaltspflicht des § 43 I GmbHG einen verfahrensbezogenen Zuschnitt erfährt und es nur zu einer anteiligen inhaltlichen Kontrolle der Entscheidung kommt. Im Rahmen der einzelfallbezogenen Anwendung liegt damit weniger ein „abgestuftes“[1800] als vielmehr ein sich im Fluss befindendes System zugrunde.

Für die Anwendung der abstrakten Ergebnisse auf die Beurteilung und Feststellung der Fortführungsprognose (§§ 15a I, 19 II 1 HS. 2 InsO) ist zunächst zu berücksichtigen, dass die Antragspflicht und die damit verbundene Überführung in ein Insolvenzverfahren vor allem dem Gläubigerschutz dient.[1801] Die gesetzlichen Zielvorgaben der §§ 15a I, 19 II 1 HS. 2 InsO gehen hierbei davon aus, dass sich die Interessen der Beteiligten in der Überwindung eines kurz- oder mittelfristig schwierigen Marktumfelds bündeln.[1802] Der gläubigerschützende Charakter der genannten Normen vollzieht sich für die Prüfung der Fortführungsprognose gerade dadurch, dass weiterhin frei verfügt werden kann bzw. soll.[1803] Der tatsächliche und rechtliche Gläubigerschutz im Rahmen der Drei-Wochen-Frist und der positiven Fortführungsprognose erfolgt insofern reflexartig durch die fortlaufende Gewähr eines freien Handlungsspielraums.

Für die Einordnung zwischen den beiden dargestellten Polen ist weiter maßgeblich, dass das „Wie“ der Unternehmensfortführung – entscheidend für die Fortführungsprognose – sich inhaltlich nach kaufmännischen Kriterien richtet.[1804] Ein Heraustrennen der allgemeinen Aspekte des unternehmerischen Ermessens im Rahmen des § 19 II 1 HS. 2 InsO hätte eine Isolation der Unternehmensprognose von sonstigen unternehmerischen Ermessensentscheidungen zur Folge.[1805] Entscheidend ist an dieser Stelle, in welchem Umfang die Vorgaben des § 93 I 2 AktG zu einer Konkretisierung des Sorgfaltsmaßstabs bei der Prüfung und Feststellung der Fortführungsprognose herangezogen werden können. Sowohl im Rahmen des § 93 I 2 AktG („zum Wohle der Gesellschaft“) – aufgrund des interessenmonistischen Modells – als auch bei der Beurteilung der

---

1800 *Bachmann,* WM 2015, 105, 108.

1801 2. Kap. § 4 C. VII.

1802 BGH, Urt. v. 24.05.2005 – IX ZR 123/04, BGHZ 163, 134, 145 = NJW 2005, 3062; *Haarmann/Vorwerk,* BB 2015, 1603, 1605.

1803 BGH, Urt. v. 24.05.2005 – IX ZR 123/04, BGHZ 163, 134, 145 = NJW 2005, 3062; *Haarmann/Vorwerk,* BB 2015, 1603, 1605; aus dem Blickwinkel der Insolvenzanfechtung BGH, Urt. v. 12.11.1992 – IX ZR 237/91, NJW-RR 1993, 238; *Thole,* ZIP 2013, 2081, 2082.

1804 *Brömmelmeyer,* WM 2005, 2065, 2066.

1805 *Haarmann/Vorwerk,* BB 2015, 1603, 1605.

Fortführungsprognose im Rahmen der §§ 15a I, 19 II 1 HS. 2 InsO sind die Interessen der Gesellschafter maßgeblich. Im konkreten Fall der §§ 15a I, 19 II 1 HS. 2 InsO ergibt sich damit die Besonderheit, dass die gesetzliche Zielvorstellung der genannten Vorschriften mit dem Tatbestandsmerkmal des Wohls der Gesellschaft des § 93 I 2 AktG übereinstimmt. Da für die einer Entscheidung zugrunde liegende Abwägung von Risiken und Chancen außerhalb des Anwendungsbereichs des § 93 I 2 AktG eine Orientierung an den verfahrensbezogenen Maßstäben des § 93 I 2 AktG angenommen wird,[1806] ergeben sich im faktischen Ergebnis nur marginale Unterschiede zu den generellen Anforderungen des § 93 I 2 AktG. Den gesetzlichen Zielvorgaben der §§ 15a I, 19 II 1 HS. 2 InsO wird damit durch die Tatbestandsmerkmale des § 93 I 2 AktG Rechnung getragen.

Für die aufgeworfene Streitfrage der Anwendbarkeit der *Business Judgement Rule* auf die Feststellung und Beurteilung der Fortführungsprognose ist als Ergebnis zu konstatieren, dass § 93 I 2 AktG nicht direkt anwendbar ist und nicht von den verfahrensbezogenen Vorgaben des § 93 I 2 AktG auf ein rechtmäßiges Verhalten geschlossen werden kann. Gleichwohl ergibt sich für die Prüfung der §§ 15a I, 19 II 1 HS. 2 InsO die Besonderheit, dass die inhaltliche Entscheidungskontrolle mit den Vorgaben des § 93 I 2 AktG übereinstimmt. In dem fließenden Verhältnis der dargestellten Pole ist die Antragspflicht mit dem Element der Feststellung und Beurteilung der Fortführungsprognose damit unter Berücksichtigung der gesetzlichen Zielvorstellungen in direkter Nähe zu der unternehmerischen Entscheidung des § 93 I 2 AktG einzuordnen.

C. Fazit

Für das Geschäftsleiterermessen lassen sich folgende Ergebnisse festhalten: Dem Geschäftsführer steht für unternehmerische Entscheidungen unter analoger Anwendung des § 93 I 2 AktG eine Haftungsprivilegierung zu. Die Ausformung einer eigenständigen *Reconstruction Judgement Rule*, um den rechtstatsächlichen Besonderheiten im vorinsolvenzlichen Zeitraum Rechnung zu tragen, ist nicht erforderlich. Die für die erhebliche Haftungserleichterung des Insolvenzverwalters maßgeblichen Umständen weisen im Vergleich zu denjenigen, unter denen der Geschäftsführer tätig wird, weitreichende Unterschiede im Rahmen der Problematik einer angemessenen Informationsgrundlage auf. Gleichwohl führen die typischerweise auftretenden Umstände des knappen Zeitfensters, der angespannten wirtschaftlichen Lage und des daraus resultierenden erhöhten Entscheidungsdrucks dazu, dass die Anforderungen an das Tatbestandsmerkmal

1806 *Spindler*, in: MüKo, AktG, § 93 Rn. 76.

der angemessenen Informationsgrundlage im Rahmen des § 93 I 2 AktG nicht zu überspannen sind.

Rechtlich gebundene Entscheidungen mit Beurteilungsspielraum sind im Hinblick auf § 93 I 2 AktG als eigenständige Kategorie einzuordnen. Eine analoge bzw. entsprechende Anwendung des § 93 I 2 AktG scheidet demzufolge aus. Für die Feststellung und Planung der Fortführungsprognose – als rechtliche Bewertung des Höhepunkts der Krise – im Rahmen der §§ 15a I, 19 II 1 HS. 2 InsO ergibt sich die Besonderheit, dass sich die gesetzliche Zielvorstellung an den Interessen der Gesellschafter ausrichtet. Die gesetzliche Zielvorstellung, die für eine inhaltliche Prüfung der Entscheidung maßgeblich ist, entspricht insofern dem Parallel-Tatbestandsmerkmal des § 93 I 2 AktG („zum Wohle der Gesellschaft"). Ob den inhaltlichen Zielvorgaben der §§ 15a I, 19 II 1 HS. 2 InsO im Falle der Beurteilung der Fortführungsprognose Rechnung getragen wird, wird damit auch im Rahmen des lediglich verfahrensbezogenen Maßstabs des § 93 I 2 AktG geprüft.

4. Kapitel: Schluss

§ 1 Gesamtüberblick über die Arbeit

Im Ergebnis entsteht durch die Unteraspekte der Krisenfrüherkennung, der Krisenkommunikation, der Aufstellung eines Sanierungskonzepts und der tatsächlichen Umsetzung ein in sich schlüssiges und abgeschlossenes Haftungssystem für den Geschäftsführer. Gleichwohl liegt der haftungsrechtliche Schwerpunkt neben der Haftung für eine verspätete Insolvenzantragsstellung auf der Krisenfrüherkennung und der Ausarbeitung und Aufstellung eines Sanierungskonzepts. Erhebliche Haftungsfreiräume bieten sich dem Geschäftsführer, sofern er den Pflichten zur Abstimmung mit der Gesellschafterversammlung nachkommt und sich die hieran anschließende Tätigkeit auf die Umsetzung des Sanierungskonzepts beschränkt. Die innergesellschaftliche Kommunikation wird – außer durch die Einberufungspflichten der § 49 II, III GmbHG, die situative Krisensignale zum Inhalt haben – durch eine fortlaufende Berichtspflicht des Geschäftsführers vermittelt.

Des Weiteren fügen sich die Elemente der aktuellen Rechtsprechung des BGH in das Gesamtsystem ein. Lediglich der Beschluss des Großen Senats des BFH[1807] wäre ohne ergänzendes gesetzgeberisches Tätigwerden geeignet, eine Vielzahl von Sanierungsverfahren zu konterkarieren.[1808] Für den Blickwinkel der Arbeit erfordern die Vorgaben des Richtlinienvorschlags teilweise Anpassungen der allgemeinen Aspekte der Sanierungspflicht.

Für die Frage des Gläubigerschutzes sind drei Leitlinien festzuhalten. Grundlegend wird für vorinsolvenzliche Sanierungsmaßnahmen davon ausgegangen, dass sich die Interessen der Gläubiger und Gesellschafter in der Überwindung einer kurz- oder mittelfristigen Krise bündeln (§§ 15a I, 19 II 1 HS. 2 InsO).[1809] Ein reflexartiger Schutz der Gläubigergesamtheit wird lediglich durch die Prüfungsobliegenheit des einzelnen Gläubigers im Rahmen des Sanierungsprivilegs des § 133 I 2 InsO implementiert.[1810] Der Schwerpunkt der Elemente des Sanierungsprivilegs liegt dabei nicht auf der inhaltlichen Prüfung des Konzepts, sondern auf der Gewährleistung einer hinreichenden Informationsgrundlage.[1811]

1807 BFH, Beschl. v. 28.11.2016 – GrS 1/15, DStR 2017, 305, Rn. 150.
1808 3. Kap. § 3 B. VI. 4. b) dd).
1809 2. Kap. § 4 C. VII.
1810 3. Kap. § 2 B. II. 3. b) cc).
1811 3. Kap. § 2 B. II. 3. b) cc) (2).

Die jeweiligen Einschränkungen der beiden Elemente ergeben sich daraus, dass der Gläubiger auf die Einhaltung der Sorgfaltspflicht des Geschäftsführers (§ 43 I GmbHG) vertraut.[1812] Die Einordnung der Haftung aus § 43 II GmbHG hat jedoch gezeigt, dass die präventive Steuerungsfunktion nur gering ausgeprägt ist.[1813] An dieser Stelle ist weder eine Ausnahme von der Haftungskanalisierung des § 43 II GmbHG auszuformen noch sind Anpassungen der Darlegungs- und Beweislast oder des Kreises der Klageberechtigten vorzunehmen, um die Präventivfunktion der § 43 I, II GmbHG zu erhöhen. Insolvenzrechtliche Wertungen unterstützen insofern das Modell der freien Verfügungen im vorinsolvenzlichen Zeitraum. Lediglich durch die Prüfungsobliegenheit des § 133 I 2 InsO kommt es zu einer Vorverlagerung insolvenzrechtlicher Wertungen.[1814]

§ 2 Zusammenfassung der wesentlichen Ergebnisse

A. Rechtliche Bewertung des Höhepunkts der Krise

Die infolge der grundlegenden Kritik nur begrenzt heranzuziehenden Ergebnisse der verhaltensökonomischen Analyse des vorinsolvenzlichen Zeitraums haben gezeigt, dass sowohl für unbegrenzt haftende Unternehmer als auch für die Gesellschafter einer Kapitalgesellschaft (hier der GmbH) in konkreter Insolvenznähe die grundsätzlich vorzufindende Risikoaversität durch systembedingte Verhaltensanreize überlagert wird.[1815] Im Falle einer Modellbetrachtung würden die aus der Haftungsbeschränkung (§ 13 II GmbHG) abzuleitenden Verhaltensanreize zu einem *moral hazard* führen. Die Interessen der Gesellschafter und Gläubiger würden sich unter den aufgeführten Prämissen im Ergebnis indifferent verhalten. Diese Verhaltensanreize werden nach den verhaltensökonomischen Prämissen durch die Rechtswirkungen der Eröffnung eines Insolvenzverfahrens abgelöst, durch welche die Gesellschafter nicht mehr zu Lasten der Gläubiger verfügen können (§ 27 I i.V.m. §§ 80, 81 i.V.m. § 1 InsO).

Das gesetzliche Leitbild der Insolvenzantragspflicht (§ 15a I InsO) legt hingegen infolge der Drei-Wochen-Frist und des Elements der Fortbestehensprognose (§ 19 II 1 HS. 2 InsO) die Wertung zugrunde, dass sich die Interessen der Gesellschafter und der Gläubiger im Überwinden einer wirtschaftlichen Schwächephase bündeln und sich demzufolge nicht indifferent verhalten.[1816] Aus dem

---

1812 3. Kap. § 2 B. II. 3. b) cc) (3).

1813 3. Kap. § 3 A. II. 1. c).

1814 3. Kap. § 2 B. II. 3. b) cc) (3).

1815 2. Kap. § 3 C. II.

1816 2. Kap. § 4 C. VII.

Element der Fortführungsprognose (§ 19 II 1 HS. 2 InsO) ist abzuleiten, dass freie Verfügungen des Schuldners bzw. der Organe des schuldnerischen Unternehmens insolvenzrechtlich gerade erwünscht sind. Unter ausschließlicher Betrachtung der §§ 15a I, 19 II 1 HS. 2 InsO ergibt sich der Gläubigerschutz aus einem an den freien Handlungsspielraum des Schuldners gekoppelten Reflex. Mit anderen Worten beinhalten die §§ 15a I, 19 II 1 HS. 2 InsO das wertungsmäßige Grundmodell, dass die Gläubigerinteressen gewahrt sind, sofern der Schuldner seine Interessen eigenständig zum Zwecke der Sanierung verfolgen kann.

Die Insolvenzantragspflicht kennzeichnet sich des Weiteren sowohl durch Prinzipien des gesellschafts- als auch des insolvenzrechtlichen Haftungssystems und ist infolgedessen entgegen der herrschenden Auffassung nicht ausschließlich insolvenzrechtlich einzuordnen.[1817] Für die rechtliche Bewertung des Höhepunkts der Krise hat die Analyse der teleologischen Ausrichtung der Pflicht des § 15a I InsO zu dem Ergebnis geführt, dass ein dreigliedriger Schutzbereich besteht.[1818] Im Widerspruch zu der Auffassung *K. Schmidts* ist aus der Insolvenzantragspflicht kein allgemeiner präventiver Schutz der Gläubigergesamtheit abzuleiten.[1819] Ein präventiver Schutz des Rechtsverkehrs besteht nur dahingehend, dass die Gläubiger aufgrund fehlender Bekanntmachung eines Insolvenzverfahrens davon ausgehen können, dass die schuldnerische Gesellschaft zumindest nicht materiell insolvent ist.[1820] Für die Bewertung des Höhepunkts der Krise und des vorinsolvenzlichen Zeitraums zeigen sich damit grundlegend verschiedene Ausgangspunkte der verhaltensökonomischen Analyse auf der einen Seite und der gesetzlichen Wertungen der §§ 15a I, 19 II 1 HS. 2 InsO auf der anderen Seite.[1821] Die Implementierung eines an dem Kriterium der Effizienz gemessenen Arguments auf Grundlage der verhaltensökonomischen Analyse in den untersuchten Bereich hat damit an den dargestellten rechtsdogmatischen Grundlagen zu scheitern.[1822]

1817 2. Kap. § 4 B. IV.

1818 2. Kap. § 4 C. VII.

1819 2. Kap. § 4 C. VI. 2.

1820 *Haas*, in: Baumbach/Hueck, GmbHG, § 64 Rn. 146, 169; *ders.*, Geschäftsführerhaftung und Gläubigerschutz, S. 22, 95 ff.; *Haas/Kolmann/Pauw*, in: Gottwald, InsolvenzR-HB, § 92 Rn. 97.

1821 2. Kap. § 4 C. VII.

1822 2. Kap. § 4 C. VII.

B. Interessenausrichtung der Geschäftsführungsbefugnis

Die inhaltliche Analyse des normativen Handlungsmaßstabs des Unternehmensinteresses anhand der Unterteilung zwischen einem wirtschaftlich erfolgreichen und einem kriselnden Unternehmen hat gezeigt, dass es auch in einer krisenhaften Entwicklung zu keiner Aufweichung des interessenmonistischen Modells kommt. Aus den Insolvenzanfechtungsregeln der §§ 129 ff. InsO lässt sich keine eigenständige Ausformung des Unternehmensinteresses in der Unternehmenskrise herleiten, sodass für den Geschäftsführer gerade keine Pflicht besteht, über die zwingenden gesetzlichen Vorgaben die Interessen der Gläubiger oder der Allgemeinheit im Rahmen der Geschäftsführung zu berücksichtigen.[1823] Nach der weiteren Analyse des § 133 InsO wird der Grundsatz des reaktiven (*ex post* wirkenden) Gläubigerschutzes durch einen präventiven (*ex ante* wirkenden) Gläubigerschutz ergänzt.[1824] Der präventive Gläubigerschutz wird dadurch vermittelt, dass sich die Verhaltenssteuerungsfunktion des § 133 I 2 InsO – mit Blick auf das Sanierungsvorhaben – auf die Prüfung des Sanierungskonzepts durch den jeweiligen Gläubiger richtet. Aus der Prüfungs- und Informationsobliegenheit des einzelnen Gläubigers ergibt sich zugleich ein reflexartiger Schutz der Gläubigergesamtheit.[1825] Die von der Rechtsprechung[1826] als ausreichend erachtete laienhafte Prüfung des Sanierungsvorhabens rechtfertigt sich hierbei durch einen als weitreichend einzuordnenden Einblick in das Sanierungsvorhaben (Informationsgrundlage).[1827] Eine passgenaue Erweiterung des Gläubigerschutzniveaus könnte lediglich durch die Ausformung eines eigenständigen Auskunftsanspruchs des einzelnen Gläubigers erfolgen.[1828] Um keinen systemimmanenten Widerspruch zu erzeugen, dürfte das Auskunftsrecht nicht an eine schadensersatzrechtliche Haftung des Geschäftsführers gekoppelt werden und könnte in der Praxis insofern wenig Beachtung finden.[1829]

C. Einschränkungen des Anwendungsbereichs der Sanierungspflicht

Die Sanierungspflicht des Geschäftsführers leitet sich zum einen aus dem regelmäßig verfolgten erwerbswirtschaftlichen Zweck der Gesellschaft (§ 3 I Nr. 2

1823 3. Kap. § 3 B. II. 3. b) cc).
1824 3. Kap. § 3 B. II. 3. b).
1825 3. Kap. § 3 B. II. 3. b) cc) (3).
1826 BGH, Urt. v. 12.05.2016 – IX ZR 65/14, NJW-RR 2016, 1518.
1827 3. Kap. § 3 B. II. 3. b) cc) (2).
1828 3. Kap. § 3 B. II. 3. b) cc) (3).
1829 3. Kap. § 3 B. II. 3. b) cc) (3).

GmbHG) und zum anderen aus den erhöhten Sorgfaltsanforderungen an einen Treuhänder in einer Krisensituation her. Der Anwendungsbereich der Sanierungspflicht des Geschäftsführers erfährt durch vier Aspekte Einschränkungen. Erstens weist die Krisenfrüherkennungspflicht durch das Merkmal der Bestandsgefährdung einen erheblichen Filter auf und knüpft gerade nicht an den betriebswirtschaftlich definierten Krisenbegriff an. Zweitens ergeben sich aus der innergesellschaftlichen Kompetenzverteilung im vorinsolvenzlichen Zeitraum dadurch Haftungsfreiräume, dass Sanierungsmaßnahmen vielfach in die Kompetenzen der Gesellschafterversammlung fallen und die Befolgung einer Weisung oder eines Beschlusses für den Geschäftsführer nicht haftungsbegründend sein kann. Die mit den Abstimmungspflichten einhergehenden Haftungsfreiräume treten dabei je stärker in den Vordergrund, umso weiter die Krise vorangeschritten ist.[1830] Drittens trifft den Geschäftsführer zwar die Pflicht (§ 43 I GmbHG) zur Aufstellung eines Sanierungskonzepts nach den materiellen Vorgaben des IDW ES 6 n.F., gleichzeitig ist diese rechtliche Pflicht jedoch an die Komplexität und die bestehende objektive Sanierungsfähigkeit geknüpft.[1831] Viertens erfordern die tatsächlichen Umstände des knappen Zeitfensters, der angespannten wirtschaftlichen Lage und des daraus resultierenden erhöhten Entscheidungsdrucks im Rahmen des § 93 I 2 AktG einerseits nicht die Bildung einer eigenständigen *Reconstruction Judgement Rule* in Anlehnung an die Position des Insolvenzverwalters im Falle einer Unternehmensfortführung. Andererseits ist den dargestellten Besonderheiten durch eine großzügige Handhabung im Rahmen der einzelnen Elemente des § 93 I 2 AktG Rechnung zu tragen.[1832] Im Falle einer Beachtung dieser Aspekte ergibt sich aus § 93 I 2 AktG eine erhebliche Haftungsprivilegierung.

I. Einordnung in das Gläubigerschutzsystem

Die Einordnung der Organhaftung aus § 43 II GmbHG in das Gläubigerschutzsystem hat erkennen lassen, dass die Kompensationsfunktion des § 43 II GmbHG zwar grundsätzlich besteht, der Grad der Haftungsdurchsetzung jedoch gering ist. Diese Aspekte wirken sich auf der Ebene einer Präventionsfunktion neben rechtsformspezifischen Besonderheiten der GmbH dahingehend aus, dass die Präventionsfunktion im Ergebnis als gering zu bewerten ist.[1833]

1830 3. Kap. § 3 B. VI. 1.
1831 3. Kap. § 3 B. IV. 6.
1832 3. Kap. § 4 C.
1833 3. Kap. § 3 A. I. 1. c).

Für die Umsetzung der Vorgaben des Richtlinienentwurfs in Bezug auf die Kodifizierung einer eigenständigen Sanierungspflicht (Art. 18 RLV) und die damit einhergehenden Überlegungen *de lege ferenda* ist zu konstatieren, dass der Schwerpunkt auf einer Sensibilisierung der betroffenen Verkehrskreise liegt.[1834] Es sind weder Anpassungen im Rahmen der Darlegungs- und Beweislast vorzunehmen noch ist ein eigenständiges Gläubigerverfolgungsrecht nach dem Vorbild des § 93 V 1 AktG zu implementieren, um die aufgezeigten Schwächen der Kompensation und der Prävention der Organhaftung zu reduzieren.[1835]

II. Krisenfrüherkennung

Nach der Untersuchung der Bilanzanalyse, der betrieblichen Statistik, der Finanzplanung, der Solvenzprognosen, des Krisenfrüherkennungssystems und der strategischen Planung unter dem Blickwinkel der haftungsrelevanten Pflicht zur Krisenfrüherkennung weist das Gesamtsystem retrospektive, präventive und begleitende Elemente auf.

Für die Solvenzprognosen zeigt sich aus dem Zusammenspiel des § 64 S. 3 GmbHG mit § 43 I GmbHG als Ergebnis, dass die einzelne Prognose mit fortgeschrittener Krisennähe an Intensität gewinnt.[1836] Insofern kommt es erst in konkreter Insolvenznähe zur Überprüfung einzelner Zahlungen. Für die Ausstrahlungswirkung des § 91 II AktG auf das Recht der GmbH in Bezug auf ein Früherkennungssystem ergibt sich im Ergebnis als Regelfall, dass der Geschäftsführer die Vorgaben der internen Revision selbst erfüllt und die Bildung einer eigenständigen internen Revisionseinheit wirtschaftlich nicht vertretbar sein wird. Die aus § 91 II AktG abzuleitenden Vorgaben sind für das Gesamtsystem der Krisenfrüherkennung als Leitlinie der einschränkenden Merkmale der Krisenfrüherkennung zu lesen.[1837] Der Filter der Bestandsgefährdung ist damit für die sechs Elemente der Krisenfrüherkennung als haftungsrechtlicher Maßstab heranzuziehen.[1838] Inhaltlich weist der Schwellenwert eine insolvenzrechtliche Prägung auf, sodass die betriebswirtschaftliche Definition eines haftungsrelevanten Krisenbegriffs zugleich auszuscheiden hat.[1839] Insbesondere für die Pflicht zur Beobachtung des Unternehmensumfelds ergibt sich insofern, dass

---

1834 3. Kap. § 3 B. II. 2. a).
1835 3. Kap. § 3 B. II. 2. b).
1836 3. Kap. § 3 B. II. 2. a) bb).
1837 3. Kap. § 3 B. II. 2. e) dd) (4).
1838 3. Kap. § 3 B. II. 2. e) dd) (4).
1839 3. Kap. § 3 B. II. 2. e) dd) (1).

nur solche Daten haftungsrelevant sind, die bereits die Intensität der Bestandsgefährdung erreicht haben.[1840]

III. Krisenkommunikation

Der für eine erfolgreiche Bewältigung der Unternehmenskrise unabdingbare Informationsfluss zwischen dem Geschäftsführer und der Gesellschafterversammlung wird grundlegend durch die periodische Berichtspflicht des Geschäftsführers vermittelt. Die Systematisierung der inhaltlichen Vorgaben folgt aus einem Vergleich der Organbeziehung des Geschäftsführers zu der Gesellschafterversammlung mit der Stellung eines fakultativen Aufsichtsrats zu der Gesellschafterversammlung.[1841] Im Ergebnis sind dabei die Vorgaben des § 90 I 1 Nr. 2–4 AktG heranzuziehen.[1842] Gleichwohl erfährt der Detaillierungsgrad des jeweiligen Berichts aufgrund der Komplexität und der Größen der typischerweise kleineren GmbH eine Anpassung.[1843]

Das situative Krisensignal des § 49 III GmbHG knüpft an einen Zeitpunkt an, der spätestens ein Eingreifen der Gesellschafterversammlung erfordert. Dies folgt insbesondere aus einer Abwägung zwischen der Dringlichkeit und dem sachlichen Gewicht auf der einen Seite und den mit einer Einberufung einhergehenden Kosten und dem Zeitaufwand auf der anderen Seite.[1844] Gegen eine in naher Zukunft zu erwartende Neufassung des § 49 III GmbHG spricht vor allem die Gesetzesdynamik um § 5a IV GmbH. § 49 III GmbHG ist des Weiteren als gesetzliche Konkretisierung des § 49 II GmbHG zu lesen, sodass es zu keiner Sperrwirkung für den Bereich einer krisenspezifischen Kommunikation kommt. In Anknüpfung an bisherige Auffassungen erscheint eine Einberufung „im Interesse der Gesellschaft erforderlich" (§ 49 II HS. 2 GmbHG), sofern eine Bestandsgefährdung des Unternehmens den nachhaltigen wirtschaftlichen Erfolg gefährdet.[1845] Dieser Schwellenwert schafft eine Einheit zwischen der haftungsrelevanten Pflicht der Krisenfrüherkennung und einer hiermit einhergehenden Einberufungspflicht.[1846] Letztlich ist die periodische Berichtspflicht

1840 3. Kap. § 3 B. II. 2. f) dd).
1841 3. Kap. § 3 B. III. 1. c).
1842 3. Kap. § 3 B. III. 1. c).
1843 3. Kap. § 3 B. III. 1. c).
1844 3. Kap. § 3 B. III. 2. a).
1845 3. Kap. § 3 B. III. 2. a) bb).
1846 *Haas*, Gutachten zum 66. DJT, Bd. I, E 150; *Veil*, ZGR 2006, 374, 381, *Wanner*, Die GmbH in der Krise, S. 92 f.; 3. Kap. § 3 B. III. 3.

als fortlaufende Grundlage einer Kommunikation zwischen den Organen zu betrachten, die durch das spät eintretende Krisensignal des § 49 III GmbHG und durch das des an den Beginn der rechtlichen Krise anknüpfenden § 49 II HS. 2 GmbHG lediglich ergänzt wird.

IV. Ausarbeitung und Aufstellung eines Sanierungskonzepts

Die Anforderungen an die Ausarbeitung und Aufstellung eines Sanierungskonzepts weisen eine wertungsmäßige Nähe zu den Vorgaben der wirtschaftlichen Selbstprüfungspflicht auf.[1847] Die Normen der § 15a I InsO und § 64 S. 1 GmbHG sind als gesetzliche Anhaltspunkte für die Problematik zu sehen, wie die Abwägung zwischen dem Risiko der Schädigung weiterer gutgläubiger Geschäftspartner auf der einen Seite und den Aussichten und Vorzügen einer Sanierung auf der anderen Seite für den von den Normen in Blick genommenen Zeitraum auszufallen hat.[1848] Im Falle der Beauftragung externen Sachverstands zur Erstellung eines Sanierungskonzepts ändert sich die Pflichtendynamik des Geschäftsführers dahingehend, dass dieser fortlaufend für eine hinreichende Informationsgrundlage des externen Erstellers zu sorgen und das finale Sanierungskonzept lediglich auf Plausibilität zu prüfen hat.[1849]

Die zentralen Bestandteile eines Sanierungskonzepts sind in zwei Stufen zu unterteilen, die auf erster Stufe auf die Sicherung einer positiven insolvenzrechtlichen Fortbestehensprognose und auf zweiter Stufe auf die Herbeiführung einer nachhaltigen Fortführungsfähigkeit abzielen.[1850] Den jeweils erforderlichen Sanierungsmaßnahmen liegen dabei die Darstellung der derzeitigen Unternehmenssituation (Ist-Zustand), die Analyse der Krisenursachen und die Ausformung eines Leitbilds des sanierten Unternehmens (Soll-Zustand) zugrunde. Insbesondere im Rahmen der Analyse der Krisenursachen ist zu bemerken, dass die Streichung der Einordnung anhand spezieller Krisenphasen im Rahmen der Neufassung des IDW ES 6 auf die Rechtsprechung des BGH zurückgeführt werden kann. Die betriebswirtschaftliche Konkretisierung der Vorgaben der Rechtsprechung durch die Vorgaben des IDW S 6 a.F. wurde damit zurückgedrängt. Nach den Ausführungen des BGH beschränkt sich die Analyse der Krisenursachen auf solche mit einer potentiell insolvenzauslösenden Intensität.[1851]

1847 3. Kap. § 3 B. IV. 2.

1848 3. Kap. § 3 B. III. 3.

1849 3. Kap. § 3 B. IV. 3.

1850 3. Kap. § 3 B. IV. 5. b).

1851 BGH, Urt. v. 12.05.2016 – IX ZR 65/14, NJW-RR 2016, 1518, Rn. 35; 3. Kap. § 3 B IV. 5. a) bb).

Zugleich kennzeichnet sich der Ansatz des BGH dadurch, dass von im Regelfall bestehenden weitreichenden strukturellen Defiziten ausgegangen wird.[1852] Dieser Aspekt wirkt sich im Rahmen des § 133 I 2 InsO dahingehend aus, dass es für die Gläubiger regelmäßig nicht ausreicht, von bloßen Finanzhilfen Kenntnis gehabt zu haben.[1853] Das Leitbild des sanierten Unternehmens erfordert qualitative und quantitative Aussagen über die Wettbewerbsfähigkeit und Erwirtschaftung nachhaltiger Erträge.

Für die auf erster Stufe erforderlichen Sanierungsmaßnahmen zur Sicherstellung einer positiven Fortbestehensprognose wurde auf zwei regelmäßig auftretende Aspekte eines Sanierungsvorhabens eingegangen: Die erste Problematik bilden die Anforderungen an die Verbindlichkeit einer Zusicherung eines Finanzierungsengagements.[1854] Die zweite Problematik ergibt sich aus den zu berücksichtigenden Rahmenbedingungen sog. Überbrückungsfinanzierungen.[1855]

Für die erstgenannte Streitigkeit ist diejenige Auffassung zu bevorzugen, die von einer überwiegenden Wahrscheinlichkeit der Mitwirkung an dem Sanierungsvorhaben durch die Gläubiger ausgeht, wenn die Gläubiger – bei Unterstellung eines wirtschaftlich sinnvollen Verhaltens – einen wirtschaftlichen Vorteil im Vergleich zu einem regulären Insolvenzverfahren generieren können.[1856] Abzustellen ist hierbei auf einen Vergleich zwischen einer fiktiven Insolvenzquote und etwaigen Forderungsquoten im Rahmen des Sanierungskonzepts.

Diese Auffassung überzeugt insbesondere, weil die Annahmen im Einklang mit den herausgearbeiteten Wertungen der §§ 15a I, 19 II 1 HS. 2 InsO stehen.[1857] Für die erforderliche Vergleichsrechnung im Verhältnis zu einer insolvenzbedingten Liquidation ist eine grobe Überschlagsrechnung ausreichend. Bei der Eingehung von Finanzierungsgeschäften stehen unter dem Blickwinkel des § 826 BGB die Kenntnis der finanzierenden Bank von der drohenden Insolvenz und die zeitliche Befristung im Vordergrund.[1858] Die Untersuchung der Vorgaben des Art. 16 RLV haben gezeigt, dass § 826 BGB entgegen dem Wortlaut des Art. 16 I RLV („für nichtig, anfechtbar oder nicht durchsetzbar") *de lege ferenda* weiterhin Anwendung finden wird.[1859] Dieses Ergebnis folgt aus einer

1852 BGH, Urt. v. 12.05.2016 – IX ZR 65/14, NJW-RR 2016, 1518; 3. Kap. § 3 B. IV. 5. b).
1853 3. Kap. § 3 B. IV. 5. a) bb).
1854 3. Kap. § 3 B. IV. 5. b) aa) (1).
1855 3. Kap. § 3 B. IV. 5. b) aa) (2).
1856 3. Kap. § 3 B. IV. 5. b) aa) (1) (a).
1857 3. Kap. § 3 B. IV. 5. b) aa) (1) (c).
1858 3. Kap. § 3 B. IV. 5. b) aa) (1) (a).
1859 3. Kap. § 3 B. IV. 5. b) aa) (1) (b).

wertungsmäßigen Parallele der Vorgaben des Art. 16 III RLV zu denjenigen des § 826 BGB (*de lege lata*). Gleichwohl bestehen punktuell Anpassungserfordernisse, welchen im Wege einer richtlinienkonformen Auslegung des § 826 BGB Rechnung zu tragen ist.[1860] Zum einen ist nach dem Wortlaut des Art. 16 III RLV eine Täuschungs- oder Schädigungsabsicht maßgeblich. Zum anderen ist davon auszugehen, dass sich die zeitliche Komponente an den Vorgaben des Art. 6 IV RLV orientieren wird.

Für die Streitigkeit um das Erfordernis der Wiederherstellung des vollständigen bilanziellen Eigenkapitals sind die aufgeführten Ansätze dahingehend zusammenzuführen, dass die Wiederherstellung des bilanziellen Eigenkapitals im Regelfall eine Voraussetzung auf zweiter Stufe des Sanierungskonzepts bildet. Soll die Betrachtung des wirtschaftlichen Eigenkapitals als Grundlage für die Beurteilung der nachhaltigen Sanierungsfähigkeit herangezogen werden, bedarf es im Sinne eines Ausnahmefalls eines erhöhten Begründungsaufwands.[1861]

Aus den qualitativen Merkmalen der Gruppe der kleinen und mittelgroßen Unternehmen sind folgende Ableitungen für die Erstellung von Sanierungskonzepten möglich:[1862] Erstens erschwert eine regelmäßig defizitäre Informationsgrundlage die Prüfung der Sanierungsfähigkeit. Zweitens kommt es aufgrund der weiteren Besonderheiten nicht zu einer Anpassung der materiellen Anforderungen. Drittens führt der vergleichsweise geringe Diversifizierungsgrad in der operativen Ausrichtung und der Finanzierungsstruktur zu einem geringeren Detaillierungsgrad innerhalb der jeweiligen materiellen Anforderungen an ein Sanierungskonzept. Dem letzten Punkt trägt insofern auch die Neufassung des IDW ES 6 Rechnung, dessen betriebswirtschaftliche Konkretisierungen weiter verringert wurden.

Im Ergebnis kommt es insofern nicht darauf an, dass der Geschäftsführer einer kleinen oder mittelgroßen GmbH im Vergleich zu dem Vorstand einer AG nicht über die gleiche Möglichkeit verfügt, vergleichbare Qualität an sachverständiger Beratung und Hilfeleistung in Anspruch zu nehmen. Vielmehr können die Vorgaben des IDW ES 6 n.F. allgemein für die Ausformung der Verhaltenspflicht des § 43 I GmbHG herangezogen werden. Für kleine und mittelgroße Unternehmen zeigt sich zugleich die Bedeutsamkeit der fortlaufenden wirtschaftlichen Selbstprüfungspflicht, deren Nichteinhaltung eine Sanierung bereits im Ansatz konterkarieren kann.

1860 3. Kap. § 3 B. IV. 5. b) aa) (2) (c).
1861 3. Kap. § 3 B. IV. 5. b) bb) (1) (c).
1862 3. Kap. § 3 B. IV. 6. b).

V. *Tatsächliche Krisenbewältigung durch Umsetzung des Sanierungskonzepts*

Für Sanierungsmaßnahmen kennzeichnet sich die kompetenzrechtliche Organstellung des Geschäftsführers durch eine Ausarbeitungs- und Vorlagepflicht eines Sanierungskonzepts. Infolge einer Parallele zu den Rahmenbedingungen der Gestaltung der Unternehmenspolitik hat der Geschäftsführer die Entscheidungsbefugnisse und Präferenzen der Gesellschafterversammlung fortlaufend zu berücksichtigen bzw. miteinzubeziehen.[1863] Bereits im Rahmen der Erstellung eines Sanierungskonzepts trifft den Geschäftsführer bezüglich der Aufnahme einzelner Sanierungsmaßnahmen eine Prüfungspflicht, ob die jeweilige Maßnahme dem Risikoprofil der Gesellschafter entspricht.[1864] Gleichwohl beschränkt sich die Prüfungspflicht auf offensichtlich nicht den Präferenzen der Gesellschafter entsprechende Maßnahmen.[1865] Durch die im Ergebnis als weitreichend zu bewertenden Abstimmungspflichten werden Haftungsfreiräume zu Gunsten des Geschäftsführers vermittelt. Im Falle von dringend notwendigen Sofortmaßnahmen kann ein Verstoß gegen die innergesellschaftliche Kompetenzordnung nach den Grundsätzen der Notgeschäftsführung unbeachtlich sein.[1866] Die überwiegenden Interessen der Gesellschaft und die erforderliche Eilbedürftigkeit ergeben sich regelmäßig aus dem mit einer konkreten Insolvenznähe einhergehenden Entscheidungsdruck und dem anzunehmenden Interesse der Gesellschafter an einer Vermeidung des Eintritts eines zwingenden Insolvenzeröffnungsgrunds.[1867]

Für den Fall einer angestrebten – möglichst weitreichenden – Entmachtung des Geschäftsführers durch die Gesellschafter folgen die Grenzen aus den zwingenden Organpflichten des Geschäftsführers. Im vorinsolvenzlichen Zeitraum steht dabei die Insolvenzantragspflicht als wichtigste Organpflicht im Mittelpunkt. Um der Antragspflicht auf zweiter Ebene nachkommen zu können, bedarf es auf erster Ebene insbesondere einer hinreichenden Informationsgrundlage.[1868] Diese Informationsgrundlage erfordert für die Beurteilung der §§ 17, 19 InsO einen Einblick in die wirtschaftlichen Verhältnisse des Unternehmens. Die Betrachtung dreier verschiedener wirtschaftlicher Phasen des Unternehmens

1863 3. Kap. § 3 B. VI. 1. b).
1864 3. Kap. § 3 B. VI. 1. b).
1865 3. Kap. § 3 B. VI. 1. b).
1866 3. Kap. § 3 B. VI. 1. c).
1867 3. Kap. § 3 B. VI. 1. c).
1868 3. Kap. § 3 B. VI. 1. d) bb).

unter dem Blickwinkel des § 15a I InsO hat gezeigt, dass insbesondere im Falle einer angestrebten außergerichtlichen Sanierung in Insolvenznähe ein weitreichender Einblick in die strategischen und operativen Entscheidungen der Gesellschafter erforderlich ist. Selbst wenn die Gesellschafter die Kompetenzen des Geschäftsführers auf diejenigen eines Zölibats-Geschäftsführers reduzieren wollen, besteht weiterhin ein erhebliches Informationsbedürfnis des Geschäftsführers. Dieses Informationsbedürfnis ist nicht durch einen eigenständigen Auskunftsanspruch gegenüber der Gesellschafterversammlung abgesichert. Vielmehr hat der Geschäftsführer das regelmäßig zu vermeidende Szenario der Antragsstellung im Falle eines sich andeutenden Informationsdefizits gegenüber der Gesellschafterversammlung dahingehend zum Ausdruck zu bringen, dass Möglichkeiten des Einblicks erweitert werden.[1869] Diese herausgearbeitete Konstellation ist zugleich gegen die Begründung eines über den zwingenden Kompetenzbereich hinausgehenden eigenständigen Kompetenzbereichs anzuführen.

VI. Geschäftsleiterermessen

Das Rechtsinstitut der *Business Judgement Rule* (§ 93 I 2 AktG) findet analoge Anwendung auf die Sorgfaltspflicht des Geschäftsführers (§ 43 I GmbHG) und führt zu einem verfahrensbezogenen Sorgfaltsmaßstab.[1870] Im Falle der analogen Anwendung des § 93 I 2 AktG kann insofern von der Einhaltung der Verfahrensschritte auf ein sorgfaltsgemäßes Handeln geschlossen werden. Die Ausformung einer eigenständigen *Reconstruction Judgement Rule* für unternehmerische Entscheidungen im Rahmen von vorinsolvenzlichen Sanierungsmaßnahmen in Anlehnung an die Umstände, unter denen der Insolvenzverwalter im Falle einer Unternehmensfortführung tätig wird, ist nicht erforderlich. Die zugrunde liegenden Sachverhaltskonstellationen überschneiden sich nur teilweise.[1871] Gleichwohl führen die typischerweise auftretenden Umstände des knappen Zeitfensters, der angespannten wirtschaftlichen Lage und des daraus resultierenden erhöhten Entscheidungsdrucks dazu, dass die Anforderungen an das maßgebliche Tatbestandsmerkmal der angemessenen Informationsgrundlage im Rahmen des § 93 I 2 AktG nicht zu überspannen sind.[1872]

Rechtlich gebundene Entscheidungen, die unbestimmte Rechtsbegriffe mit Beurteilungsspielraum aufweisen, sind im Hinblick auf § 93 I 2 AktG als

1869 3. Kap. § 3 B. VI. 1. d) bb) (3).
1870 3. Kap. § 4 A. II.
1871 3. Kap. § 4 A. II. 2. b).
1872 3. Kap. § 4 A. II. 2. c).

eigenständige Kategorie zu behandeln.[1873] Eine analoge bzw. entsprechende Anwendung des § 93 I 2 AktG hat damit auszuscheiden. Für die einzelfallbezogene Handhabung ist im Sinne eines sich im Fluss befindenden Systems entscheidend, inwiefern der unternehmerische Aspekt oder die gesetzliche Zielvorstellung jeweilig in den Vordergrund tritt.[1874] Für die Feststellung und Planung der Fortführungsprognose (§§ 15a I, 19 II 1 HS. 2 InsO) – im Rahmen der rechtlichen Bewertung des Höhepunkts der Krise[1875] – ergibt sich dabei die Besonderheit, dass die gesetzliche Zielvorstellung von übereinstimmenden Interessen der Gesellschafter und Gläubiger ausgeht.[1876] Die gesetzliche Zielvorstellung, die für eine inhaltliche Prüfung der Entscheidung maßgeblich ist, entspricht insofern dem Parallel-Tatbestandsmerkmal des § 93 I 2 AktG („zum Wohle der Gesellschaft"). Ob den inhaltlichen Zielvorgaben der §§ 15a I, 19 II 1 HS. 2 InsO im Falle der Beurteilung der Fortführungsprognose inhaltlich Rechnung getragen wird, wird damit auch im Rahmen des lediglich verfahrensbezogenen Maßstabs des § 43 I GmbHG i.V.m. § 93 I 2 AktG geprüft.[1877]

§ 3 Ausblick

Der mit der untersuchten Sanierungspflicht des Geschäftsführers einhergehende rechtspolitische Aspekt der Sanierungskultur wurde bereits 2012 durch das ESUG adressiert.[1878] Im Rahmen der Umsetzung der Vorgaben des unter Umständen abgeänderten Richtlinienentwurfs werden verschiedene Thematiken aufeinander abzustimmen sein. Entscheidend ist insofern, inwiefern die Ansätze des erleichterten Zugangs zu insolvenzrechtlichen Sanierungsinstrumenten des ESUG zur Förderung der Sanierungskultur ergänzt werden und sich die neuen Aspekte in das bisherige Gesamtsystem einfügen. Hierzu soll zunächst eine umfassende Evaluation der Aspekte der Stärkung der Eigenverwaltung, der Einführung eines Schutzschirmverfahrens und der Stärkung des Insolvenzplanverfahrens erfolgen.[1879] Für die Umsetzung der Vorgaben einer etwaigen

---

1873 3. Kap. § 4 B. III.

1874 3. Kap. § 4 B. III.

1875 3. Kap. § 4. B. III. 2.

1876 2. Kap. § 4 C. VII.

1877 3. Kap. § 4 B. IV.

1878 BT-Drucks. 17/5712, S. 17.

1879 Forschungsvorhaben der ESUG-Evaluation betreut von *Jacoby/Madaus/Sack/Schmidt/Thole* (abrufbar unter https://www.esug-evaluation.de; letzter Abruf: 11.11.2017); zu der Bedeutsamkeit der Auswertung *Madaus*, NZI 2017, 329, 332.

Richtlinie stellt sich für den deutschen Gesetzgeber insofern die Frage, ob ein eigenständiges Reorganisationsgesetz geschaffen werden soll und wie dieses insbesondere im Verhältnis zu den drei genannten Aspekten des ESUG auszuformen ist.[1880] Die durch das ESUG angestoßene Problematik des Zusammenspiels von Gesellschafts- und Insolvenzrecht wird hierbei durch die Ansätze des Richtlinienvorschlags dahingehend vertieft, dass erstmalig auch allgemein bürgerlichrechtliche[1881] und gesellschaftsrechtliche[1882] Vorschriften adressiert werden, um die Sanierungskultur zu fördern.

Die Auswirkungen auf die Sanierungs- und Insolvenzrechtspraxis werden möglicherweise so weitreichend sein, dass die rein insolvenzrechtlichen Instrumentarien des ESUG lediglich in wenigen Ausnahmefällen wahrgenommen werden und in ihrer Bedeutsamkeit damit zurückgedrängt werden.[1883] Gleichzeitig wird sich die Frage stellen, ob und inwiefern den Geschäftsführer als operatives Organ eine haftungsrelevante Pflicht zur Einleitung etwaiger optionaler Sanierungsinstrumente trifft.[1884]

Die Anpassung der inhaltlichen Pflichten des Geschäftsführers ist weitestgehend davon abhängig, wie umfassend der deutsche Gesetzgeber von Gestaltungsmöglichkeiten Gebrauch macht. Die weiteren Entwicklungen sind mit Spannung zu erwarten.

1880 *Berger,* ZInsO 2016, 2413; *Vallender,* IWRZ 2017, 51, 56.

1881 RLV, S. 25, 35 ff.: Problematik des Begriffs des „Gläubigerinteresses“ und der zwangsweisen Bindung dissentierender Gläubiger; 3. Kap. § 3 B. IV. 5. b) bb).

1882 RLV, S. 26; 3. Kap. § 3 B. V. 2.

1883 *Klupsch/Schulz,* EuZW 2017, 85, 90.

1884 Zu der Problematik der Antragspflicht des Geschäftsführers *Brömmekamp,* ZInsO 2016, 500, 502; *Naumann,* NZI-Beilage 2017, 35, 36.

Literaturverzeichnis

Abbink, *Klaus*/***Irlenbusch***, *Bernd*/***Remer***, *Eike*: The moonlighting game: An experimental study on reciprocity and retribution, Journal of Economic Behavior & Organization 2000, vol. 42, issue 2, p. 265–277.

Abeltshauser, *Thomas*: Leitungshaftung im Kapitalgesellschaftsrecht, Habil., Gießen, 1994.

Achillis, *Wolfgang*: Erfolgreiche Unternehmenssanierung, Wiesbaden, 2000.

Ackmann, *Hans-Peter*: Schuldbefreiung durch Konkurs, Diss., Bonn, 1982.

Adams, *Michael*: Eigentum, Kontrolle und beschränkte Haftung, Baden-Baden, 1991, Wirtschaftsrecht- und Wirtschaftspolitik, Band 113.

Adler, *Hans*/***Düring***, *Walther*/***Schmaltz***, *Kurt*: Rechnungslegung und Prüfung von Unternehmen, Teilband 7, München, 2000.

Aleth, *Franz*/***Böhle***, *Jens*: Neue Transaktionsformen als Folge der Finanzmarkt-/Wirtschaftskrise – handels-, gesellschafts- und insolvenzrechtliche Aspekte, DStR 2010, S. 1186–1193.

Aleth, *Franz*/***Harlfinger***, *Wolf*: Die Fortführungsprognose i.S. von § 19 II InsO – eine Handlungsanweisung für Geschäftsführer, NZI 2011, S. 166–173.

Altmeppen, *Holger*: Die Auswirkungen des KonTraG auf die GmbH, ZGR 1999, S. 291–313.

Ders.: Insolvenzverschleppungshaftung Stand 2001, ZIP 2001, S. 2201–2211.

Ders.: Schutz vor „europäischen" Kapitalgesellschaften, NJW 2004, S. 97–104.

Ders.: Änderung der Kapitalersatz- und Insolvenzverschleppungshaftung aus „deutsch-europäischer" Sicht, NJW 2005, S. 1911–1915.

Ders.: Abschied vom „Durchgriff" im Kapitalgesellschaftsrecht, NJW 2007, S. 2657–2659.

Ders.: Cash Pooling und Kapitalerhaltung bei bestehendem Behrrschungs- oder Gewinnabführungsvertrag, NZG 2010, S. 361–368.

Andersch, *Tammo*: Sanierungskonzepte und Sanierungsgutachten, Frankfurt, 2017.

Arkes, *Hal*/***Blumer***, *Catharine*: The Psychology of Sunk Cost, Organiational Behavior and Human Decision Processes 35 1985, S. 124–140.

Arnold, *Arnd*: Aktionärsrechte und Hauptversammlung nach dem ARUG, Der Konzern 2007, S. 118–126.

Bachmann, *Gregor*: ECLR – Grundtendenzen der Reform geschlossener Gesellschaften in Europa, ZGR 2001, S. 351–384.

Ders.: Die Haftung des Geschäftsleiters für die Verschwendung von Gesellschaftsvermögen, NZG 2013, S. 1121–1128.

Ders.: Zehn Thesen zur deutschen Business Judgement Rule, WM 2015, S. 105–112.

Ders.: Reform der Organhaftung? Materielles Haftungsrecht und seine Durchsetzung in privaten und öffentlichen Unternehmen, Gutachten E zum 70. Deutschen Juristentag, 2014.

Bachmann, *Gregor*/***Casper***, *Matthias*/***Schäfer***, *Carsten*/***Veil***, *Rüdiger*, Steuerungsfunktionen des Haftungsrechts im Gesellschafts- und Kapitalmarktrecht, Baden-Baden, 2007.

Bachmann, *Gregor*/***Eidenmüller***, *Horst*/***Engert***, *Andreas*/***Fleischer***, *Holger*/***Schön***, *Wolfgang*: Rechtsregeln für die geschlossene Kapitalgesellschaft, Berlin, 2012.

Banspach, *Dirk*/***Nowak***, *Karsten*: Der Aufsichtsrat der GmbH – unter besonderer Berück-sichtigung kommunaler Unternehmen und Konzerne, Der Konzern 2008, S. 195–207.

Bauer, *Joachim*: Haftungsgefahren in Krise und Sanierung des Unternehmens (unter besonderer Berücksichtigung der GmbH), ZInsO 2002, S. 152–162.

Barkalov, *Igor*: Empfehlungen für effektive und effiziente Unternehmensplanung, BC 2011, S. 381–386.

Bastuck, *Burkhard*: Enthaftung des Managements, Diss., Köln, 1986.

Baterea, *Ludwig Hans*: Die Haftung der Bank bei fehlgeschlagener Sanierung, WM 1992, S. 1517–1522.

Bauder, *Wolfgang*: Zur Haftung des Geschäftsführers einer GmbH nach § 823 II BGB, § 64 GmbHG gegenüber sog. Neugläubigern (Ersatz des vollen Schadens oder des Quoten-schadens), BB 1993, S. 2472–2474.

Baumbach, *Adolf*/***Hueck***, *Alfred*: Kommentar zum Gesetz betreffend die Gesellschaften mit beschränkter Haftung (GmbHG), 21. Aufl., München, 2017; zit.: *Bearbeiter* in: Baumbach/Hueck, GmbHG, § Rn.

Baums, *Theodor*: Haftung wegen Falschinformation des Sekundärmarktes, ZHR 167 (2003), S. 139–192.

Ders.: Risiko und Risikosteuerung im Aktienrecht, ZGR 2011, S. 218–274.

Bähner, *Eberhard*: Die Fortbestehensprognose im Rahmen der zweistufigen Überschuldungsrechnung, KTS 1988, S. 443–453.

Bayer, *Walter*: Die Innenhaftung des GmbH-Geschäftsführers de lege lata und de lege ferenda, GmbHR 2014, S. 897–907.

Ders.: Vorstandshaftung in der AG de lege lata und de lege ferenda, NJW 2014, S. 2546–2550.

Bayer, *Walter*/***Scholz***, *Philipp*: Haftungsbegrenzung und D&O-Versicherungen im Recht der aktienrechtlichen Organhaftung, NZG 2014, S. 926–934.

Bea, *Franz*/***Haas***, *Ulrich*: Möglichkeiten und Grenzen der Früherkennung von Unternehmenskrisen, WiSt 1994, S. 478–491.

Bechtold, *Stefan*: Die Grenzen zwingenden Vertragsrechts – Ein rechtsökonomischer Beitrag zu einer Rechtsetzungslehre des Privatrechts, Habil., Tübingen, 2010.

Becker, *Gary*: The Economic Approach to Human Behavior, Chicago, 1976.

Bedkowski, *Dorothea*: Die Geschäftsleiterpflichten. Eine rechtsvergleichende Abhandlung zum deutschen und englischen Kapitalgesellschaftsrecht, Diss., Berlin, 2006.

Behrens, *Peter*: Über das Verhältnis der Rechtswissenschaft zur Nationalökonomie: Die ökonomischen Grundlagen des Rechts, JPNÖ 1988, S. 200–220.

Bellen, *Francis*/***Stehl***, *Indra*: Pflichten und Haftung in der Krise der GmbH – ein Überblick, BB 2010, S. 2579–2585.

Beissenhirtz, *Volker*: Plädoyer für ein Gesetz zur vorinsolvenzlichen Sanierung von Unter-nehmen, ZInsO 2011, S. 57–71.

Berger, *Christian*: Unternehmenssanierung unter der EU-Restrukturierungs-Richtlinie, ZInsO 2016, S. 2413–2415.

Berger, *Christian*/***Frege***, *Michael*: Business Judgment Rule bei Unternehmensfortführung in der Insolvenz – Haftungsprivileg für den Verwalter?, ZIP 2009, S. 204–210.

Berger, *Christian*/***Frege***, *Michael*/***Nicht***, *Matthias*: Unternehmerische Ermessensentscheidung im Insolvenzverfahren – Entscheidungsfindung, Kontrolle und persönliche Haftung, NZI 2010, S. 321–332.

Beutel, *David*/***Eilers***, *Stephan*: Das Ende des Sanierungserlasses – Zeitenwende für die deutsche Sanierungspraxis, FR 2017, S. 266–270.

Bick, *Nils*/***Blatz***, *Michael*/***Eilenberger***, *Guido*/***Haghani***, *Sasha*/***Kraus***, *Karl*: Die Unternehmenskrise als Chance, Berlin/Heidelberg, 2004; zit.: *Bearbeiter* in: Bickhoff/Blatz, Unternehmenskrise als Chance, S.

Bitter, *Georg*: Konzernrechtliche Durchgriffshaftung bei Personengesellschaften, Diss., Hamburg, 2000.

Ders.: Neuer Überschuldungsbegriff in § 19 Abs. 2 InsO: Führt die Finanzmarktkrise zu besseren Einsichten des Gesetzgebers?, ZInsO 2008, S. 1097–1098.

Ders., Haftung von Gesellschaftern und Geschäftsführern in der Insolvenz der GmbH – Teil 2, ZInsO 2010, S. 1561–1582.

Ders.: Sanierung in der Insolvenz – Der Beitrag von Treue- und Aufopferungspflichten zum Sanierungserfolg, ZGR 2010, S. 147–200.

Bitter, *Georg*/***Kresser***, *Matthias*: Positive Fortführungsprognose trotz fehlender Ertragsfähigkeit – Zur Überschuldung nach § 19 Abs. 2 S. 1 InsO, insbesondere bei kriselnden Assetfinanzierungen, ZIP 2012, S. 1733–1743.

Bitter, *Georg*/***Rauhut***, *Tilman*: Insolvenzrechtliche Grundlagen der übertragenden Sanierung – Eine Einführung unter Berücksichtigung des Gesetzes zur Vereinfachung des Insolvenzverfahrens – Teil B: Verfahrensfragen, KSI 2007, S. 258–261.

Blasche, *Sebastian*: Die Mindestanforderungen an ein Risikofrüherkennungs- und Überwachungssystem nach § 91 Abs. 2 AktG, CCZ 2009, S. 62–67.

Borges, *Georg*: Gläubigerschutz bei ausländischen Gesellschaften mit inländischem Sitz, ZIP 2004, S. 733–744.

Bork, *Reinhard*: Haftung des GmbH-Geschäftsführers wegen verspäteten Konkursantrags – Besprechung der Entscheidung BGHZ 126, 181, ZGR 1995, S. 505–528.

Ders.: Wie erstellt man eine Fortführungsprognose?, ZIP 2000, S. 1709–1713.

Ders.: Zahlungsunfähigkeit, Zahlungsstockung und Passiva II, ZIP 2008, S. 1749–1753.

Ders.: Grundfragen des Restrukturierungsrechts – Prolegomena zu einer Reform des deutschen Insolvenzrechts, ZIP 2010, S. 397–413.

Ders.: Pflichten der Geschäftsführung in Krise und Sanierung, ZIP 2011, S. 101–109.

Ders.: Anfechtung als Kernstück der Gläubigergleichbehandlung, ZIP 2014, S. 797–810.

Bork, *Reinhard*/***Schäfer***, *Carsten*: Kommentar zum GmbH-Gesetz, 3. Aufl., Köln, 2015; zit.: *Bearbeiter* in: Bork/Schäfer, GmbHG, § Rn.

Bormann, *Michael*: Der Entwurf des „MoMiG“ und die Auswirkungen auf die Kapitalerbringung, GmbHR 2006, S. 1021–1025.

Bubrowski, *Helene*: Steiler Aufstieg – Tiefer Fall, https://www.faz.net/aktuell/beruf-chance/recht-und-gehalt/managerhaftung-steiler-aufstieg-tiefer-fall-13846693.html (besucht am 10.11.2017).

Buchalik, *Robert*: § 1 InsO – der Erhalt des Unternehmens als Ziel des Insolvenzverfahrens nach Inkrafttreten des ESUG?, ZInsO 2015, S. 484–489.

Buck-Heeb, *Petra*: Die Haftung von Mitgliedern des Leitungsorgans bei unklarer Rechtslage – Notwendigkeit einer Legal Judgment Rule?, BB 2013, S. 2247–2257.

Bunting, *Nikolaus*: Das Früherkennungssystem des § 91 Abs. 2 AktG in der Prüfungspraxis – eine kritische Betrachtung des IDW PS 340, ZIP 2012, S. 357–362.

Burgard, *Ulrich*/***Gundlach***, *Ulf*: Wege zur Bewältigung des Problems der Masselosigkeit – Zur Einführung einer Insolvenzkosten-Pflichtversicherung, ZIP 2006, S. 1568–1573.

Buth, *Andrea*/***Hermanns***, *Michael*: Restrukturierung, Sanierung und Insolvenz, 4. Aufl., München, 2014; zit.: *Bearbeiter* in: Buth/Hermanns: Restrukturierung, Sanierung und Insolvenz, § Rn.

Bürkle, *Jürgen*: Auswirkungen der Unternehmensaufsicht nach dem KWG auf organisatorische Pflichten von Versicherungsunternehmen – Zur Reichweite der unternehmensorganisatorischen Vorgaben in § 25a Abs. 1 KWG, WM 2005, S. 1496–1505.

Ders.: Aufsichtsrechtliches Legal Judgment: Sachlicher Anwendungsbereich und prozedurale Voraussetzungen, VersR 2013, S. 792–802.

Brandstätter, *Jörn*: Die Prüfung der Sanierungsfähigkeit notleidender Unternehmen, München, 1993.

Bratschitsch, *Rudolf*/***Schnellinger***, *Wolfgang*: Unternehmenskrisen – Ursachen, Frühwarnung, Bewältigung, Stuttgart, 1981.

Braun, *Eberhard*: Kommentar zur Insolvenzordnung, 7. Aufl., München, 2017; zit.: *Bearbeiter* in: Braun, InsO, § Rn.

Brebeck, *Frank*/***Herrmann***, *Dagmar*: Zur Forderung des KonTraG-Entwurfs nach einem Frühwarnsystem und zu den Konsequenzen für die Jahres- und Konzernabschlussprüfung, WPg 1997, S. 381–391.

Brömmekamp, *Utz*/***Radner***, *Bozidar*: Die Anforderungen an die Erstellung von Sanierungskonzepten nach dem neuen IDW S 6, InsVZ 2010, S. 152–160.

Brömmekamp, *Utz*: Vorinsolvenzliches Sanierungsverfahren „ante portas", ZInsO 2016, S. 500–506.

Brömmelmeyer, *Christoph*: Neue Regeln für die Binnenhaftung des Vorstands – Ein Beitrag zur Konkretisierung der Business Judgment Rule, WM 2005, S. 2065–2070.

Brüggemeier, *Gert*: Prinzipien des Haftungsrechts – Eine systematische Darstellung auf rechtsvergleichender Grundlage, Diss., 1999, Tübingen.

Ders.: Haftungsrecht: Struktur, Prinzipien, Schutzbereich, 2006, Heidelberg.

Cahn, *Andreas*: Aufsichtsrat und Business Judgment Rule, WM 2013, S. 1293–1305.

Calabresi, *Guido*: Some Toughts on Risk Distribution and the Law of Torts, 70. Yale Law Journal 499, Connecticut.

Callies, *Christian*/***Ruffert***, *Matthias*: Kommentar zur EUV/AEUV, 5. Aufl., München, 2016; zit.: *Bearbeiter* in: Callies/Ruffert, EUV/AEUV, Art. Rn.

Canaris, *Claus-Wilhelm*: Aktuelle insolvenzrechtliche Probleme des Zahlungsverkehrs und des Effektenwesens, Festschrift des Arbeitskreises für Insolvenz- und Schiedsgerichtswesen e.V. Köln zum einhundertjährigen Bestehen der Konkursordnung vom 10. Februar 1877, 1977, S. 73–109.

Ders.: Die Feststellung von Lücken im Gesetz – Eine methodologische Studie über Voraussetzungen und Grenzen der richterlichen Rechtsfortbildung praeter legem, 2. Aufl., München, 1983.

Ders.: Die Haftung für fahrlässige Verletzungen der Konkursantragspflicht nach § 64 GmbHG, JZ 1993, S. 649–652.

Canaris, *Claus-Wilhelm*/**Grigoleit**, *Hans Christoph*: Lehrbuch des Schuldrechts Band 1 – Allgemeiner Teil, 15. Aufl., München, 2017.

Christians, *Wilhelm*: Finanzierungs-Handbuch, 2. Aufl., Wiesbaden, 1988.

Cichy, *Patrick*/**Cziupka**, *Johannes*: Compliance-Verantwortung der Geschäftsleiter bei Unternehmenstätigkeit mit Auslandsbezug, BB 2014, S. 1482–1486.

Coase, *Ronald H.*: The Problem of Social Cost, 3. J. Law & Economic 1, Virginia, 1960.

Cooter, *Robter*/**Ullen**, *Thomas*: Law and Economics, 6. Aufl., Stanford, 2013.

Cranshaw, *Friedrich*: Pflichten des rechtsunkundigen Geschäftsführers der GmbH in der (Zahlungs-)Krise der Gesellschaft – Anmerkung zu: BGH v. 27.03.2012 – II ZR 171/10, jurisPR-InsR 16/2012 Anm. 1.

Dahl, *Michael*/**Schmitz**, *Daniel*: Das neue Insolvenzanfechtungsrecht, NJW 2017, S. 1505–1511.

Dauner-Lieb, *Barbara*: Die Existenzvernichtungshaftung als deliktische Innenhaftung gemäß § 826, ZGR 2008, S. 34–37.

Dauner-Lieb, *Barbara*/**Langen**, *Werner*: Kommentar zum BGB, Schuldrecht Band 2/2, §§ 611–853, 3. Aufl., Baden-Baden, 2016; zit.: *Bearbeiter* in: Dauner-Lieb/Langen, SchuldR 2/2, § Rn.

Dellinger, *Markus*: Quotenschaden oder Vertrauensschaden? Zum Schutzzweck der Konkursantragspflicht, Wirtschaftsrechtliche Blätter, WBL 1996, S. 171.

Desch, *Wolfram*: Schutzschirmverfahren nach dem RegE-ESUG in der Praxis, BB 2011, S. 841–846.

Dreher, *Meinrad*: Die kartellrechtliche Bußgeldverantwortlichkeit von Vorstandsmitgliedern – Vorstandshandeln zwischen aktienrechtlichem Legalitätsprinzip und kartellrechtlicher Unsicherheit, Festschrift für Horst Konzen zum 70. Geburtstag, Tübingen, 2006, S. 65–107.

Ders.: Die Vorstandsverantwortung im Geflecht von Risikomanagement, Compliance und interner Revision, Festschrift für Uwe Hüffer zum 70. Geburtstag, München, 2009, S. 161–179.

Ders.: Nicht delegierbare Geschäftsleiterpflichten, Festschrift für Klaus Hopt zum 70. Geburtstag, Berlin, 2010, S. 517–540.

Drenckhan, *Heike*, Gläubigerschutz in der Krise der GmbH, Diss., Baden-Baden, 2006.

Drucarczyk, *Jochen*: Finanzierung, 10. Aufl., Stuttgart, 2010.

Drygala, *Tim*/**Drygala**, *Anja*: Wer braucht ein Frühwarnsystem, ZIP 2000, S. 297–305.

Easterbrook, *Frank H.*/**Fischel**, *Daniel R.*: Limited Liability and the Corporation, 52. University of Chicago Law Review 89, Chicago, 1985.

Ebenroth, *Carsten*/**Lange**, *Knut*: Sorgfaltspflichten und Haftung eines Geschäftsführers einer GmbH nach § 43 I GmbHG, GmbHR 1992, S. 69–76.

Ebsen, *Ingwer*: Gesetzesbindung und „Richtigkeit" der Entscheidung: Eine Untersuchung zur juristischen Methodenlehre,Berlin, 1974.

Ehlers, *Harald*: Die Überschuldungssituation einer GmbH, ihre Rechtsfolgen und deren Abwendung, DStR 1998, S. 1756–1761.

Ders.: Das Wichtigste zum Restschuldbefreiungsverfahren, DStR 2006, S. 170–177.

Ders.: „Notwendig" frühzeitige Insolvenzverfahren – Ein Beitrag zur Krisencompliance und zur offensiven Nutzung der InsO, BB 2013, S. 1539–1547.

Ders.: Krisenberater unter Druck, BB 2014, S. 131–138.

Ehmann, *Dirk*: Vorsatzanfechtung bei marktüblichen Austauschgeschäften nach der Reform der Insolvenzanfechtung – Erläuterung der verbleibenden Risiken und Vorschläge zur Anfechtungsprophylaxe, GWR 2018, S. 81–89.

Eichenberger, *Reinhard*: Verhaltensanomalien und Wirtschaftswissenschaft – Herausforderung, Reaktionen, Perspektiven, Diss., Wiesbaden, 1992.

Eidenmüller, *Horst*: Die Banken im Gefangenendilemma – Kooperationspflichten und Akkordstörungsverbot im Sanierungsrecht, ZHR 160 (1996), S. 343–373.

Ders.: Unternehmenssanierung zwischen Markt und Gesetz, Habil., München, 1998.

Ders.: Kapitalgesellschaften im Spiegel der ökonomischen Theorie, JZ 2001, S. 1041–1051.

Ders.: Ausländische Kapitalgesellschaften im Deutschen Recht, München, 2004.

Ders.: Der homo oeconomicus und das Schuldrecht: Herausforderungen durch Behavioral Law and Economics, JZ 2005, S. 216–224.

Ders.: Die GmbH im Wettbewerb der Rechtsformen, ZGR 2007, S. 168–211.

Ders.: Reformperspektiven im Restrukturierungsrecht, ZIP 2010, S. 649–660.

Ders.: Effizienz als Rechtsprinzip, Diss., 4. Aufl., Tübingen, 2015.

Eidenmüller, *Horst*/***Engert***, *Andreas*: Rechtsökonomik des Mindestkapitals im GmbH-Recht, GmbHR 2005, S. 433–438.

Eidenmüller, *Horst*/***Schön***, *Wolfgang*: The Law and Economics of Creditor Protection - A Transantlantic Perspective, Den Haag, 2008.

Eilers, *Stephan*/***Brünning***, *Franziska*: Sanierungssteuerrecht - Beratungsschwerpunkte und Checklisten, Köln, 2011.

Eisolt, *Dirk*: Erstellung von Sanierungskonzepten nach dem neuen IDW S 6, BB 2010, S. 427–432.

Ekkenga, *Jens*: Fragen der deliktischen Haftungsbegründung bei Kursmanipulation und Insidergeschäften, ZIP 2004, S. 781–793.

Emde, *Ernst*: Gesamtverantwortung und Ressortverantwortung im Vorstand der AG, Festschrift für Uwe H. Schneider zum 70. Geburtstag, Köln, 2011, S. 295–322.

Endres, *Michel*: Organisation der Unternehmensleitung aus der Sicht der Praxis, ZHR 163 (1999), S. 441–465.

Engel, *Christoph*: Rationale Rechtspolitik und ihre Grenzen, JZ 2005, S. 581–590.

Engel, *Christoph*/***Englerth***, *Markus*/***Lüdemann***, *Jörn*/***Spiecker gen. Döhrmann***, *Indra*: Recht und Verhalten - Beiträge zu Behavioral Law and Economics, Tübingen, 2007.

Engert, *Andreas*: Die Haftung für drittschädigende Kreditwährung, Diss., München, 2003.

Ders.: Die ökonomische Begründung der Grundsätze ordnungsgemäßer Unternehmensfinanzierung, ZGR 2004, S. 813–841.

Ders.: Die Wirksamkeit des Gläubigerschutzes durch Nennkapital - Überprüfung anhand von Daten der Creditreform Rating AG und weiteren Rechtstatsachen, GmbHR 2007, S. 337–344.

Esser, *Josef*: Grundsatz und Norm in der richterlichen Fortbildung des Privatrechts, 3. Aufl., Tübingen, 1974.

Falk, *Armin*: Homo Oeconomicus versus Homo Reciprocans - Ansätze für ein neues wirtschaftspolitisches Leitbild?, Working Paper No. 79 University of Zurich, 2001.

v. Falkenhausen, *Joachim*: Die Haftung außerhalb der Business Judgment Rule - Ist die Business Judgment Rule ein Haftungsprivileg für Vorstände?, NZG 2012, S. 644–651.

Fastrich, *Lorenz*: Optimierung des Gläubigerschutzes bei der GmbH - Praktikabilität und Effizienz, DStR 2006, S. 656–663.

Feddersen, *Dieter*: Nochmals – Die Pflichten des Vorstands zur Unternehmensplanung, ZGR 1993, S. 114–117.

Fezer, *Karl-Heinz*: Aspekte einer Rechtskritik an der economic analysis of law und am property rights approach, JZ 1986, S. 817–824.

Fischer, *Christian*: Richterliche Rechtsfindung zwischen „Gesetzesgehorsam" und „ökonomischer Vernunft", ZfA 2002, S. 215–247.

Ders.: Topoi verdeckter Rechtsfortbildungen im Zivilrecht, Habil., Tübingen, 2007.

Fischer, *Gero*: Fortbestehensprognose und Sanierung, NZI 2016, S. 665–674.

Fischer, *Michael*: Die Verlagerung des Gläubigerschutzes vom Gesellschafts- in das Insolvenzrecht nach „Inspire Art", ZIP 2004, S. 1477–1486.

Fleck, *Hans-Joachim*: Zur Beweislast für pflichtwidriges Organhandeln, GmbHR 1997, S. 237–240.

Fleischer, *Holger*: Grundfragen der ökonomischen Theorie im Gesellschafts- und Kapitalmarktrecht, ZGR 2001, S. 1–32.

Ders.: Unternehmensspenden und Leitungsermessen des Vorstands im Aktienrecht, AG 2001, S. 171–181.

Ders.: Zur organschaftlichen Treuepflicht der Geschäftsleiter im Aktien- und GmbH-Recht, WM 2003, S. 1045–1058.

Ders.: Behavioral Law and Economics im Gesellschafts- und Kapitalmarktrecht – Ein Werkstattbericht, Festschrift für Ulrich Immenga zum 70. Geburtstag, München, 2004.

Ders.: Erweiterte Außenhaftung der Organmitglieder im Europäischen Gesellschafts- und Kapitalmarktrecht, ZGR 2004, S. 437–479.

Ders.: Aktienrechtliche Legalitätspflicht und „nützliche" Pflichtverletzungen von Vorstandsmitgliedern, ZIP 2005, S. 141–152.

Ders.: Handbuch des Vorstandsrechts, 1. Aufl., München, 2006; zit.: *Bearbeiter* in: Fleischer, Handbuch des Vorstandsrechts, § Rn.

Ders.: Zur Zukunft der gesellschafts- und kapitalmarktrechtlichen Forschung, ZGR 2007, S. 500–510.

Ders.: Zur ergänzenden Anwendung von Aktienrecht auf die GmbH, GmbHR 2008, S. 673–682.

Ders.: Aktuelle Entwicklungen der Managerhaftung, NJW 2009, S. 2337–2343.

Ders.: Vorstandshaftung und Vertrauen auf anwaltlichen Rat, NZG 2010, S. 121–125.

Ders.: Zum Inhalt des „Unternehmensinteresses" im GmbH-Recht, GmbHR 2010, S. 1307–1312.

Ders.: Das unternehmerische Ermessen des GmbH-Geschäftsführers und seine GmbH-spezifischen Grenzen, NZG 2011, S. 521–527.

Ders.: Zur Einschränkbarkeit der Geschäftsführerhaftung in der GmbH, BB 2011, S. 2435–2440.

Ders.: Expertenrat und Organhaftung, KSzW 2013, S. 3–9.

Ders.: Ruinöse Managerhaftung: Reaktionsmöglichkeiten de lege lata und de lege ferenda, ZIP 2014, S. 1305–1316.

Ders.: Strategische Insolvenz: Möglichkeiten, Grenzen und Rechtsvergleichung, ZIP 2014, S. 1197–1205.

Ders.: Die „geschenkte" Festschrift und die „gesponsorte" Forschungseinrichtung – Vorstandsverantwortlichkeit bei korporativer Freigiebigkeit, Festschrift für Jens-Peter Meincke zum 80. Geburtstag, München, 2015, S. 101–117.

Fleischer, *Holger*/***Schmolke***, *Ulrich*/***Zimmer***, *Daniel*: Verhaltensökonomik als Forschungsinstrument für das Wirtschaftsrecht, Beitrag der Verhaltensökonomie (Behavioral Economics) zum Handels- und Wirtschaftsrecht, ZHR, Beiheft 75 (2011), S. 9–62.

Flume, *Werner*: Allgemeiner Teil des Bürgerlichen Rechts: Zweiter Teil: Die juristische Person, Bonn, 1983.

Ders.: Die Haftung des GmbH-Geschäftsführers bei Geschäften nach Konkursreife der GmbH, ZIP 1994, S. 337–342.

Foerste, *Ulrich*: § 26 Abs. 4 InsO – Ein Zwischenruf, ZInsO 2012, S. 532–533.

Ders.: Gläubigerautonomie und Sanierung im Lichte der ESUG, ZZP 2012, S. 265–284.

Förster, *Andreas*: System einer Insolvenzauslösung bei der GmbH, Diss., Berlin, 2000.

Förster, *Guido*/***Hechtner***, *Frank*: Steuerbefreiung von Sanierungsgewinnen gem. §§ 3a, 3 c Abs. 4 EStG, DB 2017, S. 1536–1544.

Frege, *Michael*/***Keller***, *Ulrich*/***Riegel***, *Ernst*: Insolvenzrecht, 8. Aufl., München, 2015.

Freund, *Stefan*: Organhaftung von Vorständen und Geschäftsführern – Ein Überblick mit Hinweisen aus der Praxis, GmbHR 2009, S. 1885–1190.

Ganter, *Hans Gerhard*: Vorsatzanfechtung nach fehlgeschlagener Sanierung, WM 2009, S. 1441–1452.

Ders.: Die Anforderungen der höchstrichterlichen Rechtsprechung an eine zuverlässige Fortführungsprognose bei der Sanierungsprüfung, NZI 2014, S. 673–679.

Ders.: Der Regierungsentwurf vom 29. September 2015 zur Anfechtungsreform – Vom Regen in die Traufe, WM 2015, S. 2117–2122.

Gehrlein, *Markus*: Insolvenzanfechtungsrecht als Auslegungshilfe bei den Tatbeständen der Haftung für verbotene Zahlungen, ZHR 2017, S. 482–547.

Geißler, *Markus*: Die Haftung des faktischen GmbH-Geschäftsführers, GmbHR 2003, S. 1106–1114.

Ders.: Begrenzungen bei der Weisungsbindung des GmbH-Geschäftsführers, GmbHR 2009, S. 1071–1076.

Ders.: Die gesetzlichen Veranlassungen zur Einberufung einer GmbH-Gesellschafter-versammlung, GmbHR 2010, S. 457–461.

Ders.: Verhaltensmaßnahmen und Rechtspflichten des Geschäftsführers in der Krise der GmbH, DZWiR 2011, S. 309–317.

Ders.: Anmerkung zum Urteil des BGH v. 12.05.2016 – IX ZR 65/14 (OLG Düsseldorf), GWR 2016, S. 282.

Geldmacher, *Christoph*: Das präventive Sanierungsverfahren: Ein detaillierter Vorschlag, ZInsO 2011, S. 353–372.

Gerhard, *Walter*: Zur Reichweite der Vermögenshaftung – Dargestellt am Beispiel des vollstreckungs-, insolvenz- und anfechtungsrechtlichen Zugriffs auf Unternehmen und Freiberuflerpraxen, Festschrift für Hans-Friedhelm Gaul zum 70. Geburtstag, 1997, Bielefeld, S. 137–152.

v. Gerkan, *Hartwig*: Die Beweislastverteilung beim Schadensersatzanspruch der Gesellschaft gegen ihren Geschäftsführer, ZHR 154 (1990), S. 39–64.

Gernoth, *Jan*: Die Überwachungspflichten des Aufsichtsrats im Hinblick auf das Risiko-Management und die daraus resultierenden Haftungsfolgen für den Aufsichtsrat, DStR 2001, S. 299–309.

Geschka, *Horst*/***Hammer***, *Richard*: Die Szenario-Technik in der strategischen Unter-nehmensplanung, Heidelberg, 1990.

v. Giercke, *Otto*: Die Genossenschaftstheorie und die deutsche Rechtsprechung, Berlin, 1877.

Ders.: Schuld und Haftung im älteren deutschen Recht, insbesondere die Form der Schuld und Haftungsgeschäfte, 1910.

Giese, *Rolf*: Die Prüfung des Risikomanagementsystems einer Unternehmung durch den Abschlußprüfer gemäß KonTraG, WPg 1998, S. 451–458.

Goette, *Wulf*: Zur persönlichen Haftung des Geschäftsführers einer GmbH gegenüber Dritten aus Geschäften, die nach Eintritt der Konkursreife mit ihnen geschlossen werden – Die Änderung der höchstrichterlichen Rechtsprechung durch das Urteil des II. Zivilsenates des BGH vom 06.06.1994 – II ZR 292/91, DStR 1994, S. 1048–1053.

Ders.: Zur Verteilung der Darlegungs- und Beweislast der objektiven Pflichtverletzung der Organhaftung, ZGR 1995, S. 648–674.

Ders.: Leitung, Aufsicht, Haftung – zur Rolle der Rechtsprechung bei der Sicherung einer modernen Unternehmensführung, Festschrift aus Anlaß des fünfzigjährigen Bestehens von Bundesgerichtshof, Bundesanwaltschaft und Rechtsanwaltschaft beim Bundesgerichtshof, München, 2000, S. 123–143.

Ders.: Haftung des Geschäftsführers in Krise und Insolvenz der GmbH, ZInsO 2001, S. 529–537.

Ders.: Aktuelle Rechtsprechung zur GmbH – Kapitalschutz und Organhaftung, DStR 2003, S. 887–895.

Ders.: Zur systematischen Einordnung des § 64 Abs. 2 GmbHG in: Verschuldung, Haftung, Vollstreckung und Insolvenz: Festschrift für Gerhard Kreft zum 65. Geburtstag, 2004, S. 53–65.

Ders.: Zur Frage, welche Anforderungen an die Geschäftsleitung und ihre Berater bei der Fertigung einer Fortführungsprognose zu stellen sind (Teil I), DStR 2016, S. 1684–1693.

Ders.: Zur Frage, welche Anforderungen an die Geschäftsleitung und ihre Berater bei der Fertigung einer Fortführungsprognose zu stellen sind (Teil II), DStR 2016, S. 1752–1761.

Gottwald, *Peter:* Insolvenzrechts-Handbuch, 5. Aufl., München, 2015; zit.: *Bearbeiter* in: Gottwald, InsolvenzR-HB, § Rn.

Götz, *Heinrich*: Die Pflicht des Aufsichtsrats zur Haftbarmachung von Vorstandsmitgliedern – Besprechung des ARAG-Urteils des BGH, NJW 1997, S. 3275–3278.

Ders.: Das Risikofrüherkennungssystem des § 91 II AktG in rechtlicher Sicht, NJW-Sonderheft 2001, S. 21.

Grabitz, *Eberhard/**Hilf**, Meinhard/**Nettesheim**, Martin*: Das Recht der Europäischen Union: EUV/AEUV, Loseblattsammlung, 60. Ergänzungslieferung (Stand: 10/2016), zit: *Bearbeiter* in: Grabitz/Hilf/Nettesheim, Das Recht der Europäischen Union, Art. Rn.

Graewe, *Daniel/**Freiherr von Harder**, Stephan*: Enthaftung der Leitungsorgane durch Einholung von Rechtsrat bei unklarer Rechtslage – Eine Handreichung für unternehmerische Entscheidungen, BB 2017, S. 707–712.

Greulich, *Sven/**Rau***, Thomas: Zur partiellen Insolvenzverursachungshaftung des GmbH- Geschäftsführers nach dem § 64 S. 3 GmbHG-RegE, NZG 2008, S. 284–289.

Groß, *Paul*: Grundsatzfragen der Unternehmenssanierung, DStR 1991, S. 1572–1576.

Ders.: Zur Beurteilung der „handelsrechtlichen Fortführungsprognose" durch den Abschlussprüfer, WPg 2010, S. 119–137.

Groß, *Paul*/***Amen***, *Matthias*: Rechtspflicht zur Unternehmensplanung? – Ein Diskussionsvorschlag zur Konkretisierung der Planungspflicht und von Mindestanforderungen an eine ordnungsmäßige Unternehmensplanung, WPg 2003, S. 1161–1180.

Dies.: Die Fortbestehensprognose, Festschrift für Günter Greiner, Köln, 2005, S. 83–101.

Dies.: Going-Concern-Prognose im Insolvenz- und Bilanzrecht – Grundlagen, Unterschiede und Verflechtungen, DB 2005, S. 1861–1868.

Grunewald, *Barbara*: Einsichts- und Auskunftsrecht des GmbH-Gesellschafters nach neuem Recht, ZHR 146 (1982), S. 211–237.

Grunewald, *Barbara*/***Noack***, *Ulrich*: Zur Zukunft des Kapitalsystems der GmbH – Die Ein-Euro-GmbH in Deutschland, GmbHR 2005, S. 189–195.

Haarmann, *Wilhelm*/***Vorwerk***, *Sabine*: Rechtliche Anforderungen an die Feststellung der positiven Fortführungsprognose – insbesondere im Hinblick auf Start-up-Unternehmen, BB 2015, S. 1603–1614.

Haarmann, *Wilhelm*/***Weiß***, *Michael*: Reformbedarf bei aktienrechtlicher Organhaftung, BB 2014, S. 2115–2125.

Haas, *Ulrich*: Geschäftsführerhaftung und Gläubigerschutz: Unternehmerische Verhaltenspflichten des GmbH-Geschäftsführers zum Schutz Dritter, Habil., München, 1997.

Ders.: Fragen zur Insolvenzverschleppungshaftung des GmbH-Geschäftsführers, NZG 1999, S. 373–381.

Ders.: Aktuelle Rechtsprechung zur Insolvenzantragspflicht des GmbH-Geschäftsführers nach § 64 Abs. 1 GmbHG, DStR 2004, S. 423–433.

Ders.: Die Disziplinierung des GmbH-Geschäftsführers im Interesse der Gesellschaftsgläubiger, WM 2006, S. 1417–1425.

Ders.: Die Reform des gesellschaftsrechtlichen Gläubigerschutzes – Beiträge zum Deutschen Juristentag 2006, Beilage zum NJW Heft 22/2006, S. 21–29.

Ders.: Flankierende Maßnahmen für eine Reform des Gläubigerschutzes in der GmbH, GmbHR 2006, S. 505–513.

Ders.: Kapitalerhaltung, Insolvenzanfechtung, Schadensersatz und Existenzvernichtung –Wann wächst zusammen, was zusammen gehört?, ZIP 2006, S. 1373–1377.

Ders.: Mindestkapital und Gläubigerschutz bei der GmbH, DStR 2006, S. 993–1000.

Ders.: Reform des gesellschaftsrechtlichen Gläubigerschutzes, Gutachten E zum 66. Deutschen Juristentag Stuttgart 2006, München 2006.

Ders.: Ist das Trihotel-Haftungsmodell Vorbild auch für andere dem Schutz der Gläubigergesamtheit dienende Haftungsansprüche?, ZIP 2009, S. 1257–1261.

Ders.: Anfechtung als Kernstück der Gläubigergleichbehandlung, ZIP 2013, S. 797–810.

Ders.: § 64 S. 1 GmbHG im vorläufigen Eigenverwaltungs- und Schutzschirmverfahren, ZHR 178 (2014), S. 603–627.

Habersack, *Mathias*: Trihotel – Das Ende der Debatte, ZGR 2008, S. 533–559.

Ders.: Managerhaftung, Karlsruher Forum 2009, Hrsg.: Lorenz, Egon, Karlsruhe, 2010, S. 5–40; zit.: *Habersack* in: Lorenz, Karlsruher Forum 2009: Managerhaftung, S.

Ders.: Die Legalitätspflicht des Vorstands der AG, Festschrift für Uwe Schneider zum 70. Geburtstag, Köln, 2011, S. 429–441.

Ders.: Perspektiven der aktienrechtlichen Organhaftung, ZHR 177 (2013), S. 782–806.

Habersack, *Mathias*/***Foerster***, *Max*: Austauschgeschäfte der insolvenzreifen Gesellschaft, ZHR 178 (2014), S. 387–419.

Habersack, *Mathias*/***Verse***, *Dirk A.*: Wrongful Trading – Grundlage einer europäischen Insolvenzverschleppungshaftung, ZHR 168 (2004), S. 174–215.

Hacker, *Maximilian*: Der nächste Schritt ist gemacht – Bundesregierung beschließt Reform des Anfechtungsgrund, NZI 2015, S. 873–877.

Haese, *Daniel*: Unternehmensleitung und Überwachung in der GmbH, Diss., Heidelberg, 2011.

Haghani, *Sascha*: Die Einführung eines Frühwarnsystems im vorinsolvenzlichen Sanierungsverfahren – Zu Art. 3 des Richtlinienvorschlags der Europäischen Kommission vom 22.11.2016, COM(2016) 723 final, NZI-Beilage 2017, S. 18–19.

Harder, *Sebastian*: Sanierung ohne Sanierungserlass – Was kommt nun?, NJW-Spezial 2017, S. 277–278.

Hartmann, *Uwe*/***Geerling***, *Tobias*: Der BFH verwirft den Sanierungserlass – Restrukturierung von Forderungen in der Unternehmenskrise – Lösungsansätze für die Praxis und Ausblick auf eine gesetzliche Neuregelung, DStR 2017, S. 752–757.

Hasselbach, *Kai*/***Ebbinghaus***, *Felix*: Anwendung der Business Judgement Rule bei unklarer Rechtslage, AG 2014, S. 873–883.

Hauschildt, *Jürgen*: Erfolgs-, Finanz- und Bilanzanalyse, 3. Aufl., Köln, 1996.

Ders.: Anmerkungen zum Umgang der Betriebswirtschaftslehre mit Unternehmenskrisen, Nr. 572, Kiel. 2003.

***Hauschka**, , Christoph:* Grundsätze der pflichtgemäßen Unternehmensführung – Entwurf eines Gesetzes zur Unternehmensintegrität und Modernisierung des Anfechtungsrechts (UMAG), ZRP 2004, S. 65–67.

Ders.: Ermessensentscheidungen bei der Unternehmensführung, GmbHR 2007, S. 11–16.

Hauschka, *Christoph*/**Moosmeyer**, *Klaus*/**Lösler**, *Thomas*: Corporate Compliance-Hand-buch der Haftungsvermeidung im Unternehmen, 3. Aufl., München, 2016.

Häsemeyer, *Ludwig*: Die Gleichbehandlung der Konkursgläubiger, KTS 1982, S. 507–575.

Ders.: Insolvenzrecht, 4. Aufl., Heidelberg, 2007.

Heermann, *Peter W.*: Unternehmerisches Ermessen, Organhaftung und Beweisverteilung, ZIP 1998, S. 761–768.

Heil, *Benedict*/**Schmitt**, *Christian*: Sanierungsberatung und Vorsatzanfechtung nach § 133 InsO n.F., ZIP 2018, S. 714–719.

Heim, *Gerhard*/**Klees**, *Thomas*: Finanzplanung in kleinen und mittelständigen Unternehmen im Rahmen der neuen Insolvenzordnung und des KonTraG, DStR 1999, S. 387–392.

Heinz, *Volker G.*/**Hartung**, *Wilhelm*: Die englische Limited – Eine Darstellung des Gesellschafts- und Steuerrechts mit Gesetzesauszügen und Mustern, 3. Aufl., Berlin, 2012.

Hemeling, *Peter*: Reform der Organhaftung? – Erwartungen an den 70. Deutschen Juristentag, ZHR 178 (2014), S. 221–226.

Henckel, *Wolfram*: Insolvenzrechtsreform zwischen Vollstreckungsrecht und Unternehmensrecht, Festschrift für Franz Merz zum 65. Geburtstag am 03. Februar 1992, Köln, 1992. S. 197–216.

Hennrichs, *Joachim*: Zur Zukunft der Kapitalerhaltung: Bilanztest – Solvenztest – oder beides?, Der Konzern 2008, S. 42–50.

Henssler, *Martin*/**Strohn**, *Martin*: Gesellschaftsrecht (BGB, HGB, PartGG, GmbHG, AktG, GenG, UmwG, InsO, AnfG, IntGesR), 3. Aufl., München, 2016; zit.: *Bearbeiter* in: Henssler/Strohn, GesR, § Rn.

Henze, *Hartwig*: Treupflichten der Gesellschafter im Kapitalgesellschaftsrecht, ZHR 162 (1998), S. 186–196.

Herdegen, *Matthias*: Gewissensfreiheit und Normativität des positiven Rechts, Diss., 2011, Heidelberg.

Hermanns, *Michael*/**Krummen**, *Jens*: Sanierungskonzepte für kleinere und mittlere Unternehmen (KMU) – ein Praxisfall im Lichte der aktuellen Rechtsprechung und zeitgleich die Suche auf die Frage: Gibt es einen IDW

S6 „light“? Sind derartige Standards bei KMU erfüllbar?, ZInsO 2017, S. 461–476.

Hess, *Harald*: IDW ES 9: Welche Anforderungen sind an die Bescheinigung nach § 270b InsO zu stellen?, KSI 2012, S. 126.

Hill, *Wilhelm*: Unternehmensplanung, Stuttgart, 1966.

Hirte, *Heribert*: Schadensersatzpflicht des GmbH-Geschäftsführers wegen Verletzung der Konkursantragspflicht – Wegfall des Quotenschadens, NJW 1994, S. 2220–2225.

Ders.: Insolvenzantragsrecht und -pflicht bei „Scheinauslandsgesellschaften“, Festschrift für Hans-Jochem Lüer zum 70. Geburtstag, München, 2008, S. 387–394.

Ders.: Die Grundsätze der „Wrongful-Trading-Alternative“ zur gesetzlichen Insolvenzantragspflicht, ZInsO 2010, S. 1986–1996.

Ders.: Restrukturierung nach der InsO: Gesetzesplan, Fehlstellen und Reformansätze innerhalb einer umfassenden InsO-Novellierung, ZGR 2010, S. 224–247.

Ders.: Restrukturierung nach InsO: Gesetzesplan, Fehlstellen und Reformansätze innerhalb einer umfassenden InsO-Novellierung, ZInsO 2010, S. 1297–1307.

Ders.: Ein kleiner „Binnen-Rechtsvergleich“ der Kapitalgesellschaften mit den natürlichen Personen, Festschrift für Wolf Goette zum 65. Geburtstag, München, 2011, S. 151–159.

Ders.: Kapitalgesellschaftsrecht, 8. Aufl., Hamburg, 2016.

Hirte, *Heribert*/**Knof**, *Bela*/**Mock**, *Sebastian*: Überschuldung und Finanzmarktstabilisierungsgesetz, ZInsO 2008, S. 1217–1225.

Hirte, *Heribert*/**Mock**, *Sebastian*: Wohin mit der Insolvenzantragspflicht, ZIP 2005, S. 474–478.

Hoegen, *Peter*: Schutz für Sanierungsfinanzierungen, NZI-Beilage 2017, S. 30–34.

Hoffmann, *Dietrich*/**Liebs**, *Rüdiger*, Der GmbH-Geschäftsführer – Handbuch für die Praxis des Unternehmens und Managers, 3. Aufl., München, 2009.

Hoffmann, *Matthias*: Die Vorschläge des DiskE-ESUG zur Eigenverwaltung und zur Auswahl des Sachwalters – Wege und Irrwege zur Erleichterung von Unternehmenssanierungen, NZI 2010, S. 798–805.

Hoffmann-Becking, *Michael*: Zur rechtlichen Organisation der Zusammenarbeit im Vorstand der AG, ZGR 1998, S. 497–518.

Hohmann, *Karl*/**Suchanek**, *Andreas*: Ökonomik – Eine Einführung, 2. Aufl., Tübingen, 2005.

Holle, *Phillipp Maximilian*: Rechtsbindung und Business Judgment Rule, AG 2011, S. 778–786.

Hollinderbäumer, *Jens*: Die GmbH im Wettbewerb der Rechtsformen, Diss., Münster, 2011.

Ders.: Der Könner macht masselos „Konkurs“ – Hintergründe und Lösungen, BB 2013, S. 1223–1232.

Holst, *Jonny*/***Holtkamp***, *Willy*: Risikoquantifizierung und Frühwarnsystem auf Basis der Value at Risk-Konzeption, BB 2000, S. 815–820.

Holzer, *Johannes*: Krisenerkennung bei insolvenzgefährdeten Unternehmen aus Sicht der gerichtlichen Praxis, NZI 2005, S. 308–315.

Hommelhoff, *Peter*: Unternehmensführung in der mitbestimmten GmbH, ZGR 1978, S. 119–155.

Ders.: Gesellschaftsrechtliche Fragen im Entwurf eines Bilanzrichtlinien-Gesetzes – Be-merkungen zur Umsetzung der 4. EG-(Bilanz-)Richtlinie, BB 1981, S. 944–954.

Ders.: Jahresabschluß und Gesellschafterinformation in der GmbH, ZIP 1983, S. 388–393.

Ders.: Risikomanagement im GmbH-Recht, Festschrift für Otto Sandrock zum 70. Geburtstag, Heidelberg, 2000, S. 373–385.

Hommelhoff, *Peter*/***Mattheus***, *Daniela*: Risikomanagementsystem im Entwurf des BilMoG als Funktionselement der Corporate Governance, BB 2007, S. 2787–2791.

Hölzle, *Gerrit*: Gesellschafterfremdfinanzierung und Kapitalerhaltung im Regierungsentwurf des MoMiG, GmbHR 2007, S. 729–736.

Ders.: Nachruf – Wider die Überschuldungs-Dogmatik in der Krise, ZIP 2008, S. 2003–2005.

Ders.: Der Insolvenzantrag als Sanierungsoption – auch gegen den Willen der Gesellschafter, Entscheidungszuständigkeiten und Organkompetenzen in der Krise, ZIP 2013, S. 1846–1851.

Ders.: GeVAR in Verzug? – Zur Reform des Insolvenzanfechtungsrechts – Moderate Justierung oder Systemeingriff?, ZIP 2015, S. 662–670.

Hölzle, *Gerrit*/***Kahlert***, *Günter*: Der sog. Sanierungserlass ist tot – Es lebe die Ausgliederung, ZIP 2017, S. 510–514.

Hopt, *Klaus*: Die Haftung von Vorstand und Aufsichtsrat – zugleich ein Beitrag zur corporate governance-Debatte, Festschrift für Ernst-Joachim Mestmäcker zum 70. Geburtstag, 1996, S. 909–931.

Ders.: Die Verantwortlichkeit von Vorstand und Aufsichtsrat: Grundsatz und Praxisprobleme – unter besonderer Berücksichtigung der Banken, ZIP 2013, S. 1793–1806.

Hopt, *Klaus*/**Habersack**, *Matthias*/**Roth**, *Markus*/**Kort**, *Michael*/**Foerster**, *Max*: Großkommentar zum Aktiengesetz, Band 4/2 (§§ 92–94), 5. Aufl., Berlin, 2015; zit.: *Bearbeiter* in: GroßKomm, AktG, § Rn.

Horn, *Norbert*: Die Haftung des Vorstands der AG nach § 93 AktG und die Pflichten des Aufsichtsrats – Zugleich Besprechung der Urteile des Bundesgerichtshofs vom 21 April 1997, ZIP 1997, 883, und des OLG Düsseldorf vom 28 November 1996, ZIP 1997, 27, im Fall ARAG/Garmenbeck, ZIP 1997, S. 1129–1139.

v. Hoyningen-Huene, *Gerrick*/**Powietzka**, *Arnim*: Unterrichtung des Aufsichtsrats in der mitbestimmten GmbH, BB 2001, S. 529–531.

Huber, *Herwart*: Unternehmenskrise und die besonderen Anforderungen der Rechtsprechung für eine Kreditgewährung, NZI 2010, S. 447–452.

Ders.: Der Überbrückungskredit – ein Kredit für maximal drei Wochen?, NZI 2016, S. 521–525.

Hüffer, *Uwe*: Corporate Governance: Früherkennung nach § 91 II AktG: Neue Pflichten des Vorstands zum Risikomanagement, Festschrift für Hans-Diether Imhoff, 1998, S. 92–106.

Hüffer, *Uwe*/**Koch**, *Jens*: Kommentar zum Aktiengesetz, 12. Aufl., München, 2016; zit.: *Bearbeiter* in: Hüffer, AktG, § Rn.

Ihlau, *Susann*/**Duscha**, *Hendrik*: Abbildung von Risiken und Chancen in der Planungsrechnung, BB 2013, S. 2346–2350.

Ihlau, *Susann*/**Dusche**, *Hendrik*/**Gödecke**, *Steffen*: Besonderheiten bei der Bewertung von KMU, Wiesbaden, 2013.

Ihrig, *Hans-Christoph*: Reformbedarf beim Haftungstatbestand des § 93 AktG, WM 2004, S. 2098–2107.

Institut der Wirtschaftsprüfer: Wirtschaftsprüfer Handbuch Band II, 14. Aufl., Köln, 2014.

Ders.: Fragen und Antworten: Zur Erstellung und Beurteilung von Sanierungskonzepten nach dem IDW S 6, IDW-Life 2016, S. 1041–1045.

Jacoby, *Florian*: Zur Bedeutung des § 133 InsO im System der Insolvenzanfechtungsgründe, KTS 2009, S. 3–25.

Ders.: Anmerkung zum Urteil des BGH vom 12.5.2016 – Az. IX ZR 65/14 – Zur Widerlegung der Vermutung des § 133 Abs. 1 S. 2 InsO bei einem Sanierungskonzept, EWiR, S. 403–404.

Jaeger, *Ernst*/***Weber***, *Friedrich*: Kommentar zu der Konkursordnung mit Einführungsgesetzen, Band 2, §§ 71–244 KO, 8. Aufl., Berlin, 1964; zit.: *Bearbeiter* in: Jaeger/Weber, KO, § Rn.

Jaroschinsky, *Alexander*/***Werner***, *Henning*: Anforderungen an die Erstellung von Sanierungskonzepten (IDW S 6), WPg 2016, S. 1196–1201.

Jolls, *Christine*/***Sunstein***, *Cass*/***Thaler***, *Richard*: A Behavioral Approach to Law and Economics, Stanford Law Review 50 1998, S. 1471–1478.

Joost, *Detlef*: Unternehmergesellschaft, Unterbilanz und Verlustanzeige, ZIP 2007, S. 2242–2249.

Jost, *Patrick*: Die Insolvenzverursachungshaftung nach § 64 Satz 3 GmbHG, § 92 Abs. 2 Satz 3 AktG, ZInsO 2014, S. 2471–2479.

Jula, *Rocca*: Geschäftsführerhaftung gemäß § 43 GmbHG: Minimierung der Risiken durch Regelungen im Anstellungsvertrag?, GmbHR 2001, S. 806–811.

Jungmann, *Carsten*: Solvenztest- versus Kapitalschutzregeln, ZGR 2006, S. 638–682.

Junker, *Abbo*: Internationales Privatrecht, 2. Aufl., München, 2017; zit.: *Junker*, Internationales Privatrecht, Rn.

Kahlert, *Günter*: Der Sanierungserlass ist keine Beihilfe, ZIP 2016, S. 2107–2114.

Kahneman, *Daniel*/***Tversky***, *Amos*: Prospect Theory, An Analysis of Decision under Risk, Economentrica 47 1979, S. 263–279.

Kallmeyer, *Harald*: Pflichten des Vorstandes zur Unternehmensplanung, ZGR 1993, S. 104–113.

Kalss, *Susanne*/***Ademsauer***, *Nikolaus*/***Oelkers***, *Janine*: Die Rechtspflichten der Geschäftsleiter in der Krise der Gesellschaft sowie damit verbundene Rechtsfolgen im Rechtsvergleich, ZGR-Sonderheft 2006, S. 137–187.

Kanning, *Tim*/***Germis***, *Carsten*/***Jung***, *Marcus*/***Köhn***, *Rüdiger*: Die Manager kommen davon, https://www.faz.net/aktuell/wirtschaft/unternehmen/warum-die-manager-fast-immer-ungeschoren-davon-kommen-14485706.html (besucht am 10.11.2017).

Kerz, *Volker*: Sanierungsbescheinigungen als neues Tätigkeitsfeld, DStR 2012, S. 204–208.

Kiethe, *Kurt*: Der Sanierungskredit in der Insolvenz, KTS 2005, S. 179–212.

Kilger, *Joachim*: Die Insolvenzrechtsreform – Eine Herausforderung für die Anwaltschaft, AnwBl. 1987, S. 424–429.

Kindler, *Peter*: Unternehmerisches Ermessen und Pflichtenbindung – Voraussetzungen und Geltendmachung der Vorstandshaftung in der Aktiengesellschaft, ZHR 162 (1998), S. 101–119.

Ders.: Vorstands- und Geschäftsführerhaftung mit Augenmaß – Über einige neuere Grundsatzentscheidungen des II. Zivilsenats des BGH zu §§ 93 AktG und 43 GmbHG, Festschrift für Wulf Goette zum 65. Geburtstag, München, 2011, S. 231–239.

Kirchgässner, *Gebhard*: Homo oeconomicus: Das ökonomische Modell individuellen Verhaltens und seine Anwendung in den Wirtschafts- und Sozialwissenschaften, 3. Aufl., Tübingen, 2008.

Kirstein, *Hans-Joachim*: Ausführungen zur real existierenden Situation bei Eröffnungs- und Befriedigungsquoten in Insolvenzverfahren, ZInsO 2006, S. 966–973.

Klausing, *Friedrich*: Die Neuordnung der Gesellschaft mit beschränkter Haftung, 2. Arbeitsbericht des „Ausschusses für Gesellschaften mit beschränkter Haftung" der Akademie für Deutsches Recht, 1940.

Kleindiek, *Detlef*: Deliktshaftung und juristische Person, Diss., Tübingen, 1997.

Ders.: Perspektiven des Kapitalschutzes – Perspektiven und Meinungen in der nationalen Diskussion, BB 2007, Beilage, S. 1–7.

Ders.: Geschäftsführung in der Krise, Festschrift für Uwe H. Schneider zum 70. Geburtstag, Hamburg, 2011, S. 617–632.

Kliebisch, *Rene*/***Linsenbarth***, *Martin*: Die Haftungsrisiken der Geschäftsleitung aufgrund des befristeten Überschuldungsbegriffs des § 19 Abs. 2 InsO, DZWiR 2012, S. 232–239.

Klöhn, *Lars*: Interessenkonflikt zwischen Aktionären und Gläubigern der Aktiengesellschaft im Spiegel der Vorstandspflichten – Ein Beitrag zur Leitungsaufgabe des Vorstandes gemäß § 76 AktG, ZGR 2008, S. 110–158.

Ders.: Der individuelle Insolvenzverschleppungsschaden – Schadensermittlung und sachlicher Schutzbereich der Haftung nach § 823 II BGB iVm § 15a InsO, KTS 2012, S. 133–165.

Klubsch, *Tobias*/***Schulz***, *Patrick*: Der Vorschlag der EU-Kommission für eine Richtlinie zu präventiven Restrukturierungsrahmen, EuZW 2017, S. 85–90.

Knief, *Peter*: Der Finanzplan – Zentrales betriebswirtschaftliches Instrument zur Beurteilung des Unternehmens in der Krise, Betriebswirtschaftliche Blätter 1984, S. 10–18.

Ders.: Die Bedeutung betriebswirtschaftlicher Analysen nach der Insolvenzrechtsreform, DB 2012, S. 1240–1251.

Knof, *Bela*: Die neue Insolvenzverursachungshaftung nach § 64 Satz 3 GmbHG-RegE, DStR 2007, S. 1536–1542.

Koch, *Brigitte*: Kaufhof-Mitarbeiter sollen auf Gehalt verzichten, FAZ v. 10.10.2017, https://www.faz.net/aktuell/wirtschaft/unternehmen/kaufhof-mitarbeiter-sollen-fuer-sanier ung-zahlen-15239642.html (besucht am 10.11.2017).

Koch, *Jens*: Das Gesetz zur Unternehmensintegrität und Modernisierung des Anfechtungsrechts (UMAG), ZGR 2006, S. 769–804.

Ders.: Die schleichende Erosion der Verfolgungspflicht nach der ARAG/Garmenbeck-Entscheidung, NZG 2014, S. 934–942.

Kocher, *Dirk*: Zur Reichweite der Business Judgment Rule, CCZ 2009, S. 215–221.

Kock, *Martin*/***Dinkel***, *Renate*: Die zivilrechtliche Haftung von Vorständen für unternehmerische Entscheidungen – Die geplante Kodifizierung der Business Judgment Rule im Gesetz zur Unternehmensintegrität und Modernisierung des Anfechtungsrechts, NZG 2004, S. 441–449.

Koller, *Ingo*/***Kindler***, *Peter*/***Roth***, *Wulf-Henning*/***Morck***, *Winfried*: Kommentar zum Handelsgesetzbuch, 8. Aufl., München, 2015; zit.: *Bearbeiter* in: Koller/Kindler/Roth/Morck, HGB, § Rn.

Komo, *Daniel*: Kapitalaufbringung im *Cash Pool* – Aktuelle Entwicklungen in Rechtsprechung und Literatur, BB 2011, S. 2307–2315.

Konzen, *Horst*: Geschäftsführung, Weisungsrecht und Verantwortlichkeit in der GmbH und GmbH und Co. KG, NJW 1989, S. 2977–2987.

Kort, *Michael*: Risikomanagement nach dem Bilanzrechtsmodernisierungsgesetz, ZGR 2010, S. 440–471.

Kralicek, *Peter*/***Böhmdörfer***, *Florian*/***Kralicek***, *Günther*: Kennzahlen für Geschäftsführer: Bilanzanalyse und Jahresabschlussszenarien – Controlling und Cash-Management – Investitionsentscheidungen und Unternehmensbewertung, 5. Aufl., München, 2008.

Krieger, *Gerd*/***Schneider***, *Uwe*: Handbuch Managerhaftung, 2. Aufl., Köln, 2010; zit.: *Bearbeiter* in: Krieger/Schneider, HB Managerhaftung, § Rn.

Kromschröder, *Bernhard*/***Lück***, *Wolfgang*: Grundsätze risikoorientierter Unternehmensüberwachung, DB 1998, S. 1573–1576.

Kropf, *Bruno*: Aktiengesetz: Textausgabe des Aktiengesetzes vom 06.09.1965 (Bundesgesetzbl. I, S. 1089) und des Einführungsgesetzes zum Aktiengesetz vom 06.09.1965 (Bundesgesetzbl. I, S. 1185) mit Begründung des Regierungsentwurfs, Bericht des Rechtsausschusses des Deutschen Bundestages, Verweisungen und Sachverzeichnis, Düsseldorf, 1965.

Ders.: Die Unternehmensplanung im Aufsichtsrat, NZG 1998, S. 613–619.

Krüger, *Frank*: Die persönliche Haftung der handelnden Personen einer Private Limited Company im Überblick, ZInsO 2007, S. 861–869.

Krystek, *Ulrich*: Unternehmenskrisen: Schicksal oder Kunstfehler des Managements? Unveröffentlichtes Vortragsmanuskript, Gießen, 1983.

Krystek, *Ulrich*/**Klein**, *Johannes*: Erstellung von Sanierungskonzepten (Teil 1): Kritische Würdigung bestehender Standards, speziell IDW S 6, DB 2010, S. 1769–1775.

Krystek, *Ulrich*/**Moldenhauer**, *Ralf*: Handbuch Krisen- und Restrukturierungsmanagement, 1997, Stuttgart.

Kuhne, *Christoph*: Unternehmensinteresse vs. Shareholder-Value als Leitmaxime kapitalmarktorientierter Aktiengesellschaften, ZGR 2004, S. 244–279.

Kuntz, *Thilo*: Die Insolvenz der Limited mit deutschem Verwaltungssitz – EU- Kapitalgesellschaften in Deutschland nach „Inspire Art", NZI 2005, S. 424–431.

Ders.: Geltung und Reichweite der Business Judgment Rule in der GmbH, GmbHR 2008, S. 121–128.

Kübler, *Friedrich*/**Assmann**, *Heinz-Dieter*, Gesellschaftsrecht, 6. Aufl., Tübingen, 2006.

Kübler, *Friedrich*/**Prütting**, *Hanns*/**Bork**, *Reinhard*: Kommentar zur Insolvenzordnung, 64. Lieferung, Köln, 2016; zit.: *Bearbeiter* in: Kübler/Prütting/Bork, InsO, § Rn.

Küting, *Karlheinz*: Von der Bilanzanalyse zur Unternehmensanalyse – dargestellt am Beispiel der Beurteilung von Unternehmen der neuen Ökonomie, Beihefter zu DStR 32/2003, S. 3–19.

Kuss, *Ehrenfried*: Rechtliche Aspekte der Sanierung für die Unternehmensleitung und den Sanierungsberater, WPg 2009, S. 326–339.

Lange, *Hermann*/**Schiemann**, *Gottfried*: Schadensersatz, 3. Aufl., Tübingen, 2003.

Lange, *Knut Werner*/**Wall**, *Friederike*: Risikomanagement nach dem KonTraG, 2001, München; zit.: *Bearbeiter:* Lange/Wall, Risikomanagement nach dem KonTraG, § Rn.

Langenbucher, *Katja*: Vorstandshandeln und Kontrolle – Zu einigen Neuerungen durch das UMAG, DStR 2005, S. 2083–2090.

Langenbucher, *Katja*/**Bliesener**, *Dirk*/**Spindler**, *Gerald*: Bankrechts-Kommentar, 2. Aufl., 2016; zit.: *Bearbeiter* in: Langenbucher/Spliesener/Spindler, BankR, § Rn.

Lauterbach, *Götz*/**Roll**, *Markus*/**Völkner**, *Burkhard*: Der Sanierungserlass – Bestandsaufnahme nach dem BFH-Beschluss und seine Auswirkungen auf die Restrukturierungspraxis, BB 2017, S. 643–648.

Längsfeld, *Alexander*/***Meyer-Löwy***, *Bernd*/***Nardi***, *Wolfgang*: Neue Anforderungen an Überbrückungskredite? Anmerkung zu KG WM 2016, 1073, WM 2016, S. 1269–1275.

Lehmann, *Michael*: Das Privileg der beschränkten Haftung und der Durchgriff im Gesellschafts- und Konzernrecht – eine juristische und ökonomische Analyse, ZGR 1986, S. 345–370.

Leinekugel, *Rolf*/***Skauradszun***, *Dominik*: Geschäftsführerhaftung bei eigenmächtig gestelltem Insolvenzantrag wegen bloß drohender Zahlungsunfähigkeit – Das Spannungsfeld zwischen Sanierungspflicht und Insolvenzantragspflicht, GmbHR 2011, S. 1121–1128.

Leyens, *Patrick*: Information des Aufsichtsrates – Ökonomisch-funktionale Analyse und Rechtsvergleich zum englischen Board, Diss., 2006, Tübingen.

Lieth, *Oliver*: Die ökonomische Analyse des Rechts im Spiegelbild klassischer Argumentationsrestriktionen des Rechts und seiner Methodenlehre, Diss., 2006, Bonn.

Litzenberger, *Gabriel Jakob*: Sanierungspflichten in der Krise von AG und GmbH, Diss., Köln, 2014.

Lösch, *Jochen*: Die Restschuldbefreiung nach der neuen Insolvenzordnung – ein „Freifahrschein zum Schuldenmachen?", JA 1994, S. 44–49.

Lutter, *Marcus*: Zur inhaltlichen Begründung von Mehrheitsentscheidungen – Besprechung der Entscheidung BGH WM 1980, 378, ZGR 1981, S. 171–182.

Ders.: Die zivilrechtliche Haftung in der Unternehmensgruppe, ZGR 1982, S. 244–275.

Ders.: Zum Informationsrecht des Gesellschafters nach neuem GmbH-Recht, ZGR 1982, S. 1–14.

Ders.: Zum Vorschlagsrecht für die Geschäftsführerposition in einer GmbH und zu den Grenzen eines zulässigen Ausschlusses eines Geschäftsführers von der Geschäftsführertätigkeit, ZIP 1986, S. 1195–1196.

Ders.: Unternehmensplanung und Aufsichtsrat, AG 1991, S. 249–255.

Ders.: Gefahren persönlicher Haftung für Gesellschafter und Geschäftsführer einer GmbH, DB 1994, S. 129–135.

Ders.: Defizite für eine effiziente Aufsichtsratstätigkeit und gesetzliche Möglichkeiten der Verbesserung, ZHR 150 (1995), S. 287–309.

Ders.: Haftungsrisiken des Geschäftsführers einer GmbH, GmbHR 1997, S. 329–335.

Ders.: Gesetzliches Garantiekapital als Problem europäischer und deutscher Rechtspolitik, AG 1998, S. 375–377.

Ders.: Haftung und Haftungsfreiräume des GmbH-Geschäftsführers, GmbHR 2000, S. 301–312.

Ders.: Die Business Judgment Rule und ihre praktische Anwendung, ZIP 2007, S. 841–848.

Lutter, *Marcus*/***Banerjea***, *Robert*: Die Haftung wegen Existenzvernichtung, ZGR 2003, S. 402–440.

Lutter, *Marcus*/***Hommelhoff***, *Peter*: Kommentar zum Gesetz betreffend die Gesellschaften mit beschränkter Haftung (GmbHG), 19. Aufl., Köln, 2016; zit.: *Bearbeiter* in: Lutter/Hommelhoff, GmbHG, § Rn.

Lutter, *Marcus*/***Krieger***, *Gerd*/***Verse***, *Dirk*: Rechte und Pflichten des Aufsichtsrats, Hamburg, 6. Aufl., 2014.

Lück, *Wolfgang*: Elemente eines Risiko-Managementsystems – Die Notwendigkeit eines Risiko-Managementsystems durch den Entwurf eines Gesetzes zur Kontrolle und Transparenz im Unternehmensbereich (KonTraG), DB 1998, S. 8–14.

Ders.: Managementrisiko im Risikomanagementsystem, DB 2000, S. 1473–1477.

Ders.: Chancenmanagement – Neue Chancen für Unternehmen, BB 2001, S. 2312–2315.

Luttermann, *Claus*/***Geißler***, *Susanne*: Rechtsbasis und Praxis einer Kultur der Unternehmenssanierung, ZInsO 2013, S. 1381–1386.

Madaus, *Stephan*: Einstieg in die ESUG-Evaluation – Für einen konstruktiven Umgang mit den europäischen Ideen für einen präventiven Restrukturierungsrahmen, NZI 2017, S. 329–334.

Magen, *Stefan*: Konjunkturen der Rechtsökonomie als öffentlich-rechtliche Grundlagenforschung in: Funke/Krüper/Lüdemann, Konjunkturen in der öffentlich-rechtlichen Grundlagen-forschung, Tübingen, 2015, S. 103–124.

Manger, *Robert*: Das Informationsrecht des Aufsichtsrats gegenüber dem Vorstand – Umfang und Grenzen, NZG 2010, S. 1255–1258.

Maul, *Silja*: Vorschläge der Expertengruppe zur Reform des EU-Gesellschaftsrechts, DB 2003, S. 27–31.

Marotzke, *Wolfgang*: Die Anfechtbarkeit von Vollstreckungsmaßnahmen wegen Benachteiligung konkurrierender Gläubiger, ZInsO 2006, S. 7–11.

Ders.: Die Verfahrenskostenvorschusspflicht des GmbH-Geschäftsführers im Fall der Nichterfüllung seiner Insolvenzantragspflicht (§ 26 IV InsO), ZInsO 2013, S. 1940–1943.

Mathis, *Klaus*: Effizienz statt Gerechtigkeit?: Auf der Suche nach philosophischen Grundlagen der Ökonomischen Analyse des Rechts, Diss., 2. Aufl., 2006, Berlin.

Medicus, *Dieter*: Die Außenhaftung des GmbH-Geschäftsführers, GmbHR 1993, S. 533–536.

Ders.: Deliktische Außenhaftung der Vorstandsmitglieder und Geschäftsführer, ZGR 1998, S. 570–585.

Meier, *Norbert*: Zum Verhältnis zwischen der Informationspflicht der Geschäftsführung und der Überwachungspflicht des fakultativen Aufsichtsrates bei einer GmbH, DStR 1997, S. 1894–1895.

Meier, *Johannes*/***Wick***, *Katrin*: Inter- bzw. Intradisziplinarität bei der Unternehmensleiterhaftung – Hat ein rechtswidriges Verhalten der Unternehmensleitung nach außen immer die Pflichtwidrigkeit/Vertragswidrigkeit nach innen zur Folge?, WM 2017, S. 1338–1348.

Mennicke, *Petra*: Zum Weisungsrecht der Gesellschafter und der Folgepflicht des Geschäftsführers in der mitbestimmungsfreien GmbH, NZG 2000, S. 622–626.

Merkt, *Hanno*: Der Kapitalschutz in Europa – ein rocher de bronze?, ZGR 2004, S. 305–323.

Ders.: Compliance und Risikofrüherkennung in kleinen und mittleren Unternehmen, ZIP 2014, S. 1705–1714.

Mertens, *Hans-Joachim*: Bedarf der Abschluss einer D&O-Versicherung durch die Aktiengesellschaft der Zustimmung der Aktiengesellschaft?, AG 2000, S. 447–452.

Meyer, *Justus*: Haftungsbeschränkung im Recht der Handelsgesellschaften, Habil., Bielefeld, 2000.

Ders.: Die GmbH und andere Handelsgesellschaften im Spiegel empirischer Forschung (I), GmbHR 2002, S. 177–189.

Meyer, *Justus*/***Hermes***, *Judith*: Das „GmbH-Schutzschild" in der Insolvenz, GmbHR 2005, S. 807–817.

Meyer-Landrut, *Joachim*: Verschwiegenheitspflicht der Aufsichtsratsmitglieder – Besprechung der Entscheidung BGHZ 64, 325, ZGR 1976, S. 510–516.

Meyer-Löwy, *Bernd*/***Poertzgen***, *Christoph*/***de Vries***, *Tillman*: Einführung in das englische Insolvenzrecht, ZInsO 2005, S. 293–298.

Michalski, *Lutz*/***Heidinger***, *Andreas*/***Leible***, *Stefan*/***Schmidt***, *Jessica*: Kommentar zum Gesetz betreffend die Gesellschaften mit beschränkter Haftung (GmbH-Gesetz), Band I, Systematische Darstellungen, §§ 1–34, 3. Aufl., München, 2017; zit.: *Bearbeiter* in: Michalski, GmbHG, § Rn.

Michalski, *Lutz*/***Heidinger***, *Andreas*/***Leible***, *Stefan*/***Schmidt***, *Jessica*: Kommentar zum Gesetz betreffend die Gesellschaften mit beschränkter Haftung

(GmbH-Gesetz), Band II, §§ 35–85, 3. Aufl., München, 2017; zit.: *Bearbeiter* in: Michalski, GmbHG, § Rn.

***Mock**, Sebastian*: Das künftige (harmonisierte) Insolvenzrecht – Entwurf einer Richtlinie zum Unternehmensinsolvenzrecht, NZI 2016, S. 977–982.

***Mock**, Sebastian/**Schildt**, Charlotte*: Insolvenz ausländischer Kapitalgesellschaften mit Sitz in Deutschland, ZInsO 2003, S. 396–402.

Ders.: Das künftige (harmonisierte) Insolvenzrecht – Entwurf einer Richtlinie zum Unternehmensinsolvenzrecht, NZI 2016, S. 977–982.

***Möhlenkamp**, Andreas*: Insolvenzanfechtung – Neues für die (steuerliche) Beratungspraxis und für Honoraransprüche in Krisenmandaten, DStR 2017, S. 987–993.

***Müller**, Gerd*: Zur Haftung des Gesellschafter-Geschäftsführers aus culpa in contrahendo und aus § 64 Abs. 1 GmbHG, ZIP 1993, S. 1531–1538.

***Müller**, Hans-Friedrich:* Insolvenz ausländischer Kapitalgesellschaften mit inländischem Verwaltungssitz, NZG 2003, S. 414–418.

Ders.: Geschäftsleiterhaftung und Vertrauen auf fachkundigen Rat, DB 2014, S. 1301–1307.

***Müller-Freienfels**, Wolfram*: Zur Lehre vom sogenannten „Durchgriff" bei juristischen Personen im Privatrecht, AcP 156 (1957), S. 522–543.

Münchener Kommentar: Kommentar zum Anfechtungsgesetz, 2012, München; zit.: *Bearbeiter* in: MüKo, AnfG, § Rn.

Münchener Kommentar: Kommentar zur Insolvenzordnung, Band 1, §§ 1–79, 3. Aufl., München, 2013; zit.: *Bearbeiter* in: MüKo, InsO, § Rn.

Münchener Kommentar: Kommentar zur Insolvenzordnung, Band 2, §§ 80–216, 3. Aufl., München, 2013; zit.: *Bearbeiter* in: MüKo, InsO, § Rn.

Münchener Kommentar: Kommentar zum Gesetz betreffend die Gesellschaften mit beschränkter Haftung, Band 1, §§ 1–34, 2. Aufl., München, 2015; zit.: *Bearbeiter* in: MüKo, GmbHG, § Rn.

Münchener Kommentar: Kommentar zum Bürgerlichen Gesetzbuch, Band 2, Schuldrecht – Allgemeiner Teil, 7. Aufl., München, 2016; zit.: *Bearbeiter* in: MüKo, BGB, § Rn.

Münchener Kommentar: Kommentar zum Bürgerlichen Gesetzbuch, Band 6, Schuldrecht – Besonderer Teil IV, 7. Aufl., München, 2016; zit.: *Bearbeiter* in: MüKo, BGB, § Rn.

Münchener Kommentar: Kommentar zum Gesetz betreffend die Gesellschaften mit beschränkter Haftung, Band 2, §§ 35–52, 2. Aufl., München, 2016; zit.: *Bearbeiter* in: MüKo, GmbHG, § Rn.

Münchener Kommentar: Kommentar zum Gesetz betreffend die Gesellschaften mit beschränkter Haftung, Band 3, §§ 53–85, 2. Aufl., München, 2016; zit.: *Bearbeiter* in: MüKo, GmbHG, § Rn.

Naumann, *Patric*: Pflichten der Unternehmensleitung – Zu Art. 18 des Richtlinienvorschlags der Europäischen Kommission vom 22.11.2016, COM(2016) 723 final, NZI-Beilage 2017, S. 36–36.

Nerlich, *Jörg*/***Kreplin***, *Georg*: Münchener Anwaltshandbuch Insolvenz und Sanierung, 2. Aufl., München, 2012; zit.: *Bearbeiter* in: Nerlich/Kreplin, Münchener HB Insolvenz und Sanierung, § Rn.

Nerlich, *Jörg*/***Römermann***, *Volker*: Kommentar zur Insolvenzordnung, 30. EL., München, 2016; zit.: *Bearbeiter* in: Nerlich/Römermann, InsO, § Rn.

Neuhof, *Rudolf*: Sanierungsrisiken der Banken – Die Vor-Sanierungsphase, NJW 1998, S. 3225–3234.

Nölle, *Jens-Uwe*: Die Eigenhaftung des GmbH-Geschäftsführers für Organisationspflichtverletzungen, Diss., Bremen, 1995.

Obermüller, *Manfred*: Insolvenzrecht in der Bankenpraxis, 9. Aufl., München, 2016; zit.: *Bearbeiter* in: Obermüller, Insolvenzrecht in der Bankenpraxis, § Rn.

Oppenländer, *Frank*/***Trölitzsch***, *Thomas*: Praxishandbuch der GmbH-Geschäftsführung, 2. Aufl., München, 2011; zit.: *Bearbeiter* in: Oppenländer/Trölitzsch, GmbH-Geschäfts-führung, § Rn.

Ott, *Claus*/***Schäfer***, *Hans-Bernd*: Lehrbuch der ökonomischen Analyse des Zivilrechts, 5. Aufl., Berlin/Heidelberg, 2013.

Otto, *Mark-Oliver*: Änderungen des insolvenzrechtlichen Überschuldungsbegriffs durch das Finanzmarktstabilisierungsgesetz, MDR 2008, S. 1369–1372.

Paefgen, *Walter G.*: Dogmatische Grundlagen, Anwendungsbereich und Formulierung einer Business Judgment Rule im künftigen UMAG, AG 2004, S. 245–261.

Ders.: Organhaftung: Bestandsaufnahme und Zukunftsperspektiven – Ein kritischer Werkstattbericht vor dem Hintergrund der Beratungen des 70. Deutschen Juristentages 2014, AG 2014, S. 554–584.

Palandt, *Otto*: Kommentar zum Bürgerlichen Gesetzbuch, 77. Aufl., München, 2018; zit.: *Bearbeiter* in: Palandt, BGB, § Rn.

Pape, *Gerhard*: Aufhebung von Beschlüssen der Gläubigerversammlung und Beurteilung des gemeinsamen Interesses nach § 78 InsO, ZInsO 2000, S. 469–478.

Ders.: Gesetz zur weiteren Erleichterung der Sanierung von Unternehmen – Bemerkungen zum Regierungsentwurf vom 04.05.2011 (BT-Drucks. 17/5712), ZInsO 2011, S. 1033–1041.

Ders.: Die Insolvenzanfechtung in der Rechtsprechung des BGH – Aktueller Stand und Perspektiven (Teil 2), DB 2015, S. 1207–1213.

Ders.: Anfechtungsfeste Leistungen im Rahmen eines ernsthaften Sanierungsversuchs des Schuldners, ZInsO 2017, S. 114–128.

Pape, *Gerhard*/***Uhlenbruck***, *Wilhelm*/***Voigt-Salus***, *Joachim*: Insolvenzrecht, 2. Aufl., München, 2010.

Paulus, *Christoph*: Ein Spannungsfeld der Praxis: Sanierung und Insolvenzanfechtung, BB 2001, S. 425–430.

Peemöller, *Volker*/***Weigert***, *Stefan*: Die Prüfung eines leistungswirtschaftlichen Sanierungskonzepts, BB 2011, S. 2311–2317.

Pellens, *Bernhard*/***Jödickel***, *Dirk*/***Richard***, *Marc*: Solvenztests als Alternative zur bilanziellen Kapitalerhaltung?, DB 2005, S. 1393–1401.

Peltzer, *Martin*: Das Zulassungsverfahren nach § 148 AktG wird von der Praxis nicht angenommen! Warum? Was nun?, Festschrift für Uwe H. Schneider zum 70. Geburtstag, Hamburg, 2011, S. 953–969.

Pfefferle, *Roland*: Zur Reform der Konkursanfechtung und der Rückschlagsperre, ZIP 1984, S. 147–156.

Plagens, *Peter*/***Oldemanns***, *Thomas*: Standardisierung von Sanierungskonzepten (IDW S 6) durch Ableitung einer Management-Summary am Beispiel für den Automobilhandel, ZInsO 2014, S. 521–526.

Poertzgen, *Christoph*: Organhaftung wegen Insolvenzverschleppung, Diss., Köln, 2005.

Ders.: Die künftige Insolvenzverschleppungshaftung nach dem MoMiG, NZI 2007, S. 15–17.

Ders.: Die rechtsformneutrale Insolvenzantragspflicht (§ 15a InsO), ZInsO 2007, S. 574–578.

Ders.: Organschaftliche Krisenpflichten in der (Wirtschafts-)Krise?, ZInsO 2010, S. 785–791.

Ders.: Bargeschäft und Gegenleistung: BGH locuta, causa finita?, ZInsO 2017, S. 2056–2058.

Preußner, *Joachim*/***Becker***, *Florian*: Ausgestaltung von Risikomanagementsystemen durch die Geschäftsleitung – Zur Konkretisierung einer haftungsrelevanten Organisationspflicht, NZG 2002, S. 846–851.

Preußner, *Joachim*/***Zimmermann***: Risikomanagement als Gesamtaufgabe des Vorstandes – Zugleich Besprechung des Urteils des LG Berlin vom 3.7.2002 – 2 O 358/01, AG 2002, S. 657–662.

Priester, *Hans-Joachim*: „Sanieren oder Ausscheiden" im Recht der GmbH, ZIP 2010, S. 497–503.

Prinz, *Ulrich*/***Hoffmann***, *Wolf-Dieter*: Beck`sches Handbuch der Personengesellschaften, 4. Aufl., München, 2014; zit..: *Bearbeiter* in: Prinz/Hoffmann, Beck`sches Handbuch der Personengesellschaften, § Rn.

Prinz, *Ulrich*/***Winkeljohann***, *Norbert*: Beck`sches Handbuch der GmbH, 5. Aufl., München, 2014; zit.: *Bearbeiter* in: Prinz/Winkeljohann, Beck`sches HB der GmbH, § Rn.

Prütting, *Hanns*: Der neue IDW-Standard zur Erstellung von Sanierungskonzepten (IDW S 6) in der rechtlichen Bewertung, ZIP 2013, S. 203–209

Püschel, *Roland*: Anwendung des IDW S 6 auf Sanierungskonzepte für kleine und mittelgroße Unternehmen – Leitlinien für einen sinnvollen Umgang mit dem Branchenstandard, KSI 2013, S. 53–59.

Rahmann, *Detlef*/***Ramm***, *Joachim*: Managerhaftung, D&O-Versicherung und internes Risikomanagement, GWR 2013, S. 435–436.

Raisch, *Peter*: Zum Begriff und zur Bedeutung des Unternehmensinteresses als Verhaltensmaxime von Vorstands- und Aufsichtsratsmitgliedern, Festschrift für Wolfgang Hefermehl zum 70. Geburtstag, 1978, S. 347–364.

Raiser, *Thomas*: Die Haftungsbeschränkung ist kein Wesensmerkmal der juristischen Person, in: Deutsches und europäisches Gesellschafts-, Konzern- und Kapitalmarktrecht, Festschrift für Marcus Lutter zum 70. Geburtstag, Köln, 2000, S. 637–650.

Raiser, *Thomas*/***Veil***, *Rüdiger*: Recht der Kapitalgesellschaften, 6. Aufl., Hamburg, 2015.

Rautenstrauch, *Thomas*/***Müller***, *Cristof*: Operative Unternehmensplanung und -kontrolle in kleinen und mittleren Unternehmen (Teil I), DStR 2007, S. 2126–2131.

Rehbinder, *Manfred*: Rechtssoziologie, 8. Aufl., München, 2014.

Reuter, *Alexander*: Keine Erfüllung des Verlustausgleichsanspruchs aus § 303 AktG durch Aufrechnung?, DB 2005, S. 2339–2344.

Reuters, *Sebastian*: Air-Berlin Gläubiger gehen wohl leer aus, FAZ v. 02.11.2017, https://www.faz.net/aktuell/finanzen/finanzmarkt/air-berlin-glaeubiger-gehen-wohl-leer-aus-15273644.html (besucht am 10.11.2017).

Riedemann, *Susanne*: Das Auseinanderfallen von Gesellschafts- und Insolvenzstatut, GmbHR 2004, S. 345–349.

Rittner, *Fritz*: Über das Verhältnis von Vertrag und Wettbewerb, AcP 188 (1988), S. 101--139.

Rodewald, *Jörg*, Informationsmanagement im Unternehmen als Instrument zur Vermeidung von Organhaftung, GmbHR 2014, S. 639–644.

Röhl, *Klaus*/***Röhl***, *Hans*: Allgemeine Rechtslehre, 3. Aufl., München, 2017.

Röhricht, *Volker*: Die GmbH im Spannungsfeld zwischen wirtschaftlicher Dispositionsfreiheit ihrer Gesellschafter und Gläubigerschutz, Festschrift 50 Jahre BGH, 2000, S. 83–123.

Römermann, *Volker*: Neues Sanierungsrecht ab 2012: Der Gesetzesentwurf des ESUG, GWR 2011, S. 375–378.

Rosenberg, *Leo*: Die Beweislast, Diss., 5. Aufl., München, 1965.

Roßkothen, *Carolin*: Die Haftung des GmbH-Geschäftsführers im Spannungsfeld zwischen Sanierungspflicht und Insolvenzantragspflicht, Diss., Münster, 2015.

Roth, *Günter H.*: Zur „economic analysis" der beschränkten Haftung, ZGR 1986, S. 372–384.

Ders.: Gläubigerschutz durch Existenzschutz, NZG 2003, S. 1081–1085.

Ders.: Qualität und Preis am Markt für Gesellschaftsformen, ZGR 2005, S. 348–386.

Roth, *Günter H.*/***Altmeppen***, *Holger*: Gesetz betreffend die Gesellschaften mit beschränkter Haftung (GmbH), 8. Aufl., 2015; zit.: *Bearbeiter* in: Roth/Altmeppen, GmbHG, § Rn.

Roth, *Markus*: Unternehmerisches Ermessen und Haftung des Vorstands, Diss., Hamburg, 2001.

Rowedder, *Heinz*/***Schmid-Leithoff***, *Christian*: Kommentar zum Gesetz betreffend die Gesellschaften mit beschränkter Haftung, 5. Aufl., 2013; zit.: *Bearbeiter* in: Rowedder/Schmidt-Leithoff, GmbHG, § Rn.

Rüthers, *Bernd*/***Fischer***, *Christian*/***Birk***, *Axel*: Rechtstheorie, 9. Aufl., München, 2016.

Saenger, *Ingo*/***Inhester***, *Michael*: Kommentar zum Gesetz betreffend die Gesellschaften mit beschränkter Haftung, 3. Aufl., München; zit.: *Bearbeiter* in: Saenger/Inhester, GmbHG, § Rn.

Sautner, *Zacharias*/***Vladimirov***, *Vladimir*: Indirect Costs of Financial Distress and Bankruptcy Law, Frankfurt, 2016, abrufbar unter: https://papers.ssrn.com/sol3/papers.cfm?abstract_id=1101696; letzter Abruf am: 17.10.2017.

Sandfort, *Frank*: Bewältigung von Unternehmenskrisen mit Hilfe eines Sanierungscontrollings, Diss., Berlin, 1997.

Schall, *Alexander*: Englischer Gläubigerschutz bei der Limited in Deutschland, ZIP 2005, S. 965–975.

Ders.: Kapitalgesellschaftsrechtlicher Gläubigerschutz, Habil., Hamburg, 2009.

Schanze, *Erich*: Gesellschafterhaftung für unlautere Einflussnahmen nach § 826 BGB: Die Trihotel-Doktrin des BGH, NZG 2007, S. 681–686.

Scharpf, *Paul*: Die Sorgfaltspflichten des Geschäftsführers einer GmbH – Pflicht zur Errichtung eines Risikomanagement- und Überwachungssystems aufgrund der geplanten Änderung des AktG auch für den GmbH-Geschäftsführer, DB 1997, S. 737–743.

Schäfer, *Carsten*: Die Binnenhaftung von Vorstand und Aufsichtsrat nach der Renovierung durch das UMAG, ZIP 2005, S. 1253–1259.

Sax, *Stefan*/***Andersch***, *Tammo*/***Philipp***, *Sebastian*: Aus aktuellem Anlass: Rechtliche Anforderungen an das bilanzielle Eigenkapital für eine nachhaltige Sanierung, ZIP 2017, S. 710–713.

Sax, *Stefan*/***Ponseck***, *Joachim*/***Swierczok***, *Artur*: Ein vorinsolvenzliches Restrukturierungsverfahren für europäische Unternehmen, BB 2017, S. 323–329.

Scherer, *Josef*: Good Governance und ganzheitliches strategisches und operatives Management: Die Anreicherung des „unternehmerischen Bauchgefühls" mit Risiko-, Chancen- und Compliancemanagement, CCZ 2012, S. 201–211.

Scherer, *Josef*/***Fruth***, *Klaus*: Der Einfluss von Standards, Technikklauseln und des „Anerkannten Standes von Wissenschaft und Praxis" auf Organhaftung und Corporate Governance – am Beispiel der ISO 19600 (2015) Compliance-Managementsystem, CCZ 2015, S. 9–17.

Schiemann, *Gottfried*: Wandlungen der Berufshaftung, Festschrift für Joachim Gernhuber zum 70. Geburtstag, Tübingen, 1993, S. 387–406.

Schimansky, *Herbert*/***Bunte***, *Hermann-Josef*/***Lwowski***, *Hans Jürgen*: Bankrechts-Handbuch, 5. Aufl., München, 2017; zit.: *Bearbeiter* in: Schimansky/Bunte/Lwowski, Bankrechts-HB, § Rn.

Schluck-Amend, *Alexandra*/***Penke***, *Christoph*: Kapitalaufbringung nach dem MoMiG und der „Qivive"-Entscheidung des BGH, DStR 2009, S. 1433–1439.

Schluck-Amend, *Alexandra*/***Walker***, *Thilo*: Neue Haftungsrisiken für GmbH-Geschäfts-führer durch Pflicht zur Erstellung eines Insolvenzplans?, GmbHR 2001, S. 375–381.

Schmidbauer, *Rainer*: Risikomanagement im Kontext wertorientierter Unternehmensführung, DB 2000, S. 153–164.

Schmidt, *Andreas*: Hamburger Kommentar zum Insolvenzrecht, 6. Aufl., München, 2017; zit.: *Bearbeiter* in: HamK, InsO, § Rn.

***Schmidt**, Andreas/**Poertzgen**, Christoph*: Geschäftsführerhaftung (§ 64 S. 1 GmbHG) in Zeiten des ESUG, NZI 2010, S. 360–370.

Dies.: Geschäftsführerhaftung (§ 64 S. 1 GmbHG) in Zeiten des ESUG, NZI 2013, S. 369–377.

***Schmidt**, Karsten*: Entlastung, Entlastungsrecht und Entlastungsklage eines Geschäftsführers einer GmbH – Versuch einer Neuorientierung, ZGR 1978, S. 427–446.

Ders.: Konkursantragspflichten bei der GmbH und bürgerliches Deliktsrecht- Sanktions- und Kooperationsprobleme um § 64 GmbHG, JZ 1978, S. 661–667.

Ders.: Organverantwortlichkeit und Sanierung im Insolvenzrecht der Unternehmen, ZIP 1980, S. 328–337.

Ders.: Verhandlungen des 54. Deutschen Juristentages, Band I, 1982, Möglichkeiten der Sanierung von Unternehmen durch Maßnahmen im Unternehmens-, Arbeits-, Sozial- und Insolvenzrecht, S. 1–135.

Ders.: Sinnwandel und Funktion des Überschuldungstatbestandes – Rechtspolitische Perspektiven der Verfahrenseröffnung im Insolvenzrecht, JZ 1982, S. 165–174.

Ders.: Informationsrechte in Gesellschaften und Verbänden, 1984, Frankfurt.

Ders.: Konkursverschleppungshaftung und Konkursverursachungshaftung – Überlegungen zum Haftungsrecht der GmbH & Co., ZIP 1998, S. 2931–2935.

Ders.: Verlust der Mitte durch „Inspire Art“? – Verwerfungen im Unternehmensrecht durch Schreckreaktionen der Literatur, ZHR 168 (2004), S. 493–502.

Ders.: Verfolgungspflichten, Verfolgungsrechte und Aktionärsklagen: Ist die Quadratur des Zirkels näher gerückt? Gedanken zur Reform der §§ 147–149 AktG vor dem Hintergrund der Juristentagsdiskussion des Jahres 2000, NZG 2005, S. 796–801.

Ders.: Vom Eigenkapitalersatz in der Krise zur Krise des Eigenkapitalersatzrechts – Betrachtungen zu §§ 32a, b GmbHG, §§ 129a, 172a HGB, §§ 39, 135 InsO, GmbHR 2005, S. 797–807.

Ders.: Insolvenzgründe und Haftung für Insolvenzverschleppung. Notwendige Ergänzung des Kapitalschutzes, in: Lutter, Das Kapital der Aktiengesellschaft in Europa, ZGR-Sonderband 17, Berlin, 2006, S. 188–206.

Ders.: GmbH-Reform, Solvenzgewährleistung und Insolvenzpraxis, GmbHR 2007, S. 1–11.

Ders.: Reform der Kapitalsicherung und Haftung in der Krise nach dem Regierungsentwurf des MoMiG, GmbHR 2007, S. 1072–1080.

Ders.: Überschuldung und Insolvenzantragspflicht nach dem Finanzmarktstabilisierungsgesetz – Geschäftsleiterpflichten im Wechselbad der Definitionen, DB 2008, S. 2467–2471.

Ders.: Gesellschaftsrecht und Insolvenzrecht im ESUG-Entwurf, BB 2011, S. 1603–1610.

Ders.: Überschuldung und Unternehmensfortführung oder: per aspera ad astra – Grundsatz- und Praxisfragen um § 19 Abs. 2 InsO, ZIP 2013, S. 485–493.

Schmidt, *Karsten*/***Lutter***, *Marcus*: Kommentar zum Aktiengesetz, Band I (§§ 1–149), 3. Aufl., Köln, 2015; zit.: *Bearbeiter* in: Schmidt/Lutter, AktG, § Rn.

Dies.: Kommentar zum Aktiengesetz, Band II (§§ 150–410), 3. Aufl., Köln, 2015; zit.: *Bearbeiter* in: Schmidt/Lutter, AktG, § Rn.

Schmidt, *Karsten*/***Uhlenbruck***, *Wilhelm*: Die GmbH in Krise, Sanierung und Insolvenz, 5. Aufl., Hamburg, 2016; zit.: *Bearbeiter* in: Schmidt/Uhlenbruck, GmbH in Krise, Sanierung und Insolvenz, Rn.

Schmiedel, *Burkhard*: Deliktsobligationen nach deutschem Kartellrecht, Habil., Freiburg, 1974.

Schmittmann, *Jens*/***Bischoff***, *Ariane Katharina*: De facto director, shadow director und dissolved companies: Aktuelle Rechtsfragen der scheinausländischen Limited, ZInsO 2009, S. 1561–1571.

Schneider, *Uwe*: Compliance als Aufgabe der Unternehmensleitung, ZIP 2003, S. 645–650.

Ders.: Anwaltlicher Rat zu unternehmerischen Entscheidungen bei Rechtsunsicherheit – Ein Beitrag zum Management der Organhaftung, DB 2011, S. 99–103.

Schober, *Rene*: Die Haftung des GmbH-Gesellschafters für die Verursachung der Unternehmensinsolvenz, Diss., Köln, 2009.

Scholz, *Christian*: Strategische Stimmigkeit im Sanierungskonzept, WPg 2009, S. 305–310.

Scholz, *Christian*/***Groß***, *Paul*: Die Bedeutung des Personalmanagements bei der Erstellung von Sanierungskonzepten, WPg 2011, S. 77–80.

Scholz, *Franz*: Kommentar zum GmbHG, Band 1, §§ 1–34, 11. Aufl., Köln, 2012; zit.: *Bearbeiter* in: Scholz, GmbHG, § Rn.

Scholz, *Franz*: Kommentar zum GmbHG, Band 2, §§ 35–52, 11. Aufl., Köln, 2013; zit.: *Bearbeiter* in: Scholz, GmbHG, § Rn.

Scholz, *Franz*: Kommentar zum GmbHG, Band 3, §§ 53–85, 11. Aufl., Köln, 2015; zit.: *Bearbeiter* in: Scholz, GmbHG, § Rn.

Schubert, *Werner*: Das GmbH-Gesetz von 1892 – „eine Zierde unserer Reichsgesetzsammlung", Festschrift 100 Jahre GmbH-Gesetz, Köln, 1992, S. 1–47.

Schulz, *Dietmar*: Restrukturierungspraxis – Sanierung und Liquiditätsbeschaffung, Stuttgart, 2010; zit.: *Bearbeiter* in: Schulz, Restrukturierungspraxis, S.

Schumann, *Alexander*: Die englische Limited mit Verwaltungssitz in Deutschland: Kapitalaufbringung und Haftung bei Insolvenz, DB 2004, S. 743–749.

Schüppen, *Matthias*: Der Große Senat des BFH zum Sanierungserlass – Steuerrechtliche Systematik trifft auf erfolgreiche Interessenvertretung – Zugleich Besprechung BFH v. 28.11.2016 – GrS 1/15, ZIP 2017, 338, ZIP 2017, S. 752–761.

Schürnbrand, *Jan*: Organschaft im Recht der privaten Verbände, Habil., Tübingen, 2007.

Schwahn, *Alexander*: Behandlung von Sanierungskosten unter dem Sanierungserlass, FR 2015, S. 453–456.

Seer, *Roman*: Gesetzliche Verankerung der ertragsteuerlichen Freistellung von sog. Sanierungsgewinnen, DB 2017, Heft 18, M 5.

Seibert, *Ulrich*: Das Gesetz zur Unternehmensintegrität und Modernisierung des Anfechtungsrechts (UMAG) kommt zum 01.11.2005, BB 2005, S. 1457–1458.

Ders.: GmbH-Reform – Der Referentenentwurf eines Gesetzes zur Modernisierung des GmbH-Rechts und zur Bekämpfung von Missbräuchen (MoMiG), ZIP 2006, S. 1157–1168.

Ders.: Die Entstehung des § 91 II AktG im KonTraG – „Risikomangement" oder „Frühwarnsystem"?, Festschrift für Gerold Bezzenberger zum 70. Geburtstag, S. 427–438.

Seibt, *Christoph*: Pflichten der Geschäftsleitung bei der Eingehung von Finanzierungsgeschäften in Normal- und Krisenzeiten des Unternehmens, ZIP 2013, S. 1597–1607.

Seibt, *Christoph*/***Cziupka***, *Johannes*: 20 Thesen zur Compliance-Verantwortung aus Anlass des Siemens/Neubürgers-Urteils, DB 2014, S. 1598–1602.

Seibert, *Ulrich*/***Schütz***, *Carsten*: Der Referentenentwurf eines Gesetzes zur Unternehmensintegrität und Modernisierung des Anfechtungsrechts – UMAG, ZIP 2004, S. 252–258.

Siemon, *Klaus*: Das ESUG und § 270b InsO in der Anwendung – Zugleich eine Anmerkung zu AG Erfurt, Beschl. v. 13.04.2012 – 172 IN 190/12, ZInsO 2012, S. 1045–1053.

Ders.: Das Konzept für ein vorinsolvenzliches Sanierungsverfahren, NZI 2016, S. 57–63.

Sikora, *Karl*: Wie erstellt man eine tragfähige Fortbestehensprognose? Anforderungen im Rahmen des geänderten insolvenzrechtlichen Überschuldungsbegriffs, NWB 2009, S. 232–239.

Ders.: Die Fortbestehensprognose im Rahmen der Überschuldungsprüfung, ZInsO 2010, S. 1761–1775.

Simon, *Herbert*: A Behavioral Model of Rational Choice, The Quarterly Journal of Economics, Vol. 69, No. 1. (Feb. 1955), S. 99118.

Ders: Models of Man. Social and Rational. Mathematical Essays on Rational Human Behavior in a Social Setting, New York, 1957.

Sistermann, *Christian*: Unternehmenssanierung nach dem Beschluss der Großen Senats des BFH v. 28.11.2016, DStR 2017, S. 689–695.

Sistermann, *Christian*/**Beutel**, *David*: Unternehmenssanierungen nach der Grundsatzentscheidung des Großen Senats des BFH – Erste Gedanken zur gesetzlichen Neuregelung und zur Übergangsregelung des BMF vom 27.4.2017, DStR 2017, S. 1065–1072.

Smid, *Stefan*: Praxishandbuch Insolvenzrecht, 5. Aufl., Berlin, 2007.

Spindler, *Gerald*: Organhaftung in der AG – Reformbedarf aus wissenschaftlicher Praxis, AG 2013, S. 889–904.

Spindler, *Gerald*/**Stilz**, *Eberhard*: Kommentar zum Aktiengesetz, Band 1, §§ 1–149, 3. Aufl., München, 2015; zit.: *Verfasser* in: Spindler/Stilz, AktG, § Rn.

Spliedt, *Jürgen*: Ist die außergerichtliche Sanierung pleite? – Ein Vergleich zur Sanierung im Insolvenzverfahren, InsVZ 2010, S. 27–39.

Spremann, *Klaus*: Wirtschaft, Investition und Finanzierung, 6. Aufl., 2013.

Stapelfeld, *Ait*: Die Haftung des GmbH-Geschäftsführers für Fehlverhalten in der Gesellschaftskrise, Diss., Köln, 1990.

Staudinger, *Julius von*: Kommentar zum Bürgerlicher Gesetzbuch, Zweites Buch, Unerlaubte Handlungen 1 – Rechtsgüter und Rechte; Persönlichkeitsrecht, Gewerbebetrieb (§ 823 A–D), Neubearbeitung 2017, Berlin; zit.: *Bearbeiter* in: Staudinger, BGB, § Rn.

Steffan, *Bernhard*: Sicherung des Unternehmensbestands als erste Stufe der Sanierung, WPg 2009, S. 273–282.

Ders.: Sanierungskonzept quo vadis? – Besprechung BGH v. 12.5.2016 – IX ZR 65/14, ZIP 2016, S. 1712–1720.

Ders.: Sanierungskonzepte nach IDW S 6: Lösungsansätze zu offenen Anwendungsfragen, WPg 2016, S. 1310–1315.

Steffek, *Felix*: Das englische Recht der Insolvenzanfechtung – ein funktionaler Vergleich unter besonderer Berücksichtigung kapitalgesellschaftsrechtlicher Aspekte, KTS 2007, S. 451–483.

Ders.: Präventionsdefizite im Insolvenzanfechtungsrecht – Zugleich ein Plädoyer für die Einführung einer Geschäftsleiter-Disqualifizierung nach englischem Vorbild, ZRP 2007, S. 228–230.

Ders.: Wrongful Trading – Grundlagen und Spruchpraxis, NZI 2010, S. 589–595.

Stobbe, *Michael*: Die Durchsetzung gesellschaftsrechtlicher Ansprüche der GmbH in Insolvenz und masseloser Liquidation, Diss., Köln, 2001.

Stöber, *Michael*: Die Insolvenzverschleppungshaftung in Europa, ZHR 176 (2012), S. 326–363.

Ders.: Anmerkung zu BGH, Urteil vom 12. Mai 2016 (IX ZR 65/14, Düsseldorf) –Vorsatzanfechtung; Gläubigerbenachteiligungsvorsatz; Zahlungen auf Grundlage eines Sanierungskonzepts, WuB 2016, S. 764–768.

Ders.: Anmerkung zu BGH, Urteil vom 26. Januar 2017 (IX ZR 285/14, Hamburg) – Haftung des Steuerberaters; mangelhafte Erstellung des Jahresabschlusses; Bilanzierung nach Fortführungswerten; Fortführungsprognose, WuB 2017, S. 401–404.

Strohn, *Lutz*: Geschäftsführerhaftung als Innen- und Außenhaftung, ZInsO 2009, S. 1417–1425.

Ders.: Organhaftung im Vorfeld der Insolvenz, NZG 2011, S. 1161–1169.

Ders.: Pflichtenmaßstab und Verschulden bei der Haftung von Organen einer Kapitalgesellschaft, CCZ 2013, S. 177–184.

Sunstein, *Cass R.*: A Behavioral Analysis of Law, 64 Universiy of Chicago Law Review 1986, S. 1175–1195.

Sutorius, *Diederik*: Aufsichtsräte im Visier der Insolvenzverwalter, WELT v. 28.06.2016, https://www.welt.de/wirtschaft/bilanz/article165951369/Aufsichtsraete-im-Visier-der-Insol venzverwalter.html (besucht am 10.11.2017).

Swierczok, *Artur*: Anmerkung zu: BFH, Beschl. v. 28.11.2016 – GrS 1/15, BB 2017, S. 481–488.

Tatje, *Claas*: Schon wieder trifft es ihn, Die Zeit v. 16.08.2016, https://www.zeit.de/2017/34/thomas-winkelmann-air-berlin-luftfahrtmanager (besucht am 10.11.2017).

Taupitz, *Jochen*: Die Entwicklung von Grundsätzen ordnungsmäßiger Buchführung durch die Wirtschaftsprüferkammer, BB 1990, S. 2369–2372.

Ders.: Ökonomische Analyse und Haftungsrecht – Eine Zwischenbilanz, AcP 196 (1996), S. 114–167.

Theiselmann, *Rüdiger*: Ausgeschiedener Gesellschafter: Kaufpreisanspruch bei Unterbilanz, GmbH-StB 2011, S. 339–340.

Thiele, *Frank*: Antrag auf Insolvenz in Eigenverwaltung der GmbH-Geschäftsführung und die Pflicht zur Einführung von Krisenüberwachungssystemen, ZInsO 2014, S. 1882–1893.

Thierhoff, *Michael* ***Müller***, *Renate*: Unternehmenssanierung, 2. Aufl., Karlsruhe, 2016; zit.: *Bearbeiter* in: Thierhoff/Müller, Unternehmenssanierung, § Rn.

Thole, *Christoph*: Die tatbestandlichen Wertungen der Gläubigeranfechtung, ZZP 2008, S. 67–93.

Ders.: Managerhaftung für Gesetzesverstöße – Die Legalitätspflicht des Vorstands gegenüber seiner Aktiengesellschaft, ZHR 163 (2009), S. 504–535.

Ders.: Gläubigerschutz durch Insolvenzrecht, Habil., Bonn, 2009.

Ders.: Gläubigerbenachteiligung und Gläubigerbegünstigung unter § 826 BGB – zur Dritthaftung von Kreditgebern wegen sittenwidrigen Verhaltens, WM 2010, S. 685–692.

Ders.: Vom Totengräber zum Heilsbringer?, JZ 2011, S. 765–774.

Ders.: Die Kritik an der Ausdehnung der Vorsatzanfechtung auf dem Prüfstand, ZIP 2013, S. 2081–2088.

Ders.: Die Vorsatzanfechtung von Beraterhonoraren für Sanierungskonzepte – Zugleich Besprechung LG Frankfurt/M. v. 07.05.2016 – 2-32 O 102/13 – Q-Cells, ZIP 2015, S. 2145–2155.

Ders.: Der Richtlinienvorschlag zum präventiven Restrukturierungsrahmen, ZIP 2017, S. 101-112.

Ders.: Das Reformgesetz zur Insolvenzanfechtung, ZIP 2017, S. 401–410.

Thümmel, *Roderich*: Zu den Pflichten des Aufsichtsrats bei der Verfolgung von Haftungsansprüchen gegenüber dem Vorstand der AG – Zugleich Besprechung der Ent-scheidung des BGH vom 21.04.1997 – III ZR 175/95, DB 1997 S. 1068 ff. „ARAG/Garmenbeck", DB 1997, S. 1117–1120.

Towigh, *Emanuel*/***Petersen***, *Niels*: Ökonomische Methoden im Recht – Eine Einführung für Juristen, Tübingen, 2010.

Treder, *Lutz*/***Beaucamp***, *Guy*: Methoden und Technik der Rechtsanwendung, 2. Aufl., München, 2011.

Triebel, *Volker*/***Ott***, *Sabine*: 20 Vorschläge für eine GmbH-Reform – Welche Lektion kann der deutsche Gesetzgeber vom englischen lernen?, ZIP 2006, S. 311–316.

Tröger, *Tobias*: Durchsetzung der Vorstandshaftung, ZHR 179 (2015), S. 453–489.

Uffmann, *Katharina*: Interim Management in Zeiten nachhaltiger Unternehmensführung?, ZGR 2013, S. 273–315.

Uhländer, *Christoph*: Die Krise des Insolvenzsteuerrechts – Aktuelle Baustellen im Verfahrens- und Ertragssteuerrecht, DB 2017, S. 923–924.

Uhlenbruck, *Wilhelm*: Gläubigerberatung in der Insolvenz – Ein Handbuch für die Praxis, Köln, 1983.

Ders.: Gesetzesentwurf zur Reform des Insolvenzrechts – die Restschuldbefreiung als geeignetes Mittel der Entschuldung?, MDR 1990, S. 4–10.

Ders.: Das neue Insolvenzrecht, Köln, 1994.

Ders.: Das neue Insolvenzrecht als Herausforderung für die Beratungspraxis, BB 1998, S. 2005–2021.

Ders.: Die Bedeutung des neuen Insolvenzrechts für GmbH-Geschäftsführer (I), GmbHR 1999, S. 313–327.

Ders.: Kompetenzverteilung und Entscheidungsbefugnisse im neuen Insolvenzverfahren, WM 1999, S. 1197–1204.

Ders.: Der Insolvenzgrund im Verbraucherinsolvenzverfahren, NZI 2000, S. 15–17.

Ders.: Zur Geschichte des Konkurses, DZWiR 2007, S. 1–5.

Ders.: Corporate Governance, Compliance and Insolvency-Judgement Rule als Problem der Insolvenzverwalterhaftung, Festschrift für Karsten Schmidt zum 70. Geburtstag, Köln, 2009, S. 1603–1624.

Ders.: Kommentar zur Insolvenzordnung, 14. Aufl., München, 2015; zit.: *Bearbeiter* in: Uhlenbruck, InsO, § Rn.

Ulmer, *Peter*: Der Gläubigerschutz im faktischen GmbH-Konzern beim Fehlen von Minderheitsgesellschaftern, ZHR 148 (1984), S. 391–427.

Ders.: Zur persönlichen Haftung des Gesellschafter-Geschäftsführers einer GmbH aus culpa in contrahendo und zur Schadensersatzpflicht des Geschäftsführers bei Verletzung der Konkursantragspflicht, ZIP 1993, S. 769–772.

Ders.: Die Aktionärsklage als Instrument zur Kontrolle des Vorstands- und Aufsichtsratshandelns, ZHR 162 (1999), S. 290–342.

Ders.: Von „TBB" zu „Bremer Vulkan" – Revolution oder Evolution? Zum Bestandsschutz der abhängigen GmbH gegen existenzgefährdende Eingriffe ihres Alleingesellschafters, ZIP 2001, S. 2021–2029.

Ders.: Gläubigerschutz bei Scheinauslandsgesellschaften – Zum Verhältnis zwischen gläubigerschützendem nationalen Gesellschafts-, Delikts- und Insolvenzrecht und der EG- Niederlassungsfreiheit, NJW 2004, S. 1201–1210.

Ders.: Insolvenzrechtlicher Gläubigerschutz gegenüber Scheinauslandsgesellschaften ohne hinreichende Kapitalausstattung?, KTS 2004, S. 291–304.

Ders.: Der Zölibats-Geschäftsführer, Festschrift für Eberhard Schwark zum 70. Geburtstag, München, 2009, S. 271–284.

Ulmer, *Peter*/**Habersack**, *Matthias*/**Löbbe**, *Marc*: Gesetz betreffend die Gesellschaften mit beschränkter Haftung, Band 1, §§ Einl., § 1–18, 2. Aufl., Tübingen, 2013; zit.: *Bearbeiter* in: Ulmer/Habersack/Löbbe, GmbHG, § Rn.

Undritz, *Sven-Holger*: Restrukturierung in der Insolvenz, ZGR 2010, S. 201–217.

Utsch, *Guido*: Anfechtbarkeit von Honorarzahlungen an Sanierungsberater, DZWiR 2013, S. 353–358.

Vallender, *Heinz*: Die Anordnung der vorläufigen Insolvenzverwaltung, DZWiR 1999, S. 265-276.

Ders.: Zwingt Brüssel Deutschland zum Handeln? Richtlinienentwurf der EU-Kommission für ein vorinsolvenzliches Sanierungsverfahren, IWRZ 2017, S. 51–56.

Vallender, *Heinz*/**Undritz**, *Sven-Holger*: Praxis des Insolvenzrechts, 2012, Bonn; zit.: *Bearbeiter* in: Vallender/Undritz, Praxis des InsolvenzR, Kap., Rn.

Veil, *Rüdiger*: Krisenbewältigung durch Gesellschaftsrecht – Verlust des halben Kapitals, Pflicht zur ordnungsgemäßen Liquidation und Unterkapitalisierung, ZGR 2006, S. 374–397.

Vetter, *Eberhard*: Der Prüfungsausschuss in der AG nach dem BilMoG, ZGR 2010, S. 751–793.

Ders.: Aktienrechtliche Organhaftung und Satzungsautonomie – Überlegungen de lege ferenda, NZG 2014, S. 921–926.

Vetter, *Jochen*: Grundlinien der GmbH-Gesellschafterhaftung, ZGR 2005, S. 788–831.

Verse, *Dirk*: Organhaftung bei unklarer Rechtslage – Raum für eine Legal Judgement Rule, ZGR 2017, S. 174–195.

Votsmeier, *Volker*/ **Drost**, *Frank Matthias*: Freispruch von Nonnenmacher & Co. aufgehoben, Handelsblatt v. 12.10.2016, https://www.handelsblatt.com/finanzen/banken-versicherungen/dirk-jens-nonnenmacher-gegenwind-fuer-ex-chef-der-hsh-nordbank/13482580.html?ticket=ST-854629-tB3JdHlb3U6HI4hrIaDm-ap6 (besucht am 10.11.2017).

Wabnitz, *Heinz-Bernd*/**Janovsky**, *Thomas*, Handbuch des Wirtschafts- und Steuerstrafrechts, 4. Aufl., 2014, München; zit.: *Bearbeiter* in: Wabnitz/Janovsky, HB Wirtschafts- und SteuerstrafR, Kap., Rn.

Wagner, *Gerhard*: Karlsruher Forum: Schadensersatz – Zwecke, Inhalt und Grenzen, Karlsruhe, 2006.

Ders.: Prävention und Verhaltenssteuerung durch Privatrecht – Anmaßung oder legitime Aufgabe?, AcP 106 (2006), S. 352–376.

Ders.: Grundfragen der Insolvenzverschleppungshaftung nach der GmbH-Reform, Festschrift für Karsten Schmidt zum 70. Geburtstag, Hamburg, 2009, S. 1665-1692.

Ders.: Organhaftung im Interesse der Verhaltenssteuerung – Skizze eines Haftungsregimes, ZHR 178 (2014), S. 227–281.

Waldburg, *Oliver*: Überbrückungskredite und Sanierungskredite, ZInsO 2014, 1405–1423.

Wall, *Friederike*: Kompatibilität des betriebswirtschaftlichen Risikomanagements mit den gesetzlichen Anforderungen? Eine Analyse mit Blick auf die Abschlussprüfung, WPg 2003, S. 457–471.

Wanner, *Timo*: GmbH in der Krise – Geschäftsführerverantwortlichkeit im Vorfeld der Insolvenz, Diss., Würzburg, 2015.

Weitzmann, *Jörn*: Das Sanierungsgutachten – Grundlage für einen erfolgreichen Turnaround, InsVZ 2010, S. 111–117.

Wellenhöfer, *Werner*/***Peltzer***, *Martin*/***Müller***, *Welf*: Die Haftung von Vorstand, Aufsichtsrat und Wirtschaftsprüfer, München, 2008.

Weller, *Marc-Philipp*: Solvenztest und Existenzvernichtungshaftung – Zwei grundverschiedene Gläubigerschutzrichtungen, DStR 2007, S. 116–122.

Wentzler, *Jochen*: Integrierte Sanierungsplanung, WPg 2009, S. 283–291.

Wenzel, *Frank*: Der private Konkurs nach der Insolvenzrechtsreform, ZRP 1993, 161–164.

v. Werder, *Axel*: Grundsätze ordnungsgemäßer Unternehmensführung (GoF) für die Unternehmensleitung (GoU), Überwachung (GoÜ) und Abschlussprüfung (GoA), Düsseldorf, 1996; zit.: *Bearbeiter* in: v. Werder, Grundsätze ordnungsgemäßer Unternehmensführung (GoF) für die Unternehmensleitung (GoU), Überwachung (GoÜ) und Abschlussprüfung (GoA), S.

Westermann, *Harm Peter*: Gesellschafter- und Geschäftsführerpflichten im Vorfeld der Insolvenz nach gegenwärtigem und künftigem Recht, DZWiR 2006, S. 485–494.

Westermann, *Harm Peter*/***Grunewald***, *Barbara*/***Maier-Reimer***, *Georg*: Kommentar zum Bürgerlichen Gesetzbuch (Erman), 15. Aufl., Köln, 2017; zit.: *Bearbeiter* in: Erman, BGB, § Rn.

Westpfahl, *Lars*/***Janjuah***, *Riaz K.*: Zum Sanierungsprivileg des § 32a Abs. 3 S. 3 GmbHG, EWiR 2006, S. 525–526.

Wicke, *Hartmut*: Kommentar zum Gesetz betreffend die Gesellschaften mit beschränkter Haftung, 3. Aufl., München, 2016; zit.: *Bearbeiter* in: Wicke, GmbHG, § Rn.

Wiedemann, *Herbert*: Gesellschaftsrecht, Band 1, Köln, 1980.

Ders.: Zur Ausdehnung der Haftung eines GmbH-Geschäftsführers bei Konkursverschleppung, EWiR 1993, S. 583–584.

Ders.: Minderheitsrechte ernstgenommen, ZGR 1999, S. 857–872.

Ders.: Reflexionen zur Durchgriffshaftung – Zugleich eine Besprechung des Urteils des BGH WM 2002, 1804 – KBV, ZGR 2003, S. 283–297.

Ders.: Verantwortung in der Gesellschaft – Gedanken zur Haftung der Geschäftsleiter und der Gesellschafter in der Kapitalgesellschaft, ZGR 2011, S. 183–217.

Wiethölter, Rudolf: Interessen und Organisation der Aktiengesellschaft im amerikanischen und deutschen Recht, 1961.

Wilhelm, *Jan*: Rechtsform und Haftung bei der juristischen Person, Habil., Passau, 1981.

Ders.: Konkursantragspflicht des GmbH-Geschäftsführers und Quotenschaden, ZIP 1993, S. 1833–1837.

Ders.: Kapitalgesellschaftsrecht, 3. Aufl., Bayreuth, 2009.

Will, *Jürgen*: Grundlagen der Unternehmensplanung, Heidelberg, 1980.

Wimmer, *Klaus*: Frankfurter Kommentar zur Insolvenzordnung, 8. Aufl., München, 2015; zit.: *Bearbeiter* in: FK, InsO, § Rn.

Windbichler, *Christine*: Gesellschaftsrecht, 24. Aufl., München, 2017.

Winnefeld, *Robert*: Bilanz-Handbuch, 5. Aufl., München, 2015; zit.: *Bearbeiter* in: Winnefeld, Bilanz-HB, Rn.

Winter, *Martin*: Mitgliedschaftliche Treuebindungen im GmbH-Recht: Rechtsformspezifische Aspekte eines allgemeinen gesellschaftsrechtlichen Prinzips, Diss., 1987, Heidelberg.

Wöhe, *Günter*/***Bilstein***, *Jürgen*/***Ernst***, *Dietmar*/***Häcker***, *Joachim*, Grundzüge der Unternehmensfinanzierung, 11. Aufl., München, 2013.

Wohlmannstätter, *Gottfried*: Risikomanagement nach dem BilMoG, ZGR 2010, S. 472–488.

Wolf, *Klaus*: Potenziale derzeitiger Risikomanagementsysteme, DStR 2002, S. 1729–1733.

Zeuner, *Mark*: Die Anfechtung in der Insolvenz, 2. Aufl., Hamburg, 2007; zit.: *Zeuner*, Anfechtung, Rn.

Ziegenbein, *Klaus*: Controlling, 10. Aufl., Herne, 2012.

Zimmermann, *Franc*: § 26 IV InsO – oder: Was das ESUG, der Gesetzgeber und Aristoteles Onassis gemeinsam haben, ZInsO 2012, S. 396–402.

Zöllner, *Dieter*: 100 Jahre GmbH, JZ 1992, S. 381–385

Zöllner, Wolfgang: Zur Problematik der aktienrechtlichen Anfechtungsklage, AG 2000, S. 145–157.

Ders.: Gläubigerschutz durch Gesellschafterhaftung bei der GmbH, Festschrift für Horst Konzen zum 70. Geburtstag, Tübingen, 2008, S. 999–1022.

Zöllner**, Wolfgang*/Noack**, Ulrich*: Kölner Kommentar zum Aktiengesetz, Band 2 (§§ 76–94), 3. Aufl., Köln, 2009; zit.: *Bearbeiter* in: Kölner Kommentar, AktG, § Rn.

Forum Unternehmens-, Steuer- und Bilanzrecht

Deutsche, europäische und internationale Rechtsfragen

Herausgegeben von Oliver Fehrenbacher / Michael Stöber

Band 1 Patrick Hoor: Verdeckte Gewinnausschüttung und freigebige Zuwendung einer GmbH. 2016.

Band 2 Stephan Kappes: Ertragsteuerliche Behandlung von Sanierungsgewinnen. 2016.

Band 3 Franziska Stahmann: Sonstige Sonderbetriebseinnahmen im Abkommensrecht. Kapitalgesellschaftsbeteiligungen im notwendigen Sonderbetriebsvermögen II. 2017.

Band 4 Suzanne Wagner: Spekulative Optionsgeschäfte aus vertragsrechtlicher, handelsbilanzrechtlicher und steuerrechtlicher Sicht. 2018.

Band 5 Stephan Randt / Oliver Fehrenbacher: Neue ordentliche Testamentsformen. 2018.

Band 6 Christian Hornung: Leaver-, Vesting und Shoot-Out-Klauseln. 2018.

Band 7 Christian Schubert: Vorteilsausgleich und Steuern. 2018.

Band 8 Benjamin Westermann: Zivilrechtliche Folgen steuerlicher Rechtsirrtümer bei Cum-/Ex-Geschäften. 2018.

Band 9 Ramona Claußen: Die Verwertung von Sicherungseigentum durch den Insolvenzverwalter – eine umsatzsteuerrechtliche Betrachtung. 2018.

Band 10 Raika Anika Voldrich: Grenzüberschreitende Spenden. 2018.

Band 11 Justus Jürgensen: Pflichten und Haftung des Geschäftsführers einer GmbH bei Sanierungsmaßnahmen im Vorfeld der Insolvenz. 2019.

www.peterlang.com

www.ingramcontent.com/pod-product-compliance
Ingram Content Group UK Ltd.
Pitfield, Milton Keynes, MK11 3LW, UK
UKHW021833290926
8980IPUK00004B/427

9 783631 776988